Peter Hahn (Hrsg.)

Literatur in Frankfurt

Literatur in Frankfurt

Ein Lexikon zum Lesen

Herausgegeben von
Peter Hahn
mit Fotos von Andreas Pohlmann

athenäum

Gedruckt mit Unterstützung der Stadt Frankfurt am Main.

CIP-Kurztitelaufnahme der Deutschen Bibliothek

Literatur in Frankfurt: e. Lexikon zum Lesen /
hrsg. von Peter Hahn. Mit Fotos von Andreas Pohlmann. –
Frankfurt am Main: Athenäum, 1987.
ISBN 3-610-08448-0
NE: Hahn, Peter [Hrsg.]

Redaktion: Perpetua Bauer
Umschlaggestaltung: Stefan Mümpfer
Lithographie: OffsetReproTechnik Kirchner + Graser GmbH & Co., Berlin
Satz: Computersatz Bonn GmbH, Bonn
Druck und Bindung: Uhl GmbH & Co., Radolfzell
Printed in West-Germany
ISBN 3-610-08448-0

Inhalt

Literaturstadt Frankfurt

Vorwort

Buchmesse, Börsenverein und Börsenblatt. Buchverlage, Buchhandlungen und Bibliotheken. Literaturpreise und Literaturblätter. Frankfurt am Main – *die* deutsche Buchstadt.

Zwischen Vergnügungsviertel und Bankenzentrum, zwischen Apfelweinkneipe, Börse, Campus und Messe wird lektoriert und redigiert, gedruckt und verlegt, wird mit Literatur spekuliert, werden Bücher gemacht und niedergemacht, hier wird das geistige Gut von Schriftstellern bejubelt und verjubelt. Aber vor allem: in Frankfurt am Main entsteht auch Literatur.

Diese Sammlung versucht Porträts von Autoren, die in und mit dieser Stadt leben. Viele sind hier versammelt, bei weitem nicht alle. Das Buch unternimmt literarische Ausflüge, es will neugierig machen auf Sprache, Gedanken, Bilder und Formen.

147 Autoren aus Frankfurt. Sie kamen aus Wien und Berlin, aus Breslau und Wloclawek an der Weichsel, aus Gummersbach und Regensburg, aus Apolda und Halberstadt, aus Wuppertal und Zweibrücken. Sie kamen aus anderen Ländern und auch aus Gebieten, in denen heute kein Deutsch mehr gesprochen wird.

Geboren wurden sie zwischen 1903 und 1959. Einige erlebten die Weimarer Republik und überlebten die Verfolgungen im „Dritten Reich". Andere wurden in Berlin-West oder in der DDR geboren. Sie sind im Laufe der Jahre mehr oder weniger Frankfurter geworden. Immerhin sind dreizehn von ihnen hier geboren. Spürbar bei allen ist eine gewisse liebevoll-vorsichtige Distanz zu dieser Stadt. Man lebt hier, nicht nur um zu arbeiten: mit und ohne Sessel, abgesichert oder vogelfrei, anerkannt oder belächelt. Ob organisiert oder unorganisiert, sind sie alle Einzelgänger und Einzelkämpfer geblieben.

„Literatur in Frankfurt" ist ein Lexikon zum Lesen. Die einzelnen Beiträge verstehen sich nicht als Frankfurt-Artikel, aber dennoch ist dies eine Sammlung von Texten, die so nur in Frankfurt entstehen konnte.

Es geben Auskunft: Erzähler und Lyriker, Essayisten und Dramatiker, Filmemacher und Satiriker, Germanisten und Zeichner, Juristen, Soziologen und Philosophen, kurz: Autoren.

Das Problem, wer als Autor zu gelten habe, wurde formal gelöst. Auch – weil es sich anders niemals lösen ließe. So wurden zu diesem Band Autoren gebeten, die in Frankfurt leben oder arbeiten und mit ihren Publikationen Öffentlichkeit erreicht haben. Dabei waren Textwahl und Form freigestellt.

Das Buch enthält, neben den Beiträgen der Autoren, Autobiographien, Auswahlbibliographien und Porträtfotos. Darüber hinaus bietet es informative Aufsätze zu den bedeutendsten literarischen Institutionen der Stadt.

Sämtliche Porträts entstanden zwischen Februar und Mai 1987. Sie wurden speziell für diesen Band aufgenommen. Der Verzicht auf das sonst übliche Nebenher, auf dekorative Bücherregale, auf betriebsame Caféhäuser und romantische Gartenlandschaften will eine Reduktion auf das Wesentliche: die Person.

Schmeicheleien und Eitelkeiten sollten in den Hintergrund treten. Das war nicht immer einfach. Nicht für die Buchmacher – und manches Mal auch nicht für die Autoren. Deshalb: vor allem Dank den Autoren.

Frankfurt am Main, Juli 1987 *Peter Hahn*

Autoren von A bis Z*

* Handelt es sich bei den Beiträgen der Autoren um bisher unveröffentlichte Texte, so sind diese durch in Klammern gesetztes Entstehungsdatum bzw. Entstehungsjahr gekennzeichnet. Bei bereits veröffentlichten Beiträgen ist der Nachweis der Erstveröffentlichung ebenfalls in Klammern angegeben.

Norbert Abels

Geboren am 20. 5. 1953 im Hochsauerland; Jugend, Schule, Schliff und Revolte in Oberursel. Studium von Philosophie, Literatur- und Musikwissenschaft an der Johann Wolfgang Goethe-Universität in Frankfurt; Promotion 1980. Jahrelange Beschäftigung als Musiker. Seit 1982 Publikationen von Essays, Rezensionen und Kritiken. Wissenschaftlicher Mitarbeiter an verschiedenen Opernhäusern. Freier Dozent für Literaturgeschichte.

Buchveröffentlichungen: *Sicherheit ist nirgends.* Aufklärung und Judentum bei Arthur Schnitzler. Königstein/Ts.: Athenäum 1982.
Veröffentlichungen in Sammelbänden, Dokumentationen, Zeitschriften, u. a. über: Arthur Schnitzler, Hugo von Hofmannsthal, Richard Strauss, Wilhelm Busch, Lion Feuchtwanger, Robert Gilbert.
Mehrere Arbeiten zu Georg Büchner; Erläuterungen zu Literaturverfilmungen, motivgeschichtliche und kulturkritische Artikel.

Norbert Abels

Brunnen und Erdspalt

Aspekte antinomischer Welterfahrung

„Tief ist der Brunnen der Vergangenheit" beginnt Thomas Mann seinen Josephsroman. In die Metapher des unzureichenden Senkbleis hat er die paradoxe Proportionalität von gemutmaßter Annäherung und tatsächlicher Entfernung zusammengedrängt. Wegmarken als foppende Spiele der Anfangslosigkeit sind dennoch unabdingbare Träger unserer Weltorientierung. Will man sie erfahrbar machen, so ist ihnen die Individualität des Geschichtlichen zu verleihen. Als Seelenausdruck mögen sie dabei zur Dauerhaftigkeit gelangen, als sinnliche Existenzen sind sie dem Vergehen im Zeitablauf unterworfen. Tammuz und Osiris, Joseph und Jesus – mythische Identifikationen allesamt – sind Allegorien der Antinomie von Dauern und Vergehen nicht minder als höchster Ausdruck ihrer Zusammengehörigkeit. „Dionysos Zagreus will wiedergeboren werden", sagt Hofmannsthal.

Das Bild vom Brunnen bezeichnet die Richtung der Auflösung. In seinem dunklen Grunde glaubt man das Licht zu erspähen, das die Landschaften von Welt und Seele beleuchtet. Es ist ein magisches Licht. „Da ist gleich vor dem Orte ein Brunnen, ein Brunnen an dem ich gebannt bin wie Melusine mit ihren Schwestern", schreibt im dritten Briefe Werther. Gott, wie bei Hagars Flucht das Numen des Brunnens, objektiviert sich aus der Tiefe und nicht aus der Höhe. Es ist die Magie der Innenwelt, die zur Motivik des Brunnens führt. Das Hinausschwimmen des Ichs in die Urbildlichkeit des Vergangenen mit der Ahnung, es könne, was in der Zeit sich vollzog, in absoluter Identität in der Ewigkeit sich wiederholen, geschieht – wie beim Narziß-Motiv – durch den Blick in die eigenen Augen. Der tiefe Brunnen ist das eigene Ich. Die Tendenz dieses Ichs ist die Zurücknahme seiner Vereinzelung. Sein und Werden, monadisches Ich und Gemeinschaft sollen sich dort wieder treffen, wo ihre ursprüngliche Einheit vermutet wird. Der Brunnen ist als Sinnbild irreversiblen Bruches von Ich und Du, Endlichkeit und Ewigkeit der letzte Zeuge jener Einheit; in Hofmannsthals Versen: „Der tiefe Brunnen weiß es wohl, /Einst waren alle tief und stumm, /Und alle wußten drum".

Zeiterfahrung und Gesellschaftlichkeit gehören also zusammen. Die in ihnen zutage tretenden Brüche verhalten sich kongruent. Die trostlose Singularität des entmythologisierten Geschehnisses in der linearen Zeitauffassung der Neuzeit und die Desolatheit der Individuen sind Abbilder eines noch tieferen Bruches von Einheit und Vielheit, Gott und Welt oder Seele und Körper. Tatsächlich trifft das Senkblei auch hier auf keinen Grund.

Die Jahrhundertwende, ambivalent in ihrer Selbstdarbietung als Abschluß oder Anfang, Fin de siècle und Jugendstil zugleich, objektivierte die Einsamkeit des modernen Menschen immerzu im Medium atomisierter Zeiterfahrung. Antinomisch steht schon beim frühen Hofmannsthal der empiriokritizistischen Behauptung „das Gestern lügt und nur das Heut ist wahr!" die ontologisierende Einsicht gegenüber „Was einmal warm das lebt auch ewig fort". Die Identifizierung des Bleibenden im Wandel wird zur letzten Instanz gegen die übermächtige Tendenz zur Sinnentleerung eines Daseins, in dem die kulturellen und ökonomischen Objektivationen sich wie „lebendige Leichen, beseelte Besen" verselbständigt haben. Richard Beer-Hofmann sagt in seinem berühmten „Schlaflied für Mirjam": „Keiner kann Keinem ein Erbe hier sein", kurz darauf aber:

„In uns sind Alle. Wer fühlt sich allein?“. Die schroffe Antinomie findet sich auch bei Arthur Schnitzler, der fragt: „Was dächtest du von einem Schwimmer, der in einem reißenden Fluß dahintreibt und bei jedem Tempo sich einbildete es sei ihm gelungen, ihn in drei Abschnitte zu teilen?“ Der Absurdität einer Bejahung dieser Einbildung aber ist nicht mehr gedacht, wenn es an anderer Stelle heißt: „Das Vergangene abgetan sein lassen, die Zukunft der Vorsehung anheimstellen – beides heißt den eigentlichen Sinn der Gegenwart nicht verstehen, die überhaupt nur so weit als Realität gelten kann, als sie durch Treue des Gedächtnisses das Vergangene zu bewahren, durch Bewußtsein der Verantwortung die Zukunft in sich einzubeziehen versteht“. Treue erweist sich als ausbalancierende Größe. Bergsons Prägung einer durée pure war darauf angelegt, Gegenwart als dynamische Schnittstelle von Vergangenheit und Zukunft transparent zu machen. Die rhythmische Organisation der Wirklichkeitspartikel ist nur durch die Anwesenheit der ihnen innewohnenden vergangenen Zeit verstehbar. Die Dinge also sub specie durationis zu sehen und nicht im schematischen Vorwärtsschreiten der physikalischen Zeit untergehen zu lassen, ist die eigentliche Treue zu ihnen. Hier, im Begriff der Treue, liegt der Kern, in dem die Antinomie von Sein und Werden mit der von Ich und Gemeinschaft zusammenfällt. Aufgelöst aber werden beide nicht. Hofmannsthal wiederum hat genau dafür ein unvergleichbares Motiv gefunden, das zur Metaphorik der unauslotbaren Brunnentiefe zurückführt. „Wer leben will, der muß über sich selber hinwegkommen, muß sich verwandeln: er muß vergessen. Und dennoch ist ans Beharren, ans Nichtvergessen, an die Treue alle menschliche Würde geknüpft. Dies ist einer von den abgrundtiefen Widersprüchen, über denen das Dasein aufgebaut ist, wie der delphische Tempel über seinem bodenlosen Erdspalt.“

(1987)

Ilse Aichinger

Am 1. November 1921 in Wien geboren. Außer den ersten ganz frühen Jahren in Linz verlebte sie ihre Kindheit in Wien. Nach der Einnahme Österreichs durch Hitler im Jahre 1938 geriet ihre Familie unter die Verfolgung des neuen Regimes. Nach dem Krieg studierte sie Medizin, gab aber nach fünf Semestern auf, um den Roman „Die größere Hoffnung" fertigzuschreiben, der 1948 erschien. Dieser Roman sowie die 1948 geschriebene *„Spiegelgeschichte"*, für die sie 1952 den Preis der Gruppe 47 erhielt, machten sie berühmt und unverwechselbar in ihrer Art des Dichtens. „Niemand kann von mir verlangen, daß ich Zusammenhänge herstelle, solange sie vermeidbar sind." Ab 1950 arbeitete sie im Lektorat des S. Fischer Verlags, Frankfurt am Main, und mit Inge Aicher-Scholl an der Hochschule für Gestaltung in Ulm. 1953 heiratete sie Günter Eich. Für ihren Roman „Die größere Hoffnung" und ihre Erzählungen – „Eliza Eliza" (1965); „Schlechte Wörter" (1976); „Meine Sprache und ich" (1978) –, für ihre Hörspiele, Szenen und Dialoge „Auckland" (1969); „Zu keiner Stunde" (1980) –, und ihre Gedichte „verschenkter Rat" (1978) erhielt sie viele wichtige Literaturpreise, unter anderem: Literaturpreis der Freien Hansestadt Bremen (1957), Literaturpreis der Bayerischen Akademie der Schönen Künste (1961), Nelly-Sachs-Preis (1971), Preis der Stadt Wien für Literatur (1974), Georg-Trakl-Preis (1979), Petrarca-Preis (1982), Franz-Kafka-Preis (1983), Marie-Luise-Kaschnitz-Preis (1984). Ilse Aichinger ist Mitglied der Deutschen Akademie für Sprache und Dichtung, der Bayerischen Akademie der Schönen Künste und der Berliner Akademie der Künste. Seit 1984 lebt sie in Frankfurt.

Buchveröffentlichungen: *Die größere Hoffnung.* Roman. Frankfurt: S. Fischer 1948, 1976 und 1986/*Der Gefesselte.* Erzählungen. Frankfurt: S. Fischer 1953 und 1967/*Die Knöpfe.* Hörspiel. Frankfurt: S. Fischer 1953/*Zu keiner Stunde.* Dialoge. Frankfurt: S. Fischer 1957 und 1980/*Besuch im Pfarrhaus.* Hörspiel. Frankfurt: S. Fischer 1961/*Wo ich wohne.* Erzählungen, Dialoge, Gedichte. Frankfurt: S. Fischer 1963/*Eliza Eliza.* Erzählungen. Frankfurt: S. Fischer 1965/*Auckland.* Hörspiele. Frankfurt: S. Fischer 1969/*Nachricht vom Tag.* Erzählungen. Frankfurt: S. Fischer 1970/*Schlechte Wörter.* Frankfurt: S. Fischer 1976/*Meine Sprache und ich.* Erzählungen. Frankfurt: S. Fischer 1978 und 1986/*Verschenkter Rat.* Gedichte. Frankfurt: S. Fischer 1978 und 1986.

Ilse Aichinger

Hilfsstelle

Heute, das war Donnerstag. Die anderen Tage hießen gestern, vorgestern, vorvorgestern oder auch morgen, übermorgen, überübermorgen, sie teilten die alten Lasten unter sich, Vergangenheit und Zukunft, sie teilten unter sich Unsicherheit, Furcht vor Bomben und Staatspolizei, Gerüchte, Deportationsmöglichkeiten, schlechte Nachrichten. Sie waren ein finsterer Vorhang, und vielleicht wären manche von uns fortgegangen aus diesem Raum, der sich unsere Welt, unser Leben nannte, wäre nicht der blitzende Streifen gewesen, der uns das Licht hinter dem Vorhang bewies, die Möglichkeit der anderen Existenz, der Wärme, der Geborgenheit, des Spiels. Des sinnvollen und unaufhebbaren Augenblicks.

Daß es einen Ort gab wie den Universitätsplatz oder den kleinen Anbau im zweiten Hof des erzbischöflichen Palais: ich weiß viele, für die das der einzige, und genug, für die es der letzte Beweis dieser anderen Existenz war.

Unlängst ging ich an einem heißen Spätsommertag durch den zweiten Bezirk, vor langem und vor kurzem das Ghetto von Wien. Ich suchte in diesem Bezirk nach einer Straße, in der Straße nach einem Haus, in dem Haus nach einer Wohnung. Die Straße fand ich, bei dem Haus blieb ich unsicher, die Wohnung fand ich nicht. Einen Augenblick blieb ich stehen und schaute durch die heiße stille Luft auf die andere Straßenseite. Sie konnte dort gewesen sein, wo eine fast symmetrische Lücke den Durchblick noch immer freigab. Wie ein Fesselballon war sie weggeflogen, hinter ihren Bewohnern her, hinter allem, was dort gespielt hatte. Ich ging hinüber und fragte die Hausbesorgerin des alten niedrigen Hauses, das frisch verputzt ohne diesen weggerissenen Teil ganz gut auszukommen schien. Sie wußte nichts, sie war erst später in diese Gegend gezogen. Sie sah mich unsicher an, so wie ich nun selbst geneigt war, mich anzuschauen. Hatten sie jemals existiert, diese Bewohner? Nicht nur ihre Briefe, ihre Betten und Schränke waren verbrannt. Wo waren sie bewiesen, nicht durch Urkunden, durch Geburt und Ahnen (wie sehr man dadurch unbewiesen blieb, hatten wir erfahren), sondern lebendig und sinnvoll sich selbst und mir bewiesen, aus welchem Stein konnte ich die Funken wieder schlagen, konnte ich sie zurückholen in die Erinnerung und damit in die Gegenwart? Ich wußte es jetzt. Es waren wieder die beiden Türme auf dem alten Universitätsplatz, es war wieder der zweite Hof des erzbischöflichen Palais in Wien. Wo sie Hilfe und im inneren Sinn Rettung gefunden hatten, fand sie auch die Erinnerung.

Ich sah uns wieder an der alten Kirchenmauer lehnen und die anderen erwarten, ehe wir hineingingen, ich hörte die Gespräche von damals wieder, die Geplänkel, selbst die Spiele, mit denen wir uns die Freiheit des Schulkinderdaseins, der hellen verlassenen Schulhäuser zurückspielten, die dahin war. Ich sah uns die alte Kirche betreten, ein Schiff, das uns aufnahm, das uns in ein Land trug, wo keine Bürgschaften verlangt wurden, wo man nicht zurückgewiesen oder mit Unbehagen betrachtet wurde, ein Land, das sich umsomehr als Heimat erwies, je fremder es vielen von uns zuerst schien. Der Westen und der Osten – unnütz, die aufzuzählen, die uns allein mit unseren Verfolgern gelassen hatten. Aber hier war ein Land. Ich sah uns an der rechten Seite der Kirchenbänke entlang gehen. Nie war die Tür verschlossen, die Treppe versperrt, die uns weiterführte. Nie waren wir unwillkommen, nie war die Stimme ungeduldig, die uns empfing. Das Glück, das uns hier gewünscht wurde, hielt stand.

Sie war eine der ersten gewesen, die gekommen, eine der ersten, die gegangen waren. Sie hieß Gretl, aber das Märchen hieß anders. Kein Hänsel, keine Rückkehr aus den finsteren Wäldern. Sie war sechzehn und hellsichtig genug. Von uns kommt keiner zurück. Manchmal sagte sie es fast triumphierend, wenn ich sie in der engen, immer etwas dumpfen Wohnung besuchte. Dann war es, als verwandelte sich diese Wohnung schon damals in die helle Lücke von später, die den Durchblick freigab. Sie hing nur selten den schwankenden Hoffnungen der Erwachsenen nach, ihrer Verwandten oder der Freunde in dem englischen Kurs, den sie besuchte. Sie hatte ihre Hoffnung in eine andere Richtung gewandt.

Ich sehe uns in der halbdunklen Kapelle stehen, ich höre die Stimme wieder, die erklärte, was ein Taufpate hier zu tun hätte. Denn hier lag kein Kind in den Steckkissen, keine verlegene Taufgesellschaft stand lächelnd herum. Die vertrauten Bilder waren dahin. Aber die Kerzen brannten und die Stimme von vorhin sagte jetzt die alten Worte, als sagte sie sie zum ersten Mal. Mit dem neuen Namen hob sie das Märchen auf. Keine Enten, die über die östlichen Flüsse trugen, Minsk, Lodz oder Riga, keine Orte für Vaterhäuser. Aber es war nicht mehr nötig, aus den Wäldern heimzufinden, die Wälder selbst führten heim. Die Finsternis war verwandelt worden.

Aber nicht nur die Finsternis, auch was sich an Schattierungen, an Grau, an Öde, an Angst und Verlassenheit um sie ausbreitete, wurde hier verwandelt. Von Weihnachten begonnen wurde jedes Fest sich selbst wiedergegeben und stand neu aus den Schatten auf. Und wenn die Gespräche rundherum sich mit der Möglichkeit zu überleben befaßten, so befaßten sie sich hier immer mit der Möglichkeit zu leben. Diese Art zu fragen, ist manchen von uns geblieben. Wenn sie sich zu verlieren droht, kommen uns die Bilder von damals zu Hilfe: unser Pater, der Äpfel oder Nüsse über den Tisch warf, der nach den schwierigsten Augenblicken des Tages fragte, und wie man ihnen beikommen könne, der gelassen den Platz vor der geheimen Polizei kreuzte, die Brücken, wann immer es ihm nötig erschien; seine Helferinnen, die uns zu Schwestern oder Müttern wurden, oder zu beiden, die heimlichen Proben zu unseren Festen, zu denen manchmal der Kardinal kam, als Gastgeber der Hilfe und als ihr Gast. Nicht wie Wohltäter zu Waisenhausfesten zu kommen pflegen, mit einem raschen Lächeln und ebenso rasch entschlossen, zu gehen. Er kam, bereit zu bleiben und nicht nur den Augenblick der Freude mit uns zu teilen. Die ihn gesehen haben, wissen es. Und die ihn nicht gesehen haben, wissen es auch. Wer diese Tür in seinem Haus offenhielt, ließ sich selbst keine andere Wahl, sowenig wie derjenige, der täglich, um zu helfen, durch sie ein- und ausging.

Eingestellte Deportationen, ein Visum dahin, ein Visum dorthin? Daran zu glauben, fällt manchen von uns bis heute schwer. Polrouten, Schiffslinien, Straßennetze, die uns tragen, wohin wir möchten: es gibt Augenblicke, in denen sie mir wie die verzweifelten Gerüchte in den Gassen des Ghettos erscheinen. Aber bis zuletzt werden wir Dächer und Türme der Hilfsstelle von damals über uns fühlen, werden die Helfer von damals schützend in unseren Türen stehen, um die Schrecken abzuwenden oder, wo das unmöglich ist, sie zu teilen. Bis zuletzt werden uns die Stimmen von damals glaubwürdig versichern, daß uns nichts geschehen kann.

(1978)

Karl-Otto Apel

1922 geboren in Düsseldorf.
1950 Promotion in Bonn.
1961 Habilitation in Mainz.
1962–69 Ordentlicher Professor für Philosophie in Kiel.
1969–1972 Ordentlicher Professor für Philosophie in Saarbrücken.
Seit 1972 Ordentlicher Professor für Philosophie in Frankfurt am Main.

Buchveröffentlichungen: *Die Idee der Sprache in der Tradition des Humanismus von Dante bis Vico*. Bonn: Bouvier 1963 und 1980/*Transformation der Philosophie*. 2 Bände. Frankfurt: Suhrkamp 1973/*Der Denkweg von C. S. Peirce*. Eine Einführung in den amerikanischen Pragmatismus. Frankfurt: Suhrkamp 1975/*Die ‚Erklären/Verstehen'-Kontroverse in transzendentalpragmatischer Sicht*. Frankfurt: Suhrkamp 1979.
Herausgeber, Mitherausgeber und Mitverfasser: *Praktische Philosophie Ethik I*. Reader zum Funkkolleg. Frankfurt: S. Fischer 1980/*Funkkolleg Praktische Philosophie/Ethik: Dialoge*. Band I u. II. Zs. m. D. Böhler und C. Kadelbach. Frankfurt: S. Fischer 1984/*Funkkolleg Praktische Philosophie Ethik: Studientexte*. Band I–III. Zs. m. D. Böhler und K.-H. Rebel. Weinheim und Basel: Beltz 1984.

Karl-Otto Apel

Die Situation des Menschen als ethisches Problem

Die Situation des Menschen ist ein ethisches Problem für den Menschen.

Was ist hier mit „Situation des Menschen" gemeint? Man könnte an die gegenwärtige Situation der Menschheit denken, etwa an die Herausforderung der moralischen Vernunft, die in der Gefahr eines nuklearen Vernichtungskrieges oder in der vielleicht noch größeren Gefahr einer Zerstörung der menschlichen Öko- und Biosphäre enthalten ist. Tatsächlich sind damit bereits Umstände genannt, welche die Rede von *der* Situation des Menschen durchaus rechtfertigen; denn sowohl die Gefahr des nuklearen Krieges als auch die ökologische Krise betreffen ja *die Menschheit als Ganzes:* Hier wird zum ersten Mal in der bisherigen Weltgeschichte eine Situation sichtbar, in der die Menschen angesichts der gemeinsamen Gefahr dazu aufgefordert sind, gemeinsam die moralische Verantwortung zu übernehmen. So jedenfalls könnte man – noch vor aller philosophischen Analyse und Rechtfertigung von Begriffen wie Moral und Verantwortung – das Neue der gegenwärtigen Situation der Menschheit kennzeichnen: Das neue Problem läge also in der Notwendigkeit einer *Makroethik*. In ihr ginge es – jenseits der moralischen Verantwortung des einzelnen gegenüber seinem Nächsten, auch sogar noch jenseits der Verantwortung des Politikers im üblichen Sinne der „Staatsräson" – darum, die Verantwortung der Menschheit für die Folgen (und Nebenfolgen) ihrer kollektiven Handlungen im planetaren Maßstab zu organisieren.

Insoweit hätten wir eine vorläufige Begründung für die These gewonnen, daß die Situation des Menschen *heute* ein ethisches Problem für den Menschen ist. Aber war nicht die Situation des Menschen immer schon ein ethisches Problem für den Menschen?

Die *Bibel* deutet an, daß diese Situation in der Tat durch den Sündenfall der ersten Menschen konstituiert ist: Seitdem wissen die Menschen um den Unterschied von Gut und Böse. *Kant* hat dieses mythisch vorgestellte Ereignis in seinem Aufsatz über den „mutmaßlichen Anfang der Menschengeschichte" bereits evolutionstheoretisch gedeutet: als „Übergang aus der Rohigkeit eines bloß thierischen Geschöpfes in die Menschheit, aus dem Gängelwagen des Instinkts zur Leistung der Vernunft, mit einem Worte, aus der Vormundschaft der Natur in den Stand der Freiheit" (Bd. VIII, S. 115).

Im Lichte *Jakob von Uexkülls* und der modernen Ethologie könnte man diese evolutionstheoretische Deutung etwa folgendermaßen ergänzen und vertiefen: Durch die Erfindung von Werkzeugen und Waffen hat der Mensch die organisch bedingte Entsprechung zwischen der „Merkwelt" seiner Sinneserfahrung und der „Wirkwelt" seiner möglichen Handlungseffekte aufgehoben. Seitdem übertrifft die mögliche Wirkung seiner Handlungen grundsätzlich die mögliche Verhaltenskontrolle durch spezifische sinnlich-emotionale Verhaltensauslöser. Insbesondere gilt dies für die Auslösung von instinktresidualen Tötungshemmungen. Schon der Faustkeil mag in dieser Hinsicht eine technische und moralische Revolution bedeutet haben; denn er ermöglichte wohl überhaupt erst Kains Brudermord und damit zugleich jenes Erschrecken des Täters vor den Folgen seiner Tat, das so etwas wie ein religiös-ethisches Sündenbewußtsein motiviert hat. Ein ähnliches Sündenbewußtsein ist im Totemismus auch für das Verhältnis des Jägers zum getöteten Jagdwild und später sogar für das Verhältnis des Ackerbauers zur ausgebeuteten Fruchtbarkeit der Erde nachweisbar. Denn auch die Erde mußte zwecks Erneuerung ihrer Fruchtbarkeit in entsprechenden Riten versöhnt werden.

Kurz: der *Übergriff* des „homo faber" über die vormaligen, organisch bedingten Instinktschranken, sein Eingriff in die natürliche Umwelt durch *Werkzeuge* und insbesondere sein *tödlicher Waffenzugriff* auf Tiere und Mitmenschen: dies alles scheint im mythischen Zeitalter bereits zu einer Geburt des moralischen Gewissens im Sinne der Notwendigkeit von Sühne, Vergeltung und Versöhnung geführt zu haben. Vor dem Hintergrund dieses mythischen Bewußtseins moralischer Normen erfolgte dann in der „Achsenzeit" *(Karl Jaspers)* der euroasiatischen Hochkulturen der Übergang zur „Ethik" im Sinne der Weltreligionen und der Philosophie.

Im darauffolgenden Zeitalter der Wissenschaft und Technik hat nun die Kluft zwischen der „Wirkwelt" des Menschen und seiner organisch bedingten, sinnlich-emotionalen „Merkwelt" nochmals eine neue Qualität erreicht. Angesichts der räumlichen und zeitlichen Reichweite insbesondere der kollektiven Handlungen der Menschen – der Kriegshandlungen sowohl wie der industriell-technischen Aktivitäten – ist es jetzt dem Menschen kaum noch möglich, unmittelbar von den Folgen seiner Handlungen sinnlich-emotional *betroffen* zu sein. An die Stelle eines gewissermaßen instinkt-residualen Sündenbewußtseins muß jetzt definitiv die *Verantwortung der Vernunft* treten. „Homo sapiens" muß nun erkennen, daß „homo faber" ihm weit voraus ist mit dem, was er schon angerichtet hat und noch anrichten kann, und daß ihm nun – vielleicht in letzter Stunde – die Aufgabe zufällt, die entstandene Kluft auszugleichen (zu kompensieren), und das heißt: mit Hilfe der „praktischen Vernunft" eine Antwort zu geben auf eine Lage, die er aufgrund der technischen Ratio im wesentlichen selbst geschaffen hat.

Mit dieser einseitig dramatisierenden Illustration läßt sich, wie mir scheint, eine erste Vorstellung davon gewinnen, daß die Titelthese meines Beitrags nicht nur die heutige Situation der Menschheit betrifft, sondern damit zugleich die stammesgeschichtlich bedingte Situation des Menschen überhaupt: die Situation des Freigelassenen der Natur, der äußerlich als „homo faber" und innerlich als potentieller „homo sapiens" aus dem Determinationsbereich der Naturgesetze herausgetreten und eben dadurch auf normative Prinzipien einer Ethik angewiesen ist – auf Prinzipien der Vernunft, die allenfalls durch ihn, d. h. durch seine habituelle Befolgung dieser normativen Prinzipien, ihre Analogie zu den unverbrüchlichen Naturgesetzen erweisen können[1].

(Erstmals erschienen in „Zeitschrift für Pädagogik". Nr. 5. 28. Jg. 1982. Auszug)

1 Unterschied und Analogie zwischen Naturgesetzen und normativen Vernunftprinzipien wurden von *Kant* – und danach insbesondere von *Charles S. Peirch* – herausgestellt. Die – naiv-szientistische – Voraussetzung universaler Naturgesetze des menschlichen Verhaltens beruht m. E. auf der Verwechslung verdinglichter Quasi-Gesetze (Verhaltenspositionen) im Sinne der historisch jeweils sedimentierten Quasi-Natur des Menschen mit dem, was als Ergebnis eines Rationalisierungsprozesses allenfalls kontrafaktisch antizipiert werden kann. Vgl. *APEL* 1979a, S. 233 ff. u. 289 ff.

Frank Arlig

Erste literarische Veröffentlichungen noch ,unterm Strich', im Feuilleton. Satirische Zukunftsutopien, Gedichte, Lyrik, Texte und Geschichten über ,Liebe in der besseren Gesellschaft', über Staat und Statistiker; Fachberichte über internationales Theater- und Modegeschehen; im Funk zuletzt über Caféhaus-Kultur. 1968–71: Kulturmagazin „notabene". Texte zum „Frieden". Auftritte beim Peace-Festival in Zürich (1976), nach Mitherausgabe der „Friedensfibel" (1982) Teilnahme an Aktionswochen, Podiumsdiskussionen, Lesungen in Schulen, Bibliotheken etc. 1980: Lesekabarett, u. a.: „Männlich bis zum Wahn" (die Fortsetzung, „Weiblich bis zum Untergang", fiel einer Einsicht zum Opfer). „Gegenwärtige Zukunft", ,Dia-Show mit Frank Arlig, dem Mann, der aus dem Dunkeln liest' (visualisierte Texte / Collagen). Ausgedehnte Reisen durch Südostasien. Seit 1985: Kulturredaktion „Akt", Frankfurter Theaterzeitung, redaktionelle Neukonzeption und Erweiterung.

Buchveröffentlichungen: *Zungenrede.* Friedrichsdorf: Produktion Eschwege & Wölbing 1987.
Mitherausgeber: *Friedensfibel.* Frankfurt: Büchergilde Gutenberg 1982.
Zahlreiche Veröffentlichungen in Zeitungen und Zeitschriften.

Frank Arlig

Sag „action"

Es war bei einem Pressegespräch über die Arbeit an seinem neuen Film, als Ekke, nach seinem Privatleben befragt, sich schüttelte wie ein nasser Hund. „Meine Welt ist das Theater, ist der Film, nicht die Familie!" Sofort hakte einer nach: „Was haben Sie gegen Familie, hängt das mit Ihrem Privatleben zusammen?" Ganz sachlich wollte Ekke antworten, doch er wurde bissig: „Wäre mein Privatleben so interessant wie meine Filme, ich würde es zu Geld machen." Ekke blickte auf die zahlreich erschienenen Journalisten. Er hatte über seinen Film erzählen wollen, über die Problemstellung, er wollte vor falschem Heldentum warnen, Leben zeigen, das da qualvoll zu Ende geht. Mehr Leben ins Sterben bringen und so den verklärenden Tod ausrotten: ‚Im Krieg gefallen', nichts von Wirklichkeit, nichts vom leibhaften Sterben. Auf die vergangenen Kriege in Europa, auf die gegenwärtigen Kämpfe in Lybien, das Sterben von Iranern und Irakern wollte Ekke zu sprechen kommen. Und jetzt diese sensationsgeilen Wesen, die auf ganz andere Reizworte reagieren, die begierig auf Stories aus geschlechtlichem Bereich warten und nichts von Liebe verstehen. ‚Hätte ich ein Maschinengewehr im Arm, ich würde sie niedermähen!' Zutiefst entsetzt über diesen Gedanken, verließ Ekke fluchtartig den Raum.
Ekke machte Schlagzeilen: „Ein machtbesessener Regisseur", „Ein Mensch wie ein Wolf", „Ein Künstler, der seine eigenen Kinder frißt", „Faschistisches Gedankengut: Mehr Leben ins Sterben bringen", „Ein neuer deutscher Film: Aufruf zu mehr Heldentum". Maja atmete auf: Kein Wort vom Umraum der Dreharbeiten, keine Titelzeile „Ekke und Frank".

(Aus „Sag ‚action'!" Romanmanuskript 1987)

Fernweh hautnah

Spätnachmittags, wenn am Äquator die Grillen wieder zu zirpen beginnen, die ersten Hunde bellen, die Ketten der Geister klirren – spätnachmittags um sechs, kurz vor der Nacht. Die letzten Takte des Dankes an die versunkene Sonne, jetzt enden die Anbetungsgesänge beim Tempel. Das Meer wird lauter bei steigender Flut, Welle auf Welle bricht sich von Riff zu Riff, das Rauschen überlagert die Melodie des Gesangs. Die Wedel der Palmen rascheln stärker beim Wechsel zur Nacht. Nicht alles stirbt mit dem Tag. Madame ruft zum Essen, einer der Boys kommt mit der Lampe und leuchtet mir vorm Spiegel. Streng sind die Sitten bei Tisch: mein javanisches Hemd ist bis zum obersten Stehkragenknopf hinauf zu verschließen. Unmöglich, als Frau mit tiefem Ausschnitt, als Mann mit halbnackter Brust an der Tafel zu sitzen. Madame bestimmt, wer es wert ist, die Strahlkraft des ‚holy place' erleben zu dürfen. Madame wirkt weise. Sie lehrt an der Universität. Der junge Mann steht hinter mir, achtet genau auf mein Tun. Ich kann ihn im Spiegel sehen. Gern würde ich ihn berühren, die starken Schultern, die Hüften, und denke zugleich an Madame.

(Aus „Fernweh hautnah." Berichte. Manuskript 1983)

Fastentage – Fastennächte

Bei dieser Nullzufuhr hat sich der Körper voll auf Eigenfraß umgestellt, jetzt wird vom eigenen Speck gezehrt. Die Morgenkontrolle zeigte, daß sage und schreibe – und ich schreibe es gern nieder – nochmals zwei Kilo weniger in die Stadt geschleppt werden. Mein Körper spielt wieder mit, und irgendwie habe ich das Gefühl, er erinnert sich an frühere Fastenzeiten und macht gern mit. Als ob es ihm Vergnügen bereitet, ans Eingemachte zu gehen! Andere sind mehr auf Vorratswirtschaft eingestellt: man weiß ja nie, wie schlecht die Zeiten werden. Mancher speichert so viel, daß weder Kreislauf noch Venen oder Herz das über Jahre aushalten. Ich schwöre aus Erfahrung auf die jährliche Entschlackung. Sadistisch betrachte ich die Menschen auf der Freßgasse. Pariser Flair, es ist eine Lust zu essen: die Lachsvorspeise, die Austern, Hühnerbrüstchen in Curryrahm, Ochsenbrust mit Grüner Sauce oder Wachteln, mit Speck umwickelt. Als Fastender stehe ich über den Dingen des Alltags. Völlerei ist Selbstmord. „Die Menschheit frißt sich zu Tode", sagte mahnend mein Arzt, als er mir das letzte Mal tief auf den Nabel schaute.

(Aus „Fastentage – Fastennächte." Erfahrungen und Visionen. Manuskript 1986)

Um Kopf und Kragen

Hören Sie zu! Hören Sie auf, Tag für Tag achtlos an Ihrem Glück vorüberzugehen. Ich sage Ihnen, was Ihnen fehlt, was Sie noch brauchen, was Ihnen zum Leben – was sage ich – was Ihnen zum Überleben noch fehlt! Ahnen Sie es? Nehmen Sie hier einen Schein und notieren sie Namen und Anschrift. Wünschen Sie sich, was unerreichbar scheint. Haben Sie keine Scheu, Sie genießen unser Vertrauen. Wir helfen Ihnen bei der Erfüllung Ihrer Wünsche. Geben Sie sich freiwillig in die Hand unserer hübschen jungen Damen. Unsere Firma wird das Füllhorn über Ihrer Familie, über Ihnen allen ausleeren. Wir wissen, was Ihnen noch fehlt: die Zweitausstattung Ihres engsten Lebensraumes. Ein zweites Bett, eine Ersatzküche, ein dritter und noch ein Teppich und das Geschirr für Sonn- und Feiertage und eine Ausstattung für Fisch. Wir verhelfen Ihnen zu Ansehen und Lebensart. Ihnen fehlt nicht die besondere Schulbildung, denn für Ihre Zukunft sind wir da. Reichen Sie uns Ihre Hände, wir führen Sie, wir werden Sie zu Ihrem Glücke zwingen. Hemmungslos geben wir all unsere Kraft für Ihre Zukunft, auf daß wir gut leben, damit es uns besser geht. Leicht ist das nicht, das dürfen Sie uns glauben. Im Schweiße seines Angesichts sollst du dein Brot verdienen. Wir tun alles für Sie. Sie sind für uns da, ein gefundenes Fressen, wir kriegen alles, was Sie sich wünschen. Ihnen soll es besser gehen, auch wenn Sie daran zu knapsen haben. Nur nicht schüchtern sein. Schreiben Sie auf, was Sie haben wollen. Wir versprechen alles, mehr als Sie in Ihrem Leben jemals halten könnten. Ja, so ist es gut, füllen Sie alles sorgfältig aus. Aber vergessen Sie nicht zu unterschreiben, Sie wissen, was auf dem Spiele steht.

(Aus „Um Kopf und Kragen". Manuskript 1986)

Dieter Bartetzko

Geboren 10. 2. 1949, in Frankfurt aufgewachsen, verheiratet, ein Kind. Studium der Kunstgeschichte, Soziologie, Philosophie und Germanistik in Frankfurt am Main, Berlin und Marburg. Mitarbeit als Sänger und Schauspieler an Studenten- und Kleinkunstbühnen. Promotion – Thema NS-Architektur – 1983 in Marburg. Seither tätig als freier Journalist und Essayist. Haupttätigkeitsgebiet Architekturkritik, insbesondere für die „Frankfurter Rundschau", „Tageszeitung", Architektur-Fachzeitschriften und verschiedene Sende-Anstalten (HR, SWF, SFB, NDR). Gelegentliche Auftritte als Sänger, vorwiegend mit deutschen Chansons der zwanziger Jahre.

Buchveröffentlichungen: *Zwischen Zucht und Ekstase.* Zur Theatralik von NS-Architektur. Berlin: Gebrüder Mann Verlag 1985/*Illusionen in Stein.* Stimmungsarchitektur im deutschen Faschismus. Ihre Vorgeschichte in Theater- und Filmbauten. Reinbek: Rowohlt 1985/*Architektur kontrovers.* Schauplatz Frankfurt. Frankfurt: Campus Verlag 1986/*Verbaute Geschichte.* Stadterneuerung vor der Katastrophe. Darmstadt: Luchterhand 1986.

Dieter Bartetzko

Nachgelebte Lieben

Warum eigentlich sind Friedhöfe so oft von hohen Mauern umschlossen? Wer wird geschützt, wer von wem ferngehalten? Leute wechseln häufig die Straßenseite, wenn solche Mauer auftaucht. Auch Friedhofsgärtnereien werden gemieden; die Anwohner brauchen Monate, ehe sie die Scheu überwinden und im wenige Schritte entfernten Blumenladen Sträuße für die Wohnung kaufen.

Der Laden befindet sich gegenüber der rotsandsteinernen Quadermauer des alten Jüdischen Friedhofs. Die Sockelsteine sind porös, zimtfeiner, glitzernder Sand bröselt aus ihnen, der Rest ist überwuchert von breitblättrigem, wildem Wein. Manchmal sieht man Gruppen schwarz gekleideter bärtiger Männer, Schläfenlocken unter den breitkrempigen Hüten. Es sind Chassidim, die hier die Gräber berühmter Rabbis besuchen. Vergangenen Spätsommer saßen einige auf der Mauerkrone, ausruhend, den Blick abgewandt, die Umrisse wie gezeichnet vor dem blau-goldenen Nachmittagshimmel. Der Friedhof ist bestanden von riesigen alten Bäumen, Platanen, Tannen, Weiden und Eschen, eine langgestreckte Arkadenhalle trennt ihn vom christlichen Teil. Ihre Stirnseiten und die dem jüdischen Friedhof zugewandte Längswand sind öffnungslos, wie Festungsmauern.

Außer der von Kindheit an eingeübten Scheu vor Todessymbolen ist es die unvermeidliche Begegnung mit Trauernden, die einen den Blumenladen an der Friedhofsmauer meiden läßt. Im November trifft man sie noch häufiger als sonst, alte Menschen meist, die Frauen fast durchweg in Schwarz, weniger die Männer, bei ihnen überwiegt sorgfältig ausgesuchte Festtagskleidung, Anzüge und schwere Wollmäntel, oft noch zu warm für die Jahreszeit.

Jenseits der bewußt vollzogenen Gesten, der Trauer-Konventionen, mit denen Buketts oder Kränze in Auftrag gegeben werden, vollzieht sich anderes. Auf den Gesichtern derjenigen, die Sträuße für die Gräber ihrer toten Lebensgefährten kaufen, erwacht kaum merklich das vergangene Leben: Verschwenderisch wie in den ersten Tagen einer beginnenden Liebe werden Rosen erstanden, im verhaltenen Stolz, mit dem ein alter Mann langstielige Baccarats fordert, klingt der des Jünglings wieder, der zum ersten Male Blumen für die Geliebte kauft. Für Sekunden sind die wachsamen Augen die des Verliebten, der gespannt prüft, ob das Rot rot genug, die Zahl nicht zu verschwenderisch, aber auch nicht zu kleinlich bemessen ist. Ehefrauen holen mit sorgsam zusammengestellten Arrangements nach, was gesellschaftliche Verhaltenscodices hinderten, schenken nun, was zu schenken allenfalls bei Krankenhausbesuchen erlaubt war; nachgeholte Liebesgabe. Nachholen bestimmt das fiebrige Spähen nach besonders hübschen Blumen, Nachholen, was Gewöhnung, Gleichgültigkeit oder jenes Leben, als gäbe es kein Ende, versäumen ließen. Hartnäckig, als könne etwas rückgängig gemacht werden, kommen diese Leute, unbewußte Doppelgänger der eigenen Jugend, nachlebend, was Jahrzehnte zurückliegt.

Auch im Abstumpfen: von mal zu mal wird die Erregung schwächer, nimmt die Beruhigung zu. Irgendwann sind die Zurückgebliebenen wieder sie selber, eingesponnen in Alter und Gegenwart, so, als sei das vorherige gemeinsame Leben nun endgültig abgeschlossen, die Gemeinschaft mit dem anderen zu Ende gebracht.

Zur Zeit werden die Friedhofseingänge restauriert. Handwerker ziehen die Fugen und

Simse der klassizistischen Bauwerke nach, erneuern die lastenden antikisierenden Voluten über der Gräberhalle. Dort, hinter einem graziös geschwungenen Gittertor, sind Reliefs von Thorwaldsen angebracht, klassische Trauerfiguren, antik gewandet, verhalten, besonnen im Schmerz. Ideale, der Zeit und Gefühlen entrückt. Sie haben wenig zu tun mit denen, die ihre Sträuße vorübertragen.

(1987)

Günter Barudio

Am Jahrestag der Peipus-Schlacht 1942 in Dahn/Pfalz geboren. In Fischbach (Wasgau: „Land des Walthari-Liedes“) aufgewachsen, Katholische Volksschule. Bauern- und Arbeitersohn – ab 1953 Humanistisches Gymnasium in Dahn, Fahrschüler. Von 1960 an Lehre als Ölbohrer bei der PREUSSAG in Berkhöpen/Kreis Peine. Seit 1962 in Frankfurt: als Betriebsschlosser, Automateneinrichter, Lagerarbeiter, Wurstenthäuter, Eisblock-Müller, Bauarbeiter, Elektromonteur und Kaiserstraßen-Kellner tagsüber tätig. 1964 Eintritt in die SPD. 1965 als „Adamit“ externes Abitur (Gagern-Gymnasium). Studium der Rechte, Philosophie, Geschichte und exotischer Sprachen: Goethe-Universität. Erster Wandzeitungs-Verfasser während der „Kultur-Revolution“, vom SDS als „Einzelkämpfer“ fast gesteinigt. 1969/70 Forschungsstipendiat in Uppsala/Schweden. 1973 im Fach Osteuropäische Geschichte promoviert. „Berufsverbot“ von links, arbeitslos, Nachhilfe, Hiwi, Halb-Assistent, Forschungsauftrag, unterdessen Ehemann. 1978 Gründung des Verlages BARUDIO & HESS sowie des Satire-Magazins FRANCO FURTO. Seit 1981 selbständiger Publizist, „Wanderprediger“ in Sachen „aristotelischer Kulturstaat“ (Bebel), Dialekt-Dichter (1984 Fritz-Dautermann-Preis für „unverfälschte Mundart“, Bockenheim/Weinstraße), Goytisolo-Maure, Archiv-Fetischist, Baudelaire-Fanatiker, militanter Nicht-Raucher, Gelegenheitsjournalist und Geschichtsschreiber. Lebt seit 1963 im „Lusdische Dorff Bernem“.

Buchveröffentlichungen: *Absolutismus.* Zerstörung der ‚libertären‘ Verfassung. Teildruck aus der Dissertation. Wiesbaden: Steiner 1976/*Das Zeitalter des Absolutismus und der Aufklärung. 1648–1779.* Band 25 der Fischer-Weltgeschichte. Frankfurt: S. Fischer 1981/*Gustav Adolf – der Große.* Eine politische Biographie. Frankfurt: S. Fischer 1982/*Der Teutsche Krieg 1618–1648.* Gesamtdarstellung des Dreißigjährigen Krieges. Frankfurt: S. Fischer 1985/*Wem das Wasser bis zum Hals steht . . ., darf den Kopf nicht hängen lassen.* Aphorismen. Köln: Windecker Winkelpresse 1986/*Steine und Stoffe.* Eine Firmengeschichte der Feuerfest-Industrie. Göttingen: Refratechnik 1987.
Theaterstücke: *Das eine in allem.* Ein Stück über Spinoza und Leibniz. 1987.
Übersetzungen: *Deutscher Herbst.* Reisebericht Stig Dagermans von 1946. Aus dem Schwedischen. Frankfurt: Barudio und Hess 1981.
Mitarbeit an zahlreichen Handbüchern zur Geschichte.
In Vorbereitung: *Axel Oxenstierna. Paris im Rausch, 1789–1795.* Essays zur Revolution/*Geschichte im Wort.* Lese-Lexikon.

Günter Barudio

Main Frankfurt ...

GELEITSSTRASSE. Der Streit unter Splanchnologen, den in Eingeweide Eingeweihten, ob Baudelaire in seiner poetischen Leichenschau des bös aufblühenden Paris vorübergehend PERVERS geworden sei, wird in der Regel mit dem Hinweis beigelegt, daß bei diesem Dichter PER VERS alles ganz anders auszugehen pflegt. Mit solchen Spielchen oder kunstvollen Oden an den Henninger-Turm samt den himmelhohen Sinnstümpfen des Kapitals längs der Taunus-Anlage bis zur Alten Oper hin ist den wachsenden Ungereimtheiten in der *unregierbaren* Main-Metropole nur selten beizukommen. Denn Frankfurt ist weder Danzig noch Dublin. Literarische Erfassungen, dichterische Überhöhungen und philosophische Zuneigungen liegen dieser Stadt nicht, was immer auch an Geistreichelei ausgeheckt werden mag. Sie taugt lediglich zu bündigen Einsichten und bissigen Ansichten. Dafür ist das Szenario in der Sachsenhäuser Geleitsstraße ein ätzender Beleg: Dort schielen nämlich die Lektoren eines hundertjährigen Verlages auf die leeren Schreibtische von Werbetextern. Dabei träumen sie von deren üppigen Gehältern – oft das Dreifache ihres Lohnes –, während die Sprücheklopper versteckt daran denken, nur ein einziges Mal im Leben das Schleppnetz dieses Verlages mit einem eigenen Buch anfüllen zu dürfen: Von der Illusion geleitet, man könnte mit Büchern die Welt verändern. Da arbeiten also zwei Berufsgruppen unter einem Dach am WORT, treffen sich auch oft an einem ORT zum Essen oder Kaffee und fühlen sich trotz der gleichen Zigarettenmarke meilenweit voneinander entfernt. Irgendein kluger Kopf glaubte einmal fest an *Goethes dauernde Fremdheit*. Hier findet sich eine Erklärung für diesen Gemütszustand des Ober- und vieler Unter-Frankfurter (aingeblaggd odder nedd). Denn sie leben alle nach dem Motto: Wenn eine Hand die andere wäscht, ist das bei uns noch lange kein sicheres Zeichen für saubere Verhältnisse; schon gar nicht, wenn Main-Wasser hoechst-selbst dabei im Spiele wäre. Ergo: Sie lassen die Finger voneinander, bleiben gerne unter sich, wie es schon Hölderlin, Schopenhauer oder Wilhelm Busch erlebt haben, und nehmen sich höchstens am Wäldches-Tag gegenseitig Stöffche-mäßig auf den Arm.

KULTUR FÜR AALE. Es gehört zum Macht-Ritual unserer Vollblut-Politiker, daß sie den Bürgern von Zeit zu Zeit weismachen müssen, wie sehr diese das Denken den Pferden überlassen sollten. Sprich: dem Pferdeverstand vor allem der auf sechs Jahre bestallten Dezernenten. Dieser Verstoß gegen die parlamentarische Kontrollzeit von vier Jahren ist nicht das einzige Undemokratische am Stadt-Regiment. Auch der wuchernde Größenwahn gesellt sich zu diesem Verhalten, nämlich Errungenschaften von Eliten in Museen auszustellen, um als *Kunst-Demokrat* zu gelten. Vom Pegasus getreten, sind schnell Dichter und Denker bei der Hand, die in Bauern und Rittern „poetisches Talent“ erkennen (Goethe) und Stoff für die Annahme liefern, daß „jeder Mensch in höherem oder geringerem Grade Künstler ist“ (Shaftesbury). Es kommt also nur darauf an, wie sich der solchermaßen geadelte „Michel“ zum Erleben von Kunst und damit Kultur durchwindet. Die Schlangen vor den Museums-Kassen scheinen den Pferde-Verständigen in den kommunalen Ämtern zu bestätigen, was Demokratisierung aristokratischer Ansprüche doch leisten kann. Oder sollte man von Aalen sprechen, die sich an und in Pferdeköpfen festsaugen, sich sattfressen und weggleiten, ohne sich je darüber

Gedanken machen zu wollen, ob sie sich nun an einem Brauereigaul vom Sachsenhäuser Berg oder an einem Rennpferd aus Niederrad gütlich getan haben: Sie ahnen nur, daß sie an etwas *Abgestorbenem* teilhatten. Kein Wunder auch, wenn die Stadt-Schreiber mit Totgeburten wie Literatur-BÜRO oder Roman-FABRIK abgespeist werden, mit Ladenhütern eines Proleten-Kults. Denn schließlich wird jede müde Mark für die neuen Museen benötigt, diese Leichenhallen zerstörter Kulturen. Merkt denn niemand im Deutsch-Ordens-Schloß, daß KULTUR etwas mit einem URKULT zu tun hat und in diesem Sinne mit dem Leben? Wer allen aus Steuergeldern alles bieten will und dabei die Literaten dieser Stadt nur mit Abfällen versorgt, der ist nichts anderes als ein *Aalzüchter* und Kultivierter jenes Klischees, das beim Eintritt in die Frankfurter Buch-Szene von Pferdekennern empfohlen wird: Sei schlau und geschmeidig ....

SCHREIBEN – EIN REIBEN AN EIBEN. Zum Wesen der *Triode* in der Poetik gehört das Streichen von Buchstaben in einem Mutterwort, um auf diese Weise der verschlungenen Magie gereimter Begriffe auf die Spur zu kommen. Dieses Spiel wurde in mir durch den Pegasus auf der Alten Oper, die Betontürme als Mahnmale für Falschmünzer und durch die Eibe im Vorgarten der Elly-Heuss-Berufsschule in Bornheims Löwengasse ausgelöst. Für mich ein besonderer Grund, ehe meine Frankfurter BLÜTEN DES BÖSEN herauskommen, diesen Reiz-Elementen mit dem Programm-Gedicht „DIE EULEN" vorab einen Dank abzustatten. Denn Baudelaires Poem erinnert wie kein anderes jeden Literaten daran, was er beim Wechsel vom Land in die Stadt als tägliche Abreibung zu gewärtigen hat: „Im Schutze schwarzer Eiben/Aufgereiht die Eulen hausen,/So wie Gottheiten von draußen/Ihr Auge glüht./Andacht sie treiben. – Reglos sie ihr Dasein fristen/Bis zur Stunde der Schwermut/Wo, im Tasten schräger Sonnenglut,/Die Finsternisse nisten. – Ihre Art drängt den Weisen zu dem Schluß,/Daß er in dieser Welt fürchten muß/Die Unrast und den Betrieb; – Der Mensch trunken vom Schattentraben/ Trägt immerzu an dem Geißelhieb,/Einen Ortswechsel gewollt zu haben."

(Aus „Main Frankfurt ...". Andere Stadt-Geschichten. Seit Jahren im Entstehen)

Reinhold Batberger

Geboren am 21. Oktober 1946 in Würzburg. Studium der Geschichte, Germanistik, Philosophie. Promotion. Seit 1980 freier Schriftsteller. Lebt seit 1969 in Frankfurt am Main.

Buchveröffentlichungen: *Auge*. Roman. Frankfurt: Suhrkamp 1983/*Beo*. Erzählung. Frankfurt: Suhrkamp 1985/*Skalp*. Roman. Frankfurt: Suhrkamp 1987.

Reinhold Batberger

Ein Idiot

Am Tisch saß ein Idiot / der hatte auch ein Bein
auch zwei / der hatte einen Zahn
auch zwei / der hatte einen Kopf
auch zwei / auch drei
er hatte ein Idiotenkind / das war auf einem Auge blind
es hatte aber drei / zwei waren grün
so sah es in die Welt hinein / den ganzen langen Tisch entlang
sah auf die leere Schüssel / davor sitzt der Idiot.

Du Tier! schrie das Idiotenkind / gib mir mein Herz geschwind zurück
behalte deinen Zahn / auch zwei
auch drei / dein Bein
auch zwei / und deinen Kopf
auch drei du Hund / das Herz ist mir zersprungen
ich hatte auch ein zweites Herz / auch drei
die gib zurück und / auch die Axt
die brauche ich / zum Lieben.

Die beiden Köpfe geb ich dir / mein kleines Alabastertier
das Bein und einen Zahn / auch zwei
von meinen Köpfen / laß mir jedoch die Axt
die fährt mir in den Kopf / zieh ich sie aus dem Herz
die schlägt uns nur den Tisch entzwei / und unser graues Herz zu Brei
und auch der grünen Augen zwei / auch drei
sogar und / hetzt uns
um den Tisch / und treibt uns weg vom Fisch.

Der Fisch samt Axt und Tisch und Herz / sperrt dir das gelbe Maul
die Gräte hängt dir übers Kinn! schrie das Idiotenkind
sprich nicht von meinem Herz / und nicht von grünen Augen
beiß in den Fisch / nicht in mein Herz
auch zwei / du hast ihn mit der Axt gefangen
und auch mein Herz dazu / den Fisch hast du gebraten
du hast ihn aufgegessen / mein Herz hast du gefressen
so bist du dagesessen / seit einer Stund und kugelrund.

Ich gebe dir den Rest vom Fisch / du gibst mir deine Haut
das ist ein schönes Kleid / für mich
das Bein den Zahn den Kopf / auch zwei
du kleine Mißgeburt / mit schwarzem Hals
und grauer Haut / und grünem Herz
so siehst du in die Welt / und in die leere Schüssel
den langen langen Tisch entlang / das Herz so fremd
auch zwei / die Axt die färbt mich rot.

Ich spei auf deinen roten Leib! / schrie das Idiotenkind
und auf die grünen Augen / ich brauch die Axt zum Lieben
der Tisch ist ein zu flacher Himmel / die Schüssel ist so leer
du bist ein abgebrannter Berg / ein Zwerg mit Riesenkopf
auch zwei / auch drei
ich schlag sie dir herunter / und nehm die Axt aus deinem Maul
die Gräte und die Herzen / den Tisch kann ich verschmerzen
dort liegst du / auf dem Bauch

Dort liegst du mit dem Doppelzahn / in deinem gelben Maul
das Blut färbt dir die Köpfe ein / mein grünes Herz
auch zwei / auch drei
die schlag ich mit der Axt entzwei / und auch die Schüssel und den Tisch
ich geh / und übers Jahr
da werde ich dich lieben / auch zwei
auch drei / sogar
ich stürz auf deinen faulen Leib / zu meinem Glück wirst du von mir
zurechtgeschlagen.

(Aus „Skalp“. Erstmals erschienen Frankfurt/M.: Suhrkamp 1987)

Eduard Beaucamp

Geboren 1937 in Aachen. Nach dem Abitur Buchverlagslehre in Köln. Dann Studium der deutschen Literaturgeschichte, der Kunstgeschichte und Philosophie in Freiburg, München und Bonn. Promotion durch Benno von Wiese in Bonn. 1962 Mitarbeiter Rudolf Alexander Schröders in Bergen/Obb. bis kurz vor dessen Tod. Seit 1966 Kunstkritiker und Feuilletonredakteur der F. A. Z. in Frankfurt.

Buchveröffentlichungen: *Literatur als Selbstdarstellung.* Wilhelm Raabe und die Möglichkeiten eines deutschen Realismus. Bonn: Bouvier 1966/*Das Dilemma der Avantgarde.* Gesammelte Kunstkritiken. Frankfurt: Suhrkamp 1976/*Werner Tübke. Arbeiterklasse und Intelligenz.* Eine zeitgenössische Erprobung der Geschichte. Frankfurt: S. Fischer 1985.
Aufsätze in Katalogen, Sammelbänden, Anthologien.

Eduard Beaucamp

Unmögliche Denkmäler?

Im Frühjahr 1986 breiteten die französischen Staatsmuseen im Pariser Grand Palais zum ersten Mal wieder die ganze Fülle – und damit Glanz und Elend – der Skulptur des 19. Jahrhunderts aus. (...) Sichtbar wurde noch einmal der Denkmalhunger, ja, die Denkmalwut der bürgerlichen Epoche, welche nach Ansicht der modernen Ästhetik die Gattung Skulptur restlos ruinierte.

Fast hundert Jahre sind nun die Bildhauer auf der Flucht, in Opposition und voll Verachtung gegenüber dieser angeblich so durch und durch kompromittierten, historisch entleerten, monströsen, kommerzialisierten und mechanisierten Kunst. (...) Die Aversion wurde durch die Tatsache genährt, daß im 20. Jahrhundert vor allem autoritäre, ja, diktatorische Regime bildhauerische Traditionen absichtsvoll kultivierten und die Denkmalplastik zu propagandistischen Zwecken mißbrauchten. So konnte kürzlich noch einmal ein jüngerer Bildhauer kategorisch erklären, ein Denkmal im Dienste der öffentlichen Erinnerung sei für den modernen Künstler eine Zumutung und Unmöglichkeit.

In dieser Ablehnung spiegelt sich die Entfernung der Kunst von der Öffentlichkeit und Gesellschaft. Die moderne Plastik suchte lieber den einsamen Dialog mit der Natur – das Beispiel Moore – als mit der Stadt. Trotzdem blieben unsere Städte nicht arm an zeitgenössischen Monumenten im Stil von „Kunst am Bau" oder Parkdekor. Doch bei diesen oft unglücklichen und zwanghaften Liaisons kamen vielfach nicht mehr als monumentalisierte Eigenwilligkeit, als Manifeste des Widerspruchs und des Trotzes und vor allem Atelierprodukte, die sich zufällig in die Öffentlichkeit verirrt zu haben scheinen, heraus. Erinnert sei an die Aufstellung von Moores „Large Two Forms" vor dem Bonner Bundeskanzleramt im Jahre 1979. Die Kritik – sie kam diesmal bemerkenswerterweise von Künstlerseite – richtete sich nicht gegen die Qualität der Plastik, wohl aber gegen die inhaltlich beliebige Wahl und die Beziehungslosigkeit zum Ort.

Es gibt auf der anderen Seite auch in der Moderne Beispiele gelungener und sinnvoller Denkmalplastik. Sie finden sich naturgemäß besonders im Umkreis gegenständlicher Kunst. Erinnert sei zuallererst an ein Gemälde, Picassos „Guernica", 1936 für die Öffentlichkeit der Pariser Weltausstellung gemalt und Ausdruck des Protestes und der Betroffenheit angesichts des Krieges, ferner an den „Mann mit Lamm", den Picasso 1950 auf dem Marktplatz von Vallauris aufstellen ließ, oder an Zadkines Denkmal für das zerstörte Rotterdam, das, wie kürzlich nachgewiesen werden konnte, das Laokoon-Thema reaktiviert. Erinnert sei aber auch an ein ganz anderes Exempel, ein rein spirituelles Monument, an das Denkmalprojekt des Amerikaners Walter de Maria für den Schuttberg am Rande des Münchener Olympiafeldes, das durch eine unsichtbare Bohrung Geschichte mit Erdgeschichte verbinden und symbolisch versöhnen wollte. Schließlich läßt sich jetzt auch auf Chillidas Frankfurter „Ein Haus für Goethe" hinweisen: eine kapellenartige Architekturplastik mit offenem Abschluß und gleichsam aufgesprengtem Gewölbe, damit freigegebene Formen, die vor freiem Himmel eine Art Sphärenmusik anstimmen.

Sind das exzeptionelle Glücksfälle, Ausnahmen von der Regel des unrettbaren Denkmalgedankens im 20. Jahrhundert? Viele gute Argumente sprechen für seine konditionelle Unmöglichkeit. Die modernen Gesellschaften sind in ihren Triebkräften und Machtverhältnissen unanschaulich und damit undarstellbar geworden. Sie haben die

historischen oder mythologischen Draperien abgestreift. Der Glaube an Ideen und Idealismen ist dahingeschmolzen. Die Demokratie oder auch Teilbereiche wie Politik, Wirtschaft, Industrie leben von vorübergehenden Repräsentanzen. Die Macht ist unpersönlich, durch Gruppen anonym geworden. Selbst die Kirchen haben ihre alte Bilderfreudigkeit verloren.
Aber auch eine Gegenrechnung wäre aufzumachen. Das Bedürfnis nach öffentlicher und repräsentativer Kunst hat überlebt, die Nachfrage ist größer als die Angebote der mißtrauischen, ratlosen und zögernden Künstler. Auch das persönliche Denkmalbedürfnis ist keineswegs erloschen. Nach wie vor lassen sich die Bundeskanzler in Öl malen und in einer Galerie des Amtsitzes verewigen. Stifter bauen Sammlungen auf, gründen Museen ihres Namens und geben als Motiv unumwunden die Sehnsucht nach dem Denkmal an. Peggy Guggenheim hat sich im Garten ihres inzwischen als Museum geöffneten Palastes in Venedig bestatten lassen und benutzt die gesammelte Kunst als Folie für ihre Unsterblichkeit. In amerikanischen Museen, Krankenhäusern, Universitäten, Forschungsinstituten wimmelt es von Namen der Gründer und Sponsoren, die sich mit den guten Taten gleichzeitig ein Denkmal setzen. Im öffentlichen Leben schwillt die Flut der Preise, Urkunden, der Titel, Orden und Plaketten an.
Inzwischen haben wir auch das Denkmalfieber des 19. Jahrhunderts in den übriggebliebenen Monumenten im Park und an Gebäuden, auf Plätzen und Friedhöfen wieder sehen, verstehen und lieben gelernt. Im zerstörten Deutschland verehren wir in ihnen Erinnerungsreste, die allein schon durch ihre Seltenheit kostbar geworden sind. Sie erzählen und vermenschlichen Geschichte, machen Städte lesbar und erlebbar.
Das Thema ist viel zu komplex und auch zu umstritten für einfache Antworten und Integrationsvorschläge. Vor oberflächlichen Harmonisierungen sollte man sich hüten. Es ist das gute Recht der Künstler, sich vordergründigen Bedürfnissen und konkreten Aufträgen zu verweigern und auf rigoroser Autonomie und puristischer Werkgerechtigkeit auch weiterhin zu bestehen. Doch fragt sich, ob sich die Bildhauer nicht inzwischen oft auch recht eigensinnig vom öffentlichen Dialog fernhalten und damit angestammtes Terrain preisgeben. Die Architektur hat sich in den letzten zehn, fünfzehn Jahren ostentativ gelockert und geöffnet, sie geht wieder weit stärker auf Umwelt und historische Situationen ein. Sie hat von funktionalistischen zu darstellenden Formen und Gestalten zurückgefunden. Die Architekten verschmähen heute nicht mehr den Dialog, ja, sie scheuen nicht einmal vor Anpassungen, vor Kosmetik und Fassadenzauber zurück. Die Künstler mußten zusehen, wie sich selbstherrliche Architekten zum Beispiel in Museumsbauten auf Kosten der Kunst selbst inszenierten.
Im verachteten 19. Jahrhundert waren die Künstler selbstverständlich auch am Bauprogramm beteiligt. In den neuen Museen, besonders etwa in Mönchengladbach oder Stuttgart, kommen die Architekten so gut wie ohne die Kunst aus und behandeln sie als Mobiliar und Zutat. Ihre Bauten entwickeln selber einen denkmalhaften, ja, skulpturalen Anspruch, der sich über den Zweck und Inhalt arrogant oder spielerisch hinwegsetzt. Die Antwort jüngerer Künstler waren trotzige architektonische Sandkastenspiele in der dekorativen Manier der Postmoderne. Doch vielleicht ist die Herausforderung der Architekten nützlich und gibt Anlaß, auch über die Möglichkeiten öffentlicher Kunst neu nachzudenken.

(Erstmals erschienen in Eduardo Chillida: „Ein Haus für Goethe“. Frankfurt/M.: Antonow-Verlag 1987. Auszug)

Gerhard Beier

Geboren am 10. 4. 1937. Im fernen Queensland gilt er als „perhaps leading authority in German trade union history“. Im nahen Frankfurt ist er weniger bekannt. Wer liest schon Wälzer von fünfhundert Seiten im Lexikonformat? Obwohl fünfzig Jahre alt, fehlt ihm die entsprechende Position an einer Universität. Der Vorsitz im hessischen Schriftstellerverband, Beisitzer im Bundesvorstand des VS seit Herbst 1986, bieten kein Äquivalent. Gleichwohl verlangen diese Ämter mehr Witz und Verstand als mancher Lehrstuhl in deutschen Landen. B. stammt aus dem Norden. Er lernte bei Joachim Steffen in Flensburg, wie man kleine politische Milieugeschichten schreibt. Manchmal redet er auch so. Dabei hat er lange studiert – länger als heute erlaubt, und zwar in Kiel und in Tübingen. Die Gutenbergjünger machten ihn 1966 zum Schulungsleiter in Springen bei Kemel. So kam er nach Hessen. Die Gegend wirkt nirgends so reich an Fichten und arm an Leuten wie auf der Kemeler Heide. Deshalb zog es B. in die Mainmetropole. Deutschland scheint nirgendwo so überreich an allem Möglichen wie dort. B. trieb Erwachsenenbildung, ging wieder in die Forschung, reiste nach Amerika, übernahm einen Lehrauftrag an der Akademie der Arbeit, habilitierte sich in Kiel 1978. Er privatisiert seither als Dozent und freier Schriftsteller für neuere Geschichte und neueste Geschichten. Seine Zwischenrufe im Kronberger Stadtparlament sind gefürchtet. Er wirkt ehrgeiziger als er ist, denn die Karriere hat er hinter sich. Eine Frau, zwei Söhne und ein Dutzend selbstgemachte Bücher sind sein ganzer Stolz. Er trauert um seinen Bruder Ulrich, den Bildhauer, und um dessen Modell für einen „Himmelshaken“ auf der Konstablerwache.

Buchveröffentlichungen: *Schwarze Kunst und Klassenkampf*. Geschichte der Industriegewerkschaft Druck und Papier und ihrer Vorläufer seit dem Beginn der modernen Arbeiterbewegung. Frankfurt: Büchergilde Gutenberg und Europäische Verlagsanstalt 1966/*Ost-West-Vorurteile in der politischen Bildung*. Methodisch-didaktisches Modell für die Aufarbeitung von Vorurteilen. Frankfurt: Europäische Verlagsanstalt 1971/*Der Demonstrations- und Generalstreik vom 12. November 1948*. Im Zusammenhang der parlamentarischen Entwicklung Westdeutschlands. Frankfurt: Europäische Verlagsanstalt 1975/*Das Lehrstück vom 1. und 2. Mai 1933*. Frankfurt: Europäische Verlagsanstalt 1975/*Willi Richter*. Ein Leben für die soziale Neuordnung. Köln: Bund-Verlag 1978/*Die illegale Reichsleitung der Gewerkschaften 1933–1945*. Köln: Bund-Verlag 1981/*Geschichte und Gewerkschaft*. Politisch-historische Beiträge zur Geschichte sozialer Bewegungen. Köln: Bund-Verlag 1981/*Schulter an Schulter, Schritt für Schritt*. Lebensläufe deutscher Gewerkschafter von August Bebel bis Theodor Thomas. Köln: Bund-Verlag 1983/*Hundert Jahre im Wort*. Die METALL-Zeitung von 1883–1983. Ein Querschnitt in Faksimiles. Ausgewählt, bearbeitet und kommentiert. Frankfurt: Union 1983/*Arbeiterbewegung in Hessen*. Zur Geschichte der hessischen Arbeiterbewegung durch einhundertfünfzig Jahre (1834–1984). Frankfurt: Insel 1984.

Gerhard Beier

Selbstläufer

Arbeit		
	ist die Quelle	
allen Reichtums.		Natur Arbeit
Allen Reichtums		ist die Quelle i
	st die Quelle	
Quelle ist die allen Reichtums.		allen Reichtums.
Arbeit. Allen Reichtums		Allen Reichtums
Die Quelle		Quelle ist die Q
	uelle ist die	
allen Reichtums		Natur. Arbeit.
ist die Natur		Die Quelle Die
	Quelle	
der Arbeit. allen Reichtums		allen Reichtums
		ist die Arbeit i
	st die Natur	
		der Natur. der
	Arbeit.	
Natur		Arbeit
ist die Quelle		ist die Quelle
allen Reichtums.		allen Reichtums.
Allen Reichtums		Allen Reichtums
Quelle ist die		Quelle ist die
Natur.		Arbeit.
Die Quelle		Die Quelle
allen Reichtums		allen Reichtums
ist die Arbeit		ist die Natur
der Natur.		der Arbeit.

Arbeit und Natur
sind natürliche
Verbündete.
Natürlich
verbünden sich
Natur und Arbeit.
Arbeit und Natur
verbünden sich
natürlich.

Natürlich
verbünden sich
Natur und Arbeit.
Arbeit und Natur
verbünden sich
natürlich.

Verbündete
– natürlich! –
sind
Natur
und
Arbeit.
Natürlich
verbünden sich
Natur und Arbeit.
Arbeit und Natur
verbünden sich
natürlich.

Natur
ist die Quelle
allen Reichtums.
Allen Reichtums
Quelle ist die
Natur.
Die Quelle
allen Reichtums
ist die Arbeit
der Natur.

Arbeit
ist die Quelle
allen Reichtums.
Allen Reichtums
Quelle ist die
Arbeit.
Die Quelle
allen Reichtums
ist die Natur
der Arbeit.

Arbeit		
	ist die Quelle	
allen Reichtums.		Natur Arbeit
Allen Reichtums		ist die Quelle
ist die Quelle		
Quelle ist die		
allen Reichtums.		allen Reichtums.
Arbeit. Allen Reichtums		Allen Reichtums
Die Quelle		
	Quelle ist die	
		Quelle ist die
allen Reichtums		Natur. Arbeit.
ist die Natur		Die Quelle Die
	Quelle	
der Arbeit. allen Reichtums		allen Reichtums
		ist die Arbeit
	ist die Natur	
		der Natur. der
	Arbeit.	

(Original-Computer-Ausdruck. Als GRUNDSATZPROGRAMM erstmals erschienen in „Calliope“. Zeitschrift für Kunst und Literatur. H. 1/1. Jg. Oktober 1986. Erweitert im Februar 1987. Letzte Hand 1. April 1987)

Nikolas Benckiser

Die Stadt Frankfurt übte seit Jugendtagen eine eigenartige Anziehungskraft auf mich aus, die sich im Lauf der Jahre verstärkte. Sie begleitete mich in der Folgezeit, in der das Verhältnis zur großen Tageszeitung Frankfurts für das eigene Leben mitbestimmend wurde.
Geboren am 30. Oktober 1903 in Sinzheim bei Baden-Baden. Nach kurzem Debüt in Kunstgeschichte und Jurisprudenz wurde Nationalökonomie das Studienfach, das nach Semestern in München, Wien und Freiburg mit dem Doktor rer. pol. abgeschlossen wurde. Reisen und Auslandsaufenthalte, die damals noch nicht die Selbstverständlichkeit von heute hatten, rundeten und erweiterten das Blickfeld und kamen der Ausübung eines Berufes zugute, von dem sich allmählich eine Vorstellung zu bilden begann: Korrespondent der „Frankfurter Zeitung".
1928–1933 City-Korrespondent in London. 1933–1939 ‚Allround-Korrespondent' in Rom. 1939–1944 in Budapest als Korrespondent für das gesamte Südost-Europa. 1944 Verhaftung durch die Gestapo.
Nach Kriegsende journalistische Tätigkeit in Wien, Stuttgart. Ab 1949 Korrespondent der „Deutschen Zeitung und Wirtschaftszeitung" in Paris. 1957 außenpolitischer Redakteur der „Frankfurter Allgemeinen Zeitung", dann Berufung als Mitherausgeber, von 1966 bis 1974.

Buchveröffentlichungen: *Tage wie Schwestern.* Frankfurt: Knecht-Verlag 1958/ *Liebe zu Bäumen.* Frankfurt: Knecht-Verlag 1961/ *Gärtnerei aus Liebe.* Frankfurt: Knecht-Verlag 1960/ *Sehnsucht nach dem Lande.* Frankfurt: Knecht-Verlag 1963/ *Der Tanz mit dem Cello.* Frankfurt: Knecht-Verlag 1966/ *Gute Welt, du gehst so stille.* Frankfurt: Knecht-Verlag 1970.
Herausgeber: *Sprachglossen der Frankfurter Allgemeinen Zeitung.* Vier Bände. Frankfurt: Societätsverlag 1961 ff/ *Deutsche Landschaften.* Drei Bände. Frankfurt: Societätsverlag 1972 ff.

Nikolas Benckiser

Zweifelhafte Existenz

Eine ganze Wand in meinem Arbeitszimmer wird von einer Weltkarte eingenommen. Sie ist französischen Ursprungs und besteht aus zwölf einzelnen Blättern, die der Tapezierer mit großer Sorgfalt nebeneinandergeklebt hat. Sage einer, daß es auf der Welt eine schönere Tapete gibt als die Tapete der Welt. Die größten Reisen lassen sich vom Schreibtisch aus erledigen, und kein Winkel unseres hier nach der Merkator-Projektion flach ausgespannten Erdballs bleibt unauffindbar, wenn irgendeine Tagesnachricht das Interesse an ihm erweckt. Ungezählte Male haben Zeigefinger die Kontinente und die Inseln durchforscht, die sich in helleren oder dunkleren Brauntönen von dem schönen blauen Hintergrund der Ozeane abheben, und man hat sich ausgemalt, wie die Menschen dort leben, was sie denken und von was sie sprechen.

Aber ein kleiner Punkt ist da, der nimmt wie kein anderer die Phantasie gefangen. Er ist nur so groß wie der Kopf einer Stecknadel und befindet sich mitten im Blau des Pazifischen Ozeans, eineinhalb Handspannen vom südlichen Teil der japanischen Inseln entfernt. Es steht bei diesem Pünktchen zu lesen: I. (das ist die Abkürzung für Isle, Insel) Ganges, und in Klammern steht darunter: Existence douteuse. Gibt es noch so etwas auf unserer vieldurchpflügten Welt, eine Insel, von der man nicht einmal sicher weiß, ob sie existiert? Nichts kann uns daran hindern, einen Robinson Crusoe dort anzusiedeln. Oder sollte man diese „Zweifelhafte Existenz“ vielleicht so verstehen, wie man von einem fragwürdigen, anrüchigen Individuum spricht? Doch genug – kein anderer Platz auf der weiten Welt verspricht soviel. Ein Punkt – und zwar nicht an den eisigen Polen, sondern in durchaus bewohnbaren Breiten, an den, so muß man doch vermuten, noch kein Schiff, kein Flugzeug gelangt ist, um nachzusehen, was wirklich los ist. Kaum zu glauben.

Wen faßte nicht die Lust, dieses Geheimnis endlich aufzuklären und eine Expedition zur Insel Ganges zu unternehmen!

Aber dann wieder überwiegt die Sorge, es müsse sich herausstellen, daß spätestens seit Drucklegung jener Weltkarte endgültig Klarheit geschaffen worden ist – vielleicht von Leuten, die geeignete Plätze für Atombombenexperimente suchten –, ob dieser Platz existiert oder nicht. Lassen wir die Finger davon. Freuen wir uns, daß die Weltkarte noch irgendwo in fernen Ozeanen ein paar Quadratkilometer Land verzeichnet, von denen sich sagen läßt, ihre Existenz sei „douteuse“.

(Aus „Gute Welt, du gehst so stille“. Erstmals erschienen Frankfurt/M.: Knecht-Verlag 1970)

Ausgebrütet

Der Schreibtisch steht am Fenster, und vorm Fenster ragen die noch kahlen Äste des schlanken Ginkgos. Ganz nahe, fast zum Greifen nahe hat ein Pärchen anmutiger, beigefarbiger Tauben in den Zweigen des Baumes seinen Haushalt begründet. Sie haben sich in einem vorjährigen Nest eingerichtet; es war nie viel wert, und es stimmt etwas ärgerlich, daß so hübsche, mit ihrem schmalen schwarzen Ring im Halsgefieder geradezu elegante Vögel sich mit einer derartig schlampigen und kunstlosen Behausung begnügen. Aber sei's drum, bei Menschen kommt das ja auch vor. Jedenfalls nimmt dieses Taubenpaar seine Familienpflichten ernst. Zwei zierliche Eier liegen bald im Nest, und nach umständlichem Suchen der bequemsten Stellung (hätte man das Nest doch gleich ein bißchen tiefer gemacht und besser ausgepolstert mit Moos und Federn! Aber vielleicht sind die Baumaterialien in der Stadt schwer zu finden) läßt sich die Taube für viele Tage zum Brüten darauf nieder. Unerschütterlich sitzt sie da und wird nur hin und wieder vom Täuberich kurz abgelöst, damit sie vespern und sich die Flügel etwas verschlagen kann. Da sitzen wir beide also nun, ganz nah beieinander, sie draußen, ich drinnen, und gucken manchmal einander an, jeder mit seiner Arbeit beschäftigt. Ich bastle an einem Stück Prosa, das mindestens so vergänglich ist wie die Vögel, die aus den winzigen Eiern schlüpfen sollen. Sie muß an regenkalten Tagen besonders sorgsam die Flügel ausbreiten und kann die Eier auch nicht einen Augenblick offen lassen, wenn nicht die Ablösung bereitsteht. Manchmal scheint es drinnen wie draußen nicht recht voranzugehen; hier wird durchgestrichen, womöglich gar ein ganzes Blatt zerrissen; dort wird vorsichtig mit dem Schnabel das Ei beklopft und eine neue Sitzstellung versucht. Wir fühlen uns verbunden in unserem gemeinschaftlichen Bemühen, etwas auszubrüten. Eine kollegiale Atmosphäre durchdringt das Glas des Fensters. Als dann freilich der große Tag kommt, der erste Sprung der Eierschale in dem schlampigen Nest wahrnehmbar wird, Taube und Täuberich in größter Aufregung im Hebammendienst ein wenig nachhelfen, die Eierschalen aus dem Nest befördern und die winzigen neuen Lebewesen mit Wärme und bald auch mit Nahrung zu versorgen haben – da hat doch die Konkurrenz vor dem Fenster den größeren Erfolg davongetragen. Ja, die Taube, vielbeschäftigt und selbstbewußt, schaut gar nicht mehr wie bisher kollegial auf meinen Schreibtisch herüber. Ich hab's geschafft, gurrt sie. Recht hat sie. Denn hier ist nur dieses Papierei ausgebrütet worden, und auch das mit ihrer Hilfe.

(Aus „Gute Welt, du gehst so stille". Erstmals erschienen Frankfurt/M.: Knecht-Verlag 1970)

Ulla Berkéwicz

1951 in Gießen geboren, Gymnasium, Hochschule für Musik und darstellende Künste, Schauspielerin an den Münchner Kammerspielen und am Deutschen Schauspielhaus Hamburg, Übersetzungen und Bearbeitungen von Calderón, Shakespeare und Synge.

Buchveröffentlichungen: *Josef stirbt*. Erzählung. Frankfurt: Suhrkamp 1982/*Michel, sag ich*. Frankfurt. Suhrkamp 1984/*Adam*. Frankfurt: Suhrkamp 1987.

Ulla Berkéwicz

Adam

Sie sieht ihn, und er sieht sie, und er sagt: Das bin ich, und sie sagt: Wir können uns lieben.
Ich habe den Film x-mal gesehn, die Wohnung ist leer, die Rolläden runter, draußen ist Mittag, drin ist nichts. Sein Gesicht läuft ihm weg, ihr Mund verliert Rot, die Wirklichkeit dringt, wohin sie will, und setzt auf ihren Grund auf. Die Arme, die Beine, die weiße Haut, die braune Haut, die rosa, das Rote, das Harte, das Weichste der Welt. Die Geschichte hat Richtung und Ziel, sie essen nicht, sie schlafen nicht, sie fragen nicht und sagen die alten Worte: Komm mit deinen kleinen Händen, sagt er, und unablässig werden ihre Hände größer, kommen und gehn zu seinen hin und gehen um und hin mit seinen, wo das Gedächtnis nicht mehr ist. Und das Ende findet den Anfang wieder und wieder, bis der Anfang das Ende gefunden hat.

(Aus „Adam“. Erstmals erschienen Frankfurt/M.: Suhrkamp 1987)

Johann Philipp Freiherr von Bethmann

Publizist, geb. 27. 6. 1924 in Frankfurt am Main, ehemals Bankier. 1. 1. 1953–31. 7. 1983 Mitinhaber des Bankhauses Gebrüder Bethmann, Frankfurt am Main, gegründet 1748. Büro: 6000 Frankfurt am Main 1, Bethmannstraße 7–9. Wohnung: 6000 Frankfurt am Main 70, Mariannenstraße 2 a. Zum zweiten Mal verheiratet, 4 Söhne aus erster Ehe. Gymnasium und Kriegsgefangenschaft 1942–1945, Leutnant der Reserve. 1945–1952 Banklehre und weitere praktische Ausbildung im In- und Ausland. Mitglied verschiedener Vorstände, Aufsichts- und Verwaltungsräte, u. a.: Vorsitzender des Vorstandes des St. Markus-Krankenhaus, Verein für Krankenpflege und Diakonie, Frankfurt am Main. Vorsitzender des Vorstands der „Freunde Frankfurts". Mitglied der Historischen Kommission der Stadt Frankfurt am Main. Pflegamt der Waisenhaus-Stiftung Frankfurt am Main. Mitglied des Vorstands der Evangelischen Ostergemeinde Frankfurt. Mitglied des Senats der Adolf-Weber-Stiftung. Mitglied des Verwaltungsrats Bankhaus Gebrüder Bethmann. Mitglied des Kuratoriums des Instituts für Kapitalmarktforschung e. V..

Buchveröffentlichungen: *Der Zins und die Konjunktur.* Baden-Baden: Nomos Verlagsgesellschaft 1977/*Die Zinskatastrophe.* Königstein/Ts.: Athenäum 1982/*Der verratene Kapitalismus.* Königstein/Ts.: Athenäum 1984/*Auf Inflation folgt Deflation.* Frankfurt: Athenäum 1986.
Herausgeber: *Bankiers sind auch Menschen.* 225 Jahre Bankhaus Gebrüder Bethmann. Frankfurt: Societäts-Verlag 1973.

Johann Philipp Freiherr von Bethmann

Ungelöstes „Alltagsrätsel"

Jeder braucht es, jeder hätte gerne mehr davon. Alle reden darüber, fortwährend und überall rund um die Welt. Es gehört zum Alltag, für Jedermann und für Jedefrau, in Frankfurt, Paris und Chicago, in Peking, Rio und Kapstadt, in Durban, Lahti und Vilshofen. Ob Professor oder Schuhputzer, ob im Bikini oder in Uniform, ob schwarz, rot oder braun, ob Dame, Dirne oder Hausfrau, ob Bettler, Bauer oder Gangster, für jeden und für jede ist es ein Begriff, eine Realität, eine Selbstverständlichkeit, ein Zubehör, ein sattsam bekanntes „Ding", überhaupt kein Rätsel, zumindest kein ungelöstes, eine vorgefundene Sache, die man kennt, wie man andere Dinge „kennt", etwa die Sonne, das Wasser, die Sterne, den Wind, Bestandteile der Welt und des Lebens, der unreflektierten Erfahrung, wie das Blau des Himmels, wie das Dunkel der Nacht.

Da bleiben keine Fragen. So geht's bei allen Selbstverständlichkeiten. Gegen Kälte schützt das Feuer, gegen Finsternis das Licht, gegen Hunger hilft das Essen, und das Trinken löscht den Durst. Das weiß man doch! Kann es da noch Zweifel geben oder Mißverständnisse über das, was man meint? Unvorstellbar. Alle verstehen doch, was gemeint ist, wenn man davon spricht. Jedenfalls bilden es sich alle ein.

Alle glauben, es genau zu wissen, aber sie irren.

Sie verstehen eigentlich nichts, jedenfalls nichts Genaues, und vor allem verstehen sie nicht dasselbe, wenn von der Sache die Rede ist, und das Richtige, das Zutreffende, das wissen sie schon gar nicht. In Wahrheit gibt es in dieser Alltagsfrage weltweite Mißverständnisse, eine babylonische Sprachverwirrung mit verheerenden Folgen.

Das scheinbar so Bekannte, dieses unerhört Banale, dieses ganz Alltägliche und Selbstverständliche, es wurde eigentlich erst zum Rätsel, je mehr es sich verbreitete. Zwar ist es immer mehr Menschen vertraut wie das Bild auf dem Fernsehschirm, wie der Strom aus der Steckdose, vertraut wie der Alltag, der ganz banale Alltag, den jeder kennt. Aber – kennt und versteht jeder wirklich das Vertraute? Muß Vertrautes unbedingt bekannt, erkannt, verstanden und durchschaut sein? Nein. Auch das Vertraute kann unerkannt und unerforscht und voller Rätsel bleiben. Es gibt geheimnisvolle Selbstverständlichkeiten – wie diese.

Wovon ist die Rede? Welches unerforschte Mysterium, welches Alltagsrätsel ist gemeint?

Gemeint ist das Geld.

Alle wollen es, alle kennen es, alle sprechen davon, aber niemand weiß, was es ist. Alle glauben, es zu kennen, aber alle täuschen sich. –

Ist das so schlimm? Müssen wir alle genau wissen, was elektrischer Strom eigentlich ist und wie er entsteht? Wir müssen nicht. Es genügt doch zu wissen, wie man damit umgeht.

Die Fachleute allerdings sollten mehr wissen.

Die Fachleute, die Experten studieren die Sache, sie sammeln Spezialwissen, und sie verfassen die Gebrauchsanweisungen für den praktischen Umgang mit den alltäglichen Rätseln, die bei alledem für uns ungelöste Rätsel bleiben.

Daneben oder darüber gibt es immer noch die Philosophen, die weiter grübeln über noch unerforschte Hintergründe und Zusammenhänge, die wir nicht zu kennen brauchen.

So können wir gut leben mit den Rätseln des Alltags, mit den natürlichen und mit den anderen, den künstlichen Rätseln, die der Mensch erst ersonnen und erfunden hat.
Das Geld gehört zu dieser zweiten Kategorie, zu den künstlichen Rätseln des Alltags, zu den Erfindungen des menschlichen Geistes, die wir normale Nichtfachleute nicht mehr verstehen. Das Geld ist so rätselvoll wie andere Produkte der Zivilisation, wie das Fernsehen, der Computer oder das Atomkraftwerk und seine Stromerzeugung.
Jedes Alltagsrätsel, sei es natürlich oder vom Menschen geschaffen, gibt uns jeweils drei Fragen auf, die zu beantworten von unterschiedlicher Wichtigkeit ist.
Die drei Fragen lauten:
1. Was ist die Sache ihrem Wesen nach?
2. Was kann man mit der Sache machen? Wozu ist sie nütze?
3. Wie, wo und wann entsteht die Sache in unserer Welt, und wie verschwindet sie wieder aus dieser Welt?

Die Welt funktioniert nur dann einigermaßen, wenn alle drei Fragen, die uns die Alltagsrätsel stellen, überhaupt und dann auch einigermaßen richtig beantwortet werden. Ganz unvollkommene oder gar falsche Antworten müssen zwangsläufig zu Mißerfolgen im einzelnen oder zu Katastrophen fürs Ganze führen. Das wird jeder einsehen, wenn er etwa an das Wetter, den Wind oder auch an Radar, Atomstrom und Chemie denkt.
Mißerfolge im einzelnen wegen falscher Beantwortung der zweiten Frage, der Frage nach der praktischen Nutzanwendung, sind zu ertragen. Wirklich gefährlich wird es, wenn die dritte Frage, die Frage an die Experten, die Frage nach dem Werden und Vergehen, nach der Beherrschung der Sache als ganzes also, nicht oder gar falsch beantwortet wird. Das führt in die Katastrophe.
Keines der bekannten Alltagsrätsel in unserem Leben, in dem der Menschheit, ist so wenig erforscht und verstanden wie das Geld, mehr noch, es entzieht sich immer mehr unserer Erkenntnis. Die Rätselhaftigkeit des Geldes nimmt mit seiner „Bekanntheit" zu.
Weder die Philosophen, noch die Experten, noch wir alle, die täglich mit Geld umgehenden Laien, kennen noch die richtigen Antworten auf die gestellten drei Fragen.
Das Wesen des Geldes blieb den Philosophen verborgen. Es entzog sich immer mehr ihrer Erkenntnis. Das mag, für sich genommen, noch angehen. Die fehlende Erkenntnis der Philosophen hat aber Folgen. Die gravierendste Folge ist die, daß darum auch die Experten nicht mehr wissen, wie Geld entsteht und wie es vergeht. Die Folgen davon sind schrecklich. Die Kontrolle über das Geld, über sein Entstehen und Vergehen ging den Experten verloren, und außerdem haben die Experten dank ihrer Unkenntnis immer mehr falsche und irreführende Gebrauchsanweisungen für uns alle verfaßt mit der weiteren Folge, daß die ahnungslose Menschheit, daß Herr Jedermann und Frau Emma Normalverbraucher, nie den richtigen Umgang mit dem unerklärten und unverstandenen Wunder Geld haben lernen können.
So mußte es zur Katastrophe kommen. Das Geld vermehrte sich unerkannt und unkontrolliert wie ein Seuchenvirus über die Erde. Es explodierte, und jetzt geht es wie ein Regen von toter Asche auf die Erde nieder.
Erst lange Zeit danach wird neues Geld wie junges Gras wieder aus dem Boden kommen. Dann aber werden erneut und erst recht wirklich sachkundige Gärtner gefragt sein, die das Gras kurz halten und pflegen können. Sonst wächst und wuchert bald alles wieder zu, wie es gestern und heute geschah.

(29. April 1987)

Horst Bingel

Geboren am 6. Oktober 1933 in Korbach/Hessen. Kindheit im Ruhrgebiet und in Thüringen. Seit 1947 wieder in Hessen. Realgymnasium, Lehrzeit im Verlagsbuchhandel, Gehilfenbrief. Studium der Malerei und Bildhauerei. 1956–1957 Redakteur des „Deutschen Büchermarkts", 1957–1969 Redakteur und Herausgeber der „Streit-Zeit-Schrift". In den Jahren 1958–1975 Herausgeber von Anthologien deutscher Nachkriegslyrik und -prosa, u. a. 1963 der ersten Sammlung deutscher politischer Lyrik seit 1945. 1965 Gründer des „Frankfurter Forums für Literatur". 1966 und 1967 Organisator internationaler Autorentreffen in Frankfurt am Main. 1968 Initiator der internationalen „Literarischen Messe" der Avantgarde im Frankfurter Römer und des „Heinrich-Heine-Verlags", Frankfurt am Main. 1968–1969 Herausgeber der Buchreihen „Streit-Zeit-Bücher" und „Streit-Zeit-Bilder". 1974–1976 Bundesvorsitzender des Verbands deutscher Schriftsteller (VS). 1983–1985 „Schriftsteller im Bücherturm" in Offenbach. Mitglied des PEN. Lebt als freier Schriftsteller in Frankfurt am Main.

Buchveröffentlichungen: *Kleiner Napoleon.* Gedichte. Stierstadt: Verlag Eremiten-Presse 1956 und 1958/*Auf der Ankerwinde zu Gast.* Gedichte. Stierstadt: Verlag Eremiten-Presse 1960/*Die Koffer des Felix Lumpach.* Geschichten. Frankfurt: Insel 1962/*Wir suchen Hitler.* Gedichte. München: Scherz Verlag 1965/*Lied für Zement.* Gedichte. Frankfurt: Suhrkamp 1975/*Herr Sylvester wohnt unter dem Dach.* Erzählungen. Frankfurt: S. Fischer 1982.
Herausgeber: *Junge Schweizer Lyrik.* Stierstadt: Verlag Eremiten-Presse 1958/*Deutsche Lyrik.* Gedichte seit 1945. Stuttgart: Deutsche Verlagsanstalt 1961 und 1978/*Zeitgedichte.* Deutsche politische Lyrik seit 1945. München: Piper 1963/*Deutsche Prosa.* Erzählungen seit 1945. Stuttgart: Deutsche Verlagsanstalt 1963 und 1977/*Literarische Messe.* Handpressen, Flugblätter, Zeitschriften der Avantgarde. Frankfurt: Metopen-Verlag 1968/*Phantasie und Verantwortung.* Dokumentation des 3. Schriftstellerkongresses des VS. Frankfurt: S. Fischer 1975.

Horst Bingel

Wolkensegler

Ich, du, Kind, Schneider von Ulm,
Schiffsschaukel, Leierkasten,
Achterbahn, vorbei,
vergessen.

Ich, du, Kind, Raubritterlust,
Oberbürgermeister auf
zweihundert Meter
Stelzen stellt.

Ich, du, Kind, Wolkenkratzer,
Himmelsleiter Zinsen speit,
Mutter träumt zur Wahl,
kreuzigt sie.

Ich, du, Kind, Eselshaben,
Bankbrunnen, Festnestergunst,
Mauersegler als
Airport bucht.

Ich, du, Kind, Wolkensegler,
Schlüsselfrau im Regen steht,
I love New York,
vergessen.

(1987)

Fliegender Holländer

In weiten Winternächten kommen Schiffe
über das Eis mit Konterbande,
du kannst nicht
entkommen.

In weiten Winternächten kommen Wellen
über den Strand noch, rollen sanft dich,
entschlossen,
in den Schlaf.

In weiten Winternächten kommen Tote
über dein Bett, doch Klabautermann
kämpft allein
nur um dich.

(1987)

Horoskop

Wenn der Himmel brennt,
wird die Flamme den Tag anzünden,
Feuer von Feuer.

Wenn das Blatt sich rollt,
wachsen in den Regenwolken bald
Rosen von Rosen.

Wenn der Winter friert,
teilen im Luftballon die Toten
Steine um Steine.

(1987)

Liebeslust

Alle Gedanken
sind im Fuß,
laufen
zu dir.

Alle Wunschträume
sind im Arm,
suchen
nach dir.

Alle Gedanken
sind im Kopf,
hören
dir zu.

Alle Wunschträume
sind im Fuß,
laufen
dir nach.

(1987)

Walter Boehlich

Geboren 1921 in Breslau. Lebt seit 30 Jahren in Frankfurt am Main.

Veröffentlichungen als Herausgeber: *Freundesgabe für Ernst Robert Curtius*. Bern: Francke 1956/*Marcel Proust: Briefe zum Werk*. Frankfurt: Suhrkamp 1964/*Der Berliner Antisemitismusstreit*. Frankfurt: Insel 1965/*G. G. Gervinus: Einleitung in die Geschichte des 19. Jahrhunderts* und *Der Hochverratsprozeß gegen Gervinus*. Frankfurt: Insel 1967/*Karl Gutzkow: Deutschland am Vorabend seines Falles oder seiner Größe*. Frankfurt: Insel 1969/*G. Basile: Das Märchen aller Märchen*. Frankfurt: Insel 1982.
Veröffentlichungen als Übersetzer: *S. Kierkegaard: Briefe*. Olten: Hegner 1955/*Herman Bang: Das Weiße Haus, Das Graue Haus*. Zürich: Manesse 1958/*R. J. Sender: Der Verschollene*. Roman. Frankfurt: Suhrkamp 1961/*Jean Giraudoux: Simon*. Roman. Frankfurt: Suhrkamp 1962/*Marguerite Duras: Der Nachmittag des Herrn Andesmas*. Frankfurt: Suhrkamp 1963/*R. J. Sender: Requiem für einen spanischen Landmann*. Erzählung. Frankfurt: Suhrkamp 1964/*Marguerite Duras: Zerstören, sagt sie*. Neuwied: Luchterhand 1969/*Régis Debray: Der chilenische Weg*. Neuwied: Luchterhand 1971/*Peter Ronild: Die Körper*. Frankfurt: Suhrkamp 1971/*Victor Jara: Sein Leben – seine Lieder*. Frankfurt: Verlag Zweitausendeins 1979/*Hjalmar Söderberg: Gertrud*. Schauspiel. Frankfurt: Verlag der Autoren 1981/ *Karen Blixen: Moderne Ehe*. Essay. Frankfurt: Suhrkamp 1987.

Walter Boehlich

Café Laumer

A: Ein schöner Tag?
B:
A: Aber ohne das Westend.
B:
A: Schon gut. Dann eben die Kleinmarkthalle.
B:
A: Und die Zeil.
B:
A: Und die Banken?
B:
A: Aber die U-Bahn.
B:
A: Die Universität.
B:
A: Und vor fünfundfünfzig Jahren. Aber da war ich noch nicht hier.
B:
A: Ich bin unmusikalisch.
B:
A: Was sonst?
B:
A: Die ist so selten und so kurz.
B:
A: Vermutlich haben sie Gründe.
B:
A: Wenn sie so groß wäre wie die Zeil.
B:
A: Was ist mit Sachsenhausen?
B:
A: Am Ende bleibt das Westend.
B:
A: Aber die Leute.
B:
A: Nein, mir fehlen welche.
B:
A: Bis auf Ausnahmen.
B:
A: Aushalten läßt es sich.
B:
A: Dann müßte man fast alles wegdenken, was ist, und dazudenken, was nicht ist.
B:
A: Das wäre ein schöner Tag.

(1987)

B:
A: Aber deren Besitzer.
B:
A: Das ganze Frankfurt, wie es jetzt ist?
B:
A: Nicht ganz Provinz und kaum ein bißchen Welt.
B:
A: Wollen wir wirklich Schwabing und Manhattan?
B:
A: Dann könnte man Frankfurt gar nicht mögen.
B:
A: Kosmetik ist Schwindel.
B:
A: Aber sie ist nicht gelungen.
B:
A: Eine dürftige Liebeserklärung.
B:
A: Schön oder häßlich – es hat sich verändert. Gefällt Ihnen das?
B:
A: Ich bin unmusikalisch.
B:
A: Auch die Frankfurter?
B:
A: Aus Charakterlosigkeit oder aus Veränderungslust?
B:
A: Sagt das etwas über die Stadt?
B:
A: Sie sagt ja auch nichts über uns.
B:

(1987)

Otto A. Böhmer

Geboren am 10. 2. 1949 in Rothenburg ob der Tauber. Aufgewachsen in Warendorf (Münsterland). Studium von Philosophie, Politologie, Soziologie und Literaturwissenschaft an den Universitäten Münster (Westfalen) und Freiburg. In Freiburg 1979 Promotion zum Dr. phil. mit einer Dissertation über J. G. Fichte. Seit 1977 Lektor, zunächst (bis Mitte 1978) im Athenäum Verlag (Königstein/Ts.); von 1978 bis 1981 bei F. A. Brockhaus (Wiesbaden); von 1981 bis 1986 im Suhrkamp und Insel Verlag (Frankfurt a. M.). Seither freier Publizist; lebt in Niederwöllstadt (Wetteraukreis).

Buchveröffentlichungen: *Ein blasser Sommer, ein kühler Herbst, ein kalter Winter*. Gedichte. Zürich: Classen 1981/*Faktizität und Erkenntnisbegründung*. Eine Untersuchung zur Bedeutung des Faktischen in der frühen Philosophie J. G. Fichtes. Frankfurt: R. C. Fischer Verlag 1979/*Der Wunsch zu bleiben*. Roman. Zürich: Classen 1983 und Frankfurt: S. Fischer 1985/*Das Jesuitenschlößchen*. Roman. München: List 1985 und Frankfurt: S. Fischer 1987/*Vom jungen & vom ganz jungen Schopenhauer*. Zürich: Classen Verlag 1987.
Herausgeber: *Arthur Schopenhauer, Kopfverderber*. Über die Universitäts-Philosophie und ihre Professoren. Frankfurt: Insel 1982/*Annette von Droste-Hülshoff: Bei uns zulande auf dem Lande*. Prosaskizzen. Frankfurt: Insel 1983/ *Vom Nutzen der Nachdenklichkeit*. Ein Schopenhauer-Brevier. München: Deutscher Taschenbuch Verlag 1987. *Von versunknen schönen Tagen*. Ein Eichendorff-Lesebuch. München: Deutscher Taschenbuchverlag 1987.
Übersetzungen: *Dux Schneider, Bolkar*. In den Bergen der Gelassenheit. Wiesbaden: F. A. Brockhaus 1982.
Theaterstücke: *Der Schwadroneur*. Ein Spiel in vier Szenen. Frankfurt: Verlag Autorenagentur 1984.
Hörspiele: *Seltsames schlummerndes Land*. HR. 1985/ *Schopenhauer*. ORF. 1988.
Filme: *Nah bei den Nachbarn*. Hessisches Fernsehen. 1987/ *Der ganze Mensch, mit Herz und Kopf*. Arthur Schopenhauer 1788–1860. SWF.
Features: *Komm mit nach Indien, nach dem Sonnenlande!* Die deutsche Literatur und ihr Indien-Bild. HR. 1986/ *Fleiß und Arbeit lob' ich nicht!* Eine Theorie der Faulheit. HR. 1987.

Otto A. Böhmer

Nichts und wieder nichts

Heinrich Floris Schopenhauer ging es nicht gut. Seit langem schon fühlte er sich schlecht, das Herz schmerzte, und ein leises Dröhnen stieg ihm hoch hinauf in den Kopf. Er hatte Angst, eine nicht unerhebliche, hartnäckig zudrückende Angst, die sich Fragen und dem gewöhnlichen Berichten entzog. Mit dem Tod hatte diese Angst nichts zu tun; eher schon mit dem Weiterleben ohne Aussicht auf Änderung. Die Jahre, die ihm noch blieben, waren dem Alter unterworfen, das sich immer rigider bemerkbar machte. Nun spielte es sich auf, das Alter, ließ keine Ausflüchte mehr zu. Heinrich Floris Schopenhauer, der an diesem 20. April 1805 seine achtundfünfzig Lebensjahre wie eine neu hinzugekommene Last, auf die er nicht mehr vorbereitet war, zu spüren glaubte, dachte daran, daß es pflichtschuldige Zuweisungen gab, denen man sich zu fügen hatte, auch wenn sie das Unerhörte ansprachen – das willkürliche Strafgericht etwa oder das voraus-endliche Ende, dem man selbst – letzte hilflos-kühne Tat – seine Zeit setzte. Er stand am Fenster und schaute auf die Straße herab, die unbelebt, wie leergewischt, schien. Zwischen zwei dunkelstreifigen Häusern sah er ein Stück Himmel, auch er unbewegt – aufnahmebereit. Es war still im ganzen Haus; nur in seinem Herzfeld tobte es; die Gedanken, die leeren, ausgedienten, fielen herab, und neue unfertige Gedanken stiegen schmerzend herauf, hakten sich fest; sein Kopf hielt sich dröhnend am Leben, und jetzt war auch wieder die Angst mit dabei, trat vor und zurück, stach in ihm, drohte und schmeichelte. Es muß etwas geschehen, dachte er. Ihm war, als zöge man ihn in ein Feuerbad, und alle meinten es gut. Tief einatmen sollte er, hieß es, tief einatmen und das sanfte Feuer wirken lassen. Alle meinten es gut, sicher, aber er wollte hinaus, wollte im Feuerbad nicht und nirgendwo sonst mehr mit sich reden lassen.

Er stürmte aus dem Haus, und unten in der unbelebten leergewischten Straße wurde er ruhiger. Jetzt sah er den Himmel ganz, wie sich's gehörte, ein blauer starker Himmel, auf den Wolken aufgetrieben wurden, die sich verfärbten wie heilige Tiere im ersten Oberlicht.

Er ging durch Straßen, die ihm bekannt vorkamen und die er nie zuvor gesehen hatte. Jetzt ließen sich auch die Menschen wieder sehen; sie grüßten ihn wie einen in Ehren herbeigezerrten Fremdverwandten. Heinrich Floris Schopenhauer dachte an die große Reise, die er mit seiner Familie unternommen hatte; für Tage war er noch einmal aufgelebt dabei, hatte sich gefreut an alten Gebäuden und neuen Errungenschaften, an geschäftigen Leuten, die ihn einspannen wollten für windige Zwischendurchgeschäfte; – Tage vergingen, wurden zu Wochen und Monaten, er zählte sie nicht, und bei aller Zufriedenheit, die ihm zukam, hatte er doch das Gefühl, etwas Entscheidendes versäumt zu haben. Aber was konnte ein Leben schon entscheiden; mit Abstand nur der Tod, der einen beiseite nahm, irgendwann, und das Versprechen einlöste, das er einmal gegeben hatte; – nur er noch erinnerte sich daran. Im Leben selbst, das gelebt werden will gegen das Unbedachte, gegen verführerische Gleichgültigkeit und das vernünftelnde Drohen, blieb das wirklich Entscheidende meist unbemerkt. Was für ein Glaube, dieses versehrte Behaupten, und so pochte es weiter in ihm, das Gefühl, etwas Entscheidendes versäumt zu haben; ja, es war im Grunde nichts anderes als die deprimierende Gewißheit, immer am richtigen Orte gewesen zu sein und den Pflichten gemäß gehandelt zu haben.

Heinrich Floris Schopenhauer kam an einer Kirche vorbei, einer steinalten Stadtkirche, und es war Glockenklang zu hören; von weither wehte der Glockenklang herbei, aus verwinkelten Tälern und Bergschneisen, aus der Ruhe des ewigen Eises. Ja, dort hatte – einzig und einmalig – alles gestimmt: auf der Rückreise, im Mai des Jahres 1804, waren sie im Tal von Chamonix gewesen, hatten dort Quartier genommen. Der Ort und die Berge lagen in einem Licht, das wie der erste Widerschein alles Tatsächlichen war; aufgehoben die Konturen und Grenzen, zurechtgestutzt der Horizont, der aus Eisschründen und Felswürfen aufwuchs, zum Zerreißen gespannt, ein glänzendes, Nähe beschwörendes Himmelsdach, weitreichend hell, und was sich auftat, war die Sichtbarkeit der Dinge selbst. Heinrich Floris Schopenhauer sah all dies; er hatte Frau und Sohn im Gasthaus zurückgelassen und einen Gang begonnen; aufs Geratewohl stapfte er vorwärts, er atmete heftig, und die wenigen Menschen, die ihm entgegenkamen, traten zur Seite und hielten Ausschau nach einem Verfolger. Er wollte in die Höhen hinauf, ins felsige Eis, bis er auf einmal begriff, daß er dort gar nichts zu suchen hatte; alles, was zu sehen war, mußte er von hier sehen, im Zentrum der Ruhe, im Herz der Bewegung – versteinert. So setzte er sich auf eine Bank, und er schaute ins Tal. Das Licht nahm ihn in sich auf, die Bergriesen trugen den Himmel, der sich auf Schneefelder und Steilgärten herabsenkte, das Land öffnete sich, als wenn es eine letzte, alle Zweifel verwehende Befragung erhoffte. Heinrich Floris Schopenhauer schloß die Augen. Ja, es war alles gut – so, und die Bilder wanderten in ihm weiter; sie waren – im jetzt nach innen gezogenen Licht – schöner als je zuvor.

(Aus „Vom jungen & vom ganz jungen Schopenhauer“. Erstmals erschienen Zürich: Classen Verlag 1987)

Paulus Böhmer

Geboren 1939 in Berlin. Lebt als Schriftsteller und Maler seit 1973 in Frankfurt. Studierte Jura, Architektur, Germanistik, arbeitete als Industriekaufmann, Stauden- und Ziergraszüchter, Lektor, Reizwarenlieferant, Werbetexter. Ausstellungen u. a. in Berlin, Göttingen, Frankfurt. Leitet – zusammen mit Harry Oberländer – das Hessische Literaturbüro in Frankfurt.

Buchveröffentlichungen: *Liederbuch der Quantität.* Stierstadt: Verlag Eremiten-Presse 1963/*Pelzblumen unter den Deckeln der Marmeladengläser.* Bad Homburg: Gulliverpresse 1965/*Aktionen auf der äußeren Rinde.* Frankfurt: März Verlag 1972/*Des Edelmannes Ernst muß Luxus sein.* Friedberg: Draier Verlag 1984/*Darwingrad.* Gießen: Anabas 1987.
Lyrik, Hörspiele, Erotika, Märchen und Kinderbuchillustrationen.

Paulus Böhmer

Frankfurt III
(Oder: Augenblick für Petra Schelm)

Die betroffenen Männer
beherrscht die Vorstellung, es
geschehe ihnen rektal.
Alles weitere kommt in
sekundenschneller, ektodermer Vergreisung.
Die Körper suchen angstvoll
den Satz zu finden, der ihnen hülfe.
Schon lange haben die
Fingernägel ihr Wachstum eingestellt.
Ei darum.

Die Telephone schluchzen.
Die Mittdreißiger kriechen in
ihre Leibchen zurück.
Die Rätsel um den offenen Mund der
Erschossenen
bleiben.

(1974)

Frankfurt VI
(Oder: Sommerstück mit Hindemith)

Seliges Land! Kein Hügel in dir wächst ohne Weinstock.
Tanzend regnen die Lebenden
nieder ins schwellende Gras.
Alleine ist kein Entzücken.
Halt die Unruhe an!
Da in den Einöden huschen
gashaltige Erinnerungen;
und verwischte Bilder schalten zuckend den
Rückwärtsgang ein, und
die Fettsucht unserer Kinder & Tiere
und unsere blitzblank gewienerten Stiefel, juchhu,
und unsere Lippenstifte, notabene,
und unsere sauber bespannten Schläger,
sie werden bezahlt mit der
Ausrottung der Wale,
juchhu.

Halt die Unruhe an!
Die Worte möchten Huckepack spielen
wohl mit dem Leben.
Doch ihre Häute verrunzeln und
besetzen sich springflutgleich mit keuchenden Warzen,
ihre Mündchen vermümmeln, sittichgleich
stülpend sich ihre Seher in drolliger Zellteilung wuchernd mählich
nach außen blutunterlaufen.
Bel ami,
halt die Unruhe an, denn:
Wenn Paulchen Hindemith
seinen Altmännerarsch knallend zuschlägt und
ich beginne, meine gesamte Kindheit im
Heim zu verbringen, stürzt sich schon
längst eine Ledige
vom Henninger Turm, bel ami.

Bel ami,
wenn Paulchen Hindemith
penisverdrossen im Vorgarten plärrt,
das Stadtoberhaupt in wallenden
Second-Hand-Fummeln den Grundwasserspiegel bespringt,
Polizeisirenen das städtische Weichbild
wie Girlanden umgürten, sage ich mir:
Ich bin ein Massa, ich bin
wirklich ein Massa.
Juchhu.

Bel ami,
wenn Paulus Hindemith
ausscheidungsbestäubt aus seinem Porsche
quiekend ins Topinamburen-Meer stürzt, sitzt
Erna speichelnd im Kaff, ohne
Zündschlüssel, kriegt kein Bier, höre
ich auf, Mami zu sagen, stirbt er
auf dem elektrischen Stuhl.

Es wettert. Stiefmütterchen zucken.
Halt die Unruhe an.

(1975)

Henning Boetius

Geboren 1939 in Langen/Hessen, die ersten Lebensjahre in Buchschlag, dann Übersiedlung nach Wyk auf Föhr. Zehn Jahre Jugend auf dieser Insel, dann Abitur in Rendsburg. Seit 1959 Studium der Germanistik und Philosophie in Frankfurt. 1967 Promotion über Hans Henny Jahnn. Anschließend Mitarbeit an der kritischen Brentano-Ausgabe des Freien Deutschen Hochstifts. Seit 1973 freischaffender Künstler, Maler, Schmuckmacher und Schriftsteller. Hauptsächlich in Darmstadt lebend, seit 1986 auch in Frankfurt.

Buchveröffentlichungen: *Troll Minigoll von Trollba.* Roman. Stuttgart: Spectrum 1985/ *Der andere Brentano.* Frankfurt: Eichborn 1985/*Steinchen von der Küste.* Roman. Stuttgart: Spectrum 1986/*Der verlorene Lenz.* Frankfurt: Eichborn 1986/*In Zeiten fallenden Laubes.* Gedichte. Frankfurt: Eichborn 1986/*Schönheit der Verwilderung.* Roman. Frankfurt: Eichborn 1987.

Henning Boetius

Begegnung mit meinem Vater

Einmal noch wollte ich die Nacht
mit ihren zwölf schwarzen Monden
und den Baum vor das Fenster locken
um hinauszustarren mit dem Blick eines Träumers,
einmal noch wollte ich alles allein
selbst das Ende der Straße und das Dach von oben
wie ein Schlafwandler abschreiten
aber ich mußte nach draußen
ehe ich diesem Haus meinen Namen gab.

Als ich ans Meer kam
stand es auf seiner Brandung am Ufer
ein graues Tor das in den Angeln hin und herschlug
im stürmischen Wetter
Vögel flogen so tief über den Strand
daß ihre Schnäbel seltsame Zeichen ritzten
und erst als ich niederkniete
begriff ich daß hier das Wort Liebe
auf tausendfältige Weise durchgestrichen war.

Weit und breit war niemand zu sehen
hatte denn keiner das Recht mehr
diese pathetischen Gänge am Ufer zu wagen
außer der Sehnsucht in ihrem leeren Mantel
die einem Hamlet glich der es satt hat
Monologe mit wehenden Ärmeln zu sprechen?

Endlich sah ich ihn kommen
ein schwarzes Strichmännchen erst
unter den Wolken, dann immer größer werdend
und schließlich den drohenden Schatten
wie ein Netz über mich werfend der ich im Dunkeln lag.

Sein greises Haupt, struppig und schön
lächelte inmitten all seiner Frauen Erinnerung,
er ging zwar gebeugt, aber nicht vom Kummer.
In der Hand hielt er einen großen Rechen
auf den er sich stützte wie ein Hirt auf den Stab.
Er hatte damit Seetang zusammengekehrt
und die Spur seiner Schritte verwischt.

Auf meine Frage warum er dieser verwaisten Landschaft
auch noch den Trauerflor nehme
lachte er kurz und stieß mich
mit der großen Hand gegen die Brust
wie einer der gerne Scherze macht.

Weißt du Sohn, die zahllosen Schritte hinter mir
die jetzt alle beerdigt sind
ich habe sie abgezählt und herausbekommen
daß nur ein einziger fehlt.

Frierend und alt stand er vor mir
die Tautropfen von der Kühle der letzten Nacht
rollten aus seinem Bart
seine Lippen zitterten
als wehrte er sich immer noch gegen Kindertränen.
Vater wollte ich sagen
du sollst nicht ohne den letzten Schritt
deines Lebens zu Grunde gehn!
Er aber drehte sich weg und begann erneut
all den Seetang, die Muscheln
das Strandgut der Wellen zusammenzukehren.

Weißt du Sohn
fröhlich zu sein am Ende
ist aller Mühsal mühseliger Lohn
hörte ich ihn rufen,
so entfernte er sich mit wehenden weißen Haaren
ein fliegender Holländer von einem Mann
von ewiger sinnloser Liebe verflucht.

Das Meer aber öffnete seine Flügel
mit den Federn der weißen Schaumkronen darauf
und auf dieser neuen Möwe
glitt ich davon in ein anderes Land
mit dem sandigen Himmel
und der grünen wässrigen Sonne darin.

(1987)

Elisabeth Borchers

Geboren 1926 in Homberg am Niederrhein. Aufgewachsen im Elsaß. Aufenthalte in Frankreich und den USA. Lebt in Frankfurt am Main. Von 1959–1960: Mitarbeiterin von Inge Aicher-Scholl in Ulm. Von 1960–1971: Lektorin im Luchterhand Verlag. Seit 1971: Lektorin des Suhrkamp Verlages und des Insel Verlages. Auszeichnungen: Erzählerpreis des Süddeutschen Rundfunks, 1965. Kulturpreis der Deutschen Industrie, 1967. Ordentliches Mitglied der Akademie der Wissenschaften und der Literatur in Mainz, 1969. Roswitha-Gedenkmedaille – Literaturpreis der Stadt Bad Gandersheim, 1976. Friedrich-Hölderlin-Preis der Stadt Bad Homburg, 1986.

Buchveröffentlichungen: *Nacht aus Eis*. Szenen und Spiele. Darmstadt: Luchterhand 1965/*Der Tisch, an dem wir sitzen*. Gedichte. Darmstadt: Luchterhand 1967/*Eine glückliche Familie und andere Prosa*. Darmstadt: Luchterhand 1970/*Gedichte*. Frankfurt: Suhrkamp 1976/*Wer lebt*. Gedichte. Frankfurt: Suhrkamp 1986.
Übersetzungen: *Pierre Jean Jouve: Paulina 1880*. Roman. Frankfurt: Suhrkamp 1971 und 1979/*Marcel Proust*: *Der Gleichgültige*. Erzählung. Frankfurt: Suhrkamp 1978.

Elisabeth Borchers

Katharinas
schöner Garten

Damals
als wir noch jung waren
und alles grünte und blühte
Berg und Tal
und die sechzehnblättrige Rose
am Straßburger Münster.

Damals
als wir fortgingen
und nicht ahnten
warum es wohl sein muß.

Damals
als wir nichts wußten
vom heutigen Tag
unscheinbar schön
prächtig in all seinen Winkeln
kraftvoll in allen Gelenken.
Damals gab es uns nicht.

(1986)

Zukünftiges

Als alles vorbei war
Krieg und Frieden
Mann und Frau
Form und Inhalt

Als die Sonne auf-
und untergegangen war
samt Mond und Stern und
den Musikalien des Himmels
und der Erde

Setzten wir uns
und warteten
mit Neugier auf das
was kommt.

(1986)

Silvia Bovenschen

Geboren 1946 in Point. Lebt seit 33 Jahren in Frankfurt am Main.

Veröffentlichungen: u. a. über Frauen, Tiere, Mode und Freundschaft.

Silvia Bovenschen

Café Laumer

A:
B: Woanders wäre er noch schöner.
A:
B: Das war auch mal schöner.
A:
B: Eine Oase.
A:
B: Ein riesiger Konsumtempel. Schön, weil konsequent.
A:
B: Kein Einspruch.
A:
B: Die habe ich nie benutzt.
A:
B: Vor zwanzig Jahren.
A:
B: Die Oper unter Gielen.
A:
B: Macht nichts, es ist auch schon wieder vorbei.
A:
B: Die Buchmesse.
A:
B: Und alle fahren immer gleich wieder weg.
A:
B: Immerhin, die UB.
A:
B: Dann gibt es noch Goethe, aber der ist weggegangen.
A:
B: Da war ich nie.
A:
B: Es bleibt.
A:
B: Klingt ziemlich hochfahrend.
A:
B: Wenn die dawären, brauchte man nicht die, die dasind.
A:
B: Dann ließe es sich aushalten.
A:
B: Warum kann es nicht so sein, daß man immer gern hier wäre?
A:
B: Ein Frankfurt imaginieren, das es nicht gibt.
A:

(1987)

Grüneburgpark

B: Herrlich, die vielen Hunde.
A:
B: Die sehen aus, als möchten sie Frankfurt.
A:
B: Ja und nein. Weil es so unentschieden ist. Es ist weder richtig ordinär noch richtig fein.
A:
B: Sachsenhausen ist nicht Schwabing, und die Skyline ist nicht die von Manhattan.
A:
B: Man muß wissen, was man *nicht* will.
A:
B: Manche lieben im neuen Frankfurt das zerstörte alte, und manche lieben vor allem die kosmetischen Operationen: das Goethehaus, in dem nichts von Goethe ist, die Alte Oper, der die alten Frankfurter fehlen, den Römerberg, der aussieht wie aus Disneyland.
A:
B: Was haben Sie gegen Kosmetik? Wenn sie gelingt, ist sie kein Schwindel mehr.
A:
B: Da kommen wir zur Ehrlichkeit. Frankfurt, sagen die Liebhaber Frankfurts, ist eine ehrliche Stadt, gerade wegen ihrer unversöhnten Widersprüche. Hier die Banken, da die Schrebergärten, hier das Bahnhofsviertel, da das Museumsufer, eine Stadt, die sich nicht anbietet und doch käuflich ist.
A:
B: ... und außerdem dialektischer Kitsch: gerade weil es so häßlich ist, ist es so schön. Vergessen wir das.
A:
B: Die gerettete Oper ist besser als die gesprengte Oper.
A:
B: Das entschuldigt nicht Ihre Wahrnehmungsschwäche: die Stadt ist lebendiger geworden.
A:
B: Allein das Tempo, mit dem die Linken aus den Latzhosen heraus in die Armani-Jacken hineingesprungen sind.
A:
B: Nageln Sie mich nicht fest. Mal so, mal so. Auf jeden Fall sieht es besser aus.
A:
B: Müssen wir etwas über die Stadt sagen?
A:
B: Das ist doch das Problem. Sie macht dieses Buch über Leute wie uns und ausgerechnet mit uns.

(1987)

Ilse Braatz

Zur Nazi-Olympiade in Berlin-Schmargendorf geboren. Am Tag der Arbeit 1945 fiel der Vater als Volkssturmmann im Berliner Straßenkampf. 50er Jahre an einer Mädchenoberschule im unverstört konventionellen Berlin-Grunewald, etwas belebt durch Theaterbesuche und Lektüre. Dann Literaturstudium ohne Berufsziel, ohne interessante Kontakte, ohne Abschluß. Ab 1960 Verlagsbuchhändlerlehre und Berufstätigkeit als Verlagsangestellte bis 1976, in den Wechselfällen von aktiven und passiven Kündigungen, Verlagspleiten, Umzüge, Amouren, politischer Anteilnahme, gelegentlichen literarischen und journalistischen Anmerkungen. Dann noch einmal Studium, 1979 Promotion. Seitdem freiberuflich tätig als Schriftstellerin und Journalistin. Mit kurzen Unterbrechungen seit 1962 in Frankfurt wohnend.

Buchveröffentlichunge: *Betriebsausflug.* Roman einer imaginären Reise in das Portugal von 1975. Münster: Verlag Frauenpolitik 1978/*Zu zweit allein – oder mehr?* Liebe und Gesellschaft in der modernen deutschen Literatur. Dissertation. Münster: Verlag Frauenpolitik 1980/*Vielleicht nach Holland.* Erzählung. Basel-Frankfurt: Stroemfeld – Roter Stern 1984/*Geschieht ein Hochzeitsfest.* Roman. Basel-Frankfurt: Stroemfeld – Roter Stern 1984.
Theaterstücke: *Zellenkunden.* 1981/*Die Intrigantin* 1985.
Hörspiele: *Verblühte Nelkenrevolution.* 1985.
In Vorbereitung: *Portrait der Abläufe, grundiert.* Autobiographisches Prosamanuskript mit dem thematischen Schwerpunkt: Konnexionen zwischen Literatur und sogenannter Schizophrenie, und wie diese normalerweise übergangen werden, nicht nur in der Psychiatrie.

Ilse Braatz

Portrait der Abläufe, grundiert

15. 10. 83

Vielleicht hängt die lebendige Seligkeit einzig und allein davon ab, eine ausgeglichene Motorik zu erarbeiten. Aber wahrscheinlich erfreut sich z. B. Ronald Reagan einer ausgezeichneten Motorik. Diese Vorstellung bringt meine grad mühsam ins Gleichgewicht bewegte Motorik greulich ins Wanken.

Was bleibt? Lust an Sexualität. Realisiert oder nicht. Befriedigung durch Essen und Trinken. Vor allem Alkoholgenuß. Trotz der Folgen.
Orgie von Schlag und Traum. Es ist. So muß es. Diese Erkenntnis der Notwendigkeit in den absurdesten Träumen.
Und das Gefühl, vorläufig ohne Schmerzen zu sein. Wie die Schwerkranken sagen: Es ist so schön, wenn der Schmerz nachläßt.
Vielleicht noch der Selbstbetrug, man könne einmal wieder mit Bekannten ein Wort der Verständigung wechseln: How do you do? – Forgive me, I didn't think really. On your account.

Diese Trostlosigkeit, den Urin über das Geschlecht laufen zu fühlen mit dem Bewußtsein, eine andere Berührung gibt es nicht mehr.

Die einzig überzeugende Revolution durch die Exhibitionisten: ich zeige das, was alle verbergen.

16. 10. 83

Wie gräßlich, einen „Gefährten" zu haben. Jetzt fahren wir in die Ferien, und wir fahren zusammen auf den Olymp, und wir machen einen Abstecher in die Hölle, und DU bist an meiner Seite. Zwischendurch kochst du für mich, selbstredend koche ich auch für dich, und wir essen zusammen, wir verdauen zusammen, wir scheißen zusammen. Da schmeckt es mir nicht mehr. Ich wollte doch nur Sexualität. Und im übrigen allein sein. Man kann eben nicht alles haben, und ich genieße, daß ich allein bin, auch wenn mir was fehlt. Mal ein Bums im Dunkeln, innig und zärtlich für immer. Dann allein nach Hause gehen. Aber man kann nicht alles haben. Und einen „Gefährten" will ich nicht. –

Alle sind für den Frieden, sie demonstrieren für den Frieden, sie analysieren für den Frieden. Ich mag nicht „für den Frieden" am Samstag um 1/2 8 am Bahnhof sein, und mit einem Zug von Friedensfreunden nach Bonn fahren, und dort in einem „Sternmarsch" mitlaufen, oder woanders eine „Menschenkette" bilden. Ich mag noch nichtmal die Psychoanalytikerreferate zu *Krieg und Frieden* bei Roter Stern lesen. Denn es hört sich so gewollt an.
Aber wahrscheinlich werde ich doch nach Bonn fahren. Es bleibt ja gar keine andere Wahl, als beim dafür anberaumten Zeitpunkt und Ort, von den Medien beachtet, einen ganzen Tag mit der ganzen Person zu zeigen, daß man gegen diese Waffen ist. Unter: „ferner liefen...".

Wenn die Leute sich alle immer gegenseitig aus tiefster Notwendigkeit zeigen würden: ich liebe dich – ich hasse dich, gäbe das ein ungeheures Ballett mit Geige und Schlagzeug. Statt dessen soviel Staub, soviel Motorrattern bei Stillstand, dann eine Explosion. Statt die Kinder streicheln urd trampeln, umarmen und schlagen zu lassen, erziehen wir sie zum Stillhalten und Geradeauslaufen. Das Tanzen neu lernen, das uns mit zwei Jahren abgewöhnt wurde wie die Windeln.

Aber wenn ein Mensch ganz wahrhaftig und spontan alle Eingebungen und inneren Prozesse nach außen in Bewegung und Handlung umsetzen würde, hätte er vielleicht Ähnlichkeit mit einem gut funktionierenden Computer.
Ziehst du da nicht Chaos des Wahnsinns und Lähmung unterm Schlaganfall vor? Es ist menschlicher, denn es drückt das Leiden des einzelnen unter seiner Umgebung aus.

Mir kommt die Ahnung, daß ich von nun an Kafka und die Bachmann neu lesen und befragen, beobachten, anhören, wahrnehmen werde. Und auch beiseite legen. Vielleicht auslachen.
Kafka und die Bachmann. Beide exhibitionistisch aus Chaos. Dazwischen verstummend wie gelähmt. Beide Anfang 40 den Tod findend. Und beide, als Mann, als Frau (bis ins Extrem Mann und Frau) im Griff ihrer Zeit. Mehr als diejenigen, die sich nach außen mit ihr anlegen und sie schreibend darstellen wollen. Kafka und Bachmann sind mythische Gestalten des Anfangs und der Mitte des 20. Jahrhunderts. Sie erscheinen mir wie Kellergewölbe mit Proviant und Verbandszeug und Notausgang, die einstmals bei Luftangriff aufzusuchen waren. Also können sie bei unseren Protesten gegen einen Krieg, bei dem es keine Schutzkeller mehr gäbe, eine warnende Begleitung im Untergrund der Vergangenheit sein. Denn sie hatten ja beide eine Sterbensangst. Und die Hoffnung war ein bescheidener, vielleicht trügerischer Notausstieg.

Es wird also ein analytisches Vorgehen sein, daß ich die Motorik der Abläufe von Wahrnehmung, Bewegung, Einverleiben von Nahrung, Produzieren, die mich und uns alle und die ganze Materie zusammenhält, ganz insbesondere bei Bachmann und Kafka auffinden will, dergestalt, daß ich es in mir finde; da ich jedoch, mag sein, in mir auf andere, widersprechende Prozesse in obengenannten Abläufen stoße, da um mich auch bereits wieder ein anderer Zeitzugriff liegt, entstehen vielleicht nur einzelne Züge von Analyse und Selbstanalyse, die wiederum anderen Grundriß eines ausgeführteren Portraits bieten könnten. Denn selbstverständlich müßten Leser so lesen, als analysierten sie bereits auch wieder das Ganze und sich selber implizite.

Aber es wird ein Spaß sein, wie man lachen muß, wenn ein anderer sich verspricht oder bei einer Reaktion seiner Sinne sich irrt und dann ein verdutztes Gesicht macht. Grad wenn man ihn mag, muß man dann lachen, wie über kleine Kinder, die unschuldig und rührend etwas sagen oder tun, was in keine Logik paßt, aber es war ihnen ganz ernst. Etwas Irriges ernstnehmen macht Spaß, wenn man es einsieht, auch durch die Verlegenheit. Man ist dann nicht mehr so klug, wie man sich glaubte, aber man ist klüger geworden. Und die Beobachtenden sind auf deiner Seite und ermutigen dich: das hätte uns auch passieren können.

(Aus „Portrait der Abläufe grundiert". Autobiographisches Prosamanuskript 1987)

Helmut Brackert

Am 30. 1. 1932 in Wedel/Holstein geboren. Volksschule Wedel-Altstadt, anschließend Oberschule für Jungen in Blankenese. Abitur 1951. Feinmechanikerlehre von 1951–1954 mit abschließender Gesellenprüfung. Studium der Germanistik und Klassischen Philologie in Hamburg. Promotion 1960. Ab Sommersemester 1960 Assistent in Heidelberg. 1966 Habilitation an der Universität Heidelberg. Seit Wintersemester 1966/67 ordentlicher Professor für Deutsche Philologie an der Universität Frankfurt/M. Seit 1970 wiederholt und seit 1979 permanent Gastprofessor an der New York University in New York City. 1975–77 Vorbereitung und Leitung des Funkkollegs ‚Literatur' (gemeinsam mit Eberhard Lämmert). 1978 Leitung des Autumn Seminars in New Delhi. Teilnahme an Ferienkursen in Frankfurt/M. und Heidelberg. Gastvorträge in der Tschechoslowakei, in England, in der Schweiz, in Dänemark, in Holland, Österreich und in den USA. Seit 1978 Mitarbeiter am Zentralinstitut Fortbildung Programm von ARD und ZDF.

Buchveröffentlichungen: *Beiträge zur Handschriftenkritik des Nibelungenliedes.* Berlin: de Gruyter 1963/*Rudolf von Ems.* Dichtung und Geschichte. Heidelberg: Winter 1968/*Das Nibelungenlied.* Mittelhochdeutscher Text und Übertragung. 2 Bände. Frankfurt: S. Fischer 1970–1971/*Wernher der Gartenaere, Helmbrecht.* Mittelhochdeutscher Text und Übertragung. Zs. m. W. Frey und D. Seitz. Frankfurt: S. Fischer 1972/*Literatur in der Schule.* Zs. m. H. Christ und H. Holzschuh. 2 Bände. München: Beck 1973 und 1976/*Bauernkrieg und Literatur.* Frankfurt: Suhrkamp 1974/*Und wenn sie nicht gestorben sind.* Perspektiven auf das Märchen. Frankfurt: Suhrkamp 1980/*Minnesang.* Frankfurt: S. Fischer 1983

Herausgeber: *Reform des Literaturunterrichts.* Zs. m. W. Raitz. Frankfurt: Suhrkamp 1974/*Funkkolleg Literatur.* Band 1 und 2. Zs. m. E. Lämmert und J. Stückrath. Frankfurt: S. Fischer 1977 und 1978/*Aus der Zeit der Verzweiflung.* Zur Genese und Aktualität des Hexenbildes. Zs. m. Becker und Bovenschen. Frankfurt: Suhrkamp 1977/*Das große deutsche Märchenbuch.* Königstein/Ts.: Athenäum 1979/*Grundkurs Literaturwissenschaft.* 2 Bände. Zs. m. J. Stückrath. Reinbek: Rowohlt 1981/*Naturplan und Verfallskritik.* Zu Begriff und Geschichte der Kultur. Zs. m. F. Wefelmeyer. Frankfurt: Suhrkamp 1984.

Aufsätze zur älteren und neueren deutschen Literatur, zu didaktischen und literaturtheoretischen Themen.

Wolfram von Eschenbach

Parzival (3,28 ff.)

nu hoert dirre âventiure site!
diu lât iuch wizzen beide
von liebe und von leide:
4 vröude und angest vert dâ bî.
nu lât mîn eines wesen drî,
der ieslîcher sunder pflege
daz mîner künste widerwege:
dar zuo gehôrte wilder vunt,
ob si iu gerne taeten kunt
daz ich iu eine künden wil.
sie heten arbeite vil.
ein maere wil ich iu niuwen,
daz seit von grôzen triuwen,
wîplîchez wîbes reht,
und mannes manheit alsô sleht,
diu sich gein herte nie gebouc.
sîn herze in dar an niht betrouc,
er stahel, swa er ze strîte quam,
sîn hant dâ sigelîchen nam
vil manegen lobelîchen prîs.
er küene, traeclîche wîs,
(den helt ich alsus grüeze)
er wîbes ougen süeze,
unt dâ bî wîbes herzen suht,
vor missewende ein wâriu vluht.
den ich hie zuo hân erkorn,
er ist maereshalp noch ungeborn,
dem man dirre âventiure giht,
und wunders vil des dran geschiht.

(Nach: Wolfram von Eschenbach: *Parzival.* Hrsg. v. K. Lachmann. Berlin und Leipzig: de Gruyter 1926).

Helmut Brackert

Übersetzung

Nun hört, was es mit dieser Erzählung auf sich hat!
Sie läßt Euch von beidem erfahren,
von Freud und Leid;
auch Glück und Bedrängnis gesellen sich hinzu.
Nun nehmt einmal an, statt meiner gäbe es drei,
von denen jeder allein soviel zu leisten vermöchte,
daß er es mit meinem Können aufnähme:
sie bräuchten wirklich eine erstaunliche Erfindungskraft,
wollten sie Euch mitteilen,
was ich Euch nun alleine zu erzählen gedenke.
Ja, sie müßten sich da schon ganz schön mühen.
Eine Geschichte will ich Euch von neuem erzählen,
die von großer Treue kündet,
von echter Weiblichkeit,
von ebenso gediegener Männlichkeit,
die sich keiner Härte beugte.
Auf sein tapferes Herz konnte er sich darin verlassen,
er, der wie Stahl war und, wo er in einen Kampf eingriff,
mit siegreicher Hand
vielfältigen Ruhm errang.
Kühn war er, aber nur langsam gewann er an Verstand.
(Ihn, den Helden, grüße ich hiermit):
er, das Entzücken weiblicher Augen,
der ihre Herzen zugleich auch krank machte vor Sehnsucht,
alle Schmach aber entschieden mied.
Er, den ich mir zum Helden erwählt habe,
ist noch nicht auf der Welt, weil meine Erzählung es so verlangt,
der Held, dem man diese Geschichte zuschreibt
und soviel wundersame Dinge, die darin geschehen sind.

(Aus einer neuen Übersetzung des *Parzival*, die keine selbständige poetische Neufassung bieten will, sondern den Leser so genau wie möglich und genauer als bisher üblich an das mittelhochdeutsche Werk heranführen und ihm dadurch die eigene Lektüre des Originaltextes ermöglichen soll.)

Volkhard Brandes

Geboren am 26. Juni 1939 in Lemgo/Lippe. Nach dem Abitur 1959 in Lemgo ein Jahr bei der Bundeswehr, dann Studium in München und Paris (Amerikanistik, Anglistik und Romanistik). Promotion zum Dr. phil.. Lange Auslandsaufenthalte kreuz und quer durch Europa, Nahost, Afrika, Nord- und Mittelamerika. Politisierung in den frühen sechziger Jahren, Mitglied im SDS, '68 dabei. Gewerkschaftliche Bildungsarbeit. Beginn von schriftstellerischer Tätigkeit und Verlagsarbeit. Mitglied im VS seit 1974. 1973 Lektor in der damals noch gewerkschaftseigenen Europäischen Verlagsanstalt in Frankfurt, 1974 bis 1976 Europäische Verlagsanstalt/Bund-Verlag in Köln. 1976 bis 1981 Politischer Sekretär, Redakteur und Verlagsarbeiter beim Sozialistischen Büro/Verlag 2000 in Offenbach. 1981 bis 1985 im extrabuch Verlag in Bensheim und Frankfurt; zeitweise auch Redakteur der Zeitschriften päd. extra und sozial extra. 1986 Gründung – mit Roland Apsel – des Brandes & Apsel Verlags mit literarischem und sozialwissenschaftlichem Schwerpunkt; Bücher zu Frankfurt: „Die Fans aus der Kurve", aus der Welt der Fußballfans der Frankfurter Eintracht, „Romanfabrik", eine Sammlung von Geschichten und Bildern, und im Herbst 1987 unter dem Titel „Mehr als Milieu", Texte der Schreibwerkstatt Leben im Frankfurter Bahnhofsviertel. Daneben geht auch die eigene Schreiberei weiter.

Buchveröffentlichungen: *Now – Der schwarze Aufstand.* Zs. m. J. Burke. München: Trikont 1968/*Merde – Karikaturen der Mairevolte.* Zs. m. H. Sylvester. München: Trikont 1968/*USA – Vom Rassenkampf zum Klassenkampf.* Zs. m. J. Burke. München: Deutscher Taschenbuchverlag 1970/*Black Brother.* Frankfurt: Melzer 1971/*Goodbye Onkel Sam.* München: Weismann 1971/*Die Krise des Imperialismus.* Frankfurt: S. Fischer 1973/*Den letzten Calypso tanzen die Toten.* (Neuausgabe). Frankfurt: Brandes & Apsel 1987.
Herausgeber: *Handbuch zur Kritik der Politischen Ökonomie.* Bände 1–5. Frankfurt–Köln: Europäische Verlagsanstalt 1974–1977/*Leben in der Bundesrepublik.* Berlin: Olle & Wolter 1980/*Erfahrungen – Sozialisten bearbeiten ihre politische Sozialisation.* Zs. m. G. Koch. Offenbach: Verlag 2000 1980/*Wer sind die Instandbesetzer?* Zs. m. B. Schön. Bensheim: päd. extra buchverlag 1981/*Kinder, Kinder!* Lust und Last der linken Eltern. Zs. m. H. Häsing. Frankfurt: extrabuch 1983.
Zahlreiche Aufsätze in Zeitungen und Zeitschriften, Beiträge zu Anthologien, Essays, Erzählungen und Gedichte.

Volkhard Brandes

Die Befreiung vom Großen Vorsitzenden und der andalusische Traum

Als Hermann die Wohnungstür öffnen wollte, vermochte er sie nur einen Spaltbreit aufzudrücken. Hinter der Tür stapelten sich Hunderte mit braunem Packpapier eingewickelte kleine Pakete. Sie standen nicht nur im Flur, sie versperrten auch den Zugang zum Klo, füllten die Badewanne und verbarrikadierten die Zimmer. Und als es Hermann gelang, die Küche zu erreichen, sah er, daß es dort nicht anders war: kein Zugang zum Kühlschrank und den Gasherd so bepackt, daß man sich nicht einmal mehr einen Kaffee kochen konnte.
Hermann nahm eines dieser Pakete in die Hand und buchstabierte den Absender: „Guozi Shudian, Peking."
„An die Arbeit, Genosse", schrie ihn jemand aus dem Halbdunkel des Flurs an. „Frisch aus Peking. Dreißigtausend Stück. Los, ran!"
Hermann stöhnte auf. Das hatte noch gefehlt. Nachschub für den unersättlichen westdeutschen Markt – und dazu in solchen Mengen und alles in der WG. „Fakturieren, frankieren, zur Post transportieren!" skandierte er seine historische Mission im Demo-Rhythmus.
Irgendwo in einer Ecke des Flurs hockte Mamfi und beobachtete ihn lauernd. Seit Stunden packte er Pakete aus und stapelte kleine rote Bücher um sich, auf denen in goldenen Lettern eingeprägt war: „Worte des Vorsitzenden Mao Tse-tung." Er kritzelte Rechnungen auf irgendwelche Zettel, steckte sie zu den Bücherstapeln (oder vergaß sie auch schon mal) und stopfte dann alles wieder in das braune Packpapier. Zwischendurch steckte er sich eine Zigarette nach der anderen an.
Es war das Jahr '68. Wohngemeinschaften waren Inseln des Sozialismus im Meer des Kapitalismus. Hermann lebte auf einer der ersten Inseln, die da aus den Fluten aufgetaucht waren. Er gehörte zur Avantgarde, doch das machte den Alltag keineswegs leichter. „Scheißmaoisten", lag ihm ein gräßlicher Fluch auf den Lippen. Er verkniff ihn sich jedoch, als er an das mit dem Großen Vorsitzenden verstopfte Klo und den versperrten Kühlschrank dachte und daß ein prinzipieller Streit mit Mamfi die Befreiung der WG vom Großen Vorsitzenden in noch weitere Ferne rücken würde. So schluckte er seine Wut runter und machte sich an die Arbeit.
„Und wo ist deine linientreue WG-Mehrheit?" fragte Hermann bissig.
„Hat den Braten wohl gerochen", murmelte Mamfi.
Mißmutig packte Hermann mit an. „Der Genosse Trotzki wäre mir lieber", zischte er so laut, daß Mamfi die Provokation hören mußte. Der schrie auch auf wie von der Tarantel gestochen: „Kleinbürgerlicher Abweichler. Was für ein studentischer Sumpf, diese Wohngemeinschaften. Die Große Proletarische Kulturrevolution wüßte, wie man euch auf Vordermann bringt...".
Da Hermann aufs Klo und an den Kühlschrank wollte, verzichtete er angesichts dieses Wortschwalls auf die Fortsetzung: daß es an der Zeit sei, im SDS mit eisernem Besen die Spreu vom Weizen zu sondern. Statt dessen schleppte er mit Mamfi Waschkörbe voller roter Bücher in braunem Packpapier zur Post um zwei Ecken. Und als die Post eine Stunde später anrief, um ihnen mitzuteilen, daß sie alles falsch frankiert hätten und noch mal zum Nachkleben kommen müßten – da fluchten Hermann und Mamfi

gemeinsam auf den bösen Klassenfeind, den bürgerlichen Bürokratismus und das reaktionäre Beamtenpack...
Der gemeinsame Gegner in Gestalt der Deutschen Bundespost einte die beiden, wenn auch nur oberflächlich. So ergab es sich, daß Hermann bald Texte für den auf den Worten des Großen Vorsitzenden ruhenden neuen Verlag zu übersetzen begann. Seine Kenntnise in den betreffenden Sprachen waren zwar nur rudimentär, doch da die politische Botschaft überall die gleiche war, überwältigte er mühelos jeden Text – mochte er unter der *message,* die da rüberkam, auch noch so leiden. Zur Belohnung durfte er schließlich in dem auf dem Großen Vorsitzenden ruhenden Verlag sogar sein erstes Buch herausgeben und ein flammendes Vorwort an das westdeutsche Proletariat richten, das sein Buch nicht las. An den Universitäten wurden davon um so mehr verkauft: fünftausend in sechs Monaten.
Nach kurzer Zeit kam es, wie es kommen mußte, die neue prinzipienlose Allianz scheiterte an unüberwindbaren Differenzen: die Genossen Mao Tse-tung und Lev Davidovitch spalteten diese WG wie so viele zwischen Berlin und München.
Mögen die Klassenstandpunkte, die da aufeinanderprallten, längst Geschichte sein und die unversöhnlichen Klassengegner sich seit vielen Jahren aus den Augen verloren haben – Hermann hat noch immer mit Büchern zu tun. Zunächst schrieb er selbst, doch da er merkte, daß mit flammenden Revolutionsaufrufen – selbst im Taschenbuch – der Lebensunterhalt nicht zu verdienen war (geschweige denn die Revolution vom Bahnhofskiosk aus wie ein Steppenbrand um sich griff), suchte er sich einen krisensicheren Job: als Lektor. Beim ersten Mal gewährten sie ihm ein Jahr, beim zweiten Mal schon zwei Jahre, beim dritten Mal gar fünf, beim vierten Mal nur noch vier, und danach blieb ihm nichts anderes übrig, als seinen eigenen Verlag zu gründen. Es sei denn, er wäre wieder Schriftsteller geworden. Doch der Beruf war ja, wie er wußte, nicht krisensicher.
So hat er seinen kleinen Verlag und macht da inzwischen so ziemlich alles selbst getreu der Erkenntnis: „Wer wenig hat, der kann viel." Doch manchmal denkt er, daß ihm eine besondere Erfahrung noch fehle: einmal in Andalusien, wie so viele seiner schriftstellernden Kollegen, morgens unter einem blühenden Orangenbaum zu sitzen, neben sich die Tasse Kaffee und den Cognac, vor sich die Schreibmaschine, und einen langen, langen Roman (von dem er vor zehn Jahren die ersten vier Seiten im Wartezimmer seines Zahnarztes schrieb) genüßlich zu Ende bringen. Doch resigniert-zufrieden denkt er dann, daß sein Leben wohl der einzige Roman ist, den er je zu Ende bringen wird. Alles andere wäre ja zu risikoreich...

(April 1987)

Hauke Brunkhorst

Am 24. Oktober 1945 in Marne geboren. Kindheit und Jugend in Flensburg. Studium der Philosophie und Sozialwissenschaften in Kiel, Freiburg und Frankfurt. Lebt seit 1970 in Frankfurt.

Buchveröffentlichungen: *Der Intellektuelle im Land der Mandarine*. Frankfurt: Suhrkamp 1987/*Marcuse*. Zur Einführung. Zs. m. G. Koch. Hamburg: Junius 1987. Übersetzungen ins Bulgarische, Italienische, Dänische und Englische.
Weitere Buchveröffentlichungen sowie Aufsätze und Essays u. a. über: Sartre, Adorno, Max Horkheimer und Herbert Marcuse, Cornelius Castoriadis, Lukács, Marx, Kritische Theorie und Neomarxismus, Erziehung und Wissenschaft, Kultur und Kulturkritik, Romantik und Konservatismus, sozialwissenschaftlichen Funktionalismus, Intellektuelle und Gegenintellektuelle. In u. a.: Fachzeitschriften und Lexika, Frankfurter Rundschau und Neue Rundschau, Literatur Magazin, Merkur.

Hauke Brunkhorst

Ein Loch im Selbstbewußtsein

„Ideale, die der Intellekt nicht angefressen und geschmeckt hat, sind unnütze Naturprodukte." (Siegfried Kracauer)

Im Land der Mandarine blieb aus einer Reihe von Gründen objektiver Natur die Aufklärungstradition bis in die Mitte dieses Jahrhunderts unter Verschluß und damit die Rolle des modernen Intellektuellen lange fremd und ortlos. Solange die Mandarine herrschten, konnten die Intellektuellen aus der Kultur ausgegrenzt, sozial an den Rand gedrängt oder, wenn nötig, politisch verfolgt und verjagt werden. Zu letzterem Mittel haben die Mandarine und die, denen sie dienten, freilich häufiger als unbedingt nötig gegriffen. Unter der Herrschaft der Mandarine blieb den Intellektuellen nur eine einflußreiche Rolle, die des inneren Feindes. Die Mandarine übernahmen ihrerseits selbstbewußt die Aufgabe einer umfassenden *ideologischen Kompensation*. Sie suchten in einer materiell revolutionierten Gesellschaft das Nichtvorhandensein demokratischer Verständigungsverhältnisse durch eine *konservative Kultur* auszugleichen – mit geistiger Aristokratie, elitärem Antiintellektualismus, metaphysischem Optimismus, sozialem Pessimismus und der Ausgrenzung westlicher Ideen. Am Ende erwies sich der groß angelegte Versuch, für eine moderne politische Kultur traditionalistischen Ersatz herbeizuschaffen, leider als selbstdestruktiv. Er führte zu dem, was die übriggebliebenen Mandarine nach dem zweiten verlorenen Krieg düster die „große Tragödie" oder bedeutungsschwer ein „Seinsgeschick" nannten.

Der Glaube an den eigenen Sonderweg in die neue Zeit hat sie die alte Einsicht Hegels vergessen lassen, daß ein Loch im Selbstbewußtsein zwar verleugnet, aber nicht gestopft und kompensiert werden kann. Die Kompensationsversuche dienen immer nur der Verleugnung, während unterdessen das Loch größer und größer wird und das Selbstbewußtsein längst, ohne es noch zu merken, auf dem Weg in die Selbstdestruktion ist. Ausgerechnet diesen Weg der ideologischen Kompensation von Modernisierungsfolgekosten durch „aufgewärmte Ewigkeitswerte" (Adorno) und festgeschraubte Traditionen wollen die neuen Gegenintellektuellen wieder beschreiten. An die Stelle des demokratischen Bewußtseins sollen austauschbare Herkunfts- und Glaubensmächte treten. Das ist jedoch ein folgenschwerer Kategorienfehler. Das Selbstbewußtsein ist nämlich kein Strumpf: „Ein geflickter Strumpf ist besser als ein zerrissener; nicht so das Selbstbewußtsein." (Hegel)

Zwischen dem alten und dem neuen Kompensationsversuch liegt das definitive Ende der Mandarinenhegemonie, das durch hastiges Beschweigen ihrer Verwicklung ins Regime der „großen Tragödie" zwar noch hinausgezögert, aber nicht mehr abgewendet werden konnte. Am Ende schließlich wurde offenbar, daß die Intellektuellenrolle nun auch im Land der Mandarine zu einer vergleichsweise starken und stabilen Institution geworden war. Aber das konnte den alten Mandarinen und ihren neuen Schülern natürlich auch nicht recht sein. Zwar, immerhin, eine starke und stabile Institution, aber die falsche. Da regte sich bei ihnen bisweilen ein anarchischer, antiinstitutioneller Affekt, dem sie in besseren Zeiten ja auch schon gelegentlich nachgegeben hatten. Unter solchen Umständen ist es ganz verständlich, daß sie nervös und zu militanten Gegenintellektuellen wurden.

Ihre Idee ist, durch Ideologieplanung die eigene Intellektuellenrolle zu unterlaufen und die alte Kompensationsfunktion nun ganz bewußt und technisch *als Funktion* von Philosophie, Geschichts- und Geisteswissenschaften zu planen und zu konstruieren. „Man fordert von der Philosophie, da die Religion verloren, daß sie sich aufs *Erbauen* lege und den Pfarrer vertrete." (Hegel) Daß so etwas nicht funktionieren kann, wußte Hegel natürlich. Zumal *nach* der erfolgreichen Institutionalisierung der Intellektuellenrolle ist es wahrscheinlich, daß die Klagen der von neuem politisierend durchs Land ziehenden Geisteswissenschaftler ortlos bleiben. Ihre hegemonialen Pläne dürften mitsamt den abenteuerlichen Restaurierungsvorschlägen für eine konventionelle kollektive Identität von der argumentativen Logik des praktischen Diskurses schnell zerrieben werden. Das wenigstens ist zu erwarten, sobald die Pläne sich der planenden Vernunft in den gegenintellektuellen Redaktionsstuben, Parteizentralen und Verlagshäusern entwinden, um in den subjektiv unverfügbaren Raum öffentlicher Selbstverständigung entlassen zu werden. Ein Prozeß, der gegenwärtig in der öffentlichen Kontroverse um den Versuch der Gegenintellektuellen, die Geschichte der „großen Tragödie" in ein neues, milderes Licht zu tauchen, schon beobachtet werden kann.

(Aus „Der Intellektuelle im Land der Mandarine". Erstmals erschienen Frankfurt/M.: Suhrkamp 1987)

Christa Bürger

Geboren am 29. Mai 1935 in Frankfurt am Main, seit 1964 verheiratet mit Peter Bürger. Staatsexamina (Deutsch, Französisch, Philosophie) 1961 und 1965 in Frankfurt. Lektorin an der Universität Lyon 1962–1964. Studienrätin (Gymnasien in Bonn, Erlangen, Bremen) 1965–1973. Promotion 1973 (Dissertation: Textanalyse als Ideologiekritik). Seit 1973 Professorin am Institut für Deutsche Sprache und Literatur I der Johann Wolfgang Goethe-Universität Frankfurt.

Buchveröffentlichungen: *Deutschunterricht – Ideologie oder Aufklärung.* Frankfurt: Diesterweg 1970/ *Textanalyse als Ideologiekritik.* Zur Rezeption zeitgenössischer Unterhaltungsliteratur. Frankfurt: Syndikat 1980/ *Der Ursprung der bürgerlichen Institution Kunst im höfischen Weimar.* Literatursoziologische Untersuchungen zum klassischen Goethe. Frankfurt: Suhrkamp 1977/ *Tradition und Subjektivität.* Frankfurt: Suhrkamp 1980.
Herausgeberin, Mitherausgeberin und Mitarbeiterin: *Aufklärung und literarische Öffentlichkeit.* Hefte für kritische Literaturwissenschaft. Frankfurt: Suhrkamp 1980/ *Zur Dichotomisierung von hoher und niederer Literatur.* Hefte für kritische Literaturwissenschaft. Frankfurt: Suhrkamp 1982/ *Zum Funktionswandel der Literatur.* Hefte für kritische Literaturwissenschaft. Frankfurt: Suhrkamp 1983/ *Zerstörung, Rettung des Mythos durch Licht.* Hefte für kritische Literaturwissenschaft. Frankfurt: Suhrkamp 1986/ *Postmoderne. Alltag, Allegorie und Avantgarde.* Frankfurt: Suhrkamp 1987/ *Bettina von Arnim.* Ein Lesebuch. Stuttgart: Reclam 1987.

Christa Bürger

Aus dem Arbeitsbuch

22.2.
Entsagung/Schein

Rückkehr zu Goethe – auf dem Umweg über Johanna Schopenhauer. Es bestätigt sich Adornos Einsicht, wonach der Schein die Demarkationslinie zwischen Kunst und Nicht-Kunst. Wir wissen: Die *Bekenntnisse einer schönen Seele* (wie immer Goethe die realen Erfahrungen der Susanne von Klettenberg benutzt haben mag) sind ein Werk der Kunst. – Beim Wiederlesen fällt mir die fundamentale Zweideutigkeit des Werkgehalts auf: obwohl „nicht unbekannt mit ihrer Seele" gibt die Icherzählerin ihr Geheimnis nicht preis. Ist die schöne Seele Mystikerin oder Neurotikerin? Zweideutig erscheint mir jetzt auch der Status des Textes. Den Schein des Werks, das dieses so leise wie entschieden entfernt von der Autobiographie, als die es sich darstellt, produziert Goethe dadurch, daß die *Bekenntnisse* sozusagen Werk im Werk sind, reines Kunstprodukt, einen eigenen, in sich geschlossenen Bereich setzend, der dem Zusammenhang profanen Daseins entrückt ist. Auch wirkt die Icherzählerin wie fleischlos, wir wissen nicht, wer da erzählt, aus welcher Welt, wir folgen einem rein geistigen Sprechen, das vor uns eine Geschichte entstehen läßt, die, so wie sie hörbar wird, sich schon wieder lossagt von der wirklichen Welt. Entsagung erscheint derart als eine ästhetische Kategorie; indem sie eintritt in die Sphäre der Kunst, trennt die Autobiographie vom Leben sich ab.
Wenn dagegen Johanna Schopenhauer oder Karoline von Wolzogen, beide ermuntert von den verbündeten Klassikern, ihre Entsagungsromane schreiben, so bleiben sie in der Wirklichkeit. Ihnen ist Entsagung eine (moralische) Haltung, die sie in die Lebenspraxis der Leser(innen) vermitteln wollen. Von da das quälend Affirmative dieser Literatur. Schicksal der Frauen, die Kunst und Leben nicht trennen können: die Institution Kunst rächt sich für die Mißachtung der Grenzüberschreitung mit Ausschluß bzw. Trivialisierung. – Der „Dilettantismus der Weiber", über den Goethe und Schiller sich brieflich verständigen, hat, polemisch rekonstruiert, eine ganz pragmatische Dimension: Künstler (die es von Beruf sind) produzieren Kunst, Dilettanten produzieren Nicht-Kunst; Frauen sind – naturgemäß – Dilletantinnen...
Vor dem Hintergrund meines Musil-Seminars gewinnen diese *Bekenntnisse* eine unheimlich schillernde Gegenwärtigkeit. Die feinen Risse an der glatten Oberfläche des klassischen Menschenbildes werden sichtbar. Die schöne Subjektivität wagt sich heraus aus ihrer „diätetischen Vorsicht" und entdeckt ihre andere Möglichkeit, das Böse: „daß, wenn ... ich ... welches Ungeheuer man nennen will, hätte werden können." Ulrich hätte ebensogut Moosbrugger werden können; „denn das menschliche Wesen ist ebenso leicht der Menschenfresserei fähig wie der Kritik der reinen Vernunft". Der Mann ohne Eigenschaften verfolgt diesen Gedanken bis zu dem Punkt, wo er sich sagen muß, daß die Geschichte kein Subjekt hat: „Seinesgleichen geschieht...".
In den *Bekenntnissen,* so sieht es aus, dringt Goethe ein in Bezirke, die er sonst weise umgeht; er experimentiert mit der Beschreibung eines nicht beschreibbaren Zustandes (Musils „anderer Zustand"), für den es weder Worte noch Bilder gibt.

23.2.
Die *Wahlverwandtschaften*

Wiederlesend, will mir auch dieser Roman wie eine Allegorie erscheinen, Ottilie eine Kunst-Figur in einem ganz wörtlichen Sinn: Allegorie der (bürgerlich/autonomen) Kunst, deren Bedingung die Trennung vom Leben ist. Auch hier wäre Entsagung eine ästhetische Kategorie, ihr Lohn die Heiligung Ottiliens am Schluß des Romans. In soziologische Terminologie aufgelöst: die Institution Kunst ist funktionales Äquivalent der Institution Religion.

8.3.
Goethes Begriff des Eigentums

Titel für eine spannende Untersuchung. Gemeint ist nicht das abstrakte Eigentum, das Haben. Goethe scheint vielmehr beherrscht von der Vorstellung, man müsse, was man besitzt, *durcharbeiten*. Daraus entsteht die Obsession des Eingriffs in die Natur. In den Anfangskapiteln der *Wahlverwandtschaften* wird Landschaft den ästhetischen und wirtschaftlichen Bedürfnissen ihrer Eigentümer unterworfen; es werden Bäume gefällt, Seen zusammengeführt, ihre Ufer begradigt, Wege in Berghänge gebrochen, Felsen gesprengt, Grund für den Bau eines Gartenhauses planiert ... Herrschaftlich sind diese Eingriffe noch dort, wo sie nicht (wie im Fall des Hauptmanns) rein instrumentell erfolgen, sondern wie bei Charlotte, den vorgefundenen Formen der Natur sich anzuschmiegen versuchen. – Natürlich ist das eine aktualisierende Lektüre.

9.3.
Der Begriff der Postmoderne

hat das besondere, daß er dazu verführt, den Ursprung der Moderne immer weiter zurückzuverlegen. Und wirklich stellen *Die Wahlverwandtschaften* sich mir jetzt auch erzähltechnisch in einem neuen Licht dar. Nicht mehr wird mit den Verfahren des klassischen (vor-realistischen) Romans eine Geschichte erzählt, sondern der Roman erzählt sich selbst, die Geschichte seiner Herstellung. Das Kapitel (T, 4), wo Eduard und der Hauptmann Charlotte das chemikalische Phänomen der Wahlverwandtschaften erklären, entwickelt zugleich das erzählerische Grundmuster des Romans, in dem nun, mit nahezu naturwissenschaftlicher Präzision, ein einmal in Gang gesetzter Prozeß ablaufen muß. Von da mag sich auch die eigenartige Immaterialität der Figuren erklären. Es sind nicht die idealisierten Gestalten des klassischen Romans, auch nicht die „lebensvollen" des realistischen, sondern Spielfiguren in einer psychologischen Versuchsanordnung.

Diese Lesart liefe auf die These hinaus, daß der moderne Roman, von seinen Anfängen an, seine eigene Unmöglichkeit „inszeniert". Nun schreibt aber Goethe nach den *Wahlverwandtschaften* den *Wilhelm Meister* weiter (dessen Untertitel: *Die Entsagenden* keineswegs als ästhetisches, sondern als soziales Programm zu verstehen ist). Goethe wäre demnach ein moderner Autor, der die symbolische und die allegorische Form des Kunstwerks nebeneinander praktiziert.

(Februar/März 1987).

Dagmar Chidolue

Geboren 1944 in Ostpreußen, aufgewachsen im westfälischen Gütersloh. Ausbildung im wirtschafts- und steuerberatenden Beruf, danach Abitur und Studium der Rechte und Politischen Wissenschaften. Sie ist verheiratet, hat zwei Kinder und lebt in Neu-Anspach bei Frankfurt a. M. Hauptberuflich ist sie für einen Frankfurter Bankenverband tätig. Sie schreibt Erzählungen und Romane für Kinder, Jugendliche und Erwachsene. 1979 erhielt sie für „Fieber oder der Abschied der Gabriele Kupinski" den „Hans-im-Glück-Preis". 1983 wurden ihre Arbeiten durch den Deutschen Literaturfonds e. V. gefördert. 1986 wurde „Lady Punk" mit dem Deutschen Jugendliteraturpreis ausgezeichnet.

Buchveröffentlichungen: *Das Maisfeld.* Jugendroman. Weinheim: Beltz & Gelberg 1976/ *Fieber oder der Abschied der Gabriele Kupinski.* Jugendroman. Weinheim: Beltz & Gelberg 1979/ *Das Fleisch im Bauch der Katze.* Roman. Weinheim: Beltz & Gelberg 1980/ *Aber ich werde alles anders machen.* Jugendroman. Weinheim: Beltz & Gelberg 1981/ *Ruth hat lange auf den Herbst gewartet.* Roman. Weinheim: Beltz & Gelberg 1982/ *Juls Haus.* Zwei Erzählungen. München: Ehrenwirth Verlag 1982/ *Ein Jahr und immer.* Jugendroman. Weinheim: Beltz & Gelberg 1983/ *Diese blöde Kuh.* Jugendroman. Frankfurt: S. Fischer 1984/ *Lieber, lieber Toni.* Kinderroman. Weinheim: Beltz & Gelberg 1984/ *Annas Reise.* Roman. Frankfurt: S. Fischer 1984/ *Lady Punk.* Jugendroman. Weinheim: Beltz & Gelberg 1985/ *Bist du irre?* Jugendroman. Frankfurt: S. Fischer 1986/ *So ist das nämlich mit Vicky.* Kinderroman. Weinheim: Beltz & Gelberg 1986/ *Mach auf, es hat geklingelt.* Kinderroman. Weinheim: Beltz & Gelberg 1987/ *Pink Pätti.* Kinderroman. Hamburg: Dressler Verlag 1987.

Dagmar Chidolue

Meine Stadt

Eine Stadt – meine Stadt, nicht die, die ich im Traum sah, mit geraden, sauberen Wegen und hohen, geranienbewehrten Häusern – still, abweisend – tosenden, strudelnden Straßen, weiten, breiten Straßen, eine wie die andere – Angst hat man, den Fuß daraufzusetzen, und fragt nach dem Bahnhof, um dort von vorn anzufangen, nein, nicht die.

Eine Stadt – meine Stadt, nicht die, die sie heute vorgibt zu sein, dem Trend folgend, mit Fußgängerzone und Boutiquen, ein Kaufhaus ist Zentrum, muß wohl so sein, und neues Rathaus und neues Stadtbad, Stadthalle planen sie seit Jahren, im Discount muß man Käse kaufen, Blumen gibt es auch, Einbahnstraßen, Parkplätze, und jeder muß sein Auto haben, die Kinder essen Softeis, nein, nicht die.

Eine Stadt – meine Stadt, nicht die mit altem Stadtkern, den man Besuchern zeigt, aufgebaute Kirche, einmal war sie ausgebombt, Volkshochschule, Stadtpark wie immer, stille, teure Häuser, hier ändert sich nichts, die Kneipen sind neu und tragen alte Namen, man soll sich erinnern, Heimatabende gibt es und im Theater Brecht, ja, politisch ist man auch, Redner auf dem Rathausplatz, den einen und um der Ausgewogenheit willen zwei Tage später auch den anderen, ein Symbol gibt es: vor dem Bahnhof ein Stückchen Berliner Mauer, nein, nicht die.

Eine Stadt – meine Stadt, nicht die, in der die Straßen hinausführen, schnurgerade wie Alleen, keine Bürgersteige mehr, grasbewachsene Gräben, Kornfelder, ein Bauernhof, dann noch einer, die ersten Siedlungshäuser, blitzsauber, die Wege auch schon asphaltiert: Errungenschaft, tagsüber Frauen und Kinder, bunte Schürzen, oh, so weiße Wäsche, oh, so weiß, Einkaufstaschen, Kettcars, lange Mittagsruhe, in der man Sommergrillen hören kann, später Sägengekreisch, Rasenmäher, jedem, jedem sein Stück Garten, nein, nicht die.

Eine Stadt – meine Stadt, das ist graue Teerstraße, auf der es Rollschuhrennen gibt, Tränen über zerschundene Knie, der Bürgersteig zeigt helles Steinmuster, ein Dominospiel, man schaut und schaut, und zwischen zwei Laternenpfählen, an denen man sich den Kopf wer weiß wie oft gestoßen hat, kommt einem die Welt so bekannt vor, jahrtausendelang hat man das schon gesehen, schwarz-weiß gescheckter Hund, aus Angst wechselt man die Straßenseite, und Regenguß, ach, so ein Regenguß, gewaltig fließt der Strom die Straße hinunter, der Gulli schluckt und schluckt, barfuß stehe ich im Sommerregenwasser, ach.

Eine Stadt – meine Stadt, das sind weinberankte Klinkerhäuschen, ausgetretene grüne Steinstufen, Moos kämpft sich zentimeterweise Sockel und Stämme hinauf, Amseln flöten im regennassen Gras, der Kaufmann hat Brote im Regal, eine Kruste ist das, hach, knusprig und duftend und, ja, reinbeißen muß man, gleich auf der Straße, wie man den Laib der Mutter bringt und von der Hitze träumend die Straße überquert, auf der man gleich den schwarzen Vollgummiball hochsausen läßt.

Eine Stadt – meine Stadt, das ist kein weiter, leerer Platz vor Kaufhaus oder glockenspielgeschmücktem Rathaus, das sind braune und beige und graue Steine im Sternmustermosaik, das Rondell zwischen Kindergottesdienstkirche und Polizeiwache ist voll davon, am ersten Tag im Mai stehen Fahnenmäste im Rund, ich stehe da und bin so klein und sehe die Waden und die Hosenböden, die Männer und die Frauen um mich herum, warte auf ein Fünfpfennigeis, später, hm, gefrorene Wasserstückchen auf der Zunge, der Weg zurück am schwarzen, drohenden Rathaus vorbei, hohe Treppen und in Blickhöhe vergitterte Fenster,die einen schaudern machen, wird man gesehen? Man greift fester nach einer Hand.

Eine Stadt – meine Stadt, das ist der Stiefmütterchenplatz, auf dem die alten Männer in der Sonne sitzen und dösen, auf dem mein Zeh in die Fahrradspeichen gerät, oh weh, wo die Straße durch Tränen hindurch gigantisch erscheint und ich dem Boden so beschämend nah, und der Ein-Uhr-Klang des Stiftschulturmes um Ruhe bittet und Riesenhunger erweckt.

Neulich habe ich sie gesucht, meine Stadt. Verbundsteine auf dem Bürgersteig, wo ist die Hundehütte? Ein neuer Laden, breite Glastüren, da, wo ich früher stand und verzweifelt „Mami“ schrie, wenn ich dringend, oh so dringend mußte, Planierraupe auf dem Feld neben der Holzgarage, der Wasserturm so klein, so klein, ach, sie machen mich traurig, machen meine Stadt kaputt, machen mir Erinnerungen, nur Erinnerungen, machen eine Stadt.

(1977)

Renate Chotjewitz Häfner

Geboren 1937 in Halberstadt. Autorin und Übersetzerin. Lebt seit 1986 in Frankfurt, davor in Ulm, Kassel, München, Berlin, Rom und Osthessen. Ursprünglich Malerin, nach der Heirat (1962) Muse, Mutter, Hausfrau, und seit 1969 Nebenerwerbsautorin. Einige Jahre Vorstandsarbeit im VS der IG Druck & Papier Hessen. Frauenbewegte Spurensucherin. Scheidung mit fünfzig.

Buchveröffentlichungen: *Ich gehöre mir.* Frankfurt: Verlag Freie Gesellschaft 1977/ *Die mit Tränen säen.* Aus der Geschichte eines osthessischen Dorfes. Zs. m. P. O. Chotjewitz. München: Verlag Autorenedition 1980.
Übersetzungen: *Franca Rame, Dario Fo: Nur Kinder, Küche, Kirche.* Zs. m. P. O. Chotjewitz. Berlin: Rotbuch 1979/ *Dario Fo:* Tigergeschichte. Frankfurt: Verlag Autorenagentur 1981/ *Dario Fo, Franca Rame, Offene Zweierbeziehung.* Frankfurt: Verlag Autorenagentur 1984/ In Vorbereitung: *Dario Fo: Leichen verschickt man, Frauen ziehn sich aus.* In: Dario Fo: Diebe, Damen, Marionetten. Frankfurt: Verlag der Autoren 1987.
Zahlreiche Funkbeiträge.

Renate Chotjewitz Häfner

Ein Ort zum Vergessen

Zu unserer Zeit sah man nur gelegentlich in Filmen, die in der Nachkriegszeit spielten, eingeebnete Flächen wie diesen Börneplatz, neben Aufrissen zerstörter Straßenzüge mit ausgefransten Gebäuderesten, die in den wolkigen Himmel ragten; Kulissen, im Studio zu Ruinen geschminkt; die Bilder zeigten die immer gleichen Objekte, nur aus verschiedenen Blickwinkeln aufgenommen. Auf meinen Spaziergängen, von Osten, von der Großmarkthalle aus in die City, suchte ich die Gegend ab nach Spuren, in denen ich die Geschichte wiederfinden konnte. Was lag, versiegelt, unter dem Pflaster. Ich ging einige Monate lang in wöchentlichen Abständen ins Gericht, oder ich fuhr mit dem Fahrrad. Nur die Breite der Straßen, die gleichförmige Häßlichkeit der Blockbebauung ließen erahnen, daß hier vor einem halben Jahrhundert engere Straßen, höhere, mit Vorsprüngen, Balustraden, Balkonen verzierte Häuser gestanden hatten, von Vorgärten gesäumt, abgetrennt durch eiserne Gitter, deren Lanzenblätter in die Luft ragten. Womöglich Geschäfte mit Auslagen auf dem Bürgersteig, Läden mit holzgetäfelter Einrichtung, Kioske oder gußeiserne Feuermelder, fliegende Händler, Marktstände. Selten verwiesen einzelne, heruntergekommene Gebäude zwischen rasch hochgezogenen heruntergekommenen neueren Wohn- und Geschäftsblocks auf die historische Schichtung. Jedoch stach mir in City-Nähe jener einige tausend Quadratmeter große, brachliegende Platz in die Augen, eine eingeebnete Fläche, vom Durchgangsverkehr abgegrenzt mit niedrigen, aufgestellten Barrieren und Bändern, nach Osten begrenzt von der Friedhofsmauer, hinter der die einzigen Baumwipfel der Gegend aufragten. Es gab keinen Hinweis auf seine frühere Nutzung oder Bebauung, von der Mauer und einer hier angebrachten kleinen Gedenktafel abgesehen; so daß etwaige Besuchergruppen aus dem Ausland, auf der Suche nach Spuren ihrer Herkunft, nur diese ehemalige jüdische Begräbnisstätte fanden, die vor einem halben Jahrhundert einmal laut Entwurf Bauamt, Abteilung Bestattungswesen, umgewidmet werden sollte in einen Schuttabladeplatz: Etwa 7 000 Grabsteine ausheben, in Stücke schlagen; cirka 50 Bäume fällen, in Stücke schneiden und aufsetzen; Abräumungsarbeiten angeordnet. Ein Ort zum Vergessen. Mein Weg führte meist von Osten, von der Großmarkthalle aus (wo der Ortsbeirat 4 zu unserer Zeit wiederholt eine Gedenkstätte an den Gleisanlagen der Hafenbahn forderte) über die Obermainanlage, den geschleiften Festungswall, Fischerfeldstraße und eben diesen Platz gegenüber dem in moderner Form wiederaufgebauten Dominikanerkloster, Konstablerwache zum Gericht, das ganz alleine auf weiter Flur in aller Gründerzeit Pracht und Herrlichkeit bald einhundert Jahre unbeschädigt überdauert hatte; vorbei an Baugruben, Ampeln, Hinweisschildern, zum Abriß bereiten Häusern, mit gelber Lehmerde gefüllten Beeten, Umleitungen, über Verkehrsadern, die selten eine Möglichkeit zum Überqueren der Straße boten. Statt Kopfsteinpflaster viel moderne Verbundsteine. Hier und da hatten sich kleine gepflasterte Inseln am Bürgersteig oder auf der Straße, ertrunken in erkaltetem Teerbrei, erhalten. Manchmal glänzte im Dunkel noch ein Stück Metall, Stück Straßenbahnschiene auf. Ein vielfach ausgebesserter Flickenteppich. Dort stand ein Gebäuderest, der wohl einhundert Jahre irgendwelchen erhabenen Zwecken gedient hatte, nun ganz ohne Zweck, Sinn und Form auf einem Rasenstück, das im Spätsommer ausgemergelt des Winters harrte. Eine Kulisse, hinten von Stützpfeilern gehalten, ein Portalbau, der nahezu vortäuschte, aus Marmor zu bestehen. War er der Freiheit des Geistes gewidmet oder dem Wahren, dem Schönen und Guten, credere, ubbidire, combattere? Die Stufen des Portikus mochten hinaufführen in die ehemalige Bibliothek. Janusköpfig blickte sein leeres Tor nach außen und innen, führte in keine Vorhalle, keinen Wandelgang, sondern auf Straßen mit fließendem Verkehr, Sudfaß, oder eine gesperrte Brücke, Umleitung, gab Aussicht auf ein aufgetürmtes Gebäude, das sich im oberen Stockwerk verbreiterte, um plötzlich mit rechteckigen Kästen vor einem gelblichgrauen Stadthimmel zu enden. Wie diese Fragmente der Vergangenheit durch Asphalt und Grashügel aufbrachen. Mir schien, als würfen sie, ähnlich den angeklagten NS-Ärzten vor Gericht, lange Schatten der Vergangenheit in meine Gegenwart. Möglicherweise besagte die Inschrift des Portikus, die Freiheit der Wissenschaft stelle das Gemeinwesen wieder her, aber die Straße hatte zuviel des Raumes vor den Stufen verschluckt, um die Inschrift entziffern zu können. In langen Tunneln aus Holz wurde man an den Baustellen vorbei geleitet. Keine Startbahn West. Zettel ankleben verboten. Heute schon geliebt? Das i durchgestrichen. Eine große Minderheit der Bevölkerung war der Ansicht, ein Volk wie das unsere, das so hervorragende wissenschaftliche Leistungen erbracht hatte wie wir, habe ein Anrecht darauf, von Auschwitz oder Neu Brandenburg nichts mehr hören zu müssen. Frankfurter Bierhaus. Arbeitsamt. Baggergeräusche, gelbbrauner Lehm und Sand, Feldsteine, Verkehrslärm. Der Verteidiger benannte in seinem Plädoyer die Ideale der Tatzeit: Bescheidenheit, Unterordnung, Gehorsam. So hatten die Täter nur ausgeführt, was schriftlich angeordnet war, eine Hand am Gashahn; ihre Opfer waren längst zu Humus verwandelt. Die ununterbrochene Geräuschkulisse. Während die Angeklagten sich erfolgreich bemüht hatten, das Verfahren durchzustehen. Dieser fieberhafte Bautrieb, der regelmäßig nach Kriegen ausbrach und die in der Vergangenheit gerissenen Wunden überbaute, hielt immer noch an. War je so gründlich wie hier, wo einst der demographische Mittelpunkt der Frankfurter Judengemeinde lag, das Grundmuster ausradiert worden? Inzwischen überrollte eine zweite Wiederaufbauwelle die armseligen Bauten der fünfziger Jahre. Erfolglos versuchte ich, die um den Stadtkern gewachsenen Jahrhundertringe nachzuzeichnen. War die gebogene Linie der alten Stadtmauer noch im Norden und Westen zu ahnen, konnte man im Süden den Fluß weder umleiten noch zuschütten, so fehlte hier die frühere Grenze, das Tor nach Osten, ganz so als sei jemand mit einer groben Harke durch das Straßenwirrwarr gefahren, um alles neu anzuordnen. Diese Fläche blieb ausgespart, ein weißer Fleck, Baulücke in der City, seit 40 Jahren die Bagger erwartend. Ein Ort, der ins Abseits geriet, ein Ort zum Vergessen, der einmal Judenmarkt hieß. Durch das Torgitter des Friedhofs sieht man die zerschlagenen Steine. Jemand hat seine Küchenabfälle durchs Tor geworfen. Der Boden funkelt von Glasscherben. Heute sind die Bagger gekommen. Endlich beginnt der notwendige Erweiterungsbau der Stadtwerke, wird die Geschichte endgültig überbaut und versiegelt.

(1987)

Daniel Cohn-Bendit

Geboren am 4. April 1945 in Montaubau/Frankreich.

Buchveröffentlichungen: *Der Linksradikalismus.* Gewaltkur gegen die Alterskrankheit des Kommunismus. Reinbek: Rowohlt 1986/ *Der große Basar.* München: Trikont 1975/ *Reden über Deutschland.* München: Bertelsmann 1986/ *Wir haben sie so geliebt, die Revolution.* Frankfurt: Athenäum 1987.

Daniel Cohn-Bendit

Die Stadt als Laboratorium für Lebensentwürfe

Eine nichtgehaltene Rede

Frankfurt, das Tor zur Welt.

Diese Stadt ist prädesteniert, als Ort des internationalen Dialogs, der Vermittlung zwischen Ost und West, Nord und Süd aufzutreten.
Ja, der Kosmopolitismus, der so gern in Anspruch genommene, wo finden wir ihn? Oder sind Banken, Flughafen AG und Hoechst das einzige Weltläufige in dieser Stadt? Die zur Schau gestellte und kultivierte Anhänglichkeit an die westliche Hemisphäre, mit der sich mein Amtsvorgänger huldvoll feiern ließ, ist weiß Gott kein Ersatz für Weltoffenheit. Welche Rolle diese Stadt gegenüber der Dritten Welt einnimmt, gegenüber Süd- und Osteuropa, das ist heute schon eher der Prüfstein für Kosmopolitismus. Vor allem aber wie sie sich zum Fremden und Andersartigen in ihren eigenen Mauern verhält.
An der Art und Weise, wie die Stadt ihren ausländischen Bewohnern und Asylbewerbern Arbeit und Zuflucht gewährt, zeigt sich ganz praktisch, wie weltoffen sie ist. Dr. Wallmann steht in dieser Frage dem Chauvinismus und dem Ressentiment provinziellen Spießertums näher – vor allem in Zeiten von Wahlen – als dem Toleranzpostulat jener liberalen Vordenker, denen er wahlweise Goethe- oder Adorno-Preise verlieh.
Ausgehend von der Paulskirche, von diesem Ort großer liberaler Tradition, sollte alle zwei Jahre in Frankfurt die Woche des Dialogs in Frankfurt stattfinden, in dem zu brennenden internationalen Themen Intellektuelle, Sprecher gesellschaftlicher Gruppen und Künstler unterschiedlichster Nationalitäten miteinander debattieren und streiten.
Warum zum Beispiel in Prag oder Warschau die Friedensbewegung so skeptisch rezipiert wird; warum die Völker Lateinamerikas oder die Schwarzen Südafrikas unseren stadtgestaltenden Banken mehr als feindlich gegenüberstehen; warum Menschen so qualvolle und demütigende Reisen auf sich nehmen, um sich hier um Asyl zu bewerben. Aber auch, warum wir den islamischen Fundamentalismus, wie jeden Fundamentalismus religiöser oder ideologischer Prägung ablehnen, also auch den katholischen, den jüdischen oder den stalinistischen; oder, als letztes Beispiel, wie sich die gesellschaftliche Verantwortung der Naturwissenschaften definiert. Ist alles wünschenswert, was machbar ist? So wäre die Paulskirche die Residenz eines weltoffenen Dialogs.
Mit den von mir angedeuteten Perspektiven – einer postnationalen Metropole – wird sich keine Zuckerbäckeridylle mit direktem Apfelweinanschluß finden lassen, vielleicht aber etwas von einer geistigen Utopie, die wir dringend benötigen: Der kosmopolitische Liberalismus als städtische Identität.
Die Stadt als Ort des Dialogs, der Konfrontation des Alten mit dem Neuen, des Vertrauten mit dem Unbekannten, des Heimischen mit dem Fremden, des Einfachen mit dem Raffinierten, des Gepflegten mit dem Ordinären. So verstanden, besitzt in meinen Augen die Stadt eine zivilisatorische Rolle. Ich verstehe sie als Laboratorium, als Rahmen, um Lebensentwürfe und Experimente zu ermöglichen, sei sie noch so unstet, noch so avantgardistisch, so nervös, auch wenn dann eine wohlverdiente Ruhe und Gemütlichkeit erst erkämpft werden muß.
An dieser Stelle möchte ich meine Vorbehalte gegen die Urbanitätsvorstellungen meiner Amtsvorgänger, christlicher oder sozialdemokratischer Prägung, anbringen.
In Frankfurt hat man sich bis jetzt bestenfalls in der Kulturpolitik hin und wieder etwas

Avantgardismus geleistet. In der Verkehrs- und Wohnpolitik, in der Arbeitsmarkt- und Technologiepolitik wagt man nicht einen Schritt jenseits der ausgetretenen Pfade. Die langweilige Litanei gegen Repräsentationsbauten war und ist ein wenig ignorant. Einer Stadt, die in allen ihren Teilen gleichermaßen alltäglich ist, fehlt es schlicht und einfach an Charakter. Bauten repräsentieren immer etwas, die Frage ist nur, was. Mit unserem kleinlichen Anti-Repräsentationsfeldzug haben wir der CDU Wallmannscher Prägung das urbane Feld kampflos überlassen.

Die SPD, weil sie die Stadt jahrzehntelang als monströse Servicestation für alles und jeden gehandelt hat, war nur darauf bedacht, sie mit genügend Treibstoff, sprich wirtschaftlichem Wachstum zu versehen. Jene meiner grünen Freunde, die immer von einer Stadtteilidylle träumen, verfehlen damit die Lebensbedürfnisse und Lebensformen städtischer Bürger. Auf der anderen Seite ist die Innenstadt, so wie sie die CDU konzipiert hat, weniger öffentlicher Raum als gute Stubb, ordentlich und sauber, und dekoriert mit dem Nippes neureicher Erinnerungsstücke. Wir kennen alle das düstere Zukunftsszenario: Franfkurt 2000. Der Zerfall der städtischen Einheit in arme und reiche Zonen, in Stadt-Teile, die nur Teilfunktionen wie Wohnen einerseits, Arbeiten andererseits oder Konsumieren erfüllen. Dies sollte eine Warnung sein. Die Stadt kann man nur als Entwurf für alle verstehen und nicht als Zwei-Drittel-Gesellschaft, die sich des restlichen Drittels durch Ausgrenzung, Verdrängung und Repression entledigt.

Jetzt möchte ich die von mir angesprochenen Kriterien für eine urbane, kosmopolitisch lebendige Stadt an einigen zentralen Punkten verdeutlichen.

Nehmen wir das Kernstück der Stadt, den Römerberg. Hier wäre eine Architektur am Platze gewesen, die die historische und zivilisatorische Zäsur betont hätte, deren Folge die Zerstörung der Altstadt war. Was sich da angedeutet hat, wird bei der Diskussion um den Börne-Platz endgültig zum Skandal. Was für ein Geschichtsverständnis, meine Damen und Herren von der CDU, haben Sie, wenn die Stadtplanung von der Alten Oper über den Römerberg bis zum Börne-Platz nur die Verdrängung von Geschichte bedeutet, das Kaschieren einer epochalen Katastrophe, die eine Stadt wie Frankfurt bis zur Unkenntlichkeit verwüstet hat. Sicherlich ist das Museumsufer städtebaulich ein beispielhafter Wurf. Aber wo bleibt der Architekt von Rang, der den Börne-Platz mit seiner Geschichte verbindet? Der Architekt von Rang, der eine Moschee an zentraler Stelle plaziert nebst einem türkischen Bad, um der islamischen Kultur in dieser Stadt aus den Hinterhäusern zur Öffentlichkeit zu verhelfen? Wo bleibt der Flohmarkt als multi-kultureller Basar, der sich immer weiter am Mainufer ausbreitet? Nein, indem Sie die Stadt säubern, reinigen Sie sie vom Leben.

Ihr Umgang mit dem Bahnhofsviertel zeigt Ihre kleinkarierte urbane Vorstellung. Sie suggerieren, dem Drogenhandel und der Prostitution ein Ende bereiten zu wollen und liquidieren aber letztendlich ein wirklich multinationales Stadtviertel Frankfurts. Wobei ich mit multinational nicht den internationalen Drogen- und Mädchenhandel meine, der sicher bekämpft werden kann, ohne daß gleich noch ein ganzer Stadtteil den Spekulationsbedürfnissen geopfert werden muß. Wenn eine Gesellschaft meint, nicht ohne käufliche Sexualität auskommen zu können, und Sie, meine Damen und Herren der CDU und Ihre Wähler, genauso wie die Opposition sind Stützpfeiler dieser gesellschaftlichen Doppelmoral, dann kann dies nicht einseitig zu Lasten der beteiligten Frauen geschehen. Es ist die Aufgabe einer Stadt, alle ihre Bewohner zu schützen und ihnen die Arbeit zu erleichtern. Dies gilt auch gegenüber Prostituierten.

(1986)

Karl Corino

Geboren 1942 in Ehingen am Hesselberg, Studium in Erlangen, Tübingen und Rom. Dissertation über das Frühwerk Robert Musils. Seit 1970 Redakteur der Literaturabteilung im Hessischen Rundfunk, seit 1985 deren Leiter.

Mistgabelstudent

Durchwachte Nächte/ vor 15 Jahren // Ferkel schlüpften (die Ohren angelegt) und semmelhufige Kälber // Zwischen Biestmilch und/ Nachgeburten ins Darmpech/ gegriffen in schnell beiseite/ gelegte Bücher (noch heute gelbe Flecken darin)// Es ist anders nicht/ anders// Vor Augen die Schweinereien/ der mächtigen Rindviecher/ und wie man ihnen die goldenen/ Adern die Fotzen schmiert/ ihren Vorfällen Bandagen/ anlegt// Damals warf ich die Sau die/ ihre Jungen nicht säugen wollte/ ins Stroh sie schiffte mir/ in den Schuh// So steh ich wieder und wieder.

Buchveröffentlichungen: *Tür-Stürze.* Gedichte. Frankfurt: S. Fischer 1981/*Sonntagskind.* Ein Epitaph. In: Reise durch die Gegenwart. Frankfurt: S. Fischer 1987/*Ein Tölpel in Erlang.* Prosa. In: Erlangen 1950–1980. Ein literarisches Lesebuch. Hrsg. v. I. Meidinger-Geise. Erlangen: Junge Verlag 1982/ *Der Tölpel.* In: Helft den Büchern, helft den Kindern. Hrsg. v. Peter Härtling. München: Hanser 1985.
Herausgeber: *Dieter Leisegang. Lauter letzte Worte.* Gedichte und Miniaturen. Frankfurt: Suhrkamp 1980/*Intellektuelle im Bann des Nationalsozialismus.* Hamburg: Hoffmann und Campe 1980/*Autoren im Exil.* Frankfurt: S. Fischer 1981/*Genie und Geld.* Vom Auskommen deutscher Schriftsteller. Nördlingen: Greno 1987.

Karl Corino

Lesen: Traum und Alptraum

In einem Zimmer voller Bücher zu leben – das war mein Kindertraum, Regale bis unter die Decke, ringsumlaufend, voller Bücher. Wo ich dergleichen gesehen hatte? Wahrscheinlich bei dem Missionar, der lange am Kilimandscharo gelebt hatte und nun in unserem Dorf seinen Lebensabend verbrachte. An Weihnachten baute er seine berühmte Krippe auf, die die halbe Wohnstube füllte. Und er hatte selber ein Buch geschrieben: „Dichten und Denken der Dschagga-Neger".

Mein erstes Buch hieß „Der Hase Heinz". Und dann kamen „Grimms Märchen", „Bechsteins Märchen", „Tannenwalds Kinderstube", „Peterchens Mondfahrt", „Winnetou" – der allerdings als Fortsetzung in einer Illustrierten. Die Stelle, an der Old Shatterhand die Lende aus einem Büffel herausschneidet, las ich auf einem rüttelnden Leiterwagen, auf dem Weg zur Seewiese. Denn bald las ich überall, auf dem Kutschbock des Berner Wägelchens, dicht hinter dem Pferd, von dessen Winden bestrichen, auf dem Acker, zwischendurch von der Arbeit wegschleichend, um eine halbe Seite zu verschlingen, bis mich der Ruf aufschreckte: „Saubua, lescht scho widder". Dann ging es zurück zum Bänderstrecken, Rübenverziehen, Kartoffelklauben. Ich hörte Worte wie Leseratte, dachte an die Ratten, die in großen Kastenfallen gefangen und totgeschlagen wurden. Nur das Lesen machte manche Arbeiten erträglich. Das Viehhüten z. B. Und welche Katastrophe, wenn man unterwegs das Buch verlor, das einen über den Nachmittag hinwegretten sollte. Mein hemmungsloses Weinen, als ich, den ganzen Weg zurückjagend, irgendeine obskure Broschüre über eine Försterchristel nicht mehr fand. Die Leute, die mich fragten, konnten sich meinen Schmerz nur als den über ein verlorenes Sparkassen-Büchlein erklären.

Bald darauf dann die Busfahrten ins Gymnasium. Lesen unter den schwachen Funzeln der Deckenbeleuchtung. Lesen im Stehen, Hin- und Herschwanken im Schaukeln des Fahrzeugs, und die Lettern kaum von den Augen festzuhalten. Nach einer Stunde waren die Bindehäute rot wie die von Angorakaninchen. Es gab eine gut bestückte Schulbibliothek mit Gustav Freitag und Sven Hedin, dazu den Kiosk an der Wörnitzbrücke mit Bill-Jenkins-Heften und Tom Prox und, bei einem Bierbrauerssohn, der es gern etwas vornehmer und mittelalterlich hatte, „Prinz Eisenherz". Lesen als Sucht, als Krankheit, die getarnt werden mußten. Die Schulleistungen sackten ab – die farbigen Einbände mußten durch Schutzumschläge als Lehrbücher getarnt werden, die Groschenhefte krochen zwischen Packpapier und Deckel, in Verstecke vor väterlichen und lehrerlichen Kontrollen.

Ursprünglich hatte ich Jäger oder Förster werden wollen. Als ich meinen Vater eines Tages aufs Feld begleitete, stellte er mich auf eine Mutprobe. Ich sollte in den 600–800 m entfernten Wald gehen und eine Weile darin bleiben. Das Feld hieß „Wasserstall", der Wald „Hagabüechi". Ich weiß es bis heute, denn ich versagte. Ich wagte mich nur bis zum Waldrand, sah es zwischen den Stämmen immer dunkler werden, die Wipfel schauerten im Wind. Ich war vier. Jahrelang mußte ich den Spott erdulden: „Will a Jäger werra und traut sie net ins Hoolz nei!"

Da ich mich so früh als ungeeignet erwiesen hatte, den Beruf meiner ersten Wahl zu ergreifen, blieb mir nichts anderes übrig, als das Lesen zum Beruf zu machen. Von nun an war das Lesen etwas Ehrbares. Beim schönsten Wetter auf seiner Bude zu sitzen, ein Buch vor der Nase, während andere in der Sonne schwitzten, hatte nun nichts Verwerfliches mehr. Es war Lust und Pflichterfüllung zugleich.

Ich bewegte mich in Räumen, die tatsächlich bis zur Decke voller Bücher waren. Und was zunächst noch akademische Ordnung gewesen war, alphabetisch sortierter Kosmos, entartete in der *Literaturstadt* bald zur buchstäblichen Anarchie. Es türmte sich auf dem Boden, bildete Wälle um mich herum, belagerte den Schreibtisch, kroch an den Fenstern hoch, hätte allmählich die Aussicht versperrt, wenn die Manuskripte auf der Platte vor einem dies nicht noch gründlicher getan hätten. Überall wuchsen Stapel hoch, Säulen, fleckig wie Platanenstämme, mit ihren Blättern raschelnd, aber ohne Kronen, eigenartige Urwälder, die um so üppiger gediehen, je rascher die da draußen abstarben, undurchdringlich, voller Überraschungen und (Informations-)Zufälle. Man verließ den Raum für ein paar Minuten und fand bei der Rückkehr ein halbes Dutzend neuer Manuskripte vor; man kam aus einer Konferenz wieder, und ein paar weitere Buchkartons hatten sich hinter der Tür breit gemacht. Ein Verlag gab die Parole aus „Von jetzt an wird Tag und Nacht gelesen": man absolvierte einen Schnell-Lesekurs und gab sich alle Mühe, denn hinter jedem Buch, hinter jedem Text stand ein Mensch und wartete. Aber wie man sich auch Mühe gab, man arbeitete meistens zum Undank. Denn jeder, der Gehör fand, erregte den Neid und Zorn aller anderen Unerhörten, und es ließ sich leicht ausrechnen, daß man allein in einer Stadt wie dieser wesentlich mehr Feinde als Freunde hatte; wenn es gut ging, im Verhältnis drei zu eins. Man teilte das Los vielleicht mit den Lektoren der Verlage links und rechts am Main, in denen die Manuskripte angeblich mit dem Gabelstapler bewegt wurden.

Unter solchen Umständen schreiben, abgesehen von Sendefahrplänen, Absagen, Absagen, Absagen, Zusagen, Honorarbögen etc.? Es gibt, beim heiligen Lord Chandos, eine Art von literarischer Selbstregulierung. Bei dauernder Konfrontation mit Literatur werden die Texte, die man embryonal im Kopf trägt, vom Organismus wieder zurückgenommen und nicht ausgetragen – wie die Rättchen und Mäuschen in den Uteri ihrer Mütter bei nagender Übervölkerung. Das schwarze Licht der Welt erblickt nur, was *unbedingt* geboren werden muß, was sich widrigenfalls im Kopf zersetzt und zu einer Art von intellektueller Sepsis führt. Ist „schwarzes Licht" ein beliebiges Paradox? Nein, in Schubladen ist es meistens dunkel.

Das Schöne am Rundfunk ist, daß er Literatur zwar hörbar, aber unsichtbar macht, mögen die Papierberge, aus denen sie stammt, auch ringsum höher wachsen. Er macht unsichtbar und transportiert in ferne Welten, mit Lichtgeschwindigkeit. Dort kommen die Botschaften vielleicht an, wenn unser Planet längst den Hitzetod gestorben ist ...

Da geht er wieder unter, der kleine rote Riese, über unserem technisch bestens ausgerüsteten grünspangrünen Hundehimmel, zeigt mit pompösen Lichteffekten einmal mehr, wie er das eines Tages alles wegschmelzen, verdampfen, verdunsten wird. Aber bis dahin wird noch viel Wasser den Main hinunterfließen, vorbei an der Literaturstadt Frankfurt.

(1987)

Mechthild Curtius

Geboren 1939 in Kassel. Kindheit in der Lausitz, Jugend in Westfalen. Studium der Germanistik, Kunstgeschichte, Ethnosoziologie in Marburg/Hessen. 1971 Promotion über Elias Canetti. Literaturwissenschaftlerin von 1972 bis 1983; seit 1982 durch Habilitation Privatdozentin für Neuere deutsche Literatur.
Hat zwei erwachsene Kinder und lebt mit dem Maler Olaf Hauke in Frankfurt als Buch-,Funk- und Fernsehautorin. Seminare, Essays, Erzählungen über Literatur, Kunst und Kreativität; Schwerpunkte sind Produktivitätsästhetik, Fernsehfilm als Literaturform, Landschaft als Topos.

Buchveröffentlichungen: *Mode und Gesellschaft.* Frankfurt: Europäische Verlagsanstalt 1971 und 74/*Kritik der Verdinglichung in Canettis Roman „Die Blendung“.* Bonn: Bouvier 1973/*Wasserschierling.* Geschichten. Frankfurt: Insel 1979/*Jelängerjelieber.* Roman. Zürich, Köln: Benzinger 1983/*Erotische Phantasien bei Thomas Mann.* Königstein/Ts.: Athenäum 1984/*Liebst du mich, so kauf ich dich.* Erotische Erzählungen. (Manuskript. Teilweise Vorabdrucke und Funksendungen) 1984/*Autoren im Gespräch.* Ermittlungen über schöpferische Arbeit. (Manuskript in Progreß) 1985/*Tonmanns Tagebuch.* Roman. Der Alltag in einer Fernsehanstalt. (Manuskript).
Fernsehfilme (Text und Regie): *Glockenjahr.* Kirchen, Glocken, Landschaften in Hessen. HR 1986. *In der Heimat des Marquis de Sade. Lacoste und Lubéron.* Reisewege zur Kunst. HR 1986. *Landschaftsbilder in Hessen* (Filmreihe im HR über Hessische Landschaften mit bisher 12 Porträts).
Herausgeberin: *Theorien der künstlerischen Produktivität.* Frankfurt: Suhrkamp 1976.

Mechthild Curtius

Schalttag

Der Mann betrat das Haus, als es draußen sehr hell war. Seine Geringschätzung der Lage wendete sich zu diesem Zeitpunkt ausschließlich dem Geruch von Maschinenöl und warmem Metall zu, nach altem Holz und Urin im Innern des Hausflurs. Mit gerecktem Hals forschte er in das Treppenhaus hoch, dessen Lichtschacht bläulich verschwamm und schmutzigen Stuck sichtbar machte. Lange summte es, weil er den Mittelfinger gedankenverloren auf dem Knopf hielt, bis der Aufzug surrend kam, sich auffaltete, leer war. Fuhr vier Stockwerke hoch, und als er den engen Gang entlangging, vermißte er den Klang seiner eigenen Schritte über dem Teppich bis zur Tür des Büros. Zurück vom Mittagessen kam der Direktor, die angefetteten Lippen noch vor jedem Gruß bewegend, als schmecke er nach und hätte sich von der Mahlzeit schwerer getrennt als ein anderer von seiner Geliebten. Er unterragte ihn, den Besucher, um Haupteslänge, und sein Bauch, anstatt ihn unter seinem Gewicht nach vorn zu ziehen, legte ihn weit nach hinten zurück, Herr und Bauch tangotanzendes Paar. Weit ausgestreckt reichte er dem Besucher die Hand und bat ihn durch die Flügeltür, wies ihn auf einen Stuhl, sank selbst in den Sessel hinter dem mächtigen Schreibtisch.
Nun da sie saßen, konnte der Besucher sich auf den Kopf seines Gegenüber einstellen. Nicht Kopf. Haupt. Mähne. Kurz über den abgepolsterten Schultern ansetzende Wangen, breit von Knochenbau und Fleischwölbung. Ohren sichtbar trotz weit abstehender Haarwolle, die sich als Bart fortpflanzte, so daß viel mehr als ein Sehschlitz, Riechschlitz, Eßschlitz für Augen, Nase, Mund nicht freibleiben konnte. Augen schmal, sehr listig beobachtend hin- und herlaufend, Nase gerötet. Und Mund. Eßschlitz. Sprechschlitz. Sei es essend, sei es sprechend, er, der Besucher, sah, Mund war Hauptsache hier. Breit, die blonde Zigarre umfangend, nicht schmatzend, nicht saugend, ohne Gier. Eines ohne das andere, Kind ohne Hände, eingesteckter Gegenstand und Mund zusammengehörig.
Das Gleiche war es mit den Wörtern. Der Besucher fand es weniger wichtig, die Worte auf ihren Inhalt hin zu hören, als auf ihren Klang. Mehr aber als alles zu sehen, mitzuspüren die Bewegungen sich formend im umgetriebenen Mund des Mannes, den er betätigen mußte, koste es, was es wolle. Und dabei, ihn zu sehen, seine Handbewegungen kreisend wie die eines Töpfers um das über der Drehscheibe zu formende Ding. Oder das Haupt, zurückgelehnt unter der Last von Körper und Mähne, so daß der Blick noch mehr wie aus Sehschlitzen kam und die Laute der Lippen den Raum einnehmen konnten hin zu den wenig wogenden Wangen.
Er, der Besucher, hörte die Geschäftszahlen in Etappen anwachsen, jede Minute eine Null Endsumme mehr, und er begriff, daß der Redende deren rundlichen Klang im Mund lutschte wie ovale Stachelbeerbonbons, die beim Lutschen umkippen und hin- und herrutschen, Gaumengespür, das ihren Geschmacksgenuß anhebt.
Der Besucher beschloß, nach der erreichten Million seiner Aufnahmefähigkeit an Nullen die Erlösung zu gönnen und davonzugehen.

(Aus „Schalttag". Romanmanuskript 1987)

Martin Dannecker

Geboren wurde ich im November 1942 in einem kleinen Marktflecken im Schwarzwald. Dort existierte neben der Evangelischen Volksschule auch ein einklassiges Pro-Gymnasium. Obgleich ich die Initiationsriten zum Übergang auf die höhere Schule gut hinter mich gebracht hatte – man vergab in der vierten Klasse Preise für die besten Schüler –, blieb ich auf der Volksschule, wie das für unsereins vorgesehen war. Abgeschlossen habe ich diese mit großem Erfolg: Ich erhielt während einer öffentlichen Feier, an der das ganze Dorf teilnahm, den ersten Preis, einen Band mit Dramen und Gedichten unseres großen Schwaben Friedrich Schiller. Danach stand mir die ganze Welt offen, und ich begann einige Kilometer von meinem Heimatort entfernt eine Lehre als Industriekaufmann. Zu meiner Arbeitsstelle, um eine solche handelte es sich durchaus, fuhr ich so lange mit dem Fahrrad, bis ich lungenkrank wurde. Nach dem Jahr, das ich im Sanatorium verbrachte, paßte ich dann endgültig nicht mehr in unser Dorf. Ich beendete schleunigst meine Lehre, um nach Stuttgart zu gehen, wo ich arbeitete und eine Schauspielerausbildung machte. Irgendwann begegnete ich dort meiner intellektuellen Ziehmutter M. B., die engere Berührungen mit der Frankfurter Schule hatte. Mit ihr kam ich im Herbst 1966 nach Frankfurt, wo ich nach dem Erwerb der notwendigen Voraussetzungen Philosophie, Soziologie und Psychologie studierte. Inzwischen arbeite ich seit 10 Jahren an der Abteilung für Sexualwissenschaft am Klinikum der Universität Frankfurt.

Buchveröffentlichungen: *Der gewöhnliche Homosexuelle.* Zs. m. R. Reiche. Frankfurt: S. Fischer 1974/*Der Homosexuelle und die Homosexualität.* Frankfurt: Syndikat, 1986/ *Das Drama der Sexualität.* Eine Sammlung von Aufsätzen. Frankfurt: Athenäum 1987.
Herausgeber: *Sexualtheorie und Sexualpolitik.* Zs. m. V. Sigusch. Stuttgart: Enke-Verlag 1984/Mitherausgeber der *Beiträge zur Sexualforschung.* Stuttgart: Enke-Verlag.
Zahlreiche Aufsätze zur Theorie der Sexualität in Büchern und Zeitschriften.

Martin Dannecker

Engel des Begehrens

Jeder Liebende hat Angst davor, die geliebte Person zu verlieren. Und jeder Liebende hat schon einmal eine geliebte Person verloren. Von daher weiß er, wie es um ihn bestellt ist, wenn er verlassen wird. Hat er sich nach dem Verlassenwerden dem Zusammenbruch nahe gefühlt, tödliche Angst empfunden und befürchtet auseinanderzufallen, wird dieses Erleben zum beherrschenden Moment seines künftigen Liebeslebens: Lieben ist Verlassenwerden, Verlassenwerden ist tödliche Bedrohung, die man glaubt, nicht noch einmal überstehen zu können.
Von dieser archaischen Angst, dieser Angst vor der Angst, sind alle Figuren Fichtes umgetrieben. Von dieser Bedrohung sind auch ihre sexuellen Begegnungen nicht freizuhalten, die in Eile, ja, Hetze stattfinden.

„Draußen kommt mir Luis entgegen.
Er rennt mit mir in den nach nassem Mehl riechenden Palast und zwischen den durchlöcherten Pappwänden oymeln wir uns halbtot."

Warum aber ist nicht nur die Liebe, sondern auch die Sexualität der Figuren Fichtes so bedroht? Sie ist es deshalb, weil Liebe und Sexualität in unserer Kultur nicht auseinanderzureißen sind. In der sexuellen Tragik der Figuren Fichtes begegnet uns die Tragik jener Generation wieder, die sich vorgenommen hat, die Sexualität leichtzunehmen, und in ihrer Absicht beständig von dem Zwang zur Liebe gestört wird. Die Tragik dieser Generation liegt, wie Niklas Luhmann betonte, „nicht mehr darin, daß die Liebenden nicht zueinanderkommen; sie liegt darin, daß sexuelle Beziehungen Liebe erzeugen und daß man weder nach ihr leben noch von ihr loskommen kann."[1] Wenn es demnach aus diesem Dilemma auch keinen Ausweg gibt, so gibt es doch verschiedene Umgangsweisen mit dem ihm zugrunde liegenden Konflikt. In immer erneuten Versuchen tasten sich die Figuren Fichtes an die Möglichkeit der Sexualität ohne Liebe heran. Und ihr Autor führt Gespräche mit Prostituierten, in denen er sich vor allem für die Frage interessiert, wie es möglich ist, zahllose sexuelle Kontakte zu haben, ohne in die Fallen der Liebe zu geraten.
Eine andere Rettung als die Form des Rituals ist für Fichte nicht sichtbar. Im Ritual wird ein Kompromiß zwischen den Wünschen und dem Schrecken vor diesen Wünschen geschlossen, wie Fichte den Ledermann in einer mit einem Fragezeichen versehenen Antwort belehrt: „Wir tun das kleinere Schreckliche und hoffen dadurch – instinktiv – dem größeren Schrecken zu entgehen?" Die aus Angst vor der Liebe Umgetriebenen begeben sich auf rituelle Gänge an ritualisierte Orte. Räume, in denen beziehungslose Beziehungen und Sex ohne Liebe Brauch sind, bieten ihnen Schutz und liefern ihnen zugleich die Umgangsmuster für ihre Schrecken. Einen solchen Ort hat Fichte in seinem Roman *Die Palette* beschrieben. Der Titel des Romans ist der Name einer Hamburger Kneipe für Ausgestoßene. Die „Palette" ist Abbild aller Orte,die schnelle sexuelle Kontakte ermöglichen, die Angst vor der Liebe mildern und sie zugleich hervorrufen. Sie ist Abbild des Schwulentreffpunkts genauso wie eine vorweggenommene Beschreibung der Diskotheken, Abbild aller Orte, in denen das Alleinsein kollektiv begangen und die Angst vor Nähe gemeinsam zelebriert werden. Und in dieser Paradoxie liegt auch die Gefahr.

„Jäcki hat Angst, nicht mehr draußen vor zu bleiben, sondern, nachdem er schon anfängt wiederzuerkennen, hineingezogen zu werden in Zweiundzweis. Etwa eine Freundschaft mit Jürgen, der Schneeflocke? Oder Anne, die anfängt, ihm die Knöpfe an die Hemden zu nähen?"

Verbunden sind sich die *habitués* solcher Orte durch ihre Angst vor Liebe. Verknüpft sind sie durch sexuelle Kontakte, die nur flüchtig sein dürfen und insofern als *promisque* zu bezeichnen sind.
In der Psychopathologie der Sexualität hat man im Zusammenhang mit dem Phänomen Promiskuität von sexueller Süchtigkeit gesprochen und gemeint, damit ein Strukturmerkmal sexueller Perversionen entdeckt zu haben. Fichte, dessen Reflexionsniveau über Sexualität nur als grandios bezeichnet werden kann, gelingt es mit wenigen Sätzen, diese Vorstellung zu korrigieren. Was der Psychopathologie als sexuelle Sucht erschienen ist, ist in Wahrheit eine als sexuell maskierte Sucht nach der Freiheit.

„Jäcki sitzt schon wieder in der Palette.
– Ich bin überhaupt nicht frei.
– Das ist eine Sucht.
– Ich bin süchtig nach dieser Art von Unabhängigkeit."

Sucht, die höchste Form der Abhängigkeit, entsteht aus der radikalen Sehnsucht nach Unabhängigkeit. Der mit diesem Verlangen Geschlagene bewegt sich ständig in paradoxen Bezügen. Um seine Unabhängigkeit spüren zu können, gerät er in Abhängigkeit. Autonomie dieser Art ist aus der Ferne zu Menschen nicht herzustellen. Sie muß beständig über eine kurze Nähe zu ihnen gesichert werden. Erst dadurch ist die immer schwankende Autonomie zu retten. Für einen Augenblick begibt sich der nach Unabhängigkeit Süchtige in die größtmögliche Nähe des Menschen. In diesem Augenblick muß alles, auch die Liebe, möglich sein. Indem er sich der für ihn größtmöglichen Gefahr des Verlustes seiner Unabhängigkeit aussetzt, gewinnt er die höchste Unabhängigkeit.

(Aus „Die Sexualität der Figuren in Hubert Fichtes Werk". Essay. Erstmals erschienen Frankfurt/M.: Qumran 1985)

1 Niklas Luhmann: Liebe als Passion. Frankfurt a. M. 1982, S. 203.

Wolfgang Deichsel

Geboren 1939 in Wiesbaden. Studium der Germanistik und Kunstgeschichte in Marburg und Wien. Theaterarbeit als Schauspieler und Regisseur. Schriftsteller in Berlin, Zürich, Frankfurt, Köln, München. 1970 bis 1974 Direktionsmitglied am Theater am Turm Frankfurt. Seit 1985 im Ensemble Schauspiel Frankfurt.

Buchveröffentlichungen: *Bleiwe losse.* Hörspiel. HR 1965. Bühnenmanuskript. Frankfurt: Verlag der Autoren 1970/*Agent Bernd Etzel* (Uraufführung Göttingen 1967). Frankfurt: Suhrkamp 1967/*So schlecht war mir noch nie.* Zs. m. K. Bois. Velber: Friedrich 1967/*Frankenstein* (Uraufführung Zürich 1969). Berlin: Wagenbach 1972/*Der Tartüff.* Bearbeitet und ins Hessische übertragen (Uraufführung Frankfurt: Theater am Turm 1971). Frankfurt: Verlag der Autoren 1971/ *Loch im Kopf* (Uraufführung Wilhelmsbad 1976). Frankfurt: Verlag der Autoren 1976/ *Zappzarapp* (Uraufführung München 1982). Berlin: Wagenbach 1982/ *Midas.* Nachtstücke. Frankfurt: Verlag der Autoren 1987.
Theaterstücke: *Molières Schule der Frauen.* Bearbeitet und ins Hessische übertragen (Uraufführung Frankfurt: Theater am Turm 1969).

Wolfgang Deichsel

Urworte

PAGENSTECHER, BETRUNKENER MANN

Pagenstecher schiebt einen Kinderwagen durch die Nacht. Der betrunkene Mann schaut in den Wagen.

MANN: Das sieht ja schlimm aus!
PAGENSTECHER: Ja, es quält sich.
MANN: Schlimm!
PAGENSTECHER: Versteht die moderne Zeit nicht.
MANN: Ist das von Dir?
PAGENSTECHER: Nein! Nein! Doch.
MANN: Warum machst Du auch sowas?
PAGENSTECHER: Weil ich ihn einmal sehen wollte. Einmal ihn sprechen, weil ich ihn mehr liebte als sonst einen Menschen. Hätt ich es nur nie gewünscht.
MANN: Das quält sich.
PAGENSTECHER: Weil es weiß, wie es wäre, wenn es ganz ist. Aber ich hab's nicht zu Ende geschafft. Ich hätte die Sache nicht anfangen sollen, eh mein Verfahren ausgereift war.
MANN: Warum machst du auch sowas, wenn du's nicht kannst.
PAGENSTECHER: Weil ich ihn, der einst alles wußte, befragen wollte. Rede und Antwort sollte er stehn über die Metamorphose. Und jetzt. Nur dies Gewinsel. Ich fahr es herum in jeder freien Minute, weil es sich dann etwas beruhigt.
MANN: Sowas gibt's doch sonst nur in Irrenhäusern, in Wannen, in Öl.
PAGENSTECHER: Eben deswegen fahr ich nur nachts, damit man uns nicht erwischt.
MANN: Warum machst Du so einen Pfusch, Mann. Das ist graunenhaft, das gehört auf die Müllkippe. Jeden Moment denkt man, das stirbt.
PAGENSTECHER: Nein! Das ist es ja, daß es nicht stirbt. Es fängt immer neu an und wird nicht fertig und weiß das! Deswegen das Winseln und Wälzen. Sehn Sie: Dieses Krümmen und Strecken.
MANN: Was ist denn das?
PAGENSTECHER: Namen darf ich nicht nennen, sonst schreit es.
MANN: Und sowas fährst Du öffentlich rum! Völlig verblödet!
PAGENSTECHER: Nein, nicht völlig verblödet. Es ist nur nicht ganz da und weiß es, kann's nicht ausdrücken, aber weiß über alles Bescheid.
MANN: Na, so sieht das nicht aus!
PAGENSTECHER: Nee nee, also wie Goethe sieht's nicht aus! *(Stöhnen aus dem Kinderwagen.)* Was hast Du denn, Kröte, ich habe doch nur gesagt, wie Goethe sieht's nicht aus! *(Stöhnen.)*

(Aus „Midas". Nachtstücke. Frankfurt/M.: Verlag der Autoren 1987)

Eva Demski

Geboren im Mai '44 in Regensburg. Vater Bühnenbildner, daher frühe Neugier aufs Theater. Umzug '52 nach Wiesbaden. '54 nach Frankfurt, Schule, '64 Abitur. Studium der Germanistik, Philosophie und Kunstgeschichte in Mainz und Freiburg. Heirat mit Reiner Demski 1968, Abbruch des Studiums, Arbeit in Städtischen Bühnen Frankfurt, Dramaturgie, Theaterverlagen, danach Fernsehen/Kultur. 1974 Tod Reiner Demskis. 1977 Entschluß, als Freie zu arbeiten.

Buchveröffentlichungen: *Goldkind.* Roman. Darmstadt: Luchterhand 1979/*Karneval.* Roman. München: Hanser 1981/*Scheintod.* Roman. München: Hanser 1984.
Filme u. a. über: Joseph Roth, Tibor Déry, Wolfgang Koeppen, Rose Ausländer, Hans Neuenfels, Adolf Wölfli.
Essays u. a. über: Bundeswehr, Startbahn West, Suchten, Buchmalerei, Literatur, Literaten. In u. a.: Kursbuch, F.A.Z.-Magazin.

Eva Demski

Scheintod

In jeder Stadt, auch in der größten, gibt es verborgene Straßen, wo es wie in einem Dorf aussieht und zugeht. In einer davon, mitten in der Innenstadt, wohnte Hardenberg. Diese kleine Straße wand sich krumm an den Hinterfronten einiger Kaufhäuser entlang, und man hörte den ganzen Tag die Rufe der ein- und ausladenden Arbeiter. Die hohen Häuser hielten den Verkehrslärm ab. Vor einem kleinen Kaffeeladen rieselte ein Brunnen. Der Todestag des Mannes war ein richtiger Apriltag gewesen, kühl und feucht. Aber in dieser ersten Woche seines Totseins war es Tag für Tag wärmer geworden, und die Frau empfand die Pfiffe der Amseln und das Geräusch des springenden Wassers in der kleinen Straße fast als hämisch. In großen Trögen dufteten die Primeln und verdrängten den schwachen Geruch nach Kaffee. Wie immer luden die Arbeiter Ballen und Pakete auf Stechkarren, riefen einander kurze Worte zu. Ihre Arme waren nackt. Die Frau hatte es gar nicht bemerkt, in diesem Jahr erschien der Frühling ihr wie ein Überfall.

Siehst du, sagten die Straßen und die Müllarbeiter, die Zweige und die Vögel, mit ihm ist es jetzt aus. Hätte er sich mehr um uns gekümmert.

Das Fenster zu Hardenbergs Zimmer im ersten Stock eines grauen Hauses stand offen, und die Frau hörte die Stimme des Raben, der sich wohl über den Frühling freute und die anderen Vögel beschimpfte.

Ich habe mir schon gedacht, daß Sie kommen, sagte Max Hardenberg an der Tür zu seiner kleinen, fast leeren Wohnung. Er siezte jeden. Er trug Anzüge, ordentliche Anzüge. Wenn er verwegen war, einen ärmellosen Pullover in Weinrot statt einer Weste. Er war kleiner als die Frau, dunkel und blaß, kniff die Augen aufmerksam zusammen, wenn er jemanden ansah, und sprach langsam und mit vielen Nebensätzen, wie ein Dichter. Er war anscheinend sehr arm, die Frau sah ein paar Stühle, einen Schreibtisch voller Zeitungen, einen offenen Schrank.

Prächtig und komfortabel stand in der Mitte des Zimmers eine bunte Wanne, etwa ein Meter im Quadrat und fünfzehn Zentimeter hoch. Aus ihr, die mit einem feinen Sand gefüllt war, wuchs ein ausladender entrindeter Baum, der den meisten Platz der kleinen Wohnung einnahm.

Mein Vogel benötigt diesen Platz, sagte Hardenberg entschuldigend, ich möchte ihm natürlich die optimalen Bedingungen bieten. Er hat, glaube ich, alles bei mir, was überhaupt aus der Sicht eines Vogels möglich ist – außer der Freiheit. Aber ich glaube, daß der Vogel klug ist und sie nicht besonders vermißt. Das Wohlbefinden gilt ihm mehr.

Krah! sagte der Vogel, flatterte auf die Schulter seines Herrn und rieb seinen dicken, scharfen Schnabel an dessen Ohr. Die Frau schien ihm nicht zu gefallen. Er drehte seinen schwarzen Kopf langsam von einer zur anderen Seite, so daß jeweils nur ein rundes, glänzendes Auge sie anstarrte.

Mit Frauen, sagte Hardenberg, hat er gewisse Probleme, das müssen Sie entschuldigen. Denn er ist ja eigentlich eine Sie und hat Gefühle. Die sind stark! Da stört alles, was sich hineindrängen könnte. Ihren Mann hat er übrigens sehr gern gehabt. Der war auch mutig mit ihr, das mag sie. Sie hat ihn auch einmal gebissen, aber nur probeweise. Sie wollte wissen, ob er das aushält, ob er anschließend sich nicht von ihr abwendet. Das hat der Vogel ganz genau gecheckt.

Da war es wieder, dieses Wort, das in Hardenbergs Sprache wie ein Zwiebelfisch geraten war, unpassend und grell in dem sanften Fluß seiner Rede. Es war ihm aber wohl nicht aufgefallen.
Kann ich mich setzen? sagte die Frau, oder mag der Vogel das auch nicht? Wie heißt sie eigentlich?
Isolde, sagte Hardenberg. Verdi ist mir eigentlich lieber. Aber sie hört nur auf Isolde. Ich habe viele Namen ausprobiert. Ja, wir müssen uns schon setzen, es ist möglich, daß es länger dauert.
Wie alt sind Sie eigentlich, entschuldigen Sie! sagte die Frau.
Ich bin älter als Ihr Mann – gewesen, sagte Hardenberg still. Ich konnte erst spät studieren. Aber ich habe viel von ihm gelernt. Es ist nicht so wichtig, wie alt man ist. Man darf nur nicht jung tun! sagte er noch.
Sie verstand ihn nicht, wagte aber nicht, ihn zu fragen, was er meinte mit „jung tun“. Ob er sie alle meinte, vielleicht sogar die Gruppe? Aber die taten doch gerade nicht jung, sondern waren hart und sicher und einsam, wenn auch manchmal ein wenig kinohaft.
Ich, sagte Max Hardenberg freundlich, will das alles wirklich. Ich will nicht aussehen wie eine Gruppe, oder reden, oder besprochen werden. In meinem Alter ist es auch kein Versuch mehr, etwas Besonderes zu werden, oder berühmt. Ich will nur die Revolution, und wenn's nötig ist, bleib ich mein Leben lang in irgendeiner Ecke im Schatten. Sie hat nämlich recht, die Revolution, sagte Max Hardenberg, auch wenn sie einem eigentlich nicht gefällt. Sie ist das einzige, was größer ist als das Leben.

(Aus „Scheintod“. Roman. Erstmals erschienen München: Hanser 1984)

Erhard Denninger

Jahrgang 1932. Er erinnert sich deutlich genug an „braunen " Terror. Krieg und Nachkriegshungerjahre, um lebenslang zu wissen, was nicht wieder „passieren" darf. Nach dem Studium „der Rechte" und der Philosophie in Tübingen, Lausanne und Mainz (1950–56), nach Staatsexamina (1956/60), Promotion (1958) und Habilitation (in Mainz 1966) Berufung auf den Lehrstuhl für Öffentliches Recht und Rechtsphilosophie an der Johann Wolfgang Goethe-Universität (1967). Verwaltungsarbeit als Dekan (1978/79), Rektor (1970/71) und Leiter der Hochschulabteilung im Kultusministerium (1973/74) wurde teils als lästige Unterbrechung, teils als anregende Bereicherung, teils als ergänzende Pflicht zum Beruf des Hochschullehrers empfunden. Eine heimliche Neigung zum „studium generale" (was immer das sein mag) kam schon in Tübinger Studenten- und Assistentenjahren, später in Mainz (1962–66) und schließlich in Frankfurt in der Mitarbeit im Kuratorium der Römerberg-Gespräche zum Vorschein. Seit 1961 mit einer Italienerin aus Umbrien verheiratet, ist er Vater zweier Töchter und freut sich, wenn man ihre Schönheit rühmt.

Buchveröffentlichungen: *Die Traditionsfunktion des Seekonnossements im internationalen Privatrecht.* Arbeiten zur Rechtsvergleichung Band 6. Frankfurt: Alfred Metzner 1959/*Rechtsperson und Solidarität.* Ein Beitrag zur Phänomenologie des Rechtsstaats unter besonderer Berücksichtigung der Sozialtheorie Max Schelers. Frankfurt: Alfred Metzner 1967/*Polizei in der freiheitlichen Demokratie.* Frankfurt: Alfred Metzner 1968/*Das Hochschulrahmengesetz – Kernstück einer Bildungsreform?* Frankfurt: Alfred Metzner 1972/*Staatsrecht.* Band 1 und Band 2. Reinbek: Rowohlt 1973 und 1979/*Freiheitliche demokratische Grundordnung.* 2 Bände. Frankfurt: Suhrkamp 1977/*Polizei und Strafprozeß im demokratischen Rechtsstaat.* Zs. m. K. Lüderssen. Frankfurt: Suhrkamp 1978.
Herausgeber und Mitautor: *Hochschulrahmengesetz.* München: C. H. Beck 1984.
Zahlreiche Beiträge in Sammelwerken sowie Aufsätze u. a.: zur Rechtsstaats- und Grundrechtstheorie, zur Demokratietheorie, auf dem Gebiet der inneren Sicherheit, insbesonders des Polizei- und Verfassungsschutzrechts, des Amtshilfe- und Datenschutzrechts, des Hochschul- und des Arzneimittelrechts.

Erhard Denninger

Von der Schwierigkeit des Juristen, „Kunst“ zu definieren.

Juristen haben mit „Kunst“ schon immer ihre Schwierigkeiten gehabt, mit der Sache wie mit dem Begriff. Juristen leben von und mit Begriffen – doch einen aussagekräftigen und zugleich trennscharfen, allgemein anerkannten Begriff von Kunst gibt es nicht. Ohne einen solchen, mindestens für die Rechtspraxis tauglichen Begriff geht es aber nicht: Schon weil die Verfassung erklärt ‚Kunst ist frei‘ – Art. 5 Abs. 3 Grundgesetz –, muß man angeben können, wer denn das Subjekt dieses übrigens auch besonders starken Grundrechtsschutzes sei. Wenn das Steuerrecht das Einkommen des Künstlers aus seinen Werken begünstigen, wenn der städtische Haushalt junge oder alte oder Künstler schlechthin fördern will – stets muß irgendwie die Grenze zwischen Kunst und Nichtkunst gezogen werden. Aber gibt es sie?

Der Versuch, die *unverzichtbaren inhaltlichen* Begriffselemente zusammenzutragen, muß mit dem *Subjekt* beginnen. Ein Kunstwerk ohne einen Urheber, einen Autor ist undenkbar. Die Natur mag die herrlichsten Formen, Farben und Gebilde hervorbringen, tote oder lebendige: sie bleiben Naturgeschöpfe und werden nicht zu ‚Kunstwerken‘: ‚Artefakten‘ im eigentlichen Sinne. Grundsätzlicher Streit bricht bei der Frage los, was (noch) als „schöpferisch-individualer Akt“ anzusehen sei: Genügt eine bloße, vielleicht „kunstvolle“ Nachahmung der Natur – oder bedarf es einer „Verdichtung“, einer Bedeutungskonzentration, gar einer Veredelung oder Vergeistigung der Wirklichkeit? Oder ist im Gegenteil weder eine Produktion noch eine Reproduktion von Wirklichkeit erforderlich; soll es genügen, daß der Künstler ein Stück gegebene Wirklichkeit auswählt, „ausschneidet“, „einzäunt“ und präsentiert? Ist es Kunst, wenn bei der „Komposition 4'33“ von *Cage* der Pianist 4 Minuten und 33 Sekunden regungslos vor dem Flügel verharrt und statt der Musik nur das Geräusper und andere Reaktionen des Publikums zu hören sind?

Die Beispiele markieren Stufen einer Skala, welche den gewaltigen Abstand heute möglicher Kunstauffassungen von der Ästhetik des deutschen Freiheitsidealismus Ende des 18., anfangs des 19. Jahrhunderts sichtbar macht. An ihrem Anfang steht Schönheit und die Beschäftigung mit ihr als einem Vehikel der individiuellen Sittlichkeit, weil „nur aus dem ästhetischen, nicht aber aus dem physischen Zustand der moralische sich entwikkeln kann“. (*F. Schiller,* Über die ästhetische Erziehung des Menschen, 23. Brief). Im Zentrum dieses idealistischen Kunstbegriffs steht die Versöhnung der konkret-individuellen Wirklichkeit mit dem Allgemeinen, mit der „Idee“ im Kunstwerk selbst. Dieses bildet deshalb nicht einfach die bestehende Wirklichkeit nach, sondern es verdichtet sie zu einer „bedeutenderen“, das Allgemeine ausdrückenden Gestalt. „Ist doch nie die bloße Nachahmung eines Gegenstandes ein Kunstwerk! Ja, der eigentliche Nachahmungstrieb scheint den höheren Kunsttrieb sogar auszuschließen.“ (Artikel „Kunst“ in *v. Rotteck/Welcker,* Staats-Lexikon, Band 9, 1840, S. 541). Dieser Kunstbegriff wirkt bis heute weiter. Doch ist die Entwicklung der Künste und ihrer Reflexion bei ihm nicht stehengeblieben. Nicht nur, daß die Nachahmung der Wirklichkeit von einem künstlerischen „Realismus“ zum Programm erhoben werden konnte, vielmehr hat das Bestreben, die Kluft zwischen der Welt des „schönen Scheins“ und der (gesellschaftlichen) Wirklichkeit zu überwinden, die ja zugleich die Distanz zwischen dem musealen Kunstwerk und seinem Betrachter ist, zu viel radikaleren Ausdrucksversuchen und -formen geführt. In der Logik dieser Aufwertung des Konkreten, dieser neuen Verbindung von Gesellschaft („Publikum") und Künstlertum liegen als nächste Schritte – über das Abbilden hinaus – die Erklärung bestimmter objektivierter Wirklichkeitsausschnitte als Kunst („objets trouvés", „Ready-made") und schließlich, wie in dem Beispiel von *Cage,* die Identifikation des „Zuhörers" oder „Betrachters" und *seines* Verhaltens mit dem Kunstwerk. Der verfassungsrechtliche Kunstbegriff muß in der Lage sein, die in einer solchen Entwicklung auftretenden Phänomene, ganz unbeschadet einer ästhetischen Qualitätsdiskussion, begrifflich aufzunehmen und mit ihnen umzugehen.

Gestaltung, also ein individuierbarer Akt der Formgebung, ist notwendiges, aber nicht hinreichendes Kriterium des Künstlerischen. Denn es erlaubt noch keine Unterscheidung der bloß technischen Gebrauchs- oder Zweckform von der des Kunstwerks. Die Anerkennung der sich hierin manifestierenden Besonderheit, daß „Kunst" sich zwanglos mit ganz anderen, technischen oder auch politischen Zwecken verbindet, hat rechtlich weitreichende Folgen. Von ihr hängt es ab, ob ein Gegenstand oder Vorgang nur den Schutz der Meinungs-, Versammlungs-, Eigentums- oder Berufsfreiheit genießt oder auch den oft stärkeren der Kunstfreiheit. Nehmen wir das Beispiel der Werbegraphik. Niemand wird den Werbeplakaten *Henri de Toulouse-Lautrecs* oder *Horst Janssens* den Charakter als Kunstwerke absprechen, doch ist für die begriffliche Klärung damit nichts gewonnen. Historisch gesehen, verläuft die Heterogonie der Zwecke in beiden Richtungen: was als Variété-Plakat beginnt, mag als Prunkstück eines Museums enden, und was als „reines" Kunstwerk entstand, mag, wie *Tischbeins* „Goethe in der Campagna" als wohlfeiles Werbe-Signet einer Großstadt verkommen. Und was als Kunst-Stück, als Zeugnis höchster Ingenieurkunst konstruiert wurde, wie der Eiffelturm, überdauert als Kunst-Werk. Offenbar ist es ein Kennzeichen von Kunst, daß sie, selbst Zweck an sich, mit fast beliebigen anderen Zwecken Verbindungen eingehen kann, ohne sich zu verlieren. Dies gilt auch für die eindeutig politisch engagierte Kunst.

Kann „Kunst" schließlich als *über ein „Kunstwerk" vermittelte,* strukturell vieldeutige Kommunikation begriffen werden, so sind hier Mißverständnisse nach zwei Richtungen hin abzuwehren: Das Merkmal der mannigfaltigen Interpretierbarkeit darf nicht zu einer „wertenden Einengung des Kunstbegriffs" mißbraucht werden, und: die Betonung des Charakters als Kommunikation darf nicht zur Gleichsetzung von „Kunst" mit „dem Kunstleben", gar mit „dem Kunstbetrieb" führen. Der *individuelle* künstlerische *Schaffensprozeß* und sein eventuelles *Ergebnis* stehen im Mittelpunkt; deren Freiheit bildet den Kern der Grundrechtsgarantie des Art. 5 Abs. 3 Grundgesetz.

(Aus „Die Freiheit der Kunst". Erstmals erschienen in Josef Isensee und Paul Kirchhof (Hrsg.): „Handbuch des Staatsrechts der Bundesrepublik Deutschland". Heidelberg: C. F. Müller 1987 ff. Stark gekürzte und veränderte Fassung 1987)

Siegfried Diehl

Geboren in Nürnberg am 10. März 1940. Halbrechts und Torwart beim SV Schwaig, außerdem Besuch der humanistischen Gmynasien in Nürnberg und Wiesbaden. Bestes Schulfach: Physik. Deshalb Studium der deutschen Philologie, katholischen Theologie und Philosophie in Frankfurt am Main, Theaterwissenschaft in Wien an der Donau. 1963 philosophische Vorprüfung für das Lehramt an Höheren Schulen mit gleichzeitigem Erschrecken vor den Segnungen einer exakt berechenbaren Beamtenlaufbahn. 1968 Demonstrationen und Promotion in Frankfurt, Volontariat und freie Mitarbeit beim Hessischen Rundfunk. Seit Herbst 1969 bei der „Frankfurter Allgemeinen Zeitung"; sechs Jahre, von Palitzsch bis Wallmann, zuständig fürs Frankfurter Stadtfeuilleton, danach, seit Gründung des F. A. Z.-Magazins, Anwalt der Graumasse zwischen den Bildern. Kein Haus, kein Baum, aber eine Frau, eine Tochter, ein Sohn.

Buchveröffentlichungen: *Zauberei und Satire im Frühwerk Nestroys.* Bad Homburg: Verlag Gehlen 1969/*Bummel durch Frankfurt.* Mit 31 Fotos von J. Albrecht Cropp. München: Süddeutscher Verlag 1971.
Beiträge u. a. in: Deutsche Landschaften. Hrsg. v. N. Benckiser. Frankfurt: Societäts-Verlag 1972, 1974 und 1976/Theater und Gesellschaft. Das Volksstück im 19. und 20. Jahrhundert. Hrsg. v. J. Hein. Düsseldorf: Bertelsmann Universitätsverlag 1973/Urlaubsziel Österreich. Hrsg. v. M. Putschögl und K. Viedebantt. München: Heyne 1984/Das Reiselesebuch Mittelmeer. Hrsg. v. Th. Geus. Frankfurt: Societäts-Verlag 1985/Lutz Kleinhans: Frankfurt. Würzburg: Verlag Weidlich 1986/Doris Dörrie: Paradies. München: Heyne 1986.

Siegfried Diehl

Der betrogene Voyeur

Der Voyeur hat einen schlechten Ruf. Seine reine Schaulust, fachwissenschaftlich ausschweifend auch Scopophilie genannt, zählt zu den besorgniserregenden Perversionen, die einem geordneten Triebleben im Wege stehen. Sigmund Freud behandelt den Voyeurismus kurz und grausam unter den „sexuellen Abirrungen", Kapitel Partialtriebe, erogene Zonen, Infantilismus. Wer im Unbewußten Exhibitionist sei, schreibt der unheimliche Beobachter aus Wien, der sei auch Voyeur. Sadismus und Masochismus lauern ganz in der Nähe; Fetischismus, Urolagnie, Koprophilie, Mixoskopie, ja sogar die Prüderie sind in einem gesunden Voyeur latent vorhanden. Der Unflat hat kein Ende. Am Anfang aber war nur die Erkenntnis, daß es etwas Besonderes sei, wenn der Mensch nichts anhabe. Kaum hatten Adam und Eva vom teuflischen Baum gegessen, bemerkten sie ihre Nacktheit: Der Voyeurismus begann.
Bleiben wir gleich bei der unverfänglichen Bibel, so stoßen wir alsbald auf die Bücher Samuel, in denen nicht nur geschrieben steht von David und Goliath, sondern auch von David und Bath-Seba, der Frau des Urias. „Und es begab sich, daß David um den Abend aufstand von seinem Lager und ging auf dem Dach des Königshauses und sah vom Dach ein Weib sich waschen; und das Weib war sehr schöner Gestalt." Da guckte der König – und tat dann freilich etwas, das dem Herrn übel gefiel: Er beließ es nicht beim Gukken. Er gab die unschuldige Voyeurshaltung auf, nahm das Weib, tötete den Mann und mußte dann schon gewaltig fasten, bis Gott wieder einigermaßen versöhnt war. Schlimmer noch erging es den beiden Ältesten im Buch Daniel, die Susanne im Bade belauschten, sich ebenfalls nicht mit dem Anblick zufriedengaben und schließlich, im brutalsten Wortsinn, die Köpfe verloren.
Es ist das freundliche Wesen des Voyeurs, daß er seine Lust aus der Betrachtung gewinnt, nicht aus der Tat. Wer gegen dieses Grundgesetz seiner Art verstößt, wird bestraft, aber auch, wer sich ungeschickt selber preisgibt. Der Grieche Gyges gilt hier als traurigster Fall zwischen Herodot und Hebbel. Der junge Mann seufzte laut bei der Ansicht der entschleierten Rhodope; er drehte an seinem Zauberring, zeigte sich – und verdarb alles. Gyges ist das warnende Beispiel für diejenigen, denen ein gnädiges Geschick den Wunschtraum aller Scopophilen erfüllte, indem es sie ausstattete mit der Gabe der Unsichtbarkeit. Ob es sich dabei um eine Tarnkappe handelt oder um ein wunderbarliches Vogelnest, ob es sich wie bei Harun Arraschid oder bei Shakespeares Herzog von Wien nur um eine zivile Verkleidung dreht: Es macht das Glück des Voyeurs aus, unerkannt und daher unbeschwert schauen zu können, was seinem Blick gewöhnlich verborgen ist. Wer gesehen hat, hat genug; es kann ihn danach getrost der Schlag treffen oder die Blindheit – wie den Schneider Tom aus Coventry, der als einziger durch den Fensterladen lugte, als die nackte Lady Godiva, öffentlich angekündigt, aus Steuerbefreiungsgründen über den Markt ritt. „Peeping Toms" heißen seitdem die heimlichen Augenmenschen in England und Amerika; der Schneidermeister gilt als Erfinder der Peep-Show.
Damit kommen wir allerdings zu einem trüben Kapitel, handelnd vom Totalschaden des Voyeurs in der permissiven Gesellschaft. Freud hat auch ihr noch das Geleitwort geschrieben: „Der Verlust von Scham ist das erste Zeichen von Schwachsinn." Tatsächlich beginnt mit der Ausbeutung des Gesichtssinns für rein geschäftliche Zwecke der

Verfall der erotischen Kultur. Sicher waren schon die frommen Maler des ausgehenden Mittelalters nicht kleinlich in der Darstellung weiblicher Schönheit, sicher hat sich das erste Nacktfoto von 1841 recht anständig entwickelt bis zum dreidimensionalen Ausklappakt im Herrenfreudenmagazin, bestimmt auch ist der gute alte Striptease von Daddy Blatzheims noblem Nachtlokal über Film, Theater und Fernsehen aus der Schlüssellochperspektive in ein gigantisches Panorama der Leibesentblößung gerutscht. Doch wenn die zum Schauen bestellten Männer nun wie Batteriehühner versorgt werden, dann hat die sexuelle Zwangsfreiheit ihren lustlosen Höhpunkt erreicht. Der Voyeur, vom verborgenen Genießer zum minutenweise zahlenden Gast eines eigens für ihn erregten Ärgernisses degradiert, sieht sich seiner traditionellen Augenschmausrolle beraubt und sucht entsetzt das Weite.
Wohin aber nun mit der Neugier, mit Wissensdrang und Schönheitssinn, wenn auf Schritt und Tritt, in der Dorfbadeanstalt wie auf der Bühne des Stadttheaters, am fernen Urlaubsstrand wie im Videogerät des Nachbarn all das geboten wird, was sich der Voyeur der alten Schule ja heimlich erschleichen will, als peeping Pumuckl? Was ist schuld an der unsittlichen Versteppung der stillen Augenweide? Die Krämerseele der Zuhälter oder der Exhibitionismus der Frauen? „Wenn sie nicht mehr wissen, was sie tun sollen, ziehen sie sich aus, und das ist wahrscheinlich das Beste, was sie tun können." Hat Samuel Beckett recht? Ist den sauberen Oberbürgermeistern zuzustimmen, wenn sie zum Schutz der Ware Frau gegen ihre automatisierten Vergnügungsviertel vorgehen, oder liegen vielmehr die betroffenen Damen richtig, die da behaupten, eine „entwürdigende, objekthafte Rolle" spielten nicht sie, sondern die armen Männer, die fürs unbequeme Zuschauen auch noch bezahlen?
Wie dem auch sei: Für den wahren Voyeur kommt bis zur Klärung des Sachverhalts nur der Partialtriebverzicht in Frage. Die Sublimierung der auf diesem Spezialgebiet der Perversion damit frei werdenden Kräfte soll vor allem der Bildenden Kunst, der Literatur, aber auch der Forschung einschließlich der Sexualwissenschaft zugute kommen. Daß in dieser schlimmen Zeit Mißbrauch mit seinem guten Namen getrieben wird, muß den Voyeur dabei nicht beunruhigen. Er weiß, worauf allein es ankommt bei seiner bescheidenen Leidenschaft. Er ist der große Unsichtbare, mit dem man immer und überall zu rechnen hat, und damit wird er gleichsam zum Hüter einer Moral, mit der die vielen, die sich heute so kokett als Voyeure ausgeben, nichts mehr anzufangen wissen. Er habe, schreibt der Autor des „Wunderbarlichen Vogel-Nests", Hans Jakob Christoffel von Grimmelshausen, „nichts anderst gesucht, als die Menschen zu erinnern, daß sie jederzeit in allem ihrem Thun und Lassen, Handel und Wandel die Göttliche Gegenwart vor Augen haben" sollen. Woher der schlechte Ruf des Voyeurs kommt, wissen Freud und Teufel.

(1987)

Esther Dischereit

1952 in Heppenheim a. d. B. geboren. 1960 Umzug nach Darmstadt, humanistisches Gymnasium. 1966 Umzug nach Weilmünster (Oberlahn). 1969 Abitur – Umzug nach Frankfurt; Studium. 1972 Staatsexamen für das Lehramt; an- und ungelernte Tätigkeiten, Fließband und Akkordarbeit. 1976 Arbeit bei Frankfurter Zeitungen als Tasterin, später im Fotosatz; Nacht- und Schichtarbeit, Bildschirmarbeit. Abschluß der Schriftsetzerlehre; weiterhin: Bildschirmarbeit. 1983 Geburt einer Tochter. Ende 1985 Ende des Bildschirmlebens.

Buchveröffentlichungen: *Anna macht Frühstück*. München: dtv junior 1985/*Lies mir doch was vor*. München: dtv junior 1986.
Lyrik, journalistische Arbeiten und Rundfunksendungen.

Esther Dischereit

Schwarze Federn

steck ich mir
ins Haar
die Münder
starren
nach mir
schicken
weiße Nebel
mich zu greifen
meine Hände
nehmen Nebel
tauchen ein
durchdringen tief
mein schwarzes Haar
bis sie selbst
in ihm gefangen sind.

Starren Münder
meine schwarzen Federn
schüttel ich mein Haar
die Nebel fliehen
Münder werden starr.

Können
Unrechter
ihr Unrecht
mit Recht
vergelten?
Ja, weil
das Unrecht
der Unrechter
der Rechter
Recht ist.

Ohne Titel

Sie streicht über die Hand,
malt Kreise
zwischen Daumen und Zeigefinger.
Wiegt die Hand in der ihren.
Schwer und klobig
liegt sie da.
Wie betäubt.
Mit einem Mal
versagt sie den Dienst,
läßt das Gelenk spröde zurück
und springt davon.

Blut füllt ihre Adern,
Wärme pulsiert, fühlt Haut.
Soda in den Poren
bis hinein in die Spitzen der Finger.
Als die Hand das Wasser fühlt,
Wasser, heiß wie die schwefelnde Quelle,
überströmt sie der Klang
einer Klarinette.
Ein Saxophon triumphiert
durch die trockene Luft des Flures hindurch
zu dem einzig geöffneten Fenster hinaus.
Mit dem kleinen Finger
fällt ein Klavier ein
in die Melodie,
langsam schwellend zu Getöse.
Weit ausholend schlägt der Daumen zu
und beendet gewaltig den Satz.
Als die Hand wieder zu sich kommt,
ist sie schon lange verschwunden.
Der Daumen alleine hat etwas Schwülstiges
an sich. Er biegt sich.
Unbeabsichtigt sieht er den Hintern
der Frau, die sich bückt.
Der Zeigefinger wendet sich wütend herum.
Eine ältliche Fliege hat sich
an ihn herangemacht.
Sie bedeckt ihn mit ihrem Spund.
Kein Schnicken stört sie.
Unerbittlich schleckt sie
den Finger;

aber siehe da –
ihre Metamorphose beginnt.
Die grauen Flügel schillern grünlich,
wachsen sich längs zu Fächern aus.
Und die Libelle wird geboren.
Den mittleren hat das Vorkommnis gelangweilt.
Er taucht hinab auf den Grund
des Indischen Ozeans,
spielt Koralle,
lacht an Felsstränden
und teilt den Reis.
Nichts wird ihn daran hindern –
kein Papier auf langen, kahlen Tischen,
nicht Stuhlbeine, die ächzen
von Hintern, die Stunden auf ihnen sitzen.
Der kleine Finger – ist wendig.
Wahrhaft merkwürdig aber der Daumen.
Riesig, leicht gerillt an seiner Oberfläche,
scheint er Ströme klassischer Musik
zu vergießen. Und riesig, wie er ist,
vermag er doch so zärtlich zu zupfen wie
eine Harfe es braucht. Auf der Stelle
verharrend entlockt er der Hand das
dumpfe Stampfen des Basses.
Es war auch der Daumen, mit dem
mit dem die Hand weinte.
Blind tastet er den Stoff,
die Tränen zu trocknen.
Die Nüchternheit des Fingers,
der den Stand anzeigt,
reißt ihn zurück.
Etwas Nasses, Feuchtes fühlt die Hand
zwischen den Fingern aufsteigen.
Für den Augenblick erwacht der eine –
Prickeln kehrt in die Hand zurück,
die da liegt, reglos.
Warme, feuchte Lippen auf der Haut,
dort wo die Venen dicht
an die Oberfläche treten.
Seine Lider sind noch schwer.
Warme, feuchte Lippen,
breit auf den Lidern,
dem Mund, den Augen, dem Gesicht.

(1987)

Klaus Doderer

1925 in Biebrich geboren, ging in Wiesbaden zur Schule; die zwei letzten Kriegsjahre noch Soldat, danach Kriegsgefangener. Studium in Marburg bis 1952: Germanistik, Kunstgeschichte, Philosophie. Nebenher Redakteur. Dann Lehrerausbildung und Schuldienst, Dozent für Deutsch ab 1959. Ab 1963 Professur an der Johann Wolfgang Goethe-Universität in Frankfurt. Literaturwissenschaftler, zugleich Direktor des Instituts für Jugendbuchforschung seit dessen Gründung (1963). Als Gastprofessor längere Auslandsaufenthalte in England und den USA und als Spezialist für Kinder- und Jugendliteratur viele Beratungs- und Vorlesungsreisen nach Nord- und Südamerika, nach Asien und in west- und osteuropäische Länder.
Verheiratet mit Ingrid Doderer, hat drei längst erwachsene Töchter. Doderer hat erst allmählich Frankfurt schätzen gelernt. Den Main dürfte er auf dem Weg von Darmstadt (Wohnort) ins Frankfurter Westend und zurück inzwischen 20tausendmal überquert haben.

Buchveröffentlichungen: *Die Kurzgeschichte in Deutschland.* Ihre Form und ihre Entwicklung. Darmstadt: Wissenschaftliche Buchgesellschaft 1953 und 1980/*Wege in die Welt der Sprache.* Stuttgart: Klett 1960 und 1969/*Das Sachbuch als literarpädagogisches Problem.* Frankfurt: Diesterweg 1962/*Fabeln.* Formen, Figuren, Lehren. Zürich: Atlantis, 1970, und München: Deutscher Taschenbuchverlag 1977/*Den tyska barnboken.* Ideologikritik och analys. Stockholm: Raben & Soegren 1980/*Literatur und Schule.* Essays über ein schwieriges Verhältnis. Weinheim und Basel: Beltz 1983.
Herausgeber: *Klassische Kinder- und Jugendbücher.* Kritische Betrachtungen. Weinheim: Beltz 1969 und 1975/*Ästhetik der Kinderliteratur.* Plädoyers für ein poetisches Bewußtsein. Weinheim: Beltz 1981/*Über Märchen für Kinder von heute.* Weinheim: Beltz 1983/*Neue Helden in der Kinder- und Jugendliteratur.* Weinheim und München: Juventa 1986/*Lexikon der Kinder- und Jugendliteratur.* Weinheim und Basel: Beltz 1975–1982.
Zahlreiche Aufsätze zu Literatur- und Kunstthemen.

Klaus Doderer

Wege und Entdeckungen

Ein Alter – achtzig oder mehr – dachte nach und zurück. Ihm fielen Augenblicke ein, in denen er geirrt, anderen schlechte Ratschläge erteilt hatte. Er war unzufrieden, hatte jedoch – noch immer – vor, sich zu bessern.
In diesem Augenblick kamen drei junge Leute daher, zielstrebig, kritisch, selbstbewußt. Sie fragten den Alten nach dem Weg. Er erinnerte sich an diese und jene Fährte, die er kannte und die hinführte. Als er den Mund öffnete, beschrieb er nur eine.
Die Jungen gingen den genannten Weg. Sie kamen niemals ans Ziel. Der Weg war schon seit zehn Jahren unbegehbar. Aber sie entdeckten vieles, darunter auch die Vergeblichkeit manchen Bemühens.

(1978)

Promotion

Nun, ich bin wieder zurück. Die Post ist durchgesehen, nichts Aufregendes war in den letzten vier Wochen geschehen. Der federnde Gang in den Turnschuhen ist dem harten Lederschuhschritt gewichen. Die gewohnte Beobachtung der Umwelt hat wieder begonnen: Wie ist heute die Stimmung bei I.? Wer wird um elf Uhr in die Sprechstunde kommen? Hoffentlich werfen keine Überraschungen den geplanten Einstieg in den Alltag um. Das Programm, den Tageslauf erfüllen, die selbstauferlegten Lasten und Aufgaben erledigen: Briefe diktieren, dabei den Stil der Distanz teffen; Arbeiten lesen, dabei Urteile bilden; die Konferenzen so leiten, daß Ergebnisse herauskommen; Prüfungen abnehmen, die auch den Kandidaten ins rechte Licht bringen. –
Soeben hat sie promoviert. Sie saß da und verteidigte sich vor den fünf Professoren: vor dem gutmütigen Kauz aus dem anderen Fachbereich, der so klug und doch so naiv zu fragen versteht, vor den zwei jungen, die sich durch angestrengtes Formulieren von umständlichen Fragen mehr selbst profilieren wollen, als daß sie die Kandidatin herausfordern möchten – man merkt die Unsicherheit hinter der intellektuellen Hochspielerei –, vor dem begeisterungsbereiten Literaten, der ebensooft geistvoll trifft wie blind enthusiasmiert danebenhaut.
Sie sitzt wie ein umstelltes, verängstigtes Tier unter den Männern, spricht leise und findet sich in dem ihr aufgebürdeten Nachdenken über ihr Thema, ihren Autor, zurecht, schält ihn allmählich aus seinem Allerweltshabit und zeigt seine Ecken und Kanten, seine Schwächen auch. Schließlich hat sie ihm vier Jahre nachgeträumt, indem sie seine Geschichten las, seine Auffassungen nachvollzog, ja, zu ihm reiste, um ihn zu sehen und zu sprechen.
Ich spielte mit, legte ihr Fragen vor wie zartes Fleisch auf vorgewärmtem Teller. Sie greift vorsichtig, zaghaft zu, kostet in kleinen Bissen. Sie vergibt sich nicht. Sie bleibt in ihrem Gehäuse. Sie hat Geheimnisse mit ihrem Stoff.

Es kommt zur Urteilsbildung. Sie wartet draußen. Ich höre mich sagen: „Mein Eindruck ist gut. Die Kandidatin hat verhalten geantwortet, aber viel Kenntnisreichtum durchblicken lassen. Sie neigt nicht zur intellektuellen Equilibristik – hoffentlich merken die Kollegen, warum ich das sage –, aber sie verfügt über Phantasie, Urteilskraft, sie hat die Fähigkeit, sich anzuschmiegen, sie kann fliehen, um sich und anderes zu entdecken."
Man akzeptiert, schließt sich an. Ich wundere mich, denn ich hatte mit den letzten Worten meines Plädoyers schon abgehoben von diesem Raum des Dekanats, von dieser Konferenz, in der es darum geht, „magna cum laude" oder „cum laude" zu geben.
Man steht auf, das Urteil wird verkündet. Sie bleibt noch immer das umstellte Tier. Später entkorkt der Dekan eigenhändig die Sektflasche, lächelt – etwas verschämt und verschmitzt zugleich –, man stößt an, gratuliert ihr.
Ach, Sie waren weg, man sieht's. So braun! Mitten im Semester? – Wie? Forschungssemester? Wo waren Sie?
Ich scherze, ich sage, ich habe etwas zu finden gesucht. – Ah, recherchiert? Wo denn? – Ich war in Griechenland. – Ich merke, daß man nach meinem „Projekt" fragt, nach dem „Forschungs-", nach dem „Erkenntnisstand". Ich spiele mit und lege frei, was in diesen Raum paßt: Gegenstand: Aesop; Ort: Samos; Methode: philologisch, archäologisch.
Man runzelt die Stirn. Ich wehre ab. Ich bin kein Altphilologe, ich bin kein grabender Archäologe. Nein, ich war dort und habe viel erreicht, Erkenntnisse erzielt.
Ja aber wie, was haben Sie gefunden?
Ich war dort, ich war in jener Bucht, wo dieser Xanthos sein Landgut gehabt hat ... gehabt haben könnte. Ich wohnte in dem Haus, vor dem die Feigenprobe stattfand ... Ich beginne zu lächeln.
Herr Kollege, das riecht mehr nach Urlaub als nach Forschung! Ich halte ein, verstumme.
Sie lächelt in sich hinein, während das Geplauder nach bestandenem Examen immer deutlicher einen Firnis über ein weites, weites, in den vergangenen Wochen ganz hell gewordenes Land legt, das nur für Augen, die um die Zerbrechlichkeit des Lebens jenseits der kühlen Denkgebäude wissen, noch immer sichtbar ist.

(1986)

Hans Drawe

Geboren 1942 in Königgrätz, CSSR. 1945–1954 Flüchtlingslager Winkl, Bundesrepublik. 1954 Übersiedlung in die DDR. Ausbildung als Lehrer. 1965–1968 Studium am „Institut für Literatur Johannes R. Becher". 1968–1970 Dramaturg, Szenarist und Regisseur bei DEFA-Kurzfilm. Freier Mitarbeiter an der Deutschen Hochschule für Filmkunst. 1970 Flucht über die Mauer nach West-Berlin. Seit 1978 Regisseur beim HR, Hörfunk.

Buchveröffentlichungen: *Auswahl 66.* Lyrik. Berlin: Verlag Neues Leben 1966/*Der Automatenspieler.* Kurzgeschichten. Kevelaer: Anrich Verlag 1979/ *Kopfstand.* Roman. Hamburg: Hoffmann und Campe 1980/*Literatur im Film der DDR.* In: Sozialgeschichte. Band II. München: Hanser 1983.
Drehbücher: *Gelegenheitsarbeit einer Sklavin.* Mitarbeit bei A. Kluge. 1973/*Ein Mädchen aus zweiter Hand.* Bundesfilmförderungsprämie 1974/*Fluchtgedanken.* Fernsehfilm NDR 1975/*Kneipenbekanntschaft.* Reihe „Tatort" NDR 1976/*Car-napping.* Zs. m. W. Winkler. 1980.
Mehrere Rundfunksendungen und Dokumentarfilme.

Hans Drawe

Der Rückflug

In New York hatte Roth eine unglaubliche Geschichte erlebt. Doch nun saß er wieder im Kennedy-Airport und starrte aus dem Fenster auf die Landebahn. Es nieselte, und aus dem Grau des Himmels tauchten in rhythmischer Folge die Positionslichter der landenden Flugzeuge auf. Roth war müde, denn er hatte die letzten drei Nächte kaum geschlafen. Doch wenn er die Augen schloß, sah er Roswitha vor sich. Kaum zu glauben, daß sie fast fünfundvierzig Jahre alt war. Hanna hatte Roswitha aus guten Gründen nie gemocht. – Hanna steht auf der Mauer, zieht die Leiter hoch. Er hört die Schüsse. Sie dreht sich zeitlupenhaft im Licht der Leuchtraketen, kippt vornüber, klatscht aufs Pflaster. Er liegt dicht an der anderen Seite der Mauer. Er hört die Stimmen der Grenzer. „Sie ist tot." Er pirscht durch den Garten. Der Mond scheint. Die Pforte ist verschlossen, und er steigt leise darüber. In der Ferne heult der Motor eines Jeeps auf. – Siebzehn Jahre ist das nun schon her, doch Roth muß immer wieder daran denken. Oft träumt er auch davon.

Er trinkt Kaffee, will sich ablenken und ruft sich die erste Begegnung mit Roswitha ins Gedächtnis. Er sieht das langgestreckte Ziegelgebäude mit den beiden Seitenflügeln vor sich, das Schieferdach mit den Gauben, den in der Sonne glänzenden Kies auf dem Appellplatz, die flatternde blaue Fahne am weißen Mast, die Marmortafel mit den goldnen Lettern: INSTITUT FÜR LEHRERBILDUNG. Die Sonne schien auf den Appellplatz, die Blätter der Bäume waren staubig und trocken. Er schwitzte. Der Koffer glitt ihm aus der Hand auf den Kies. Er hörte Lachen und drehte sich um. „So schlapp?" rief Roswitha. Damals trug sie Zöpfe mit grünen Schleifen. Sie gefiel ihm überhaupt nicht. Sie gingen die Steintreppen hoch, setzten die Koffer ab, schnauften. Sie schielten zu den anderen, die ebenfalls die Koffer die Treppe hochtrugen. Und schließlich standen sie in der Aula, die überfüllt und von Sonnenlicht durchflutet war. Und in einer Art Überblendung sah er Roswitha in ihrer sonnendurchfluteten Küche in New York hantieren.
„Was möchtest du essen?" fragte sie. „Eier und Toast?"
„Ja, gut."
In der Kaffeemaschine köchelte das Wasser.
„Ich kann's noch immer nicht begreifen", hatte Roth gesagt.
„Ich auch nicht."
Sie aßen. Roswitha sah ihn an – eine schöne reife Frau. Er dachte an ihr Zimmer in Pasberg – ein Schlauch, fünf Meter lang, drei Meter breit. Es hatte nach Terpentin und Farbe gerochen. Die Bilder standen auf dem Boden an der Wand – gelbrote Landschaften, grüne Blumen in roten Vasen, schwarze Äpfel in goldenen Schalen. – „Schwarze Äpfel, was soll das, Jugendfreundin?!"
„Malst du eigentlich noch?"
„Ja."
Doch sie hatte kaum etwas verkauft und deshalb den Job im MOMA angenommen.
„Und jetzt bin ich schon zwei Jahre da, seit meiner Scheidung von Bill."
Bill hatte sie in West-Berlin kurz nach der Flucht auf einer Ausstellung kennengelernt. Er hatte sie für eine Irin gehalten.
Sie steht auf, kramt in einer Schublade herum, zeigt ihm ein Foto. Bill ist ein breitschul-

triger Mann mit dichtem braunen Haar und spöttischen Augen. Er hat eine platte Nase und ein energisches Kinn. Er schien jünger als Roswitha zu sein.
Roswitha lachte plötzlich. „Erinnerst du dich noch an unsern ersten Kuß?“
„Klar. Da hab ich eine schöne Figur abgegeben!“ ...

... Er hört den Schrei einer Eule. Vereinzelt brennen Laternen.
Er denkt: tot, tot, tot, sie ist tot! Er kann es nicht fassen. Noch vor einer Stunde hatten sie in der Mansarde gesessen und Kaffee zusammen getrunken, hatten sich vorgestellt, wie sie über den Kudamm gingen. Er sah Hanna in der Leichenhalle liegen. Sie werden sie aufschneiden. Er war zusammengebrochen. Plötzlich hatte er Schritte und Flüstern gehört, sah Uniformmützen, erschrak.
„Bleiben Sie ganz ruhig, es passiert Ihnen nichts.“
Sie hatten ihn aufgehoben, in ein nahegelegenes Wachhaus geführt, Tee angeboten.
„Kommen Sie vom Campingplatz?“
„Nein, von drüben.“
„Deshalb die Leuchtraketen und Schüsse.“
Er hatte erzählt, daß Hanna erschossen worden war.
Man hörte nur das Ticken der Uhr, die an der Wand hing.
„Wie hast du das denn verkraftet?“ fragte Roswitha.
Roth zuckte mit den Schulern. Sie hatten ihn in die Grüne Minna verfrachtet. Er erinnerte sich nur noch schwach an die nächtliche Fahrt durch Berlin, an die Leuchtreklamen, die er durch das vergitterte Fenster sah. Die Fahrt hatte lange gedauert, bis sie vor dem Lager in Marienfelde standen. Er wollte sofort nach Westdeutschland fliegen. Doch der Mann an der Aufnahme lachte. „Ohne Paß kommen Sie auch hier nicht weit. Einige Fragen werden Sie sich schon gefallen lassen müssen.“ Und danach war er in die Fänge der Großmächte geraten...

(Aus „Der Rückflug“. Novelle. Manuskript 1987)

Heinrich Droege

„Tausendjährige Kindheit" sind meine Kindheitserinnerungen überschrieben, die im Fischer Taschenbuch Verlag erschienen sind. Tausendjährige Kindheit deshalb, weil ich 1933 in Frankfurt/Main geboren bin, als das „Tausendjährige Reich" wenige Tage alt war, und als die Nazizeit 1945 zu Ende war, war auch meine Kindheit vorbei; bis dahin aber hatte ich so viel Schrecken und Elend erlebt und gesehen, daß ich, äußerlich vielleicht noch Kind, im Denken und Fühlen längst kein Kind mehr war.
Sämtliche Schularten durchgemacht, bis einklassige Dorfschule; kriegsgeschädigter Schüler also, dann Werkzeugmacherlehre, ab 1951 bis 1955 als Werkzeugmacher gearbeitet, seitdem Fernmeldetechniker bei der Bundespost.
Engagierter Gewerkschafter, von den Kolleginnen und Kollegen in verschiedene Funktionen gewählt: Personalrat, Vorstandsmitglied auf verschiedenen Ebenen. Vorsitzender des Werkkreis Literatur der Arbeitswelt, dessen Frankfurter Werkstatt ich 1974 gegründet habe.
Schreiben ist eine Art des Widerstandes für mich; die andere ist meine gewerkschaftliche und politische Arbeit.
Von mir darf man keine Literatur für Feierstunden erwarten, keine Literatur, mit der die Herrschenden sich schmücken können.

Buchveröffentlichungen: *Ihr habt nicht zu viel Zeit.* Frankfurt: Büchergilde Gutenberg 1984/*Der Tramp.* Frankfurt: Büchergilde Gutenberg 1987/*Anton und Marinette.* Eine Liebesgeschichte. Assenheim: BrennGlas Verlag 1984/*Begegnung mit Arno Schmidt.* Assenheim: BrennGlas Verlag 1985.
Herausgeber: *Liebesgeschichten.* Frankfurt: S. Fischer 1976/*Tatort Arbeitsplatz.* Frankfurt: S. Fischer 1984/*Leben gegen die Uhr.* Frankfurt: S. Fischer 1985/*Vor Ort.* Frankfurt: S. Fischer1987.
Zahlreiche Veröffentlichungen in Anthologien, Zeitschriften und Zeitungen.

Heinrich Droege

Die Nächte der Penelope

Seitdem ist viel passiert im Himmel und auf Erden, aber noch immer erzählt man die alten Geschichten.
Auch meine Geschichte, oder vielmehr die meines Ehemannes. Ich komme in der Geschichte nur vor, um den Menschen meiner Zeit und späterer Zeiten eine wahrhaft gute, tugendsame, treusorgende Frau zu zeigen. So viele gab es ja nicht, weder auf dem Olymp, noch in den Tälern des Peleponnes. Auf den Inseln schon gar nicht. Die Frau, die der Dichter besingt, war viel weniger ich, als was der Sänger aus mir machte. Der Alte hätte vieles besser wissen können, freilich wurden ihm die verschiedensten Versionen erzählt, aber da er von der Seele des Menschen einiges verstand, wußte er wohl, wie es wirklich war, nicht die Details, die sind nicht so wichtig; aber die Wahrheit mußte er wissen. Aber er erzählte es so, wie die Herrschenden es hören wollten von ihm, die Herrschenden in den Palästen und mehr und mehr auch in den Hütten. Den Männern hat er die Geschichte erzählt, die hingen begierig an seinen Lippen, als die Frauen längst keinen Zugang mehr hatten zu ihren Versammlungen. Mehrmals hat er glatt gelogen, der blinde Sänger, aber oft hat er auch nur die Akzente anders gesetzt. Wer will es ihm verübeln, er wollte auch wenigstens warm liegen in kalten Nächten und was für den hungrigen Bauch haben.
Wir hatten nicht ständig knurrende Mägen, nicht mal die Knechte. In Ithaka hatte niemand Hunger. Es war nicht die Gier des hungrigen Bauches, was die Männer vor das mauergewaltige Troja zog; – aber Helena war es auch nicht.
Wäre es um Helena gegangen, sie hätten den Menelaos alleine ziehen lassen, und der, zu schwach, wäre auch nicht gezogen. Über den hat ganz Griechenland gelacht. Aber der Sänger will der Welt weismachen, um Helena sei der Krieg geführt worden, der blinde Sänger, den man wohl deshalb blind nennt, weil er solche Dummheiten erzählte, die Augen verschloß vor offensichtlichen Wahrheiten.
Es war, wie so oft, die Gier auf Gold und Macht, warum sie die hochgerüsteten Schiffe übers Meer schickten, die reiche Stadt zu plündern. Als hätten Agamemnon des Menelaos Hörner interessiert. Ihm, dem Anheizer, Aufhetzer ging's um ganz anderes, und Odysseus auch.
Wie hat er gelacht in meinem Bett und gespottet über den Menelaos, gesagt, daß es ihm recht geschähe, dem alten Schwachkopf, sich ein so junges und schönes Weib zu nehmen wie Helena. Recht geschähe ihm, daß einer von Priamos' Söhnen sie ihm entführte. Ein anderer hätte es auch sein können, die Metze wäre mit jedem durchgebrannt. So Odysseus' Worte.
In einem Sommer wollten sie es hinter sich bringen, das reiche Troja vernichten; es sind zehn Jahre Krieg daraus geworden. So geht es den Männern immer mit den Feldzügen, sie dauern viel länger, als sie es planen und wollen.
Die Gründe für Kriege sind fast immer dieselben und sollen den wirklich Betroffenen verschwiegen werden, den Bauern und Handwerkern, und den noch tiefer stehenden Namenlosen erst recht. Ein Anlaß findet sich immer, zur Not wird einer provoziert oder erfunden. Helena war nur Vorwand, ihr erotisches Abenteuer war den Kriegslüsternen gerade recht.
Ihr wißt, wie es kam. Die Griechen sammelten ihre Kämpfer, die zu lange schon untätig

herumlagen. Das Orakel verhieß den Sieg, seine Oberpriester waren, wie immer, bestochen. Athene würde ihren Schild schützend über die vereinigten Heere halten, verkündeten die Seher. Noch dem letzten im Heer wurde reiche Beute versprochen, Rinder und Schafe, und die Weiber und Töchter der getöteten Männer. Jedem Bauern in Ithaka und Lakadaimon war ein Sklave versprochen worden, einer, der die Felder hackt und die Ziegen hütet und noch eine Sklavin dazu, der man zwischen die Beine geht, wenn es einem danach gelüstet. So war das.
Es wurde jeder nach seinem Stande und Ansehen bedacht: den Hirten ein Schaf, den Bauern zwei Rinder und ein Sklave, den Offizieren Gold und die Weiber der Feinde. Die Herren endlich bekamen Ländereien und Sklaven die Fülle.
Raubend und plündernd waren sie oft durch die Welt gezogen. Sie lebten vom Raub, und als Kreta geplündert war und die Inseln der Kykladen und viele andere Inseln und Länder noch, kam Troja dran. Und Odysseus tat sich dabei schon immer hervor. Es ist ja überliefert, wie er sich vor mir damit brüstete, Anführer auf neun Raubzügen gewesen zu sein und mehr Beute erworben zu haben, als ihm zustand – der Listenreiche schon da; der Abgefeimte! haben ihn andere genannt. Und er hat ja dann noch andere schmückende Namen errungen, Städtezerstörer! hat der große Dichter ihn genannt, und es als Auszeichnung zu deuten und drehen gewußt. Der große, der ruhmreiche, der listenreiche Städtezerstörer! so hörte es die Jugend, damit sie nacheifern sollte dem Städtezerstörer, in Tausenden von Jahren noch. Eigentlich hätte der Sänger ihn gleich Mordbrenner nennen sollen, und auch von seinen Opfern hätte er mehr erzählen sollen, eigentlich nur von ihnen, denn dahin muß es endlich kommen, daß niemand anderes mehr besungen wird als die Opfer, niemand anderes mehr beschrieben.

(Aus „Die Nächte der Penelope“. Erzählung. Manuskript 1987)

Ria Endres

Am 12. April 1946 in Buchloe geboren. Von 1958 bis 1966 am musischen Gymnasium in Wettenhausen. Studium bis 1972: Germanistik, Philosophie, Geschichte. Erstes und zweites Staatsexamen, 1979 Promotion. Seit 1980 freie Schriftstellerin. Lebt seit 1969 in Frankfurt am Main.

Buchveröffentlichungen: *Am Ende angekommen.* Dargestellt am wahnhaften Dunkel der Männerporträts des Thomas Bernhard. Frankfurt: S. Fischer 1980/*Milena antwortet.* Ein Brief. Reinbek: Rowohlt 1982/*Am Anfang war die Stimme.* Zu Samuel Becketts Werk. Essays. Reinbek: Rowohlt 1986.
Theaterstücke: *Der Kongreß.* Reinbek: Rowohlt 1985/*Acht Weltmeister.* 1987.
Hörspiele: *Das fröhliche Endspiel.* 1980/ *Der Osterhasenzug.* 1981/*Wo die Liebe hinfällt.* 1982/*Auferstehung des Fleisches.* 1983/*Freistil für Damen.* 1984/*Tango zu dritt.* 1984/*Zwillinge.* 1987.
Essays u. a. über: Carlos Castañeda, Gustaf Gründgens, Liesl Karlstadt, Anais Nin, Ingeborg Bachmann, Isabelle Eberhardt, Heinz Emigholz, Paul Celan, Vladimir Nabokov, Theodor Lessing, Italo Svevo, Simone Weil, Ingrid Hartlieb. In: Autonomie, Die Zeit, Frankfurter Rundschau, Der Spiegel, Neue Rundschau, Literatur Konkret, Rundfunk.

Ria Endres

Gute Aussicht, Schlechte Aussicht

am Tisch mit der Guten Aussicht
essen wir mit der Abendsonne
ein hastiges Mahl
jede Sekunde ein Biß
jede Minute ein Schluck
jede Stunde ein Wort
vor der Nacht auf dem Plateau
am Tisch mit der Guten Aussicht

am Tisch mit der Schlechten Aussicht
schlecken wir morgens Wasserpfützen
abends werden die Teller immer schneller
mit Nebelsuppe gefüllt
bei diesem lautlosen Mahl
blickt niemand am Tisch
zum letzten Mal
ins schwarze Tal

(1985)

Das städtische Leben ist einfach wunderbar

wenn
nur nicht
Ameisen
kommen
und
Unruhe
bringen

wenn
sie nur
die Äpfel
auf dem Schrank
nicht
auffressen

wenn
nur der
Kühlschrank
noch
funktioniert

wenn
nur das
giftige Fleisch
vor der
Haustür
bleibt

auf dem Teller
liegt Gras
für einen
gut erzogenen
Hasen

(1986)

Volker Erbes

Geboren am 1. 5. 1943.

Erzählungen, Hörspiele, Theaterstücke.

Volker Erbes

Gedichte

Wir hörten ihn singen

doch was verlor er
als du ihm gesagt hast: geh
endlich

wir ersannen einen Krieg
in den wir mit ihm ziehen konnten
denn solange er tot war
gab es kein Spiel

einen Metzgerhaken zeigte ihm einer
ein andrer die Flasche
jemand schenkte ihm diesen
Mehlsack sich darin zu üben

er hatte die Pappel bestiegen

wir hörten ihn singen
unnütz daß er sich einmal
nicht wusch um sich
zu dir zu legen

Du bist die Festung
uneinnehmbar
von Männerhänden gebaut

wenn du schreist
vergessen die Falken
den Horst und suchen dein Haar

alle Betten die du mir
aus den zerknüllten Tempos der Glücklichen
gebaut hast durchwohnte ich

du bist das erste Verbot
angeschlagen an die Kinowände

wenn du brennst
dann wie Rom
entzündet von einer Narrenhand

Fledermausflügel deiner Gedanken
Mitgift deiner langen Wimpern
deine Verachtung dein Schoß
ich weiß nur du bist eine Frau

fern wie Wasserfallgespräche
Geklirr fremder Autoschlüssel auf meinem Tisch
Panthergefühle Katzenaugen
welche Zärtlichkeiten gegen Ende der Nacht

Spiralnebel deiner Erklärungen
Äthertuch deines Kostüms
Rollschuhtanz o Grünauge
ich der Schneemann den du dir baust

Der Tag springt auf die
Straße mit gefleckten Doggen

wer leben will braucht jetzt
ein Meer für sein Blut

aus dieser Sonne
brach ich den Strahl

über der Theke dein Blick
ein Wunder vor all diesen Männern

sie stürzen die Gläser
mein Glück rührt sie nicht

ich tanze den
Rebhuhntanz Frau
und nachher schlagen
sie mir in die Fresse

Die Pinguine haben mir erzählt
unter deiner Haut wandert ein Messer

nur Eis treibt noch leichter
keine Geschichten erfindet die Stadt

und so schwimme ich lautlos
durch dein verwahrlostes Herz

(1985/86)

Joachim Fest

Am 8. Dezember 1926 in Berlin geboren. Anfang der vierziger Jahre kam er nach Freiburg im Breisgau, machte als Soldat noch die Schlußphase des Krieges mit und studierte anschließend in Freiburg, Frankfurt am Main und Berlin Jura, Geschichte, Soziologie, Germanistik und Kunstgeschichte. Seit dieser Zeit war er als Mitarbeiter bei Zeitungen und Rundfunkanstalten tätig. 1963 wurde er Chefredakteur des Fernsehens beim Norddeutschen Rundfunk und veröffentlichte im gleichen Jahr eine Studie über die Führungsfiguren der NS-Herrschaft („Das Gesicht des Dritten Reiches"). Von Anfang 1965 bis Ende 1966 leitete er daneben das Fernseh-Magazin „Panorama". Einige Zeit später schied er aus dem Fernsehen aus, um eine Hitler-Biographie zu schreiben, die im Herbst 1973 erschienen ist. Sie wurde inzwischen in achtzehn Sprachen übersetzt. Am 1. Dezember 1973 trat er als Herausgeber in die „Frankfurter Allgemeine Zeitung" ein. Die Universität Stuttgart verlieh ihm im Sommer 1981 in Anerkennung seiner Verdienste auf dem Gebiet der Geschichtsschreibung die Ehrendoktorwürde. Im gleichen Jahr veröffentlichte er eine Essay-Sammlung unter dem Titel „Aufgehobene Vergangenheit" und erhielt am Ende des Jahres den Thomas-Mann-Preis 1981 der Hansestadt Lübeck. Joachim Fest ist Senator der Max-Planck-Gesellschaft. Im April 1987 erhielt er die Goethe-Plakette der Stadt Frankfurt am Main.

Buchveröffentlichungen: *Das Gesicht des Dritten Reiches.* Profile einer totalitären Herrschaft. München: Piper 1963/*Hitler.* Eine Biographie. Berlin: Propyläen 1973/*Aufgehobene Vergangenheit.* Portraits und Betrachtungen. Stuttgart: Deutsche Verlags-Anstalt 1981/*Der unwissende Magier.* Über Thomas und Heinrich Mann. Berlin: Siedler 1985/*Der tanzende Tod.* Lübeck: Luzifer Verlag 1986.

Joachim Fest

Bücher, Bücher, aber nichts zu lesen

Wiederum, wie nun schon jedes Jahr seit Bestehen der Frankfurter Buchmesse, ist auf ein Jahr der Rekorde zurückzublicken. Zwar ist von „Konjunkturflaute“ und „zögerndem Kaufinteresse“ die Rede. Aber die Statistik des Börsenvereins verzeichnet im zurückliegenden Jahr allein für die Bundesrepublik 54 572 neue Titel und weit über 12 000 Neuauflagen, im ganzen einen Zuwachs von rund 6 000 Veröffentlichungen. Immer mehr Bücher, aber, so möchte man fortfahren, nichts zu lesen.

Gewiß verallgemeinert dieses Urteil. Es gilt, in der Vergröberung, nicht für zahlreiche Neuerscheinungen zu politischen oder historischen Themen, für Biographien oder Memoirenbände. Zutreffend ist es aber für jenen Bereich, der nach wie vor Rang und Lebendigkeit einer Literatur bezeugt: für Romane, Erzählungen, Gedichte, kurz, die Arbeiten von Dichtern und Schriftstellern.

Was auf diesem Gebiet die Szene beherrscht, sind vor allem Nachlaß-Veröffentlichungen. Nichts von Frisch, Grass und allenfalls eine Gelegenheitsarbeit von Böll. Dafür Briefe Bertolt Brechts, Musils und Schnitzlers. Und die Tagebücher Thomas Manns, von denen nun schon der fünfte Band erscheint, ziehen trotz ihrer umständlichen Pedanterie und stilistischen Beiläufigkeit noch immer mehr Aufmerksamkeit auf sich als nahezu die gesamte Gegenwartsliteratur.

Dessenungeachtet vermittelt die Literaturkritik im ganzen ein durchaus anderes Bild. Wer die gedankenreichen Rezensionen verfolgt, die vielfach klugen, hoch ansetzenden Interpretationen des neu Erscheinenden, fühlt sich, trotz aller gelegentlichen kritischen Abstriche, immer aufs neue versucht, eines der so geistvoll interessant und wichtig gemachten Bücher zur Hand zu nehmen, um am Ende nur abermals enttäuscht zu sein. Es herrscht da, seit Jahren schon, ein auffallendes Mißverhältnis, und in Abwandlung eines Wortes von Karl Kraus ließe sich sagen, das Niveau der Kritik steige unablässig, nur steht die Literatur selber nicht mehr darauf.

Gewiß gibt es Talente; aber kaum mehr als Talente. Jedes Jahr meldet sich eine Vielzahl junger Autoren zu Wort, meist mit einem schmalen, schon von einer gewissen Kurzatmigkeit zeugenden Band, wird als Entdeckung gefeiert, vor die Fernsehkameras gezerrt, mit Preisen zugedeckt, tritt womöglich noch einmal hervor und gerät in Vergessenheit: fast durchweg Versprechen, die niemals eingelöst werden.

Die Krise, die, stärker als in allen voraufgegangenen Jahren, das Messegerede dieser Woche beherrschen wird, ist vor allem eine Krise der sogenannten schönen Literatur. Sie hat zahlreiche Ursachen: den gierigen, vielfräßigen Kulturbetrieb, der kaum eine junge Begabung noch zu ungestörter Entfaltung kommen läßt, und, auf der anderen Seite, die Unfähigkeit junger Autoren, den demoralisierenden Verlockungen dieses Betriebs zu widerstehen; ferner den Traditionsverlust mit der Folge, daß allzu viele niemanden hinter sich und nichts vor sich wissen; sodann die handwerklichen, formalen Schwächen vieler Schriftsteller; ihre parteiliche Verstrickung in Tagesthemen oder, neuerdings, ihre monologische Ichbesessenheit, diese quälenden Vater-, Mutter-, Kindheitssuchereien, mit einem Wort, das Unvermögen, in umfassenden, ein Stück der Welt widerspiegelnden epischen Entwürfen, anschaulich, poetisch und kunstvoll, eine beteiligende Geschichte zu erzählen.

Die vielbeschworene Krise auf dem Buchmarkt hat denn auch, anders als die Verlautbarungen vieler Verleger weismachen wollen, weniger mit der Kaufunlust eines Publikums zu tun, das dem Zwang zur Sparsamkeit zuerst in den Ausgaben für den „Kulturkonsum" nachgibt. Zweifellos ist der Buchmarkt hochempfindlich und spürt die Wirkungen einer allgemeinen Rezession nachhaltiger als andere Bereiche. Eine umsatzversessene Überproduktion, die in den zurückliegenden Jahren alle Lager verstopft und jeden Überblick verwirrt hat, verstärkt die Schwierigkeiten noch.

Das Bedürfnis dagegen, einer Geschichte zuzuhören, ist so alt wie die Menschheit selber. Ein Publikum dafür wird es immer geben; nicht immer aber die Autoren. Vielleicht gehören mehr Zähigkeit, Distanz und Kälte zur Schreibarbeit, als die derzeitige Generation mit all ihren Absicherungsbedürfnissen, ihrer Larmoyanz und ideologisierten Leistungsschwäche aufzubringen vermag.

Ein Prosastück von Botho Strauß, ein Gedichtband von Peter Rühmkorf, eine Erzählung von Martin Walser – als Ertrag mehrerer Jahre macht das noch keine Literatur. Schon einmal, nach dem Tod Heinrich Heines, gab es über dreißig, vierzig Jahre eine Phase der literarischen Verarmung, in der es, nach einem selbstironischen Wort Theodor Fontanes, dessen späte Romane zugleich die Wende herbeiführten, „nur so drippelte". Es sind zugleich die Zeiten für Entdecker, für die Liebhaber des Besonderen und Abseitigen, der experimentellen Literatur. Das breitere Publikum dagegen hält sich dann, wie beispielsweise der Musikbetrieb nun schon seit Jahren, ans kaum erschöpfbare Repertoire der Vergangenheit.

Vielleicht ist in skeptischen Überlegungen wie dieser auch begründet, warum beispielsweise Siegfried Unseld, über viele Jahre der unangefochten führende Verleger zeitgenössischer Literatur, zusehends Klassiker-Editionen herausbringt. Der Blick zurück, die Selbstvergewisserung in der Tradition, muß, zumal in Zeiten produktiver Schwäche, kein Unglück sein.

(31. 10. 1981)

Iring Fetscher

Ich wurde am 4. März 1922 in Marbach am Neckar geboren und noch in meinem ersten Lebensjahr nach Dresden verbracht, wo mein Vater Assistent am Hygienischen Institut der Technischen Hochschule war. So schwer es mir auch fiel, ich lernte bald genügend sächsisch, um nicht mehr aufzufallen, und durchlitt die üblichen Schulen, bis mir die beiden unterschiedlichen Sportarten Reiten und Boxen etwas Luft verschafften: ich konnte Gegner im Boxen besiegen und unangenehmen Lehrern davonreiten. Dresdens Altstadt und seine Antiquariate begeisterten mich. Die Absetzung und Bedrückung meines Vaters durch die Nazis (er war seit 1928 Professor an der TH gewesen) festigte den Zusammenhalt der Familie. Am 8. Mai wurde mein Vater auf dem Weg zum sowjetischen Stadtkommandanten von einer SS-Streife erschossen. Von 1945 bis 1950 studierte ich in Tübingen und Paris Philosophie, Romanistik und Germanistik. 1959 habilitierte ich mich mit einer Arbeit über „Rousseaus politische Philosophie“, seit 1963 bin ich Professor für Politikwissenschaft und Sozialphilosophie in Frankfurt.

Buchveröffentlichungen: *Rousseaus politische Philosophie.* 3. Auflage. Frankfurt: Suhrkamp 1975/*Der Nulltarif der Wichtelmänner.* Frankfurt: S. Fischer 1984/*Karl Marx und der Marxismus.* München: Piper 1985/*Überlebensbedingungen der Menschheit.* 2. Auflage. München: Piper 1985/*Wer hat Dornröschen wachgeküßt?* 14. Auflage. Frankfurt: S. Fischer 1986/*Von Marx zur Sowjetideologie.* 22. Auflage. Frankfurt: Diesterweg 1987/*Die Wirksamkeit der Träume.* Frankfurt: Athenäum 1987.

Iring Fetscher

Ein Kämpfer ohne Illusion

Seine Augen blickten erschrocken in die Welt, sie sahen zuviel, um ihn zufrieden, ruhig, still werden zu lassen. Er konnte sich aufregen und hatte doch nichts von Aufgeregtheit an sich. Er litt und vermochte doch seine Klage in scharfe, analytische Erkenntnis zu verwandeln. Er liebte und wußte doch, wie hoffnungslos seine Liebe – seine Liebe zu den Möglichkeiten des Menschen – war.

Dem hochbegabten Kind aus bürgerlich-jüdischem Hause begegnete früh Einsamkeit, Not und Verzweiflung – nicht materielle Leiden, mit denen er gleichwohl mitzuempfinden wußte, sondern die des Geistes, der Seele. Vom verwandten Denken eines Walter Benjamin angezogen, mit immer neuen Sehgläsern der Marxschen, der Freudschen, der philosophischen Kritik ausgerüstet, entwickelte er sich zum schärfsten Kritiker der Spätphase bürgerlicher Kultur. Während Ernst Bloch die Hoffnung beschwor und erneuerte, die einst im Denken, künstlerischen Produzieren und Planen des aufsteigenden Bürgertums enthalten gewesen war, erneuerte Adorno vor allem auch das Gedächtnis an dessen Verrat und Versagen. Er wollte sich und anderen nichts vormachen, empfand die Beschwörung von Hoffnung als fragwürdig, erst recht allerdings die selbstgenießerische Angst vorm Tod als genüßlichen Verrat. War er tapfer? Wenn Tapferkeit heißt, angesichts der Gefahr dennoch weiterzugehen, muß er's wohl gewesen sein. In keine Illusion konnte flüchten, der den Verrat an der revolutionären Bewegung bei den Revisionisten ebenso deutlich sah wie deren brutale Degeneration zu neuer Herrschaft bei den „Orthodoxen".

Die Zuflucht zur Ewigkeit religiöser Glaubensvorstellungen war dem Nachfahren der Aufklärung ebenso versagt wie das Asyl metaphysischer Absolutheit.

Wo war er zu Hause? Bei einer Hoffnung ohne Gewißheit, bei einem Versprechen von Menschlichkeit, dem er allein die Treue zu halten entschlossen war, wie wenige oder wie viele ihm immer zu folgen schienen.

Eine „tragische Existenz"? Niemand hätte das Wort entschiedener zurückgewiesen als er, der falsche Feierlichkeit und leere Gesten haßte. Aber nichts, was dem schier ausweglosen Kampf gegen Banalität, Brutalität, äußerste Verdinglichung und Entfremdung Sieg verheißen könnte, war ihm gewiß. Und zugleich verbot ihm die selbstgewählte sittliche Maxime die Aufgabe des Kampfes.

Sensibilität für Arten von Leiden, die andere übersehen, Formen des Widerstands, die von revolutionären Kritikern ohne seinen Klarblick mißverstanden wurden, zeichneten Adorno aus. Vielleicht hätte es einen Valéry selbst verwundert zu erfahren, daß sein Ästhetizismus, sein l'art pour l'art, nicht allein Flucht, sondern in der Flucht bewahrende Treue zu etwas war, das die Angepaßteren bedenkenlos verraten hatten: Denkbarkeit menschlicher Vollendung. Eben weil Adorno jenem Ziel kritisch die Treue zu halten wünschte, war er so unduldsam gegen jene, die „es billiger machen wollen", die von „heilen Welten" mitten im Unheil sprechen, als seien diese noch irgendwo präsent oder doch mit „ein wenig guten Willens" jederzeit realisierbar.

In seiner sittlichen Werthierarchie rangierte Aufrichtigkeit weit oben. Aufrichtigkeit, die im Dienste von Emanzipation steht, nicht im Dienst möglicher Herrschaft. Adorno wußte den äußersten intellektuellen Mut im Sagen und Schreiben der Warheit aufzubringen, ohne je seine eigene Gefährdetheit und Schwäche zu übersehen. Er wußte es, daß er nur einem „Zufall sein Leben verdankte". Als kritischer Intellektueller und Jude in Deutschland, nach Auschwitz, zu leben – keinen Augenblick konnte er vergessen, was das heißt.

Die seit Jahren in immer größerer Zahl zu ihm drängenden Studenten suchten und fanden in ihm ein Vorbild an kritischer Urteilskraft – zu ihrem Leidwesen freilich nicht den Revolutionär, der er nie sein wollte. Sie haben ihn zuweilen mehr ihre Enttäuschung als ihre Dankbarkeit fühlen lassen, aber ich bin gewiß, daß sie es jetzt bedauern. Wie wenig andere hat er ihnen geholfen, ihr dumpfes Unbehagen in Begriffe zu fassen und zu artikulieren, ein Unbehagen an der Konsumgesellschaft, das er so wenig geschaffen hat wie Sigmund Freud die Neurosen.

Töricht und boshaft waren die klischeehaften Anklagen, die von manchen Kollegen gegen ihn gerichtet wurden: er habe den Aufstand der Studenten erzeugt und sei nun – Schicksal des Zaubermeisters mit seinem Lehrling – selber dessen Opfer. Ich weiß aus Gesprächen mit ihm, wie wenig er dieses Bild als richtig akzeptierte, wie positiv er – bei aller Kritik an manchen Kurzschlußhandlungen der Studenten – den „jungen Rebellen" gegenüberstand. Die Studenten, die sich gegen eine als bedrückend und entfremdend empfundene Welt zur Wehr setzten, hatten seine ganze Solidarität, auch wenn er die Mittel als illusorisch beurteilte (und machmal verurteilte), deren sie sich bedienten. Er sah ihre Schwäche – viele studentische Rebellen glaubten an die eigene Stärke.

Theodor Adorno hatte kein Rezept für sie, aber er lehrte auch keine Beschwichtigung. Die Kette enttäuschter politischer Hoffnungen, die hinter ihm lag, war zu lang – wo hätte er den Mut zur „Anweisung zum Handeln" hernehmen sollen?

Theodor Adorno illustriert die Konsequenz der zweiten Trennung von revolutionärer Theorie und sozialer Realität. Zehn Jahre nach der Französischen Revolution war klar, daß die Ideale von Freiheit, Gleichheit und Brüderlichkeit als Vehikel beschränkter Emanzipation des Bourgeois und seiner Profitwelt gedient hatten. Zehn Jahre nach der Oktoberrevolution hatten sich die selbsternannten Sachwalter proletarischer Emanzipation ebenso von den Zielen der sozialistischen Befreiungsbewegung losgelöst wie ihre Vorgänger von denen des bürgerlichen Humanismus. Wer mit der Geschichte der bürgerlichen Emanzipationsbewegung vertraut war, konnte früher und klarer erkennen, was geschah.

In dieser Situation entschlossen sich Walter Benjamin und Bertolt Brecht, um nur zwei relativ Geistesverwandte zu nennen, zu einem – mit innerem kritischen Vorbehalt – geführten Kampf für den Kommunismus, hoffend, daß auf lange Sicht der humanistische Inhalt über die reaktionäre Form siegen werde. Adorno (wie Max Horkheimer, dessen Denken mit dem seinen sich zeitweilig bis zur Verwechselbarkeit berührte) entschloß sich, einsam gegen die Zeit an dem festzuhalten, was bürgerliche wie sozialistische Humanität einst ausgezeichnet hatte, und von solcher Warte aus die zeitgenössische Welt, insbesondere ihren kulturellen Ausdruck, zu kritisieren. In der Kritik wenigstens sollte überleben, was überall sonst zu verschwinden begann. (...)

(Erstmals erschienen in „Theodor W. Adorno zum Gedächtnis". Eine Sammlung. Hrsg. v. H. Schweppenhäuser. Frankfurt/M.: Suhrkamp 1969. Auszug)

Bernd Feuchtner

Im Bayernland geboren – aber als Franke früh im Bewußtsein, fremder Macht unterworfen zu sein –, schlägt die Schulzeit im schwarzen Gymnasium noch heute tief ihre Klauen in meine Alpträume. Die Flucht ins liberale Frankfurt gleich nach dem Abitur war auch nicht die Erfüllung: das Soziologiestudium bald mit dem Politik-Machen vertauscht: im AStA, im Fachbereich, auf der Straße. Lehrerexamen für Politik und Geographie – doch nur als ehrenvoller Abgang von der Uni, nicht als Berufsziel (Alptraum, s. o!). Danach schaffen gegangen, um erst mal das echte Leben zu erforschen (zugegeben: Alternative gab's keine). Die Katze läßt das Mausen nicht: Bürgerinitiative gegen Stadtautobahn, Betriebsratsvorsitzender der Frankfurter Filiale eines Touristikkonzerns, Sprecher der Gewerkschaftsgruppe im Betrieb, drei Jahre auch Gesamtbetriebsratsvorsitz.
Irgendwann die Schnauze voll vom Buchhalter-Dasein. Gekündigt und Praxis an den Nagel gehängt. Stimmungsgemäß Plan zu einem Buch über die desillusionierten Spätwerke von Tschaikowsky, Mahler und Schostakowitsch gefaßt.
Zum Zeitvertreib Referendariat an der Elisabethenschule. Überraschenderweise Blut geleckt: Schule kann doch Spaß machen. Jammer der altlinken Lehrer (der rechten sowieso) über die verdorbene Jugend von heute entpuppte sich als Zeichen früher Vergreisung. Danach wieder arbeitslos und das bis heute geblieben; nicht undankbar: die schmale Stütze sichert das nackte Leben.
Die Verhältnisse erzeugen immerhin den Schein des Glücks: mit dem Schostakowitsch-Buch zum Dr. phil. promoviert, einen Lehrauftrag an der Frankfurter Uni ergattert, der (wie meist üblich) unvergütet bleibt. Schreiben kaum besser bezahlt: ist das nicht die Erfüllung des Traums vom Privatgelehrten? Doch woher das Zubrot für die Forschungsarbeit? Die Lösung: wenn's schon kein Geld gibt für das, was drin ist im Kopf, so wird doch die Hergabe der Außenansicht super honoriert – dem Fotomodell. Ganz netter Job.

Buchveröffentlichungen: *Und Kunst geknebelt von der groben Macht... Dimitri Schostakowitsch.* Künstlerische Identität und staatliche Repression. Frankfurt: Sendler 1986/ *Die Unmöglichkeit der Liebe.* „Es" in Tschaikowskys Leben und Musik. In: Reinhard Ermen (Hrsg.): Klappentexte Musik. Berlin: Verlag Rosa Winkel 1987.
In Vorbereitung: *Auf der Suche nach der verlorenen Revolution.* Anmerkung zu Adornos Begriff des Fortschritts in der Musik. In: Festschrift für Iring Fetscher zum 65. Geburtstag. Frankfurt 1987.
Beiträge und Essays in Zeitschriften.

Bernd Feuchtner

Totalitäre Musik?

Paul Hindemith und Dimitri Schostakowitsch – ein erstaunlicher Parallelfall. Ein deutscher und ein sowjetischer Komponist der gleichen Generation, jeder konfrontiert mit einem der beiden totalitären Systeme, beide zunächst durchaus nicht abgeneigt und dann doch Opfer der heftigsten Kulturkämpfe: wie 1934 das Verbot von Hindemiths Oper *Mathis der Maler* war 1936 das Verbot von Schostakowitschs Oper *Lady Macbeth von Mzensk* das Signal für den Kampf gegen „entartete Kunst". Im Zuge ihrer Kampagne zur Entsorgung der deutschen Vergangenheit würden gewisse deutsche Historiker diese beiden Komponisten vermutlich einfach zu exemplarischen Opfern unseres furchtbaren Jahrhunderts erklären. Und weil Schostakowitsch bis zu seinem Tode niemals mit dem System brach, stünde dabei Hindemith noch besser da, weil er bekanntlich emigrierte.
Doch – ist Emigration oder Nichtemigration überhaupt ein Maßstab? Sollte etwa das ganze russische Volk auswandern, und die anderen Nationalitäten gleich mit? Sollte das ganze deutsche Volk auswandern, bloß weil diese Verbrecherbande plötzlich an der Spitze stand? Mußten nicht etliche auswandern, die ganz gern geblieben wären, weil ihnen die Nazi-Ideologie gar nicht so sehr gegen den Strich ging? Mit Emigration argumentieren heißt nicht mehr, als moralische Urteile an die Stelle von Argumenten zu setzen.
Die geschichtlichen Bedingungen waren gesetzt – was konnte ein Komponist tun? Der eine ging, der andere blieb. Hieß das auch: der eine blieb seiner Musik treu, der andere verriet sie? Hindemith 1895 geboren, Schostakowitsch 1906, hatten beide in der heftigen Umbruchszeit nach dem Ersten Weltkrieg Aufsehen mit frecher, um Traditionen unbekümmerter Musik erregt, die sich ungeniert auch der Unterhaltungsmusik bediente. Auf den ersten Blick scheint es, als hätten dann beide den gleichen Verrat an ihrem revolutionären Frühwerk begangen, um sich einer fragwürdigen Volkstümlichkeit in die Arme zu werfen. Wo Hindemith von der „ethischen Aufgabe" der Komponisten sprach, beschwor Schostakowitsch die „aufbauende Kraft" der Musik.
Und doch sind wir hier schon bei gewichtigen Unterschieden. Hindemith wie Schostakowitsch machten Skandal, indem sie Sexuelles drastisch auf die Bühne brachten: in Hindemiths Kurzoper *Sancta Susanna* vereinigt sich eine Nonne mit dem Kruzifixus, in Schostakowitschs *Lady Macbeth* wird ein auf offener Bühne vollführter Beischlaf vom jaulenden Blech untermalt. Bei Hindemith war das die expressionistische Lust am Ausdruck, die Abfuhr unterdrückter Triebe. Schostakowitsch argumentierte sozial: der Frau geschieht ein Gewaltakt; obgleich sie nicht nur einverstanden, sondern ganz wild danach ist, kann der Mann sein Spiel mit ihr nur treiben, weil sie durch die entwürdigenden Verhältnisse des Kaufmannsmilieus wie ein Tier im Käfig gehalten wird – und damit das auch klar wird, unterstreicht Schostakowitsch dies durch eine aggressive Musik, die überhaupt nichts Erotisches hat, und durch das leitmotivisch gebrauchte „Gewaltmotiv". Es ist kein Zufall, daß Schostakowitsch sein gesellschaftliches Interesse ebenfalls sozial begründete, während Hindemith moralische Bedenken bekam.
Hindemith schämte sich seiner frühen Werke, verhinderte ihre Aufführung, wo er konnte, und eine Anzahl entschärfte er nach dem Zweiten Weltkrieg. Auch Schostakowitsch arbeitete seine *Lday Macbeth* um. 1963 erschien eine musikalisch und textlich ent-

schärfte Neufassung, die eine Wiederaufführung ermöglichte. Aber er äußerte doch immer eine spitzbübische Freude, wenn jemand wieder einmal ein Werk seiner Frühzeit ans Tageslicht zog. Hindemith ließ keine Gelegenheit aus, seine dogmatischen Vorstellungen tonaler Harmonik zu predigen und alle progressive Musik zu attackieren – das tat Schostakowitsch kaum weniger. Wenn es darauf ankam, unterstützte Schostakowitsch jedoch das Recht der Jüngeren, aufgeführt zu werden, während Hindemith ihnen am liebsten auch noch den Geldhahn zugedreht hätte. In ihren Seminaren ließen aber beide auch die Werke ihrer Gegner vorurteilslos analysieren.
Beide bemühten sich um nationale Klänge: als man von Schostakowitsch das Anknüpfen an russische Volksmusik verlangte, konnte er ohne Mühe nachweisen, daß er auf deren Basis schon viel ausgiebiger arbeitete, als die Bürokraten sich das überhaupt vorstellen konnten. Hindemith wollte die alten deutschen Volkslieder wieder populär machen und ein naives Musizieren auf ihrer Grundlage erwecken. Hier führt die Parallele in die Irre. Denn Hindemith blieb zu sehr in der Tradition der Kunstmusik seiner verehrten „alten Meister", als daß in seinen Werken die Volkslieder noch als solche wirken könnten. Ein Volksliedzitat macht noch keine volkstümliche Musik. Gegen seinen Willen hat Hindemith nachgewiesen, daß im industrialisierten Europa die bäuerliche Vergangenheit nicht wiederzuerwecken ist: Sein Konservatismus konnte nicht produktiv werden. Seine (auch während der Nazizeit wirksame) Deutschtümelei und gewollte Naivität wirken heute ärmlich, doch sie führten zur – wenigstens musikalischen – Selbst-Entmündigung ganzer Generationen von Musikerziehern. Die Versöhnung zwischen der oberen und der Massenmusik konnte natürlich auch Schostakowitsch nicht gelingen. Der wesentliche Unterschied aber besteht darin, daß in Schostakowitschs Musik das spezifisch Nationale sich in Feinheiten, beispielsweise der harmonischen Gestaltung, niederschlägt, während die direkten Folklorezitate eher einen grotesken Eindruck hinterlassen: sie haben satirische Absicht.
Schostakowitsch hat in seinen Werken gleichsam Kassiber versteckt, deren Enthüllung emotional wie intellektuell in hohem Maße anregend ist und an denen noch Generationen von Sowjetbürgern sich ihren Reim auf die Stalinzeit machen können. Natürlich war auch Hindemiths Musik für die Nazis unbrauchbar, doch hat er aus der gefährlichen Nähe zur Nazi-Ideologie später keine Konsequenz ziehen mögen. So fördert selbst ein kurzer Blick mehr Fragen als Antworten zutage. Fragen, die weiterzuverfolgen sich lohnen dürfte.

(1987)

Wolfgang G. Fienhold

Geboren am 10. 9. 1950 in Darmstadt. Seit 1957 in Frankfurt am Main. Ab 1970 „freier“ Schriftsteller. Davor und danach fanden bedeutungslose Zwischenspiele an diversen Schulen und Hochschulen statt (abgebrochenes Studium der Sozialwissenschaften). In den 70er Jahren Herausgeber der Zeitschriften „Gummibaum“ und „Nonsenf“. Mitarbeit an Dutzenden von Anthologien. Die üblichen Veröffentlichungen in Zeitungen und Zeitschriften und im Funk. Lyrik, Prosa, Feature, Reportagen etc.

Buchveröffentlichungen: *I. G. Papier und Schreibmaschine.* Starnberg: Raith 1973/*Jenseits der Angst.* Bergen, Nord-Holland: Eric-van-der-Wal-Verlag 1974/*Lächeln wie am Tag zuvor.* Basel: Edition pro-these 1977/*Ruhe sanft.* Frankfurt: Edition Federfuchs 1978/*Draußen auf Terra.* Hann. Münden: Dittmer 1979/*Manchmal ist mir kein Schuh zu groß.* Dreieich: Pawel-Pan-Presse 1979/*Das Buch vom Zocken.* Frankfurt: Eichborn 1983/*Die flambierte Frau.* 7. Auflage. München: Heyne 1986/*Arbeitslos.* Frankfurt: Eichborn 1984/*Nachdurst.* Stuttgart: Spectrum 1984/*Orcan von Choleria.* Reinbek: Rowohlt 1985/*Die endliche Geschichte.* München: Goldmann 1985/*Peepshow auf der Wega.* Reinbek: Rowohlt 1986/*Der Schwarzwaldpuff.* Frankfurt: Eichborn 1986/*Edgar Wallatze, der Frosch mit der Glatze.* München: Goldmann 1986/*Was ist der Mensch wert?* Frankfurt: Eichborn 1986.
Herausgeber: *Die letzten 48 Stunden.* SF-Stories. München: Heyne 1983/*Das große Guten-Morgen-Buch.* Zs. m. H. Braem. Göttingen: Davids-Drucke 1984/*Kindheitsverluste.* Anthologie. Zs. m. K. Schmidt-Macon und A. Seide. Frankfurt: Brandes Apsel 1987.
Zahlreiche Beiträge für Zeitschriften und Hörfunk.

Wolfgang G. Fienhold

Deine Liebe

war ein Blatt im Wind im Herbst
Du sagtest nur noch Worte
die andere schon hundertmal gesprochen hatten
ich dachte nur noch Sätze
die ich bereits geschrieben hatte
wir sahen aneinander vorbei
redeten in verschiedenen Sprachen und
dachten in Klischees
die Küsse wurden flüchtig
wir schliefen mit unseren Spiegelbildern
das Ende kam nicht plötzlich und nicht langsam
es schlich sich ein
wie ein ungebetener Gast
den man erst beim Gehen bemerkt

Meine Liebe
war ein Blatt im Wind im Herbst

(1986)

Hoffnung?

K.

Deine Haare im Wind von Paris
dein Lächeln überdeckt die Traurigkeit
das Polaroidfoto vergilbt langsam
damals hatten wir lange überlegt dem Tunesier
die 10 frs zu geben
unsere heimlichen Treffen, fast immer ohne Geld
Deine Angst vor den Eltern und die vielen Lügen
waren sieben Jahre Inhalt meines Lebens
Du wolltest die Dinge nicht ändern und ich konnte es
nicht
Wenn ich an Dich denke, denke ich, daß die erste Liebe
nie stirbt und ich es noch lange Zeit danach wieder mit Dir
versucht hätte

B.

Deine Haare im Wind von Ibizza
Dein Lächeln überdeckt die Unsicherheit
nach den Monaten mit einem anderen Mann
der Versuch einer Rückkehr, des Wiederfindens
es bleibt nur die Erinnerung an eine Liebe,
die erst hätte eine werden können, wenn wir uns
darum bemüht hätten

H.

Deine Haare im Wind des Taunus
Dein Lächeln überdeckt die Angst
die Flucht in eine neue Liebe wird Dir helfen
zu vergessen was es vorher an Schönem gab und
die Gedanken an das Häßliche werden Dich hart bleiben lassen
und ich trage wieder eine Liebe in mir
die nicht sterben will

X.

Deine Haare im Wind von Frankfurt
ich kenne Dein Lächeln nicht
vielleicht werde ich es auch niemals kennenlernen
wer möchte schon die lebenden Schatten der Vergangenheit
und eine Handvoll unbegrabener Gefühle

(1986)

Günter Franzen

Geboren 1947 in Hannoversch Münden. Seit 1970 wohnhaft in Frankfurt.

Buchveröffentlichungen: *Haut gegen Haut.* Erzählung. Reinbek: Rowohlt, 1982/*Muskelspiele.* Erzählung. Reinbeck: Rowohlt, 1984/*Kindskopf oder Erfindung des tiefsten Blaus.* Roman. Düsseldorf: Claassen 1987.

Günter Franzen

Sakko & Vanzetti

Gestatten Sie, gnädige Frau, daß ich mich Ihnen vorstelle, mein Namen ist Sorger, Jakob Sorger. Ich komme vom Friseur und befinde mich auf dem Weg in meine Lebensgeschichte. Wenn Sie mir bitte folgen mögen! Ich bin ein Kreuzwort mit drei Buchstaben. Das nenne ich eine gelungene Eröffnung. Mancherorts wurden Buben geboren, die nannte man Jungen, und die sprachen auf Anhieb Hochdeutsch. Meine Mutter buk Bienenstich und war sehr bleich. Mein Vater war ein lachender Vagabund und zeigte sich einem guten Tropfen nicht abgeneigt. Der gymnasiale Lehrkörper rühmte sich seiner schlagenden Verbindung und trug ein Glasauge. Das blickte so warm und sammetbraun auf mich herab. Sonntags trat ich in Zweierreihen an und erwanderte mir die Mittelgebirge im Familienverband. Unaufgefordert lobte ich das mitgeführte Hasenbrot. Ich fraß ihnen achtzehn Jahre aus der Hand, bis ich mich plötzlich bei Tisch übergab. Das war mein Damaskus. Ich brannte durch und traf meine Wahl zwischen Fremdenlegion und Vietkong. Der Osten versprach ein tieferes Rot, und ich folgte ihm. Meine Brüder erkannte ich an der Haarlänge, meine Schwestern an den freiwippenden Brüsten und das Kapital an seinen Charaktermasken. An klaren Tagen sprangen wir über den 18. Brumaire des Louis Bonaparte in den Feuerbach, begruben das Proletariat unter Flugblättern und ruhten voneinander aus, nachdem wir uns und die Welt umarmt hatten, die wir endlich zu verstehen glaubten. Da war ein Glück, da war ein Licht, da war eine Erleuchtung, da konnte ich auf dem Rücken liegend, die Wolken betrachten, nur so, oder die Bäume, wie sie in den Himmel ragten, hin und her, die Bäume im Wind, nur die Wolken und die Bäume im Wind, wissen Sie, es war eine unbeschreibliche Bläue damals über den Bäumen, die den Himmel berührten, hin und her, ganze Jahre in den Bäumen und immer höher und höher, und dann fiel plötzlich ein Schuß und noch ein Schuß, eine ganze Serie von Schüssen, taktaktak, und die Bäume brachen wie dünnes Rohr, und jemand kroch wimmernd am Boden, und ich rief: warum kriechst du wimmernd am Boden? Ich suche den Sand, rief er zurück, ich suche den Sand an Baaders Schuhen, den Baader ist tot und alle anderen auch, die Brüder und Schwestern in Waffen.

Wie bitte, was meinen Sie? Baader, war das nicht dieser hochgewachsene, gutaussehende Mann mit dem sanftesten Skalpell der Welt, dieser Baader? Nein, ich glaube nicht, da verwechseln Sie wohl den toten Terroristen mit dem pensionierten Herzchirurgen, Sie sprechen wohl von Christian Barnard. Aber das ist doch kein Fauxpas, das kann doch jedem von uns passieren, das drängt sich doch geradezu auf, wo doch beide mit Ba anfangen. Wie soll man das auch alles auseinanderhalten nach all der Zeit, eben. Schwamm drüber, und irgendwo wird immer gelitten, und irgendwo wird immer gestorben, sage ich, dem einen sein Tod, dem andern sein Brot, liebe das Leben und küsse die Marketenderin, das ist die ganze Wissenschaft. Wie denken Sie über die Geschichte? Genauso. Was läßt uns kalt? Der Schnee vom vergangenen Jahr. Wohin gehen wir? Auf Nummer sicher. Was sind wir? Gut drauf. Worauf warten wir? Den letzten Schrei. Eine Frage bleibt allerdings vorläufig offen: Brüllen wir, weil uns keiner prügelt, oder brüllen wir, damit uns keiner prügelt?

Die Frage stellt sich. Die Frage steht plötzlich im Raum. Wir lassen sie auf sich beruhen, bis sie sich von selbst erledigt hat. So pflegen wir mit allen Fragen umzugehen, die sich durch eine gewisse Verfänglichkeit auszeichnen. Deshalb frage ich Sie beispielsweise nicht, ob Sie zufällig eine Leiche im Keller haben, sondern ich frage Sie: Wie ist das Wetter heute? Bitte antworten Sie mir: Es ist sehr schön draußen. Ich frage weiter: Was tragen Sie auf ihren Lippen? Ein Lächeln. Ja, gewiß. Es ist hinreißend, aber das meine ich nicht. Wie nennt man die burgunderfarbene Nässe, die ihr Lippenpaar schmückt? Gloss. Es kommt aus dem Amerikanischen und wird mit einem Haarpinsel aufgetragen, aber ich weiß nicht, was Sie mit dieser Frage bezwecken? Nichts. Ich stelle lediglich die Verbindung zwischen zwei Fragen her, die eine betrifft das Wetter, die andere Ihre Lippen. Ich sehe Ihre schwarzen Lederhosen, das wallende blonde Haar, das Sie nicht müde werden, nach hinten zu streichen, eine Frisur, die lockere Gepflegtheit und sexuelle Schärfe ausstellt, ich sehe diese verglossten Lippen, diese tiefrote, hingebungsvolle Nässe, und frage mich im stillen: enthält das Innere des Mundes, was der schlüpfrige Anstrich verspricht. Die Frage bewegt sich wunschgemäß an der Oberfläche, und dort soll sie auch bleiben. Was ich sagen wollte, sprengt nicht den Rahmen dieser Stehparty: Sie verfügen über ein bezauberndes Rubinstein-Lächeln, und ich lege Ihnen meinen scharfgeschnittenen Armani-Anzug ans Herz. Wet Look und Coll Wool an einem herrlichen Sommertag. Warum sollten wir diese beiden Spitzenprodukte nicht spontan zusammenwerfen und öffentlich zur Schau stellen? Das Wetter ist ideal für eine solche Darbietung. Wir könnten uns bei der Premiere eines Kultfilms sehen lassen oder eine Landpartie veranstalten, wir könnten einem Freiluftkonzert lauschen, wir könnten irgendwo einkehren und eine Kleinigkeit essen, wir könnten anschließend fragen: Zu Dir oder zu mir, wir könnten uns umarmen, wir könnten uns küssen, wir könnten fühlen, wie die hölzerne Zunge in den trockenen Mundraum drängt, wir könnten spüren, wie sie den Rachen sprengt und das Gehirn lähmt, wir könnten von diesen Empfindungen auf eine gewisse Unverträglichkeit der Geschlechter oder der Markenzeichen schließen, wir könnten voneinander lassen, wir könnten auch einfach hierbleiben und immer so weitermachen mit dem Glas in der Hand und über das Wetter reden.

(Aus „Kindskopf oder die Erfindung des tiefsten Blaus“. Erstmals erschienen Düsseldorf: Claassen 1987)

Ludwig von Friedeburg

Geboren am 21. Mai 1924 in Wilhelmshaven. Studium der Naturwissenschaften, Psychologie und Soziologie an den Universitäten Kiel und Freiburg. 1951 Diplompsychologe. 1952 Promotion zum Dr. phil. mit einem Beitrag zur Umfrageforschung. 1951–1954 Mitarbeiter am Institut für Demoskopie, Allensbach am Bodensee. 1955–1962 Abteilungsleiter am Institut für Sozialforschung an der Universität Frankfurt am Main; 1960 Habilitation für Soziologie. 1962–1966 Professor für Soziologie an der Freien Universität Berlin. Seit 1966 Professor für Soziologie an der Universität Frankfurt am Main und Direktor des Instituts für Sozialforschung. 1969–1974 Hessischer Kultusminister; 1970–1974 Mitglied des Landtages. Seit 1975 geschäftsführender Direktor des Instituts für Sozialforschung.

Buchveröffentlichungen: *Die Umfrage in der Intimsphäre.* Stuttgart: Enke Verlag 1953/*Altersbild und Altersvorsorge der Arbeiter und Angestellten.* Zs. m. F. Weltz. Frankfurt: Europäische Verlagsanstalt 1958/*Student und Politik.* Zs. m. J. Habermas u. a. Darmstadt-Neuwied: Luchterhand 1961/*Soziologie des Betriebsklimas.* Frankfurt: Europäische Verlagsanstalt 1963/*Das Geschichtsbild der Jugend.* Zs. m. P. Hübner. München: Juventa 1964/*Zum Verhältnis von Militär und Gesellschaft in der Bundesrepublik.* Witten und Berlin: Eckart-Verlag 1966/*Aufgaben der Militärpublizistik in der modernen Gesellschaft.* Zs. m. G. Brandt. Frankfurt: Europäische Verlagsanstalt 1966/*Freie Universität und politisches Potential der Studenten.* Zs. m. W. Schumm u. a. Darmstadt-Neuwied: Luchterhand 1968/*Bilanz der Bildungspolitik.* Weinheim: Beltz 1978/*Bildung als Instrument etatistischer Gesellschaftsorganisation.* Weinheim: Beltz 1986.
Herausgeber: *Jugend in der modernen Gesellschaft.* Köln: Kiepenheuer & Witsch 1965/*Schulentwicklung in Hessen.* Hrsg. v. Hessischen Kultusminister. Wiesbaden 1974/*Hochschulentwicklung in Hessen.* Hrsg. v. Hessischen Kultusminister. Wiesbaden 1974/*Adorno-Konferenz.* Zs. m. J. Habermas. Frankfurt: Suhrkamp 1983.
Veröffentlichungen in Zeitschriften: *Über Eliten in Deutschland.* In: Leviathan. H. 2. Jg 87. 1987.

Ludwig von Friedeburg

Wie war Bildungsreform möglich?

Das Bildungswesen der deutschen Länder, insbesondere der protestantisch regierten, stand jahrhundertelang in hohem Ansehen. Seit die sächsischen Fürstentümer im Gefolge der Reformation begannen, die Schulpflicht einzuführen, fand die Verbreitung allgemeiner Elementarerziehung in Deutschland internationale Aufmerksamkeit und Anerkennung. Ebensosehr wurden die Ergebnisse der staatlichen Organisation des höheren Schulwesens im neunzehnten Jahrhundert beachtet. Die auf das ausgebaute humanistische Gymnasium gründende deutsche Forschungsuniversität entwickelte sich zur modernsten und leistungsfähigsten der Welt. Wenn auch spät, fügte sich die realistische Schulbildung, weitergeführt in den Ingenieurschulen und Technischen Hochschulen, in dieses Bild, das dann abgerundet wurde durch die einzigartige Verbreitung einer modernen, zugleich qualifizierten und betriebsnahen Berufsausbildung.

Defizitär war in diesem Bildungssystem nicht seine Effektivität, jedenfalls nicht im internationalen Vergleich. Problematisch erschienen die nationalen Erziehungsziele, im Wilhelminischen wie dann besonders im nationalsozialistischen Reich, und der Mangel an Chancengleichheit, den die berufsständische Gliederung auch im zwanzigsten Jahrhundert verbürgte. Im Mittelpunkt der bildungspolitischen Diskussion nach den Zusammenbrüchen von 1918 und 1945 standen daher nicht Modernität und Leistungsfähigkeit, sondern Wertsysteme und ihre bildungsorganisatorischen Konsequenzen: die sozialistische oder sozialliberale Einheitsschule im Dienste republikanisch-demokratischer Gesellschaftsentwicklung, die konfessionell separatierte Bekenntnisschule im Dienste christlicher Menschenbildung.

Daß mit der allgemeinen Bildungsexpansion die Vorrangstellung des deutschen Bildungssystems in Frage gestellt würde, daß es in seiner eigentlichen Domäne, effektive und moderne Ausbildung zu gewährleisten, im internationalen Vergleich zurückfiel und durch die restriktive Bildungspolitik des Nationalsozialismus ein großer Nachholbedarf entstanden war, wurde erst im Zusammenhang der Modernisierung der Produktion in den fünfziger Jahren entdeckt und in den sechzigern bei anhaltender Vollbeschäftigung bestimmend für die Gesellschaftspolitik. Die Sozialdemokraten, im Bundestag in einer wenig aussichtsreichen Oppositionsrolle, wandten sich auf ihrem Wege zur Volkspartei den Konsequenzen und Anforderungen der Industrialisierung zu und machten Begabtenauslese und Begabtenförderung zu Kernpunkten der Verbesserung aller bestehenden Bildungseinrichtungen. Dabei konnten sie an einen von ihnen immer betonten Zusammenhang zwischen der Benachteiligung breiter Schichten der Bevölkerung und unzulänglicher Begabtenförderung anknüpfen. Freie Bahn dem Tüchtigen, lautete die bürgerliche Forderung, die sie gemeinsam mit den Liberalen gegen die berufsständische Bildungspolitik der Konservativen gerichtet hatten. Chancengleichheit wurde dabei nicht als Ergebnis gesellschaftlicher Umwälzung aufgefaßt, sondern als erweiterter Spielraum für den individuellen Aufstieg durch Bildung. Dessen immer offensichtlicher werdende Erfolgsaussichten erlaubten der Opposition in den sechziger Jahren, unterstützt durch tatsächliche oder auch nur vermeintliche Rückständigkeit im internationalen Vergleich, die Kritik an den bestehenden Bildungseinrichtungen auf deren Strukturen zu beziehen und so die zuvor auch von ihr selbst verdrängte Organisationsfrage erneut auf die Tagesordnung zu setzen. Das Modernisierungspostulat, auf verbesserte Leistungsfä-

higkeit und vermehrte Begabtenförderung zielend, ließ sich wirksam mit dem Bürgerrecht auf Bildung, mit der Forderung nach Chancengleichheit und Demokratisierung im Bildungswesen verknüpfen – allerdings mit schwerwiegenden Folgen für die Ziele und Mittel, den Verlauf und die Bewertung dieser Phase der Bildungsreform.
Voraussetzung für ihre Entfaltung, jedenfalls auf dem Lande, aber war die Aufgabe der konfessionellen Schulorganisation. Erlaubten die bildungsökonomischen Argumente der sozialliberalen Opposition, auf die Strukturreform zurückzukommen, so veranlaßten sie die Christdemokraten, von der öffentlichen Bekenntnisschule Zug um Zug Abstand und schließlich ganz Abschied zu nehmen. Unter dem Gesichtspunkt der Leistungsfähigkeit erlangten jahrgangsgegliederte, mehrzügige, mit Fachlehrern hinreichend versorgte Schulen zunehmend Anziehungskraft gegenüber der Vielzahl auch und gerade aus konfessionellen Gründen ein- oder zweiklassiger Zwergschulen, gewannen Argumente für eine anspruchsvollere, überkonfessionelle Volksschullehrerausbildung an Gewicht. Solchen Argumenten vermochte auch die katholische Kirche nicht mehr wirkungsvoll zu begegnen. Nach langjähriger Erfahrung mit den Ergebnissen des Unterrichts an den Konfessionsschulen inmitten einer weithin materialistisch orientierten Wirtschaftsgesellschaft hatte der Impuls zur Wiederbelebung christlicher Menschenbildung an Überzeugungskraft eingebüßt.
Zu Beginn der siebziger Jahre hatten alle Bundestagsparteien die Strukturreform des Bildungswesens zum Bestandteil ihres eigenen politischen Programms gemacht und inhaltlich die weitreichenden Vorschläge der Experten- und Beratungsgremien in einem unerwartet hohen Maße gleichförmig übernommen. Dynamik und Radikalität der neuen Reformbewegung wurden von einer allgemeinen Aufbruchsstimmung getragen, ihre Planungseuphorie von noch unbeschädigten Wertbegriffen des technischen und gesellschaftlichen Fortschritts wie den Erfolgen staatlicher Konjunkturprogramme und Konzertierter Aktion bei der Überwindung der ersten Wirtschaftskrise der Bundesrepublik. Die in einem neuen Wachstumszyklus wieder vermehrten Steuereinnahmen erlaubten es, Mittel für die Reformvorhaben aus dem Zuwachs bereitzustellen.
Anhaltende bildungspolitische Kritik hatte die mangelhafte Chancengleichheit im Bildungssystem wirksam mit den Mängeln seiner Leistungsfähigkeit und dementsprechenden Folgen im internationalen Wettbewerb verknüpft. Alle gewichtigen Reformvorschläge verbanden Durchlässigkeit mit Leistungssteigerung, Chancengleichheit mit Modernität und ließen der erfahrungsbestätigten Parole „Aufstieg durch Bildung" freien Lauf. Die wieder überbordende Nachfrage nach Arbeitskräften, insbesondere Akademikern, verstärkte die Illusion, daß die Probleme der Expansion sich durch noch mehr Expansion beheben ließen.

(Aus einem Buchmanuskript zur Problemgeschichte der Bildungsreform. 1987)

Adolf Frisé

Geboren 1910 in Euskirchen/Rheinland, aufgewachsen in Viersen/Niederrhein. Studium (Germanistik, Philosophie, Kunstgeschichte) in München, Berlin, Heidelberg. Promotion Sommer 1932. Bis 1940 freier Autor (Kritik, Essays, Erzählungen) in Berlin. 1940–45 Militärdienst. 1946–50 Zeitungsredakteur (Politik, Feuilleton) in Hamburg, 1952/53 (Feuilleton) in Düsseldorf. 1956–75 Redakteur (Abendstudio, Kulturelles Wort) des Hessischen Rundfunks. 1958 PEN-Mitglied. 1974 in Wien Ernennung zum Professor. 1979 Ehrenpräsident der Internationalen Robert Musil-Gesellschaft. 1981 BVK I. Klasse, 1982 Dr. phil. h. c. der Universität Klagenfurt.

Buchveröffentlichungen: *Die Reise ins Ausland.* Hamburg: Drei Türme Verlag 1948/ *Carl J. Burckhardt.* Im Dienste der Humanität. Thal-St. Gallen: Pflug Verlag 1950/*Reise-Journal.* Reinbek: Rowohlt 1967/*Plädoyer für Robert Musil.* Hinweise und Essays 1931 bis 1980. Reinbek: Rowohlt 1980/*Mit verteilten Rollen.* Drei Stücke. Nachts – Katharinas Gast – Andreas. Bad Homburg: Verlag Stefanie Hunzinger 1983–86/*Plädoyer für Robert Musil.* Erweiterte Neuausgabe. Reinbek: Rowohlt 1987.
Herausgeber: *Robert Musil, Gesammelte Werke I–III.* Reinbek: Rowohlt 1952–57/ *Definitionen.* Essays zur Literatur. Frankfurt: Klostermann 1963 /*Vom Geist der Zeit.* Kulturpolitische Kommentare. Gütersloh: Sigbert Mohn 1966/*Robert Musil. Tagebücher I/II.* Neuausgabe. Reinbek Rowohlt 1976–77/*Robert Musil. Gesammelte Werke 1–9.* Neuausgabe Reinbek: Rowohlt 1978/*Robert Musil. Briefe 1901–1942.* Reinbek: Rowohlt 1981.

Adolf Frisé

Er hörte sich sprechen

Er hörte seine Stimme, sie zog ihn aus dem Schlaf, er horchte in die Worte, die ihn aufgeweckt hatten, hinein, ob sie ihn schon aus dem Traum heraustrügen, er wollte sich in ihn zurückfallen lassen, nicht schon wirklich wach, nicht schon wieder seiner selbst bewußt, aber schon interessiert, neugierig, zu erkennen, wie seine Gedanken, nein, nur dieser eine Gedanke aus der Nacht, in die er sich noch eingemuldet fühlte, sich in den Tag drängte, er begann unfreiwillig, sich anzustrengen, seine Logik, die ihn bestach, die nicht preisgegeben werden durfte, zu sichern, zu festigen, die Einsicht, die ihn überkommen hatte, zur Blüte zu bringen, ein von dichten weichen Schatten abgedecktes stetiges stilles Licht, in dem er, sich selbst entrückt, zu verglühen sich sehnte, der Gedanke leuchtete noch einmal, umstrahlte ihn, verflackerte. Zurück blieb, für Sekunden, die Erinnerung an eine ihm jäh eingegebene Formel: wie wir eines Tages auftauchen, irgendwann, ratlos, erschöpft, ausgebrannt, oder nur plötzlich nutzlos, wieder wegtauchen, so wird die Erde, auf der wir uns, zeitweiliger Gast, als gebe es sie ewig, einrichten, irgendwann in die Atmosphäre verströmendes Gas, wie wir nie gewesen sein. Ein Mädchen, Zärtlichkeiten, so, suggerierte er sich, begann es, hatten den Schlaf von ihm weggestreift, er konnte sich das Gesicht, auch den Körper des Mädchens nicht mehr vorstellen, seine Reaktion war nur der dumpfe kompakte Wunsch, etwas zu wollen, sich ein Ziel zu setzen, er gab ihm am Ende das Glück, etwas zu erkennen, was noch nie jemand erkannt habe, spiritualisierter Selbstgenuß, er war sicher, er habe sich verwandelt, die Kraft, zu denken, werde ab nun nur stärker in ihm, nicht mehr sich abschwächen.

Er war noch nicht wieder wach, aber der Schlaf hatte ihn, auch wenn er die Gedanken beiseite geschoben, von sich weggerückt hatte, nicht mehr einhüllen, ihn sich selbst entführen können. Er bemühte sich, gewollt antrieblos, sich in der Schwebe zu halten. Das breite Bett: Höhle, in der die Zeit stillsteht. Die Ahnung, daß der Gedanke, den der Traum entläßt, schnell verkümmert, sich dem Versuch, ihn festzuhalten, entzieht. Durch Jahre, schien ihm, hatte er immer wieder den Mord, den er nicht beging, geträumt. Zwei, drei hintergründig verbindliche Männer besuchten ihn, ihr Verdacht ließ ihn, ohne daß er es ihnen eingestand, eine Schuld auf sich nehmen, die ihn erdrückte, ihn nur noch Angst empfinden, auf Tarnung, schließlich Flucht sinnen ließ. Er zweifelte im Verlauf des Traums, der sich stereotyp wiederholte, daß er einen Menschen, er wußte nur nicht wen, umgebracht, den Kadaver unter Bohlen, an die er sich noch aus der Kindheit erinnerte, eingesargt und verborgen hatte. Er schoß aus diesem Alptraum endlich jeweils wie ein Taucher, der den Sauerstoffvorrat verbraucht hat, aus der Tiefe der Ausweglosigkeit hoch, zerriß das Netz, in das er sich verstrickt hatte, stürzte befreit in das Licht des Alltags und der Gewißheit, daß niemand ihm einen Mord nachweisen könne.

Der Druck dieses Traums legte sich noch einmal flüchtig über ihn, zog vorbei. Es hatte immer mal Minuten gegeben, in denen das Nacht- und Schlafleben sich für ihn auch in den Tag hineindrängte, ihm nahe rückte, als lasse es nicht zu, daß er es wahrzunehmen sich weigere, es leugne, wegschiebe. Möglich aber, es waren Traumreste in ihm zurückgeblieben, abgesunkene schwergewordene Luft, die erst in der Nacht, im Schlaf sich lösen, aus ihm wieder aufsteigen, davonziehen werde. Es war vorgekommen, daß er

einen Traum, als berichte er von einem Menschen, den er getroffen habe und wiederzutreffen wünsche, mitzuteilen und so, als sei er ein Stück Wirklichkeit, an sich zu binden versuchte. Es war, noch ehe er ihn mit Worten fangen, aus seiner in die Vorstellung des anderen herüberholen konnte, jedesmal neu mißlungen. Durch Wochen, Monate trat er Nacht für Nacht eine Reise an, mal stand auf dem Programm, daß er seine Mutter besuchen werde, mal das wieder und wieder verfehlte Wiedersehen mit einer Frau, die, das wußte er, auf ihn wartete, nie klagte, wenn sie ihn wieder vergebens erwartet hatte, deren Kraft, Zuversicht aber, auch das fühlte er, auch ohne daß er sie sah, von Mal zu Mal schwächer wurden, am Ende mit ihr hinsiechten. Er fürchtete jedesmal neu, sich aus dem Traum, wie in ihm vor sich selbst, davonzustehlen, wünschte zugleich, noch während er träumte, es wäre nur ein Traum.
Mit wem sollte er darüber sprechen? Trat er aus dem Traum heraus, beschämte es ihn, sich sagen zu können, seine Mutter, die Frau, die zu besuchen er vor, ja, noch auf jeder Reise in die andere Stadt, in die er sich hineinträumte, sich unaufschiebbar entschlossen hatte, lebten nicht mehr. Es war stets wieder ein von keinem Gefühl berührter Vorgang. Nur eher ein Zwang, dem er sich entziehen konnte, vergangenes Leben unversehrt in sein eigenes noch gegenwärtiges Leben hineinzunehmen, auch die verführerische, ihn seltsam lossprechende Selbsttäuschung, nicht er, lediglich das Leben, das ihn unausweichlich weiterschob, ihn nicht einen einzigen Tag anhalten ließ, habe sich verändert, verändere sich permanent, laufe vor ihm, nein, mit ihm, davon.

Er hörte sich sprechen. Er wunderte sich nicht, die Stimme war ihm vertraut. Sie sagte Worte, Sätze; sie sagte sie deutlich, eindringlich. Ihn wunderte nur, wie sicher, entschieden er sprach; die Stimme stockte keine Sekunde, es schien ihr wichtig, auszudrücken, was ihr aufgegeben war. Er hörte sich zu. Wer, was trug ihm auf, so zu sprechen? Er verstand, was er sagte. Es war an jemanden, womöglich an mehrere gerichtet; er konnte nicht erkennen, wer es war. Sie waren indes da, keine Frage; sie hatten ihm zuzuhören, die Stimme produzierte sie.
Es kam der Moment, da er wahrzunehmen begann, er schlafe. Er zog den Schlaf, als sei er eine ihn weich einhüllende Decke, dicht, eng über den Kopf, muldete sich noch einmal in ihn ein.

(1986)

Maria Frisé

Am 1. Januar 1926 in Breslau geboren, wuchs in Schlesien auf dem Land auf. Nach dem Abitur 1944 in Breslau wenige Monate Reichsarbeitsdienst. 1945 im Januar Flucht aus Schlesien. Nach dem Krieg die Geburt von drei Söhnen und der Aufbau einer neuen Existenz in der Nähe von Hamburg. Seit 1957 journalistische Arbeiten, zuerst im Handelsblatt (Kunst- und Literaturkritik, Reportagen, redaktionelle Mitarbeit am Feuilleton) und am Rundfunk; seit 1959 nahezu ausschließlich für die „Frankfurter Allgemeine Zeitung". Seit 1968 Redakteurin im Feuilleton der F. A. Z., insbesondere mit der Planung und Redaktion der Sonntagsbeilage „Bilder und Zeiten" befaßt. Reportagen und Leitartikel über soziale Themen, Literaturkritik und Reiseberichte und gelegentlich Erzählungen sind ihre bevorzugten Arbeitsgebiete.

Buchveröffentlichungen: *Hühnertag und andere Geschichten.* Reinbek: Rowohlt 1966/ *Erbarmen mit den Männern.* Reinbek: Rowohlt 1983/*Auskünfte über das Leben zu zweit.* Frankfurt: S. Fischer 1984/*Montagsmänner und andere Frauengeschichten.* Frankfurt: S. Fischer 1986.
Erzählungen und Reportagen in Anthologien und Schulbüchern.

Maria Frisé

Der Bleigärtner

Mittwoch morgen muß es passiert sein. Noch bevor wir zum Umbruch gingen, müssen sie über unsere Oase in der Anzeigensetzerei hergefallen sein, unseren Tropengarten mitten im Blei, unser grünes Exotarium in der Akzidenz. Sie haben alles verwüstet: die Azaleen und Myrtenstöcke, die roten Schiefblätter und den Philodendron. Der kleine stumme Spanier kehrte gerade die letzten Reste zusammen, als wir kamen: zertretene Asparagus-Ranken, Gliederkakteen, Tonscherben und Blumenerde. Er kippte alles in einen der Zinkbottiche, in denen er sonst den alten Bleisatz sammelte.
Sie müssen gleich frühmorgens mit dem Plündern begonnen haben. Vielleicht hat der eine oder der andere etwas gerettet, für zu Hause, fürs Blumenfenster, für den Wintergarten, eine Aralie beispielsweise, einen Zimmerfarn oder so etwas. Hier jedenfalls, im Vorraum zur Setzerei, sah es jetzt aus, als hätte ein Taifun gewütet: alles war zerstört, zerstampft, zerrissen. Die blechbeschlagenen Magazine, auf denen vorher Hortensien, Anthurias und Tradiskantien wucherten, sahen nackt und schartig aus. Braune Wasserringe markierten, wo die Blumentöpfe gestanden hatten. Unser Dschungel in Tontöpfen! In der Ecke bei der Stahltür hatten allein ein paar Metzgerpalmen die Katastrophe überlebt. Unverwüstlich reckten sie ihre fleischigen Säbelbeine in die Höhe. An sie hatte sich wohl keiner herangetraut, an ihre stachlige gelbgrüne Scheußlichkeit.
„Der Gärtner ist tot", sagte einer, als wir fragten. Er sah nicht einmal vom Setzkasten hoch.
„Wir hätten den Platz sowieso gebraucht", sagte ein anderer und wischte sich die Druckfarbe an der Schürze ab.
„Das grüne Gelumpe hat schon lange gestört, und der Alte ist tot", sagte ein Junger patzig und schmiß den letzten Blumentopf in den Abfallkübel.
Montag hatten wir den Gärtner noch gesehen. Wie immer machte er sich in seinem Treibhaus zu schaffen. Er stand über eins der Marmeladengläser gebeugt, in denen die jungen Ableger Wurzeln bilden sollten, bevor er sie in die Erde steckte. Das breite Lächeln, mit dem er uns grüßte, war wie sonst. Wie üblich klebte eine bereits kalt und kurz gewordene Zigarre zwischen seinen Lippen.
„Was macht die grüne Kunst?" Er machte nur eine seiner vagen Armbewegungen, die in einem Halbkreis sein ganzes Reich einschlossen. Natürlich, das sahen wir ja, der grünen Kunst ging's prachtvoll. Sie breitete sich saftig und glänzend auf den Fensterbänken der Akzidenz aus, sie nahm bereits auf den Regalen Platz. Sie hing sogar von den Heizungsröhren an der Decke herunter, aus Drahtkörben, die der Alte eigens gebastelt hatte. Oft stand das Grünzeug auch auf dem Beton-Estrich, und die Männer mußten die klobigen Holzwagen mit dem Satz von Heiratsannoncen, Todesanzeigen und Immobilien in Kurven herumschieben. Unser Urwald im Blei wucherte, die Töpfe wurden zu eng, neue Amazonas-Erde war nötig. Die Reklame für Whisky, Urlaubsreisen oder Trockenrasierer sind wegen des bißchen Umstands nicht schlechter ausgefallen.
„Ne grüne Hand müssen Sie schon haben", sagte er immer, wenn wir ihn fragten, wie er die blattlose Zimmerlinde wieder zum Treiben gebracht hatte oder die Kalla zum Blühen. Er muß mindestens zwei grüne Hände gehabt haben. Bei ihm gedieh alles, selbst das mickrige Zeug, das ihm die Kollegen zur Pflege gaben, wenn sie in Urlaub fuhren, war nach drei Wochen nicht mehr wiederzuerkennen. Mit einer puppenhaft kleinen

Harke kratzte er in den Töpfen herum, hackte seine Zigarrenasche unter und auch manchmal die Bierreste, die er auf die Wurzeln kippte.
„Manche wollen's oben, manche von unten", sagte er, wenn er seine Plantage begoß. Er selber hatte die Bierflasche immer in Reichweite. Ein Schluck für die Pflanzen, ein Schluck für ihn.
„Auf fünf, sechs Flaschen kam der am Tag", sagte einer. „Für einen Mann in seinem Alter ist das zu viel."
Wie alt war er eigentlich? Wir hatten ihn immer für einen jener Lebenskünstler gehalten, die bereits vor ihrer Pensionierung die Zeit mit ihrer Liebhaberei ausfüllen. Beneidenswert. Und Neider hatte er sicherlich. Einer, der den ganzen Tag das tut, was ihm Spaß macht. Das mußte ja Neid erregen.
Eigentlich ein freundliches Unternehmen, dachten wir, das einem alten Mann erlaubt, mitten im Blei zu gärtnern. Eigentlich großzügig, überlegten wir, daß da einer mit der Gießkanne zwischen den Anzeigengassen herumschlurren darf, den Leuten im Wege ist und nichts anderes tut, als Grünzeug fürs Auge zu hegen. Soll er doch ruhig die Liane des Herrn Direktors von Blattläusen befreien, soll er doch den vergilbten Gummibaum kurieren und hin und wieder ein fleißiges Lieschen verkaufen. Die meisten seiner Blumen verschwanden allerdings, bevor die ersten Knospen aufgebrochen waren. „Schon wieder geklaut", klagte er und zeigte auf das leere Fensterbrett, auf dem noch am Abend zuvor zwei Clivias mit ihren orangeroten Trichtern standen. „Pack", sagte er und legte seine ganze Verachtung in das einzige Wort. An solchen Tagen zog er den Kopf zwischen die Schultern und drehte auch uns nur den Rücken zu. Er verkroch sich hinter seinen Pflanzen. Er mied die anderen, und die mieden ihn wohl auch.
Seit sieben Jahren schon, erfuhren wir jetzt, war der Gärtner bereits Rentner. Er hatte gebettelt, bleiben zu dürfen, ohne Lohn. Er kam sogar am Sonntag. Dann konnte er seine Töpfe in Ruhe ins Pissoir schleppen, abbrausen, abtrocknen und wieder zurücktragen, oder ein paar Stunden im Waschbecken stehen lassen.
Im vorigen Jahr war er krank gewesen. Zwei Monate lag er im Krankenhaus. Der Spanier goß das Grünzeug inzwischen und ließ es verstauben. Als der Gärtner wiederkam, hatte er tagelang zu tun, die trockenen Blätter wegzuzupfen. Seit der Zeit bewegte er sich noch langsamer, noch behutsamer. Die grüne Schürze wölbte sich über seinem Bauch, sein Gesicht war faltenlos, selbst wenn er lächelte, behielt er seine glatte Kindlichkeit. Doch er redete nun noch weniger.
„Der hatte Wasser", sagte einer von den Metteuren abschließend. Als ob das alles erkläre: die Verwüstung, die Zerstörung, die Rache an dieser künstlich am Leben gehaltenen Natur, das Ende des Blei-Gärtners.

(1986)

Renate Fueß

Geboren 1946 in Egelsbach/Hessen. Lebte mehrere Jahre im Ausland (Frankreich, England). Danach Studium der Germanistik und Romanistik in Frankfurt. Promotion über Thomas Bernhard. 1981 Förderpreis für Lyrik des „Literarischen März" der Stadt Darmstadt und Deutscher Kurzgeschichtenpreis der Stadt Arnsberg. 1983/84 Stipendium des Deutschen Literaturfonds e. V., 2. Literaturpreis der Stadt Aachen 1986.

Buchveröffentlichungen: *Nicht fragen.* Zum Double-bind in Interaktionsformen und Werkstruktur bei Thomas Bernhard. Frankfurt: Verlag Peter Lang 1983/*Am Eingang von Kotor.* Gedichte. Reinbek: Rowohlt 1984/*Kein Brief aus Amerika.* Erzählungen. Reinbek: Rowohlt 1985.
Lyrik, Prosa und Essays u. a. in Anthologien sowie in: manuskripte, Akzente, Literaturmagazin, Neue Rundschau.
Zur Zeit Arbeit an einer längeren Prosa.

Renate Fueß

Einmal Köln, hin und zurück

Plötzlich fällt Schnee in die Landschaft hinein, in groben, wäßrigen Flocken. Schon morgens verfärbt sich der Himmel, und fasrige Schlieren schweben von Westen herbei. In der Stadt spielt ein Fiedler sein „Winter ade". Und vor meinen Füßen wächst ein Gemälde, Brueghels Bauernhochzeit gekreuzt mit Leonardos Abendmahl. Die Figuren leuchten am Boden, mit stumpfen, spitzen und höckrigen Nasen. Fast wär ich da mitten reingetreten, auf den breiten Tisch, die Suppenteller und das zerbröckelte Brot.
Doch nun stiebt Schnee durch die Gassen und deckt alle Farben zu. Als ich dann endlich hinausfahre aus dem Kopfbahnhof, sind Ortsschilder und Geräusche zugeweht. Im Zug aber schlagen Türen. Der Schaffner knöpft sich die Karten vor. Wo ist meine denn nur, tief ist die mir in die Anoraktasche hineingerutscht. Gleich überziehn sich die Gesichter meiner Nachbarn mit einer dünnen Schicht aus Eis. Der rechte Mensch hat immer das rechte Ding am rechten Platz, dröhnt mir dazu der Schaffner ins Ohr. Ich schau an mir hinunter, selbst die Schuhe hab ich heute früh geputzt. Ich kann weiß Gott keine Unordnung finden an mir. Vielleicht aber sind es nur meine Gedanken, ständig im Flug und ohne Haltepunkt. Nicht mal der Nebel dämpft sie, der sich jetzt über die kahlen Weinstöcke legt.
Nun taucht der Rhein auf, der ehemals große. Jenseits des Gangs liegt er fern wie eine schmale, glatte Straße. So fremd, als sei ich niemals mit einem Schiff durch seine Wogen geschaukelt. Zum Beispiel damals, als die „Stolzenfels" gedreht hat hinter der Lorelei, und die Lehrerin hat bei all der Gischt und all dem Getöse keinen einzigen Tropfen aus ihrer Kaffeetasse verschüttet. Nur ich habe mich auf der Toilette verbarrikadiert, meine Augen zugehalten und gewartet: auf den Untergang.
Ein andermal habe ich wieder die Lider geschlossen, im strömenden Regen an der Reling. Hinter uns hat eine Stimme getönt, nicht mal den Mäuseturm erkennt man bei diesem Gepladdre! Ich aber habe die Augen geschlossen und deine Fingerspitzen gespürt, und über deine Fingerspitzen ist eine Wärme in meinen Körper geflossen wie später niemals mehr. Da hat die Mäuseturmstimme sehr deutlich neben uns gefragt, Ihr habt doch sicher Feuer für mich? Und gleich darauf hat sie losgelacht, weil ich den blöden Witz nicht sofort verstanden habe. Später lag mein nasser Mantel ausgebreitet über den Kunststoffsitzen im Schiff. Ich wollte nicht mehr, daß du mich anrührst. So was von zimperlich, hast du gesagt und dir vom Nachbarn die Zeitung geborgt.
Hier im Zugabteil aber liest niemand. Draußen fällt der Schnee so dicht, daß die Dame mit Hut fast schon in Bonn ausgestiegen wäre. Sie will zu ihrer Schwester, die hat Probleme mit den Augen, die Zeilen beginnen ihr übers Blatt zu laufen beim Lesen. Das Ehepaar neben mir muß zur Silberhochzeit des Schwagers, Gott sei Dank sind sie doch nicht im Auto los. Und selbst der Mensch mit dem zugeklappten Aktenordner sagt nun, im Waggon hat man wenigstens seine Ruhe.
Auf einmal schauen mich alle an, weil ich schweige. Ach, sage ich schnell, ich fahre zu meiner Tante, die ist dreiundsiebzig und feiert zum vierten Mal Verlobung. Da überziehen sich die Gesichter meiner Abteilgenossen schon wieder mit Eis, und jetzt weiß ich ja, was sie denken, nämlich, bei der ist doch gar nichts am rechten Platz.
Später, in Köln, renne ich durch die Unterführung und hoch zu Gleis 3a und nichts wie hinein in den Expreß Ostende-Wien. Gleich geht die Fragerei wieder los im Abteil. Und

ich antworte, gerade habe ich mir einen Preis abgeholt, den dritten Platz im Wettbewerb um das beste Gedicht. Beim Empfang hat mich ein Stadtrat aus der Jury zur Seite genommen und gefragt, warum in aller Welt haben Sie denn über den Tod geschrieben, mit einem Liebesgedicht hätten Sie doch glatt Platz eins oder zwei in der Tasche gehabt.

So ist das, antwortet mir sehr leise eine Frau, die eben noch dagesessen hat am Fenster mit schnellen Regungen in Händen, Füßen und Augen, so ist das, sagt sie und rührt sich nicht, jetzt bin ich schon vierzig Jahre geworden und habe noch nie einen Toten gesehen. Mit einem toten Menschen alleine im Raum, das scheint mir nun ebenso schwer wie das eigene Sterben.

Da sitze ich plötzlich nicht mehr im Zug, sondern bin mit dir auf der Zeil, und wir tappen dem Pflastermaler beinah in sein komisches Breughel-Leonardo-Potpourri und lachen über die grotesken Gesichter am Boden. Irgendwo fiedelt ein Geiger sein „Winter ade", und auf einmal fällst du sehr langsam in dich zusammen. Dann liegst du auf dem Pflaster, quer über den hingemalten Suppentellern, dem hellen Brot, mit stillen Zügen, fast noch lebendig unter der Haut. Nun beginnen die feuchten, schweren Flocken auf uns herunterzutrudeln. Wie im billigen Kintopp, denke ich noch, und daß ich die Kinder anrufen muß. Aber dann fällt mir der Schnee so heftig ins Gesicht, daß ich nichts mehr erkennen kann um mich herum, nur daß die Häuser sich biegen und drehen, die Bäume zu wandern beginnen mit tief geneigten Kronen und meine Füße durch die Menschenmenge laufen, losgelöst von meinem Kopf. Nichts ist mehr an seinem Platz, will ich rufen, doch plötzlich ist alles sehr trocken um mich herum, und die Welt hat zu schwanken aufgehört. Ich stehe im Hauptbahnhof vor einem Schalter und sage einen beliebigen Satz, bitte einmal Köln, hin und zurück.

(1987)

Lothar Gall

Dr. phil., ordentlicher Professor für Mittlere und Neuere Geschichte an der Johann Wolfgang Goethe-Universität Frankfurt am Main; geboren am 3. Dezember 1936 in Lötzen/Ostpreußen. Studium der Geschichte, Romanistik und Germanistik in München und Mainz; Promotion 1960 in München und Habilitation 1967 in Köln; 1968 ordentlicher Professor an der Universität Gießen, 1972 an der Freien Universität Berlin, 1972/73 Gastprofessor in Oxford, seit 1975 in Frankfurt am Main; Mitglied der Historischen Kommission bei der Bayerischen Akademie der Wissenschaften, der Kommission für die Geschichte des Parlamentarismus und der politischen Parteien in Bonn, der Historischen Kommission für Hessen in Wiesbaden und Vorsitzender der Frankfurter Historischen Kommission; Herausgeber der „Historischen Zeitschrift" seit 1975 und Mitherausgeber der „Frankfurter Historischen Abhandlungen"

Buchveröffentlichungen: *Benjamin Constant.* Seine politische Ideenwelt und der deutsche Vormärz. Wiesbaden: Steiner. 1963/*Der Liberalismus als regierende Partei.* Das Großherzogtum Baden zwischen Restauration und Reichsgründung. Wiesbaden: Steiner. 1968/*Bismarck.* Der weiße Revolutionär. Berlin: Propyläen. 1980/*Europa auf dem Weg in die Moderne.* München: Oldenburg. 1984
Herausgeber: *Benjamin Constant.* Schriften in vier Bänden. Berlin: Propyläen 1970 und 1971/*Das Bismarck-Problem in der Geschichtsschreibung nach 1945.* Köln: Kiepenheuer & Witsch, 1971/*Liberalismus.*Königstein/Ts: Athenäum 1985/*Bismarck.* Die großen Reden. Z. s. m. G. Koch. Berlin: Siedler 1981/*Der europäische Liberalismus.* Texte zu seiner Entwicklung. 4 Bände. Berlin: Ullstein 1981.

Lothar Gall

Frankfurt als deutsche Hauptstadt?

Frankfurt bezeichnet ja seit geraumer Zeit über die eigentliche Stadt hinaus einen großen städtischen Ballungsraum mit Zügen einer Megalopolis. Die zusätzliche Hauptstadtfunktion hätte hier im Lauf der Jahre mit einiger Sicherheit ein alle anderen überragendes Zentrum entstehen lassen mit der Tendenz, in ständig zunehmendem Maße politische, administrative und wirtschaftliche Aufgaben und Kompetenzen an sich zu ziehen. Was das, nicht zuletzt auch in kultureller Hinsicht, bedeuten kann, hat Berlin vor allem in den Jahrzehnten nach der Jahrhundertwende vorgeführt, und London und Paris sind dafür seit langem vielerörterte Beispiele. Daß es diesen Typus von Hauptstadt in Deutschland nur sehr kurzfristig gegeben hat, bedauerten und bedauern viele bis heute. Andere betonten und betonen demgegenüber die nicht zu unterschätzenden Vorteile der Multizentralität, die historisch fast durchgehend ein Charakteristikum Mitteleuropas gewesen ist. Frankfurt jedenfalls hat aus dieser Multizentralität durch die Jahrhunderte hindurch wesentliche Elemente seiner Kraft, seiner Unabhängigkeit und seiner Bedeutung bezogen. Das galt, wie ich zu zeigen versucht habe, für das Alte Reich, für die Zeit des Deutschen Bundes, aber auch noch für die Zeit des Bismarckreiches. Es galt aber stets auch, seit dem Emporkommen der Messestadt im 12. und 13. Jahrhundert, über Mitteleuropa hinaus, für das seinem ganzen Wesen und seiner ganzen historischen Entwicklung nach multizentrale Europa. Und wenn nicht alles täuscht, wird die künftige Stellung Frankfurts wesentlich davon abhängen, daß es seine in langer Tradition vor allem wirtschaftlich begründete Position, eine der Haupt-Städte Europas zu sein, bewahrt und ausbaut. In diesem vornationalstaatlichen, voreinheitsstaatlichen Hauptstadtbegriff schließt sich gewissermaßen der Kreis. Das alte Heilige Römische Reich, zu dessen unbestrittenen Vororten Frankfurt über die Jahrhunderte zählte, ist, so könnte man in einem kühnen Sprung schließen, mit Blick auf Europa unter manchen Aspekten so unaktuell nicht. Und wie dort, so könnte auch hier, im heutigen Europa, jene eigentümliche Mischung von Nähe und Distanz zur politischen Macht, der Frankfurt wie manche andere deutsche Reichsstadt seinen Aufstieg und seine Entwicklung verdankte, sich erneut als ein höchst schöpferischer Faktor erweisen, als Voraussetzung und Rahmen für die Lösung zentraler Ordnungsprobleme und für die weitere Gestaltung der Verhältnisse in einem Europa, in dem das 19. und das 21. Jahrhundert in und zwischen vielen Bereichen zunehmend härter aufeinanderstoßen und immer drängender nach Vermittlung verlangen.

(Erstmals erschienen in „Akten des 26. Deutschen Rechtshistorikertages: Frankfurt am Main, 22. bis 26. September 1986“. Hrsg. v. Dieter Simon. Frankfurt/M.: Klostermann 1987. Auszug)

Wilhelm Genazino

Geboren 1943 in Mannheim; ebendort Volksschule und Gymnasium. Volontariat bei einer Tageszeitung, danach Redakteur bei verschiedenen Zeitungen und Zeitschriften. Seit 1971 freier Schriftsteller in Frankfurt am Main.

Buchveröffentlichungen: *Laslinstraße.* Roman. Köln: Friedrich-Middelhauve-Verlag 1965/*Abschaffel.* Roman. Reinbek: Rowohlt 1977/*Die Vernichtung der Sorgen.* Roman. Reinbek: Rowohlt 1978/*Falsche Jahre.* Roman. Reinbek: Rowohlt 1979/*Die Ausschweifung.* Roman. Reinbek: Rowohlt 1981/*Fremde Kämpfe.* Roman. Reinbek: Rowohlt 1984.
Zahlreiche Hörspiele und Fernsehfilme.

Wilhelm Genazino

Eile des Todes

Hans-Albert kommt mir entgegen; wir kennen uns schon lange und zögern doch, uns zu begegnen. Wir sind gewohnt, uns nur nachts zu treffen und nachts fast ausschließlich über Kunst zu sprechen; was sollen wir tagsüber miteinander anfangen? Vor dieser Frage haben wir eine kleine, unkünstlerische, bloß mit dem Leben verwachsene Angst. Aber Hans-Albert will nicht ausweichen, ich sehe es, er schaut mir offen, wenn auch ängstlich entgegen, ich schaue ebenso zurück, und so stoßen wir aufeinander, wir begrüßen uns ein wenig förmlich, ich spüre, daß Hans-Albert in keiner guten Verfassung ist. Vor ein paar Nächten erst habe ich ihn nach Hause gebracht. Vielleicht habe ich mich nicht richtig benommen! Es war das erste Mal, daß ich einen Betrunkenen umgefaßt und bis in seine Wohnung begleitet habe. Ich weiß nicht, warum sich Hans-Albert von Zeit zu Zeit betrinkt, und es ist mir nicht möglich, ihn danach zu fragen. Ich war erstaunt, wie leicht sein Körper war und wie leicht es Hans-Albert fiel, sich an mich zu hängen und sich von mir tragen, schieben und heben zu lassen. Hans-Albert zittert, aber ich wage nicht, ihn nach dem Grund des Zitterns zu fragen. Trinken wir einen Kaffee? Ja, gut, sagt er. Wir gehen in das kleine Café in der Friedberger Landstrasse. Hans-Albert zieht seinen Regenmantel aus, faltet ihn zusammen wie ein Kissen und setzt sich drauf. Das Café ist fast leer, ein junges Mädchen bringt die Bestellung. Die Begegnung mit Hans-Albert gefällt mir nun doch, ich habe nicht mehr das Gefühl, daß wir nur Nachtfreunde sind. Hans-Albert scheint erschöpft zu sein. Er schließt die Augen und lehnt den Kopf gegen die Wand. Beim Zurücklehnen drückt er mit der linken Schulter den Kippschalter an der Wand herunter. Mattes Licht flammt auf, Hans-Albert bemerkt es nicht, weil er die Augen geschlossen hält. Eine junge, am Fenster sitzende Frau schaut auf; sie schreibt einen Brief und glaubt vielleicht, das Licht sei ihretwegen angeschaltet worden. Die Leere des Cafés paßt gut zu Hans-Alberts Erschöpfung. Eben sehe ich, daß aus seinen geschlossenen Augen ein wenig Tränenflüssigkeit abgeht. Ich habe das bei einem Mann noch nie gesehen. Ich will aufstehen und gehen. Tränen, nein, das nicht, aber dann bleibe ich. Hans-Albert wischt sich mit dem Jackenärmel über die Augen, der Anfall scheint schon vorüber zu sein. Ich habe nicht gewußt, daß der nachts immer freche Hans-Albert tagsüber solche Schwächeanfälle erleidet. Jetzt öffnet er die Augen. Ich wage nicht zu sprechen, ich schaue im Lokal umher. Es gefällt mir, daß die Lampen eingeschaltet sind, obwohl Tageslicht herrscht. Hans-Alberts Bewegung mit dem Ärmel erinnert mich an einen lang zurückliegenden Spätnachmittag in meinem Zimmer. Ich ging zum Radio, um es abzuschalten, weil ich die Nachrichten nicht hören wollte. Ich war schon mit dem Finger auf der Taste, da meldete der Sprecher, daß der Dichter Günter Eich gestorben war. Wenig später, auf der Straße, als mir das Bild von Günter Eich mit dem harten runden Kopf und dem weißen Stoppelbart zum letzten Mal als ein *lebendiges* Bild in den Kopf kam, spürte ich den bekannten Druck hinter den Augen, der der Tränenbildung vorausgeht. Genauso wie eben Hans-Albert wischte ich mir damals mit dem Ärmel über das Gesicht und wunderte mich. Die junge Frau hält sich das von ihr beschriebene Briefpapier vor das Gesicht. Hans-Albert sagt einen unklaren, nicht vollständigen Satz, von dem ich nur das Mittelstück verstehe und auch das nicht richtig; hat er Narrheit des Todes gesagt? Oder Taubheit des Todes? Oder Klarheit des Todes? Es gefällt mir, daß Hans-Albert seinen Satz nicht wiederholt. Ich lebe gern in der

Unklarheit nicht genau verstandener Wörter. Das unpräzise Verstehen ruft eine Fülle des Denkens und Fühlens und Erinnerns hervor, die der Eindeutigkeit des genauen Verstehens niemals möglich ist. In der Vielfalt der Verwirrung, die Hans-Alberts Bemerkung ausgelöst hat, fällt mir die Ermahnung meiner Mutter ein, die sie mir nachrief, wenn ich auf die Straße ging: Wenn die Lichter angehen, mußt du zu Hause sein. Mit welcher Sorgfalt das Leben in der Kindheit beginnt! Jetzt lebe ich in der Eile des Todes und benutze jeden unklar verstandenen Satz zum Innehalten. Eile des Todes? Hat Hans-Albert Eile des Todes gesagt? Plötzlich ist mein eigenes Leben mitgemeint von dem unklar verstandenen Wort, ich schaue zu Hans-Albert hinüber, und in uns und um uns herum erhebt sich ein Schmerz, der für uns an diesem Nachmittag zu groß ist.

(1987)

Robert Gernhardt

Ich wurde am 13. 12. 1937 in Reval/Estland geboren, machte in Göttingen 1956 das Abitur und studierte Malerei und Germanistik in Stuttgart und Berlin. 1964 kam ich nach Frankfurt/Main; seither lebe ich hier, malend, zeichnend und schreibend. Ich bin Mitglied des Frankfurter Katzenschutzverbandes, des Deutschen Künstlerbundes und jener Neuen Frankfurter Schule, bei welcher nicht so recht auszumachen ist, was an ihr neu, frankfurterisch oder gar Schule sein soll.

Buchveröffentlichungen: *Die Wahrheit über Arnold Hau.* Mit F. W. Bernstein und F. K. Waechter. Erstveröffentlichung Frankfurt: Zweitausendeins 1966. Reprint Frankfurt: Zweitausendeins. 1974/*Besternte Ernte.* Gedichte. Mit F. W. Bernstein. Frankfurt: Zweitausendeins. 1976/*Die Blusen des Böhmen.* Prosa. Frankfurt: Zweitausendeins 1977/*Welt im Spiegel.* WimS 1964 bis 1976. Mit F. W. Bernstein und F. K. Waechter. Kommentierter Reprint einer Nonsens-Doppelseite aus ‚pardon' Frankfurt: Zweitausendeins 1979/*Die Madagaskarreise.* Ein Reisebericht in Zeichnungen. Frankfurt: Zweitausendeins. 1980/*Wörtersee.* Gedichte. Frankfurt. Zweitausendeins 1981/*Ich Ich Ich.* Roman. Zürich: Haffmanns Verlag 1982/*Glück Glanz Ruhm.* Erzählung, Betrachtung, Bericht. Zürich: Haffmanns Verlag 1983/*Gernhardts Erzählungen.* Bildergeschichten. Zürich: Haffmans Verlag 1983/*Katzenpost.* Kinderbuch. Zs. m. A. Gernhardt. Zürich: Haffmans Verlag 1983/*Letzte Ölung.* Ausgesuchte Satiren 1962 bis 1984. Zürich: Haffmans Verlag 1984/*Was bleibt.* Gedanken zur deutschsprachigen Literatur unserer Zeit. Zürich: Haffmans Verlag 1985/*Hier spricht der Dichter.* Bildgedichte. Zürich: Haffmans Verlag 1985/*Die Toscana-Therapie.* Schauspiel. Zürich: Haffmans Verlag 1986/*Schnuffis Sämtliche Abenteuer.* Bildergeschichten. Zürich: Haffmans Verlag 1986/*Kippfigur.* Erzählungen. Zürich: Haffmans Verlag 1986/*Es gibt kein richtiges Leben im valschen.* Humoresken aus unseren Kreisen. Zürich: Haffmans Verlag 1987/*Körper in Cafés.* Gedichte. Zürich: Haffmans Verlag 1987/*Innen und Außen.* Bilder und Zeichnungen. Zürich: Haffmans Verlag 1987/*Ich höre was, was du nicht siehst.* Kinderbuch. Zs. m. A. Gernhardt 1975/*Mit dir sind wir vier.* Kinderbuch. Zs. m. A. Gernhardt 1976/*Was für ein Tag.* Kinderbuch. Zs. m. A. Gernhardt 1978/*Ein gutes Schwein bleibt nicht allein.* Kinderbuch. Zs. m. A. Gernhardt 1980/*Der Weg durch die Wand.* Kinderbuch. Zs. m. A. Gernhardt 1982 (Deutscher Kinderbuchpreis 1983)/*Feder Franz sucht Feder Frieda.* Kinderbuch. Zs. m. A. Gernhardt 1985.

Robert Gernhardt

Maredo Steak-House

Die Stücke toter Tiere auf den Tellern
Die Teller in den Händen junger Menschen
Die jungen Menschen sind schwarz-rot gewandet

Die Weißen Wände, roh gespachtelt werden
Von schwarzgestrichnen Stämmen jäh durchbrochen
Wild spaltet sich das Holz der schwarzen Stämme:

Hier ist man ja mitten unter Gauchos!
Hier weht ja der schärfere Wind der Pampas!
Hier sollte man eigentlich nicht ohne Messer herkommen!

Das Deckenholz ruht schwer auf dunklen Säulen
Am Boden glänzen pflegeleichte Kacheln
Ein offenes Feuer gloßt durch rußges Eisen

Im Halblicht prüft der Kunde die Salate
Dann stellt er seinen Teller selbst zusammen
Für Sieben fünzig hat er freie Auswahl:

Ja, ist hier das Paradies ausgebrochen?
Ja, geht es noch ungezwungener?
Ja, fällt man sich hier als nächstes in die Arme?

Das Riesen-Entrecôte ist fast ein Pfund schwer
Der Fettkern macht es saftig und besonders
von Sauerrahm gekrönt lockt die Kartoffel

Das Messer schneidet silbern in das Fleischstück
Das rote Blut quillt auf den weißen Teller
Dem Schneidenden wird plötzlich schwarz vor Augen:

Wie schön still es hier auf einmal ist.
Wie schön dunkel es hier auf einmal ist.
Wie schön es hier auf einmal ist, still und dunkel.

(1987)

Nachdem er durch Metzingen gegangen war

Dich will ich loben: Häßliches,
du hast so was Verläßliches.

Das Schöne schwindet, scheidet, flieht –
fast tut es weh, wenn man es sieht.

Wer Schönes anschaut, spürt die Zeit,
und Zeit meint stets: Bald ist's soweit.

Das Schöne gibt uns Grund zur Trauer.
Das Häßliche erfreut durch Dauer.

(1987)

Nachdem er durch Rom gegangen war

Arm eng, arm schlecht
Arm grau, arm dicht
Reich weit, reich schön
Reich grün, reich licht.

Arm klein, arm schwach
Reich groß, reich stark
Arm heiß, arm Krach
Reich kühl, reich Park.

Arm Rauch, arm Schmutz,
Arm Müll, arm Schrott
Reich Ruhm, reich Glanz
Reich Kunst, reich Gott.

(1987)

Franz Josef Görtz

Als Sohn eines Tuchhändlers am 18. Juli 1947 in Aachen geboren. Besuchte das altsprachliche Gymnasium, studierte in Aachen und Köln Germanistik und Philosophie und promovierte 1977 mit einer Untersuchung über die Literaturkritik in den Massenmedien der Bundesrepublik. Redaktionsvolontariat bei den „Aachener Nachrichten". Assistent des Leiters einer Stiftung für Hochbegabte in Bonn, seit 1980 Mitglied der Literaturredaktion der „Frankfurter Allgemeinen Zeitung". Verheiratet, zwei Töchter.

Buchveröffentlichungen: *Günter Grass.* Zur Pathogenese eines Markenbilds. Meisenheim am Glan: Hain 1978/*Innenansichten.* Über Literatur als Geschäft. Frankfurt: Athenäum 1987.

Herausgeber: *Günter Grass.* Dokumente zur politischen Wirkung. Zs. m. H. L. Arnold. München, Hannover: Boorberg 1971/*Die Blechtrommel. Attraktion und Ärgernis.* Darmstadt: Luchterhand 1984/*Günter Grass.* Auskunft für Leser. Darmstadt: Luchterhand 1984/*Günderode, Karoline von: Gedichte.* Frankfurt: Insel 1985/*Gründlich verstehen.* Literaturkritik heute. Zs. m. G. Ueding. Frankfurt: Suhrkamp 1985/*Stieglitz, Charlotte: Gedichte und Briefe.* Frankfurt: Insel 1986.

Franz Josef Görtz

Neue Lust

Das Wort des Augenblicks hat vier Buchstaben und ist, zur Zeit wenigstens, weiblichen Geschlechts. Noch Luther war sich da nicht so sicher – weshalb er in seinen frühen Schriften mehr dem maskulinen, in den späten dagegen fast ausschließlich dem femininen Genus zusprach. Im Deutschen Wörterbuch der Brüder Grimm steht die Vokabel zwischen luschen und lustbarlich und nimmt dreizehn Spalten für sich in Anspruch: so viel wie Leib und Liebe.

Ich rede von der Lust. Denn neuerdings reden alle von der Lust, selbst die Buchhändler. Und meinen die Lust am Denken, am Reisen, am Essen oder Trinken. Von der Lust an der Fortpflanzung des Menschengeschlechts, allein, spricht niemand mehr ungeschützt. Augen und Ohren, Geruch und Geschmack: für die Aufklärer aller Zeiten nur Werkzeuge der Selbsttäuschung, völlig unzulängliche Instrumente, mit denen sich die Welt zwar schauen, schmecken und schnuppern lasse, nicht aber tatsächlich erkennen. Nicht daß uns, wo der Verstand souverän regiert, Sehen und Hören vergehen müßten. Mies und madig gemacht wird uns von den erklärten und entschiedenen Rationalisten allerdings die Lust daran – die Augenlust und die Ohrenlust, die Lust an Haut und Haaren. Wenn also, Anfang der achtziger Jahre, in Berlin und Paris auf internationalen Symposien „Das Schwinden der Sinne" beklagt und „Die Wiederkehr des Körpers" gefordert wurde, so war dies nichts als der Versuch, den Sinnen zu ihrem naturgemäßen Recht zu verhelfen. Anzeichen der wiedererwachten Sinnlichkeit sind allenthalben zu entdecken, nicht bloß in Patrick Süskinds Roman *Das Parfum,* der, 1985 erschienen, immer noch gut im Trend liegt. Süskinds Held, der Mädchenmörder Jean-Baptiste Grenouille, ist ein Triebtäter, der mit Vorsatz aus niedersten Beweggründen und auf besonders heimtückische Art und Weise tötet. Ein Lust-Molch ohne Frage, aber einer, merkwürdig genug, mit einem verkümmerten, einem eindimensionalen Sinn fürs Sinnliche und ohne rechte Lust an der Lust: „Er hatte es überhaupt nicht mit dem Genuß, wenn der Genuß in etwas anderem als dem reinen körperlosen Geruch bestand."

Sehen wir in diesem Grenouille, der von der Welt nicht viel mehr als deren Gerüche wahrnimmt, getrost den Phänotyp dieser Stunde. Seine Triebhaftigkeit, so stark und so heftig sie sich bemerkbar macht, ist absolut geschlechtslos. Und seine Sinnlichkeit, so paradox das klingen mag, erschöpft sich in einem flüchtigen, einem ätherischen Verlangen nach dem Vergänglichsten, das sich denken läßt. Denn in Wahrheit lockt ihn nicht das Weib, sondern allein der Duft, der die zarten, die jungfräulichen Körper seiner Opfer umgibt als ebenso rätselhafte wie verführerische Aura. Den reinen Duft will er, nichts sonst.

Lust am Denken, Lust am Lesen, Lust am Reisen: schön und gut. Reisen bildet, Lesen auch, und Denken, schließlich, macht den Menschen aus. Aber – wollen wir dies wirklich eine Lust nennen? Verdrängen wir, wenn wir uns so ausdauernd und, vor allem, so ausschließlich mit Essen und Trinken, mit Augen und Ohren, mit Haut und Haaren beschäftigen, nicht die eigentliche, die elementarste Lust und die vitalste von allen? Sollte sie uns vergangen sein? Oder ausgetrieben? Es hat ganz diesen Anschein: daß wir uns augenblicklich vor Lust verzehren, damit sie uns nicht verzehrt.

(1987)

In einem Brief vom 10. März 1987 teilte mir Herr Prof. Dr. Bernhard Grzimek mit, daß er sich an diesem Sammelband beteiligen werde. Lebenslauf, Bibliographie und der Aufruf „Hilfe für die bedrohte Tierwelt“ der Zoologischen Gesellschaft Frankfurt, deren langjähriger Präsident Grzimek war, lagen diesem Schreiben bei. Über seinen Textbeitrag hätten wir noch sprechen müssen. Zu einem Fototermin ist es nicht mehr gekommen. Bernhard Grzimek starb am 13. März 1987.
(Der Herausgeber)

Bernhard Grzimek

Bernhard Grzimek wurde am 24. April 1909 in Neisse (Schlesien) geboren. Er studierte Veterinärmedizin und Zoologie. Vom Frühjahr 1945 bis 1974 war Prof. Dr. Bernhard Grzimek Direktor des Zoologischen Gartens Frankfurt am Main. Seine Filme „Kein Platz für wilde Tiere“ (1956) und „Serengeti darf nicht sterben“ (1960), die er zusammen mit seinem Sohn Michael realisierte, fanden weltweit Beachtung. Durch seine regelmäßigen Fernsehsendungen in den Jahren 1956–1985 hat Grzimek über 40 Millionen Mark Spenden gesammelt, die dem Naturschutz in Deutschland und Übersee zugeführt worden sind. Bernhard Grzimek starb im Alter von 78 Jahren während des Besuchs einer Zirkus-Vorstellung am 13. März 1987 in Frankfurt am Main.

Bernhard Grzimek am 10. März 1987: „Ich habe über dreißig Bücher veröffentlicht, von denen einige in bis zu 26 verschiedene Sprachen übersetzt worden sind.“ Im Kindler Verlag, Zürich erschien in den Jahren 1967–1972 *Grzimeks Tierleben.* Eine Enzyklopädie des Tierlebens in sechzehn Bänden mit über 10 000 farbigen Tierdarstellungen. An diesem Werk, das in bisher 6 Auflagen erschienen ist, haben zweihundert Wissenschaftler mitgewirkt. Englische, französische, italienische und holländische Ausgaben sind bisher erschienen.

Ein Ozeandampfer legt sich langsam zur Seite und beginnt unterzugehen. „Was sollen wir nur tun?“ ruft ein verzweifelter Fahrgast dem anderen zu. „Gar nichts – es ist ja nicht unser Dampfer!“ sagt der andere.
So etwa benehmen wir Menschen uns heutzutage. Wir sitzen nämlich auf einem Raumschiff, der Erde, das durch das Weltall rast und immer mehr zugrunde geht. Luft und Trinkwasser werden ständig stärker verseucht, die lebenswichtigen Bordvorräte gehen zu Ende. Dieses Raumschiff Erde befördert heute schon 4,4 Milliarden Menschen, die weiterhin ungeheuerlich zunehmen. Die Oberfläche der Erde besteht zu 71 Prozent aus Wasser; von dem Rest können nicht einmal 10 Prozent landwirtschaftlich genutzt werden. Für jeden Menschen braucht man heute 1 Hektar Land. Es gibt aber nur 3,2 Milliarden Hektar möglichen Ackerlandes. Also leben bereits heute 1,2 Milliarden Menschen zuviel auf der Erde. Fast 3 Milliarden Menschen leiden schon jetzt unter Mangelernährung, 25 Prozent haben echten Hunger. 1979 verhungerten 30 Millionen Kinder. Trotzdem nimmt die Bevölkerung der Erde täglich um nahezu 250 000 Menschen zu.
Würde jemand ein Raumschiff, das für drei Besatzungsmitglieder eingerichtet ist, mit der doppelten oder dreifachen Zahl in den Weltraum schicken? Die Weltbevölkerung kann sich jedoch weiter explosionsartig vermehren und damit alles Leben auf dieser Erde vernichten.
Die Zoologische Gesellschaft Frankfurt von 1858 e. V. will mit der Sammlung „Hilfe für die bedrohte Tierwelt“ erreichen, daß neben den Menschenmassen auch noch einige freie Tiere auf Erden übrigbleiben. Daß wir selbst und unsere Kinder nach einigen Jahrzehnten Elefanten, Löwen, Hirsche, Luchse und Steinböcke nicht nur als historische Erinnerung in Fernsehfilmen oder ausgestopft in Museen bestaunen können. Es soll auch noch anderes Leben außer uns Menschen geben.
Auch der Mensch ist ein Teil der Natur und kann ohne sie nicht leben. Insofern ist Naturschutz Menschenschutz.
Gefährdete Natur zu erhalten, ist nicht einfach. Wir kämpfen verzweifelt darum. Während man in Mitteleuropa um 1810 durchschnittlich jährlich 18 kg Fleisch je Kopf aß, verzehren wir Deutsche heute schon über 90 kg. Um 1 kg Fleisch zu erzeugen, braucht man jedoch 7 kg Getreide. Dabei gehen vier Fünftel der Nährwerte verloren. Von einem Hektar Land erzeugt man fünfmal soviel Kalorien, wenn man das auf diesem Land gewachsene Korn und Gemüse der menschlichen Ernährung unmittelbar zuführt, statt auf dem Umweg über das Tier. Von den vielen Millionen Tonnen Getreide und Ölkuchen, die jedes Jahr zur unnützen Butter-, Milch- und Fleischerzeugung teilweise unter tierquälerischen Methoden verfüttert werden, könnten 2,3 Milliarden Menschen ernährt werden. Aber es besteht wenig Hoffnung, daß sich das ändert. Deshalb wird die Erde immer schneller in Wüste verwandelt. Seit 1945 sind 60 Prozent der Urwälder Afrikas abgeschlagen worden. Wenn es in der gleichen Geschwindigkeit weitergeht, sind auch die riesigen Amazonas-Regenwälder Südamerikas in 27 Jahren verschwunden und alle tropischen Regenwälder auf der Erde noch zu Lebzeiten der jetzigen Generation. Dafür sind heute auf Erden je Person mehr Kilo an Sprengstoffen gelagert als an Lebensmitteln. Die Länder dieser Welt geben im Durchschnitt 16 000 Dollar jährlich für einen Soldaten aus, aber nur 260 Dollar für ein Schulkind. Und wieviel für den Naturschutz?
In vielen unterentwickelten Ländern, wie z. B. auch in Afrika, verdoppelt sich jetzt die

Menschenbevölkerung etwa alle 18 bis 20 Jahre, das heißt in vierzig Jahren werden viermal so viele Menschen dort sein. Viele dieser Länder sind willens, ja, begeistert dafür, einen Teil der Wildnis und ihre herrlichen frei lebenden Tiere zu erhalten, denn diese gehören zu ihrer Überlieferung, zu ihrer Kultur. Deswegen hat man (und an vielen Stellen mit unserer Hilfe) rechtzeitig Nationalparks geschaffen. Das sind große Landstriche, in denen keine Landwirtschaft, keine Jagd betrieben wird und keine Menschen sich ansiedeln dürfen. Arme Länder wie Tansania geben heute achtmal mehr für den Naturschutz aus als die USA – verglichen mit ihrem Nationaleinkommen. Aber da in reichen Staaten weiter – zu ständig steigenden Preisen – Elfenbein, Walöl, Pelze von gefleckten Wildkatzen, Nashorn-Hörner, Robbenfelle usw. unbekümmert eingeführt oder heimlich eingeschmuggelt werden, dringen immer mehr Wilddiebbanden, teuer ausgerüstet mit Geländewagen und selbsttätigen Gewehren, in die Nationalparks ein. Wir versuchen daher, an den wichtigsten Punkten der Erde zu helfen, indem wir den Nationalparkverwaltungen Fahrzeuge, gebrauchte Kleinflugzeuge, Wegebaugeräte, Zelte, Uniformen, Funkgeräte stiften. Schließlich erhalten diese armen Länder die letzten Wildtiere ja nicht nur für ihre eigenen Bürger, sondern für uns alle, auch für unsere Kindeskinder. Schon heute bewundern viele Besucher diese Nationalparks. Dadurch kommt mehr und mehr fremdes Geld ins Land, und so helfen wir auf dem Umweg über den Tourismus auch sehr nachdrücklich den dort lebenden armen Menschen.

Leider sieht es mit der Natur im wohlhabenden Deutschland noch viel schlechter aus. Von unseren 94 Säugetierarten sind 7 bereits ausgestorben, 43 vom Aussterben bedroht oder gefährdet, also über die Hälfte heute bereits verschwunden oder bedroht. Von den 255 bei uns brütenden Vogelarten sind 20 ausgestorben, 45 Prozent vom Aussterben bedroht. Noch schlimmer steht es mit den Kriechtieren: 75 Prozent der Lurche, 50 Prozent der Fische und 70 Prozent der Großschmetterlinge. Täglich werden herrliche deutsche Landschaften und Wälder durch zum Teil überflüssige Autobahnen und Straßen, durch wirtschaftliche Fehlplanungen wie den Main-Donau-Kanal, durch unüberlegte Flurbereinigungen, Entwässerungen, durch Luft- und Wasserverschmutzung zerstört. Unser Vaterland wird immer mehr vergiftet und eintöniger.

Die Zoologische Gesellschaft Frankfurt von 1858 e. V. hat geholfen, den bei uns ausgerotteten Biber, die Uhus, Luchse, Wildkatzen, Störche und See-Adler wieder einzubürgern, bedrohte Feuchtgebiete anzukaufen, um sie für den Naturschutz sicherzustellen; sie gibt das Geld, damit Freiwillige die letzten Wanderfalken- und Uhuhorste gegen Eier- und Jungvogelräuber bewachen können. Wir führen Gerichtsklage gegen die tierquälerische Haltung vieler Millionen Legehennen (in engsten Käfigen auf Drahtrosten), von gefesselten Schweinen und Kälbern durch. (...)

Bitte, helfen Sie der immer mehr vernichteten Natur, den gequälten und von der Ausrottung bedrohten Tieren – und damit auch armen Menschen in anderen Ländern.

Bernhard Grzimek, 1987
(Auszug)

Anton-Andreas Guha

Geboren am 1. 4. 1937. Abitur am Alten Gymnasium zu Regensburg. Bis 1962 Studium Deutsch, Geschichte und Englisch in Erlangen, bis 1967 Philosophie und Psychologie in Frankfurt/M. 1967 Eintritt als politischer Redakteur bei der „Frankfurter Rundschau". Fachgebiete Sicherheits- und Friedenspolitik sowie Dritte Welt/Lateinamerika. Zahlreiche Reisen nach Lateinamerika, in die UdSSR, Vereinigten Staaten und China.

Buchveröffentlichungen: *Sexualität und Pornographie.* Die organisierte Entmündigung. Frankfurt: S. Fischer 1971/*Die Neutronenbombe oder Perversion des menschlichen Denkens.* Frankfurt: S. Fischer 1977 und 1982/*Cuba libre* (cum alteris) Heidelberg: Kübler-Verlag 1977/*Der Tod aus der Grauzone.* Ist Europa noch zu verteidigen? Frankfurt: S. Fischer 1980/*Die Nachrüstung.* Der Holocaust Europas. Freiburg: Dreisam-Verlag 1982/*Das Geschäft mit dem Tode.* Fakten & Hintergründe der Rüstungsindustrie. Frankfurt: Eichborn-Verlag 1982/*Ende.* Tagebuch aus dem Dritten Weltkrieg. Königstein/Ts.: Athenäum 1983/*Schild oder Waffe?* Die Strategische Verteidigungsinitiative und die Folgen für Europa. München: Heyne 1986/*Die Versicherungsfalle.* Das Geschäft mit Unfallopfern. Frankfurt: Athenäum 1986.
Herausgeber: *Amerika, der riskante Partner.* Zs. m. S. Papcke. Königstein/Ts.: Athenäum 1984/*Der Feind, den wir brauchen.* Zs. m. S. Papcke, Königstein/Ts.: Athenäum 1985.
Zahlreiche Aufsätze in Buchpublikationen sowie in der Frankfurter Rundschau.

Anton-Andreas Guha

Ende

Tagebuch aus dem Dritten Weltkrieg

Gibt es eine soziokulturelle Vererbung elitären Verhaltens? Gemeinsames Merkmal: Kriege werden mit dem Einsatz aller Mittel total und mit höchstmöglicher Brutalität geführt, wenn vorher feststeht, daß die siegreiche Elite die Existenz der unterlegenen vernichten wird. Über Jahrtausende war dies die Regel. Der Sieger rottete gnadenlos die Existenz des unterlegenen Adels der herrschenden Schichten aus, verjagte sie oder verkaufte sie in die Sklaverei. Im Rom der Kaiserzeit kämpften Fürstensöhne als Gladiatoren in den Arenen.
Der Sieger mußte so handeln, weil nur die herrschende Klasse ein Volk zu militärischer Aktion organisieren konnte. Solange sie existierte, stellte sie eine Bedrohung für den Eroberer dar. Großmut war gefährlich und eine Gefühlsduselei. Der Adel beider Seiten wußte um sein Schicksal, falls er den Krieg verlieren sollte, er kämpfte daher bis zum Äußersten. Lieber auf dem Schlachtfeld sterben als hingerichtet zu werden, im Kerker zugrunde zu gehen oder in der Sklaverei zu enden. Im Krieg hatten die herrschenden Schichten alles zu verlieren: Macht, Herrschaft, Besitz und die physische Existenz. Die herrschende Klasse war das Vaterland. Noch im 18. Jahrhundert waren die Begriffe „Nation" und „Adel" Synonyma. Die französischen Revolutionäre köpften „die Nation". „Süß und ehrenvoll ist es, fürs Vaterland zu sterben" bringt die Interessen der Eliten zum Ausdruck, nicht die von Völkern. Totaler Krieg bedeutet auch totalen Sieg und totalen Gewinn. Diese Aussichten milderten das Kriegsrisiko.
Die Ägypter erschlugen die nubischen Stammesfürsten samt ihren Familien, das Volk Israel schlachtete den Adel der besiegten Völker ab, die Römer verkauften die gefangenen thrakischen, parthischen oder germanischen Edlen in die Sklaverei oder machten, wie Cäsar in Gallien, kurzen Prozeß. Karl der Große ließ den sächsischen Adel bei Verden an der Aller köpfen, die spanischen Conquistadoren bemächtigten sich als erstes der indianischen Fürsten.
Erst als sich der europäische Adel gegenseitig die Gefahr der Existenzvernichtung nahm, wurde der Krieg „zivilisierter". Die Kapitulation wurde möglich, das Verheizen einer Armee nicht nur ein Verbrechen, sondern, schlimmer noch, sträfliche Dummheit. Aus ihren Resten konnte man eine neue aufbauen. Aber Hobbes beschrieb sehr treffend, wie sich Könige und Fürsten ständig mißtrauisch wie Gladiatoren beäugten. „Sie richten ihre Waffen gegeneinander und lassen sich nicht aus den Augen, sie haben ihre Festungen, Garnisonen und Geschütze an den Grenzen ihrer Reiche und ihre ständigen Spione bei ihren Nachbarn. Das ist eine kriegerische Haltung." Es war wohl auch Abschrekkung, die aber wirkungslos wurde, wenn sich eine Chance zum Sieg bot. Und die bot sich immer.
Hitler und die Nazis kehrten wieder zur barbarischen Praxis der Existenzvernichtung zurück. Nicht nur die Juden, auch die polnische und sowjetkommunistische Elite wurde – geplant und gnadenlos – ausgerottet. Der totale Existenzkampf, aber einer zwischen unversöhnlichen Eliten, die ihre Völker dazu brachten, sich mit ihm zu identifizieren (was den unterworfenen Völkern freilich leichtfiel, da die Hitler-Barbarei auch ihre Existenz bedrohte). Als sich das Blatt zu wenden begann, kämpfte die nationalsozialistische Elite bis zur letzten nur denkbaren Möglichkeit und bis zur totalen Erschöpfung.

Jetzt stehen sich wieder zwei Eliten unversöhnlich gegenüber. Die Existenz der einen bedeutet Existenzbedrohung für die andere. Beide, die kommunistische „Nomenklatura“ und die Funktionselite in den kapitalistischen Industriestaaten, wissen, daß zumindest ihre Herrschaft und ihre Privilegien radikal beseitigt würden, wenn die jeweils andere obsiegte. Wahrscheinlich haben sie sogar Grund, um ihre physische Existenz zu fürchten. Das Leben der Agnelli, Rothschilds, Flicks, von Finkhs, Thurn und Taxis, Morgans, Rockefellers, du Ponts und all der Präsidenten, Minister, Vorsitzenden, Chefs oder Besitzenden erschiene ebenso sinnlos und nicht mehr lebenswert wie das der Honeckers, Husaks, Schiwkoffs, Ceauşescus, Andropows, Tschernenkos und all der zahllosen Privilegierten dieses Systems. Daher gehen sie das äußerste Risiko ein, den totalen Krieg. Lieber zugrunde gehen, als sich auf Gnade oder Ungnade dem Sieger auszuliefern. Nur, anders als frühere Eliten, verfügen die jetzigen über totale Waffen, und sie reißen ihre Völker mit in den Untergang.
In der Moskauer U-Bahn oder im Bolschoi-Theater erschien mir der Gedanke, Krieg mit Atomraketen gegen diese Menschen zu führen und sie auszulöschen, als Absurdität. Ähnliches bemerkte spontan ein sowjetischer Journalist, als wir über die Frankfurter Zeil schlenderten. Jetzt wird diese Absurdität Wirklichkeit. Aber die Völker sind nicht beteiligt. Nur eine Handvoll Techniker, Ingenieure und Raketenspezialisten werden das Inferno auslösen, kommandiert von einigen wenigen Militärs, die das Signal von fünf oder sechs Politikern erhalten. Nicht einmal die Armeen werden beteiligt sein.
Daß Eliten von kollektivem Todeswunsch befallen werden können, zumal in Zeiten politischen Versagens und ausweglos scheinender Krisen, ist gar nicht so abwegig. Sie fühlen, daß sie am Ende sind und nicht weiter wissen: Die ökologische Katastrophe, die Katastrophe in der Dritten Welt, die chronische soziale Krise mit ihrer Massenarbeitslosigkeit, die gegenwärtig über 20 Kriege und kriegerischen Konflikte überall auf dem Globus, der Zerfall von gesellschaftlichem Konsens, Unzufriedenheit, Widerstand, Apathie, Kriminalität, Rowdytum, Drogensucht, Bedürfnis nach metaphysischer Tröstung und irrationaler Entselbstung, die psychosozialen Krankheiten, Zukunftsangst, No Future, Perspektivlosigkeit, Sinnlosigkeit des Lebens, Vereinzelung, Einsamkeit. Eine Raubzivilisation ohne Mitmenschlichkeit. Wozu existiert sie eigentlich?
Selbsterzeugte Bedrohung wird als äußere wahrgenommen und auf einen Gegner projiziert, dem unterstellt wird, die gegenwärtige ausweglose Lage diabolisch-kalt kalkulierend herbeigeführt zu haben.

(Aus „Ende“. Tagebuch aus dem Dritten Weltkrieg. Erstmals erschienen Königstein/Ts.: Athenäum 1983)

Ingeborg Haberkorn

Warum man mir plötzlich den Arm runterdrückte, wenn ich ihn zum Gruß hochstrekken wollte, begriff ich nicht; auch nicht, warum die Tschechen uns übers Erzgebirge nach Deutschland in ein Lager trieben. Ich war fünf. Meine Kinder- und Jugendjahre führten mich über verschiedene sächsische und fränkische Dörfer, bis ich 1957 in der Großstadt Frankfurt a. M. zum Stehen kam.
Hier blieb ich, lebte mit Vorsicht, wurde Lehrerin und Beamtin, heiratete im Durchschnittsalter einen Mann im Durchschnittsalter, bekam zwei Kinder, den Jungen zuerst, dann das Mädchen, und ich irrte mich nie. Im dreißigsten Jahr erklärte ich meine Pubertät für beendet, gab die Vorsicht auf, vorsichtshalber begrenzt auf die Dauer von zehn Jahren, und ich irrte mich ständig. Meinen Plan, mit Vierzig schwarze Kleider anzuziehen und in die Politik zu gehen, habe ich dann auch nicht verwirklicht. Statt dessen wechselte ich 1983 von der Schule an das Institut für Kunstpädagogik der Universität in Gießen, wo ich meist einen weißen Arbeitskittel trage.
In dem Maße, in dem meine Kinder aus der Notwendigkeit des Windelns und Fütterns hinauswuchsen, gewann die lyrische Arbeit an Raum. Ich billigte endlich mein hartnäkkiges Bedürfnis, im Gewebe von Gedichten (und Geschichten) mir die Welt erklären zu wollen, Zeichen zu setzen, eigene Ordnungen.
Die Idee, Gedichten ihr entsprechendes „Rezept" beizugeben, beschäftigt mich seit Anfang 1985. Nicht nur, aber auch.

Buchveröffentlichungen: *Flügelschläge.* Gedichte. Mit Bildern von D. Conrads. Gunzenhausen: Schrenk Verlag 1985.
Zahlreiche Beiträge in Anthologien, Kunstkatalogen und Zeitschriften.

Ingeborg Haberkorn

Eins und eins ist eins

Ein weggeschmolzener Tag das Licht
wird schon grün über dem Blatt
muß die Lampe brennen

Wäsche gewaschen Essen gekocht
ein Gang zur Bank zur Post
zum HL zum Zeitungskiosk
ein Anruf nach hier nach dort
etwas gesucht gelesen gesucht
vor allem gesucht schrittweise
verdorben gestorben

Meiner Leiche die Haare gewaschen
die Lippen geschminkt
die Fingernägel lackiert
das blumigste Kleid angezogen
und dann ihr die Straßen gezeigt
von neuem die Stadt das Spektakel
auf dem Platz vor der Oper
die fröhlichen Leute die klatschen
wenn LEBENSFEUER entflammt das Wort
und Fackeln und Sonnenräder

Und sie neben mir auf ewig
ausgestoßen aus diesem Reich
der gesprochenen Sprache ringsum
legte ihren kalten Arm schwesterlich
mir um die Schultern

(22. 6. 1985)

Rezept für das Gedicht
Eins und eins ist eins

Man nehme einen eisgekühlten Tag
wiege ihn auf der Waage
lasse ihn abtropfen in Minuten
in Stunden streiche ihn
durchs Sieb und bedaure daß nichts
in den feinen Maschen zurückbleibt
nichts von Gewicht noch Belang

Man überlasse dem Hunger den Sieg
sterbe zur einen Hälfte finde
die passende Überschrift Die Frau
die weinte ist tot Dominique Laffin
Schauspielerin schüchtern fremd
wo immer sie war in Berlin in Paris
Nachruf in der Frankfurter Rundschau
gehe nichtsdestotrotz
zum Europafest auf dem Opernplatz
Laserstrahl Feuerzauber dränge sich
ins Gewühl mit der schönen Toten

Nachts wieder zu Hause stumm
greife man zum Programmheft Die Wände
Märchenspiel in 16 Bildern entdecke
bei Jean Genet einen Satz
der einem spät ein Gedicht
zu mischen ermöglicht
aus den Ingredienzien dieses Tags

(23. 6. 1985)

Jürgen Habermas

18. 6. 1929 geboren in Düsseldorf. 1949 Abitur in Gummersbach. 1949–1954 Studium in Göttingen, Zürich und Bonn. 1955–1959 Forschungsassistent am Institut für Sozialforschung, Frankfurt. 1961 Habilitation, Universität Marburg. 1961–1964 Professor für Philosophie an der Universität Heidelberg. 1964–1971 Professor für Philosophie und Soziologie an der Universität Frankfurt. 1971–1982 Direktor am Max-Planck-Institut zur Erforschung der Lebensbedingungen der wissenschaftlich-technischen Welt, Starnberg. Seit 1983 Professor für Philosophie an der Universität Frankfurt. 1974 Hegel-Preis der Stadt Stuttgart. 1976 Sigmund-Freud-Preis für wissenschaftliche Prosa der Deutschen Akademie für Sprache und Dichtung, Darmstadt. 1980 Adorno-Preis der Stadt Frankfurt. 1985 Geschwister-Scholl-Preis der Stadt München. 1985 Wilhelm-Leuschner-Medaille des Landes Hessen. 1986 Förderpreis für deutsche Wissenschaftler im Gottfried Wilhelm Leibniz-Programm der Deutschen Forschungsgemeinschaft. 1987 Sonning-Preis, Kopenhagen.

Buchveröffentlichungen: *Das Absolute und die Geschichte.* Von der Zwiespältigkeit in Schellings Denken. Bonn: Bouvier 1954/*Strukturwandel der Öffentlichkeit.* Untersuchungen zu einer Kategorie der bürgerlichen Gesellschaft. Neuwied: Luchterhand 1962/*Theorie und Praxis.* Sozialphilosophische Studien. Neuwied: Luchterhand 1963 und Neuausgabe Frankfurt: Suhrkamp 1971/*Technik und Wissenschaft als Ideologie.* Frankfurt: Suhrkamp 1968/*Erkenntnis und Interesse.* Frankfurt: Suhrkamp 1968 und 1973/*Zur Logik der Sozialwissenschaften.* Frankfurt: Suhrkamp 1970 und 1981/*Kleine Politische Schriften I–IV.* Frankfurt: Suhrkamp 1981/*Theorie des kommunikativen Handelns.* Frankfurt: Suhrkamp 1981/*Moralbewußtsein und kommunikatives Handeln.* Frankfurt: Suhrkamp 1983/*Vorstudien und Ergänzungen zur Theorie des kommunikativen Handelns.* Frankfurt: Suhrkamp 1984/*Der Philosophische Diskurs der Moderne.* Frankfurt: Suhrkamp 1985/*Die Neue Unübersichtlichkeit.* Frankfurt: Suhrkamp 1985/*Ein Art Schadensabwicklung.* Frankfurt: Suhrkamp 1987.

Jürgen Habermas

Tod in Jerusalem

Am Grabe von Gershom Scholem – am Ende einer Ära

(...) Als erster spricht Ephraim Urbach, der Präsident der Akademie. Für mein Ohr lösen sich aus dem hebräischen Vortrag nur einzelne Worte ab, die ich wiedererkenne: „Zimzum", die Selbstverschränkung Gottes, und „Tiqqun", die erlösende Rückkehr zu den Anfängen. Ich weiß nicht, ob auch vom „Bruch der Gefäße" die Rede ist, jenem katastrophischen Ereignis im Schöpfungsvorgang, das nach den Vorstellungen der Kabbalisten noch innerhalb des göttlichen Wesens selbst eine originäre Unordnung hervorbringt und damit auch jenes Problem entstehen läßt, das den heilsgeschichtlichen Prozeß antreibt: Wie können die zerstreuten göttlichen Funken aus ihrer Einkapselung in der Welt des Materiellen befreit und „eingesammelt" werden? Nach dem Fall Adams und dem Sturz einer beinahe vollendeten Schöpfung spitzt sich dieses Problem zu. Gott hat sich nun so weit zurückgezogen, daß die Rückführung der Dinge an ihren ursprünglichen Ort der Anstrenung der Menschen überantwortet wird. Die Menschen selber müssen das Dokument schreiben, für welches der Messias nicht mehr bedeutet als eine fehlende Unterschrift. Aus dem gleichen Antrieb, die zerstobenen Funken des göttlichen Lichts einzusammeln, die Splitter einer messianischen Zukunft zu bergen, läßt sich auch Scholems eigene Lebensgeschichte verstehen – sowohl das wissenschaftliche Lebenswerk des großen Judaisten wie auch die lebenslange Anstrengung des um Walter Benjamin werbenden Freundes.

Scholem hat die positivistischen Instrumente der geisteswissenschaftlichen Tradition, die er mit Souveränität handhaben konnte, für ganz unpositivistische Zwecke eingesetzt. Er hat die verlorengegangenen Spuren der mit den Namen Isaac Luria verbundenen Schule von Safed gesichert und jene von Sabattei Zwi inspirierte Bewegung ans Licht gebracht. Diesem „mystischen Messias", der um die Mitte des 17. Jahrhunderts große Teile des über Europa und den Vorderen Orient verstreuten jüdischen Volkes in Erregung versetzt hat, gilt Scholems noch nicht ins Deutsche übersetztes Hauptwerk.

Luria gibt der kabbalistischen Überlieferung eine Deutung, die die Leidenserfahrungen des Exils auf unerhörte Weise dramatisiert. Ihr zufolge wiederholt das Exil der Juden nur ein Schicksal, dem sich Gott selbst unterworfen hatte, als er sich, um für die Schöpfung sozusagen Platz zu machen, in sich selbst zurückziehen, *ein Exil in sich* antreten mußte. Luria begründet in dialektischen Bildern eine Tradition, die mit den „denkfaulen" Emanationsvorstellungen bricht und die affirmative Rolle des Negativen beleuchtet: die Kraft der Negation wird zur Schubkraft im Prozeß des Heilsgeschehens. Diese Idee nimmt in der gesetzesbrecherischen Praxis des Sabattei Zwi praktische Gestalt an. Noch sein im Angesicht des Sultans erzwungener Übertritt zum Islam kann als ein extremer Akt der bezwingenden Überbietung des Bösen mit den Mitteln der Sünde verstanden werden. Scholem folgt den Spuren dieses Messianismus, der in Aufklärung und Nihilismus umschlägt, bis zu Kafka. Er weiß, daß die leidenschaftlich ersehnte Erneuerung des Judentums unter den Bedingungen der Moderne steht – und darum aus den Quellen der Orthodoxie nicht vollzogen werden kann.

Diese Intention ist, wie ich glaube, nicht zu trennen von jenem hartnäckigen Impuls, der seine Freundschaft mit Walter Benjamin getragen hat – vier Jahrzehnte über dessen Tod hinaus. Diese Beziehung hat sich fast ausschließlich über das Medium des geschriebenen Wortes erhalten – zunächst durch den intensiven Austausch äußerst skrupulöser Briefe, dann, von seiten des Überlebenden, durch eine geradezu detektivische Arbeit der Rekonstruktion. (...)

Scholem hat wohl in der Mentalität des Freundes nach dem Vermögen jenes rettenden Blickes gefahndet, den er einmal so charakterisiert: „Es gibt in der Kabbala etwas wie einen verwandelnden Blick, von dem zweifelhaft bleibt, ob man ihn besser als einen magischen oder als einen utopischen Blick bezeichnen sollte. Dieser Blick enthüllt alle Welten, ja das Geheimnis von Ensof selber, an dem Ort, an dem ich stehe. Man braucht nicht über das zu verhandeln, was ‚oben' oder ‚unten' ist, man braucht nur [nur!] den Punkt zu durchschauen, wo man selber steht." (...)

Scholem hat vielen von uns für das jüdische Schicksal die Augen geöffnet. In seinen Schriften hat er uns über Jahrhunderte des Exils belehrt, vor allem über die Erfahrungen, die sich in den messianischen Bewegungen spiegeln. Mit seiner Existenz aber, das heißt mit der durch den Gang der Geschichte auf das Grauenhafteste beglaubigten Grundentscheidung seines Lebens, hat er uns, und zwar unerbittlich, auch darüber belehrt, wie tief die Entzweiungen der deutschen und der jüdischen Schicksale in der deutschen Geschichte angelegt waren. Um so dankbarer konnten wir sein, als Scholem, über diesen Abgrund hinweg, die Fäden wieder aufgenommen und freundschaftliche Netze geknüpft hat.

(Erstmals erschienen in „Merkur". H. 4. Jg. 36. 1982. Auszug)

Ulli Harth

Am 28. 7. 48 geboren. Schule in Bad Homburg und Frankfurt. Bundeswehr und Kriegsdienstverweigerung. Studium der Germanistik, Anglistik und Amerikanistik mit Magisterabschluß. 1978–84 im Vorstand des hessischen Schriftstellerverbandes (VS). Verfasser vor allem literarischer Kurzformen und Essays für Zeitungen, Zeitschriften und Funkanstalten (u. a. für „Stern“ und „Merkur“). Theaterarbeit: 1982 Text und Regie für ein Kabarett im Theater am Turm/TAT; Kabarettexte für die „Stachelbären“, Kindertheater in der jüdischen Gemeinde. Beiträge in vielen Anthologien. Zur Zeit Arbeit an einem Roman.

Buchveröffentlichungen: *Der Tod des Todes ist ein Scheintod.* Frankfurt: Edition Federfuchs 1978/*Wörtliche Un-taten.* Aphorismen. Frankfurt: Edition Federfuchs 1980/*Oland – aus Geschichte und Gegenwart einer Hallig.* Frankfurt: Edition Federfuchs 1984/*Über Justus F. Wittkop.* München: Bechtle Verlag 1985/*Die unvollendete Sieben der Achterbahn.* Friedrichsdorf: Produktion Eschwege 1986.
In Vorbereitung: *Untergang der Halligen.* Zahlreiche Beiträge für Zeitschriften und Funk.

Ulli Harth

Die Katastrophe am Donnerstag

Aus Gründen und Quellen, die ihm offenbar nicht verschlossen, so doch unbekannt waren, wußte er auf einmal ganz genau, daß die Katastrophe am Donnerstag nächster Woche eintreten würde. Welche Katastrophe, war ihm undurchsichtig. Und da sich in jeder Minute, jeder Sekunde irgendwo eine Katastrophe abspielte, erschien ihm sein unfreiwilliger Blick in die Zukunft banal und mehr oder weniger nichtssagend, ließ ihn aber nicht los.

Unfähig, die Möglichkeit von sich zu schieben, daß es sich nicht um irgendeine, sondern um eine einmalige, gewaltige, womöglich totale Katastrophe handelte, verfiel er in eine fortschreitende Katastrophenstarre. Unaufhörlich auf die Katastrophe starrend, wurde seine Sicht der Katastrophe immer verwandter. Er sah Abwehrraketen aus dem Weltraum auf die angeblich Abwehrenden zurückfallen. Menschenknäuel sah er hustend und brüllend durch gelbgrüne Nebel taumeln und den Katastrophenschutz verzweifelt die Katastrophe schützen. In der Bilderflut, die sich in seine leere Vorstellung ergoß, drohte er zu ertrinken und wußte im Grunde nicht, welche Katastrophe bevorstand. Ganz sicher blieb er nur, daß sie am Donnerstag nächster Woche eintreffen würde.

Ein Bekannter, den er in seine Ahnungen einweihte, fragte, was an der bestehenden Katastrophe noch katastrophaler werden könnte. „Du wirst es erleben!“ antwortete er, und der Bekannte bedankte sich für die ihm prophezeite Lebensgarantie bis zum Donnerstag der nächsten Woche. Die Tage vergingen, die Nächte schließlich auch, und die „letzte katastrophenfreie Woche“, wie er verkündete, neigte sich ihrem Ende entgegen. Er verfolgte Nachrichten auf allen Kanälen und las Zeitungen, deren Namen er vor kurzem noch nicht gekannt hatte, von vorne bis hinten durch. Wirtschaftliche Prognosen, die über den Donnerstag hinausreichten, quittierte er mit vorsorglichem Grinsen. Rechnungen warf er ungelesen in den Müll. Noch immer aber wußte er nicht, welche Katastrophe bevorstand.

Seine Arbeitskollegen zog er immer öfter in katastrophale Gespräche und malträtierte sie mit der Frage, welche der unzähligen in der Luft liegenden Katastrophen über sie kommen würde. Die meisten waren einfach nicht katastrophenbereit und schmetterten ihn mit entwaffnendem Lächeln ab. Einer ermahnte ihn, endlich Augen für das Schöne im Leben zu bekommen. „Die habe ich leider“, antwortete er, „sonst könnte mich die Katastrophe doch gar nicht berühren. Sonst wäre ich Teil der Katastrophe und würde nur noch auf meine endgültige Erfüllung warten.“

Nichtsdestotrotz verstand ihn seine Umwelt nicht mehr und fühlte sich, wenn überhaupt, von ihm verschmutzt. Seine Gesprächsversuche wurden normalerweise so schnell wie möglich abgebrochen. Das Wochenende füllte er mit intensiver Beschäftigung: er las alle erreichbaren Schriften von Propheten, die künftige Katastrophen vorhersagten, und empfand sich für Stunden von aller Einsamkeit entkleidet. Mit einem unentwirrbaren Gemisch von Zuversicht und Katastrophenerwartung begann er eine Woche, die für ihn nicht über den Donnerstag hinausreichte.

Am Mittwoch ausgerechnet stand ein Betriebsfest an. Beim Tanz mit der Chefsekretärin rechnete er jeden Augenblick damit, daß ihre Bewegungen zum Veitstanz ausarten würden. Doch es blieb beim Wiener Walzer. Als er ins prasselnde Grillfeuer starrte, überkam ihn nicht nur wohlige Wärme, sondern auch eine alles umhüllende Ruhe. Bis ihn

am Ende des Festes ein Kollege im Auftrag der Direktion davon in Kenntnis setzte, daß er entlassen würde. „Wegen mangelnder Aufträge“, wie es offiziell hieß, doch der Kollege flüsterte ihm zu „wegen andauernden Katastrophenredens“. Der Entlassene verstummte augenblicklich, und zwar vollkommen.
Auf dem Nachhauseweg entdeckte er mit Verwunderung, daß er leicht angeheitert war. Er schlief nicht in dieser Nacht, hätte sich aber auch nicht als wach bezeichnet. Am Donnerstag geschah, zusammengefaßt, gar nichts. Erst am Samstag, als alle Geschäfte bereits geschlossen hatten, trat die totale, die endgültige Katastrophe ein, wofür es allerdings keinen einzigen Zeugen gab.

(1987)

Peter Härtling

Geboren am 13. 11. 1933 in Chemnitz (heute Karl-Marx-Stadt). Aufgewachsen in Sachsen, Mähren und Württemberg. Tod des Vaters 1945 (in Kriegsgefangenschaft), der Mutter 1946. Gymnasium in Nürtingen/Neckar. Ausbildung als Journalist. Redakteur an schwäbischen Provinzzeitungen. Von 1955 bis 1962 literarischer Redakteur an der „Deutschen Zeitung" in Stuttgart und Köln. Von 1962 bis 1969 Mitherausgeber der in Berlin erscheinenden Zeitschrift „Der Monat". Von 1967 bis 1968 Cheflektor und danach bis 1973 Geschäftsführer des S. Fischer Verlages in Frankfurt am Main. Von 1974 an freischaffender Schriftsteller. Lebt in Mörfelden-Walldorf. Seit 1959 verheiratet mit Dipl.-Psych. Mechthild Maier. Vier Kinder. – 1977/78 Stadtschreiber von Bergen-Enkheim. 1984 Poetikdozentur an der Universität Frankfurt. Auszeichnungen u. a.: Kritiker-Preis 1964, Prix du Meilleur Livre Etranger Paris 1966, Gerhart-Hauptmann-Preis 1971, Deutscher Jugendbuchpreis 1976, Naturschutzpreis der Kreisgruppe Groß-Gerau des Bundes für Umwelt- und Naturschutz (BUND) für das gewaltfreie Engagement gegen den Bau der Startbahn West, 1982. Hölderlin-Preis der Stadt Homburg 1987. Mitglied: Akademie der Künste Berlin, Akademie der Wissenschaften und der Literatur Mainz, Deutsche Akademie für Sprache und Dichtung Darmstadt. PEN. Verband der Schriftsteller in der IG Druck und Papier. Deutscher Werkbund.

Buchveröffentlichungen: *Yamins Stationen.* Gedichte. Esslingen: Bechtle Verlag 1955/*Niembsch oder Der Stillstand.* Eine Suite. Roman. Stuttgart: Goverts 1964 /*Janek.* Porträt einer Erinnerung. Roman. Stuttgart: Goverts 1966/*Das Familienfest oder Das Ende der Geschichte.* Roman. Stuttgart: Goverts 1969/*Zwettl.* Nachprüfung einer Erinnerung. Erzählung. Darmstadt und Neuwied: Luchterhand 1973/*Das war der Hirbel.* Kinderbuch. Weinheim: Beltz & Gelberg 1973/*Eine Frau.* Roman. Darmstadt und Neuwied: Luchterhand 1974/*Oma.* Kinderbuch. Weinheim: Beltz & Gelberg 1975/*Hölderlin.* Roman. Darmstadt und Neuwied: Luchterhand 1976/*Hubert oder Die Rückkehr nach Casablanca.* Roman. Darmstadt und Neuwied: Luchterhand 1978/*Ausgewählte Gedichte.* Darmstadt und Neuwied: Luchterhand 1979/*Ben liebt Anna.* Kinderroman. Weinheim: Beltz & Gelberg 1979/*Nachgetragene Liebe.* Erzählung. Darmstadt: Luchterhand 1980/*Die dreifache Maria.* Erzählung. Darmstadt: Luchterhand 1982/*Das Windrad.* Roman. Darmstadt: Luchterhand 1983/*Der spanische Soldat oder Finden und Erfinden.* Frankfurter Poetik-Vorlesungen. Darmstadt: Luchterhand 1984/*Felix Guttmann.* Roman. Darmstadt: Luchterhand 1985/*Die Mörsinger Pappel.* Gedichte. Darmstadt: Luchterhand 1987/*Waiblingers Augen.* Roman. Darmstadt: Luchterhand 1987.

Peter Härtling

Zelt-Rede von Bergen, gehalten am 30. 8. 1985 zur Einführung des Stadtschreibers Ludwig Fels

Niemand ist imstande, auf Dauer mit Schrecken und Angst auszukommen. Wenn die jüngste Geschichte vor allem davon erfüllt ist, wenn die Bedrohungen mehr und mehr wachsen, mogelt unser Bewußtsein, Erfahrung und Reflexion verengen sich, schließen Geschichte aus. Die Warnungen von ehedem, die gültig und nötig geblieben sind, werden als lästige Echos wahrgenommen: Ja, das wissen wir schon, laßt es genug sein.

Der in der Geschichte wirkliche und unerhörte Schock wird auf diese Weise allmählich unwirklich, gerät in den Bereich der Fiktion. Um die Explosionen von Hiroshima und Nagasaki, die die Menschengeschichte änderten, in ihrer Wirkung unendlich vervielfacht zu denken, fehlt ohnehin die Vorstellungskraft. Also mangelt auch dem vorsorglichen Aufschreien der Grund, und die Wortführer der Aufrüstung können mit der Phantasie- und Erinnerungslosigkeit der Menge rechnen – wie sie auch selbst im übertragenen Sinne bewußtlos sein müssen, um mit der noch ruhenden entsetzlichen Kraft dieser Waffen auszukommen.

Technische Errungenschaften, hilfreiche oder todbringende Erfindungen folgen einander in unserem Jahrhundert so rasch wie die Moden, die Trends. Es hat den Anschein, als seien wir allesamt Zauberlehrlinge, dem Metier nicht gewachsen. Unser Denken, unsere Einfälle schlüpfen in Maschinen und Chips und beginnen zu rasen, lassen uns ebenso erstaunt wie verzweifelt zurück. Die Geschichte, bislang ganz und gar an uns, die Menschen gebunden, unsere Gegenwarten, die in Vergangenheiten abgleiten, die Geschichte teilt sich inzwischen: in die, die wir haben, und in die, die uns hat. Aufs höchste irritiert, verdrängen wir die eine und fürchten uns vor der andern. Wenn uns die Propagandisten des Fortschritts, diese dröhnenden Bajazzos einer Grenzerfahrung, die sie sich selbst nicht zumuten, auch zu beruhigen versuchen, fällt bei allen ihren Beschwörungen und Beschwichtigungen auf, daß sie längst überholt sind.

Wissen wir, was wir wissen? Kennen wir noch, was uns umgibt? Informationen und Nachrichten stürzen in unvergleichlicher Fülle auf uns ein. Jeder kann sich in Bild und Ton über das fernste Ereignis, den kompliziertesten Sachverhalt unterrichten. Aber ist das überhaupt noch Information? Sind es nicht bloß Reize, die uns flüchtig berühren? Worum haben wir in den letzten Jahren gestritten? Wofür haben wir uns engagiert? Die Stichworte vergrößerten sich für einen Augenblick auf der allgegenwärtigen Medienwand: Wirtschaftswunder, Freiheit, Frieden, Sozialismus, Studentenbewegung, Frauenbewegung, Nachrüstung, Paragraph 218, Baumsterben, Arbeitslosigkeit, Aids, und erlöschen wieder. Diesen raschen Bewegungen gleich arbeitet unser Gedächtnis. Kann uns, im Medienverbund, die tägliche Gewalt überhaupt noch dauerhaft aufbringen? Haben wir, ausgesetzt einer Vielfalt von fremder Erfahrung, überhaupt die Kraft, unser Mitleid, unseren Zorn, unsere Wünsche zu realisieren? Das heißt: zu ver-wirklichen? Ist diese Welt, die wir uns machen, bei aller oberflächlicher Anschaulichkeit nicht viel zu unwirklich? Während ich mir und Ihnen diese Fragen stelle, überkommt mich die Befürchtung, daß wir, hinter unserer Zeit zurück und satt von Sekundärerfahrungen, zu

Monstren werden könnten. Oder – um es noch deutlicher auszudrücken – zu Geschöpfen, die durch ihren Reichtum verarmen. Unsere Gefühle drohen, zu Reflexen zu schrumpfen, unser Wissen zu Fußnoten eines Wissens, das uns kaum mehr braucht. Vielleicht ähneln wir schon den Lemmingen, die leben, um gemeinsam ihren Tod im Meer zu suchen. Vielleicht hilft uns nichts als die Katastrophe, wenn sie uns helfen könnte. Vielleicht sind wir, unglaublich sensibilisiert durch eine sich verselbständigende Zivilisation, zugleich unglaublich verroht?

Wir haben es geschafft, uns selbst den Abgrund aufzureißen, in den wir starren, hilflos und beinahe ohne Erinnerung. Aber ich wehre mich gegen die Vorstellung, daß hier alles endet. Ich wehre mich gegen den Erinnerungsverlust, die Geschichtslosigkeit, gegen die am Tag heftenden, kleinmütigen Wörter der heute Herrschenden, denn ich weiß, daß im Rücken derer, die schon verloren scheinen, sich eine Gegend ausbreitet, die das Gedächtnis bewahrt. Die Geschichte des Menschen. Sie läßt sich immer wieder und immer von neuem erzählen und fortsetzen, solange wir den Mut dazu aufbringen, solange wir unsere herrliche, reiche, schmutzige, das Glück suchende und das Elend bestreitende Phantasie nicht den Maschinen überlassen. Sie, diese menschlichste aller Gaben hat den Göttern Gestalt gegeben, Gott einen Himmel, dem Teufel die Hölle und der Zukunft die Hoffnung; sie hat Melodien in unseren Köpfen ertönen lassen, Bilder vor unsere Augen gespannt und Sätze auf unsere Lippen gelegt, die uns erst sein lassen. Sie wird uns helfen, aus der Erinnerung an das, was wir gewesen sind und was wir sein wollten, uns zu wehren gegen die technisch kalkulierte Inhumanität, gegen den propagierten Gedächtnisschwund, der uns zu Werkzeugen macht, gegen den auf Disketten vorgeschriebenen Selbstmord. (...)

(Aus „Zelt-Rede von Bergen“. 1985.)

Herbert Heckmann

Am 25. 9. 1930 in Frankfurt am Main geboren. Dort im Kuhwald/Rebstock aufgewachsen. Studium der Philosophie, Germanistik und Geschichte an der Johann Wolfgang Goethe-Universität. 1956 Promotion mit der Arbeit „Elemente des barocken Trauerspiels". Wissenschaftlicher Assistent mit Lehrauftrag in Münster und Heidelberg. 1965–67 Gastdozent an der Northwestern University Evanston/Illinois USA. 1963–79 Mitherausgeber der „Neuen Rundschau". Seit 1980 Professor an der Hochschule für Gestaltung in Offenbach. Zur Zeit Präsident der Deutschen Akademie für Sprache und Dichtung in Darmstadt. 1958 Villa Massimo. 1962 Bremer Literaturpreis. 1986 Deidesheimer Turmschreiber.

Buchveröffentlichungen: *Das Porträt.* Erzählungen. Frankfurt: S. Fischer 1958/*Benjamin und seine Väter.* Roman. Frankfurt: S. Fischer 1962/*Die sieben Todsünden.* Erzählungen. Darmstadt: Gesell. f. Hess. Lit.freunde 1965/*Der große Knockout in sieben Runden.* Roman. Hanser: München 1972/*Die andere Schöpfung.* Die frühen Automaten. Frankfurt: Brönner 1981/*Fritz Schönborn.*Pseudonym. Deutsche Dichterflora. München: Hanser 1980/*Über die Wolkenguckerei.* Zu Bildern von Jürgen Wölbing. Eschwege: Wölbing 1985/*Die Bücherlust.* Bensheim: Böhler 1986/*Frankfurt mit den Augen Goethes.* Zs. m. W. Michel. Frankfurt: Umschau 1982/*Frankfurter Lesebuch.* Frankfurt: Umschau 1985/*Das Feuer ist ein Akrobat.* Gedichte. Warmbrunn: Ulrich Keicher 1987/*Die Blechbüchse.* Erzählungen. Zürich: Nagel & Kiemche 1985.
Zahlreiche Kinderbücher. Fernsehfeatures und Mitarbeit beim Hörfunk des HR.

Herbert Heckmann

Sprache und Lärm

Wenn man im Sommer 1938 in unsere Straße einbog, konnte man mitten auf dem sonnenweichen Asphalt RUDI IST DOOF lesen. Darüber war ein Kopf zu sehen, kürbisrund, zwei Augen in Form von Eierbriketts und ein offener Mund, aus dem eine Zigarette wie eine Fahnenstange heraushing. Rudi war mein Freund, und meine Mutter sagte immer wieder: „Ich werd dei Bett noch uff die Gass stelle, du bist ja nie de-*haam!*" Rudi und ich zählten zu den *Gassebuwe* (Gassenbuben), die nur dann nach Hause gingen, wenn es einfach nicht mehr anders ging: bei quälendem Hunger, bei Gewitter und wenn sie etwas ausgefressen hatten.
Die Sprache der *Gassebuwe* war nicht mit der Sprache identisch, die mein Vater gern von mir gehört hätte. Sie war, vorsichtig ausgedrückt, anders, genauer: ganz anders. Einen Jungen, mit dem man etwas unternehmen konnte, nannten wir einen *Funskerl,* einen Feigling *'n Waschlappe* oder *'n Schisser,* war jemand schwer von Begriff, was heute auch noch vorkommen soll, *'n Wasserkopp* oder *'n Depp, der uff de Leitung steht.* Mädchen nannten wir recht uncharmant *Gäns* oder *Zwetsche,* die Lehrer *Steißklopper,* Angeber *Gackärsch,* und Paulchen, der immer wie aus dem Ei gepellt aussah, war *Graf Gogs.* Paulchen hatte für einen Jungen die höchst sonderbare Begabung, er machte sich nie dreckig. Es gab Augenblicke, in denen ich ihn sehr beneidete, vor allem dann, wenn mich meine Mutter in die Badewanne steckte und mit der Wurzelbürste *abschrubbte. Gassebuwe* hatten vor niemandem Respekt und immer das letzte Wort, das mir freilich weder mein Vater noch meine Mutter gönnten.
Wir hatten einen recht weiten Schulweg: von der Tornowstraße im hintersten Kuhwald bis zur Bonifatiusschule in Bockenheim lief man als Siebenjähriger, der gerade RUDI IST DOOF schreiben konnte, gut zwanzig Minuten. Der Heimweg dauerte selbstverständlich länger, und es kam schon vor, daß er sich über eine oder zwei Stunden hinzog. Es war einfach unmöglich, nach der Schule an all den interessanten Örtlichkeiten vorbeizukommen, die den Weg säumten. Da war vor allem der Paradeplatz, den heute das Messegelände verdrängt hat, eine riesige Wiese, auf der zu Kaisers Zeiten Aufmärsche und viel *Tschingderadabum* stattfanden. Wir spielten dort Fußball, und ich kann mich nicht erinnern, einmal am Paradeplatz vorbeigegangen zu sein, ohne nicht mindestens einen hinter *der Pill* (Fußball) gesehen zu haben, dem ich natürlich sofort Gesellschaft leisten mußte. Die Besseren nannten uns *Schlappekicker,* aber das entmutigte uns keineswegs: wir *bolzten* (kickten) weiter drauf los, daß der Rasen nur so durch die Luft flog. Die Jüngeren spielten meist Verteidiger, die Älteren Stürmer: in der Regel war es jedoch so, daß alle stürmten, um den Gegner den Koffer vollzuhaue. Die Rededuelle waren genauso wichtig wie die Dribblings. Wenn wir gegen die Bockenheimer spielten, kam es schon einmal vor, daß sich Passanten über den Lärm beschwerten. Das waren schon homerische Schlachten in Frankfurterisch. Da kämpften die *Lahmärsche* gegen die *Rollmöpse.* Ohne Kraftausdrücke war das Leben halb so schön.
In der Schule gab sich Lehrer Jungglas die größte Mühe, uns in die Geheimnisse des Hochdeutschen einzuweihen. Ob ihm das gelungen ist, wage ich zu bezweifeln. Unsere Klasse zischte in den S- und S-C-H-Lauten wie eine Schlangengrube. Einen Lehrer hatten wir, der trug einen Bart und auf dem eigentlichen Haupte kein einziges Haar.
„Wenn ihr's fertichbringt, mei Locke zu kämme, geb ich euch schulfrei!"

Einige wenige in unserer Klasse sprachen Hochdeutsch. Ich weiß nicht, wie sie das gemacht haben. Sie lebten gleichsam in einer anderen Welt. Sie sagten: Herr Lehrer, darf ich mal austreten?" Wir sagten: *„Herr Lehrer, ich muß emal."*
Das eine war eine Frage, das andere eine fordernde Feststellung. *„Da kann mer halt nix mache."* Mit dieser Bemerkung wurden alle Schwierigkeiten beerdigt. Doch waren wir keine Stoiker, sondern Realisten: *Wißt ihr, was ich glaab? Daß e Pund Rindfleisch e ghud Supp gibt."* sagte Rudi.
Wir hatten eine besondere Art, miteinander umzugehen. Sich selbst nannte man Papa. Sprach man einen fremden Jungen an, sagte man *„Dicker!"*, war der betreffende älter, *„Chef!"* Rudi erklärte nur zu gern: *„Papa macht das schon!"* Und tat nichts.
Ich glaube kaum, daß die Bezeichnung Papa aus einem gesteigerten Autoritätsbewußtsein oder gar aus einer Überschätzung des eigenen Ichs herzuleiten ist. „Anreden muß man beherrschen, wie man sich selbst auch beherrschen muß", behauptete mein Großvater, der mich mit *Bubsche* anredete.
„Muß die Welt dreckich sei, daß mer (man) beim beste Wille net sauwer bleiwe kann!" sagte ich meiner Mutter, als ich wieder einmal in die *Badebitt* mußte. Aber nicht jede Reinheit war mithilfe der Seife zu erlangen. Da wurde von der Reinheit der Rasse, der Sprache und *von rein gar nix geredd.* Das ging uns natürlich *iwwer die Hutschnur,* und selbst wenn Wolfgang, vorne rechts in der dritten Reihe, behauptete, er sei wegen seiner blonden Haare und seinem schmalen Kopf, *in den net besonners viel reiging,* ein reiner Arier, so wußten wir nicht, was wir von dieser Reinheit halten sollten. In der Turnstunde bewegte sich Wolfgang wie *'n schwangere Recheworm* (Regenwurm).
Wir waren inzwischen älter geworden und besuchten das Goethegymnasium in der damaligen Hohenzollernallee. Dort lernten wir Englisch mit Frankfurter Zungenschlag und die Reinheit der deutschen Sprache hochschätzen. Das brachte mich in die größten Schwierigkeiten. Einmal schrie ich: *„De Dobsch hat mich in de Podex getrete!"* Und was tat Herr Dr. Kress, unser Deutschlehrer, der jedes Fremdwort am liebsten persönlich in der Quarantäne abgeliefert hätte. Er starrte mich entgeistert an und fragte: „Wie sagt man es richtig?" „Der Dobsch hat mich in den Dokes getreten."
Des allgemeinen Verständnisses halber sei gesagt: *dokes* ist der jiddische Ausdruck für Podex. Heute sind beide Wörter aus dem Frankfurterischen verschwunden, dabei war das Jiddische einmal das Salz im Frankfurterischen, und so mancher jiddische Ausdruck wurde da auch von denjenigen benutzt, die sich sonst am Arischen berauschten. Ich bekam sehr schnell heraus, daß viele Wörter nicht zu den Menschen paßten, die sie benutzten, daß aber auch viele Wörter nichts mit den Ereignissen und Dingen zu tun hatten, für die sie gebraucht wurden. Letzteres nennen die Frankfurter Drumherumgebabbel. Der Lärm des Krieges drang nach und nach in unsere Welt und entlarvte die großen Worte. Als die ersten Bomben fielen, sagte Frau Witte: „Jetzt kann uns nur e Wunner rette!" Das Wunder blieb jedoch aus, und wir sammelten Bombensplitter. Die Zerstörung fraß sich durch Frankfurt, Fensterscheiben zersplitterten, Dächer brannten aus, Häuser stürzten ein. Im März 1944 trafen Bomben das Goethegymnasium. Unser Lehrgebäude ging buchstäblich über unsern Köpfen in Trümmer. Wir saßen im Keller und waren mit unserm Latein am Ende.
„Des kommt devo, wenn mer's Maul zu voll nimmt." erklärte mir meine Mutter später. Mit den wenigen Worten, die der Lärm verschont hatte, mußten wir nach 1945 wieder von vorne anfangen. *„Da durft mer net uff de Schnawwel gefalle sei."*

(1987)

Adolf Heinzlmeier

Geboren 8. März 1936 in München. Schriftsetzerlehre bei R. Oldenborg, München. Von 1956 bis 1972 Arbeit in verschiedenen Verlagen in München (Goldmann, Desch), Stuttgart (Franckh'sche) und Darmstadt (März). Gründete 1973 das ‚Buchteam Frankfurt', eine Gruppe, die Herstellung, Werbung, Lektorat, Umschlag-Grafik, Design und Idee als umfassenden Service für Verlage bietet. Studium der Germanistik und Medienwissenschaften in Frankfurt. Interessierte sich schon früh für alles Geschriebene, besonders für Trivialliteratur. Schrieb während und nach der Schulzeit zahlreiche Kurzgeschichten und einen Roman (unveröffentlicht), in den siebziger und achtziger Jahren Texte, Artikel, Bücher, Analysen und Starporträts zur Filmgeschichte. Hobbies: Jazz, Fußball, Faulenzen; lebt seit Herbst 1985 in der Romanfabrik in Frankfurt, Uhlandstraße 21, Telefon 49 80 54 4, und in einem Fischerdorf in Andalusien/Südspanien.

Buchveröffentlichungen: *Die Unsterblichen des Kinos*. Bd. 1–3. Zs. m. B. Schulz und K. Witte. Frankfurt: S. Fischer 1980–1982/*Raub und Mord*. Banditen und Sozialrebellen in Leben, Legende und Film. Frankfurt: Eichborn 1981/*Happy End*. Zs. m. B. Schulz. Frankfurt: S. Fischer 1981/*Kultfilme*. Zs. m. J. Menningen und B. Schulz. Hamburg: Hoffmann und Campe 1983/*Das Humphrey-Bogart-Fanbuch*. Zs. m. Berndt Schulz. Hamburg: Rasch und Röhring 1984/*Road Movies*. Zs. m. B. Schulz. Hamburg: Rasch und Röhring 1985/*Die großen Stars des deutschen Kinos*. Zs. m. B. Schulz. Herford: Busse Verlag 1985/*Kino der Nacht*. Hollywoods ‚Schwarze Serie'. Zs. m. B. Schulz. Hamburg: Rasch und Röhring 1985/*Goldenes Kino*. Zs. m. B. Schulz. Hamburg: Kino Verlag 1986/*Kino-Klassiker*. Hundert Meisterwerke der Filmgeschichte. Zs. m. B. Schulz. Hamburg: Rasch und Röhring 1986/*Filme im Fernsehen*. Ein Lexikon. Zs. m. D. Erb und B. Schulz. Hamburg: Rasch und Röhring 1987.

Adolf Heinzlmeier

Karl Valentin

Er war mehr als ein Komiker, er stand für eine Philosophie. In ihm kam das Absurde in seiner bajuwarischen Ausprägung zum Vorschein. „Unerbitterlich“ ging er den Wörtern, der Metaphorik der Alltagssprache auf den Grund, um sich in ihren Widersprüchen heillos zu verheddern. Seine Wortspiele waren vertrackt: „Wollen täten wir schon, aber dürfen haben wir uns nicht getraut.“
Tucholsky nannte ihn einen „Linksdenker“, für Brecht war er ein „komplizierter blutiger Witz“; Valentin selbst sah sich schlicht als Volkssänger. Er war ein „spinnerter Teufel“ (Liesl Karlstadt), einer, der ständig in die Falle tappte, die er sich selbst stellte, der immer wieder unterlag im Kampf mit der Tücke des Objekts. Wem sonst konnte es passieren, daß er als Katholik an einem fleischlosen Freitag einen Wurm verschluckte? Man hat ihn unter die Anarchisten und Dadaisten einzureihen versucht, aber der Mann mit der spitzen Nase und dem zerfurchten Gesicht entzieht sich jeder Etikettierung. Auf ihn trifft keine noch so schöne Formel zu. Er war ein Misanthrop, eigensinnig und versponnen, ein Unikum und Unikat. Seine „zaundürre Gestalt mit den staksigen Don-Quichotte-Beinen“ (Tucholsky) wird heute von den Filmfreunden verehrt. Valentin schuf ähnlich wie Chaplin mit seinen cineastischen Miniaturen eine einmalige Kunstfigur.
Dem Clown im Biedermannskostüm, der nichts weiter wollte, als die kleinen Leute aus der Vorstadt mit seinen Späßen zu unterhalten, passierte das Mißgeschick, daß er gerade dieses sein Publikum verschreckte, indem er es erbarmungslos bloßstellte. So wurde der Ritter von der traurigen Gestalt mit seinen Wortklaubereien schließlich eine Art Kultfigur der Intellektuellen.

(Aus „Die großen Stars des deutschen Kinos“. Erstmals erschienen Herford: Busse Verlag 1985)

Beziehungsfallen...

Verfolgt man die Beziehungen dieser Nachtfilme, so stößt man immer wieder auf die besondere Konstellation der Dreiecksgeschichte. Es ist fast schwieriger, einen *Film noir* ohne diese unsittliche Triole zu finden als mit. Die Weltliteratur ist voll von Geschichten dieser Art, ebenso wie der klassische Hollywoodfilm, doch ihr gehäuftes Auftreten in der *Schwarzen Serie* kann kein Zufall sein.
Eine vordergründige Ursache liegt sicher in den chaotischen Verhältnissen, die der *Film noir* aus dem Dunkel der Nacht zerrt. Die alten Werte stellen sich von selbst in Frage, Liebe, Ehe und Familie sind in dieser Unordnung besonderen Erschütterungen ausgesetzt. Trotz hochgradiger formaler Stilisierung drangen viel pralles Leben und Realität in diese nächtlichen Melodramen, waren wie „im wirklichen Leben" die Mieslinge, Zyniker und untreuen Ehefrauen in der Überzahl. Durch und durch „gute Helden" kann man in der *Schwarzen Serie* mit der Lupe suchen. Ein paar faire Haltungen, moralische Positionen bleiben aber übrig, die verteidigt werden und wie Rettungsringe im Meer der Orientierungslosigkeit schwimmen.
Schuld an der allgemeinen Unordnung, speziell im Hinblick auf den Beziehungsclinch, tragen die Frauen. Die neue Selbständigkeit, die ihnen ihre Situation während des Zweiten Weltkriegs abverlangte, führte auch zu einem neuen Bewußtsein. So verschwand das Heimchen am Herd, die Anbeterin ihres Herrn und Geliebten, um beinahe emanzipierten Erotomaninnen Platz zu machen, die nun die Leinwand bevölkerten. Diese Damen hatten keine Lust zu warten, bis das Glück zu ihnen kam, sie nahmen die Sache selbst in die Hand, gingen auf Abenteuer aus, versuchten auf eigene Rechnung, ihre sexuellen Wünsche auszuleben. Da dies auf Widerstand bei den Männern stieß, führte die neue weibliche Eigenständigkeit zu Konfrontationen, aus denen wiederum Verdrängungen und Neurosen erwuchsen.
Bemerkenswert ist, daß diese Alptraumfrauen überwiegend von Männern erfunden wurden, männlichen Drehbuchautoren, Regisseuren und Produzenten, die für die Filme verantwortlich waren.

(Aus „Kino der Nacht". Hollywoods Schwarze Serie. Erstmals erschienen Hamburg: Rasch und Röhring 1985)

Erich Helmensdorfer

Geboren in Nürnberg 1920, Abitur 1938; nach Kriegsende Jurastudium, finanziert durch Übersetzertätigkeit bei den Nürnberger Prozessen. Kontakt zum Journalismus, 1947 Eintritt in die Deutsche Nachrichtenagentur (DENA) als Reporter. Berichterstattung von Berliner Blockade, Parlamentarischer Rat, Bonn, DENA-Bürochef Berlin. Mit Gründung der dpa 1949 Chef des dpa-Landesdienstes Bayern in München; 1956 bis 1961 dpa-Auslandskorrespondent für Nahost und Ostafrika mit Sitz Kairo. Bis 1963 Chef vom Dienst „Die Presse", Wien, und Redaktionsleiter „Abendzeitung" München. Anschließend zehn Jahre freiberuflich im Fernsehen mit 1 500 Sendungen (HEUTE, Alles oder Nichts, Regionalprogramm, Filme). In dieser Zeit 1968/69 Gründungschefredakteur der Münchner Boulevardzeitung „tz". 1973 F. A. Z.-Korrespondent in Kairo, 1976 bis 1986 Ressortleiter der „Zeitung für Frankfurt" der F. A. Z. Seither Sonderaufgaben. Theodor-Wolff-Preis 1964, Goldene Kamera, Joseph-E-Drexel-Preis 1965, Bundesverdienstkreuz I. Klasse 1976, Ehrenplakette der Stadt Frankfurt am Main 1986.

Buchveröffentlichungen: *Heißes Herz und kühler Kopf.* Düsseldorf: Econ 1964/*Journalismus.* München: BLV-Juniorwissen 1971/*Hart östlich von Suez.* Percha: Schulz 1972/ *Westlich von Suez.* Percha: Schulz 1973/*Die große Überquerung.* Percha: Schulz 1975/ *Meine Anstaltsjahre.* Percha: Schulz 1975/*Frankfurt – Metropole am Main.* Düsseldorf: Econ 1982/*50mal Ägypten.* München: Piper 1979/*54mal Ägypten.* München: Piper 1987/*Unser Frankfurt.* Text zu Bildern von Bodo-Luckhardt Hellex. Frankfurt: Umschau 1987.
Herausgeber: *Frankfurter Gesichter.* Frankfurt: F. A. Z.-Verlag 1981/*Frankfurter Stadtchronik.* Frankfurt: F. A. Z. 1983, 1984 und 1985.

Erich Helmensdorfer

Wunschthema Golf

Tief in der hintersten Herzfalte eines jeden Schreibers nistet wohl der Wunsch, ein Lieblingsthema unter die Feder zu nehmen. Aber die Umstände des Lebens und des Berufs lassen es nie dazu kommen, weswegen das Wunschthema von Vorsatz zu Vorsatz, von Jahr zu Jahr dahingeschoben wird. Schreiber dieses trägt sich seit einer Ewigkeit mit dem Gedanken, ein Buch über seine Lieblingsbeschäftigung zu verfassen. Die Mühe des täglichen Zeitungmachens hat dies bisher verhindert. Von diesem Druck befreit, sitzt er über einem Manuskript, das hoffentlich das Licht der Leserwelt nicht wesentlich später erblicken wird als diese Zeilen, womit dem vom Verlag gebilligten Titel „Basic Golf“ diskret werbender Vorschub geleistet wird. Die laut Untertitel „Unterhaltsame Anleitung für interessierte Laien, blutige Anfänger und ahnungslose Fortgeschrittene“ wendet sich schlechthin an Golfspieler, eine besondere Abart der Gattung Mensch, wie nach dreißigjähriger Erfahrung vom Verfasser bezeugt werden kann.
Das Golfspiel ist viel mehr eine Suchtkrankheit als eine Sportart. Wer einmal vom Golfbazillus ernsthaft gebissen worden ist, kommt davon nicht mehr los, selbst wenn er daneben beim Tennis bleibt. Tennis ist ein Kampfsport, Golf eine psychische Tortur, verbunden mit Augenblicken höchsten Entzückens und der Notwendigkeit, das zu tun, was man sich schon immer vorgenommen, aber nie durchgeführt hat: vier Stunden lang in der freien Natur zu wandern.
Golf heißt, wie Ulrich Kaiser, Chefredakteur sowohl einer Tennis- als auch einer Golf-Zeitschrift, formuliert hat: „Lust durch Frust“. Charakterisierende Beschreibungen reichen von Winston Churchills: „Beschädigen der Erdkugel mit völlig ungeeigneten Werkzeugen“ bis zu dem, natürlich ebenfalls erfundenen, Zitat eines nichtgenannten Managers, der versichert hat, sich eher von der Lebensgefährtin als von Golf trennen zu wollen. In der Tat, Golf ist ehefeindlich, und keine Ehefrau sollte seinen Alleingang zum Golfen zulassen. Nicht, weil Golfclubs verführerische Lasterstätten wären, aber neben dem entfremdenden Zeitaufwand kommt die alle Golfer kennzeichnende geistige Verwirrung, die sie von nichts anderem mehr reden läßt als ihrem Sport, und das in Ausdrücken, die noch weitaus unverständlicher sind als die Jägersprache.
Golfer sind die Leute nach laienhafter Beobachtung, „die auf der Wiese einen Karren hinter sich herziehen.“ Damit ist schon erkannt, daß Ponies nicht vonnöten sind (das wäre Polo) und auch nicht auf Betonbahnen gespielt wird (Mini-Golf). In der Golftasche auf dem Karren stecken vierzehn Schläger, mit deren Hilfe ein weißer Ball aus festem Material mit möglichst wenig Schlägen in ein Loch befördert wird. Zur besseren Kenntlichmachung steckt in dem Loch eine Flagge. Die Schläger haben unterschiedliche Anstellwinkel an ihren Schlagflächen, so daß der Ball entweder flach und weit oder hoch und steil fliegt. Vorausgesetzt, er ist richtig geschlagen worden. Darin liegt eine der Tücken dieses Spiels, denn die geforderte Treffgenauigkeit ist ungeheuer und soll mit einer überaus unnatürlichen Bewegung erreicht werden. Wie oft das schiefgeht, kann nicht beschrieben werden. Bei richtigem Schlag jedoch geht der Ball mit hoher Geschwindigkeit ab, steigt auf und fliegt, bis es nicht mehr zu gehen scheint, um dann elegant auf dem Boden an der vorbedachten Stelle aufzukommen. Eine dichterische Feder hat das Verfolgen dieses Flugs „Orgasmus der Seele“ genannt. Ein solcher Schlag läßt alle Pfuscherei vergessen und versöhnt mit allen Mühen. Um das Loch herum liegt

das besonders gepflegte Grün, auf dem der Ball mit dem „Putter“ in das Loch gerollt wird – eine ungemein spannende Angelegenheit, wenn bei Berufsspielern, wie geschehen, von einem Schlag Gewinn oder Verlust in der Höhe von 130 000 Dollar abhängt. Da macht auch ein schlechter Dollar-Kurs wenig aus.
Eine Golfrunde besteht aus 18 Löchern, die unterschiedlich lang sind und mit drei, vier oder fünf Schlägen gespielt werden sollten. Ein ausgeklügeltes System erlaubt, daß unterschiedliches Können ausgeglichen wird und durch das Handicap hervorragende Golfer auch mit weniger guten Spielern auf die Runde gehen können. Golf erlaubt auch, anders als Tennis, ohne Partner zu spielen. Die Anlage des mit Hindernissen gespickten Platzes ist dann der Gegner des Spielers, der an manchen Stellen gewiß des Architekten des Golfplatzes mit wenig freundlichen Wendungen gedenkt. Die Erbauer haben den Ehrgeiz, genau dort Wasser oder Sandhindernisse hinzupflanzen, wo der Ball eines normalen Spielers niederfällt.
Keine andere Sportart hat in gleichem Maße unter Vorurteilen zu leiden. Gewiß sind Golfer früherer Jahrzehnte auch selbst schuld an all den Dingen, die ihnen heute ebenso nachgesagt werden, wie das einmal bei Tennisspielern der Fall gewesen ist. Aber der Auftrieb, den der einzige deutsche Golfspieler von Weltformat, Bernhard Langer, dem Golf in diesem Land gebracht hat, wird zur Popularisierung beitragen und die Mär von den elitären Sportlern auslaufen lassen. Auch die üble Nachrede von geringer Umweltfreundlichkeit ist mittlerweile widerlegt, nicht zuletzt von kompetenten Wissenschaftlern. Da die Golfer ihre Plätze und deren Unterhalt seit Generationen aus eigener Tasche bezahlen, ist das Vergnügen für den, der heute einsteigen will, nicht billig. Aber auch das kann sich ändern. Im übrigen soll hier und jetzt nicht alles verraten werden, was im Buch über das Wunschthema zu lesen sein wird.

(1987)

Eckhard Henscheid

Geboren am 14. 9. 1941 in Amberg (Oberpfalz), dort Volksschule und Gymnasium. Wollte ursprünglich Musiklehrer werden, studierte dann Germanistik und Zeitungswissenschaft in München. Magister Artium mit einer Arbeit über Gottfried Keller. 1968 Zeitungsvolontariat in Regensburg, ab 1969 Redakteur in Frankfurt (bei „pardon"). Ab 1971 freiberuflicher Schriftsteller. Glossen, Aufsätze, Features, Hörspiele, Drehbücher usw. für Zeitungen, Zeitschriften, Rundfunk und Fernsehen. 1979 Gründungsmitglied der satirischen Zeitschrift „titanic". Verheiratet seit 1981.
Lebt heute zumeist in Frankfurt, sommers überwiegend in Amberg.

Buchveröffentlichungen: *Die Vollidioten.* Frankfurt: Zweitausendeins 1973/*Geht in Ordnung – sowieso – genau.* Frankfurt: Zweitausendeins 1977/*Die Mätresse des Bischofs.* Frankfurt: Zweitausendeins 1978/*Über Oper.* Verdi ist der Mozart Wagners. Zs. m. Ch. Poth. Luzern, Frankfurt: Bucher 1979/*Ein scharmanter Bauer.* Frankfurt: Zweitausendeins 1980/*Beim Fressen beim Fernsehen fällt der Vater dem Kartoffel aus dem Maul.* München: Renner 1981/*Roßmann, Roßmann* ... Zürich: Haffmans 1982/ *Der Neger/E. Henscheid. Physische Geographie/Immanuel Kant.* München: Renner 1982/*Wie Max Horkheimer einmal sogar Adorno hereinlegte.* Zürich: Haffmanns 1983/*Dolce Madonna Bionda.* Zürich: Haffmans 1983/*Frau Killermann greift ein.* Zürich: Haffmans 1985/*Helmut Kohl – Biographie einer Jugend.* Zürich: Haffmans 1985/ *TV-Zombies.* Zürich: Haffmans 1987/*Sudelblätter.* Zürich: Haffmans 1987.
Herausgeber: *Unser Goethe.* Zs. m. F. W. Bernstein. Zürich: Diogenes 1982/*Dummdeutsch.* Frankfurt: S. Fischer 1985/*Mein Lesebuch.* Frankfurt: S. Fischer 1986.
Zahlreiche Beiträge für Zeitschriften, Funk und Fernsehen.

Eckhard Henscheid

Herrmann Burrger
(Ghostwritten für Marcel Reich-Ranicki nach authentischen Quellen)

Sagen wir es offen: Dies ist ein schlechter Bücherherbst. Die nachgeborenen Gegenwartsdichter stehen der Welt ratlos, ohnmächtig gegenüber. Sie sind nicht imstande, sie zu interpretieren durch die und mittels der Sprache. Das hindert die Schriftsteller freilich nicht, immer wieder großangelegte Romane zu versuchen, die sich dann prompt als mehr oder weniger interessante Fehlschläge erweisen. Diese Romane wollen zu viel leisten – und leisten deshalb zu wenig. Was immer von diesen sehr unterschiedlichen Büchern zu halten ist – sie zielen nur auf Provokation ab und gehen nicht aufs Ganze. Es sind Bücher der Ratlosigkeit – und nicht des zeitkritischen Psychologismus. Die Ratlosigkeit des Autors und seine Unfähigkeit, die Welt zu erklären, wird zwar akzentuiert und sogar zum Thema gemacht – aber es wird nicht versucht, die Sache an der Wurzel zu fassen. Es ist keine radikale Literatur – denn ‚radix' bedeutet im Lateinischen Wurzel, Quelle, Ursprung. Nein, es ist dies in diesem Bücherherbst keine gute Literatur.
Der Kaiser ist nackt? Leider. Aber er lebt. Denn bisweilen glückt doch der überraschende Durchbruch, die blitzartige Erhellung, die auf das Schlimmste mit dem Schönsten reagiert. Ein solcher Fall ist der noch junge Schweizer Autor Herrmann Burrger.
In Herrmann Burrger, der im Aargau ebenso zu Hause ist wie in der Bundesrepublik, verehren wir bereits heute ebensosehr den sensiblen Sprachkünstler wie den kompromißlosen Aufklärer, den poeta doctus ebenso wie den Bürgerschreck, den Magister ludens nicht weniger als den fröhlichen Vagabunden und Taugenichts, den engagierten Sozialkritiker Zolascher Prägung ebenso wie den Harlekin und den die Gesellschaft provozierenden Eulenspiegel, den Konservativen und Traditionalisten nicht minder als den wahrhaften Avantgardisten der spezifisch schweizerischen Prägung, wie wir ihn von Max Frisch, Dürrenmatt, Peter Bichsel und Gottfried Keller her kennen und schätzen. Herrmann Burrger ist nicht weniger der Meister der kleinen Form wie der Autor mit der Begabung, die große Form zu bewältigen; in seinem bisherigen Gesamtwerk finden wir ebenso die weitausholende Epik wie Elemente des Dramatischen und sogar Lyrischen. Und wenn wir uns fragen, was das Besondere, das spezifische Element ist, das uns in Herrmann Burrgers Büchern von Buch zu Buch mehr und neu bewegt und erregt, dann kann die Antwort – dessen bin ich sicher – nur lauten: Es ist die Sprache selber.
Ja, es ist jene Sprache, in der Seite für Seite, oft Zeile für Zeile, Buchstabe zu Geist und umgekehrt Geist zu Buchstabe wird. Mit anderen Worten: Sprache. Denn was wäre Sprache anderes als Belehrung und Aufklärung, Monolog und Dialog zugleich. Herrmann Burrgers Sprache ist die Sprache eines Schelmen und gleichzeitig eines Gelehrten. Dieser Autor ist ein Schelm, wie Till Eulenspiegel einer war und Leporello und Sancho Pansa und Oskar Matzerath (...), vom weitflächigen Panorama des Shakespearischen Narren ganz zu schweigen. Der Schweizer Autor Herrmann Burrger setzt somit eine Tradition fort, die mit der Commedia dell' Arte, mit Shakespeare und mit Cervantes begann, die sich mit Sterne und Fielding, Thackeray und Dickens, Voltaire und Diderot fortsetzte und die heute mit Carlos Fuentes, Miguel Angel Asturias, Hermann Borges, Márquez, Sinclair Lewis, Fedor Michajlowitsch Dostojewskij, Max Frisch, Dürrenmatt, Peter Bichsel und Herrmann Burrger vorläufig endet. In Herrmann Burrger haben wir jene repräsentative schweizerische Dichtergestalt zu sehen und zu erkennen, die in

Wahrheit eine europäische ist, ja, eine der Weltliteratur! Es ist der Narr, der mit der Pose Hamlets und mit faustischer Gebärde dem Zeitgeist Leopold Blooms die Maske Pirandellos der Nietzscheschen Lebenslüge von jenem Kopf reißt, von dem zuletzt Günter Grass' (leider mißlungene) ‚Kopfgeburten' handelten, wovon Literatur – und ich rede von guter Literatur! – immer und jederzeit handelt und wovon letztlich natürlich also auch Herrmann Burrger handelt und redet. Ja, es ist die Maske ebensosehr des Imperators wie des Weisen, der Anteilnahme, die aber auch Resignation ist – des Pädagogen aus der Tradition Pestalozzis wie des Sängers von den Sirenen. Virtuosität und Spontaneität, Schmerz und Stil finden bei Herrmann Burrger zu einer poetischen Einheit wie sonst nur noch in der Lyrik von Ulla Hahn, und wie diese ist die Prosa von Herrmann Burrger frei von Epigonalem und Eklektischem. Und (scheinbar!) mühelos gelingt ihm wie Ulla Hahn die Verschmelzung des Überlieferten mit der eigenen Sprache. Herrmann Burrger besingt das Elend der Welt mit Anmut, ihre Passion mit Schwermut, ihr Glück mit Übermut. (...) Herrmann Burrger zögert nicht, heute Prosa zu schreiben, in der ebenso epische Elemente vorhanden sind wie Fabeln und Parabeln – während Balladen und Moritaten bezeichnenderweise fehlen. Damit ist angedeutet, was der Leser Herrmann Burrgers in erster Linie zu erwarten hat: den künstlerischen Ausdruck der Leiden und der Freuden. (...)

Zwar ist dies der seit Jahren schwächste Bücherherbst, aber was gesagt werden muß, muß auf möglichst einer ganzen FAZ-Seite auch gesagt und ausposauniert sein. Mit anderen Worten: Herrmann Burrgers Domäne ist die Sprache, und die Domäne dieser Sprache ist die Prosa. (...) Herrmann Burrger schreibt weder Sonett noch Distichon, die strenge Form des Ghasel lehnt er ebenso ab wie die Asklepiadeische Ode Peter Hölderlins und Herrmann Klopstocks – nein, all dies hat Herrmann Burrgers Prosa gar nicht nötig – sondern in unserer Eigenschaft als Pluralis maiestatis der guten gegenwärtigen deutschen Literatur erklären wir hiermit feierlich: In Herrmann Burrger verehren wir den Schmelz des Brillanten ebenso wie die Rasanz des Furiosen und die Gekonntheit des Psychologischen und Psychopathischen und was uns halt sonst noch unreglementiert an hartköpfigem Altherrenschmonsus aus der Volkshochschule von 1930 durch die Rübe rauscht. Es ist der aufklärerische Geist Schillers, Kants und Herders, der durch diese unsere Zeilen weht, das Erbe Hebels findet sich darin haargenau so wie das Herbert Hebbels, Hermann Hesses und Harry Hemingways. In Herrmann Burrgers Büchern aber bewundern wir, was wir schon bei Peter Bichsel, Peter Rühmkorf, Peter Maiwald, Peter Huchel, Peter Handke, Peter Hamm und Peter Hahn bewunderten: Nichts. Der Rest in Schweigen. Ich aber schweige noch immer nicht. Als Unser Lautester im Lande rede ich. Ich rrede Schmarrren, Schmarrrren, Schmarrrrren! Doch schmarrrend halte ich die Stellung. Ich schmarrre – errgo sum.

(Erstmal erschienen in: „Frau Killermann greift ein". Zürich: Haffmans 1985. Auszug)

Georg Hensel

Geboren am 13. Juli 1923 in Darmstadt-Arheilgen. Liebig-Realgymnasium, Darmstadt; Abitur 1941. Soldat bei Nachrichten- und Nachrichtenaufklärungs-Einheiten bis Kriegsende. 1945 bis 1974 beim „Darmstädter Echo"; Redakteur, Feuilleton-Chef, Theaterkritiker. Freie Mitarbeit bei der „Stuttgarter Zeitung", der „Welt", der „Süddeutschen Zeitung", der „Zürcher Weltwoche", bei Rundfunk und Fernsehen. Mitarbeiter der Zeitschrift „Theater heute" seit dem Gründungsjahr 1960; 1970/71 erster Kolumnist dieser Zeitschrift. Seit 1. Januar 1975 Theaterkritiker und für Theater zuständiger Redakteur der „Frankfurter Allgemeinen Zeitung". Mitglied des deutschen PEN seit 1958; Austritt aus politischen Gründen 1977; Eintritt ins Schweizer PEN-Zentrum 1979. Mitglied der Deutschen Akademie für Sprache und Dichtung seit 1984. – Auszeichnungen: Johann-Heinrich-Merck-Preis für literarische Kritik der Deutschen Akademie für Sprache und Dichtung (für den Schauspielführer „Spielplan") 1968. Carl-Zuckmayer-Medaille des Landes Rheinland-Pfalz für Verdienste um die deutsche Sprache 1982. Julius-Bab-Kritiker-Preis 1982. Egon-Erwin-Kisch-Preis für eine Reportage über die eigene Herzoperation 1983. – Verheiratet seit 1950; ein Sohn.

Buchveröffentlichungen: *Nachtfahrt.* Reinbek: Rowohlt 1949/*Etappen.* Erzählungen. Viernheim: VVV-Verlag 1956/*Griechenland für Anfänger.* Reisebericht. Zürich: Diogenes 1960 und 1963/*Kritiken.* G. R. Sellners Theater in Darmstadt. Darmstadt: Reba-Verlag 1961/*Ägypten für Anfänger.* Reisebericht. Zürich: Diogenes 1962/*Spielplan.* Schauspielführer von der Antike bis zur Gegenwart. 2 Bände. Berlin: Propyläen 1966; erweiterte und aktualisierte Auflagen 1975, 1979, 1981 und 1986/*Samuel Beckett.* Monographie. Velber: Friedrich Verlag 1968 und 1970. Deutscher Taschenbuchverlag 1977. (Mexikanische Ausgabe, Fondo de cultura económica 1972)/*Stierkampf.* Essay. Darmstadt: Toeche-Mittler Verlag 1970/*Wider die Theaterverhunzer.* Dreizehn polemische Predigten. Zürich: Diogenes 1972/*Das Theater der siebziger Jahre.* Kommentar, Kritik, Polemik. Stuttgart: Deutsche Verlagsanstalt 1980. Deutscher Taschenbuchverlag 1983/*Theaterskandale und andere Anlässe zum Vergnügen.* Feuilletons. Stuttgart: Deutsche Verlagsanstalt 1983.
Herausgeber: *Der Datterich im Darmstädter Biedermeier.* Darmstadt: Roether 1975, 1980 und 1986/Ausgrabung des Fragebogens Marcel Proust für das F. A. Z.-Magazin 1980; Buchausgabe. Zs. m. V. Hage: *Indiskrete Antworten.* Stuttgart: Deutsche Verlagsanstalt 1985.

Georg Hensel

Es ist ein Rezensent

Theaterkritik – für wen wird sie geschrieben?

In einem klassischen Brief heißt es: „Was ich von einem niederträchtigen Menschen, wie der Verfasser Ihrer Theaterrezensionen ist, zu erwarten habe, schwebte mir vor, als ich Sie neulich freundschaftlich um künftige Mitteilung solcher Aufsätze ersuchte. Sie schikken ihn mir gegenwärtig halbgedruckt, und ich kann nur so viel sagen: daß, wenn Sie nicht selbst geneigt sind, den Aufsatz zu unterdrücken, ich sogleich an Durchlaucht den Herzog gehe und alles auf die Spitze setze. Denn ich will entweder von dem Geschäft sogleich entbunden oder für die Zukunft vor solchen Infamien gesichert sein. Ich erbitte mir vor vier Uhr Ihre Erklärung darüber, mit dem Schlage geht meine Vorstellung an Durchlaucht den Herzog ab."

Der Verfasser dieses Briefs ist Minister und Theaterdirektor Goethe, in Weimar, am 12. Januar 1802. Er stellt an Friedrich Justin Bertuch, den Gründer der „Jenaischen Allgemeinen Literaturzeitung", ein scharfes Ultimatum: Er droht mit dem Herzog und mit seinem Rücktritt. Obwohl Goethe selbst Rezensionen schrieb, auch scharfe Verrisse, wollte er in Weimar sein Theater nur gelobt haben. Oft zitiert wird seine unfreundliche Aufforderung: „Schlagt ihn tot, den Hund! Es ist ein Rezensent." Mit seinem sächlichen „Es" ließ Goethe dem Rezensenten nicht einmal das Geschlecht: Der Kritiker wurde von ihm, wenigstens grammatikalisch, kastriert.

Den Theaterkritiker gibt es erst, seitdem es jene öffentliche Meinung gibt, die von den in der Zeitung veröffentlichten Meinungen mitgebildet wird: seitdem jeder die Möglichkeit hat, sich täglich über jeden Gegenstand von Belang zu informieren. Zur Notwendigkeit geworden ist die Theaterkritik erst, seitdem die Bühnen nicht mehr nur provinzielle Aktualitäten spielen, sondern auch ein historisches und ein internationales Repertoire: seitdem es notwendig geworden ist, ins Theater nicht nur Genußfähigkeit, sondern auch einige Kenntnisse mitzubringen, die in einer hochspezialisierten Gesellschaft nicht mehr jeder Theaterbesucher von Haus aus haben kann. Der Kritiker, der solche Kenntnisse auch durch Reisen, durch Erfahrung und Vergleich erwirbt, ist naturgemäß der Mann ihrer Verbreitung. Sein Platz ist beim Publikationsorgan, bei der Zeitung oder beim Rundfunk. Er ist ein Journalist; kein Dramaturg. Primär schreibt er für seine Leser; nicht für die Bühne.

Nach einem populären Witzwort sind die Kritiker wie Eunuchen: Sie wissen zwar genau, wie es gemacht wird, aber sie können es nicht. So schön diese Pointe ist, so falsch ist sie: Kritiker sind nicht dazu da, den Autoren, Regisseuren, Bühnenbildnern, Schauspielern zu sagen, wie es gemacht wird. Die Kritiker sind dazu da, ihnen zu sagen, wie sie von der Bühne herunter auf einen aufmerksamen Zuschauer wirken.

Wenn ein Angehöriger des Theaters überhaupt etwas von einer Kritik profitieren kann, so nur auf Grund dessen, daß der Theaterkritiker nicht zum Theater gehört: das allmähliche Wachsen einer Inszenierung nicht verfolgt; die Schwierigkeiten der Schauspieler und ihre Überwindung beim Probieren nicht sieht – dies, auch auf die Gefahr hin, ungerecht zu urteilen, nicht sehen darf, denn es zählt für den Theaterkritiker nur das, was auch das Publikum sieht.

Der wäre ein schlechter Theatermann, der sein Theater nicht so sehr liebte, daß es für ihn zum Mittelpunkt der Welt wird. Der wäre ein schlechter Kritiker, der das Theater nicht sehr liebte – aber Mittelpunkt der Welt darf es für ihn nicht sein, sondern eine Kunstform unter anderen, und jede Kunstform nur eine Lebenserscheinung unter anderen.

Ohne diese Verschiebung des Blickpunkts ist Distanz nicht möglich, und ohne Distanz keine Kritik. Diese andere Perspektive hat der Theaterkritiker dem durch die Probenarbeit distanzlos gewordenen Theatermenschen voraus. Durch sie kann der Theaterkritiker dem Theater nützlich sein, doch führt die andere Perspektive notwendigerweise manchmal auch zu Härten gegenüber dem Theater. Wenn es ein gutes Theater ist und eine gute, das heißt argumentierende Kritik: zu fruchtbaren Härten.

So wenig der Theaterkritiker zum Theater gehört, so wenig gehört er zum Publikum: Das Publikum darf unbefangen reagieren und es damit genug sein lassen; der Kritiker muß seine Reaktionen begründen und sich deshalb mehr mit dem Theater und dem Stück beschäftigen, als es dem Publikum möglich ist. Auch dies ergibt eine notwendige Verschiebung des Blickpunkts und damit manchmal notwendige Härten gegenüber dem Publikum.

Der Theaterkritiker steht zwischen dem Theater und dem Publikum. Er ist ein Mann des Publikums, der seine Meinung mit Argumenten des Theaters vertritt. Seine Meinung ist nach einem Theaterabend die erste schriftlich begründete Reaktion; nicht mehr, aber auch nicht weniger.

Die Theaterkritik ist, falls sie gut ist, kein wissenschaftlicher Aufsatz und keine Imponierprosa für Kollegen. „Wer soll diese Abhandlungen lesen?“, stöhnte Alfred Döblin 1925, in einer Blütezeit der Theaterkritik, und polterte weiter: „Ich verlange keine Verbeugungen vor dem Publikum, aber eine leserliche Handschrift, Temperament, Witz, Geist! – aber verunglückte Privatdozenten, Professoren sitzen da! Wie schrecklich gebildet, wie unlebendig, leblos, ledern schreibt das! Das wollen Journalisten sein?“

Viele Theaterkritiker wollen in der Tat keine Journalisten sein: lieber eben doch Privatdozenten, Literaturprofessoren, Über-Dramaturgen oder Theaterleiter auf Abruf. Die Theaterkritik aber beschäftigt sich mit Literatur nur so weit, als aus ihr Theater gemacht wird. Sie ist zunächst gerichtet an die Konsumenten und erst in zweiter Linie an die Produzenten des Theaters. Sie dient den nichtspezialisierten Lesern der Journale: durch sachliche Informationen, durch begründete Meinungen, auch durch subjektive Temperamentsausbrüche. Gewiß muß man hinterher reflektieren, doch darf man vorher explodieren: Theater ist auch emotional, das sollte man beim Lesen der Kritik spüren.

Theaterkritiken werden beim Frühstück und in den öffentlichen Nahverkehrsmitteln überflogen. Es sind keine Urteile für die Ewigkeit, es ist keine Prophetenprosa. Der Kritiker hat sich gefälligst hin und wieder mit seinem Publikum oder auch gegen sein Publikum zu irren – dazu braucht er sich nicht besonders anzustrengen, das geht von selbst.

(1987)

Alban Nikolai Herbst

Geboren 1955 in Refrath bei Köln. Aufgewachsen in Köln, Traunstein/Obb., Braunschweig, Bremen, Syke. Abgebrochenes Gymnasium, Lehre, Jobs, Zivildienst. Abendgymnasium. Studium der Philosophie. Niedersächsisches Nachwuchsstipendium für Literatur 1981. Stipendium der Frankfurter Künstlerhilfe 1984. Wohnstipendium der Alten Hauptfeuerwache Mannheim 1985. Arbeitsaufenthalt in der Casa Baldi, Olevano, 1987.

Buchveröffentlichungen: *Marlboro.* Prosastücke. Hannover: Postskriptum Verl. Ges. 1981/*Die Verwirrung des Gemüts.* Roman. München: List 1983/*Die blutige Trauer des Buchhalters Michael Dolfinger: Lamento.* Göttingen: Edition Herodot 1986/*Joachim Zilts Verirrungen.* Erzählung. St. Gallen: Narziss & Ego 1986.
Theaterstücke: *Rühm.* Ein Arrangement nach Gerhard Rühm (Uraufführung im Kellertheater, Frankfurt/M.) 1983.

Alban Nikolai Herbst

Text zur Autoren-Anthologie

Nachdem Hans Erich Deters zweiunddreißig Jahre alt geworden war und unter meinem Namen genügend Literatur veröffentlicht hatte, um nur noch unvollständig verschwiegen werden zu können, richtete die Kulturbürokratie an ihn ein freilich zuvor mich erreichendes Schreiben. Darin wurde er gebeten, sich an einer Anthologie zu beteiligen, welche die Literaten der Stadt gewissermaßen vereinigt und also repräsentativ vorzustellen gedenke. – Bereits beim Überfliegen dieses Briefes ahnte ich die Verknotungen, in die er Deters zurren würde, der ja nicht nur publizitätsscheu, sondern vor allem von literarischer Pedanterie und Eigensinn gezeichnet ist. Da ich sorgte, einmal mehr für ihn seine Probleme lösen zu müssen, ich ihn andererseits aber auch nicht in den Zirkel der *s. f. p.'s* stürzen wollte, schickte ich die Sendung kommentarlos weiter, verhielt mich abwartend, ja, ließ mich sogar einige Male durch meine Frau verleugnen, als er, wie befürchtet, anrief. Schließlich erreichte mich ein Packen Manuskripte, handschriftlich teils, zusammengebunden, als hätte er sie in Panik loswerden wollen; abgebrochene Ansätze, Erzählfragmente, Epigramme, darunter jahrealtes Zeugs. Deters hatte ein Vorsatzblatt darangeheftet, auf welchem in seiner engen Krakelschrift stand, er habe nicht Zeit noch Lust, sich mit dem Unsinn zu befassen, und bitte mich, etwas aus den beigefügten Skizzen zusammenzustellen, das ihm entspreche. Er lege mir einen Scheck über 1 500,– DM bei, der mich dafür entschädigen möge, daß sich der Auftraggeber der Anthologie, nämlich die sich zum Zwecke der Täuschung „Literaturstadt" nennende Örtlichkeit, mitnichten imstande sehe, ein geschweige angemessenes Honorar auszuwerfen. Gleichwohl glaube er, Deters, daß es sich bei dem Projekt eher um Eigenwerbung denn das vorgegebene literarische Interesse handle. Auch aus diesem Grund möge ich diesmal nicht nur meinen Namen, sondern auch mein Gesicht zur Verfügung stellen; seines möge er in solchem Kontext nur ungern offenbaren. Im Postskriptum schließlich gab es die für ihn typische Mahnung: „Erzählen Sie auf keinen Fall eine Geschichte, machen Sie mich nicht dummgemein!"

Ich sandte den Scheck, sicherlich zu beinah erschrecktem Staunen meines Kontoführers, an das Postgiroamt und machte mich danach ans Entziffern der Deters'schen Skizzen. Einen Nachmittag lang befaßte ich mich mit den für seinen Geist ungewöhnlich chaotischen Aufzeichnungen, fand aber schließlich doch eine Bemerkung, die geeignet schien, den Einstieg zu markieren: Zwar sei es richtig, formulierte Deters, daß eine rein äußerliche Bestimmung oft die innere Wahrheit von Texten garantiere – er denke etwa an die strengen Regeln des Sonetts –, und auch, daß Autoren zur Abfassung eines literarischen Werkes nicht mehr als 6 336 Anschläge zur Verfügung stehen, könne sich durchaus in literarischer Schönheit, meist aber diese niederschlagen – es müsse in jedem Fall bezweifelt werden, daß sich hieraus ein Portrait ableiten lasse. – An übrigens anderer Stelle widmete Deters der Schilderung all jener Probleme nahezu sechs Seiten, denen ein Autor unterworfen werde, wenn er seine Texte gänzlich transzendenten Kriterien entgegenschrieb, welche nämlich nicht einer künstlerisch/gesellschaftlichen Konvention und erst recht nicht dem Textgegenstand selbst entsprängen, sondern beispielsweise dem ökonomischen Rotstift. – Ganz offensichtlich, so schien Deters' Schlußfolgerung gelautet zu haben, ejakuliere im Plan der Stadt, „ihre" Autoren zu portraitieren, der bekannte neudeutsche Provinzchauvinismus, der im Wege eines Reader's Digest nun Eigenlob

vorantreiben wolle und natürlich eben deshalb darauf achten müsse, eben das *nicht* zu liefern, was zu liefern er vorgebe, sondern statt dessen einen wenigstens literarisch ungefährlichen 140-Autoren-Lauf um zum Beispiel den Palmengarten herum. Je weiter ich nun in Deters' Skizzen und Gedanken herumstöberte, um so klarer wurde mir der Gedanke, den er offensichtlich erfaßt hatte, um der Situation zu entkommen. Es war ihm klar, daß es keinen Sinn hatte, eine Teilnahme zu verweigern; vielmehr hatte er teilzunehmen beschlossen, ohne es zu tun. Was hätte sich für eine solche Taktik besser geeignet als unser Produktionsverhältnis? Gesetzt nämlich, ich offenbarte meinen Hintermann (was ich hiermit tue), so werde doch nur geglaubt, es handele sich um eine weitere meiner Exaltationen. Ich könne mich anstrengen, wie ich nur wolle, und tausendfach beteuern, die eine oder andere rüde Bemerkung entstamme nicht eigentlich mir, ich deckte sie nur der Entlohnung wegen – es nutzte nichts. Kaum etwas anderes war in auch nur ähnlicher Weise imstande, seine These zu belegen, dernach es „unmittelbare“ Literatur nicht gebe und niemals gegeben habe, schon gar nicht aber die „richtigen Geschichten“, nach denen gewisse und vor allem ungewisse Feuilletonisten ständig verlangten, weil sie sich nach einfachen Menschen sehnten. Die dem Literaten gestellte Aufgabe laute vielmehr (wie oft nicht hat er mir das geschrieben!), solchem Geschwätz mit Nachdruck zu widerstehen, zumal noch immer Autoren und Leser, vor allem aber Rezensenten, nicht begriffen, wie überflüssig sie längst seien – daß sich, wer als femme oder homme de lettres überleben wolle, erst erschaffen und also auf das besinnen müsse, was sich nicht durch etwa den Film ersetzen lasse. Nur eine Literatur, die nicht zu transkribieren sei, habe noch eine Chance, also die des deskriptiven *Gedankens*. Ein zwar nicht schönes, so doch apartes Beispiel stelle unsere Verbindung dar, die ja nun gewiß keine „sinnliche“ sei – schon gar nicht jedoch für einen Leser, der weder mich noch ihn, jedenfalls nicht den Autor kenne.
Lange saß ich über den Texten, meinen eigenen Exzerpten, Entwürfen, Gliederungen. Schließlich beschloß ich, die Gedanken, die ich aus Deters' Textfragmenten rekonstruiert hatte, gewissermaßen direkt zu referieren, also sie nicht literarisch einzukleiden. Um nun meinem Auftrag gerecht zu werden, mußte ich so tun (und tue ich so), als handelte es sich um eine Fiktion, und zwar eben dadurch, daß ich so tue, als wäre es Wirklichkeit. Es galt, Wirklichkeit als Täuschung zu simulieren. Hieran hätte, dachte ich, Deters sicher Freude. Denn ein vermeintlicher Leser würde und wird die Täuschung als eine solche *realisieren* (nämlich: wirklich machen), aber doch, um eben einer Täuschung zu entgehen, alle die Überlegungen nachvollziehen, um schließlich spätestens in diesem Satz aufs Fangeisen zu treten. Erst nun bliebe nicht einmal mehr der Vorschein von Gewißheit zurück, es sei tatsächlich *ich* hier porträtiert worden.

(1987)

Ernst Herhaus

1932 geboren in Ründeroth/Bez. Köln. 1936 Prägung: Angst (Erzählung meiner Mutter von Klemens, meinem Zwilling, der tot zur Welt kam). 1937 Sinfonie Nr. VII von Beethoven: Gott existiert. 1949 Entscheidung: Schriftsteller. 1951 Kontrollverlust als Alkoholiker, Beginn des Phasenverlaufs dieser Krankheit. Autodidakt. Verlassen der „gesunden" Sphäre für immer. Gasthörer bei Guardini (München), Merleau-Ponty, Georges Friedmann (Paris), Adorno, Horkheimer (Frankfurt). Entdeckung meines Alter Ego in Paris, durch erste Lektüre der „Strahlungen" von Ernst Jünger. Freundschaft mit Max Horkheimer (ab 1957), Heirat mit Eleonora („Schneeflocke") 1959. 1964 Erster Trinkstop für länger. Beginn mit dem Roman „Die homburgische Hochzeit". 1967 Rückfall. Noch einmal sechs Jahre im Suchtgrab, bis zum neuen, dieses Mal für Selbsthilfe ausreichenden Tiefpunkt. 1973 Kapitulation als Alkoholiker, Beginn mit Gruppenselbsthilfe. 1977 Erscheinen meines Berichts „Kapitulation". Dozent an der Frankfurter Universität (Phantasie und Schreiben). 1979 erste Reise durch Nordamerika (Lesungen, Mitgestaltung von Gruppenselbsthilfe in zwanzig Großstädten). 1980 Gastprofessur an der Florida University in Gainesville/Florida (Über den zeitgenössischen Roman. Seminare über Christa Wolf, Alexander Kluge). 1984 erster Besuch in Wilflingen. Beginn der Freundschaft mit meinem stärksten Angstfreund, Ernst Jünger, den ich den „Magus des Südens" nenne, in Anspielung auf Hamann, den Magus des Nordens. 1984–1985 Aufbau einer Selbsthilfegruppe in der Bernhard Salzmann-Klinik Gütersloh. Beginn mit der Niederschrift einer Kritik der Selbsthilfe, wie sie jetzt (noch) ist. (März 1987)

Buchveröffentlichungen: *Der zerbrochene Schlaf.* München: Deutscher Taschenbuchverlag 1981/*Gebete in die Gottesferne.* München: Deutscher Taschenbuchverlag 1982/ *Die homburgische Hochzeit.* Roman. Zürich: Diogenes 1983/*Die Eiszeit.* Roman. Zürich: Diogenes 1984/*Notizen während der Abschaffung des Denkens.* Zürich: Diogenes 1984/*Kapitulation.* Zürich: Diogenes 1986/*Der Wolfsmantel.* Roman. Zürich: Diogenes 1986.

Ernst Herhaus

Unterwegs

Es gibt kein Wissen vom Weg, außer auf dem Weg.
Aber es gibt das Wunder, daß der Weg auch dann,
wenn du erschöpft stehen bleibst, mit dir weiter-
geht.

Es gibt keinen Weg, außer deinem eigenen Weg.
Aber es gibt die Erfahrung, daß du deinen eigenen
Weg findest, wenn alles sinnlos, traumlos und
wertlos für dich geworden ist.

Es gibt keinen Gott, außer du suchst ihn. Aber es
gibt den Tatbestand, daß du bei dieser Suche auf
deinesgleichen stößt, wenn dir Harren und Hoffen,
Können und Liebe, Müssen und Wollen vergehen, wie
einem Sinnenden die Sinne und einem Sterbenden
die Abgestorbenheit.

Es gibt keine zureichende Sprache, unterwegs.
Aber es gibt die Treue zu denen, die im Gespräch
bleiben. Diese Treue ist Aufrichtigkeit.

(1986)

Hilmar Hoffmann

1925 in Bremen als Sohn eines Kaufmanns geboren. Mit 26 Jahren Volkshochschuldirektor in Oberhausen bis 1965. Gründer und Leiter der Oberhausener Kurzfilmtage (1956–70). Kultur- und Sozialdezernent der Stadt Oberhausen (1965–70). Dezernent für Kultur und Freizeit der Stadt Frankfurt am Main (seit 1970). 1959–62 Theaterkritik für „Die Welt", Theaterglossen für „Welt am Sonntag"; in den 60er Jahren Filmkritik für „Filmforum", „Film-Comment" (N. Y.), „Ekran" (Warschau); Kolumnist für „Christ und Welt"; Rezensionen für „Nürnberger Nachrichten" und „Frankfurter Rundschau"; Beiträge für NDR und WDR. Lehrbeauftragter an den Universitäten Bochum (1967–71), Frankfurt (1973/1981), Marburg (seit 1984); Gastdozent an der Akademie der Arbeit (1972–82), Gastprofessor an der Universität Tel Aviv (seit 1982) und an der Filmhochschule Ramatgan/Israel (1982). Honorarprofessor an der Hochschule für Musik und Darstellende Künste Frankfurt (seit 1983). Mitglied u. a. der Filmbewertungsstelle (seit 1962), der Vergabe-Kommission der Filmförderungsanstalt (seit 1975), des Goethe-Instituts (seit 1974) und der Kreisky-Kommission (seit 1986). Bundesvorsitzender des Kuratoriums Kulturforum der Sozialdemokratie (seit 1984). Ehrenring der Stadt Oberhausen; Deutsches Filmband in Gold; Chevalier de l'Ordre des Arts et des Lettres (Rep. Frankreich); Goethe-Plakette des Landes Hessen.

Buchveröffentlichungen: *Chronik des Kultur- und Dokumentarfilms*. Emsdetten: Lechte 1959 und 1960/*Erwachsenenbildung 62*. Oberhausen: Laufen 1962/*Der Tschechoslowakische Film*. München: Constantin 1964/*Tauben – reisende Boten*. Duisburg: Mercator 1965/*Theorie der Filmmontage*. Bochum: Universitäts-Verlag 1969/*historia del cinema animacao e documentario*. Salvador: Bahia 1970/*Kultur für alle*. Frankfurt: S. Fischer 1979, 2. Aufl. 1981/*Das Taubenbuch*. Frankfurt: S. Fischer/W. Krüger 1981, 2. Aufl. 1987/*Kultur für morgen*. Frankfurt: S. Fischer 1985, 2. Aufl. 1986/*Der Frankfurter Museumsführer*. Frankfurt: S. Fischer 1987.
In Vorbereitung: *Die Fahne führt uns in die Ewigkeit*. Zur Ästhetik des Dokumentarfilms im 3. Reich. Frankfurt: S. Fischer 1988.
Fernsehfilme: *Castros Cuba*. Eine Dokumentation. Zs. m. F. Rumler. ARD 1969.
Herausgeber: *Perspektiven der kommunalen Kulturpolitik*. Frankfurt: Suhrkamp 1974/*Kultur – Zerstörung*. Königstein/Ts.: Athenäum 1983/*Gegen den Versuch, Vergangenheit zu verbiegen*. Frankfurt: Athenäum 1987/*Kultur des 20. Jahrhunderts*. 6 Bände. Start 1987 mit Band V: 60er Jahre. Zs. m. H. Klotz. Düsseldorf: Econ 1987.
Essays, Aufsätze, Analysen in 160 Anthologien, Sachbüchern, Lexika.

Hilmar Hoffmann

Hommage auf Alexander Kluge

Jurist, Autor, Filmemacher, Autorenfilmer, Verfasser des „Oberhausener Manifests" (1962) und Gründer der Ulmer Filmschule (1964), Inkunabel des Neuen deutschen Films, Film-Lobbyist in Bonn und Bayern, Philosoph und Kleist-Preisträger und, in alledem, unbestechlicher Analytiker gesellschaftlicher Entwicklungen der Bundesrepublik.

Reflexe der gesellschaftlichen Physiognomie versucht Kluge, in seinen Büchern und Filmen immer wieder in Frankfurt am Main dingfest zu machen, hier im Spannungsfeld zwischen Kritischer Schule und dem, was Herhaus das „Monument des Spätkapitalismus" nennt. Es ist diese alltägliche Realität, aus der Kluge seine Protestenergie gewinnt, denn nur „wirkliche Verhältnisse klären den Blick für die Handlung (Fiction)".
Als Schüler Adornos weiß Kluge diese „Wirklichkeit" mit der Darstellungsmethode einer Negativen Dialektik souverän in konfigurierenden Bildern zu veranschaulichen. Gegen die Formen jener normativen Ästhetik des Erzählkinos setzt Kluge solche der bewußten Fragmentierung, der formalen Notationen, der konstrastierenden Kaleidoskopie; die separaten Elemente orchestriert er durch die Fugen-Technik der Montage: Authentische Fundstücke, fingierte Dokumente, Sequenzen konziser Beobachtung von individueller Privatheit, ökonomischen Bedingtheiten und gesellschaftlichen Konstellationen; die Bruchlinien fermentiert Kluge durch vergnügliche gedankliche Füllsel seiner „Lust aufs Unwahrscheinliche".

Für Kluges Kino der (respektlosen) Fantasie-Entfaltung können seine beiden ersten Spielfilme als exemplarisch gelten, auch weil damit ab Mitte der 60er Jahre dem deutschen Kino eine neue politische und ästhetische Dimension eröffnet wurde. Kluges „Oberhausener" wehrten sich gegen alle formalen Zwänge, auch fürchteten sie einen weltfremden Eskapismus, den Tucholsky einmal mit dem Bild der aus der Wirklichkeit desertierenden Augen beschrieben hat.

Max Frisch befand über Alexander Kluges ersten Spielfilm *Abschied von Gestern* (1966), Kluge brauche das Ungewöhnliche nicht von den filmischen Mitteln her zu suchen. Er nennt Kluges Stil „antibelletristisch"; tatsächlich verzichtet auch Kluges Prosa auf romanhaftes Fabulieren (Lernprozesse mit tödlichem Ausgang; der Angriff der Gegenwart auf die übrige Zeit; Lebensläufe; Schlachtbeschreibung). Kluges *Abschied von Gestern* hat die Syntax des Films wesentlich erweitert: Der Form nach haben wir es mit einer Collage zu tun. Ihre formal disparaten Teile gewinnen im Kontext einer strengen filmischen Komposition, die sich gleichwohl für die Improvisation offenhält, ihre besondere Bedeutung in einem emotionalen Spannungsgeflecht. Die Montage vereint heterogene Materialien wie Interviews, dialogische und deskriptive Inszenierungen, „gefundene" Realitätspartikel wie Fotos oder Dokumentaraufnahmen sowie Filmtricks und Zwischentitel.
Indem er fremde Texte und Zitate einsprengt und auf die fertige Partitur wohldosierte Musikcollagen appliziert, erhält der Film seine affektiven Momente. In ihrer dramaturgischen Verschränkung korrespondieren die Ebenen von Heute und Früher, Privatheit und Gesellschaft, Kultur und Bürokratie als Chronologie der Sinneseindrücke mit den

inhaltlichen Referenzen. In den Schnittpunkten von Idee, Bild, Text und Ton und im Wechsel von sinnlichen und intellektuellen Bezügen entfaltet sich das Schicksal der heimkehrenden Jüdin Anita G.: Ohne die Hauptperson auf ihre gesellschaftliche Position zu reduzieren, analysiert Kluge ihre private Situation dialektisch als abhängig von unserem politischen Alltag in der Erwartung, daß der Zuschauer den Film mit eigenen Erfahrungen ergänzt. Indem Kluge das „Ungewöhnliche" zum Gewöhnlichen umdefiniert, ergibt sich daraus nichts Geringeres als eine genaue Zustandsbeschreibung der bundesrepublikanischen Wirklichkeit – also mithin auch ihres latenten Antisemitismus.
Auch in *Die Artisten in der Zirkuskuppel: ratlos* (1968) wird die Geschichte nicht in der üblichen Erzählmanier dargestellt, sondern in ihren Signifikanten protokolliert. Kluges semantisches Differential erlaubt ihm, im Wechsel zwischen künstlerischer Abstraktion und dokumentarem Bild gleichzeitig Alltag und Geschichte zu visualisieren: Das geschieht hier am Beispiel der Zirkusdirektorin Leni Peickert, die auf die schöne Idee verfällt, in einer Art Reformzirkus Phantasie über Leistung triumphieren zu lassen. Ihren Kampf setzt Kluge mit der Situation des „Künstlers im kapitalistischen Gesellschaftssystem" gleich. In diesem ebenfalls collagierten Film zeigt sich wieder jene Koeffizienz von Idee und Bild, die sich aus Wort- und Bildzitaten herleitet, ganz ähnlich wie etwa Eisenstein sie verwendet hat.

„Der Film stellt sich im Kopf des Zuschauers zusammen, und er ist nicht ein Kunstwerk, das auf der Leinwand für sich lebt. Der Film muß deswegen mit den Assoziationen arbeiten, die vom Autor im Zuschauer ausgelöst werden ... Das fordert eine indirekte Methode, bei der das, was nachher im Kopf vorgestellt werden soll, niemals direkt abgebildet wird" (Kluge). Das heißt: Kluge verwendet als Erkenntnismaterial nicht nur die definitorische Schärfe seiner Bilder, sondern auch das, was dazwischen geschieht. Bilder und Zwischenräume sollen nicht als statische, in sich abgeschlossene Erkenntnisprodukte rezipiert, sondern als Aufforderung zur gedanklichen Weiterverarbeitung verstanden werden – als Ermunterung, die Konturen auszufüllen.

Film, das ist für Kluge zugleich Ausdruck allergrößter Intimität und Spiegelbild der jeweiligen latenten wie manifesten gesellschaftlichen Strömungen. Ästhetische Figurationen sind ihm zugleich ethische Verhältnisse, getreu dem Diktum von Peter Weiss, wonach die Ethik die Ästhetik der Zukunft zu sein hat. Adornos Forderung, Gesellschaft müßte „vom Objekt her in den Film hineinragen", wurde von Kluge unter Verweigerung kanonisierter Theorien realisiert – als originäre und inzwischen filmhistorische Leistung. Kluge versucht nichts Geringeres als Kunst in die Lebenspraxis zurückzuführen.

(1987)

Werner Holzer

Geboren am 21. Oktober 1926 in Zweibrücken in der Pfalz, aufgewachsen in München und seit 1973 Chefredakteur der „Frankfurter Rundschau“, ist Journalist und Autor zahlreicher Sachbücher. Nach dem Abitur Kriegsdienst als Infanterist von 1943–1945. Schwere Verwundung kurz vor Kriegsende, dann Studium der Geschichte, Philosophie und Zeitungswissenschaft, ohne Abschluß.
Sein journalistischer Weg begann 1947 beim „Mannheimer Morgen“, führte ihn über die Zeitschrift „Der Ruf – Blätter der jungen Generation“ zur „Süddeutschen Zeitung“ und zur „Abendzeitung“ in München. Von 1950–1953 war er am Aufbau eines amerikanischen Artikeldienstes über die westliche Hemisphäre für deutsche Zeitungen und Rundfunkanstalten beteiligt, ehe er im Frühsommer 1953 zur „Frankfurter Rundschau“ kam. In den folgenden elf Jahren war er dort Chef vom Dienst, unternahm aber auch zahlreiche große Reportage-Reisen durch Nord- und Schwarzafrika, den Mittleren Osten, die USA und nach Asien. Von 1964–1973 war er Sonderkorrespondent der „Frankfurter Rundschau“ und der „Süddeutschen Zeitung“ mit Schwerpunkt „Dritte Welt“. Anfang 1973 übernahm er als Nachfolger von Karl Gerold die Chefredaktion der „Frankfurter Rundschau“.
Für sein Buch „Das nackte Antlitz Afrikas“ erhielt er 1962 den „Europäischen Preis Cortina Ulysse“. 1965 wurde er für seine Berichte über den amerikanischen Präsidentschaftswahlkampf 1964 mit dem Theodor-Wolff-Preis ausgezeichnet. 1968 wurde ihm der Deutsche Journalisten-Preis für seine Vietnam-Reportagen zugesprochen.

Buchveröffentlichungen: *Das nackte Antlitz Afrikas.* Sachbuch. Frankfurt: Nest-Verlag 1961/*Die Deutschen und die Franzosen.* Essay. Frankfurt. Ner Tamid-Verlag 1963/ *Washington 6.46 Uhr.* Reisebericht. Stuttgart: Francksche Verlagsbuchhandlung 1964/ *Kairo 2.24 Uhr.* Reisebericht. Stuttgart: Francksche Verlagsbuchhandlung 1965/*26mal Afrika.* München: Piper 1967 und 1968/*Vietnam oder die Freiheit zu sterben.* München: Piper 1968/*Bei den Erben Ho Tschi Minhs.* Reisebericht. München: Süddeutscher Verlag 1971.
Herausgeber: *20mal Europa* – Panorama eines halben Kontinents. München: Piper 1972.

Werner Holzer

Warum wir soviel Worte machen...

Wer in Frankfurt die Internationale Buchmesse erlebt und erleidet, wer die papierene Flutwelle aus ihren Messe-Ständen strömen sieht, der kann leicht auf die Idee kommen, die Welt werde in absehbarer Zeit an dem bedruckten Papier ersticken, das Schriftsteller und Dichter Jahr für Jahr produzieren. Ich kenne gestandene Buchautoren und -kritiker, die regelmäßig die verzweifelte Frage stellen: Wer soll das eigentlich alles lesen? Die andere Frage, von Nicht-Autoren häufig gestellt, ist also durchaus berechtigt: Warum machen diese Schriftsteller so viele Worte? Ja, warum wohl?

Das Bedürfnis, sich mitzuteilen, so sagt man, sei eine Temperamentssache, sei gewissermaßen angeboren. Das ist sicher richtig. Doch nicht jeder, der dieses Bedürfnis empfindet, ist deshalb schon ein Autor. Die meisten wissen das selbst und behalten ihre frühen Gedichte oder späten Gedanken einsichtig unter Verschluß. Andere sind weniger rücksichtsvoll und finden erstaunlicherweise für ihre Werke sogar Verleger.

Aber weder will ich mich hier auf Bewertungen anderer einlassen, noch mich mit dem Verlagsgewerbe anlegen. Als einer, der weder Poet, noch Romancier, noch Dramatiker ist, sondern als Journalist eines Tages anfing, auch Sachbücher zu schreiben, kann ich nur über meine eigene Motivation sprechen. Die großen Dichter sind stets die Seismographen. Sie beschreiben die Innenwelt der Menschen – Ängste und Hoffnungen, Leidenschaft und Resignation –, den Seelenzustand ihrer Zeit also. Sie erfinden Menschenschicksale und Dialoge, die nicht selten wirklicher sind als jene Oberfläche der Welt, die mancher für die Wirklichkeit hält.

Sachbuch-Autoren sind dagegen Handwerker. Sie tragen – hoffentlich – unermüdlich Informationen zusammen, beobachten und analysieren Menschen und Ereignisse, forschen nach den Ursachen und beschreiben die Folgen von Ereignissen und Veränderungen, von menschlichem Handeln und Versagen. Ihre Wirklichkeit ist nicht in uns, sondern um uns. Wenn sie das Geld wert sind, das ihre Leser für sie ausgeben, dann vermitteln sie Wissen und Einsichten, streiten gegen Vorurteile an, erklären, warum die Welt so ist, wie sie ist. Und vielleicht machen sie auch deutlich, was nicht so bleiben darf, wie es ist.

Der Erfolg vieler dieser Handwerker hat seine Ursache in einem Paradoxon: Wir leben, so heißt es auf neu-deutsch, in einer Kommunikations-Gesellschaft. Mit anderen Worten, jeder könnte theoretisch zu jeder Zeit jede einzelne Information irgendwo abrufen. Das Problem dieser scheinbar so aufgeklärten Gesellschaft ist jedoch, daß sie im wirklichen Sinn des Wortes den Wald vor lauter vielen einzelnen Bäumen nicht mehr sieht. Die Verfügbarkeit von unendlich vielen einzelnen Tatsachen und Zahlen, von unterschiedlichen Bewertungen und gegensätzlichen Beschreibungen des gleichen Ereignisses, bedeutet nicht mehr oder gründlichere Einsicht und größeren Überblick, sondern häufig nur mehr Verwirrung und weniger Verständnis. Der Computer als Nothelfer für den Ertrinkenden in der Informationsflut läßt grüßen. Die Kommunikations-Gesellschaft droht zu einer Illusions-Gesellschaft zu werden, in der immer mehr Menschen glauben, sie würden die Zusammenhänge schon verstehen, nur weil ja irgendwo alle Information gespeichert ist.

In einer Welt, in der Wissen sich zunehmend auf das „Gewußt wo" reduziert, wächst die Verantwortung der Sachbuchautoren und Journalisten. Sie müssen „so viele Worte machen", damit ihre Leser nicht nur von Kriegen und Konflikten, von Hunger, Krankheit und Armut etwas erfahren, sondern auch darüber, was die Ursachen und die Folgen sind und wie man sie – vielleicht – verhindern könnte. Es ist die Arbeit an einem Mosaik: der Leser muß alle verschiedenen Steinchen für das Bild haben und es gemeinsam mit dem Autor zusammensetzen. Erst einen Baum, dann den nächsten, bis daraus das Bild des Waldes wird. Nicht der Transport fertiger Bilder und vorgefertigter Meinungen ist dabei die Aufgabe, sondern vielmehr der Versuch, Menschen genügend Material für die Schaffung ihres „eigenen Bildes", ihrer eigenen Meinung in die Hand zu geben. Hier unterscheiden sich Sachbuch-Autoren gründlich von Predigern und Propagandisten.

Nicht daß alle Menschen es so genau wissen wollen. Gar mancher hat sich gemütlich mit seinen Vorurteilen über andere Menschen, andere Länder, andere Methoden oder andere Mentalität eingerichtet. Und nicht jeder läßt sich gerne aus dem gemütlichen Biedermeier seiner eigenen, kleinen Welt herauslocken – zumindest solange wie die Kriege, der Hunger oder das Elend weit von seinem Haus entfernt bleiben. Um so größer ist dann der Schock, wenn Dinge sich über Nacht radikal verändern, wenn man begreift, daß die Welt zu klein geworden ist, als daß friedliche Oasen inmitten einer menschenfeindlichen Wüste für immer sicher sein könnten.

Sachbuch-Autoren, die es sich zur Pflicht machen, beide Seiten einer Medaille zu zeigen, geraten dabei leicht zwischen alle Stühle. Zwei persönliche Erinnerungen seien mir an dieser Stelle erlaubt: Als ich vor einem Vierteljahrhundert in einem Buch über Südafrika (das ich damals Land „Am Kap der bösen Ahnungen" nannte) nicht nur die Amoralität der Rassendiskriminierung beschrieb, sondern auch auf die bösen Folgen für alle Menschen in diesem Land hinwies, haben mich einige konservative Kritiker in die Nähe der Kommunisten gerückt. Zehn Jahre später beschrieben dann einige dieser Kritiker die Lage Südafrikas ebenso wie ich ein Jahrzehnt zuvor. Als ich 1970, nach der Rückkehr aus Nordvietnam, das durch und durch autoritätsgläubige Erziehungswesen im Lande des toten Ho Tschi Minh darstellte – es steht unter dem Hegel-Wort „Bildung vollzieht sich durch zuchtvolle Arbeit an der Sache" –, bin ich bei der jungen Linken in der Bundesrepublik in den Ruf des Reaktionärs geraten. Bestärkt wurden meine Kritiker in dieser Überzeugung, weil ich zugleich auf die tiefen vietnamesisch-chinesischen Gegensätze hingewiesen habe. Einige Jahre später wurde beides dann akzeptiert. Man gewöhnt sich daran, zwischen den Stühlen zu sitzen und hin und wieder Leser zu haben, die nach dem Morgenstern-Wort leben, „daß nicht sein kann, was nicht sein darf".

Aber wie gesagt: Deshalb müssen Autoren soviel Worte machen!

(1987)

Axel Honneth

Geboren am 18. Juli 1949 in Essen. Kindheit und Jugend im Ruhrgebiet. Fortsetzung des Studiums an der FU Berlin. Seit 1983 als Hochschulassistent am Fachbereich Philosophie der Goethe-Universität in Frankfurt.

Veröffentlichungen zur philosophischen Anthropologie, Gesellschaftstheorie und Philosophie.
Zuletzt erschienen: *Kritik der Macht*. Frankfurt: Suhrkamp 1985.

Axel Honneth

Intersubjektivitätstheoretischer Negativismus

Zu Sartres Schrift über die „Judenfrage"

Sartres Aufmerksamkeit ist stets über die Ränder hinausgeschossen, die das Blickfeld des traditionellen Philosophen eingrenzen. Zwar ist seine Theorie zunächst im unpolitischen Milieu des bürgerlichen Gelehrten als ein ganz und gar akademisches Unternehmen entstanden; noch sein erstes Hauptwerk, die 1943 veröffentlichte Untersuchung über *Das Sein und das Nichts*, stellt dem Selbstverständnis nach nur einen Beitrag zu innerphilosophischen Problemstellungen dar. Aber selbst in diesen frühen Schriften Sartres scheint die Argumentation bereits von einer Neugier erfüllt, die über die Lösung theoretischer Fragen hinaus auf die Erkundung von individuellen Existenzerfahrungen dringt; es macht von Anfang an den Rang seiner Philosophie aus, daß in ihr noch die abstraktesten Kategorien einen Durchblick auf jene alltäglichen Lebensvollzüge gestatten, aus deren gedanklicher Verarbeitung sie einmal entstanden. Mit Zeitgespür und Alltagserfahrung sind die theoretischen Arbeiten Sartres daher stets schon so aufgeladen, daß es nicht viel bedurfte, um sie dem Ziel einer Analyse sozialer Vorgänge zur Verfügung zu stellen; in den *Betrachtungen zur Judenfrage* kommt diese soziologische Imaginationskraft der Theorie zum ersten Mal in iher ganzen Breite zum Tragen.
Ihren kategorialen Rahmen bezieht die Studie aus jener eigenwilligen Konzeption der menschlichen Intersubjektivität, die das zentrale Ergebnis der Untersuchung über *Das Sein und das Nichts* gewesen war. Sartre hatte in seinem frühen Werk den Versuch unternommen, eine Ontologie der sozialen Welt aus der Innenperspektive des Bewußtseins eines intendierenden Subjekts heraus zu entwerfen; ein nicht geringes Motiv des ganzen Unternehmens stellte die selbstbewußte Absicht dar, die Daseinsontologie Heideggers mit der Transzendentalphilosophie Husserls nachträglich in einem einzigen Ansatz zu versöhnen. Wenn auch allein schon mit dieser Grundidee eine Reihe von unüberwindbaren Schwierigkeiten verknüpft waren, die inzwischen offen zutage liegen, so ist die Summe an Einsichten doch selbst heute noch verblüffend, zu der Sartre im Gang ihrer Ausarbeitung gelangt. Als die beiden fundamentalen Bestimmungen einer phänomenologischen Ontologie gelten ihm das „Für-sich-Sein" des intendierenden Subjekts und das „An-Sich-Sein" einer mit sich identischen Wirklichkeit; mit jener ersten Seinsweise ist die Intentionalität eines Bewußtseinssubjekts gemeint, das in seinen existentiellen Entwürfen stets schon über sich hinaus ist und also nie mit sich übereinstimmt; die zweite Bestimmung hingegen bezeichnet die Seinsverfassung einer Wirklichkeit, die im Unterschied zur in sich offenen Faktizität des Subjekts nur als abgeschlossene Tatsächlichkeit existiert. Sartre vollzieht den Aufbau der sozialen Welt nun am Leitfaden der negativen Leistungen nach, durch die das Subjekt den Horizont seiner gewählten Möglichkeiten unablässig transzendiert; der Übergang zur intersubjektiven Sphäre ergibt sich dabei aus dem an Fichte erinnernden Argument, daß jenes Subjekt ein Bewußtsein von sich selbst überhaupt nur erlangt, wenn es sich in einem anderen Bewußtseinssubjekt als ein ebensolches Subjekt zu erkennen vermag. Freilich nimmt Sartre die umgekehrte Bewegungsrichtung einer solchen intersubjektiven Begegnung zum Ausgangspunkt seiner Analyse: für ihn stellt nicht die Situation der Wahrnehmung des anderen, sondern die eines Erblicktwerdens durch den anderen die Voraussetzung dar,

unter der ein Subjekt so auf sich selbst verwiesen ist, daß es zu einem Bewußtsein seiner selbst gelangen kann.
Bereits in dieser passivischen Umformulierung mag ein Hinweis auf das Ziel stecken, das Sartre sich mit seiner Analyse der menschlichen Intersubjektivität gesetzt hat; ihm ist es nicht, wie jener Generation deutscher Romantiker, der auch der junge Fichte noch angehörte, um das Ideal einer gelingenden Kommunikation, sondern um den Nachweis ihres unvermeidlichen Scheiterns zu tun. Aus dem Grundriß jener Situation, in der ein Subjekt durch den Blick des anderen überrascht wird, entwickelt Sartre eine Logik des notwendigen Mißlingens der zwischenmenschlichen Interaktion; dem Gedankengang, mit dem er diese innere Negativität der Kommunikation zu erweisen versucht, fehlt es durchaus nicht an Konsequenz, werden die ontologischen Prämissen seiner Argumentation hinzugedacht: wenn nämlich das Subjekt in seiner Seinsweise durch eine wesenhafte Transzendenz ausgezeichnet ist, dann muß es im Erblicktwerden durch ein fremdes Subjekt sich auf einen einzelnen Ausschnitt seines Möglichkeitshorizontes festgelegt sehen; im plötzlichen Gefühl der Scham oder der Furcht eröffnet sich ihm die Gefahr, durch den anderen in die abgeschlossene Faktizität eines „An-Sich" zurückgeworfen zu werden. Der drohenden Vergegenständlichung kann das gefährdete Subjekt dadurch allein nur entgehen, daß es nun umgekehrt das fremde Subjekt auf einen bestimmten Möglichkeitsaspekt hin festzulegen versucht; um sich selbst als ein „Für-Sich" zu erhalten, muß es seinerseits den anderen in die abgeschlossene Seinsweise eines „An-Sich" bannen. Sartre faßt diese Situation einer reziproken Vergegenständlichung zwischen Subjekten als das Anfangsstadium einer negativen Dynamik auf, die alle Formen der zwischenmenschlichen Kommunikation von innen zerstört; seine Intersubjektivitätsanalyse kommt mit dem Nachweis ans Ziel, daß die soziale Welt aus den Beziehungen sich wechselseitig verdinglichender Subjekte zusammengesetzt ist. Es ist derselbe intersubjektivitätstheoretische Negativismus, der auch den gedanklichen Aufbau der Schrift über die „Judenfrage" bestimmt; er gelangt hier in der bedeutsamen Überzeugung zum Ausdruck, daß das Verhältnis von Juden und Antisemiten als ein gewaltsam stillgestellter Kampf um Selbstbehauptung zu verstehen ist. Freilich nimmt Sartre nun die Kategorien, die er zuvor in seiner phänomenologischen Ontologie entwickelt hatte, in einer zweifach veränderten Weise auf: statt der existentiellen Erfahrungen der individuellen Person sind damit in dem neuen Kontext die historisch gebundenen Erfahrungen sozialer Kollektive gemeint. Allein diese begriffliche Transformation versetzt Sartre in die Lage, sein sozialontologisches Modell einer unvermeidlichen Konfliktbeziehung zwischen den Menschen auf den geschichtlichen Fall des Judenhasses zu übertragen; denn nur, weil die ontologischen Bestimmungen jetzt als Bezeichnungen für die kollektiven Erfahrungen tatsächlich existierender Akteure auftreten, können sie die begrifflichen Mittel einer phänomenologisch ansetzenden Zeitdiagnose abgeben. Lassen dadurch die philosophischen Grundbegriffe einen jener historisch-sozialen Erfahrungsgehalte offen zutage treten, auf den sie vorher nur einen undeutlichen Blick gewährten, so verändert sich unter der Hand allerdings auch ihre Bedeutung. Zugleich mit der theoretischen Öffnung für die empirische Welt sozialer Konflikte vollzieht Sartre einen ersten Schritt über den Negativismus hinaus, der seine Intersubjektivitätstheorie ursprünglich beherrschte; die Schrift über die „Judenfrage" eröffnet den Weg, der von dem sozialontologischen Frühwerk in die „Kritik der dialektischen Vernunft" führt.

(Aus „Ohnmächtige Selbstbehauptung". Erstmals erschienen in „Babylon". Beiträge zur jüdischen Gegenwart. Heft 2, 1987)

Irene Hübner

Wer bin ich? Auf jeden Fall ein schreibendes Individuum (das andere gehört nicht hierher). Schreiben – das war der Traum meiner frühen Jugend. Ich schrieb mir die Finger wund und meinen Weltschmerz von der Seele. Ich schrieb naiv – und es floß nur so aus der Feder. Ab und zu habe ich auch etwas veröffentlicht, in Anthologien oder Literaturzeitschriften – „nonkonformistischen" natürlich. Als ich mir später übers Studium (Dritter Bildungsweg) die Welt wissenschaftlich aneignete, verging mir darüber das naive Schreiben gründlich. Ich schrieb jetzt teils wissenschaftlich, teils publizistisch. Erfüllte mir einerseits meinen Jugendtraum, doch andererseits war mir die Gabe abhanden gekommen, nicht nur naiv zu schreiben, sondern überhaupt noch fiktiv zu fabulieren. Es dauerte lange, bis ich begriff, daß einem über der wissenschaftlichen Aneignung der Welt das naive Schreiben vergehen muß, man die dem eigenen Bewußtsein entsprechende literarische Gestaltungsform suchen und finden muß. Dabei gibt es keinen Königsweg – meine Form ist derzeit (noch) die dokumentarische.

Buchveröffentlichungen: *Kulturzentren.* Weinheim – Basel: Beltz 1981/*Kulturelle Opposition.* München: Damnitz 1983/... *wie eine zweite Haut.* Ausländerinnen in Deutschland. Weinheim – Basel: Beltz 1985/*Frauen in der DDR.* Zs. m. H. Schäfer. Frankfurt: Nachrichten-Verlag 1986.
Herausgeberin: *Unser Widerstand.* Deutsche Frauen und Männer berichten über ihren Kampf gegen die Nazis. Frankfurt: Röderberg 1982/*Mehr als Milieu.* Ein literarisch-politisches Lesebuch der Schreibwerkstatt „Leben im Frankfurter Bahnhofsviertel." Frankfurt: Brandes & Apsel 1987.

Irene Hübner

Maggie: Für die paar Pißmark

Wie ich zur Prostitution kam? Eigentlich völlig atypisch. Typisch ist, daß man sich irgendwann mal hinstellt, weil man mehr Geld verdienen, einen besseren Lebensstandard haben will. Bei mir war das ganz anders; so, wie es sich die Leute vorstellen, die keine Ahnung vom Milieu haben. Prostituierte – da gibt es doch nur schiefe Bilder: falsche Heroisierung, scheinheiliges Bedauern mit verführten Mädchen oder den armen Opfern miserabler sozialer Verhältnisse. Dabei ist Prostitution nichts anderes als ein Spiegel der bürgerlichen Gesellschaft...

Also, bei mir stimmen diese Bilderbuchvorstellungen mal ausnahmsweise. Tochter aus gutem Hause, Internatserziehung, von Zuhältern auf die „schiefe Bahn" gebracht ... und dann war die politische Karriere meines Vaters futsch...

Als ich nach Frankfurt gekommen bin, habe ich in einem Saunaclub angefangen. Aber das war ein Schweinestall, alles verdreckt. Da habe ich mich nicht wohlgefühlt und mich, sobald es ging, selbständig gemacht. Ich habe ein Domina-Studio eröffnet. Als Domina zu arbeiten, hatte ich bereits als 15jährige gelernt, die ganzen Praktiken, Stichwort: Leder und Peitsche. Sicher, Sado-macho ist die perverseste Form von Sex, die angeboten wird; aber, mal ehrlich, ich peitsche lieber einen Mann aus, den ich verabscheue, vor dem ich Ekel habe, als daß ich ihn an mich, an meinen Körper heranlasse. Nur, mit dem Domina-Studio war es nach zwei Jahren vorbei, als ich mal für drei Wochen in Urlaub gefahren bin. Ich kam zurück, und das Studio war demoliert, restlos demoliert bis auf die leeren Wände und den Teppichboden. Ich habe dann in einem Bordell im Bahnhofsviertel gearbeitet, auch als Domina. Die Bedingungen waren nicht schlecht, es war das erste Bordell am Platze, und als Domina ist man gefragt. Domina – da braucht man nicht so Angst vor dem Altwerden zu haben, die älteren Frauen werden in dieser Sparte viel besser bezahlt.

Ich hatte mir aber immer gesagt: mit Fünfundzwanzig machst du Schluß! Prostitution – das ist kein Lebensberuf, das hohe Risiko, die Gesundheit ruinieren! Und dann kam mir wieder mal ein Mann dazwischen. Ich habe in dem Bordell gewohnt; aber man will ja auch ein Privatleben haben. Also habe ich mir auch noch eine Wohnung genommen, für mich und diesen Mann. Doch so eine Doppelbelastung, die ist heute nicht mehr tragbar. Einen Mann ernähren und eine Zweitwohnung bezahlen, das ist nicht mehr drin! Finanziell gesehen, ist Prostitution einfach sinnlos geworden. Wirtschaftskrise, Massenarbeitslosigkeit – da wird allemal gespart, und ein Puffbesuch muß ja nicht unbedingt sein. Hinzu kommt die Aidshysterie. Ich habe noch die großen Zeiten erlebt, wo man mit tausend Mark am Tage nach Hause ging. Spitzeneinkommen, die diese Art von Arbeit rechtfertigten. Damit ist es vorbei. Für 3 000 im Monat kannst du Prostitution vor dir selbst nicht mehr rechtfertigen.

Als mir das klar wurde, und wie bereits gesagt, stand für mich immer schon fest, daß man spätestens mit 25 aussteigen muß, geriet ich an die HWG-Frauen, die Selbsthilfegruppe „Huren wehren sich gemeinsam". Im meinem Zimmer in dem Bordell lag ein Flugblatt von ihnen, als ich vom Wochenende zurückkam. Ich habe mich erst furchtbar darüber geärgert, so feministischer Kram stand da drin. Dann bin ich zu dem Treffen gegangen, um denen mal richtig die Meinung zu geigen. Und da bin ich hängen geblieben, die fand ich alle toll...

Das ist jetzt schon fast ein Jahr her. Und ich muß sagen, in diesem Jahr habe ich mich sehr verändert. Die Frauen haben mir geholfen, alles klarer zu sehen, mich weiterzuentwickeln. Ich kann heute auf einem internationalen Hurenkongreß sagen „ich bin Prostituierte und Feministin“, obwohl ich aus der Prostitution ausgestiegen bin. Aber ich stehe dazu, zu meiner Geschichte. Das ist gar nicht einfach. Ich werde mein Abitur nachmachen, will dann studieren, so in Richtung Ökologie, Umweltschutz. Ich hatte einen guten Job in einem exquisiten Lädchen, und der Chef hat mich bei einer Fernsehsendung erkannt, als wir HWG-Frauen eine Aktion vor dem Römer machten. Er hat mich rausgeschmissen, fristlos – das war noch in der Probezeit, da kann man nichts machen. Ehemalige Prostituierte, das hängt einem immer nach...
Zur Zeit halte ich mich über Wasser, indem ich Kleider entwerfe und nähe. Viel Geld bringt das nicht ein; aber anschaffen gehen bringt auch nicht mehr viel Geld. Trotzdem, wenn ich gar nicht mehr anders klarkomme, tue ich es noch – es gibt einen Privatclub, da kann ich immer arbeiten.
Noch kann man in Frankfurt in Ruhe arbeiten. Hier kann jede Frau arbeiten, wo sie will, wann sie will, wie sie will. In Frankfurt braucht keine Frau einen Zuhälter. Wenn allerdings die Sperrgebietsverordnung durchgesetzt wird, ist das vorbei. Weil dann der Raum begrenzt ist, die Frauen um Stehplätze kämpfen müssen. Wenn du dir dann als alleinarbeitende Frau einen Stehplatz erkämpfst, bedeutet das, Klartext gesprochen, nichts anderes, als mindestens eine Konkurrentin niederzuschlagen. Und dann kommt der ihr Mann und schlägt dich zusammen, weil du seine Frau für eine Woche krankenhausreif geschlagen hast. Also mußt du dir auch einen Beschützer suchen.
Wir HWG-Frauen kämpfen um die Anerkennung der Prostitution als Beruf, mit Krankenversicherung, Rentenversicherung und allem, was dazu gehört. Wir sind gegen die Sperrgebietsverordnung, die unsere persönliche Freiheit einschränkt, gegen die ganzen Diskriminierungen, denen eine Prostituierte im Laufe ihres Arbeitslebens ausgesetzt ist. Es gibt keinen Beruf, wo das Aussteigen so schwierig ist. Es gibt aber auch keinen Beruf, wo das Aussteigen ab einem bestimmten Alter so notwendig ist...
Und verdienen tut man auch nichts mehr. Ich habe noch die guten Zeiten miterlebt. Doch wo ist das Geld geblieben? Das haben meine Männer kassiert, und den Rest habe ich selber verpulvert. Aber heute lohnt es nicht mal mehr für Geld – für die paar Pißmark...

(Aus „Mehr als Milieu“. Ein literarisch-politisches Lesebuch der Schreibwerkstatt „Leben im Frankfurter Bahnhofsviertel“. Erstmals erschienen Frankfurt/M.: Brandes & Apsel 1987)

Hadayatullah Hübsch

Geboren am 8. 1. 1946 in Chemnitz, seit 1947 in Frankfurt, Ackermann-Volksschule im Kamerun, Heinrich-von-Gagern-Gymnasium, Internat in Laubach/Oberhessen, Mitarbeit im Hessen-Vorstand der Schülermitverantwortung (SMV) und der Schülerzeitungsorganisation (JPH), Gymnasium in Oberursel (altsprachlicher Zweig), Mitarbeit in V. O. Stomp's Eremiten-Presse, Herausgabe der Literaturzeitschrift „TÖRN", Abitur, Ersatzdienst als Kriegsdienstverweigerer an der Blindenstudienanstalt in Marburg, Leitung von Gruppen des Ostermarsches der Atomwaffengegner, verantwortlich für das Programm des Club Voltaire, Gründung des Hippie-Kommunikationszentrum „Heidi-loves-you-shop" im Westend, nach dessen polizeilicher Schließung Free-Beat-Gruppe „wa-wa-wa-wa-was-ist-los", 1968 Eintritt in die Westberliner Kommune I, Drogenexperimente, Aufenthalt in Nervenheilanstalten und Gefängnissen, zeitweise Dealer, Reise nach Marrakesch/Marokko, Studien des Zen-Buddhismus, Yoga, durch eine Vision zum Heiligen Quran, dem Buch des Islam, geführt, 1970 Eintritt in die reformerische Ahmadiyya-Muslim-Bewegung der Nuur-Moschee am Sachsenhäuser-Berg, Herausgabe der „Zeitschrift der Liebe Allahs: WUDD", Studium der Islam- und Religionswissenschaften, Lehrer an der Hermann-Hesse-Schule für ehemals Drogengefährdete, Heirat mit der Diplomatin Hidayet-Begum Sookia aus Mauritius, freier Mitarbeiter bei der F.A.Z. und anderen lokalen und überregionalen Zeitungen, bei Rundfunkanstalten, Herausgabe der Zeitschrift für Literatur „SADID" (d. h. das klare Wort), Geburt des ersten Kindes, nach dem Tod der Ehefrau 1979 Heirat mit der Derwischtochter Sadiqa Sultana Ahmad aus Indien, vier weitere Kinder, Vorträge über Islam an Universitäten und in Schulen, verantwortlicher Redakteur der Zeitschrift „Weißes Minarett", Kulturkritiker der „Frankfurter Neuen Presse", lebt als freischaffender Schriftsteller in Frankfurt-Unterliederbach, Alemannenweg 62.

Buchveröffentlichungen: *Mach was du willst.* Gedichte. Neuwied: Luchterhand 1969/*Die von der Generation Kamikaze.* Gersthofen: Maro 1970/*Ausgeflippt.* Neuwied: Luchterhand 1971/*Ramadan.* Ein Tagebuch. Frankfurt: Rolf Brück Verlag 1971/72/*Ein neuer Morgen mit Dir.* Altlußheim: Davenport's Press 1974/*Abgedichtetes.* Siegen: Winddruck 1979/*Alternative Öffentlichkeit.* Frankfurt: S. Fischer 1980/*Islam.* Medienpaket. München: Kösel 1983/*Liebe.* Gedichte. Düsseldorf: Eremiten-Presse 1983/*Innenhaut.* Hamburg: M. Kellner 1987/*Konferenz der Vögel.* Tonkassetten. Stuttgart: Klett 1987/*Heimat Blues.* Göttingen: altaquito 1987/*Verloren hab' ich meine Blume und gefunden.* Düsseldorf: Eremiten-Presse 1987.
Theaterstücke: *SpRächen Sieh Deutschlicht.* Sprechoperette. (Uraufführung Frankfurt, Theater am Turm/TAT, 1983).
Zahlreiche Hörspiele sowie Beiträge in Zeitschriften und Anthologien.

Hadayatullah Hübsch

Frankfurt, Du Mainkleinfeine

Frankfurt, Du Mainfeildeine,
Gekreuzigt im Abendlicht
Des Neon, auf hölzernem Beine
Bangst Du um das Morgengericht,

Es schlummern in Deinem Bann-Bauche
Die schwarz-weißen Dichter des Rauchs,
Sie warte, daß Lieb Dir verstauche
Den Krankgang des Wartens, des Hauchs

Daß fliegest Du in freiem Wind,
Zersplitternd die Lanze des Stolzes,
Weil die Adler nicht flügellahm sind,
Ihr Hort nicht im Gestrüpp des Bruchholzes,

Es lungern in Deinen Rotgassen,
Wildernd und treulos und bunt,
Die Sänger, seelenverlassen,
Zu ecken Dein kopfiges Rund,

Diesen Schönkreis gewohnter Gedanken,
Der das Herz zwängt und schwert wie ein Stein,
Ach, geriete Deine Waage ins Wanken,
Wie gern wollt ich dann Dein Sohn sein,

Doch Du krauchst, und verbiestert Dein Sinn,
In der Angst, diesen Wust zu verlassen,
Der da stopft und verplant her und hin,
Daß Dir faule Papierkleider passen,

Der da roht mit Zweifelsgebärde
Und versumpft in der Schwemme des Mehr,
Ach, was lockerte Dir die Erde,
Zu pflanzen den Sproß der Umkehr,

Aus der goldenen Zuflucht der Satten,
Gewürgt von der Schlange Genuß,
In das Reich demütiger Schatten,
Gekrönt von der Heiligen Kuß,

Doch Du spreizst Dein Gefieder in Sonnen,
Die aus Banken und Kunsthallen brechen,
Und verlierst Dein Gesicht in den Wonnen,
Die Dir schwärene Masken versprechen,

Wie Du geilst mit dem Fleisch des Verrats
An der Würde, die dem Kartenspiel grollt,
Das Du anpreist mit der Wollust des Staats,
Der vernarrt um das Götzenbild tollt,

Das Du baust mit verlockendem Lachen,
Aus der Gier, unverwundbar zu sein,
Feuersbrünste der Macht zu entfachen,
Auszuschenken Verführer-Wein,

Ach, wenn Brücken, die Du geschlagen,
Führten hinter den Spiegel der Nacht,
Die Du Frau der Vernuft ausgetragen,
Zu verhüllen der Haßliebe Pracht,

Doch Du liebst nicht, Du haßt nicht, Du weinst
Nicht um Kinder, die schmähen, was ziert
Deinen Tempel, in dem Du vereinst,
Was der Sehnsucht Augen verschmiert:

Sorge nur um der Wahrheit Schein,
Kummer nur, um Dich nicht zu verletzen,
An dem Stachel, der Stachel zu sein,
Der das Heuchelherz ritzt, um zu ätzen

Mit der Säure der Weisheit die Worte:
Ach, zerreiß Deinen Leib, um zu geben
Jedem, der in Dir wohnt, eine Pforte,
Eins zu sein in Dir, Dich zu leben.

(1987)

Peter Iden

Geboren 1938 in Meseritz/Brandenburg. Studium der Philosophie in Frankfurt am Main und Wien. Verantwortlich für die Frankfurter Theater-„Experimenta". Redaktionsmitglied der „Frankfurter Rundschau" (Theater- und Kunstkritik). Gründung und Aufbau des „Museums für Moderne Kunst" in Frankfurt. Seit 1980 Professur an der Hochschule für Musik und darstellende Kunst.

Buchveröffentlichungen: *Edward Bond.* Monographie. Velber: Friedrich 1973/*Die Schaubühne am Halleschen Ufer.* München: Hanser 1979/*Theater als Widerspruch.* München: Kindler 1983/*Gesellschaft – was ist das?* Königstein/Ts.: Athenäum 1985. Herausgeber: *Bilder für Frankfurt.* Katalog. München: Prestel 1985.

Peter Iden

Auf offener Strecke

Am Abend zuvor in den Münchner „Kammerspielen" Ernst Wendts Inszenierung von Hans Henny Jahnns „Medea", eine Aufführung wie ein heftiger, schwarzer, schwerer Traum. Jetzt, 20. Juli, auf der Rückfahrt nach Frankfurt im Speisewagen der einzige Gast. Nahe der Küche im Gespräch: der alte deutsche Koch, der junge italienische Kellner, der Schaffner, hörbar ein Hesse. Der Koch erzählt vom Krieg, Rußland-Feldzug, dann noch Westfront, als er nach Hause kam, waren Frau und Tochter tot. Kein gutes Leben, sagt er, alles zerfallen. Er nehme an: Früher war es besser. Einer seiner Vorfahren sei wahrscheinlich Dombaumeister in Passau gewesen, man habe den sogar nach Florenz geholt, dort habe er ein adliges Mädchen geheiratet, also zu dem Italiener hin: auch in ihm, dem Nachfahren, italienisches Blut. Und eine italienische nennt er dann auch die Lektion, die ihn das Leben gelehrt habe: Nicht an gestern zu denken, auch nicht an morgen – nur an heute.

Der junge Italiener wechselt Thema und Stimmung, beginnt seinerseits eine Geschichte, in welcher der eigene Großvater als Bersagliere auftaucht, Scharfschütze, er erklärt das, Elitesoldat mit einer Feder am Hut. Der Schaffner sagt: Wir haben alle Probleme, kein Leben ohne.

Da hält plötzlich der Zug, auf offener Strecke, es muß kurz vor Würzburg sein. Der Schaffner geht, kommt nach einer Weile wieder: Ein Schulmädchen sei in einen Leitungsmast der Bahn gestiegen, um sich umzubringen. Man habe den Strom abgeschaltet, deswegen der Aufenthalt; es werde kaum gelingen, den Zeitverlust aufzuholen bis Frankfurt. Der Koch: Die Jungen halten es nicht mehr aus, es ist alles zuviel für sie. Der Italiener will aus dem Waggon klettern und nachsehen. Das verbietet der Schaffner, scharf.

Es geht dann weiter. Würzburg ist zu sehen, die Festung auf der Höhe über dem Main, Kirchentürme, das Schloß. In dem Deckengemälde von Balthasar Neumanns Treppenhaus im Schloß hat Tiepolo die bekannte Welt seiner Zeit symbolisch dargestellt, die Kontinente, ihre Bewohner und ihre Herrscher – ein ausgreifendes Weltbild, in einen Winkel hat der Maler sich selber gestellt, der Beobachter mit dem Bewußtsein des Ganzen, das er vorführt, geordnet zur heiteren, anmutigen Übersicht. „Der wirkliche Schmerz", schrieb Antonin Artaud, der wahnsinnige Dichter eines anderen, unseres Jahrhunderts, „besteht darin, daß man spürt, wie sich das eigene Denken in uns selbst verschiebt."

(Erstmals erschienen in „Gesellschaft – was ist das?" Szenen aus dem zeitgenössischen Leben. Königstein/Ts.: Athenäum 1985)

Uwe Japp

Geboren 1948; Studium der Germanstik, Philosophie und Soziologie; Magister Artium 1973; Promotion 1974; Habilitation 1979; Privatdozent für Neuere deutsche Philologie an der Johann Wolfgang Goethe-Universität Frankfurt am Main.

Buchveröffentlichungen: *Hermeneutik*. Der theoretische Diskurs, die Literatur und die Konstruktion ihres Zusammenhanges in den philologischen Wissenschaften. München: Fink 1977/*Beziehungssinn*. Ein Konzept der Literaturgeschichte. Frankfurt: Europäische Verlagsanstalt 1980/*Theorie der Ironie*. Frankfurt: Klostermann 1983/*Literatur und Modernität*. Frankfurt: Klostermann 1987.
Diverse Vorträge, Aufsätze, Artikel und Nachwörter über einzelne Autoren und allgemeine literaturwissenschaftliche Themen in Sammelbänden, Zeitschriften und Werkausgaben.

Uwe Japp

Non olet

Im ersten Akt des zweiten Teils von Goethes *Faust* erfindet Mephistopheles das Papiergeld, um so dem Kaiser aus einer peinlichen Verlegenheit zu helfen. Der Kanzler, dem die Begleichung der anfallenden Zahlungen aus bislang leerer Kasse obliegt, ist sogleich „Beglückt", denn er liest: „Zu wissen sei es jedem, der's begehrt:/ Der Zettel hier ist tausend Kronen wert./ Ihm liegt gesichert, als gewisses Pfand,/ Unzahl vergrabnen Guts im Kaiserland" (V. 6057–6060). Was die Gewißheit des Pfandes angeht, so mögen Kaiser und Kanzler allenfalls noch einige Bedenken hegen; dagegen erscheint weniger bedenkenswert, welchen Wert der Zettel, der tausend Kronen wert ist, für sie darstellt. Genau dies ist aber die Frage, die sich einem heutigen Leser stellt, insofern dieser nicht mehr gewohnt ist, in Kronen zu rechnen, sondern in Mark und Pfennig, Dollar oder Yen. Hier eröffnet sich folglich für den Literaturwissenschaftler ein weites Feld sinnvoller Betätigung.

Nehmen wir deshalb einmal an, ein Literaturwissenschaftler wollte (unter dem Titel *Non olet*) eine Abhandlung über die Bedeutung des Geldes in der Literatur schreiben. Damit hätte er ein Thema gewählt, das ihn von der Formulierung universaler Aussagen dispensierte, da offenbar das Geld nicht in *allen* Werken der Literatur eine Rolle spielt. Andererseits gibt es *viele* Werke der Weltliteratur, in denen die monetären oder pekuniären Verhältnisse eine ebenso wichtige Rolle spielen wie im Leben des wirklichen Lesers: und manchmal sogar die Hauptrolle, wie in *L'Argent* von Zola. Aber wenn auch der Leser wissen mag, wieviel Geld er für ein bestimmtes Buch ausgegeben hat, so weiß er doch häufig nicht, wieviel das Geld, von dem in dem betreffenden Buch die Rede ist, für das Personal jenes Buches wert gewesen ist. Hier kann also die genannte Abhandlung – etwa mit Umrechnungstabellen nach Jahrgängen und Währungen – nützliche Informationen liefern.

Allerdings ist neben der ökonomischen Seite auch die historische Dimension des Themas zu beachten. So gibt etwa Wieland in seiner Übersetzung des *Lügenfreundes* von Lukian zu einer Szene, in der jemand einem hyperboreischen Zauberer vier Minen „baar auf die Hand" gezahlt hat, die Erläuterung: „Die vier Minen betragen nach unserem Gelde etwas über 66 Rthlr." (Anm. 13). Das mag so gewesen sein, aber nun stellt sich eben für den heutigen Leser die Frage, wieviel die 66 Reichsthaler in *seinem* Gelde betragen. Und eine ähnliche Frage wird sich auch dem Leser von morgen und übermorgen stellen, da bei diesen Berechnungen eben auch dem ständigen Kurswechsel, den Auf- und Abwertungen, Inflationen usw. usw. Rechnung zu tragen ist. Die angenommene Abhandlung müßte folglich nicht nur einmal geschrieben werden, sie müßte auch ständig korrigiert und ergänzt werden.

Nehmen wir aber weiterhin an, das Thema solle nicht nur den relativen Wert der Währungen betreffen, sondern auch den Grad der Wertschätzung, der sich mit dem Vorhandensein oder Fehlen bestimmter Summen in den Köpfen verschiedener literarischer Figuren verbindet. Dann wäre offenbar eine methodische Grenze erreicht, die durch den Übergang vom Rechnen zum Interpretieren oder, wenn man so will, von der Empirie zur Hermeneutik bezeichnet ist. Der Literaturwissenschaftler könnte sich aber – angesichts der bedrohlichen Ausweitung seiner Fragestellung – die Bearbeitung seines Themas durch verschiedene Einschränkungen erleichtern. Er könnte folglich über die Bedeutung des Geldes in der Literatur einer bestimmten Epoche mit Rücksicht auf eine bestimmte Gattung im Hinblick auf einen bestimmten Autor am Leitfaden eines besonderen Werkes und schließlich am Beispiel eines einzelnen Wortes schreiben: z. B. über das Wort „money" bei Joyce, *Finnegans Wake*, 227.10. Freilich kann er auch den umgekehrten Weg einschlagen. Womit zugleich zwei prinzipielle Möglichkeiten oder Richtungen der literaturwissenschaftlichen Argumentation benannt sind.

Goethe, um nochmals an das oben erwähnte mephistophelische Papiergeld zu erinnern, hätte bei Gelegenheit wohl ebenfalls Verwendung für die freigebig verteilten „Zettel" gehabt. Am 15. Februar 1809 jedenfalls fragte Johann Jakob Willemer, der Goethe befreundete Frankfurter Bankier und Pächter der für die Entstehung des *West-östlichen Divan* einschlägigen Gerbermühle, schriftlich in Weimar an, wie man es „der Ordnung wegen und sonst aus keiner andern Ursache" mit den 1 000 Gulden halten wolle, die Goethes Gattin von Willemer geliehen hatte. Goethe bekannte sich in seinem Schreiben vom 3. März 1809 als „Selbstschuldner dieser Eintausend Gulden nebst Interessen" und bat um einstweilige Kreditierung, womit Willemer einverstanden war. Die Schuld wurde dann in drei Zahlungen bis zum März 1810 beglichen. Man macht sich vielleicht eine ungefähre Vorstellung von dem Wert des Darlehens, wenn man bedenkt, daß Willemer die Gerbermühle 1790 für einen Jahreszins von 230 Gulden auf Lebenszeit gepachtet hat, während die Kaufsumme seines Frankfurter Stadthauses beim Fahrtor 1796 60000 Gulden betrug.

(1987)

Hans-Klaus Jungheinrich

Geboren 1938 in Bad Schwalbach. Aufgewachsen in Frankfurt/M. Hier Besuch des Lessing-Gymnasiums, in der Untersekunda (10. Klasse) erfolglos abgebrochen. Musikstudien (Dirigieren, Komposition, Klavier) in Darmstadt und Salzburg. Künstlerische Urerlebnisse u. a.: Die „Darmstädter Ferienkurse für Neue Musik" der späten fünfziger Jahre; die „Komische Oper" (Ost-)Berlin; das Œuvre Hans Werner Henzes; die zehn Jahre Michael Gielens an der Frankfurter Oper (1977–1987); Person und Werk von Joseph Beuys; die Prosa von Gottfried Benn, Franz Kafka, Elias Canetti und Karl Kraus. Seit 1960 journalistische Tätigkeit, von 1968 an als Feuilletonredakteur und Musikkritiker der „Frankfurter Rundschau". Zunehmend essayistische und literarische Interessen.

Buchveröffentlichungen: *Die großen Dirigenten*. Düsseldorf: Econ 1986/*Der Musikdarsteller*. Zur Kunst des Dirigenten. Frankfurt: S. Fischer 1986/*Musiktheater*. Kassel: Bärenreiter 1986/*Durchbrüche*. Die Frankfurter Oper. Zs. m. M. Gielen. Weinheim: Quadriga 1987.

Hans-Klaus Jungheinrich

Beim Namen gerufen

Das unerkannte Aufgehen in der Menge war ihm ein Bedürfnis und eine Lust. Wenn er sich im Großstadtverkehr treiben ließ, hierhin und dorthin schaute und unverbindlich und ohne alle Verpflichtung unter lauter fremden Menschen war, riß es ihn mitunter fast schmerzhaft herum, wenn er mit seinem Namen angesprochen wurde und sich dabei ein bekanntes Gesicht aus der flimmernden Flut der Erscheinungen löste. Im ersten Augenblick empfand Carl solche Begegnungen eher als Belästigungen; sie weckten ihn unsanft aus Tagträumen, in denen er die Unbeschwertheit seines Dahingehens genoß und sein Ich ganz leicht schien wie ein Korken auf dem Wasser. Die plötzliche Anrede identifizierte ihn nicht nur, sondern veranlaßte ihn auch zu Handlungen, auf die er unvorbereitet war; mit einem Schlage wurden ihm Reaktionen, Aktivitäten, zivilisatorische Arbeiten auferlegt. Ja, es war so etwas wie Arbeit, wenn er, anstatt seine Miene sauer zu verziehen, nun ein freundliches Lächeln, gar ein hell erfreutes Grinsen aufsetzte und zu jubilieren anhob: „Ach, du bist's, Mensch, das ist ja eine Überraschung! Wie lange haben wir uns nicht gesehen? Nun, wie geht's dir? Immer noch verheiratet? Lebst du noch in Frankfurt? Ach, du wohnst wieder in Frankfurt. Und dein Anwaltsbüro floriert wie Woolworth, und statt Runzeln und Jahresringen setzt du jedes Jahr eine runde Million an..." Carl redete sich manchmal so in die Wolle, daß der andere kaum zu Wort kam – es war, als würde er sich in die unerwartete Begegnung mit einer Leidenschaft hineinsteigern, die seine Gleichgültigkeit zu betäuben trachtete. Dabei schien es ihm, als gewänne er wirklich Interesse an dem, der ihn ansprach. Erst hinterher wußte er, daß das in den meisten Fällen nur angestrengte Mache gewesen war – im Grunde hatte man sich nichts zu sagen und bloß konventionelle Redensarten auszutauschen gehabt. Ja, manchmal hatte Carl sogar schlichtweg das Gefühl, fünf Minuten mit einem Fiesling gesprochen zu haben, mit dem er am besten kein Wort gewechselt hätte. In der Werbebranche, dachte er dann, lernt man schon eine Galerie von Arschlöchern kennen. Ganz unabhängig vom ekligen Nachgeschmack, den solche Begegnungen haben konnten, fühlte Carl aber auch so etwas wie Befriedigung darüber, daß es ihm noch einmal gelungen war, die korrekte bürgerliche Fassade darzustellen und dem Partner in gewandter, weltmännischer Weise entgegenzutreten. Früher hatte er dabei oft versagt und war ins Stottern und Lallen gekommen – oder trog ihn da die Erinnerung, war es längst nicht so schlimm gewesen, wie er dachte? Vielleicht hatte er damals nur ein ganz anderes Wunschbild von sich: Er hätte sich gern als coolen Playboy gesehen. Tatsächlich war er ein überwacher, nervöser und störanfälliger Junge gewesen. Heute sah er sich als Sonderling und Hagestolz mit einander konterkarierenden Zügen von Schlauheit, Geschick und Routine auf der einen und Dickhäutigkeit und Trotteligkeit auf der anderen Seite.

Obgleich er am liebsten seine Ruhe hatte, war er doch auch wieder auf Entdeckung, ja, auf Entdecktwerden aus. Ein merkwürdiges Wechselspiel der Aufmerksamkeit ließ ihn verschlossenen Gesichts im namenlosen Geschiebe auf den Straßen dahingleiten, zugleich aber auch unauffällige Blicke aussenden, ob er nicht doch einen Bekannten erspähe. Galerien, Theaterfoyers oder Cafés zum Beispiel betrat er oft in der durchaus nicht geringen Erwartungsfreude, hier ein vertrautes Gesicht zu finden und ein kleines Gespräch zu führen. Dann war es fast eine Enttäuschung, wenn er allein zwischen den

Bildern umherging oder in seiner Parkettreihe unter lauter Fremden saß. Wieviel anwärmender dagegen ein kurzer Austausch mit einem Bekannten, vielleicht auch nur ein begrüßendes Kopfnicken. Ursache für dieses Bedürfnis schien ihm dieselbe Schwäche und Flüssigkeit seines Selbst, die auch für das Ruhe- und Tagtraumverlangen verantwortlich sein mochte. Er war durchlässig und berührbar, und der kleinste Wind konnte ihn umblasen. Gleichsam in Reaktion darauf hatte sich bei ihm aber auch eine seltsame Unerschütterlichkeit herausgebildet, eine Beständigkeit des Sich-den-Geschehnissen-Überlassens. Passiver Widerstand – vielleicht paßte das. Allerdings war das ganz unpathetisch zu verstehen, denn er war keinen Moment darüber im Zweifel, daß er nichts weiter führte als eine Durchschnittsexistenz, die zu den Menschheitsfragen nichts beitrug und leider auch im kleinsten politischen oder philanthropischen Rahmen so gut wie nichts bewirkte. Die eigene Bedeutungslosigkeit ging Carl gerade auch im Zusammenhang mit seinen künstlerischen Tätigkeiten auf – an dem Mißverhältnis, das zwischen der privaten Befriedigung des Kunsttriebs und dem gewissermaßen spurlosen Verzehr der Resultate durch einen riesigen kulturindustriellen Verdauungsapparat bestand. So wurde ihm der Name, den er auf dem Umschlag seines Gedichtbandes las, denn auch schal – kein Grund zum Stolz, wenn man sich aus der unübersehbaren Menge der Nicht-Autoren in die gleichermaßen unübersehbare Menge der Autoren verzehrt sah. Sein Gedichtbändchen schließlich, ein Sandkorn im Getriebe. Für ihn selbst freilich von größter Bedeutung. Es war ein Stück von ihm, wie der Name, sein Name, mit dem er es aushalten mußte wie mit seinem Körper. Der Name, der so durchsichtig war und so opak. Der Name, den der Grenzbeamte, der in die Reisepapiere sah, unbewegten Gesichtes las wie tausend andere Namen, die ihm nichts sagten und die ihn nichts angingen. Ein Erkennen des Namens hätte nichts Gutes bedeutet – vielmehr Verdächtigkeit signalisiert, gesonderte Behandlung nach sich gezogen. Völlig unwahrscheinlich, daß der Grenzer beim Anblick des Namens Carl Armberger gestrahlt und ausgerufen hätte: „Ach, Sie sind das, ja, ich kenne und liebe natürlich Ihre Gedichte…" Anders schon, wenn Carl ein Fernsehstar oder ein populärer Sportler gewesen wäre. Einen gewissen Zauber hatte sein Name allenfalls für zwei-, dreihundert Menschen, darunter die paar Leser seines Büchleins. Für sie war „Carl Armberger" zwar in vielen Wesenszügen auch ein völlig Unbekannter, aber präsent immerhin mit einigen Figuren seiner Sprache und seines Denkens, mit denen er sich ebenso offenbarte wie verhüllte.

(Aus „Beim Namen gerufen". Romanmanuskript 1987)

Gert Kalow

20. 8. 1921 in Cottbus geboren. Vater Studienrat. Die Mutter meiner Mutter, Maria Margareta Weiz, eine dominierende Gestalt meiner Kindheit, stammte aus einer alten Frankfurter Familie. Einer ihrer Vorfahren, Johann Daniel Weitz (1606–1679), war Bürgermeister von Frankfurt. Seine Eltern und Voreltern hatten den Gasthof „Zu den drei Rindern“ in Sachsenhausen.
Meine Eltern bauten 1927 ein Haus in Gallinchen bei Cottbus. Ich besuchte die Dorfschule, ab 1931 das Gymnasium in Cottbus. Nach dem Abitur 1939 eine furchtbare Zeit: Arbeitsdienst, Wehrmacht, Krieg, Frankreichfeldzug, Gefangenschaft in verschiedenen französischen Lagern bis Juli 1947. Ab Herbstsemester '47 studierte ich in Hamburg und hauptsächlich in Heidelberg Philosophie, Soziologie, Literatur und Musik. Wichtigste Lehrer: Jaspers, Alfred Weber, Georgiades. Mein Studium mußte ich selbst finanzieren, zuerst durch „Schwarzarbeit“, dann durch publizistische Aktivitäten, die allmählich zum Hauptberuf werden: Theater- und Kunstkritik (regelmäßig in der F.A.Z.), Zeitschriften- und Radioessays, Hörspiele, Bücher.
1956 Dozent an der Hochschule für Gestaltung in Ulm, 1960/61 Rektor. 1962 Rockefeller-Stipendium. 1963 Umzug nach Frankfurt. Leiter der Abteilung Abendstudio/ Feature beim Hessischen Rundfunk. Bis 1986. 1971/72 Villa Massimo, Rom. 1976–80 Vizepräsident des PEN-Clubs.

Buchveröffentlichungen: *Zwischen Christentum und Ideologie.* Heidelberg: Rothe 1956/*Hitler, das gesamtdeutsche Trauma.* München: Piper 1967/*The shadow of Hitler.* London: Rapp & Whiting 1968/*Erdgaleere.* Gedichte. München: Piper 1969/ *Hitler, das deutsche Trauma.* München: Piper 1974/*Poesie ist Nachricht.* München: Piper 1975.
Herausgeber: *Sind wir noch das Volk der Dichter und Denker?* Reinbek: Rowohlt 1964/*Über Eigentum und Gewalt.* Zs. m. A. Mitscherlich. München: Piper 1972/*Über Treue und Familie.* Zs. m. A. Mitscherlich. München: Piper 1972/*Glück – Gerechtigkeit.* München: Piper 1976.
Zahlreiche Beiträge in Zeitschriften.

Gert Kalow

Missionarren

Kreuzzüge
kreuz & quer
heiliges Feuer
gegen gegen gegen
die Heiden die Huren die
Ketzer die die die
Kapitalisten Revisionisten
Schiiten Katharer
Trotzkisten und Kasten

RECHT habt Ihr zu
schlagt Ihr
Apostel der Wahrheit
Fleischfackelhelden
SIEG HEIL

o wie die Welt blüht
wo immer
ihr wütet
oh
hoch
sollt ihr leben
marschmarsch
in den Himmel

(1986)

eschatologie

ein hauch feindschaft
kann töten

ein
uniformierter narr
zündet die bombe

ein
hassatom
kann unsere erde

vernichten

(1986)

das gezerr
in meinen adern
läßt an dieser welt
mich hadern

das gebell
der düsenjäger
draußen
überm flugzeugträger

allgewaltig
ist der mensch
kosmo nautisch
hörst du's ticken?

(1986)

K phorismen

Rom ist in der kleinsten Hütte

Theo log. Er lügt noch.

Niemand kommt zum Herrn Vater, denn durch mich.
Sagte der Chefportier.

Dieser Herr ist mein Hirt. Hoffte das Schaf.

Die schreckliche Verwandtschaft der Worte
Erlösung und *Endlösung*! Nur im Deutschen?

O Haus voll Wut und Hunden

Adam: du einwegflasche!

Glück gleich Geld: Albtraumwelt

(1987)

Horst Karasek

Ich wurde 1939 in Wien geboren, nach Jahren der Flucht in Stollberg/Erzgebirge eingeschult, verbrachte ich Kindheit und Jugend in Bernburg/Saale, Laichingen/Schwäbische Alb und schließlich in Würzburg, wo ich zu schreiben anfing (die hier erstmals abgedruckten Gedichte stammen aus der Zeit) und mit Hannes Schwenger, Karl-Heinz Roth u. a. die literarische Zeitschrift „Die Sonne“ herausgab. Ich studierte Psychologie, Germanistik und Soziologie in Würzburg, München und Frankfurt, ohne zu irgendeinem Abschluß zu kommen. In Frankfurt lebte ich über ein Jahrzehnt mit Helga M. Novak zusammen, durch sie begann ich wieder zu schreiben. Seit 1967 wohne ich in dieser Stadt, in die ich wegen der Studentenunruhen und der in dieser Metropole gärenden Prozesse zog. Zur Zeit schreibe ich an einem Roman über den Dreißigjährigen Krieg, in dem Zwillingsbrüder (der eine als atheistischer Landpfaffe, der andere als gläubiger Landsknecht) auf Stelzen, Knien und Krücken durch ein Meer von Blut waten.

Buchveröffentlichungen: *Wohnhaft im Westend.* Dokumente, Berichte, Konversation. Zs. m. H. M. Novak. Darmstadt: Luchterhand 1970/*Propaganda und Tat.* Drei Abhandlungen über den militanten Anarchismus unter dem Sozialistengesetz. Frankfurt: Verlag Freie Gesellschaft 1971/*Das Gasthaus „Zum Faß ohne Boden“.* Kinderbuch. Illustration Natascha Ungeheuer. Hannover: Fackelträger-Verlag 1973/*1886, Haymarket!* Die deutschen Anarchisten von Chicago. Berlin: Klaus Wagenbach 1975/*Die Kommune der Wiedertäufer.* Bericht aus der befreiten und belagerten Stadt Münster 1534/35. Berlin: Klaus Wagenbach 1977/*Belagerungszustand!* Reformisten und Radikale unter dem Sozialistengesetz 1878–1890. Berlin: Klaus Wagenbach 1978/*Der Fedtmilch-Aufstand.* Wie die Frankfurter 1612–1616 ihrem Rat einheizten. Berlin: Klaus Wagenbach 1979/*Der Brandstifter.* Lehr- und Wanderjahre des Maurergesellen Marinus van der Lubbe, der 1933 auszog, den Reichstag anzuzünden. Berlin: Klaus Wagenbach 1980/*Das Dorf im Flörsheimer Wald.* Eine Chronik vom alltäglichen Widerstand gegen die Startbahn West. Darmstadt: Luchterhand 1981/*Blutwäsche.* Chronik eines eingeschränkten Lebens. Darmstadt: Luchterhand 1985–1987/ *Das Haus an der Grenze.* Eine Fluchtgeschichte. Darmstadt: Luchterhand 1987.
Herausgeber: *Da beschloß die Sprechpuppe sich nicht mehr ausziehen zu lassen.* Texte zur Emanzipation. Zs. m. H. M. Novak. München: C. Bertelsmann 1972.

Horst Karasek

Konversion

Versackt in meine Geduld
ausgezählt mit den Jahren
geblecht hat mein Höcker
noch nicht genug
Davon
und nicht bloß heute
sondern immer und immerdar
bis in alle Ewigkeit Amen
bin ich gestrichen voll
und verscherbel dem Wind
mein juckendes Fell

Alljeden siebten Tag oh Herr
trudeln die Sonntage ein
zwischen den Zähnen gekerbt
pfeif ich euch Bach
mit dem Blasebalg meiner Lungen
oder jammern euch
eure gefilzten Söhne? an denen Er sein Wohlgefallen
hatte? Seht sie euch an!
Und wie ich?!

Wie spiel ich euch mit?
Oder verderb euch?
ohne mich selber zu verderben!
Und gebe den Seinen was den Seinen ist
im Namen des Herrn undsoweiter!
Oder hab endlich
endlich genug

Von Sabbat zu Sabbat
da richt ich mich ein
die schepperden Zuversicht in den Taschen
das große
das allgemeine Hüteschwenken hat begonnen:
Der widerrief
oder stopfte sich Asche ins Maul

Ein Halleluja dem Herrn

(1962)

Nachricht

Fäden
gespannt in den Horizont
zerschneiden die Tintenvögel

im Graben verloren eine Feder die Raben

ritzt in die wunde Haut
den der liegenblieb
im Schnee

einfältig gegen den Himmel
singt die Nonne ihr Lied
oh daß dies nie endet!

nie endet
der Zug der Panzer
reißt Spuren in den Schnee
die Potemkinschen Dörfer
darüber fließt einsam
ein Tintenvogel den Fluß hinunter
an Bildern
aufgestellt für den
der unwissend ist vor der Nachricht

die trifft

trifft eine Nonne in ihrer Litanei
trifft Blauraben in weißem Geäst
malt in den schwarzen Schnee
dich noch vor Sendeschluß

(1962)

Claudia Keller

Am 18. 08. 1944 in Oberschreiberhau (Schlesien) als Tochter eines Schauspielers und Enkelin des Dichters Paul Keller geboren. Sie verbrachte ihre Jugendzeit im Ruhrgebiet und kam bereits frühzeitig im Elternhaus mit der Literatur in Berührung. Nach dem Gymnasium absolvierte sie eine Handwerkslehre und studierte anschließend ausgiebig das Ehe- und Familienleben. In diese Zeit fallen erste Veröffentlichungen von Kurzgeschichten und Kolumnen. Ihr Romandebüt erfolgt mit dem unter dem Namen Claudia Klein erschienenen Roman „Das Ehespiel". Anfang der achtziger Jahre zieht sie sich in den Schwarzwald zurück, um einige Jahre ausschließlich zu schreiben. Für ihre Novelle „Der Flop" erhielt sie 1986 den Fabrikschreiberpreis der Romanfabrik Frankfurt und den Literaturpreis der Stadt Aachen. Sie lebt heute als freie Autorin in Frankfurt am Main. Sie schreibt Romane, Kurzgeschichten und Satiren.

Buchveröffentlichungen: *Das Ehespiel.* Roman. München: Langen-Müller 1977/*Streitorchester.* Roman. München: Droemer-Knaur 1986/*Der Flop.* Novelle. In: *Angst vor Unterhaltung?* Hrsg. v. H. Heckmann. München: Hanser 1986/*Du wirst lachen mir gehts gut.* Roman. München: Droemer-Knaur 1987.
In Vorbereitung: *Blick übern Zaun.* Heilbronn: Eugen Salzer 1988.

Claudia Keller

Grün vor Neid

Einer der Menschen, die ich am aufrichtigsten bewundere, ist Franziska! Das Mädchen ist imstande, eine Tatsache zuzugeben, die gewöhnliche Naturen so schamhaft verschweigen, wie etwa die Tatsache, Kleptomane oder Bettnässer zu sein. Franziska hat immer wieder den Mut, auf die bekannte hinterhältige Unterstellung, daß es doch sicher nicht stört, wenn „Klein-Klausi" zum Kaffeeklatsch mitgebracht wird, mit fester Stimme zu antworten, daß sie dies sehr wohl stört und man, falls es nicht gelingt, ihn für einige Stunden bei der Oma oder im Zoo unterzustellen, mit dem gemeinsamen Kaffeeklatsch doch warten möge, bis Klausi verheiratet ist! Als Mitwirkende auf Damenkränzchen könne sie Kleinkinder nun einmal nicht ausstehen! Mag sein, daß Franziska im Kreise fortschrittlich denkender Eltern, die sich möglichst keine Minute von ihren Kleinen trennen und dafür demonstrieren, ihnen doch endlich auch die bislang verschlossenen Tore der Opernhäuser zu öffnen, nicht sonderlich beliebt ist – ich jedenfalls huldige ihr in tiefer Verehrung. Schließlich kann man sie jederzeit besuchen, ohne Sorge tragen zu müssen, daß einem nach der Veranstaltung ein Stück vom Rock fehlt oder das Leben durch tagelanges nervöses Zucken der rechten Hand beeinträchtigt wird. Leute, die sich im Besitz von Kindern unter 25 Jahren befinden, rufen schon gar nicht mehr bei ihr an. Dafür kommen sie zu mir, weil ich einfach zu feige bin, auf die bewußte Frage ehrlich zu antworten und statt dessen mit bebender Stimme sage, daß ich mich von Herzen freue, wenn Tommilein mit von der Partie ist. Nehmen wir zum Beispiel meine Freundin Suse. Wenn sie mich anruft, um mir schonungslos mitzuteilen, daß sie „ihn" leider mitbringen muß, weil seine Oma schon wieder auf Mallorca weilt (Tommis Oma hat mit einer Großmutter früherer Zeit soviel gemeinsam, wie ihr Enkel mit einer Hummelfigur), tue ich äußerlich so, als ob ich mich freue und stelle mich innerlich darauf ein, daß dies kein gemütlicher Weibertratsch wird, sondern das reinste Ringen ums Überleben.

Tommi hat an einem Kaffeeklatsch berechtigterweise nur mäßiges Interesse. Zwar kommt er leuchtenden Auges angetrabt und nimmt die Tüte mit den Gummibärchen gnädig in Empfang, doch dann stellt er fest, daß die Veranstaltung an sich nur von mäßigem Reiz ist, und beginnt unverzüglich den Aufbruch voranzutreiben. Nach etlichen vergeblichen Versuchen, in Suses Armbeuge zu kriechen, wartet er auf Vorschläge, wie etwa den, doch jetzt mal ein schönes großes Bild zu malen oder mit der tollen Puff-Puff Bahn nach Amerika zu fahren. Aber dazu hat Tommi keine Lust. Er will lieber bei uns bleiben und das fünfte Stück Kuchen anbeißen und den Saft über das Tischtuch prusten, und dann fällt ihm ein, daß er eigentlich Pipi muß, da sein Bläschen, einem Naturgesetz zufolge, auf die Größe eines Fingerhutes zusammenschrumpft, sobald Suse einen Satz beginnt. Nachdem er Pipi gemacht hat, versucht er mit verstärkter Kraft in die Unterhaltung einzusteigen, und mit dem Eifer eines Animateurs im Club Méditerranée, feuern wir Tommi an, doch vielleicht ein schönes großes Schloß aus Legosteinen zu bauen, in das wir dann später alle einziehen können!

Nun ist Tommi nicht doof!

Er wittert sofort, daß ich in Wirklichkeit gar nicht die Absicht habe, mit ihm irgendwo einzuziehen, und wenn das Schloß noch so groß ist und 720 Zimmer hat, und er beginnt, mich feindselig zu mustern, einfach, weil ich mich auch im Raum befinde und dauernd Suses Aufmerksamkeit auf mich lenke und zu groß bin, als daß man mir mit der Puff-Puff-Bahn eins über den Schädel hauen könnte. Aber auch Suse und ich sind stur. Wir geben nicht auf. Unverdrossen wiederholt Suse ihren vor zwei Stunden begonnenen Satz, ob ich nämlich schon weiß, warum Usch die Schwangerschaft unterbrochen hat!

„Weißt du übrigens, warum Usch ..." Tommi hat Hunger.

„Weißt du schon, weshalb U ..." Tommi windet sich vor Durst.

„Weißt du eigentlich, aus welchem Grunde Usch ..." Tommi fegt die Mozartbüste vom Klavier. Während ich die Obstschale vor dem Absturz rette, zische ich ihr zu, daß ich es eben nicht weiß, aber sicher noch erfahren werde und füge schrill hinzu, daß es mir nichts ausmacht, daß Tommi die Staubflusen, die er hinter dem Regel gefunden hat, in den Saftkrug schmeißt und sein Bächlein in die Gehirnschale der zerbrochenen Mozartbüste macht, und Suse wiederholt wie ein verblödeter Papagei, ob ich das eigentlich schon wüßte, das von Usch ... und mit Entsetzen merke ich, daß mein Kopf wackelt und ich nichts dagegen tun kann. Und Suse flüstert mit heiserer Stimme, daß Usch nämlich einen Schwangerschaftsabbruch unternommen hätte und ob ich schon davon gehört habe, und plötzlich steht sie wie automatisch auf und zerrt Tommi aufs Klo, obwohl er sich verzweifelt dagegen wehrt und schreit, daß er gar nicht muß. Um sechs verabschiedet sie sich, und ich habe einen Krampf im Mundwinkel und versichere, wie nett doch der Nachmittag war, wirklich schön, mal wieder miteinander zu plaudern, und das mit Usch, das erzählt sie mir dann irgendwann einmal, später, wenn Tommi beim Militär ist. –

Tage später erfahre ich zu meinem maßlosen Erstaunen, daß Usch den kleinen Tommi gar nicht gekannt hat.

Suses Besuch liegt jetzt sieben Wochen zurück. Das Zittern der Hände läßt nach, ich kann schon wieder sprechen, ohne zu stottern. Aber Tommi hinterläßt Spuren in meiner Seele. Gestern las ich zum Beispiel das Buch einer berühmten Feministin, die auf 290 spannenden Seiten detailliert beschreibt, wie sie es, um sich von Zwängen zu befreien, mit 72 Liebhabern trieb, und das, obwohl sie ihr Söhnchen in einem winzigen möblierten Zimmer mit Tauchsiederküche aufzog. Ich las das Buch mit trockner Kehle, grün vor Neid!

Wie zum Teufel, dachte ich, hat dieses Weib es angestellt, daß ihr Kleiner im entscheidenden Augenblick kein einziges Mal Pipi mußte?

(1987)

Hanna Laura Klar

1946 in Wallerstein geboren. In Ulm an der Hochschule für Gestaltung mit dem Diplom der Information abgeschlossen. In Heidelberg und Frankfurt Philosophie und Soziologie studiert.
Seit 10 Jahren freie Autorin und Regisseurin in Frankfurt und Berlin.
Dozentin im Fachbereich „Ästhetik und Kommunikation" an der Fachhochschule Frankfurt.

Filmographie: *Das schwache Geschlecht muß stärker werden.* WDR Filmredaktion. 1973. Buch und Regie/*Marianne findet ihr Glück.* WDR Fernsehspiel. 1974. Buch und Regie/*Martha und Laura auf See.* SWF Fernsehspiel. 1978. Buch und Regie/*Anna.* SFB Kinderfernsehen. 1979. Buch und Regie/*Was eß ich, wenn ich satt bin.* SFB Kinderfernsehen. 1981. Regie/*Stadtliebe.* HR Fernsehspiel. 1982. Buch und Regie/*Eine Frau für alle Fälle.* SFB Frauenfernsehen, Feature. 1983/*Der Schrei des Shi-Kai.* SFB Kinderfernsehen. 1984. Regie/*Wir Kinder vom Kreuzberger Märchenzirkus.* Radio Bremen. 1985. Buch und Regie.
In Vorbereitung: *Sonntagsglück.* provobis-Film Hamburg. Buch und Regie.
Zahlreiche Rundfunkessays.

Hanna Laura Klar

Sonntagsglück

Die Geschichte von Paul und Paula zeigt, wie kompliziert Menschen mit ihrer Liebe, ihren Gefühlen häufig in jungen Jahren umgehen und welche Möglichkeiten ältere Menschen haben können, wenn sie ihre Erfahrungen und Erkenntnisse anwenden, um ihr Glück zu erreichen.
Daß es nie zu spät ist..., ist ein Grundsatz des Films.

Der Film beginnt in den fünfziger Jahren.
Paul und Paula sind ungefähr dreißig Jahre alt. Paula ist Sekretärin bei den Amerikanern, und Paul ist Assistenzprofessor für Philosophie an der Universität.
Paula ist mit einem Amerikaner befreundet und Paul bereits verheiratet, als die beiden sich kennen und lieben lernen. Doch ihre Liebe geht nicht in eine sichere Beziehung ein. Sie müssen sich trennen.

Dreißig Jahre später.

Die beiden treffen sich zufällig in einem Kaffeehaus wieder. Paul ist in die Stadt zurückgekehrt, weil seine Frau gestorben ist, Paula hat noch eine alte Freundin in der Stadt, die sie ab und zu, wenn sie auf Lesungen ist, besucht. Paula ist inzwischen eine erfolgreiche Schriftstellerin geworden. Paula gibt sich bei diesem Treffen nicht zu erkennen, sondern schickt erst einmal eine Freundin vor, um Paul auszukundschaften.
Sie beobachtet die beiden.
Da die Freundin und Paul sich immer besser zu verstehen scheinen, will Paula nun doch direkt eingreifen und beide überrumpeln. Sie erscheint bei Marias Geburtstagsfest. Paul nimmt sie heimlich mit in sein Seniorenheim, und beide finden zu ihrer Liebe zurück. Doch Paula hat ein Geheimnis, das sie Paul wie ihrer Tochter Maja nur in Andeutungen vermittelt. Maja glaubt, daß ihr Vater ein ehemaliger GI sei, der ihre Mutter nach der Geburt sitzen ließ. Eines Tages liest sie ein Essay ihrer Mutter, „Der Tod des Sergeanten". Danach glaubt sie, daß Paula am Tod dieses Mannes schuld ist. Sie überträgt die Geschichte auf die wenigen fragmentarischen Details, die sie von Paula weiß. Allerdings erzählte Paula ihrer Tochter, daß der GI zurück nach Amerika gegangen sei. Als ihre Mutter vom Wiedersehen mit Paul erzählt, den sie als Liebhaber nur aus Erzählungen kennt, kommt die Erinnerung an ihren Vater hoch. Da sie ein Angebot für eine kleine Rolle (sie ist Schauspielerin) nach Amerika bekommt, will sie schon deswegen annehmen, um nach ihrem Vater zu fahnden. Paula sucht das zu verhindern.
Sie selber will nach dem Amerikaner suchen. So geht sie zum AFN, bringt aber nur eine alte Platte des ehemaligen GI'S, der ein mittelmäßiger Countrysänger war, mit. Sie will ablenken, doch Maja geht von Headquarter zu Headquarter. Sie bekommt nichts heraus. Sie geht zum AFN, wo sie erfährt, daß Paula bereits da war und eine Schallplatte bekommen hat und Jeff, der Ansager, wie selbstverständlich über den tödlichen Motorradunfall spricht. Paula, die inzwischen zu Lesungen nach Wien gefahren ist, schreibt Paul und Maja einen Brief. Maja und Paul sitzen in dem Kaffeehaus, wo sich Paul und Paula immer getroffen haben. Beiden ist klar, daß Paul Majas Vater ist.

SZENE 24:

Buchhandlung *Abend / innen*

Paula hat zu Ende gelesen. Es herrscht Ruhe im Saal. Paula blickt ins Publikum, sie ist nervös, was man daran merkt, daß sie ihre Brille, die auf die Nasenspitze gerutscht ist, immer wieder hochsetzt, um sie dann wieder auf die Nasenspitze rutschen zu lassen. Ein Mann steht auf und will ihr die Brille zurechtbiegen.

MANN: Gnädige Frau, dürfte ich Ihnen behilflich sein, sie brauchen keine Sorge zu haben, ich bin vom Fach.

PAULA: Vielen Dank, aber wissen Sie, das brauche ich einfach, alle meine Brillen haben die Funktion, daß sie mir auf die Nasenspitze rutschen, so kann ich sie wieder zurechtrücken.

Der Mann setzt sich, eine Entschuldigung murmelnd wieder auf seinen Stuhl. Eine Frau meldet sich zu Wort.

FRAU: Dürft ich Sie zu Ihrer Geschichte etwas fragen?

PAULA: *(ihre Brille zurechtrückend)* Bitte.

FRAU: Haben Ihre Geschichten mit Ihren persönlichen Erfahrungen zu tun? Ich meine, haben Sie einiges davon auch selber erfahren oder besser gesagt, erlebt?

PAULA: Natürlich hat vieles, was ich schreibe, auch mit mir zu tun. Das heißt nicht, daß ich es erlebt hätte.

Natürlich habe ich in meinem langen Leben viel gelernt und erfahren, und vieles geht dabei in meine Bücher ein, aber eben als Fiktion.

Oder meinen Sie, eine Kriminalautorin müßte Detektiv oder Kriminaler sein, um bestimmte Kenntnis von Mördern zu haben.

Kriminalromane sind wie Puzzles, die der Autor oder die Autorin sehr präzise und logisch zusammenfügt....

FRAU: Sie beschreiben beispielsweise die tödlichen Vorbereitungen an dem Motorrad, die die Frau präzise durchführt, so als hätten Sie sie selber durchgeführt.

PAULA: *(nimmt nun die Brille ab)* Sie meinen so, als hätte ich Erfahrung damit... Das stimmt.

Wichtig ist die Präzision der Beschreibung. Übrigens fahre ich, ich meine, früher fuhr ich Motorrad.

Heiterkeit entsteht im Publikum....

(Aus „Sonntagsglück". Drehbuch 1986)

Heinrich Klotz

1956–1963 Studium der Kunstgeschichte, Archäologie und Philosophie an den Universitäten Frankfurt, Freiburg, Heidelberg und Göttingen. 1963–1966 Forschungsstipendiate am Zentralinstitut für Kunstgeschichte in München und am Deutschen Kunsthistorischen Institut in Florenz. 1966–1968 Wissenschaftlicher Assistent am Kunstgeschichtlichen Seminar der Universität Göttingen. 1969–1972 Gastprofessuren an den Universitäten von Yale, Rochester, St. Louis und Berlin. Seit 1972 Ordentlicher Professor am Kunstgeschichtlichen Institut der Universität Marburg. Seit 1980 Gründungs-Direktor des Deutschen Architekturmuseums Frankfurt am Main.
Gründung und Herausgabe der Zeitschrift „Architectura" (1971–1976), Vorsitzender des Hessischen Landesdenkmalbeirats (1975–1977), Literaturpreis des Deutschen Architekten- und Ingenieurverbandes (1978), Mitglied der Sachverständigen-Kommission zum Schutze deutschen Kulturgutes (seit 1982),
Träger der Goldenen Nadel der Stadt Marburg für Verdienste um die Stadtsanierung (1984).

Buchveröffentlichungen: *Brunelleschi und die Entstehung der Renaissance-Architektur.* Berlin: Gebrüder Mann Verlag 1970/*Conversations with Architects.* New York/London 1973. Deutsch: *Architektur im Widerspruch.* Zürich: Artemis 1974/*Die röhrenden Hirsche der Architektur.* Kitsch in der modernen Baukunst. Luzern: Bucher Verlag 1977/*Architektur in der Bundesrepublik.* Berlin: Kohlhammer 1977/*Gestaltung einer neuen Umwelt.* Kritische Essays zur Architektur der Gegenwart. Luzern: Bucher Verlag 1978/*Moderne und Postmoderne.* Architektur der Gegenwart 1960–1980. Wiesbaden: Vieweg-Verlag 1984/*Die Neuen Wilden in Berlin.* Stuttgart: Klett 1984/*Neue Museumsbauten in der Bundesrepublik Deutschland.* Zs. m. W. Krase. Stuttgart: Klett, 1985.
Herausgeber: *Keine Zukunft für unsere Vergangenheit?* Gießen: Anabas Verlag 1975/*Jahrbuch für Architektur.* Wiesbaden/Braunschweig: Vieweg Verlag 1980 ff./*Kultur des 20. Jahrhunderts.* 6 Bände: Start 1987 mit Band V: 60er Jahre. Zs. m. H. Hoffmann. Düsseldorf: Econ 1987.

Heinrich Klotz

Die Revision der Moderne

Es ist ein Glaubenssatz der Gegenwart, daß „die Moderne" als ein epochal gültiges Programm zu verstehen sei, dem 20. Jahrhundert gleichsam einverleibt und Inbegriff dieses saeculums: Die Moderne ist das 20. Jahrhundert – das 20. Jahrhundert ist die Moderne. Denn aus den Wurzeln des großen kulturellen Umbruchs am Anfang dieses Jahrhunderts speisten sich alle zukunftsgerichteten Bestrebungen bis in die Gegenwart hinein. Von hierher definierte sich, was Avantgarde, was Neuerung und Fortschritt war. Modernität konnte sich auf vielerlei Weise verkörpern, doch mußten die Bedingungen an die Ursprünge der Moderne gesichert sein. Die von den Neuerungen gesetzten Maßstäbe mußten befolgt werden, sofern ein Werk dem Anspruch genügen sollte, der Gegenwart progressiv anzugehören.

Einer der wichtigsten Lehrsätze der Moderne bestand in der Feststellung, daß ein Bauwerk keinen aufgesetzten Schmuck tragen dürfe. Es müsse „rein" bleiben von aller ornamentalen Zutat, und es dürfe an seinem Äußeren nur zeigen, wie es im Inneren gegliedert und wie es konstruiert sei. Nur die Konstruktion bestimme die Form, und nur die innere Gliederung und Raumaufteilung bestimme das Äußere.

Die Revision der Moderne beginnt damit, daß wir die Dogmen des 20. Jahrhunderts überprüfen. Wir beginnen zu erkennen, daß die Moderne nicht eine Sammlung von unveränderlichen Glaubenssätzen ist, sondern daß sie selbst eine Geschichte hat, dem Wandel unterworfen. Wir beginnen zu verstehen, daß der schmucklos vereinfachte Baukörper, ein bloßer Rechtkant, in einer Stadt des Historismus und des Jugendstils während der zwanziger Jahre eine notwendige Ernüchterung mit sich brachte, daß er im Wust der sinnentleerten Attrappenwelt Reinigung und Klärung, Fortschritt bedeutete – daß jedoch derselbe Rechtkant in tausendfacher Wiederholung heute die Aura der Aufgeklärtheit eingebüßt hat. Nach sechzig Jahren haben die Architekturformen, mit denen die Moderne argumentationsfähig wurde, die „reinen Formen unter dem Licht" (Le Corbusier), nicht nur ihre ästhetische Überzeugungskraft verloren, sondern sie sind zu einem Faktor der schwersten Umweltzerstörung geworden.

Zwar hatte es auch unter den Meistern der Moderne Architekten gegeben, die das historische Beispiel nicht einfach verwarfen. Mies van der Rohe hat von Karl Friedrich Schinkel manches gelernt. Doch er hat sich die historischen Vorbildformen so sehr angeeignet und sie der Moderne anverwandelt, daß diese Bezüge nicht mehr als historisierende Differenz sichtbar geblieben sind. Anders heute: Die Berufung auf die Geschichte der Architektur geschieht mit demonstrativem Gestus. Oft wird das historische Motiv in ein kontrastierendes Spannungsverhältnis gesetzt zur modernen Form, so daß eine gezielte Aussage möglich wird. Ein großer Teil der zurückgewonnenen Sprache der Architektur besteht im Ausspielen des Gegensatzes zwischen einer gegenwartsbezogenen modernen Form und den historisierenden Verweisen. Wenn zum Beispiel Charles Moore die klassizistischen Kulissen seiner „Piazza d'Italia" in New Orleans mitten in einen modernen Gebäudekomplex setzt, so gelingt ihm mit schlagender Direktheit die Darstellung eines herbeigerufenen Italiens als neue Heimat in der neuen Welt. Eine „rein moderne" Inszenierung hätte nicht dazu hingereicht, um diesem Verlangen nach Rückbezug zur Anschauung zu verhelfen und daraus eine poetische Fiktion werden zu lassen.

Die Architektur der Nach-Moderne ist nicht auf Ausschließlichkeit und strenge Konse-

quenz bedacht, sondern sie ist zu schwierigen Kompromissen bereit und schlägt gewagte Verbindungen vor. Sie läßt Widersprüche und die Inkonsequenz des Durchwachsenen zu; sie erlaubt ein breites Spektrum von Bedürfnissen: die Fülle des Lebens, nicht die Strenge des Dogmas. Den „Revolutionären", die mit der Geschichte im Namen eines neuen Zeitalters völlig gebrochen hatten, sind heute die „Revisionisten" mit dem gefährlichen Vorhaben des Versöhnens gefolgt. (...)
Revision ist „eine Grundtendenz der allgemeinen Politik neben der des Bewahrens des einmal Bestehenden und der radikalen gewaltsamen Änderung des bestehenden Zustandes" (Brockhaus-Enzyklopädie, Wiesbaden 1972). Revision ist der dritte Weg zwischen Konservativismus und Revolution, den wir für den inzwischen bereits zum Schimpfwort gewordenen Begriff der „Postmoderne" reklamieren möchten. Wir setzen voraus, daß eine Fülle von Errungenschaften der Moderne weiterhin gilt, und wir setzen voraus, daß eine Fülle von dogmatisch erstarrten Lehrsätzen der Moderne hinfällig ist. Was am „Projekt der Moderne" (Habermas) zu bewahren ist, ergibt sich aus dem Grad der Neuerung, den die Postmoderne in ihrer radikalen Rolle an Veränderungen des bestehenden Zustandes mit sich gebracht hat. Radikal neu, im scharfen Gegensatz zum Programm der Moderne stehend, ist die Forderung nach einer Architektur, die nicht länger die Abstraktion der reinen stereometrischen Formen proklamiert, sondern statt dessen vielfältige Formen der darstellenden Vermittlung von Inhalten und Botschaften anwendet, das heißt eine Architektur, die beigefügte Formen des Bildhaften und Abbildhaften, des Schmucks und Ornaments, der Symbole und Zeichen wieder zuläßt.
Beispielhaft und wegweisend hat Robert Venturi diesen Standpunkt schon seit 1960 vertreten und in die Praxis umgesetzt, indem er von einem Gebäude fordert, daß die zwei Aufgaben des Wetterschutzes (das Dach über dem Kopf) und des Symbolisierens (die Fassade) unterschieden werden. Die Aufgabe des Symbolisierens, des Vermittelns von Botschaften, ist der Fassade eines Gebäudes vorbehalten. Sie ist der Bedeutungsträger des Bauwerks, das im übrigen ein bloßer Schuppen sein kann. Robert Venturi fordert also die Zweiteilung zwischen Gehäuse und Fassade. Ja, die Fassade als Bedeutungsträger und Träger der Dekoration (Symbolik) ist ein völlig selbständiges Element des Bauwerks, das andersartige Inhalte vermittelt, als allein – wie es das Programm der Moderne gelehrt hat – der Organisation des Inneren und der Konstruktion des Bauwerks zur Anschauung zu verhelfen. Was überhaupt interessiert den Laien die Konstruktion eines Gebäudes?! Will er nichts anderes erfahren? Zum Beispiel wem der Bau gehört, wozu er dient, was er in ihm findet? Aus solchen Informationsbedürfnissen bezieht Venturi einen großen Teil seiner Gestaltungsmittel, wobei sich die historischen Formen als Bedeutungsträger zwangsläufig mit einstellen.
Anders verfahren die Hauptvertreter der europäischen Postmoderne, der Deutsche O. M. Ungers und der Italiener Aldo Rossi. Auch sie sind gegen die Abstraktion der reinen Formen angetreten, ohne jedoch einem applizierten Dekor das Wort zu reden. Vielmehr laden sie die geometrischen Formen, also das gesamte Gebäude und die Gebäudeteile, mit Bedeutung auf, indem sie typologische, das heißt auch historisch vermittelte Eigenschaften der geometrischen Form andichten.
Die Form gewinnt eine neue Aussagekraft (...). Die Zufuhr an Inhalten, der Gewinn von Architekturthemen im Gegensatz zu „Funktionen", unterscheidet diese Architektur wesentlich von der traditionellen Moderne.

(Erstmals erschienen in „Die Revision der Moderne". Ausstellungskatalog. Frankfurt-München: Prestel 1984. Auszug)

Wolfgang Klötzer

Am 8. April 1925 in Wiesbaden-Biebrich geboren, 1943 Abitur, 1943–45 Kriegsteilnehmer mit Rückzug nach Ostpreußen, am 20. Geburtstag bei Bad Kissingen durch Kieferdurchschuß schwer verwundet, 1946–50 Geschichtsstudium in Mainz, 1951 Promotion mit Dissertation „Mark und Haingericht im Rheingau", 1951–54 hessischer Archivreferendar in Wiesbaden und Marburg, 1954 Heirat mit Ingrid Astor: 3 Kinder, 1954–60 Archivrat am Bundesarchiv Abt. Frankfurt (Archiv der Frankfurter Nationalversammlung 1848/49), 1960 Übergang zum Stadtarchiv Frankfurt a. M. als Oberarchivrat und stellvertretender Direktor, Referent für Sammlungen, Dokumentation und Öffentlichkeitsarbeit, 1970 Archivdirektor und Lehrauftrag für Stadtgeschichte an der Frankfurter Universität, 1973 Honorarprofessor, 1984 Leiter des Stadtarchivs, seit 1960 Geschäftsführer des Frankfurter Vereins für Geschichte und Landeskunde, seit 1984 Geschäftsführer der Frankfurter Historischen Kommission, 1957 Rheingauer Kulturpreis, 1959 Herman-Haupt-Plakette, 1980 Stoltze-Preis, Arbeitsgebiete: Rheinmainische Landesgeschichte, Frankfurter Stadtgeschichte, Geschichte der deutschen Einheitsbewegung im 19. Jahrhundert, Archivwissenschaft. Schriftleiter des „Archivs für Frankfurts Geschichte und Kunst", der „Studien zur Frankfurter Geschichte" und der Publikationen der Frankfurter Historischen Kommission.

Buchveröffentlichungen: *Polyglott-Reiseführer Frankfurt-Rheinmaingebiet.* München: Polyglott 1969. 11. Aufl. 1967/*Frankfurt ehemals, gestern und heute.* Stuttgart: Steinkopf, 1979. 3. Aufl. 1985/*Frankfurts alte Gassen.* Frankfurt: Weidlich 1979/*Alt-Frankfurter Photoalbum.* Frankfurt: Weidlich 1981/*St. Leonhard in Frankfurt am Main.* Zs. m. G. Frenzel. Königstein: Langewiesche 1982/*Die Frankfurter Altstadt – Eine Erinnerung.* Frankfurt: Kramer 1983/*Frankfurt in den zwanziger Jahren.* Frankfurt: Weidlich 1983/ *Wahrlich eine schöne und lebendige Stadt.* Kleine Schriften zur Frankfurter Kulturgeschichte. Frankfurt: Kramer 1985.
Herausgeber: *Deutscher Liberalismus im Vormärz.* Heinrich von Gagern. Briefe und Reden 1815–1848. Zs. m. P. Wentzcke. Göttingen: Musterschmidt 1959/*Frankfurt 1866.* Eine Dokumentation aus deutschen Zeitungen. Frankfurt: Kramer 1966/*Clotilde Koch-Gontard an ihre Freunde.* Briefe und Erinnerungen aus der Zeit der deutschen Einheitsbewegung 1843–1869. Frankfurt: Kramer 1969/*August Bütschli. Goetheplatz-Erinnerungen.* Frankfurt: Kramer 1972. 3. Auflage 1979/*Frankfurt 1822 und heute.* Zs. m. H. Heym. Frankfurt: Kramer 1972/*Bankiers sind auch Menschen.* Zs. m. H. Heym und W. Treue. Frankfurt: Societätsverlag 1972/*Taunus und Rheingau.* Zs. m. W. A. Nagel. Hanau: Peters 1980.
Zahlreiche Aufsätze in Fach- und Kulturzeitschriften.

Wolfgang Klötzer

Hygiene und Geselligkeit in mittelalterlichen Städten

Mit der Hygiene war es in den mittelalterlichen Städten bekanntlich nicht zum besten bestellt, wenn man von der Brunnenkontrolle und der Lebensmittelschau einmal absieht. Die Abwasser flossen in der Regel in den Gassen zusammen, die Antauchen, d. h. die unterirdischen Kanäle, wurden wenig instandgehalten. Aber daß die körperliche Sauberkeit gegenüber der Antike abgenommen, kurz, daß man sich nicht gewaschen hätte, ist eine Verleumdung des mittelalterlichen Bürgers. Im Gegenteil, das Badewesen war geradezu eine städtische Kulturinstitution.

Viele Bürgerhäuser der patrizischen Führungsschicht besaßen ihre Privat-Badestuben, die wie so vieles im Kulturbereich über die Kreuzzüge aus dem Orient ins Abendland gekommen waren. Im allgemeinen aber dominierten die öffentlichen Bäder, die vielfach von Kapitalisten eingerichtet und verpachtet wurden. Schon aus rationalen und wirtschaftlichen Gründen, auch aus feuerpolizeilichen, wurden die öffentlichen vor den privaten Badstuben protegiert. Vorherrschend war das Dampfbad, das Wannenbad spielte eine untergeordnete Rolle, wenn man auch in bildlichen Darstellungen Männlein und Weiblein vorwiegend in Badebecken tafeln sieht. Hier lehnt sich das Motiv vor allem an die seit dem 15. Jahrhundert regelrecht verordneten Badekuren in Naturheilbädern, den sogenannten Wildbädern, an. Zu dem paßt der zeitgenössische Spruch: „Außig Wasser, inne Wein, laßt uns alle fröhlich sein". Man badete nicht nur im warmen Kurwasser, man aß und trank, während man oft stundenlang im Wasser hockte. Dazu wurde gesungen, wie zahlreiche Badelieder der Zeit beweisen. Auch in den städtischen Badstuben badete man frei von Prüderie ohne Trennung der Geschlechter; man ging selbst im Négligé über die Straße, doch sollen die Männer der höheren Stände einen Schurz, die Frauen ein ausgeschnittenes Laken getragen haben. Niemand machte es etwas aus, daß in den Bädern rundum Nackte saßen und daß neben den Schwitzräumen und Tauchbekken und auf den umlaufenden Galerien getafelt wurde.

Doch gegen Ende des 15. Jahrhunderts ging das Badeleben in den Städten zurück, und zwar aus verschiedenen Gründen: aus wirtschaftlichen, da sich Holzmangel und Preissteigerungen bemerkbar machten, aus hygienischen, da die Franzosenkrankheit, die Syphilis, um sich griff, und aus moralischen, da sich im ausschweifenden Herbst des Mittelalters zunehmend zugleich Bußgesinnung verbreitete. Die Badstuben kamen auch deshalb in Mißkredit, weil sich in ihnen politische Zirkel bildeten, die gegen Staat und Kirche opponierten. Doch bis dahin war es üblich, nach Hochzeiten, Kaufabschlüssen, diplomatischen Gesprächen seinen Gästen ein Bad zu bieten. Zum Schluß eines von dem Frankfurter Bernhard Rorbach 1466 beschriebenen Fastnachtgelages der Gesellschaft Altlimpurg heißt es, daß anschließend alle Clubmitglieder in die Weiße Badstube gingen und daß die Frauen das Badgeld, d. h. das Trinkgeld, bezahlten. Im gleichen Jahr wird das Jubiläumsfest eines Kanonikers geschildert, das in Rorbachs „Schweiß- und Wasserbad" zu Ende ging. Also der vergnügungssüchtige Patrizierclub in der öffentlichen Badstube, die geistliche Gesellschaft im Privatbad des Chronisten – da paßt alles zusammen.

Das Mittelalter war mehr als unsere Gegenwart genossenschaftlich organisiert. So auch Geselligkeit, Lustbarkeit und Tanz. Was den Patriziern ihre Stubengesellschaften, vornehme und halbvornehme, waren, das war den Handwerkern das Zusammentreffen auf ihren Urten. Beides waren Basiskonvente des politischen und sozialen Lebens. Aus den patrizischen Gesellschaften rekrutierte sich der regierende Stadtadel, in den Urten trafen sich die genossenschaftlichen Zünfte. Hier wie dort wurde disputiert und gefeiert, alles nach kodifizierter Ordnung, hier wie dort mit ähnlichen Paragraphen: keine Fremden mitbringen, nichts zerbrechen, nicht unflätig sein, nicht fluchen, niemandem die Ehre abschneiden, kein Messer zücken. Aus diesen Gesellschaften heraus wurden die Stadtfeste organisiert. So überliefern uns die Frankfurter Rorbach-Tagebücher zu den Jahren 1466 und 1497 Fastnachtsorgien, die über acht Tage von Sonntag Estomihi bis Montag nach Invocavit durch verschiedne Privathäuser und mehrere Klöster führten; und aus den Handwerkertrinkstuben organisierten sich die städtischen Umzüge, wie sie im Bäkker- und Metzgertanz, dem Schwertertanz der Schumacher und dem Fackeltanz der Schreiner in Frankfurt und im Schäfflertanz hier wie anderswo überliefert sind, deutlicher freilich erst in der frühen Neuzeit. Die meisten Volks- und Kulturbräuche dieser Art haben mit dem Winteraustreiben und Grenzumgang zu tun, wobei antike und heidnische Vorstellungen mitspielten.

So mögen römische Saturnalien und germanischer Frühlingszauber in den städtischen Fastnachtsbräuchen ineinandergeflossen sein. Verständlich ist die Freude der Menschen am wachsenden Licht und aufkeimenden Leben der Natur allemal, besonders in früherer Zeit, als der Winter weitaus bedrohlicher ins Leben griff als heute. Daß sich die in Gastereien, Mummenschanz und Tanz gebärdende Fröhlichkeit vor der österlichen Fastenzeit konzentrierte, war die Auswirkung des Christentums. Nun war die Maskierung – wie bei heutigen Demonstrationen – meist schon im 14. Jahrhundert verboten, da man hinter Kostüm und Larve nur zu gewiß dunkle Machenschaften vermuten durfte; aber eine Randbemerkung im Frankfurter Gesetzbuch von 1382 – „wird nit gehalten in der faßnacht" – beweist doch, daß der alte Brauch, die Winterdämonen unter Masken zu verunsichern und mit allerlei Lärm zu vertreiben, wozu Klappern, Klatschen mit der „Lebensrute" und Peitschenknallen gehörten, sich nicht einfach ausrotten ließ. Schließlich wird Fastnacht (frankfurterisch „Fassenacht") ja weniger von der Fasten-Nacht als von „fasen, faseln" im Sinne von „umherschwärmen, Possen treiben" abgeleitet, wie Karneval eher von „carrus navalis", dem schon in den römischen Saturnalien mitgeführten „Narrenschiff", als von „carne vale" (Fleisch ade!). Gewiß ist auch das noch im 19. Jahrhundert und nicht nur von Goethe wohlwollend erwähnte Hawele-Lone-Singen der Frankfurter Kinder ein alter Frühlingszauber gewesen, ursprünglich ein „Ave Apollonia" zum Namenstag der Heiligen am 9. Februar, die auch als die Flora der Deutschen, die Patronin des Frühlings, gilt.

(Aus „Schwerpunkte kulturellen Lebens in der mittelalterlichen Stadt." Erstmals erschienen in H. E. Specker (Hrsg.): Stadt und Kultur. Veröffentlichungen des Südwestdeutschen Arbeitskreises für Stadtgeschichtsforschung. Band 11. Sigmaringen: Thorbecke 1983)

Alexander Kluge

Geboren am 14. Februar 1932 in Halberstadt als Sohn des Arztes Dr. med. Ernst Kluge und dessen Frau Alice, geb. Hausdorf. Abitur. Studium der Rechtswissenschaften und der Geschichte in Freiburg, Frankfurt und Marburg. Promotion 1956. Erstes und zweites juristisches Staatsexamen. Tätigkeit als Anwalt in der Praxis des Rechtsanwalts Hellmut Becker. Inhaber einer Filmproduktion. Regisseur von Filmen. Veröffentlichung von Büchern. Seit 1962 Leiter des Instituts für Filmgestaltung, Ulm. Seit 1973 Honorar-Professur an der Johann Wolfgang Goethe-Universität in Frankfurt a. M.

Buchveröffentlichungen: *Lebensläufe*. Erzählungen. 1962 und Frankfurt: Suhrkamp 1974/*Schlachtbeschreibung*. Roman. 1964, 1978 und Frankfurt: Suhrkamp 1983/*Lernprozesse mit tödlichem Ausgang*. Erzählungen. Frankfurt: Suhrkamp 1973/*Öffentlichkeit und Erfahrung*. Zs. m. O. Negt. Frankfurt: Suhrkamp 1973/*Neue Geschichten*. Hefte 1–18. Unheimlichkeit der Zeit. Frankfurt: Suhrkamp 1978/*Geschichte und Eigensinn*. Zs. m. O. Negt. Frankfurt: Zweitausendeins 1981.
Herausgeber: *Bestandsaufnahme – Utopie Film*. Nördlingen: Greno 1983.
Filmographie: *Abschied von Gestern* (1965,'66/Bundesfilmpreis)/ *Die Artisten in der Zirkuskuppel: ratlos* (1968/Goldener Löwe von San Marco, Bundesfilmpreis)/*Der große Verhau* (1969)/*Zu böser Schlacht schleich ich heut nacht so bang* (1971/77)/*Gelegenheitsarbeit einer Sklavin* (1973)/Zs. m. E. Reitz: *In Gefahr und größter Not bringt der Mittelweg den Tod* (1974)/*Der starke Ferdinand* (1975/'76)/Zs. m. A. Brustellin, V. Schlöndorff, R. W. Fassbinder u. a.: *Deutschland im Herbst* (1979)/*Die Patriotin* (1979/Bundesfilmpreis)/Zs. m. V. Schlöndorff und S. Aust: *Der Kandidat* (1980)/Zs. m. V. Schlöndorff, S. Aust u. a.: *Krieg und Frieden* (1982/83)/*Die Macht der Gefühle* (1983)/*Der Angriff der Gegenwart auf die übrige Zeit* (1985)/*Vermischte Nachrichten* (1986).

Alexander Kluge

Liebe, daran erkenntlich, daß sie den Vorteil des anderen ins Auge faßt

Der mit hohen Auszeichnungen versehene Dimitri Kitajenko, in Anwesenheit der Sängerin der Carmen, Frau Emma Sakissjan, antwortete auf die ihm vorgelegten Fragen des westlichen Korrespondenten:

Unsere „Carmen-Interpretation" ist ein Resultat der engen schöpferischen Zusammenarbeit mit dem Regisseur F.. Bei der Erschließung der musikalischen und dramatischen Gestalt des Werkes hatten wir nicht nur seine Unterstützung, sondern die Unterstützung des Kollektivs; wir griffen sozusagen auf die Vorarbeit zahlreicher künstlerischer Kollektive zurück, die sich bereits zuvor mit der Werkgestalt der Carmen auseinandergesetzt haben usf.

Nach der Idee des Regisseurs handelt es sich um eine emotionale Irrfahrt, eine Auswechslung der Liebesobjekte. Micaela liebt José, José liebt Carmen, Carmen liebt Escamillo, Escamillo liebt nur sich selbst. In dieser Reihenfolge ist es logisch, daß es zu einer „schicksalshaften" Verkettung, d. h. zum Tod der Hauptbeteiligten kommt.

– Inwiefern zum Tode Escamillos? Oder Micaelas?
– Escamillo stirbt durch den Stier. Micaela gewissermaßen als Lebendig-Tote in ihrem Dorf.
– Jetzt hat aber das Kollektiv des Moskauer Stanislawski-Nemirowitsch-Dantschenko-Musiktheaters eine Gegenidee entwickelt?
– Richtig. Und der Regisseur F. hat diese Idee aufgegriffen und mit kollektiver Bemühung unsererseits durchgesetzt.
– Danach?
– Danach liebt Escamillo Carmen. Er will ihr imponieren, kommt im Stierkampf um. Dagegen liebt Carmen bekanntlich José (mindestens zuletzt) nicht. Doch José liebt aber auch Carmen nicht. Micaela, übrig aus einem früheren dörflichen Heiratsprojekt, liebt Don José keineswegs. Es ist jetzt kein Grund für die dramatische Entwicklung. Die drei könnten sich einigen, tun dies aber nicht.
– Und das ist die bessere Version? antwortet Kitajenko.
– Wir haben es so erarbeitet.
– Sie spielen demnach die verschiedenen Irrtümer der handelnden Personen mit steinernem Gesicht durch?
– Das ist die Botschaft der Oper. Sie handelt von solchen Einbildungen. Die Personen der Oper verhalten sich zum Ideal der Liebe wie Laien. Sie haben nichts davon verstanden.
– Oder lieben nicht.
– Das wird es wohl sein. Sie müßten sonst an den Vorteil des Geliebten denken.
– Was doch Micaela die ganze Zeit tut?
– Ja, aber so laienhaft. Würde sie lieben, fände sie auch Mittel und Wege. Der Mensch ist lernfähig.
– Ist das die Aussage des Stückes?
– In unserer Interpretation.

– Ist dafür die Handlung nicht etwas umständlich gestaltet?
– Unsere Meinung. Man könnte jeden dieser Irrtümer rasch aufklären.
– Das Stück würde kürzer?
– Ja. Man könnte dann mehr zeitgenössische Stücke in den Plan bringen.

(1987)

Kälte ist keine Energie

Kälte ist keine Energie und kann deshalb auch nicht zurückgestrahlt werden ... Das war interessanter als sie gedacht hatte, denn sie war hier nur hereingeschneit, weil es für den Englisch-Kurs der Volkshochschule, ein Stockwerk tiefer, zu spät war. Sie hatte die S-Bahn um eine Viertelminute verpaßt, ja, nur 10 Sekunden früher und sie hätte sich noch durch die automatische Tür hineingezwängt. Dann aber wollte sie nicht aus der Tür rechts hinter dem Vortragenden in den Unterrichtssaal, vor aller Augen, während des Unterrichts eintreten und (auf englisch oder deutsch?) eine Entschuldigung murmelnd, sich zu einem Platz durchzwängen, aller Augen auf ihrer Kleidung, ihrem Gesäß, ihrem Hals, deshalb war sie panikartig in den Saal 109, ein Stockwerk höher, geeilt, der frontal zum Vortragenden betreten werden kann. Auf einem der Plätze neben der Tür saß sie unauffällig und dachte hinsichtlich der Kälte, welche nicht die Kraft hat zurückzustrahlen, ja, überhaupt keine Kraft, sondern ein Zustand ist, an das Unvermögen Achims überhaupt; zu bemerken, wenn sie ihm kalt oder hitzig gegenüberstand. Er war nicht in der Lage, irgend etwas, was er empfing, zurückzustrahlen. In Florenz aber, in einem der früheren Jahrhunderte der Stadt, bauten Gelehrte (Rhetoriker) einvernehmlich vor dem Herzog, einem der Lorenzo-Bankiers, eine Reihe von Geräten auf: einen Eisblock (wie Achim, müde), verbunden mit einem Spiegel, nun sollte der Strahl oder die Reflexion des Eises, eine Art von heißer Suppe in einem Topf kühlen. Dieses Experiment an einem Frühlingstag gelang nicht sofort eindeutig, da ja die Suppe an der Luft auch ohne Einwirkung der Eisstrahlen kühlte. Irgendwie war aber dann bewiesen, daß Eis nicht strahlt, während ein neben dem Eisblock befestigtes Licht (als Wärmequelle), auf komplizierte Weise gespiegelt, nicht mechanisch, Pünktchen für Pünktchen, aber doch, wie man heute weiß, in Intervallen an bestimmten erogenen Stellen der Materie die Kraft, die in ihm steckt, weitergibt, erinnernd an verglühende Kohlen, solange, bis nichts mehr übrig ist. Das war eine schöne Dreiviertelstunde, für den Kurs hatte Gerda nicht bezahlt. Sie beschloß, sich von Achim dringlich zu trennen, führte den Beschluß am Abend aber nicht aus, weil sie noch in Eile war.

(1987)

Gertrud Koch

Neunzehnhundertneunundvierzig in Garmisch-Partenkirchen geboren. Seit Neunzehnhundertvierundfünfzig in Frankfurt am Main.

Buchveröffentlichungen: *Herbert Marcuse*. Zur Einführung. Zs. m. H. Brunkhorst. Hamburg: Junius 1987/*Das unverhältnismäßige Verhältnis*. Zur filmischen Repräsentation der Geschlechterdifferenz. Frankfurt: Stroemfeld-Roter Stern 1987.
Übersetzungen ins Italienische, Schwedische, Englische und Amerikanische.
Herausgeberin: Halbjahreszeitschrift *Frauen und Film*. Zs. m. H. Schlüpman. Frankfurt: Stroemfeld-Roter Stern/Halbjahreszeitschrift *Babylon*. Beiträge zur jüdischen Gegenwart. Zs. m. D. Diner, S. Heenen-Wolf, C. Kugelmann, M. Löw-Beer. Frankfurt: Neue Kritik.
Essays zu: Filmen von Mizoguchi, Ozu, Oshima, Saura, Malle, Murnau, Sternberg, Herzog, Pezold, Export, Ophüls, Tati, Lanzmann; zum jiddischen Kino, dem neudeutschen Musikfilm, Preußenfilmen, Kafka-Verfilmungen, dem Pornographischen Kino, Geschwindigkeit und Autofahren im Film, jüdischen Figuren im neuen deutschen Film; zu Psychoanalyse und Film, Ästhetik der Zeit im Film, feministische Film- und Kinotheorie, Béla Bálázs' Physiognomie der Dinge; über Herbert Marcuse und Jean-Paul Sartre. In: in- und ausländischen Zeitschriften und Sammelwerken.

Gertrud Koch

Das lautlose Lachen im Käfig des Bildes – Jacques Tatis Konstruktionen des Komischen

Eine typische Situation der Komödie: ein heißer Sommertag, ein Eisverkäufer, ein sehnsüchtiges Kind. Charlie Chaplin hätte den Eisverkäufer abgelenkt, damit das Kind Eis klauen kann. W. C. Fields hätte dem Kind das Eis geklaut; Buster Keaton hätte eine Eisfächelmaschine erfunden, damit die Kugel nicht schmilzt; Laurel und Hardy hätten sich damit eingesaut, nachdem sie das Kind beiseite geschoben hätten; Harpo Marx hätte vor den Augen des verblüfften Kindes jede Menge Eiskugeln in seine Manteltaschen verschwinden lassen. Bei Jacques Tati aber passiert nichts: die Kamera zeigt einen Eiswagen, halbnah, davor einen trägen Eisverkäufer, am hinteren Rand des Eiswagens streckt sich eine kleine Hand hoch, der Eisverkäufer tauscht zwei Eistüten gegen den hochgehaltenen Geldschein, liest weiter, da bewegen sich die zwei Eistüten, der Eisverkäufer hebt sich und den Blick, die Kamera übernimmt ihn und schwenkt langsam am Eiswagen vorbei auf das winzige Kind, das nun die Arme ausbreitet, die Eistüten wie Enden einer Gleichgewichtsstange balancierend, auf die Treppe geht, vorsichtig, Schritt für Schritt, bedenkliche Höhen wacker nehmend. Schnitt: die Tür des Hotels am Ende der Treppe, halbnah der kleine Junge, der den Türgriff runterdrückt, das Eis dabei ganz langsam um 180 Grad nach unten drehend, die Tür springt auf, der Kleine verschwindet; Schnitt: von unten kommen die beiden Eistütenärmchen ins Bild auf eine Stuhlreihe zu, wo bereits ein anderer kleiner Junge sitzt, zufrieden beginnen beide ihr Eis zu lutschen hinter dem Rücken des Kellners, der mit der Dekoration von Girlanden beschäftigt ist.

Das Komische an Tatis Inszenierung ist, daß nichts passiert, daß, entgegen allen Erwartungen und physikalischen Gesetzmäßigkeiten, das Eis nicht zu Fall kommt, das Kind nicht brüllen wird, daß sich hinter dem Rücken der Erwachsenen ein Wunder ereignet hat, das niemand wahrnimmt. Das Wunder einer Metamorphose: aus dem Kind, das noch nicht richtig gelernt hat, wie man eine Treppe hochgeht, ist ein rätselhaftes, geschicktes Tierchen geworden, das wir amüsiert beobachten: „Ein gutes Stück der komischen Wirkung, welche Tiere auf uns äußern, kommt von der Wahrnehmung solcher Bewegungen an ihnen, die wir nicht nachahmen können." (Freud). Was sich in den drei Einstellungen aus *Die Ferien des M. Hulot* aber auch zeigt, ist nicht nur das Unterkühlte, die Verweigerung der üblichen Dramaturgie der Komödie, sondern auch die außerordentlich visuelle Seite an Tatis Konstruktionen des Komischen. Wenn nämlich auf dem komischen Höhepunkt die Eistüte nach unten kippt, ist das ein optisches Abenteuer; den sadistisch lauernden Kamera-, Zuschauerblick verdoppelt ein vergrößernder Schatten der umgekehrten Katastrophe: bedrohlich schwarz hebt sich der Schatten der kopfstehenden Eistüte vom Plakat des Maskenballs ab, und wie ein Meister des Suspense verschwindet der kleine Magier im Dunkeln hinter der Tür. In *Mein Onkel* kauft M. Hulot auf dem Markt ein, aus dem Einkaufskorb ragt das weit aufgerissene, zähnebewehrte Maul eines toten Fisches. Am Gemüsestand verhandelt Hulot mit dem Verkäufer, die Tasche mit dem Fisch pendelt dabei unter dem Ladentisch vor einem Hündchen vorbei, das mechanisch die Zähne fletscht, im toten Fisch einen aggressiven Eindringling vermutend. Auch in dieser Einstellung findet das komische Ereignis hinter dem

Rücken der Akteure statt, tut sich unterhalb des Ladentischs das komische Universum auf. Aber auch hier passiert nichts: keine Verfolgungsjagd durch die Gemüsetürme hindurch, keine Verlängerung einer Situation in Aktion. Tati hält die Situation im Schwebezustand des Bildes.

Im berühmten Werk Henri Bergsons über *Das Lachen (Le rire)* entwickelt dieser die These, daß das Lachen dort auftritt, wo etwas Lebendiges von etwas Mechanischem überlagert wird. Als Beispiel dient ihm der Fall eines Mannes, der auf der Straße stolpert und hinfällt, die klassische Situation der Bananenschale des Slapstickfilms. Tati aber begnügt sich mit den leichten Lacherfolgen, und das Lachen fällt in seinen Filmen auch keineswegs leicht, es schwebt, aber es entlädt sich nicht. „Bei der primären Heiterkeit zerstört das Lachen zwar alle Werte und Normen, ihr Feld ist eine unmenschliche, für die Menschen unerträgliche Wüste, wo man nur mystifizierte Mechaniken antrifft, (...) Aber die Kehrseite des Lachens ist der integrierte Mensch: das Recht auf Lachen wird nur den Nicht-Lächerlichen zugebilligt; oder vielmehr, indem man lacht, macht man sich zum Nicht-Lächerlichen, *beweist* man, daß man würdig ist zu lachen." (Sartre). Dieses wüste, primäre Lachen gibt es bei Tati nur selten; er legt nicht die Bananenschale aus, damit jemand darüber stolpert, dem sich die Lacher dann überlegen fühlen können; Tati inszeniert den Blick der Lacher auf die Welt mit, die sadistische Vorfreude „gleich wird das Eis auf den Boden platschen", „gleich wird der ahnungslose M. Hulot von einem Hündchen überrannt werden" – aber all das wird nicht passieren, und wir werden als Zuschauer mit einem Verzögerungseffekt in das leise aus den Bildern quellende Lachen Jacques Tatis einstimmen, ein Lachen über unwürdige Lacher. Die Verweigerung des, ‚primären Lachens' entstammt einer verschärften Rechtslage, das ‚Recht auf Lachen' muß erst verdient werden.
Das ist die Kehrseite von Tatis Liebe zur Totale, die dem Zuschauer die Freiheit bietet, überall nach Bananenschalen Ausschau zu halten: die Falle der Negation.

(Erstmals erschienen in Brent Maddock „Die Filme von Jacques Tati". München: Raben 1984. Auszug aus dem Nachwort)

Ulrike Kolb

Geboren 1942 in Saarbrücken. Aufgewachsen in Völklingen/Saar, Saarbrücken, Königsfeld. Nach dem Abitur Studium in Frankreich und England. Ehe in Berlin und Arbeit in einer Anwaltspraxis. Geburt der Tochter Anna, Scheidung, Studentenbewegung, Mitarbeit in Kinderläden. Studium der Soziologie und Pädagogik. Arbeit in einer sozialpädagogischen Fachschule und in einer Kindertagesstätte. Lebt heute als freie Schriftstellerin gemeinsam mit ihrer Tochter in Frankfurt.

Buchveröffentlichungen: *Salto Vitale.* Sachbuch. Zs. m. J. Stössinger. Frankfurt: S. Fischer 1981/*Die Rabe.* Erzählung. Münster: Tende-Verlag 1984/*Idas Idee.* Roman. Frankfurt: Tende-Verlag 1985.
Herausgeberin: *Die Versuchung des Normalen.* Anthologie. Frankfurt: Tende-Verlag 1986.
Veröffentlichung von Hörspielen und Essays in Zeitungen. Kurzgeschichten in verschiedenen Verlagen. Features im Hörfunk.

Ulrike Kolb

Für G.

Hand legt
an Hand an
an hautfein an
Herzhaut in der
einen
der einen Nacht unterm
Frostadernhimmel
im Rausch im
Geräusch
da die Hand
in dein
Hauttau getaucht
Atem
gegeben genommen gegeben
der Tänzer die Stunde
im Bogen
gestiegen gefallen
die Hand auf
gesunken gehalten
Ewigsekunde im
Diesmal nur diesmal
und einmal und
niemals
zur Zeitlebenszeit
auf der Spitze und
ach
ach dein Schmerzduft
im Wieder und wieder
Tastlinien längs
deiner Zeit
meiner Kunde an
diesen
an dich

(1985)

An Chagall

Über die Hölle
lege ein Dreieck
du mit deinem violetten Strumpf
tritt entschieden
über die Stadt
ziehe dein weißes Kleid
über dein Wissen
über deine Schultern
halte den Fächer
an dein Ohr
nimm mich
hinauf mit dir über
die Hölle
das Dreieck
die Stadt
bis zu deinen Schultern
ich neige
dem goldenen Osten zu
hebe mein Glas
die Linke
prostet auf dich
die Rechte
spürt nach dem
Puls deines Auges
und der Engel
des Vergessens
über uns über
der Hölle
dem Dreieck
der Stadt
gibt Balance der
schwankenden Gegenwart
den Segen mit kleiner Hand
den Gruß
zur Erde

(1986)

Heike Kraft

In Berlin am Kriegsende geboren, hat es mich nach Frankfurt verschlagen. Dies passierte aber nicht unbedingt aus Liebe zur Mainmetropole, sondern weil es der Beruf so mit sich brachte. Und da es seit der Großvätergeneration in unserer Familie fast nur Lehrer gab, wollte ich etwas ganz anderes machen und studierte Kunstgeschichte. Doch das war mir dann schließlich zu rückwärtsgewandt, und über das Zusatzstudium der Erziehungswissenschaften kam ich noch zum Lehrhaften und wurde Museumspädagogin. Zuerst habe ich in der Heimatstadt Berlin gearbeitet, dann wurde ich Leiterin des Kindermuseums im Historischen Museum Frankfurt. Da ging's um Ausstellungen für Kinder über die „Helden" Struwwelpeter, Robinson; und über Schule und Kindheitsgeschichte im 18. Jahrhundert.
Inzwischen habe ich das Medium gewechselt und bin verantwortlich für das Kinderprogramm Hörfunk beim Hessischen Rundfunk. Beim Schreiben bewege ich mich in den Bereichen Kunstwissenschaften, Kindermedien, journalistische und freie Texte. Das eine oder andere kleine Gedicht war auch schon dabei.

Buchveröffentlichungen: *Kindermuseen.* In: Spiekernagel, Walbe (Hrsg.): Das Museum – Lernort contra Musentempel. Gießen: Anabas Verlag 1976/*Ludwig Richter als Kinderbuchillustrator.* In: Lexikon für Kinder- und Jugendbuchliteratur. Weinheim: Beltz 1979/*Kind und Kunst.* In: Speichert (Hrsg.): rororo-Elternlexikon. Reinbek: Rowohlt 1987/*Schulgeschichte(n).* Gießen: Anabas Verlag 1977/*Robinson im Main.* Zs. m. M. Schedler. Gießen: Anabas Verlag 1978/*Wie der Hase an den Dürer kam.* Geschichten zum Thema Kunst. Frankfurt: S. Fischer 1981/*Balthasar, der Erfinder.* Roman. Franfkurt: S. Fischer 1982/*Rosinen und Rum.* In: M. Lang (Hrsg.): Meine beste Freundin. Frankfurt: S. Fischer 1982.
Veröffentlichungen in Zeitschriften: *Der 51. Stern im Banner.* Kindermuseen in den USA. In: Kunst und Unterricht 55.1979.

Heike Kraft

ABC einer bundesrepublikanischen Vita

A Anfang. Gezeugt im Gründungsjahr der Bundesrepublik. Im Mutterleib wohlgelaunt strampelnd, nichts ahnend. Für die Außenwelt noch ohne Geschlecht, ohne Namen. Der dann lauten sollte

B Behrend vom Vater her. Davor gesetzt

C Christa (wegen der Oma). Christa, ein Name, der – nomen est omen – prägt. Der, besiegelt durch den Taufakt, der Trägerin Wohlverhalten abverlangt. Den sie

D doof findet. Zeitlebens. Übelnimmt (ziemlich lang) den

E Eltern. Vater und Mutter. Er: Werktätiger in einem Industriebetrieb. Sie: Hausfrau. Vater nimmt manchmal, wenn wohlgelaunt, das Christakind Huckepack. Mag Operetten und gibt seine Wählerstimme immer treu der konservativ-christlichen Partei. Schätzt an seiner Gattin offenbar besonders ihre Hausmutter-Talente. Am hübschesten findet Christa ihre Mutti in dem grünen Kleid mit den weißen Punkten. Schön sind die

F Feste. Geburtstage beispielsweise. Oder wichtiger noch Weihnachten mit Silberlametta und Lebkuchenduft und neuen Möbeln für die Puppenstube. Stören tut nur das wiederholte Absingen der Lieder und das Genörgele ums

G Geld, das sogenannte liebe. Vorwürfe der Mutter, der Vater bringe zu wenig heim; Anklagen des Vaters, die Mutter verbrauche zuviel. Weshalb die Tochter, gefragt, was sie denn später einmal werden wolle, angibt: Die Goldmarie vom Märchen. Spätestens dann wird sie die

H Heimat auf Nimmerwiedersehen verlassen. Die ersten Ferien ohne die Eltern gehen mit der Jungschar in den Harz. Eine herbe Enttäuschung. Sie hat Berge mit schneebedeckten Gipfeln erwartet. Die kennt sie aus den

I Illustrierten. Die hängen bei Seifen-Schubert im Aushang. Daheim gibt's nur Schnittmusterhefte (s. auch Buchstabe N). Andere Printmedien fehlen im Hause B. Die Ausgaben dafür spart man. Schließlich werden die Nachrichten im Radio regelmäßig gehört, und „so erfährt man doch, was los ist in der Welt". Das reicht. „Schließlich machen die da oben es für uns schon recht, und nach dem Krieg ist es doch wieder ganz schön mit uns aufwärts gegangen, oder?" Sagt der Vater. Anders sieht das (kritischer, mit weniger Autoritätsgläubigkeit)

J Jürgen. Jungenname und zugleich Vorgriff auf P wie Pubertät oder L wie Liebe. Wovon lebt das

K Kino. Der erste Film ihres Lebens: Bambi. Die früheste Romanlektüre: Heidi. Beides geht unter die Haut. Mit vierzehn sieht sie heimlich Filme, die erst ab sechzehn freigegeben sind: Typische Wirtschaftswunderzeit-Romanzen, in der alle Mädels Dirndl tragen. Diese prägen ihren Begriff von

L Liebe (damit eng verknüpft: Leid). Daß aber eine derartig libidinös besetzte Fixierung auf einen Mann auch sehr lustvolle Aspekte haben kann, erfährt sie erst Jahre später (s. Z).

M Mode. Vorübergehend *das* Thema beim ersten Wachsen der Rundungen. Leider auch ein leidiges. Denn das Jungmädchen mag nicht mehr, was dem kleinen Kind als passend angedient wurde: Selbstgeschneiderte (s. Buchstabe I und die Schnittmusterhefte) Werke mütterlicher

N Nähkunst. Mit nicht-sitzenden Abnähern (wie peinsam) und zippelndem Rocksaum. Ganz im Gegensatz zu der sonst üblichen

O Ordnung. Christa selbst darf nicht kleckern bei Tisch und nicht zu spät nach Hause kommen. Als dies in der Phase der Entwicklung zum Teenager häufig geschieht, bekommt sie

P Prügel. Mit Vaters Hosenträger. Schlimm ist die

Q Qual psychischer Erniedrigung, wird aber „seinetwegen" gern ertragen (s. Buchstabe J oder L). Ihm (dem vier Jahre älteren Oberschüler und Oboist) widmet sie selbstverfaßte

R Reime. Durch ihn wird sie der Schönheit von

S Sonnenuntergängen gewahr. Seine Ansichten werden in ihrem

T Tagebuch festgehalten. Tagtäglich und viele Seiten lang. Sie hat ihn in der Tanzstunde kennengelernt, und ihm zuliebe versäumt sie den

U Unterricht. Den sie sowieso inzwischen langweilig findet. In dem Vokabeln angefragt, Kaiserkrönungen und Kreuzzüge breit vorkommen, das Thema Faschismus nicht. In dem vor der drohenden Kriegsgefahr aus Rußland gewarnt und als

V Vorbilder die Hl. Elisabeth von Thüringen oder Florence Nightingal gelten, die sich schlichtweg aufopfern. Unsere Christa durchschaut nun besser die erzieherische Absicht und ist verstimmt.

W Widerspruch. Gegenargumente ihrerseits. Polemik von der anderen Seite. Titulierung als

X Xantippe (das sprichwörtlich böse zänkische und männerlose Weib). Das aber stimmt in ihrem Fall nicht (s. Z wie Zukunft). Sie, lern- und lebenshungrig, mutet sich eine Menge zu: Philosophie und Soziologie, Existentialismus und Sozialismus. Filme von Godard und Experimentiertheater. Job als Au-pair-Mädchen in Großbritannien. Vorm

YMCA (Abkürzung für englische Young Men's Christian Association) trifft sie den Mann (er macht gerade eine Tramptour und übernachtet dort, weil's billig ist), mit dem sie bereit ist, eine gemeinsame

Z Zukunft zu wagen (die Zeiten der Sonnenuntergänge mit Jürgen sind passé). Sie entdeckt nun an Neuem, daß Liebe auch sehr lustvoll sein kann. Hat Spaß an Kopf und Bauch. Womit ihre Biographie zwar noch nicht abgeschlossen ist, aber immerhin fühlt sie sich ähnlich wohl wie am Anfang (s. A).

(1987)

Dieter Kramer

Sachbuchautor wäre in diesem Zusammenhang die richtige Bezeichnung, wenn auch damit nicht die primäre Form des Lebenserwerbs bezeichnet wird. VS-Mitglied, seit 1977 als wissenschaftlicher Mitarbeiter in der Kulturverwaltung der Stadt Frankfurt beschäftigt, daneben Mitglied im Vorstand der Kulturpolitischen Gesellschaft (Hagen), im friedenspolitischen und ökologischen Spektrum aktiv. Geboren 1940 in Rüsselsheim am Main als Kind einer Opelarbeiter-Familie, in diesem industriell-politischen Milieu groß geworden, nach protestantisch-theologischen Versuchen an der Universität Mainz schließlich an der Universität Marburg gelandet, dort unter dem fruchtbaren Einfluß der Marburger politikwissenschaftlichen und soziologischen Schule Studium der Europäischen Ethnologie (Volkskunde). Schwerpunkte wurden dann seit den frühen 70er Jahren kulturgeschichtliches Museumswesen (mit einschlägigen Erfahrungen in Rüsselsheim), Kulturgeschichte, Kulturtheorie sowie Freizeit- und Kulturpolitik – gerade zu dem Zeitpunkt, an dem der Aufbruch der neuen demokratischen Kulturpolitik im Zeichen des Klimas von „Mehr Demokratie wagen" zum prägenden Erlebnis wurde. Ständige Fluchtwünsche werden mit Tourismus-Forschung und -politik kompensiert, daneben mit einschlägiger Aktivität bei den „Naturfreunden". Eindeutiger heutiger beruflicher Schwerpunkt ist Kulturpolitik samt der dazugehörigen theoretischen Durchdringung.

Buchveröffentlichungen: *Reform und Revolution bei Karl Marx und Friedrich Engels.* Köln: Pahl-Rugenstein Verlag 1971/*Verzeichnis der volkskundlichen und kulturgeschichtlichen Bestände der hessischen Museen.* Zs. m. A. Höck. Marburg: Institut für mitteleuropäische Volksforschung 1970/71/*Volksbildung in der Industriegemeinde.* Theorie und Praxis bürgerlicher Volksbildungsarbeit zwischen 1871 und 1918 am Beispiel von Rüsselsheim am Main. Dissertation am Fachbereich Gesellschaftswissenschaften der Philipps-Universität. Marburg: 1973 und Rüsselsheim: Selbstverlag der Stadt 1975/*Freizeit und Reproduktion der Arbeitskraft.* Köln: Pahl-Rugenstein Verlag. 2. Auflage 1977/*Beiträge zur materialistischen Kulturtheorie.* Zs. m. W. D. Hund. Köln: Pahl-Rugenstein Verlag 1978/*Der sanfte Tourismus.* Umwelt- und sozialverträglicher Tourismus in den Alpen. Wien: Österreichischer Bundesverlag 1983. *German Holidays and Folk Customs.* Bonn-Hamburg: Eigenverlag Atlantik-Brücke. 7. Auflage 1986/*Theorien zur historischen Arbeiterkultur.* Marburg: Verlag Arbeiterbewegung und Gesellschaftsgeschichte 1987.
Zahlreiche Beiträge in wissenschaftlichen Sammelbänden und Zeitschriften, gelegentliche journalistische Arbeit in Tages- und Wochenzeitungen.

Dieter Kramer

Die Alt-Neu-Frage nach dem Sinn

Vor ein paar Jahren versuchte ein Verlag einen Sammelband über „Lebenssinn". Es war die hohe Zeit der Friedensbewegung und des Abhebens der „Postmoderne": Vielleicht hatten die einen keine Zeit, und die anderen waren zu intensiv mit ihrem konsumistischen Narzißmus beschäftigt, um sich solchen Fragen zu stellen – der Band kam nicht zustande.

Heute? Mit satter Selbstzufriedenheit, die schon nicht mehr mit Zynismus, eher mit Häme zu charakterisieren ist, hängt eine führende Bank dieser Republik in das höchste Stockwerk ihres mit Kunstwerken dekorierten Hochhauses Joseph Beuys' Grafik „La rivoluzione siamo Noi".

In der Tat, Zinsen und Kredit, Profit und Investition sind die eigentlichen Systemveränderer von heute – freilich mit „open end", was die Zukunft der Gattung Mensch anbetrifft.

Immerhin, auch da bleibt noch Raum für die Sinn-Krise der Yuppies und der Midlife-Generation, die sich irgendwann der Frage nach dem Sinn der Gesamtveranstaltung ausgesetzt fühlen, und ich kann mir nichts Wichtigeres denken, als solche Fragen zu nähren; auch gibt es keine stärkere Hoffnung für die Wiederentdeckung des Menschlichen als die Zweifel an der „Mission" dessen, was heute unter der Maske des Fortschritts als zweckfreies Wachstum agiert, keinem anderen Zweck als sich selbst verpflichtet. In der Politik hat sich neben dem „Volk" als neuer Souverän „die Wirtschaft" etabliert, deren Dynamik und Expansion, verborgen unter den „Sachzwängen" von Weltmarkt und Investition, alles zu folgen hat. Ebenso scheint nicht mehr das Leben selbst höchster Zweck zu sein, sondern die eigentlich, soll es denn sich entfalten können, ihm unterzuordnenden Werkzeuge und materiellen Strukturen erheben sich über es.

Sinnfrage in dieser Situation?

Das Leben trägt seinen Sinn in sich selbst – als Gattungsprozeß, als Prozeß hochkomplex organisierter Materie ist es sich selbst genug. Aber das hilft *mir* nichts. *Mein* Handeln, meine eigene, subjektive Existenz ist mit Sinn zu belegen. Der Preis des Zweifels, das erfahre ich im Umgang mit anderen, ist die Depressivität: Sie ist der Zweifel an den gängigen Antworten, nicht umsetzbar in die schöpferische Suche nach Neuem, wie schmerzhaft diese Suche auch immer sei (oder ist vielleicht auch die Depression eben die Form dieser Suche?).

„Sinn konstituiert sich durch die Geschichten, in die wir uns verstricken lassen", hat ein Lehrer der Philosophie gesagt. Das signalisiert, daß wunschlose Harmonie *nicht* den Sinn geben kann (oder höchstens ganz gegen das Ende hin), sondern dieses Sich-Einlassen. Und wirklich: Schließt für mich gerade angesichts der aktuellen fundamentalen Widersprüche der „Sinn" nicht die Lust an der Gestaltung ebenso ein wie die Qual der Anstrengung, in der Politik ebenso wie beim Genuß in seinen verschiedensten Formen? Kommt der Sinn in meinem Leben nicht auch aus der Betroffenheit über eine Ordnung, die sich keinen humanen Zwecken mehr unterwirft? Und, privater: Bedeuten nicht Trauer oder Schmerz auch Sinn?

(1987)

Ursula Krechel

Geboren am 4. 12. 1947. Studium der Germanistik, Theaterwissenschaft, Kunstgeschichte. Promotion. War Theaterdramaturgin. Lebt seit 1978 in Frankfurt.

Buchveröffentlichungen: *Erika.* Theaterstück. Frankfurt: Verlag der Autoren 1974/*Selbsterfahrung und Fremdbestimmung.* Bericht aus der Neuen Frauenbewegung. Darmstadt: Luchterhand 1975/*Nach Mainz!* Gedichte. Darmstadt: Luchterhand 1977/*Verwundbar wie in den besten Zeiten.* Gedichte. Darmstadt: Luchterhand 1979/*Zweite Natur.* Szenen eines Romans. Darmstadt: Luchterhand 1981/*Rohschnitt.* Gedicht in sechzig Sequenzen. Darmstadt: Luchterhand 1983/*Lesarten.* Gedichte, Lieder, Balladen. Darmstadt: Luchterhand 1982/*Vom Feuer lernen.* Gedichte. Darmstadt: Luchterhand 1985/*Aus der Sonne.* Theaterstück. Frankfurt: Verlag der Autoren 1985.
Zahlreiche Hörspiele und Essays.

Ursula Krechel

Das Halbblut

So könnte es sein, man nannte die Frau das Halbblut. Sie lebte unter Halsabschneidern und Fassadenpolierern. Für die aufgeklärte Welt war das Halbblut schöner als andere Menschen. Das ließen sie ihm entgelten. Es hatte einen feinen gescheiten Körper, den es vermied hinzugeben. Unter Schichten von Nährcreme tauchte es am Morgen auf: entfärbt. Als das Halbblut noch ein Mädchen war, kniete es auf den Fliesen, versank in der pharisäerhaften Lust, nicht zu sein wie diese. Die Stadt dröhnte, schmeichelte, leckte. Während die Haut der aufgeklärten Menschen unter den spiegelnden Fassaden rosafarben war, manchmal, wenn sie sich der Sonne ausgesetzt hatten, auch rostfarben, war die Haut des Halbblutes weiß. In seinen Adern floß nur halb so viel Blut wie bei anderen Menschen. Der Rest war Eis. Manche der Eisstücke waren so groß wie Hagelkörner, andere so groß wie Erbsen, dazwischen Splitter, Diamantenstaub, Kristalle aus Eis. Nachts kollerten die Eisstücke gegen die Wände der Adern. Sie kühlten das Halbblut. Manchmal fragte es einen Bankbeamten oder einen Boutiquenmetzger: In welchem Jahrhundert sind wir? Im jetzigen? Im vorigen? Oder in einem zukünftigen? Man spuckte ihr einen Kontoauszug, Briefmarkenheftchen, Dropsrollen in die Hand, sie sollte damit zufrieden sein; ein natürliches städtisches Monstrum.
Das Halbblut ging auf Schuhen, deren Absätze den Boden nicht zu berühren schienen, denn sie waren aus Eis. Inwendig am Rocksaum, unsichtbar für die aufgeklärte Welt, trug es eine Borte aus Lammfellpuschen, mit groben Stichen angeheftet. Wenn das Halbblut lachte oder wenn jemand an Hausecken gelehnt versuchte, das Halbblut zu umarmen, klirrten die Eisstückchen in seinen Adern. Es war ein Geräusch wie aus weiter Ferne, ein Geräusch, das in der Erinnerung an Reklamen für Mundwässer, für den höheren Drogeriebedarf aufgehoben war. War keine Süße in den Schritten des Halbbluts, kein Bronzeguß, lächerlich aufgeblasen wie Opernlüster, in seinen Gedanken, wenn es an Kinoeingängen, an Maronibratereien, an den Nahtstellen der Ausfallstraßen entlangstrich? Immer noch vertraute es Namen wie Gutleutviertel, Im Trutz, Louisa. Hätte es einen Amboß gegeben, auf den es klirrend schlagen könnte, klirrend, daß die Eisstücke splittern, schlagen, immer nur schlagen bis zur Erschöpfung. Hätte es mit dem luftigen Fall eines Kalenderblattes an einem Tag im frühen September vor Glück zerspringen können, vor sich den Kulturschrott des einen oder anderen Jahrhunderts, egal.
Wenn du nicht lieb bist, hatten ihm die halbgefrorenen Halbsäulen in die Fußkälte der Kindheit hinabgerufen, wenn du nicht lieb bist, schicken wir dich zu den Wölfen. Was schlimmer sein mußte als ein Mädcheninternat. Dann gehe ich zu den Wölfen, sagte sich das Halbblut und vergaß es wieder. Gefallen, ohne den Ton des Anstandes zu verletzen. Schreien, ohne mit der Wimper zu zucken. Die Eisstücke schmelzen, aber nicht ganz. Man muß die Kälte täglich neu erfinden. Geh weg hier, sagten die Leute, nicht die Halsabschneider und Fassadenpolierer, vielleicht war es die Bäckersfrau oder ein verschwitzter dürrer braunhäutiger Bursche, der Zeitungen austrug, geh weg, hier kannst du nicht leben. Das Halbblut war verständig, kaufte sich eine Fahrkarte, stieg in einen schnellen Zug, der es quer durch das Land verschob. Kühe sah es, die Zitzen blutig gerissen, in den Fallwind geschlagene Haselbüsche, Todesanzeigen vor die Münder der Mitreisenden gebreitet. Im Poltern und vernünftigen Stampfen des Zuges ging die silbri-

ge Klingelei der Eisstückchen unter. Unterwegs knipste ein Schaffner seine Fahrkarte, so hielt die Ordnung es umhalst. Sonnenstrahlen spritzten in das Abteil. Die optischen Täuschungen eines beharrlichen Wunderglaubens. Hier auf den mit braunem Plastik umschweißten Bänken gab es gegen Ende des Jahrhunderts nicht einmal mehr eine Notbremse zu ziehen. Also Endstation.

Das Halbblut stieg aus, verscheuchte die mit Blumensträußen bewaffneten Wochenendväter, Wochenendgeliebten, Wochenendgroßeltern. Vor dem durchdringenden Blick eines Bahnpolizisten hob es die Hände, verschränkte sie hinter dem Kopf, aber der Mann winkte es mit einer nachlässigen Bewegung seines Gummiknüppels weiter. Die Schwärze einer Eisenbahnunterführung. Dampf stieg dahinter auf. Nüstern blähten sich, Ketten klirrten. Kann ich hier leben? Eine Antwort erwartete das Halbblut nicht. Das Nordlicht strahlte. Ein Gegenzug pfiff. So lebte es in einem Rudel verbellter Hunde.

(1986)

Horst Krüger

Wurde 1919 in Magdeburg geboren, wuchs in Berlin auf und studierte dort und in Freiburg/Breisgau Philosophie und Literaturwissenschaften. 1939/40 Gestapohaft in Berlin-Moabit wegen „Vorbereitung zum Hochverrat". 1942 bis 1945 Gefreiter in der deutschen Wehrmacht. Nach dem Krieg Anfänge als Essayist und Literaturkritiker bei der „Badischen Zeitung" in Freiburg. Von 1952 bis 1967 Nachtprogramm-Redakteur im Südwestfunk Baden-Baden. Lebt heute als freier Autor in Frankfurt/Main. Mitglied der Deutschen Akademie für Sprache und Dichtung in Darmstadt und des PEN-Zentrums Bundesrepublik Deutschland.
Horst Krüger wurde vielfach ausgezeichnet. Thomas-Dehler-Literaturpreis 1970; Johann-Heinrich-Merck-Preis für literarische Kritik und Essay 1972 der Deutschen Akademie für Sprache und Dichtung; Berliner Kritikerpreis 1973; Ernst-Reuter-Preis 1975. Zuletzt erhielt er die Goethe-Plakette der Stadt Frankfurt am Main (1980), die „Goldene Kamera" für sein Drehbuch zum Film „Der Kurfürstendamm" (1982) und den Journalisten-Preis der Stadt München (1983).

Buchveröffentlichungen: *Fremde Vaterländer.* Reiseerfahrungen eines Deutschen. Hamburg: Hoffmann und Campe 1971/*Zeitgelächter.* Ein deutsches Panorama. Hamburg: Hoffmann und Campe 1973/*Ostwest-Passagen.* Reisebilder aus zwei Welten. Hamburg: Hoffmann und Campe 1975/*Das zerbrochene Haus.* Eine Jugend in Deutschland. Hamburg: Hoffmann und Campe 1976/*Poetische Erdkunde.* Reise-Erzählungen. Hamburg: Hoffmann und Campe 1978/*Ludwig lieber Ludwig.* Ein Versuch über Bayerns Märchenkönig. Hamburg: Hoffmann und Campe 1979/*Spötterdämmerung.* Lob- und Klagelieder zur Zeit. Hamburg: Hoffmann und Campe 1981/*Der Kurfürstendamm.* Glanz und Elend eines Boulevards. Hamburg: Hoffmann und Campe 1982/*Tiefer deutscher Traum.* Reisen in die Vergangenheit. Hamburg: Hoffmann und Campe 1983/*Zeit ohne Wiederkehr.* Gesammelte Feuilletons. Hamburg: Hoffmann und Campe 1985/*Im Gasthaus zur Fremde.* Reise-Erzählungen. Hamburg: Hoffmann und Campe 1987.

Horst Krüger

Frankfurter Sonntag

Um es vorweg zu sagen: mit den Frankfurter Sonntagen ist nicht viel Staat zu machen. Ich, der ich als passionierter Verteidiger dieser Stadt fast unrühmlich bekannt bin, bekenne offen: die Sonntage in Frankfurt kann man getrost vergessen. Sie mögen nicht so tot sein wie die in London. Als halbtot schätzt man sie ungefähr richtig ein.

Die Werktage in Frankfurt sind schön. Dies ist eine nüchterne, kalte, sehr tüchtige Stadt. Von Montag bis Freitag zittert sie förmlich vor Kraft. Alles rennt rum. Niemand hat Zeit. Am Sonnabend kann man, wenigstens am Vormittag noch, mit Einkaufsorgien auf der Zeil und Demonstrationen, Massenumzügen in der City rechnen. Danach wird es still. Das Getümmel versackt. Spätestens am Sonntag vormittag ist die Stadt ganz abgeschlafft. Sie gähnt vor Leere. Die aufsässigen Protestierer schlafen sich aus. Die Hunderttausende von Pendlern, die in der Woche die Straßen der City mit Leben erfüllen, bleiben aus. Ein paar Türken stehen ratlos am Bahnhofsvorplatz. Ältere Herrschaften streben im Sonntagsstaat dem Palmengarten entgegen. Die besseren Herren aus den Chefetagen der großen Weltfirmen hocken in ihren diskreten Bungalows rund um den Taunus. Leicht gelangweilt lesen sie die Zeitung. Nur beim Börsenteil werden sie kurzfristig wach. Natürlich, man fährt nicht zum Spaß an jedem Werktag nach Frankfurt. Dort macht man das Geld. Dort macht man Geschäfte – mehr nicht.

Ich, der ich keine Bank betreibe, auch nicht zu den feineren Kreisen der Stadt gehöre, dafür aber sehr gern und freiwillig im alten Frankfurter Westend an einer ziemlich belebten Verkehrsstraße wohne – ich genieße am Sonntag morgen zunächst nur die ganz ungewöhnliche Stille. Märchenhaft ruhig ist jetzt mein respektables Villenviertel, durch das am Werktag ein ziemlich rabiater Verkehr donnert. Man schläft also länger, auch tiefer. Ich gehe am Sonntag nicht an den Schreibtisch. Ich werde nicht arbeiten. Ich blättere auch in der Zeitung, mehr oder weniger gelangweilt. Ich bin immer auf der Suche nach dem Kinoprogramm. Gute Filme interessieren mich, aber die wenigen, die es gibt, kenne ich schon. Natürlich gibt es auch eine Frankfurter Kulturszene. Aber ehrlich: man kann doch nicht als Bürger dieser Stadt jeden Sonntag ins Museum gehen? So brav verbürgerlicht bin ich nun auch wieder nicht.

Alle meine Erfahrungen sagen: hier kann man am Sonntag nur eins tun: weg, nichts wie weg! Es gibt einen unvergleichlichen Sonntagsreiz dieser Stadt, der merkwürdig unbekannt blieb. Frankfurt hat, einfach aufgrund seiner zentralen Lage, die schönste, die unterschiedlichste Ausflugslandschaft in der Bundesrepublik. In allen vier Himmelsrichtungen und in kaum einer halben Autostunde kann man deutsche Geschichte, Stämme, Landschaften, Dialekte und Weine haben, höchst variabel.

Spätestens um zwei Uhr mittags sitzen wir also am Sonntag immer im Auto. Nur weg! Wohin heute, bitte? Fahren wir in den Rheingau nach Wiesbaden, ins Wispertal? Fahren wir in den Odenwald, suchen wir die alten Schicksalswege der Nibelungen heim? Man kann in vierzig Minuten im dunklen Spessart sein. Ein Märchenwald wartet. Ich als alter Preuße liebe natürlich auf das innigste Bayern – per Distanz. Eine Art Fernstenliebe, wie Nietzsche sie predigte. Man kann auf der Autobahn in knapp zwanzig Minuten den Weißwurst-Äquator überschreiten. Aschaffenburg grüßt schon barock.

Oft fahren wir Richtung Würzburg weiter. Laß uns ins Land der Franken fahren! Wertheim, Sommerhausen, Volkach mit seiner berühmten Muttergottes von Riemenschneider: das sind Frankfurter Sonntagsziele. Es ist auch reizvoll, immer die Mainschleife entlang zu fahren. Im Winter kann Büdingen oder die Röhn verlocken. Tief verschneit und eiskalt liegt der Kreuzberg dort, halb hessisch, halb bayerisch. Man spürt schon die Zonengrenze entfernt. Das also ist Winter? So weiß, so klirrend und kalt? Der Frankfurter staunt.

Aber gut ist es doch, spätestens um zehn Uhr abends wieder zurück zu sein. Jedesmal nach diesem Luftholen, diesem ganz tiefen Durchatmen draußen, bin ich dann froh, wieder im Frankfurter Dreck zu sein. Ich gehöre hierher. Hier bin ich zu Hause, sozusagen. Der Sonntag ist nun vorbei. Frankfurt ist einfach kein Sonntagskind. Es lohnt sich, am Montag morgen hier vom Straßenlärm wieder geweckt zu werden. Und wenn ich mir dann im Laden nebenan die neue Ausgabe des „Spiegel" gekauft habe und mich über seine Giftigkeiten ärgere, bin ich glücklich. Jetzt geht's wieder los mit der Stadt und der Welt – ran!

(1987)

Harald Kuhlmann

Geboren 1. Dezember 1943 in Lautenthal/Harz. Kindheit in Hannover. Gymnasium bis 1961 (Abgang ohne Abitur). Ausbildung als Schauspieler zunächst an der Niedersächsischen Hochschule für Musik und Theater, dann am Max-Reinhardt-Seminar in Berlin/ Wien. Engagements (unter dem Pseudonym Harald Oslender) in Wien, Basel und Zürich. 1968-73 an der Schaubühne am Halleschen Ufer in Berlin, 1975-77 am Deutschen Schauspielhaus in Hamburg. Nebenbei Film- und Fernsehrollen. 1978-85 freier Autor und Schauspieler mit Wohnsitz in Schleswig-Holstein. Seit der Spielzeit 85/86 als Schauspieler und Hausautor (zusammen mit Wolfgang Deichsel) am Schauspiel Frankfurt. Fördergabe des Schiller-Gedächtnispreises 1986.

Buchveröffentlichungen: *Pfingstläuten.* Schauspiel in 13 Bildern (Uraufführung Staatstheater Darmstadt 1981). Frankfurt: Spectaculum 27. Suhrkamp 1977/*Wünsche und Krankheiten der Nomaden.* Schauspiel in fünf Akten (Uraufführung Städtische Bühnen Frankfurt 1987). Frankfurt: Spectaculum 39. Suhrkamp 1984.

Harald Kuhlmann

Engelchens Sturmlied

I,1 *Johannisabend. Wohnung des Oboisten Hartknopf. Ein Alkovenzimmer. Liselotte im Bett, kränkelnd und mißgelaunt. Andreas in Theologentracht.*

LISELOTTE: Andreas, der Finger Gottes zeigt auf dich! Seit gestern zurück von den Benediktinern, hast du mich noch kein einzigmal besucht. Eines Tages, wenn du zu mir hereinschaust, werde ich gestorben sein.

ANDREAS: Vom Hühnerhof geht eine Stiege in die Dachkammer, – verzeiht! Ich möchte euch ungern inkommodieren.

LISELOTTE: Hier liegt man in seinem abgehetzten Fleisch, fühlt sich wie hingeschüttet Wasser. Wer spricht den Psalm? Liest den Abendsegen? Wer hält mein Haupt, wenn ich unruhig bin?

ANDREAS: Gustchen, Eure Tochter, soll sich um Euch kümmern.

LISELOTTE: Selber hilflos und ein Tolpatsch geworden, nachdem der Veitstanz sie erwischt hat. Soviel Ärzte und Apotheker gibt es gar nicht, wie ich sie herbemüht ihrer Krankheit wegen, und konnten doch für gutes Geld ihr nicht helfen. Just als d u fortginst – auf den Tag genau, Engelchen! –, hat sie die Fallsucht bekommen.

ANDREAS: Es reicht, um Euch hinlänglich zu versorgen.

LISELOTTE: Man muß den Gesundbeter holen lassen.

ANDREAS: Ich wüßte, was hilft! Von den Benediktinern ist Altarwäsche unterm Gepäck, ein Bahrtuch, das die Gebeine des heiligen Vitus berührt hat, den Sterbende anrufen in ihrer Todesangst. Nothelfer auch gegen Bettnässen und Epilepsie, nach welchem der Veitstanz sich so nennt.

LISELOTTE: Du hast in Corvey Altarwäsche veruntreut, – jetzt begreife ich dein schlechtes Gewissen und weshalb du nie zu mir hereinschaust!

ANDREAS: Wir bräuchten nur, wenn Gustchen ihren Anfall hat, sie in das Bahrtuch wickeln. Falls Sankt Vitus nicht hilft, ei!, dann eben der Gesundbeter.

LISELOTTE: Du bist unehrenhaft von den Benediktinern entlassen. Steh Rede und Antwort, Rotzbalg! (*Er schweigt. Sie krakeelt ein bißchen.*) Man ist hart gestraft in seinen Kindern: die Tochter närrisch, der Sohn verludert, bleibt ganze Nächte lang aus. Glaub nur, es merkt keiner, ob du daheim bist! I c h kenne dich.

ANDREAS: Niemand hier, auch meine Mutter nicht, soll sich gerieren, als kennte er mich.

LISELOTTE: Man wird scheel betrachtet, unsereins, seit Vater gestorben, ich eine Protestantin und du zu den Katholischen konvertiert bist: d a s hat mich krank gemacht, Engelchen.

ANDREAS: Nein. Ihr habt Gicht, weil Ihr eben alt seid. Erlaubt jetzt, daß ich hinaufgehe in die Dachkammer!

LISELOTTE: Unehrlich von den Benediktinern entlassen, – kommt davon! Du bist zu gierig auf Religion. Aus Vaters Bibliothek sind Bücher verschwunden, theologische ... und, und freimaurerische! Andreas, was treibst du in der Dachkammer?

ANDREAS: Man liest, man studiert Latein. Man übt seine Handschrift auf viele verschiedene Weise.

LISELOTTE: Du lügst. Sind ganz bestimmte Bücher, die fehlen: unerlaubte! Du treibst was Verbotenes damit.

ANDREAS: Des heiligen Irenäus Schrift ADVERSUS HAERESES, Gottfried Arnolds KIRCHEN- UND KETZERHISTORIE, der BERENGARIUS TURONENSIS von Lessing ...

LISELOTTE: Schon gut, Engelchen! Davon verstehe ich nichts.

ANDREAS: Dann schimpft doch bitte über etwas anderes!

LISELOTTE: Ich wünschte, du wärst statt ins Kloster zu den Zigeunern und Seiltänzern gegangen, wie es als Kind dermaleinst dein Wunsch war.

ANDREAS: Nicht ins Kloster – begreift es nur endlich! –, sondern aufs Priesterseminar. Meine Eltern ...

LISELOTTE: ... sind getreu evangelisch! Kein Lumpenpack, das unserm Herrgott Altarwäsche klaut. (*Streichelt ihn heftig, küßt ihn.*) Wieviel Mühe es uns gekostet hat, allein Pastor Marquard, dich dort unterzubringen! Wie wirst du versorgt sein, Engelchen, wenn ich sterbe ...?

ANDREAS: Im fall ich das Armutszeugnis bekomme, studiere ich Theologie fort. In Hildesheim.

LISELOTTE: Unsereins dachte immer, du wirst Mönch. Wer nunmal nicht weiß, was er will, wird es auch nicht bekommen, das Armutszeugnis, da du eigenmächtig den Glauben gewechselt hast.

ANDREAS: Ei!, werde ich halt wieder protestantisch. Gott wird's nicht übelnehmen, denn auf Erkenntnis kommt es an. Ob jemand sündigt oder nicht, es ist dieselbe Plage.

LISELOTTE: Die Gemeinde läßt nur studieren, wer den Pfarrberuf wählt. Gleich morgen gehst du hin, Abbitte leisten!

ANDREAS: Nein. Wenn jemand erkennt, empfängt er, was ihm g e h ö r t , und zieht es an sich.

LISELOTTE: Dein Übermut schwappt ins Bodenlose, ach!, bald verstehe ich rein gar nichts mehr. Wie meinst du das ob jemand sündigt oder nicht?

ANDREAS: Sich kein Gefängnis, sondern Licht, Erleuchtung daraus machen, fromm zu sein. Nach Dingen trachten, die nicht erklärt im Katechismus stehen ... nein!, die man s c h a u e n muß, um sie zu sehen, zu erkennen, zu begreifen.

LISELOTTE: Falls Pastor Marquard ein Auge zudrückt ...! Wir sind arm, wir besitzen ja nichts. Wir sind doch bloß der kleinste Teil der Welt.

ANDREAS: Zuletzt, was die Kirche aus uns gemacht hat. Wer auf deren Art Religion treibt, lernt nie, woher er gekommen ist und wohin er geht. Sintemalen ein Gott, der nach ihrer Fasson beschaffen sein soll, füsiliert werden müßte.

LISELOTTE: So nimm denn meinen Fluch für solche Rede, – du hetzt uns noch Polizei auf den Hals! Ich habe Angst, Engelchen ... habe Angst!

ANDREAS: Ihr taugt zu nichts als Furcht und Aberglauben.

LISELOTTE: ... besser abergläubisch als gottlos! Wie lange, meinst du, hält die Erleuchtung vor?

(1987)

Volker Kühn

Jahrgang 1933, begann als Journalist. Kam im Laufe seines Kreuz- und Querstudiums Mitte der fünfziger Jahre zum erstenmal nach Frankfurt. Nach vierjährigem Amerikaaufenthalt kehrte er 1963 an den Main zurück, diesmal als Redakteur des Hessischen Rundfunks. Seit 1969 freier Autor und Regisseur. Schrieb und inszenierte fürs Theater, für Funk und Fernsehen. Eigene Funk-Kabarett-Reihe „Bis zur letzten Frequenz"; 1973 startete er zusammen mit Dieter Hildebrandt die ZDF-„Notizen aus der Provinz". Zahlreiche Fernsehsendungen, darunter die Film-Satiren „Die halbe Eva", „Euer Clown kann ich nicht sein", „Hochkant", „Der Eremit" sowie das TV-Feature „Bombenstimmung - Unterhaltung unterm Hakenkreuz"; das Buch zum Film wird demnächst bei Rowohlt erscheinen. Polit-Satire auf Schallplatten: „Wie die Alten singen", „Pol(h)itparade", „Musik aus Studio Bonn", „Das Duell", „Ich bin Kohl, mein Herz ist rein".

Buchveröffentlichungen: *Das Kabarett der frühen Jahre.* Eine Kabarettgeschichte. Berlin: Quadriga Verlag 1984/*Gedicht aus Bonn.* Wegwerf-Lyrik aus dem Bundestag. Reinbek: Rowohlt 1985/*Leise rieselt der Schmäh.* Wende-Parodien zur Lage der Nation. Reinbek: Rowohlt 1985/*Ich bejahe die Frage rundherum mit Ja.* Einführung in die Kanzlersprache. Zs. m. G. Walter. Hamburg: Rasch und Röhring 1985/*Schöner wählen.* Ratgeber für den mündigen Staatsbürger. Zs. m. G. Walter. Hamburg: Rasch und Röhring 1986.
Herausgeber: *Das Wolfgang Neuss Buch.* Satire-Sammlung. Rogner & Bernhard. Frankfurt: Zweitausendeins 1981/*Neuss Testament.* Eine satirische Zeitbombe. Frankfurt: Syndikat 1985/*Tunix ist besser als arbeitslos.* Sprüche eines Überlebenden. Reinbek: Rowohlt 1985/*Zurück, Genossen, es geht Vorwärts!* Satiren, Songs, Sarkasmen – uns Sozis ins Stammbuch. Hamburg: Rasch und Röhring 1986/*Kleinkunststücke.* Eine Kabarett-Bibliothek in 5 Bänden. Weinheim: Quadriga 1987.

Volker Kühn

Ballade von der Endlösung der Intellektuellenfrage nach François Villon

Die Volksaufwiegler, Eggheads, Neunmalklugen,
die staatsverdrossenen Schreiberlinge in den Dichterstuben,
die Geistes-Onanierer, die in elfenbeinern Türmen sich so sicher wähnen,
die Feuilleton-Stilisten mit den langen Zottelmähnen,
die liberalen Schreibtischtäter, die von Monopolen faseln,
die grünen Gören, die von Menschenwürde quasseln,
die poonasüchtige Blase, die verdreckt, verlaust,
in abrißreifen Slums als Wohngemeinschaft haust,
die Underground-Poeten, die den monatlichen Scheck von drüben kriegen,
weil sie mit Marx und Engels sich ihr krankes Weltbild rasch zusammenbiegen,
die Sprachverhunzer, denen man eins in die Zähne haue,
Satire-Fetischisten mit der linken Klaue,
der Kampus-Clan, studiertes Pack, Studenten, Professoren, Assis, all die schlimmen Finger,
Marxisten, Leninisten, Mao- und Marcuse-Jünger,
die Kabarettologen, Flower-Power-Profis, Ironie-Verspritzer, die Chaoten,
Instandbesetzer, Terroristen und die progressiven Fachidioten,
die sogenannten Dichter, die dem Terror neue Nahrung gaben,
schmeißfliegig, rattenhaft die Freiheit, die wir meinen, untergraben,
die Kokser, Hascher, Hippies, Heroin-Heroen,
die uns vom Bahnhofs-Klo aus, selbstmordsüchtig ihren goldenen Schuß androhen,
weil ihnen, wie sie lallend labern, hier bei uns die ganze Schose stinkt,
Guru-Gesocks, Gesindel, arbeitsscheuer Abschaum, der zur Rock-Gitarre seine abgeschmackten Lieder singt,
die Linksabweichler, Moskowiter, Gammler und die Schwulen,
die tuntig, heiß wie läufige Hunde, uns um Toleranz anbuhlen,
die Journalisten, Kolumnisten, Zeitungsschreiber, die an solcherlei Kloake sich tagtäglich in den Medien laben,
und, wie zum Dank, noch das System, das all dies zuläßt, obendrein noch frech mit Kot beworfen haben,
all die kaputten Typen, die die Welt verändern wollen,
die Freaks, wie sie sich nennen, die da lauthals fordern,
daß wir doch alle bitteschön nach ihrer Pfeife tanzen sollen,
die ungewaschenen Pisser, Demonstranten, extremistisches Geschmeiß,
die Steineschmeißer, Stadt-Indianer, dieser ganze Untermenschen-Scheiß,
die Pazifisten-Pestilenz, die linke Brut, die undeutsch kranke Saat – für alle die
ham wir die rechte Antwort hier parat:
In angereichertem Urin und strahlender Kloake,
in Isothopen-Brühe abgebrannter Elemente,
im Bleidampf unsrer Ami-Schlitten,
im Klärschlamm marktbeherrschender Chemie-Konzerne,
im Chlorgas umgekippter Flüsse,
im Abwasser, das grade frisch die pharmazeutische Fabrik verläßt,

im Auspuff-Ruß der Bentleys, Cadillacs, Ferraris,
in Kohlenmonoxyd sowie in Kobalt-60-Schwaden,
in denen von Iridium,
in Pestiziden-Milch und nicht zuletzt
in Zinkchromat und Hexachloryclohexan,
im Trinkwaser, so wie's phenolversetzt
aus unsern Wasserhähnen rinnt,
in krebserregendem Asbest, zu feinem Mehl zermahlen,
im Schwefelwasserstoff-Gewölk, das angenehm
nach faulen Eiern gegen blaue Himmel stinkt,
in fein dosierter radioaktiver Kraftwerkssoße,
die Geigerzähler zur Ekstase bringt,
in quecksilberverseuchter Bouillabaisse,
die wir – frisch auf den Tisch –
aus Rhein und Ruhr und Main abschöpfen,
in einer pharmakranken Fötus-Frucht,
wie unsre Engelmacher sie hier stündlich ernten,
im Sud des Kühlwassersystems
aus unserm ersten besten schnellen Brüter,
im Aushub von Entsorgungslagern, der Arsen enthält,
im Giftmüll lahmgelegter Vorstadt-Parks,
in dem zuweilen unsre Kinder kriegen spielen,
vermischt mit einer Prise Cadmium,
im Abhub-Staub, wie er sich bei Computerbändern freischabt,
mit denen wir den Plebs verdaten –
und all das angereichert mit Plutonium:
In diesem Saft
soll man den linken Pöbel dünstend braten.
Und obendrein
und außerdem
für alle Fälle,
falls 's nicht langt,
vermenge man den ganzen Scheiß
mit einer abgestandenen Giftgaswolke
wie sie hierzulande,
filternd selbstverständlich,
Höchst und Kalle
sowie Melitta, Leverkusen, Shell und Unilever
zum Wohl des Fortschritts
täglich produziert.

Alsdann –
in diesem Sud
schmor man die Intellellen
alle!!!

(1985)

Peter Kurzeck

Geboren am 10. Juni 1943 in Tachau im Böhmerwald, aufgewachsen in Staufenberg im Kreis Gießen, Oberhessen. Tätigkeiten u. a.: Buchhändler, Personalchef und Gelegenheitsarbeiter. Seit 1977 in Frankfurt am Main. Schriftsteller. 1985/1986 erster Fabrikschreiber der Romanfabrik Frankfurt.

Buchveröffentlichungen: *Der Nußbaum gegenüber vom Laden in dem du dein Brot kaufst.* Roman. Basel–Frankfurt: Stroemfeld–Roter Stern 1979/*Das schwarze Buch.* Roman. Basel–Frankfurt: Stroemfeld–Roter Stern 1982/*Kein Frühling.* Roman. Basel–Frankfurt: Stroemfeld–Roter Stern 1987/*Kommt kein Zirkus ins Dorf?* Hörspiel. (HR 1987). Gießen: Focus Verlag 1987.
Erzählungen, Beiträge in Anthologien sowie Funkarbeiten.

Peter Kurzeck

Übers Eis

Neujahrsnacht; eine dünne Eisschicht bedeckt den Main. Mitternacht schon vorbei, das Neue Jahr (jeder schrieb seine Postkarten) hat vor ca. anderthalb Stunden pünktlich begonnen. Mondlicht, eine klare Nacht, Alles Gute! Wir wollen uns Zeit lassen. Ein paar Leute auf der Brücke waren es, die ihn zuerst sahen. Kamen wohl von einem Fest, von einer privaten Sylvesterfeier, Männer und Frauen, alle in offenen Mänteln. Lachend, redend, rauchend wandern sie jetzt, wandern zwischen ihren Jahren und Betrachtungen wie zwischen zwei Zügen, vorläufig angekommen, ohne Eile dahin. Nachher, danach: keiner konnte sich erinnern, wer ihn zuerst – jeder, alle zugleich, nein du! Der Fluß gefroren. Er war schon ein ganzes Stück vom Ufer entfernt, als sie ihn entdeckten: kleine dunkle Gestalt, die sehr allein unter hohem nachtblauem Himmel lautlos über die leere schimmernde Eisfläche lief, der Mitte, dem fernen jenseitigen Ufer zu – doch das Eis wird nicht halten!
Frankfurt am Main: rechtzeitig vor dem Fest landesübliches Sauwetter, dann fing es feierlich wieder zu schneien an (da war Weihnachten aber schon rum) und erst vorletzte Nacht erstmalig wieder Frost. Plötzlich waren alle sehr aufgeregt, hellwach, völlig nüchtern; wußten gleich, das geht schief. Standen auf der Brücke und riefen aufgeregt geläufige Warnungen zu ihm hinunter und hinterher – hört er uns überhaupt? Nachher lag das ganze nutzlose Geschrei zerbrochen in der Gegend herum. Inzwischen sind auch schon die ersten Spaziergänger am Ufer aufmerksam geworden, auf der Promenade, auf der Seite, von der er kam. Unter den Bäumen, sind stehengeblieben, sahen ihm nach übers Eis und wußten nicht, was tun, wußten nicht einmal, was sie denken sollten. Geht uns das was an? Zuständig sind wir nicht. Und schließlich: hätten höchstens gutwillig hilflos hinter ihm her rennen können, in Lebensgefahr, in weitem Abstand, ohne zu wissen, was läuft: ein verlorenes Rennen. Vielleicht Filmaufnahmen! Jeder für sich, man macht sich bloß lächerlich. Schätz mal die Rufweite! Vom niedrigen Ufer aus – so breit ist der Fluß nie gewesen – schien die Entfernung eher noch größer.
Ein einzelnes letztes Taxi sauste über die Brücke, vom Wind begleitet. Nacht; Straßenbahn fuhr nicht mehr. Er hatte noch lang nicht die Mitte erreicht und lief, lief ohne sich umzusehn – vom anderen Ufer aus: Botschaften oder was bringt er da? Eine kleine dunkle Gestalt, die, panisch winkend mit allen Vieren, über die weite leere Eisfläche kommt, auf dich zu, durch die Stille. Oder von einem der zahlreichen Fenster in den oberen Stockwerken der Häuser beidseits des Flusses? Der Nachthimmel, die vielen Türme der ehemaligen Stadt, die Brücken und zahlreiche Lichter markieren den Strom. Das war 1960; nachträglich will dir scheinen, daß dem Bild die Hochhäuser fehlen und wie sie, wie die leibhaftigen Landeswächter, drohend immer höher emporwachsen, böse Riesen, die sich zusammenrotten. Und jedesmal wenn du dich umdrehst, jeden Moment, alle paar Jahre, sooft du aufblickst, sind sie – noch bebt die Erde – wieder ein paar Schritte vorgerückt, immer mehr, immer näher (so hätte es Beckmann noch malen können, wenigstens wiedererkannt, vom Fenster aus: nach Mitternacht, ist das die Zeit, die uns bleibt?). In regloser Ferne knallten, fehl am Platz, sehr fern, vereinzelt ein paar verspätete Feuerwerkskörper, wie bestellt. Eine rote Rakete stieg auf, eine grüne überholte sie, beide platzten – in der gleichen zeitlosen Ewigkeit, da alles erstarrt scheint – und lautlos ein farbiger Lichtregen fiel-sprühte-schwebte down: da hatte er immer noch

nicht die Mitte des Flusses erreicht; hier stehen wir. Und lief und lief durch die gleißende Stille. Und es schien eine Ewigkeit, und es war jetzt ganz still, bis auf ein paar lautlose Lichtexplosionen und den Nachklang der Stimmen in deinem Gedächtnis, im Hintergrund. Was denn hätten sie tun sollen? Zwei ohnmächtige Zufallsgruppen mitten auf leerer Brücke, man kennt sich kaum, und vereinzelt späte Spaziergänger, die keinerlei Schuld oder Vorwurf trifft, unter den Uferbäumen. Hier stehen wir: waren eben noch gemächlich auf unserem späten nächtlichen Heimweg ohne Komplikationen, oder dachten das jedenfalls. Alle starrten gebannt auf die kleine dunkle Gestalt, die stumm (fern) übers Eis lief, da unten, das schimmert so *silberhell.*
Was tun? Es war die Neujahrsnacht, spät; wie ausgestorben die Stadt. Nur vereinzelt Passanten noch und Gruppen von Passanten, alle sind auf dem Heimweg. Jedes Fest war ein gelungenes Fest. Straßenbahn fuhr nicht mehr, auch kaum Autos; fast nur Taxis noch sausten hin und her, sehr vereinzelt, durch die leere gutbeleuchtete Nachtstadt. Was wissen wir denn? Vielleicht wollte er wirklich den Fluß überqueren. Alle hatten getrunken in dieser Nacht, und (wir sind stocknüchtern) jeder dachte natürlich, er hätte getrunken. Sylvester, Neujahrsnacht, Sinnestäuschung, vielleicht eine Wette, Sport, Filmaufnahmen, aber wo seine Partner? Einer, der seinen erstbesten Neujahrsvorsatz unverzüglich ausführt. So mußt du 's machen, mach das mal nach. Übern Fluß, sogar Witze fielen ihnen ein, so spät in der Nacht, manche gar nicht so schlecht. Und es hätte ja auch gut ausgehn können, dann wollen wir einen drauf trinken. Doch unsere Gruppe auf der Brücke: jeder wußte gleich, das Eis wird nicht halten, Fachleute. Und deuten, reden, rufen aufgeregt durcheinander und zeigten einander, wie er – da unten, dort! Alle sahen ihn, wie auf einer Bühne. Die Nacht; es war, als hätte sich die Nacht um sie her sacht und nachdrücklich in Bewegung gesetzt.

(Aus „Das schwarze Buch". Roman. Erstmals erschienen. Basel–Frankfurt/M.: Verlag Stroemfeld–Roter Stern 1987.)

Margot Lang

Ich heiße Margot Lang, werde „1987“ geboren/und lebe immer noch./Davor war ich: Kindergarten-Kind, Schul-Kind, Lehr-Ling,/Kind-Frau und bekam ein Kind./Man nannte mich Mutter, Hausfrau, gleichzeitig/Avon-Vertreterin, Fotolaborantin, Fotografin./Später/APO-Kind, Kinderladen-Managerin, und in jeder/Menge linkspolitischer Gruppen./Empfangsdame, Fotomodell, Sekretärin/tagsüber, Mutter abends, Animierdame in der Nacht.//Begabten-Abiturientin, Studentin, dann ging's abwärts:/Würstchen-Verkäuferin./„Würstchen für die Würstchen von den Würstchen/Drei Mark das Stück!“, schrie und schrieb ich damals./Apfelweinverkäuferin, Journalistin, Bedienung,/Handelsverdreherin in Kopenhagen wegen Schulden hier./Putzfrau und immer wieder Bedienung./Voll-Time-Liebhaberin folgte./Und immer hatte ich meine Blue-Jeans an/und immer war da irgendwo ein Mann .../Später lange Stadtstreicherin, Obdachlose, Ausgestoßene/und immer wieder Bedienung./Wieder putzte ich für Geld, das keines ist./Putzte die Schamhaare von Gästen im Weinkeller weg,/wobei ich mich darüber wunderte,/daß sie überhaupt noch welche haben./Immer, immer habe ich geschrieben:/Artikel, Gedichte, Bücher, Hörspiele, Satiren, Lieder.//Unter dem Motto: Egal womit ich nichts verdiene,/begann ich zu malen und baute Objekte:/Amor 84 besteht nur noch aus Drähten,/Atlas 84 sitzt die Welt platt./Mein Selbstportrait: Ein Astloch./Aquarelle, Acryl, Öl und viel Müll./Immer hatte ich meine Blue-Jeans an/und immer war da irgendwo ein Mann .../Eine beeindruckende Materialschlacht, meinte ein Professor/einer Kunsthochschule, und die Presse:/„Aus Margot Lang wird man wohl nie so richtig schlau ...“/Jeden Tag trage ich meine ersten und letzten Blue-Jeans./Mir fehlt der berühmte Vater, der mir die Roten/geschneidert hätte./Irgendwann war ich plötzlich/Hebamme für ein paar Männer geworden,/darunter auch Künstler.//JETZT!/Versuche ich auf mich zu setzen/muß sagen:/Sehr ungewohnt.

Buchveröffentlichungen: *Als Oma Josefine wurde.* Frankfurt: S. Fischer 1980/*Nina Hagen, Rock-Sängerin/Lerryn, Liedermacher.* Frankfurt: Fischer 1981/*Zwischen den Zeilen.* Offenbach: Sauer 1984/*Vollmond.* Frankfurt: M. Lang-Verlag 1986.
Herausgeberin: *Mein Vater.* Reinbek: Rowohlt 1979/*Meine beste Freundin – Frauen erzählen/Mein bester Freund – Männer erzählen.* Frankfurt: S. Fischer 1982.

Margot Lang

Tagebuch Mittwoch, 14. Januar 1987

Rainer Wecke, Nudelfreak ist gestorben.
Todesursache: Nicht-Zurechtfindung auf unserem Planeten,
sprich: Herzversagen.
Ich fühle mich nicht mal alleine gelassen
Gönne ihm den Frieden
Hoffentlich sind
die Bierrechnungen
dort günstiger für ihn.
Und diese komische Ehe, seine letzte Verzweiflungstat,
ist er damit auch los.
Ein Künstler ist umgezogen.
Weg aus dem Land, wo es keine Anerkennung und
kein Geld für ihn gab.

(1987)

Waffenstillstand

Ich traue mich nicht nach Hause
abgesehen davon
daß es so was wie Heimat
auf unserem Strafplaneten
nicht gibt
sind mir die Glastische
und der Fernseher zu unfreundlich
das Video zu kalt.
Und mein Liebster?
Den haben sie im Büro
heute
wiedermal umgebracht
Wer vergewaltigt schon gern eine Leiche?

(1986)

Ach, diese Männer!

Alle sind sie
zu-kurz-gekommen-an-der-Mutterbrust

Um die Ohren sollte man sie ihnen schlagen
millionenfach
die ganzen „Mammas“.

(1984)

Doris Lerche

1945 geboren, Schulzeit bis zum Abitur in Münster, längere Aufenthalte in London und Paris, jahrelang durch die Welt vagabundiert, zwischendurch Psychologie-/Kunstpädagogik- und Grafik-Studium, seit '76 freiberuflich, zunächst als Illustratorin und Cartoonistin, dann auch als Autorin, lebt und arbeitet in Frankfurt.

Buchveröffentlichungen: *Kinder brauchen Liebe!* Cartoons. Frankfurt: Krüger Verlag 1982/*Nix will schlafen.* Kinderbuch. Frankfurt: Alibaba-Büchergilde 1982/*Du streichelst mich nie!* Cartoons. Frankfurt: Krüger Verlag 1983/*Katzenkind.* Kinderbuch. Frankfurt: Alibaba 1983/*Keiner versteht mich!* Cartoons. Frankfurt: Krüger Verlag 1984/*Die Unschuld verlieren.* Erzählung. Reinbek: Rowohlt 1984/*Ich mach's dir mexikanisch.* Cartoons. Frankfurt: Eichborn Verlag 1987.
Herausgeberin von Anthologien mit eigenen Text- und Bild-Beiträgen: *In einem fremden Land.* Zs. m. Straube. Schneider-Verlag 1985/*Romanfabrik.* Zs. m. P. Zingler. Frankfurt: Brandes & Apsel 1986/*Die Nacht der LiteratHuren.* München: Heyne 1987.
Unzählige Text- und Bild-Beiträge in Büchern, Zeitungen und Zeitschriften.

Doris Lerche

Zehnfinger

Sie streichelt über ihr Gesicht mit besoffenen Händen, eine Haut wie Papier, so glatt, so fremd, Haut spürt nicht mehr, Kopf denkt nicht mehr, doch, spürt, denkt, aber fremd, fremde Haut im Gesicht, fremde Gedanken, die durch ihren Kopf torkeln, falsche Buchstaben, die sie in die Maschine schlägt, alles falsch, Sekt macht lustig, aber da sitzt sie mitten in der Nacht an ihrer Schreibmaschine und schlägt daneben, nichts klappt mehr, haarscharf daneben, Zehnfinger klappt nicht mehr, Kuß klappt nicht mehr, landet im Mundwinkel ohne Gefühl, Sekt tut wohl, nicht mehr ins Schwarze treffen, das Schwarze tut weh unter den Nägeln. Das Leben findet daneben statt, du glaubst, du triffst, wenn du genau hinschaust, aber du siehst nur Mickey Maus und Freiheit und Abenteuer und glänzende Straßen. Das Leben findet daneben statt. Die Finger schmerzen ihr von den Tasten, die sie nicht trifft, und sie denkt an die vielen Menschen, nachts mit ihren Schreibmaschinen, und morgens in den Papierkorb. Du scherst aus über holprige Ränder, Narrenfreiheit knapp neben dem breitgelatschten Weg, da brauchst du gar nicht nach Borneo zu gehen oder auf die Marquesas. Sekt ist die Ausrede, da ist ihr keiner böse, daß sie daneben tappt, das Schwarze nicht trifft, das sie nicht will, was will sie denn.

(Erstmals erschienen in „Romanfabrik". Eine Anthologie. Hrsg. v. Doris Lerche und Peter Zingler. Frankfurt/M.: Brandes & Apsel 1986)

(Aus „Keiner versteht mich“. Erstmals erschienen Frankfurt/M.: Krüger Verlag 1984)

Burkhardt Lindner

Geboren am 31. 10. 1943 in Haus-Escherde (Niedersachsen). Oberschulzeit als Fahrschüler; 1963 Abitur in Hildesheim. Studium der Germanistik, Philosophie und Soziologie an den Universitäten Göttingen, Frankfurt, Berlin (FU) und Bochum. In Bochum 1. und 2. Staatsexamen für das Lehramt an Gymnasien, Promotion (1974), Lehrauftrag für Literatursoziologie. 1976 zum Professor der Germanistik an die Johann Wolfgang Goethe-Universität Frankfurt berufen. Neben wissenschaftlichen Arbeiten Rezensionen, literarische Texte, Collagen. Verheiratet, zwei heranwachsende Söhne.

Buchveröffentlichungen: *Walter Benjamin*. Text + Kritik 31/32. München: edition text + kritik 1971 und 1979/*Arbeitsfeld: Materialistische Literaturtheorie*. Beiträge zu ihrer Gegenstandsbestimmung. Frankfurt: Athenaion Verlag 1975/*Jean Paul*. Scheiternde Aufklärung und Autorrolle. Darmstadt: Agora Verlag 1976/*Walter Benjamin im Kontext*. Frankfurt: Syndikat 1978 und Königstein/Ts.: Athenäum 1985/*Materialien zur ästhetischen Theorie Th. W. Adornos*. Konstruktion der Moderne. Frankfurt: Suhrkamp 1980/*Bertolt Brecht 'Der aufhaltsame Aufstieg des Arturo Ui'*. München: Fink Verlag/UTB 1982.
Zahlreiche Aufsätze zu literaturtheoretischen und -geschichtlichen Themen: u. a. zu Lessing, Goethe, Heine, Brecht, Christa Wolf, Peter Weiss.

Burkhardt Lindner

Jahrmarktsglück

Plüschteddy, Kristallvase, Plastikblume. Aus den Buden winkt das Glück zweideutig, als ob sie Schätze beherbergten. Es ist kaum etwas dabei, was man in Geschäften ernstlich kaufen würde. Aber darauf kommt es nicht an, sondern auf den Treffer. Er verwandelt den Plunder in profane Reliquien: Andenken an einen Augenblick, der kein Zufall mehr blieb, und an eine Handbewegung, die sich traumhaft sicher vollzog.
Geisterbahn. Draußen locken lackierte Drachen, Gerippe und blutbespritzte Beile. Drinnen wartet eine Fahrt durch die Dunkelheit. Kinder testen so, welchen Abstand sie zu frühen Schrecken gewonnen haben. Finstere Geräusche ertönen, grell blitzen die Atrappen auf, während der ruckende Wagen der Gefahr knapp entgeht. Daß das Grausen nicht echt ist, weiß auch das Kind. Aber ein wirklicher Mörder könnte sich einschleichen; hat mich nicht eben eine fremde Hand berührt? – Wenn die Kindheit vorbei ist, beginnt eine andere Mutprobe. Jungen und Mädchen lernen aneinander ihre bedrohliche Nähe kennen und die Riesenspinnen, Henker, Vampire sind ihre nachsichtigen Gouvernanten.

(1986/87)

Bäume (postmodern – anarchisch)

Seit einigen Jahren ist an die Stelle des kümmerlichen Dauergrüns in Betonkübeln die Bepflanzung mit großen Bäumen getreten. Mit fahrbaren Kränen und Baggern werden sie eingesetzt wie Lichtmasten, und schon erstrahlt die verödete Autostraße in der Autorität einer gewachsenen stattlichen Allee. U-Bahn-Tunnel, Tiefgaragen, Hochhausfundamente haben das Erdreich ausgeräumt; Plastikrohre am Stamm der Bäume signalisieren die künstliche Versorgung mit Wasser und Dünger. Was heißen soll: wir können uns auch den Luxus der Natur leisten. Bald werden palettenweise zahme Eichhörnchen und Rotkehlchen ausgesetzt, denen der Autofahrer an der Ampel seinen Müsli-Riegel zuwerfen kann.
In der Stadt hat sich eine fremdartige Baumsorte von selbst verbreitet, die noch in Mauerecken, Hinterhöfen und Eingängen emporwächst und nach dem Absägen mit mehreren Stämmen wie Unkraut wieder aufschießt. Diese Bäume werden erst spät grün und verbreiten beim Blühen einen ordinären Geruch; auf künstliche Bewässerung sind sie nicht angewiesen. Wenn die Wasserversorgung zusammenbricht und die Anlagen vertrocknen, können sie zusammen mit den robusten Tauben und Amseln die Stadt übernehmen.

(1986/87)

Odysseus und die Sirenen

Zu den berühmten Abenteuern der Homerischen Odyssee gehört die Sirenen-Episode, die der Held auf Geheiß Kirkes dadurch meistert, daß er seine Gefährten durch Wachs taub macht und sich selbst fest an den Schiffsmast ketten läßt. So kann er als einziger den betörenden Ruf hören, ohne ihm zu verfallen. Das Bild vom Odysseus am Mastbaum, das übrigens schon die christliche Allegorese beschäftigte und dort Umdeutungen in die Figur des Gekreuzigten erfuhr, haben Horkheimer und Adorno als „ahnungsvolle Allegorie der Dialektik der Aufklärung" interpretiert. Während die Gefährten des Odysseus, wie bloße Knechte taub gehalten, ums Überleben rudern müssen, genießt der Herr das Privileg der Lust, aber doch nur ohnmächtig gefesselt und von Erfüllung ferngehalten. Das Versprechen der Sirenen wird zum ästhetischen Ereignis neutralisiert, das die gesellschaftliche Reproduktion nicht länger stört.

In Kafkas kleiner Erzählung „Das Schweigen der Sirenen" findet sich dazu eine komisch-ironische Variante. Auf den ersten Blick freilich scheint es, daß Kafka die Pointe der Sirenen-Episode von vornherein verdirbt, indem bei ihm Odysseus nicht nur angekettet wird, sondern sich selbst auch noch das Wachs in die Ohren stopft. Was wäre das für ein Erfolg des listigen Odysseus, wenn er jene verführerischen Sängerinnen wie ein Gehörloser passierte? Doch in Kafkas Version der Geschichte schweigen die Sirenen, um ihr Opfer sorglos und übermütig zu machen. Und so kommt es zu einer paradoxen Umkehrung des tradierten Bildes. Während Odysseus ganz vom Gedanken an seine „kindischen Mittel", das Wachs und die Ketten, erfüllt ist und derart gepanzert an den Sirenen vorbeigleitet, erblicken diese ihn als ganz dem Gesang verfallen. „Odysseus aber, um es so auszudrücken, hörte ihr Schweigen nicht, er glaubte, sie sängen, und nur er sei behütet, es zu hören." So sehen die Sirenen ihr Opfer. Es erscheint ihnen zum erstenmal nicht als Opfer, sondern 'behütet' wie ein Konzertbesucher; und sie genießen in den Zügen des Odysseus erstmals – als Betrogene – die ästhetische Wirkung ihres Gesangs.

(1986/87)

Jochen Link

9. 5. 1943 geboren in Hameln als 5. Kind des Kaufmanns Fritz Link und seiner Ehefrau Elfriede geb. Schulz. 1950-64 Volksschule und Gymnasium in Köln. 1965-69 Studium der Philosophie und Literatur an der Ludwig-Maximilians-Universität, München. 1970 Promotion zum Dr. phil. bei Prof. Dr. Ernesto Grassi, Thema der Arbeit: „Das Problem der Inspiration in der italienischen Renaissance". 1971-80 Dozent für Politische Philosophie an der Technischen Universität München und an der Justus-Liebig-Universität Gießen. Seit 1980 freier Schriftsteller. 1985 Gründung der Philosophischen Praxis in Frankfurt. Verheiratet, ein Kind.

Buchveröffentlichungen: *Fassbender*. Roman. München: Raith-Verlag 1970/*Ein Mann ohne Klasse*. Roman. Zs. m. H. Junker. Frankfurt: Suhrkamp 1979/*Anna*. Roman. Zs. m. H. Junker. Frankfurt: Suhrkamp 1981/*Das goldene Zeitalter*. Erzählung. Frankfurt: Suhrkamp 1981/*Tage des schönen Schreckens*. Erzählung. Frankfurt: Suhrkamp 1981/*A oder die Reise an den Anfang der Scham*. Erzählung. Frankfurt: Suhrkamp 1982/*Frankfurter Kreuz*. Roman. Kiel: Malik Verlag 1984.

Jochen Link

Nach Südosten

Weiter. Weiter. Nach Südosten. Die Hitze war allgegenwärtig. Sie sickerte aus dem Tag und aus der Nacht, sie klebte auf der Haut, auf dem Gepäck, auf den Holzbänken. Die zweite Klasse sleepers war überfüllt. Eine endlose Fahrt knüpfte an die anderen endlosen Fahrten an. In den Bahnhöfen flogen flackernde kleine Feuer und die Rufe tschai, tschai an den Waggons vorbei. Die Zahl der Händler schien sich im Verlauf der Nacht zu erhöhen. Kleine Nüsse, Bisquits, Cola, Limonaden, Wasser, Apfelsinen, gesalzene Gurken, Kokosnüsse, Joghurt und kartoffelähnliche süße Früchte wurden angeboten. Kinder trugen einen Kranz von Blechdosen um die Hüften, gefüllt mit farbigen Gewürzen. Mit dem stop auf den Bahnhöfen setzte die Zeit der Bettler ein, sie bewegten sich durch die Abteile, lahm, blind, leprös, sie krochen, humpelten oder schoben sich an den Gestängen der Sitzbänke vorwärts, ihre Gesichter waren stumm oder von flehenden Grimassen besetzt.
Der Elendste unter ihnen, ein verbranntes Kind, ein Wesen mit einem großen, unförmigen Schädel, die gewucherte Gesichtshaut mit den Schultern verwachsen, die Augenlider gestraffte, hellrote Hautlappen – lief gurgelnd durch den Zug und streckte seine Hand aus. Es war kaum einer, der ihm nicht angewidert ein Geldstück zugeworfen hätte, um es schnell loszuwerden. Hinter ihm tastete sich eine hagere, hoch aufgerichtete Gestalt vor und blieb neben Volker stehen. Der blinde alte Mann fing an zu singen und drehte dabei eine hölzerne Klapper.
Durch seine klagende Melodie glitt der gesamte Kontinent, Punjab, Rajastan, Orissa, Gujarat, Maharashtra, Karnataka, Tamil Nadu, Kerala ..., zog seine persönliche Geschichte, der lange Weg durch das Dunkel seines Lebens, angefüllt mit Tönen, Gerüchen und Berührungen, mit Trauer, Angst und Erwartung, gewiesen von dem Willen zu überleben, geschützt von Brahma, Shiva, Vishnu und Ganesh, den Dickleibigen, Elefantenköpfigen. Sie verheißen ihm den Sinn seiner Existenz und versöhnen ihn mit den Menschen, mit den Tieren und mit den Dingen, die wider ihn stehen. Seine Klage, aus harten Tönen gemacht, die rauh und weich moduliert wurden, sank Volker derart ins Herz, daß er unwillkürlich leise aufstöhnte.
Der Zug setzte sich langsam in Bewegung. Volker bekam plötzlich Magenkrämpfe und Durchfall. Ein Heer fremder Bakterien war in ihn eingedrungen, sie hatten irgendwo zwischen Varanasi und Bhubaneshwar das Signal empfangen, mit ihrer Arbeit zu beginnen. Sie nahmen die Sache sehr ernst und arbeiteten gründlich. Als ob sie eine Art unausgesprochener Vereinbarung mit Volker hätten, gestanden sie ihm kurze Erholungspausen zu.
In der Latrine freundete sich Volker mit einer Kakerlakenfamilie an. Hirschkäfergroße, kastanienbraun glänzende flinke Gesellen, die bei seinem Auftritt schnell hinter den Rohren oder unter dem Blech verschwanden, gegen das sein aufgebrachter Darm Strahl um Strahl schleuderte. Nach einer Weile kamen sie wieder hervor und blieben erwartungsvoll in geringer Entfernung von ihm. Zeit hatten sie alle, der Mann und die Insekten. Volker hockte und sprach sie endlich an. Das größte hielt er für den Familienvater. Es hieß Tobias.
Na, du hast deine Familie schön beisammen, sagte Volker.
Tobias sah mit merkwürdigem Blick zu ihm hoch. Ihm war die Sache nicht geheuer.

Volker wußte auch nicht warum, aber er fing plötzlich an, eine große Rede an Tobias, den Kastanienbraunglänzenden, zu halten. Über das Leben. Darüber zum Beispiel, daß es jetzt und hier passieren muß, darüber, daß man es nicht aufschieben kann, auch wenn es in diesen Stunden gar nicht so günstig ausfällt, darüber, daß der Sinn des Lebens nur darin besteht, zu leben. Volker berichtete von seinen Mißerfolgen, von den Menschen, die ihm nahestehen, von seinem Sohn Michael, von Irene, deren unkomplizierte Zustimmung zu diesen endlosen Zugreisen, den schmutzigen Hotelzimmern, den scharfen Speisen und dem unstillbaren Durst ihn mit Wärme erfüllt und Zuversicht.
Der Waggon schwankte und schaukelte, Volker hielt sich am Griff fest, Krämpfe zuckten wie Blitze durch seinen Leib, Tobias blieb unbeweglich vor ihm und wartete, was er noch zu sagen hätte. Weiter kam Volker nicht. Die großen Worte rutschten durch den Darm und klatschten auf das Blech, sie verschwanden, um über die hölzernen Bahnschwellen versprüht zu werden, zwischen Reisfeldern und Tümpeln, in denen die kleinen weißen Reiher auf die aus dem schweren Wasser auftauchenden Rinder warteten.
Seine Besuche bei Tobias waren gezwungenermaßen sehr regelmäßig. Tobias begrüßte ihn jedesmal, und seine Fühler vibrierten erwartungsvoll, bevor Volker seine Hose herunterstreifte. Ihm schien, daß auch immer ein unverhohlenes Erstaunen in seinen feinen Vibrationen lag, vielleicht darüber, daß er so oft zu Besuch kam. Einmal schaffte Volker nicht einmal eine knappe Kopfbewegung zur Begrüßung, da lief es schon aus ihm heraus.
Was nun, Tobias?
Tobias blickte ihn ruhig an. Seine Fühler spielten in der Luft.
Volker blieb lange in dieser Stellung und dämmerte vor sich hin. In seinem Leib leuchteten und grollten die Gewitter, durch die Fensterritzen sah er die Sonne ansteigen und sich vom Horizont abheben, der Zug stampfte tutend und blasend gegen Süden, er hielt ein, wenn die Lebensströme des Bahnhofs sich zu einem einzigen hallenden Geräusch zusammenschlossen und ihn umstanden, er ließ die Bettler und die Händler ein, nahm sie aber nur kurz auf, schleuste sie durch die Abteile, um sie wieder auszustoßen, eine Art Verdauung, angeregt durch Kaufen und Verkaufen, durch Nehmen und Geben, durch Erwartung, Erfüllung und Enttäuschung. Nur zögernd schien er sich lösen zu können, er fuhr ruckweise an, hinter ihm blieben vergebliche Anpreisungen, traurige Kalkulationen, das Geklimper immer wieder abgezählter Münzen zurück.
Während die Schlafenden sich, vom Morgenlicht gestreift, auf die andere Seite drehten und die Träumenden ihren letzten Metamorphosen entgegenglitten, während Tobias sich hinter sein Rohr zurückzog und seine zitternden Fühler sehen ließ, hatte Volker zu tun, die Theorie der Lebensgelassenheit in die Praxis umzusetzen, indem er, papierlos, verstohlen die linke Hand hinter seinem Rücken verschwinden ließ.
Geräusche und Gerüche, die scharfe Trennung von Licht und Schatten signalisierten ihm den Tagesablauf. Die Fahrt nahm kein Ende.

(1985)

Gert Loschütz

Geboren 1946 in Genthin (Mark Brandenburg). 1966 Abitur in Dillenburg (Hessen). Studium (Geschichte, Philosophie und Soziologie) an der FU in Berlin. 1973-74 Stipendiat der Villa Massimo in Rom. 1985 Georg-Mackensen-Preis. Mitglied der Akademie der Darstellenden Künste (Frankfurt/M.). Lebt in Dreieich-Buchschlag.

Buchveröffentlichungen: *Gegenstände.* Gedichte und Prosa. Frankfurt: Suhrkamp 1971/ *Sofern die Verhältnisse es zulassen.* Drei Rollenspiele. Frankfurt: Suhrkamp 1972/ *Lokalzeit.* Theaterstück. Frankfurt: Verlag der Autoren 1974/*Die Verwandten.* Theaterstück. Frankfurt: Verlag der Autoren 1975/*Chicago spielen.* Theaterstück. Frankfurt: Verlag der Autoren 1977 u. 1980/*Hör mal, Klaus.* Hörspiel. Stuttgart: Reclam 1977/ *Diese schöne Anstrengung.* Gedichte. München: Autoren Edition 1980/*Eine wahnsinnige Liebe.* Novelle. Darmstadt: Luchterhand 1984 u. 1986/*Das Pfennig-Mal.* Die Geschichte von Tom Courteys Ehre und Benjamin Walz' Schande. Mit Federzeichnungen von F. K. Waechter. Darmstadt: Luchterhand 1986.
Hörspiele: *Die Familie, von Kindern gespielt.* SWF 1970/*Damit ein besserer Mensch aus ihm wird, sofern die Verhältnisse es zulassen.* SWF/BR 1971/*Ihr Verhalten hat zu keinem Anstoß Anlaß gegeben.* SWF/HR 1972/*Anika auf dem Flugplatz.* SDR 1974/*Die Hausbewohner.* SDR 1975/*Die Verwandtschaft.* BR 1975/*Hör mal, Klaus.* SWF 1976/ *Der Anruf.* BR 1977/*Das sprechende Bild.* SDR/HR 1979/*Ortswechsel.* HR 1980/*Herr Brauneis.* Zwei Kurzhörspiele. HR 1980/*Die Bedrohung.* WDR/SWF 1981/*Ludwigs Meise.* SDR/HR 1982/*Tom Courteys Zirkuswelt.* SDR/HR/NDR 1986.
Fernsehspiele: *Der Tote bin ich.* ARD 1979/*Wanda.* ARD 1985/*Der Kampfschwimmer.* ARD 1985.
Herausgeber: *Von Buch zu Buch.* Günter Grass in der Kritik. Darmstadt: Luchterhand 1968/*Das Einhorn sagt zum Zweihorn.* 42 Schriftsteller schreiben für Kinder. Köln: Middelhauve 1974/*War da was?* – Theaterarbeit und Mitbestimmung am Schauspiel Frankfurt. Frankfurt: Syndikat 1980/*Von deutscher Art – was in den Köpfen derer steckte, die sich einen Führer wünschten.* Darmstadt: Luchterhand 1982.

Gert Loschütz

Drei Sonette auf Goyas „Kannibalen"

1.

Wo bin ich hingeraten? War kaum aus dem Haus
In dem einzig der Kühlschrank lärmt
Hab mich nicht mal um Fußbreite vom Weg entfernt
Er führt durch Vorgärten den Berg hinauf

Das Herz, die Lunge, die beginnende Verfettung
Deshalb die Schweißarbeit, der dumme Lauf
Man fettet ab und frißt es wieder drauf
So hechelt man, als gings um mehr als Rettung

Vor ein paar Gramm, die an den Rippen hängen
Bergauf, immer bergauf und ist in Sorge
Um sich, das Licht fällt abends schräg und rot

Da blick ich auf und seh voraus die Hungerhorde
Das heißt, verhungert scheint sie nicht: verroht
Einer tanzt, während sich andre um ihn drängen.

2.

Gestern warn an dieser Stelle nur die Steine
Darüber wuchs aus schwarzer Luft ein Ast
Hier kehrte ich sonst um, nach kurzer Rast
Und lief zurück, bergab, die schweren Beine

Gegen den Abhang stemmend, nur nichts übereilt –
Jetzt lagern diese hier, am Umkehrpunkt, die Fresser
Auch wenn sie nackt sind, haben sie ein Messer:
Sie haben wem den Arm, den Kopf vom Rumpf geteilt

Das ist die Wunde, die nicht wieder heilt
Der Mangel herrscht, man weiß es, doch an dem
So gut genährt, verzeihen Sie, wie die aussehn

An dem, was die zum Leben brauchen oder Sterben
An Menschenfleisch scheint keiner zu bestehn
Kann mich grad noch hinter einem Stein verbergen.

3.

Der Tänzer – oder sitzt er auf dem Felsen drauf?
Wie er in seinen Händen Kopf und Armstück hält
Im Vordergrund die drei, sie gieren zu ihm rauf
Wohl hoffend, daß ein Knöchelchen für sie abfällt

Die beiden, die hinten den Kopf zusammenstecken
Wenn ich mich rühre hinter meinem Stein
Werden sie mich, ihren Beobachter, entdecken
Und packen, sind ja viele, und ich bin allein

Da hilft nichts, und am wenigsten hilft: fliehn
Sie kriegen mich und werden, mich zerbeißend, lachen
Oder: die Angst wird mich zu ihresgleichen machen

Dann werden wir gemeinsam durch die Wälder ziehn
Was sie umtreibt, blieb mir nur erspart
Sonst aber sind wir, sehn Sie hin, von gleicher Art

(Spürte ich kürzlich nicht ein Kitzeln tief im Rachen?)

(1986)

Klaus Lüderssen

Geboren 1932 in Germerode am Meißner. 1940 Übersiedlung nach Wernigerode am Harz. 1949-1952, bis zum Abitur in der Nähe von Fulda, dann Studium der Rechtswissenschaft in Marburg und Frankfurt am Main. Erstes juristisches Staatsexamen 1957, zweites juristisches Staatsexamen 1962. Promotion 1965. Habilitation 1970. Professor in Göttingen 1970. Seit 1971 Professor für Strafrecht, Strafprozeßrecht, Rechtsphilosophie und Rechtssoziologie in Frankfurt am Main.

Buchveröffentlichungen: *Zum Strafgrund der Teilnahme.* Baden-Baden: Nomos 1967/ *Erfahrung als Rechtsquelle.* Frankfurt: Suhrkamp 1972/*Strafrecht und Dunkelziffer.* Tübingen: Mohr 1972/*Kriminalpolitik auf verschlungenen Wegen.* Aufsätze. Frankfurt: Suhrkamp 1981/*Kriminologie.* Baden-Baden: Nomos 1984/*Recht als Verständigung unter Gleichen in Kleists „Prinz von Homburg"*. In: Kleist-Jahrbuch. Berlin: Erich Schmidt 1985/*Polizei und Strafprozeß im demokratischen Rechtsstaat.* Zs. m. E. Denninger. Frankfurt: Suhrkamp 1978/*Hauptprobleme der Generalprävention.* Zs. m. H. Becker-Toussaint u. a. Frankfurt: Metzner 1979/*Fortschritte im Strafrecht durch die Sozialwissenschaften?* Zs. m. W. Hassemer und W. Naucke. Heidelberg: C. F. Müller 1983.
Herausgeber, Mitherausgeber und Mitautor:*Paul Johann Anselm Feuerbach und Karl Johann Anton Mittermaier.* Theorie der Rechtswissenschaft des 19. Jahrhunderts. Frankfurt: Suhrkamp 1968/*V-Leute.* Frankfurt: Suhrkamp 1985/*Abweichendes Verhalten.* Band I-IV. Frankfurt: Suhrkamp 1979 ff/*Gewerkschaften und Strafvollzug.* Frankfurt: Suhrkamp 1978/*Vom Nutzen und Nachteil der Sozialwissenschaften für das Strafrecht.* Frankfurt: Suhrkamp 1980.
Veröffentlichungen in Zeitschriften: *Notizen über Goethes Verhältnis zum Recht.* In: Neue Rundschau. 94Jg. 1983/*Literatur und Kriminologie.* Bemerkungen zu Theodor Fontanes Erzählung „Unterm Birnbaum". In: Neue Rundschau. 97. Jg. 1986.

Klaus Lüderssen

Heine und das Erbrecht

Exposé

Die Frage, was ein Autor „als Bürger dieser Welt gedacht“, stellt sich bei Heine besonders eindringlich! Er sucht und findet das Politische auch dort, wo die „Doktoren der Revolution“ im Traum nicht mehr daran denken. Deren abstrakte vacua lassen Heine solange kalt, wie sich nicht ein Anwendungsfall zeigt. Taucht er auf, so wird er unter Heines Worten schnell zum Einwand gegen die Theorie. Die Kraft dieses Denkens ist sein Realismus. Das, was wir das Dichterische nennen, nimmt an diesem Realismus nicht nur teil, sondern steigert ihn. Auf welche Weise das geschieht, weiß man nicht so recht. Dieses Geheimnis bei Heine zu lüften, ist eine reizvolle Aufgabe, weil er Beobachtung, Rationalität, fordernde oder ablehnende Anteilnahme besonders eng verwebt, so daß man mit Habermas (Merkur 1986, Heft 458) sagen kann, er mache „von seiner entwendeten Romantik einen radikalen Gebrauch“, habe „den Gegensatz zwischen Romantik und Aufklärung“ liquidiert.
An Hand einer verhältnismäßig beiläufigen Äußerung soll das demonstriert werden: Im zweiten Buch Börne berichtet Heine darüber, wie die Nachricht von der Pariser Juli-Revolution auf ihn gewirkt habe:

„Lafayette, die dreifarbige Fahne, die Marseillaise ... Fort ist meine Sehnsucht nach Ruhe. Ich weiß jetzt wieder, was ich soll, was ich muß ... Ich bin der Sohn der Revolution und greife wieder zu den gefeiten Waffen, worüber meine Mutter ihren Zaubersegen ausgesprochen ...“
„Von jenen wilden, in Druckpapier gewickelten Sonnenstrahlen ist mir einer ins Gehirn geflogen, und alle meine Gedanken brennen lichterloh“.
„Der Fischer, welcher mich nach der kleinen Sandinsel, wo man badet, überfuhr, lachte mich an mit den Worten: 'Die armen Leute haben gesiegt.‘ “

Das scheint alles ganz eindeutig. „Diesmal haben die armen Leute den Sieg erfochten“. Mit dieser Wendung nimmt Heine noch einmal auf, was der Fischer sagt. Aber nun kommt die Volte:

„‚Aber es hilft ihnen nichts, wenn sie nicht auch das Erbrecht besiegen!‘. Diese Worte sprach der ostpreußische Justizrat in einem Tone, der mir sehr auffiel. Ich weiß nicht, warum diese Worte, die ich nicht begreife, mir so beängstigend im Gedächtnis bleiben. Was will er damit sagen, der trockene Kauz?“

Man kennt diese Überraschungen bei Heine, auch in seinen Gedichten (etwa am Schluß der Vision von der versunkenen Stadt, in dem Gedicht „Das Seegespenst“. Die Sache mit dem Erbrecht ist jedoch ungewöhnlich. Jedenfalls wird die Stelle (vermutlich fast seit einem halben Jahrhundert) doppelt falsch kolportiert – als Motto über dem Kapitel „Das Erbrecht“ in der Rechtsphilosophie von Gustav Radbruch. Es lautet:

„Diesmal haben die armen Leute den Sieg erfochten ... aber es hilft ihnen nichts, wenn sie nicht auch das Erbrecht besiegen“, Heinrich Heine, Werke Bd. 11 S. 159 (über die Revolution von 1830)
(Der Text ist in runde Klammern gesetzt; damit will der Herausgeber des Buches – Erik Wolf –

kenntlich machen, daß es sich um einen Zusatz handelt, den Radbruch im Handexemplar der letzten von ihm selbst besorgten Auflage angebracht hat).

Es fehlen der Hinweis, daß der zweite Satz des Zitats nicht von Heine stammt, und der anschließende Kommentar Heines. Zwei Probleme stellen sich:

1. Wie ist es zu dieser – gelinde gesagt – irreführenden Unvollständigkeit gekommen?

Die Hypothese ist:
a) Allgemein: man will Heine immer für irgend etwas reklamieren (scharfsinnige Analyse dieses Phänomens jetzt bei Habermas a. a. O.), muß dann aber selegieren.
b) Speziell: politisch soll er für radikale Standpunkte in Anspruch genommen werden.
c) Noch spezieller: sozialistische Konzepte werden mit ihm abgestützt.

Hier ist allgemein zu recherchieren und dann im besonderen (unter anderem etwa: was hat sich der Sozialdemokrat Radbruch gewünscht? Für seine Zeit als Justizminister gibt es schon eine ausführliche Untersuchung, die interessante Aufschlüsse gibt. Das Material – literarische und politische Tätigkeit sowie Biographisches – ist zu sichten und zu der „Erbrechtsstelle" in Beziehung zu setzen, das Ganze dann vielleicht zu vermitteln mit dem Gang der Weimarer Sozialdemokratie).

2. Was hat Heine in der Sache wirklich gemeint? Das erfordert:

a) philologische Arbeit im engeren Sinne; Inhaltsanalysen, Textvergleiche.
b) Interpretationen im Zusammenhang von Werk und Leben, mit Blick auf Beziehungen zu Politikern, einzelnen Persönlichkeiten, etwa Marx (die Literatur ist reichhaltig, aber nicht erschöpfend),
c) Einordnung in die rechtspolitischen Strömungen der Epoche, speziell der Erbrechtspolitik (in der großen rechtshistorischen Monographie von Rainer Schröder, Abschaffung oder Reform des Erbrechts, Münchener Universitätsschriften, Abhandlungen zur rechtswissenschaftlichen Grundlagenforschung, Band 46, Ebelsbach 1981, finden sich die Namen und Stichworte („Frühsozialisten, Kommunistisches Manifest", Vorbereitungen der „Paulskirchendiskussion", „John St. Mill und die Erbrechtsreform", „Abschaffung des Privaterbrechts ...: J. G. Fichte").
Das Ergebnis könnte – abgesehen von einigen neuen Details – pars pro toto eine differenziertere Auseinandersetzung mit der wohlfeilen Metapher sein, Heine sei ein „unsicherer Geselle" gewesen, vielleicht mit der Zuspitzung, die unlängst Klaus Briegleb (Opfer Heine? Frankfurt am Main 1986, S. 74) gefunden hat. Er schreibt: „Heine sei ein Dichter, dessen stilistische Natur in keiner politischen Opposition aufhebbar ist, sondern in einem jeden Sprachgebrauch, der Heines Ton aufnimmt, subversiv wird".

(1987)

Martin Lüdke

Am 9. April 1943 in Apolda (Thüringen) geboren, 1957 in die Bundesrepublik, nach Frankfurt am Main, übergesiedelt. Nach zwei kläglichen Gymnasialjahren eine kaufmännische Lehre erfolgreich, aber folgenlos abgeschlossen. Abitur nachgeholt, Philosophie, Politik, Germanistik in Frankfurt am Main studiert, 1975 Staatsexamen (Germanistik, Politik), 1976 Staatsexamen (Philosophie) und, im gleichen Jahr, promoviert mit einer Arbeit über „Die Differenz von Kunstschönem und Naturschönem bei Kant und Adorno".
Referendariat, danach, 1976 bis 1978, wissenschaftlicher Mitarbeiter am SOWI, München. Von 1978 bis 1980 Dozent für Neue Deutsche Literatur an der Universität Frankfurt am Main, von 1980 bis 1984 dortselbst Professor; verschiedentlich Gastprofessuren an der Westküste der Vereinigten Staaten von Amerika.
Lebt seit 1976 für, seit 1984 von Literaturkritik, in Frankfurt am Main. Verheiratet, zwei Kinder.

Buchveröffentlichungen: *Anmerkungen zu einer ‚Logik des Zerfalls': Adorno-Beckett.* Frankfurt: Suhrkamp 1981.
Herausgeber: *Theorie der Avantgarde.* Antworten auf Peter Bürgers Bestimmung von Kunst und bürgerlicher Gesellschaft. Frankfurt: Suhrkamp 1976/ *Literatur und Studentenbewegung.* Lesen 6. Opladen: Westdeutscher Verlag 1977/ *Nach dem Protest.* Literatur im Umbruch. Frankfurt: Suhrkamp 1979/ *Materialien zur ästhetischen Theorie Theodor W. Adornos.* Konstruktion der Moderne. Zs. m. B. Lindner. Frankfurt: Suhrkamp 1980/ *Peter Härtling.* Auskunft für Leser. Darmstadt u. Neuwied: Luchterhand 1987/Seit 1985 Mitherausgeber des *Rowohlt Literaturmagazins.*
Aufsätze zur Literaturtheorie und Gegenwartsliteratur, Rezensionen u. a. für Frankfurter Rundschau, Die Zeit, Der Spiegel.

Martin Lüdke

Bestseller und Geheimtip zugleich

Ein Buch, das jeder kennt, keiner (richtig) liest*

Eine Entdeckung. Ein ebenso radikales wie konsequentes Buch, das Auskunft gibt, über diese Stadt und das Leben in dieser Stadt. Ein Buch, das allgemein zugänglich ist und sich dabei hermetisch gibt: leicht, ganz einfach zu lesen, schwer nur zu entschlüsseln.

Nur wenn das, was ist, zu ändern ist, ist das, was ist, nicht alles – meinte einmal ein (von mir auch heute noch hochgeschätzter) Frankfurter Denker, der als Kritiker unserer gesellschaftlichen Verhältnisse bekannt geworden ist, obwohl er sich vor allem mit ästhetischen Phänomenen beschäftigt hat. Kritik meint bekanntlich Unterscheidung, wenn auch zunächst nur jenen Augenblick der Crisis, in dem es um Gedeih und Verderb, ja, sogar um Leben und Tod geht. Kritik, damit auch Literaturkritik, verdankt sich also, kurz gesagt, einem Krisenzusammenhang.

So gesehen, müßte die Kritik gegenwärtig Hochkonjunktur haben. Weit gefehlt. Die Literatur nähert sich der Landwirtschaft, das heißt: sie wird zwar immer mehr subventioniert, aber dadurch nicht besser. Die Kritik bleibt, was sie (geworden) ist: ein verlängerter Arm der Werbung. „Laßt uns, der trüben Zeit gehorchend, klagen. Nicht, was sich ziemt, nur, was wir fühlen, sagen." Albaniens Schlußworte, am Ende von Shakespeares „King Lear", scheinen dem gegenwärtigen Zeitgeist tief aus der Seele gesprochen. Lear hat immerhin noch durch eigenes Verschulden Ungeheuerliches erlitten. „Nein, keiner wohl. – Trüb alles, tot und trostlos!" Hier wäre womöglich, wenn überhaupt, Maß zu nehmen, um das, was einmal Tragik war, von dem zu unterscheiden, was heute auf der Tagesordnung steht: das „armselige Mittelding von Etwas und Nichts" (Hölderlin).

Wir haben uns aber schon längst an das Gelaber gewöhnt, das sprachlose Gestammel, das immer mehr um sich greift, und, wortlos, ans Einverständnis appelliert. Die bereits wieder veraltete Neue Innerlichkeit gibt sich, zeitgemäß, als ausufernde Jämmerlichkeit. Literatur, die ihren Namen noch verdient, scheint auf verlorenem Posten. Wo sind die Bücher, die Autoren, die nicht das Unterhaltungsbedürfnis des Publikums bedienen, nicht (nur) auf den Erfolg schielen, sondern tatsächlich noch etwas riskieren, neue Formen, andere Mittel verwenden, neue, andere Sehweisen ermöglichen?

Doch es gibt, nach wie vor, einige Ausnahmen: Bücher, die nicht den Marktgesetzen folgen, sondern ihrem eigenen Gesetz. Und hier ist ein solches Buch. Kein Roman, der bereits vor seinem Erscheinen schon veraltet ist. Keine brave Erzählung, ebenso bieder wie konventionell. Keine Gebrauchslyrik, die sich auf all die klugen Köpfe reimt, die unheilbar an ihrem gesunden Menschenverstand kranken. Sondern: ein Buch, das – richtig gelesen – unsere Ordnungs- und Orientierungsmuster durchbricht, Lebensgeschichten kondensiert, von A. Aabert bis H. Zytenfeld, von Diaz Ghezzi bis Gebrezgiabiher Gherbrewet, die Helden unseres Alltags aus dem Schatten holt, uns in die dunklen Bereiche der dunklen Geschäfte führt, mit (fast pedantischer Ordnung) nichts ausläßt, was unser Leben bestimmt. Form sei, meinte einst der erwähnte Frankfurter Denker, sedimentierter Inhalt. Erst diese Einsicht, richtig verstanden, erlaubt es, dieses Buch zu entziffern. Denn die Form scheint dominant. Der ungewöhnliche Reichtum des Personals täuscht schließlich an keiner Stelle über die allenfalls spärlich zu nennende Handlung hinweg. Das Ordnungsprinzip scheint durchsichtig, aber gerade in der minimalen Differenz entfaltet sich der Unterschied ums Ganze. „Lern im Leben die Kunst, im Kunstwerk lerne das Leben, Siehst du das eine recht, siehst du das andere auch." Nach dieser Maxime Hölderlins ist dieses Buch zu lesen. Ein Bestseller, die Auflage beträgt 463.000 Stück, ein Geheimtip auch, denn wer hat, Hölderlin im Sinn, das Buch wirklich gelesen?

* Amtliches Fernsprechbuch der Deutschen Bundespost. Städte Frankfurt am Main, Offenbach am Main.
Hg.: Deutsche Bundespost, Telefonbuch Frankfurt-Verlagsgesellschaft. Frankfurt am Main 1986/87
1056 Seiten, 2.-- DM.

(April 1987)

Anja Lundholm

Geboren in Düsseldorf am 28. April 1918. Vater Akademiker/Christ, Mutter/Jüdin aus der Goldschmidt-Rothschild Familie, Frankfurt. Keine Geschwister. 1936 zum Studium an die staatliche Musikhochschule in Berlin. Mitglied einer antinazistischen Studentengruppe. 1938, nach Reichskristallnacht, Selbstmord der Mutter. 1941 mit gefälschtem Paß nach Italien. In Rom untergetaucht, Mitglied der Gruppe Lambert, internationale Widerstandskämpfer gegen das NS-Regime. 1943 von Kappler in Rom verhaftet. Folterungen, Dunkelhaft. Nach Innsbruck gebracht, dort wegen Landesverrats zum Tode verurteilt. Fünf Transitgefängnisse, schließlich ab 18. 4. 44 FKL Ravensbrück (größtes Frauenkonzentrationslager des Reichs). Als eine der wenigen Überlebenden von 150.000 Frauen und Kindern bei Lagerauflösung über die Elbe zu den Engländern geflohen. – Zwei Jahre Brüssel, ein Jahr Stockholm, fünf Jahre London. Lebe heute als freie Schriftstellerin in Frankfurt/M.
Literaturpreis des Auswärtigen Amtes in Bonn für „Morgen-Grauen" 1970. Award der Stockholmer Akademie für „Der Grüne" (später „Ein ehrenhafter Bürger") 1974. Auszeichnung von Sveriges Författarbond für „Zerreißprobe" 1976. Stipendiatspreis des Deutschen Literaturfonds Darmstadt für das noch in Arbeit befindliche Buch über Ravensbrück „Die vergessenen Frauen". Die Bücher erschienen in Übersetzungen in vielen Ländern. Hörspiel- und Fernsehadaptionen.

Buchveröffentlichungen: *Halb und Halb.* München: Langen Müller 1966/ *Morgen-Grauen.* Düsseldorf: Econ-MvS 1970/ *Ich liebe mich – liebst du mich auch?* Düsseldorf: Econ-MvS 1971/ *Der Grüne.* Düsseldorf: Econ-MvS 1972/ *Zerreißprobe.* Düsseldorf: Econ-MvS 1974/ *Nesthocker.* München: Bertelsmann 1976/ *Mit Ausblick zum See.* Hamburg: Hoffmann und Campe 1979/ *Jene Tage in Rom.* Bergisch-Gladbach: Lübbe 1982/ *Geordnete Verhältnisse.* Bergisch-Gladbach: Lübbe 1983/ *Narziss postlagernd.* Bergisch-Gladbach: Lübbe 1985/ *Die äußerste Grenze.* Reinbek: Rowohlt 1987.
In Vorbereitung: *Die vergessenen Frauen* (Arbeitstitel). Reinbek: Rowohlt 1988.
Bis 1963 feuilletonistische Arbeiten für in- und ausländische Zeitungen, Übertragung von fünf Romanen ins Deutsche für die Schweiz sowie acht Beiträge in Anthologien.

Anja Lundholm

Ein ehrenhafter Bürger

Ich habe ihn umgebracht und es ihnen auch gleich gesagt, nachdem er tot war. Sie wollten es mir nicht abnehmen, sagten, dann sei es Vatermord und davon mochten sie nichts wissen. Eine vorübergehende Unaufmerksamkeit meinerseits müssen sie dazu genutzt haben, mich hierher zu bringen. Ich kann mich nicht erinnern.
Es wäre kein schlechtes Zimmer, helle Wände, freundliche Möbel, wären da nicht die Gitter vor den Fenstern. Daß sie außen angebracht sind anstatt innen, garantiert den Unterschied zwischen psychiatrischer Anstalt und Untersuchungsgefängnis. Als Zugeständnis einige Handbreit mehr Bewegungsraum. Ein Patient ist kein Gefangener. Sie scheinen mich in eine Privatklinik überwiesen zu haben; sogar Leseecke und Radio sind vorhanden. Aber die doppelt gepolsterte Ledertür hat keine Innenklinke. – Und da ist das mit der Uhr. Irgendwo tickt eine Uhr mit aufdringlicher Gleichmäßigkeit, mißt etwas, das hier gar nicht existiert. Ich habe das ganze Zimmer und das angrenzende Bad sorgfältig abgesucht, aber nichts gefunden. Seit fünf Tagen dieses widerliche Ticken; eine Anwesenheit, die mich gegen meinen Willen zwingt, sie zur Kenntnis zu nehmen, ein körperloses Herz, das weiterschlägt – weiter und immer weiter. Verfolgt er mich noch immer? Ich habe doch seine Augen brechen, habe sie seinen Körper einsargen, ihn in die Erde senken sehen. Eine bedeutungslos gewordene Hülle. Ich habe ihn umgebracht, das muß ich mir so oft wie möglich wiederholen: *Er ist nicht mehr!* Ich bin endlich frei. FREI!
Eine Stunde Stille. Stille zum Denken vor der Arztvisite. Doch das Denken fällt schwer. Die Zeit tritt auf der Stelle. Was war vor diesen letzten fünf Tagen? Schwarz. Nichts. Es gibt hier keinen Kalender, und er würde mir auch nicht helften. Die Zahlen haben ihre Bedeutung verloren. Mit geschlossenen Augen tauche ich ein in das Bild, mir als letztes gewärtig, suche in ihm nach Spuren eines DANACH, das meinem Bewußtsein entglitten ist. Regen auf dem Friedhof. Auf Friedhöfen muß es regnen, das gehört dazu. Plätschernde Laute. Das Begräbnis war eine Farce gewesen. Ich wäre auch nicht hingegangen, hätte mich nicht meine innere Unrast dazu gezwungen. Ich hatte sichergehen wollen, daß es das Ende war. Sein Ende. Zu oft schon hatte er mir unangenehme Überraschungen bereitet. Schweigend waren sie, die sich seine Nächsten nannten, durch die Nässe gepatscht, Köpfe unter Schirmdächern, die im Kampf um Entfaltungsraum einander die Spannstäbe in den prallen Stoff bohrten, hatten um das ausgehobene Erdloch herumgestanden, das sich mit Wasser zu füllen begann und sie zur Beeilung zwang. Ich hatte sie kaum wahrgenommen. Jetzt, aus dem Bezug zu ihm gerissen, waren sie mir gleichgültig. Fremd. Eine anonyme Gruppe in Schwarz. Es waren Worte gefallen, etwas von ‚hochgeehrtem Bürger unserer Stadt', ‚verdienstvollem Mitglied unserer Gemeinde', vom ‚tragischen Schicksal eines Schwergeprüften, dessen aufrechter Charakter als ein Beispiel dienen sollte'. Der Regenlärm hatte dem Redner die Worte von den Lippen gewischt, sie kupiert, als habe er Stockschnupfen. Währenddessen war ich damit beschäftigt gewesen, den simplen Stein gleich nebenan meinem Blickfeld fernzuhalten. Letzte Schamlosigkeit von ihm, sich neben seinem unglückseligen Opfer begraben zu lassen. Obwohl ich eigentlich dieses nichtssagende, nur schwach markierte Erdstück nie mit der Erinnerung an meine Mutter verbunden hatte. In dieser Stadt war sie auch nach

fünfundzwanzig Jahren keinen Augenblick lang zu Hause gewesen. Und diesen Friedhof hatte sie meines Wissens nicht ein einziges Mal betreten. Ja, und dann?

Dann hatten sie die Kiste mit seiner Leiche angehoben – beim Gedanken an seine Überreste verspüre ich wieder jenes Grauen, das mir seine Nähe während der letzten Jahre in steigendem Maß verursacht hatte – und sie in die Grube hinabgelassen. Sie glitschte und klatschte weich schmatzend auf den Grund. Die Erde, die sie ihm nachwarfen zum Abschied, war lehmig, tropfte in zähen Klumpen von der Schaufel. Ich hatte mich nicht an die Dreihandvoll-Regel gehalten und hinuntergeschippt, was ich an Schlamm und Steinen zu fassen kriegte. Ich wollte ihn gut begraben, er war *MEIN* Toter. Nun gehörte er ganz mir und mußte sich gefallen lassen, was ich mit ihm tat. Schwarze Erde über ihn, mehr und mehr, immer schneller, damit er nicht möglicherweise, allen gültigen Gesetzen zum Trotz, doch noch entweichen konnte. Ihm war es zuzutrauen. Ich hatte geschaufelt wie eine Besessene, das Loch war tief und das Blatt der Handschippe auf qualvolle Weise unzureichend (...).

(Aus: „Der Grüne". Roman. Erstmals erschienen Düsseldorf: Econ-MvS 1972)

Margarete Mitscherlich

Margarete Mitscherlich geb. Nielsen, geb. am 17. 7. 1917 in Graasten/Dänemark. Studium der Literatur und Medizin, Dissertation 1950 in Tübingen; Studium der Psychoanalyse in Stuttgart, London und Heidelberg. Wissenschaftliche Mitarbeiterin in der Psychosomatischen Klinik in Heidelberg und im Sigmund-Freud-Institut Frankfurt. Praxis als Psychoanalytikerin in Frankfurt. Mitglied der Internationalen und Deutschen Psychoanalytischen Vereinigung, des PEN-Clubs und im Beirat des Hamburger Instituts für Sozialforschung.

Buchveröffentlichungen: *Die Unfähigkeit zu trauern.* Zs. m. A. Mitscherlich. München: Piper 1968/*Müssen wir hassen.* München: Piper 1976/*Das Ende der Vorbilder.* München: Piper 1978/*Männer.* Zs. m. H. Dierichs. Frankfurt: S. Fischer 1980/*Die friedfertige Frau.* Frankfurt: S. Fischer 1985/*Erinnerungsarbeit.* Zur Psychoanalyse der Unfähigkeit zu trauern. Frankfurt: Fischer 1987/*Die Zukunft ist weiblich.* Zürich: Pendo Verlag 1987.
Zahlreiche Beiträge in Zeitschriften, insbesondere der Psyche.

Margarete Mitscherlich

Gewalt – Sache der Männer. Über männliche und weibliche Aggression

In seinem Essay *Das Unbehagen in der Kultur* beschreibt Freud die psychoanalytische Auffassung der männlichen Überich-Entwicklung in ihrem Zusammenhang mit gesellschaftlichen Tendenzen. Wie die Frau mit ihrem Aggressionstrieb umgeht, bleibt weitgehend unerwähnt, denn das mit Abwehr von Aggressionen und Kastrationsangst so eng verbundene Überich des Mannes bildet sich bei Frauen nur unvollständig aus. Sie ist deswegen nicht im gleichen Ausmaße wie der Mann dem typischen Zwang ausgesetzt, Aggressionen und Gefühle, die Angst in ihr auslösen, verleugnen und projizieren zu müssen, um dann die Opfer der erneut nach außen gewendeten, aus der Kindheit stammenden Aggressionen nun quasi schuldfrei verfolgen zu können. Die beim Mädchen mehr aus Angst vor Liebesverlust denn aus abgewehrtem Vaterhaß und diesem entsprechender vernichtender Kastrationsangst verinnerlichten Gebote der Eltern können – bleibt man bei dieser Theorie – nicht nur zu einem „schwachen Überich" führen, sondern auch zur Bildung eines „Gewissens", das mehr auf die Erhaltung der Liebe nahestehender Menschen, durch Einfühlung in deren Bedürfnisse und Sorgen als auf die gesetzestreue Einhaltung von Verboten und Geboten um ihrer selbst willen, d. h. aus Abwehr gegen Aggressionen oder auf Ausleben der Aggressionen mit Hilfe von Feindbildern, ausgerichtet ist. Das zur Rettung des eigenen seelischen Gleichgewichts an Ver- und Geboten orientierte Denken läßt nur noch wenig Flexibilität zu, so daß die Wirklichkeit aus den Augen verloren wird und „Sachzwänge" ein Umdenken, neue Verhaltensweisen und Entscheidungen verhindern. Die weibliche „Moral", die Flexibilität der Frau im Umgang mit der sie umgebenden Umwelt, ist an solche Zwänge weniger gebunden und kann deswegen nicht nur theoretisch, sondern auch oft in der Realität liebevoller, beweglicher und humaner sein als die eingeschränkte, affektisolierende der männlichen Welt. Wegen ihrer Objektbezogenheit und ihrem oft übergroßen Bedürfnis, geliebt zu werden, besteht für die Frau die Gefahr, ihre verinnerlichten Aggressionen in eine sadomasochistische Opferhaltung zu verwandeln oder sich mit männlichen Gesetzen, männlichen Wertvorstellungen und Verhaltensvorschriften und den dazu gehörenden Vorurteilen unkritisch zu identifizieren. Auch wenn Frauen weniger zu Projektionen und Aggressionsverschiebungen neigen als Männer, so unterstützen sie doch durch ihre unkritische Haltung gegenüber der männlichen, mit Gewalttätigkeit verbundenen Feindsuche das männlich-narzißtische Imponier- und Selbstdarstellungsgehabe. Wenn aber Frauen Männern die Bewunderung versagen, ihren chauvinistischen Narzißmus, ihre oft nationalistischen oder rassistischen Vorstellungen von weiblichen und männlichen Werten angreifen, sich auf gleiche Stufe mit ihnen stellen und um tatsächliche Gleichberechtigung kämpfen, ziehen sie in kürzester Zeit die Aggressionen der gekränkten Männer auf sich und werden in deren Sündenbock- und Feindregister einbezogen. Das bekam auch ich kürzlich zu spüren.

Ein Blick auf die seit 200 Jahren bestehende politische, organisierte Frauenbewegung genügt, um sich den Haß und die Aggressionen von Männern zu vergegenwärtigen, die sich immer dann überschlugen, wenn Frauen deren individuelle oder kollektive Selbstidealisierung angriffen oder um eine neue Stellung in Politik, Gesellschaft und Familie kämpften. In diesem Zusammenhang möchte ich noch einmal auf unsere jüngere Vergangenheit zurückkommen, da im Nationalsozialismus Männlichkeitsgehabe, Selbst-

idealisierung, Gewalttätigkeit, Rassismus und Sündenbocksuche einen bisher noch nicht bekannten Höhepunkt erreichten.
Nach dem Ersten Weltkrieg hatte es zuerst den Anschein, als ob für Frauen eine neue Ära der Freiheit anbrechen würde. Diese Hoffnungen mußten jedoch bald begraben werden. In den dreißiger Jahren waren die modernen Frauen der zwanziger Jahre wie vom Erdboden verschwunden. Mit Beginn der NS-Herrschaft wurden reaktionäre Frauenbilder wiederbelebt, die an Sentimentalisierung und falscher Idealisierung der Frau einerseits und männlicher Frauenverachtung andererseits alles Bekannte übertrafen. Die sadomasochistische hierarchische Gesellschaftsstruktur beherrschte nicht nur das „Großdeutsche Reich", sondern auch die in ihm praktizierten Geschlechterbeziehungen. Ein alles Bisherige in den Schatten stellender Komplex von Männlichkeitswahn, Paranoia und Gewalt war die Grundlage der nationalsozialistischen Ideologie. Die deutschen Supersaubermänner in ihrem verdrängten Sexualneid mußten das deutsche Volk, vor allem die deutschen Frauen vom Schmutz des „jüdisch-bolschewistischen Ungeziefers" befreien. Pazifismus wurde zu einem Schimpfwort, „Humanitätsduselei" war eines der bekannten Schlagworte dieser Zeit. Es galt, Deutschland von den zersetzenden, verunreinigenden Elementen zu reinigen, die angeblich den deutschen Volkskörper krankmachten und ihn zu zerstören drohten. Das rassenreine deutsche Herrenvolk auf der einen Seite, seine tierischen, rassisch verseuchten Feinde auf der anderen Seite. So einfach war das alles, aber wie man sah, es wirkte. Die Folge waren bekanntlich Krieg und Völkermord, Greuel, wie sie in der Geschichte einmalig sind, nicht nur in der eines alten Kulturvolkes. Der neuerliche Versuch deutscher Historiker – alles Männer, soweit mir bekannt –, Auschwitz mit den Gewalttaten Stalins zu vergleichen, es als eine aus Not geborene Abwehr gegen asiatische Gewalt zu bezeichnen, oder auch als deren Nachahmung historisch einzuordnen, läßt sich so wenig aufrechterhalten wie der Versuch, die NS-Herrschaft in die Nähe revolutionärer historischer Umwälzungen zu bringen, um auf diese Weise „Auschwitz" als quasi normal einzustufenden revolutionären Akt abzutun, in dem Grausamkeiten nun einmal unvermeidbar sind. Auschwitz war in den Augen der sich Härte, Rassenreinheit, vaterländische Treue und Heldentum als höchste Qualität abfordernden deutschen Männer des Dritten Reiches eine Art nationaler Selbsttherapie. Man reinigte sich und damit „das heilige Deutschland" von Ungeziefer und Krankheitserregern. Nicht zufällig waren Ärzte in diesen „Heilungsvorgang" so tief verwickelt. Indem sie die Juden zur gefährlichen Seuche erklärten, erkannten die harten deutschen Männer nicht, daß sie selbst mit ihren perversen und mörderischen Idealen die bösartigste Krankheit der Deutschen waren.
Wenn man es heute ablehnt, sich mit der deutschen Geschichte während des Dritten Reiches auseinanderzusetzen, lehnt man es auch ab, sich mit den eigenen kranken Wertvorstellungen zu konfrontieren, die dann – und das kann man niemals ausschließen – untergründig weiterwuchern und wieder überhand nehmen können.
Mit den Ursprüngen der NS-Herrschaft, mit der Erinnerungs- und Trauerarbeit beschäftigten sich bis heute nur wenige Deutsche, die immer damit rechnen mußten, als Nestbeschmutzer bezeichnet zu werden. Deswegen kann der Versuch, einen dem Männlichkeitswahn unterworfenen Wiederholungszwang zu durchbrechen, kaum als gelungen angesehen werden.

(Aus einem unveröffentlichten Essay. 6. 4. 1987)

Franz Mon

Geboren 1926 in Frankfurt a. M. Erstes Gedicht 1951 in der Zeitung „meta". Texte der 50er Jahre gesammelt in „artikulationen" (1959). Theorie und Perspektiven intermedialer Kunst in „movens" (Konzept und Herausgeberschaft, 1960). Seit Mitte der 50er Jahre optische (konkrete) Texte, Collagetexte, Textbilder. Beteiligung an zahlreichen Ausstellungen im In- und Ausland. Einzelausstellung Galerie Loehr, 1974. Textraum „mortuarium für zwei alphabete", Biennale Venedig 1970. Mitwirkung an der Konzeption der Ausstellung „Schrift und Bild" Amsterdam und Baden-Baden 1963. In diesem Zusammenhang Gründung des Typos-Verlages, der bis 1971 bestand. Eine Übersicht über die Typen der bild-textlichen Arbeiten enthält „hören ohne aufzuhören" (1982), Überblickausstellung im Frankfurter Kunstverein 1986. Seit 1962 phonetische Versuche und Hörspiele. Erstes Hörspiel in Stereo „das gras wies wächst" (1969, als Schallplatte 1972). Karl-Sczuka-Preis des Südwestfunks 1971 für das Hörspiel „bringen um zu kommen"; ein 2. Mal 1982 für das Hörspiel „wenn zum beispiel einer allein in einem raum ist". Konzeptionen von szenischen Hörspielen, die aufgeführt und gesendet wurden: „pinco pallino in verletzlicher umwelt" (1972) und „hören und sehen vergehen" (1976, die Bühnenfassung erschien 1978).

Buchveröffentlichungen: *artikulationen.* Pfullingen: Neske 1959/*sehgänge.* Berlin: Fietkau 1964/*ainmal nur das alphabet gebrauchen.* Stuttgart: H. Mayer 1967/*herzzero.* Neuwied: Luchterhand 1968/*Texte über Texte.* Neuwied: Luchterhand 1970/*lesebuch.* Neuwied: Luchterhand 1972/*hören und sehen, vergehen.* Spenge: Ramm 1978. Bühnenfassung Frankfurt: Verlag der Autoren 1978/*fallen stellen.* Spenge: Ramm 1981/*Es liegt noch näher.* Spenge: Ramm 1984.
Hörspiele: *Das Gras wies wächst.* 1969/*bringen um zu kommen.* 1971/*pinco pallino in verletzlicher umwelt.* 1972/*wenn zum beispiel einer allein in einem raum ist.* 1982.
Herausgeber: *movens.* Zs. m. W. Höllerer u. M. de la Motte. Wiesbaden: Limes Verlag 1960.

Franz Mon

Die Reise nach Speyer

Speyer – das soll Speyer sein? – Das bißchen, der Strick?? Das haben wir nicht verdient: Wo denn bleibt der König? Wo der Apfel?! Mir tun die Füße weh. Ich humple auf einem Ast. Ich kenne mich nicht mehr. Falle mit der Tür ins Haus. Ihr Schatten trifft ins Schwarze. Weißt du noch, wie ein König aussieht? Wie tief ihm das Hemd auf die Füße fällt; wie ihn die Krone hörnt, der Apfel in der Hand schwitzt. Das Streichholz steckt in der Zunge, sperrt die Mundhöhle und verhindert, daß die Zunge rauf- und runterklappt. Die Herzöge, die Kurfürsten, die Kirchenfürsten und Haudegen, nicht größer als Mäuschen, manche bloß wie Heuschrecken groß, stehen Spalier längs der Linie, die vom Auge des Schützen zur Monstranz führt. Das Geschoß gräbt sich sanft abfallend vor dem großen Zeh in den Boden, verschont sie also in alle Ewigkeiten: die Suppengrüns, Fallschirmjäger, Eintopfköche, Hosenträger, Volksempfänger, Eingemachten, Trockendocks, und wie sie alle heißen – verschont sie mit der Lochung, die durch und durch gehend die Seele aus dem Leib treibt, so daß alle sie sehen müssen. Noch lange hängen die abgerissenen Fasern an dem Durchlochten. Die Luft, durch die Öffnung streichend, läßt die Fäden zittern.

Die Figürchen bilden die Allee, die der mit einem aufgeschlitzten Hemd angetane Halbaffe, über die Fingerknöchel federnd, durcheilt, wobei er ein rotes Seil nachschleppt, an das sich sein abwesendes Gefolge klammert. Du siehst sie nicht, diese Abweser, Abwässer, Abküsser, Abflüsse; sie bleiben unsichtbar, verdeckt unter der Hand, unter der Hut des Herrn, der barhaupt die Allee entlangstampft auf das Portal zu: das zu winzig ist für seinen kolossalen Schatten, so daß er es, beim geringsten Versuch einzudringen, zum Einsturz bringen, in rieselnden Sand verwandeln müßte.

Nur die Stange bliebe stehen, auf die er seinen Hut hängen könnte; die im Sandhaufen steckende Stange, auf die das Peloton zu zielen hätte, wenn es endlich, da alle Figürchen schon abgeräumt in der Schachtel ruhen, ankäme, geschafft von dem Marsch, abgerissen, abgebissen die Extremitäten von Schakalen, die dort in der Steppenwüste herumstreunen, wo wir Speyer vermuteten – irrtümlich, wie sich jetzt herausstellt, getäuscht von einer unkontrollierbaren Behauptung, verführt, verlockt von einem Stuhl, der zwar nur drei und ein halbes Bein hatte, doch nach solchem Marsch endlich Sitzfläche anzubieten schien. Ankommend haben wir plötzlich Speyer vor Augen mit König, Turm und Dame: unverrückbar aufgestellt von Heinrich, Moritz, Otto oder Hindenburg. Nicht mehr in der früheren Gestalt, die jeder kannte, nein, viel kleiner, winzig fast. Mit bloßem Auge kaum zu erkennen, wenn man sich verwundert darüber beugt; und beinahe wäre man daran vorbeigelaufen, wäre nicht die schnurgerade Linie im Sand, die auf den Dom zuläuft und schon Meilen vorher ins Auge sticht. So bist du gewarnt, die Füße vorsichtiger zu setzen, damit nichts, was noch übrigblieb von Speyer, zertreten wird. Die Reste beäugend, stellst du dir vor, wie das Ganze einst da gelegen, wie der Königsweg sich gekräuselt hat, von dem du vermutest, er müsse von Westen nach Osten quer durch die Steppe bis an den Kragen geführt haben, wo einem kleinen perlmutternen Knopf der Adamsapfel aufsitzt.

(1985)

Martin Mosebach

Geboren am 31. Juli 1951 in Frankfurt am Main, Studium der Rechte in Frankfurt am Main und Bonn, seit 1979 freier Schriftsteller in Frankfurt am Main.

Buchveröffentlichungen: *Das Bett.* Roman. Hamburg: Hoffmann & Campe 1983/*Ruppertshain.* Roman. Hamburg: Hoffmann & Campe 1985.
Erzählungen in Zeitschriften und Rundfunk.

Martin Mosebach

Kommen Sie, Flore

Anleitungen zur Benutzung einer Leihbibliothek

„Kommen Sie, Flore!“, sagte der alte Marquis und bot seiner Schwiegertochter den Arm, um sie in ihre Gemächer zu führen. Das Feuer prasselte noch im Kamin, und der Saal erschien durch die schwarzen Schatten dunkler als sonst, als das Paar ihn durchschritt und hinter der hohen Doppeltür verschwand.

Heinrich ließ nachdenklich das Buch sinken, das ihn seit Stunden gefesselt gehalten hatte. Was mochte der Marquis mit der schönen Flore wohl bereden, was würde sie ihm entgegnen? Heinrich empfand Neugier und zugleich auch etwas Überdruß, er war ungehalten darüber, daß der Marquis sich an einer Stelle mit Flore besprechen mußte, an der alles darauf ankam, daß Flore selbst einmal zeigte, ob sie verstanden hatte, was ihre Pflicht war und nicht schon wieder fremder Führung und Schutz vertraute, was aus den vorausgegangenen Seiten die Quelle so vielen Unheils sowohl für ihren Mann als auch für José und Antonio, ihren Lieblingsbruder, gewesen war. Für diese beiden hatte es ohnehin keine Rettung geben können, und auch Flores Mann, durch ihre Unsicherheit enttäuscht und verzweifelt, hätte in diesen Momenten nur eines einzigen Zeichens bedurft, um neue Hoffnung schöpfen zu können. Daß solch ein Zeichen nach einem Gespräch mit dem Marquis nicht mehr zu erwarten war, stand für Heinrich fest. Was sollte in dieser Situation aber Inez unternehmen, deren Glück von dem Josés abgehangen hatte und die nach dessen Ende nur noch darauf vertrauen durfte, daß ihr die Rückkehr nach Sevilla trotz der unerbittlichen Pläne des Marquis gestattet würde. Inez war Heinrich ans Herz gewachsen, er empfand für sie mehr als die Teilnahme, die man der Figur eines großen Romanautors zollte. Ihre Zartheit und ihr wacher Geist, verbunden mit ihrer außerordentlichen Schönheit und ihrem unverschuldeten Unglück rührten Heinrich fast zu Tränen, wenn er daran dachte, daß ihr Schicksal, anstatt dahin zu führen, einen Mann von der edlen Statur Antonios ewig glücklich zu machen, sie in nichts als die zweifelhafte Lage einer von den Machinationen des Marquis nur allzu abhängigen Frau versetzt hatte, deren Tragödie vor allem darin besteht, daß über ihre Schuldlosigkeit zumindest bis zu dem Eintreffen der Schriftstücke der Donna Mercedes gerechte Zweifel bestehen. Heinrich empfand deutlich, wie folternd es für eine Frau von den Eigenschaften der Inez sein mußte, im Angesicht des vollkommenen Scheiterns einer fühllosen Umwelt auch noch als gerecht bestraft zu erscheinen. Dennoch vermochte er nicht, dem Marquis seine gesamte Sympathie zu entziehen. Auch da, wo dieser Mann fast grausam erschien, war er von einer gewissen Größe, die ihre Wurzeln in einem titanischen Stolz auf die Bedeutung seines Hauses, mehr aber noch in dem geheimen Wissen seiner unerhörten geistigen Überlegenheit hatte. Waren die Worte, die er bei Empfang der Nachricht des Herzogs von Alcantara seinem alten Diener entgegengeschmettert hatte, nicht Beispiele einer geradezu antiken Geistesverfassung, die bei einem Menschen, der von Flore nachts mehrfach auf den Altarstufen seiner Hauskapelle in ringendem Gebet aufgefunden worden war, doppelt erstaunlich waren? Es gab Stimmen, die den Marquis als den eigentlichen Helden des Werkes bezeichneten, und wenn Heinrich dieser Ansicht auch nicht ohne weiteres zuzustimmen vermochte, so fühlte er dennoch Respekt vor dieser düsteren Gestalt, die freilich angesichts von Flores und Inez’

Geschick nicht in Liebe übergehen konnte. Was der Marquis nicht verstanden hatte, das war, daß die Größe nur da heilsam wirken kann, wo sie sich mit Menschlichkeit und Liebe verbindet, dachte Heinrich und fühlte, daß die Härte des Marquis aus einem tiefen Gefühl des Zurückgestoßenseins erwachsen sein mußte. Möglicherweise hatte José dazu den Grund gelegt, als er dem Alten ein Gespräch verweigert hatte, das klärend allerdings nur dann hätte wirken können, wenn zu diesem Zeitpunkt Antonio noch hätte einige Aufklärungen geben können. Aber der war – durch Flores hilflose Reaktion vollkommen desavouiert – schon auf dem Wege an den Ort, wo er einen Tod finden sollte, der Inez' Leben auch dann immer überschatten mußte, wenn es ihr eines Tages gelingen sollte, aus dem unheilvollen Netz der Verstrickung auszubrechen. Heinrich ahnte, daß das Thema des Werkes die Empfindung der Vergeblichkeit allen menschlichen Planes sein mußte. Hoffnung konnte nur aus einer Haltung erwachsen, die die – leider zu früh in Flores Hände gelangten – Schriftstücke der Donna Mercedes ausdrückten. Hätte der Bote das Haus später erreicht, wäre Flore noch bei ihrer Tante gewesen, hätte der Marquis keine Gallenkolik gehabt, wäre José dem Ratschlag Antonios gefolgt, hätte Antonio den schimpflichen Ausweg aus der Misere, um schlimmeres zu verhüten, eher betrieben – ja, wäre, hätte! dachte Heinrich, vor dessen innerem Auge sich die ganze furchtbare Zwangsläufigkeit einer todbringenden Verkettung der Umstände entfaltete. Und doch – wuchs nicht gerade durch das Unglück eine Frau wie Inez in einem Maße über sich hinaus, das die eherne Statur des Marquis verblassen ließ! War der Tod Josés nicht ein Aufbäumen der Menschlichkeit gegen die erhabenen Gesetze einer überlebten Disziplin? Die Menschlichkeit, so dachte Heinrich, entfaltet ihre eigentliche Gewalt erst da, wo die Unmenschlichkeit zu triumphieren scheint. In seinen Gedanken empfand er diesen Schluß als Hoffnung und Auftrag. Er schloß das Buch, löschte das Licht und schlief beruhigt ein.

(1982)

H. P. Müller

In Frankfurts närrischem Vorort Heddernheim erblickte ich am 4. Mai 1920 das Licht dieser so vielfältigen Welt.
Nach kaufmännischer Lehre und bestandener Gehilfenprüfung erlebte ich, daß zwar eine Lehrstelle dort vorhanden war, doch keine Planstelle.
Bis Oktober 1940 verdiente ich mein Brot als Baukaufmann, dann war ich Infanterist und bis zu meiner fünften Verwundung im Februar 1945 immer im Fronteinsatz im Norden. Im Genesungsurlaub erlebte ich aktiv den Einzug der Amerikaner in Frankfurt (in „Wahrheit und Dichtunge" erzählte ich davon), kam noch in amerikanische Gefangenschaft, aber schon am 13. Juni wieder aus Bad Kreuznach in das zerstörte Frankfurt.
Seitdem war ich im väterlichen Elektrogeschäft tätig, das ich seit 1950 allein führe.
Schon früh entdeckte ich Begabungen für Heiterkeiten in mir und bin seit Jünglingsjahren mit selbstverfaßten Vorträgen in der Fastnachtszeit bei den „Heddemer Käwwern" fröhlich tätig.
Mit dem „Frankforter Ebbelwei-Bichelche" begann ich, Frankfurt und seine Bürger von der guten Seite zu zeigen, die unschuldige Stadt und ihre goldischen Bewohner. Das war 1968, und zwischenzeitlich erschienen im Eigenverlag mehr als 20 Bichelcher und Bücher zum Lob der Stadt und dazu der „Frankforter Kalenner für Uzer un Schenner". Ab und zu bin ich im Fernsehen zu betrachten, im Rundfunk zu hören, und in Zeitungen steht auch dann und wann ein Artikel. Stolz bin ich darauf, das „Frehliche Frankfort-Telefon" erfunden zu haben, von dem täglich, Tag und Nacht, Fröhliches aus der schönen Stadt am Main in alle Welt telefoniert wird.

Buchveröffentlichungen: *Frankforter Ebbelwei-Bichelche.* Alles über das Frankfurter Nationalgetränk. Frankfurt: Heinz P. Müller 1968 und 1985/*Frohes Frankfurt Bichelche.* Heitere Bilder und Texte vom alten und neuen Frankfurt. Frankfurt: Heinz P. Müller 1970/*Lachhannes. Frankfurter Verscher un Bildercher.* Mundart-Anthologie lebender Mundart-Schreiber. 2. Lachhannes. Frankfurt: Heinz P. Müller 1975. 3. Lachhannes. Frankfurt: Heinz P. Müller 1976/*Frankfurter Küch und Sprüch.* Ergötzliches über 500 Jahre Kochen und Essen. Mit 150 Koch- und Backrezepten. Frankfurt: Heinz P. Müller 1975/*Frankfurt – fröhlich Tag für Tag.* 366 Frankfurter Sprüch.: Immerwährender Kalender. Frankfurt: Heinz P. Müller 1976/*Sonniges Frankfurt.* Frankfurt: Heinz P. Müller 1977/*Frankfurter Winter-Bichelche.* Frankfurt: Heinz P. Müller 1978/*Frankfurter Leut' – fröhliche Menschen.* 200 Jahre Frankfurter Humor in Hochdeutsch und Mundart. Frankfurt: Heinz P. Müller 1979/*Römerberg.* Das Buch vom „Herzstück" der Stadt. Frankfurter Geschichte und Geschichten auf „des Reiches Platz". Frankfurt: Heinz P. Müller 1980/*H. P. Müller's Fröhlichkeite.* Frankfurt: Heinz P. Müller 1981/*Gesundheitsbichelche.* Frankfurt: Heinz P. Müller 1982/*Klaa Paris – Narrenparadies.* Frankfurt Heinz P. Müller 1982/*H. P. Müller's Heiterkeite.* Frankfurt: Heinz P. Müller 1983/*Wir lache gern – schon immer.* Frankfurt: Heinz P. Müller 1984/*De Struwwelpeter.* In: Frankfurter Mundart. Frankfurt: Heinz P. Müller 1984/*Wahrheit und Dichtunge.* Frankfurter Chronik seit 1945. Frankfurt: Heinz P. Müller 1985/*Frankfurt – märchenhaft.* Frankfurt: Heinz P. Müller 1986.

H. P. Müller

„Eigeplackte“

Es lebt sich schee in dere Stadt,
die soviel fremde Landsleut hat,
die lewe duht un lewe läßt,
die Eigeborne un die Gäst.

Die Neubürger, die sin e Sort,
die einstens von em annern Ort,
egal warum, sin zu uns komme
un dann ihrn Wohnsitz hier genomme.

Wenn die dann lewe hier voll Freud,
verstehe sich mit alle Leut,
un lewe hier in Frankfort gern,
dann duhn des „Eigeplackte“ wern.

Sie duhn zwar noch ihr Mundart schwetze,
doch duhn se Ebbelwei gern petze
un esse Handkäs unscheniert,
merr secht heut: „die sin integriert“.

So Leut, die hawwe merr hier gern,
weil des aach Frankforter duhn wern
un öfters bessere sogar
wie mancher, der hier immer war.

Wenn aaner abber nur duht maule,
duht annern un sich selbst vergraule,
der krieht kaa „Eigeplackte-Ehr“!
En „Hergelaafene“ is der!

(Erstmals erschienen in „H. P. Müller's Heiterkeite“. Frankfurt: Verlag Heinz P. Müller 1983)

Die Sprach' in unsrer Stadt

Der aane is stolz druff, daß er perfekt Frankforterisch babbele kann, der andere aber beherrscht unsere Sprache nicht, weil er nicht möchte, nicht darf oder er „schafft's Lerne halt net". Trotzdem ist jeder auf seine Weise ein Hiesiger, Bürger der berühmten alten und sehr bedeutenden neuen Stadt.

Die „aale Frankforder" lieben den Klang ihrer Sprache – die Heimatlaute – ebenso wie der Bayer, der Schwabe, der Hamburger und alle diejenigen, bei denen Heimat und Mundart zusammengehören. Die Heimatklänge, die eigen ‚Sprach', sind kein Jargon, obwohl durch viele vereinnahmte fremde Wörter eine Umgangssprache entsteht und durch Modewörter aus Beruf, Sport und Freizeit sogar ein gewisser Slang sich entwikkeln kann.

Wer sich ohne Scheu der Umgangssprache bedient, ist meist freier als ein Schriftdeutschsprecher. So sagte der Chef einer großen Firma: „In meinem Betrieb sprechen nur zwei Personen Mundart, der Portier und ich." Beide sind unbekümmert, sie können dank ihrer Position nicht als unterprivilegiert gelten. Wer einen echten Hausmeister oder Portier kennt, weiß da Bescheid. Un doch, es ist besser geworden mit der Sprach'.

Als Weltstädter – und das nicht seit einigen Jahren – wissen sich die Frankfurter zu öffnen und können sich anpassen. Nur erziehen lassen sie sich nicht gern, schon gar nicht von Fremden, gell? Frankfurt hat den Rhein-Main-Flughafen, das Tor zur Welt, und ist auch Finanzhochburg, aber es hat auch die Gemütlichkeit wie beispielsweise in Sachsenhausen. Frankfurt hat Goethe und Friedrich Stoltze, hat die höchsten Hochhäuser, aber auch das meiste Grün, hat die Zeil, aber auch die Freßgaß, hat den alten Römer mit dem Römerberg (des Reiches Platz), aber auch das moderne Museumsufer an seinem Fluß, dem Main.

In der Wirtschaft, die von Electronik und Computern geprägt ist, hat unser ‚Sprach' keinen Platz. Dort ist Schriftdeutsch schon fast eine Fremdsprache, nur Englisch gilt.

Andererseits braucht die „äpfelweingeprägte Wirtschaft" die heimatlichen Laute, das damit verbundene heimelig-Vertraute.

Früher meinten „Kritiker" dies abfällig mit „Äpfelweinseligkeit" abtun zu müssen. Heute gilt: Eine Stadt wie Frankfurt hat viele Seiten, und jeder darf sich das zu ihm Passende aussuchen. Die Frankfurter bleiben bei ihrer Art und Sprach', sind aber selbstverständlich bereit, mit einem, der ihrer Sprach' nicht mächtig ist, auch auf „hochdeutsch" zu parlieren.

Nur, bitte: „hoch" kommt nicht von „erhaben". Und: Die Hiesige sin net hinne wie vorne, zwar sin se arg gemiedlich, habbe abber kaa Schafsgeduld. Sie sin dem liebe Gott dankbar, daß er ihne e gut Herz gebbe hat, abber aach – e bees Maul!

(13. 4. 1987)

Paul Müller

Geboren 16. Mai 1904 im uralten Franconofurd (Cotronengässchen), getauft und konfirmiert in der Paulskirche. Eltern: Anton Müller, geb. 1865, Schreiner; Anna, geb. Kauffmann, geb. 1871, Verkäuferin, beide in Frankfurt. Beruf: Handlungsgehilfe. Stationen: Lehre Gebrüder Passavant, Seidenwaren, Sekretär „Bauhütte GmbH", Geschäftsführer „Hausrat GmbH", Sekretär Zentralverband der Angestellten. Politisch und gewerkschaftlich organisiert seit 1919. 1933 – Illegalität und Widerstand. Ende 1934 Flucht in die Schweiz. Dort Fortsetzung des Widerstandes. 1940 wegen verbotener illegaler Aktivitäten Verhaftung, Ausweisung. 1941 interniert in Arbeitslager, ab 1942 dort Funktion als Regionalsekretär Westschweiz für Bildungswesen der Interniertenlager. 1946–1948 Leiter der Auslandsabteilung der Büchergilde Zürich. 1948–1964 Direktor der „Nassauischen Heimstätte" Frankfurt/Main. Auszeichnungen: Ehren-Urkunde Schweizer Gewerkschaftsbund (1946), Ehrenplakette der Stadt Frankfurt/Main (1954), Ehren-Urkunde Land Hessen (1958), Freiherr von Stein-Plakette Land Hessen (1962), Bundesverdienstkreuz 1. Klasse (1969), Großes Bundesverdienstkreuz (1974), Ehrenmedaille des deutschen Widerstandes (1978), Ehrenmedaille der Gewerkschaft Handel, Banken und Versicherungen (1986), Ehren-Urkunde SPD (1987).

Buchveröffentlichungen: *Eine Kindheit und Jugend im alten Frankfurt.* Frankfurt: Kramer 1984/*Die unterbrochene Spur.* Antifaschistische Emigration in die Schweiz. Zürich: Limmat-Verlag 1983/*Arbeiterjugendbewegung in Frankfurt.* Gießen: Anabas-Verlag 1985/*Die Junge Garde.* Gießen: Anabas-Verlag 1985/*Exilland Schweiz 1933–1945.* Leipzig: Reclam 1975/*Hessische Gewerkschafter im Widerstand 1933–1945.* Gießen: Anabas-Verlag 1983/*Licht und Schatten der politischen Emigration in der Schweiz.* Zürich: Europa-Verlag 1965./*Wir wollten die Welt verändern.* Stationen aus dem Leben eines Altsozialisten. Frankfurt: Athenäum und Büchergilde Gutenberg 1987/*Erinnerungen an Johanna Tesch.* In: Frauen im Widerstand. Frankfurt: Röderberg-Verlag 1978/*Romantik und Militanz.* In: Schock und Schöpfung. Jugendästhetik im 20. Jahrhundert. Darmstadt: Luchterhand 1986.
Herausgeber und Mitautor von politischen, gewerkschaftlichen und kulturellen Zeitschriften und Broschüren.

Paul Müller

Georg Büchner und die Eidgenossenschaft

Erinnerungen an das Schweizer Interniertenlager 1940

GEORG BUECHNER – GEDENKFEIER
am Samstag, 2. August 1941 auf Serravalle

Programm:

Singgruppe: „Brüder zur Sonne ..."
Ansprache: GEORG BUECHNER, einer von uns!
Vorlesung: „Der hessische Landbote"
Spielschar: „Dantons Tod" (4 Szenen)
Schlußgesang: La Marseillaise"

Jeweils am 1. August feiert die Schweiz den Jahrestag ihrer Gründung im Jahre 1291 durch die drei Urkantone (Uri, Schwyz und Unterwalden) als *„Ewiges Bündnis" gegen die Arglist der Zeit!* Es ist dies ein nationaler Feiertag, doch kein arbeitsfreier Tag. Sechs Jahre erlebte ich in St. Gallen, wie ein Volk sich in freiwilliger, unkommandierter Gemeinschaft an seine Staatsgründung erinnert. Bei Sonnenuntergang bewegte sich eine große Menschenmenge auf die Höhen rings um die Stadt. Junge Burschen hatten dort Holzstöße errichtet und angezündet. Von der Stadt erklangen die Glocken. Die Menschen sangen: „Rufst Du mein Vaterland ..." (Melodie „God save the king") und den „Schweizerpsalm": „Trittst im Morgenrot daher ...". Dann eine kurze Ansprache.
Ich dachte an unsere nationalen Feiertage: Im Kaiserreich in der Schule: „Heil Dir im Siegerkranz" und 101 Kanonenschüsse auf der „Hundswiese". Weimarer Republik: Behördliches, akademisches Obligatorium und vergebliche Versuche einer Popularisierung der Feier. Im „Führerstaat": Pervertierung des 1. Mai zum „Tag der nationalen Arbeit" mit Hakenkreuz und kommandiertem Aufmarsch.
650 Jahre besteht die Eidgenossenschaft im Weltkriegsjahr 1941. Im Juli schlagen wir der Lagerleitung vor, für die Communitá Malvaglia, die Jubiläumsfeier zu organisieren. In Erinnerung an den erfolgreichen „Bunten Abend", begrüßt der Gemeinderat den Vorschlag. Doch: Wie sollte das Programm aussehen? Der Gedanke kam mir an einem Sonntag. Ich saß in der Ruine von Serravalle, der alten Festung aus der Zeit von Barbarossa, auf einem Mauerrest in der Sonne. Ich las in meinem geliebten „Dantons Tod". Die herrliche Dünndruck-Ausgabe des Insel-Verlages von Georg Büchners Werk besaß ich seit 1925. In der „Sozialistischen Arbeiterjugend" spielten wir damals daraus zwei Szenen (Konvent und Dialog: Danton – Robespierre) vor Schulentlassenen. Ich erinnerte mich: Der enge Burghof belebte sich mit den Gestalten des Revolutionsdramas. Ich sah vor mir Robespierre, seinen Rivalen Danton fragend: „... Du leugnest die Tugend?" Danton: „... Und das Laster! Ich kenne nur Epikureer und zwar grobe und feine; Christus war der feinste ...". Und die schneidende Stimme von St. Just: „... Ihr müßt nicht nur die Verräter, sondern auch die Gleichgültigen strafen, Ihr müßt jeden strafen, der sich in der Republik passiv verhält und nichts für sie tut ...".
Das müßte gehen, zur Feier des 1. August! Das Werk eines deutschen Dichters und Freiheitskämpfers, der als politischer Flüchtling vor genau 105 Jahren in der Schweiz Asyl

fand und Professor an der Zürcher Universität wurde. Ein Werk, das den Kampf um Demokratie und Republik zeigte, doch auch seine Problematik.
Ich marschierte eilends zurück ins Lager, besprach meinen Plan mit den Genossen. Alle sind einverstanden; sie machen Vorschläge. Nach dem Abendessen, Diskussion mit den Kameraden. Beschluß: Teubner, Goldhammer, Schönherz und ich sollen die Augustfeier organisieren.
Ortsbesichtigung: Hintergrund der „Bühne" die große Burgmauer. Davor in zwei Reihen für den „Konvent" Bänke des Lagers, dazu ein Rednerpult. An der Wand ein Riesenplakat mit der Trikolore. Publikum stehend und auf den Ruinenmauern sitzend. Ende der Konventszene bei eintretender Dunkelheit, Fackeln entzünden und gemeinsamer Gesang der Marseillaise. In die Hauptrollen teilen sich österreichische und deutsche Genossen. Ich übernehme meine alte Statistenrolle von 1925, den Deputierten (namenlos) von Lyon: Kurz raunzend: „... Die Brüder von Lyon schicken mich, um in Eure Brust ihren bitteren Unmut auszuschütten. Wir wissen nicht, ob der Totenwagen, der Ronsin zur Guillotine fuhr, der Totenwagen der Freiheit war, aber wir wissen ...".
Die Zeit ist kurz. Proben, Proben, Proben ... Jeden Abend, doch alle sind unverdrossen und begeistert dabei. Selbstgemachte Plakate laden ein. Das ganze Lager werkelt am 1. August an den letzten Vorbereitungen; die Programme werden im Dorf verteilt.
Am Nachmittag Generalprobe im Castello. Dorfjugend lugt über die Ruinenmauern. Eiweh! Wir haben einen Souffleur vergessen – zu spät, „Kostümprobe", wir spielen „modern – naturalistisch". Jetzt sollten eigentlich die Besucher eintrudeln. Ich schaue über einen Mauerrand hinunter ins Tal. Der Brenno, durch Gewitter gespeist, schäumt talwärts, der Wein steht gut, die hell getünchten Dörflein an den Bergflanken liegen im Schein der sich neigenden Sonne. Ein friedlicher Anblick! Doch was ist das? Ich glaube an eine Fatamorgana: Von den schmalen Fahrwegen aus den Dörfchen und Weilern bewegen sich ganze Menschengruppen auf die Kantonsstraße im Tal, von dieser weitere Gruppen auf den Moränenhügel von Serravalle zu. Die ersten kommen durch den Burgeingang. In einer Viertelstunde ist der Burghof überfüllt von fröhlichen und festlichgestimmten Menschen. Viele kommen von der Feldarbeit, zwei Buben haben ihre Ziegen mitgebracht. Sie füllen den weiten Platz dicht an dicht. In den Fensterhöhlen kauern sie, auf brüchigen Mauern krabbelt das Jungvolk (später – mitten in der Konventsrede von Saint-Just, donnert ein Bursche herunter, direkt vor die Spitze der Deputierten ... Sonderapplaus!). Bruno Goldhammer spricht zur Einleitung.
Während der Konventszene wird es dunkel. Zwei Fackeln erhellen das Rednerpult. Am Schluß des Aufrufs von Saint-Just erheben sich die Deputierten; ein weiteres Dutzend Fackeln leuchten auf. Als Abschluß die Marseillaise! Große Überraschung: Die Männer von Malvaglia fallen temperamentvoll in französischer Sprache ein. (Viele von ihnen zogen im Winter regelmäßig nach Paris, um als Gastarbeiter die Maroni ihres heimatlichen Tals zu verkaufen.) Von den Fackelträgern flankiert, marschiert unsere Kolonne zurück ins Lager; wir singen selbstbewußt unsere alten Kampflieder, auch das Lied der spanischen Interbrigadisten und die Internationale. Kein Lagerleiter, kein Mitglied der Obrigkeit schreitet ein.

(Aus: „Wir wollten die Welt verändern". Stationen im Leben eines Altsozialisten. Erstmals erschienen Frankfurt/M.: Athenäum 1987).

Jusuf Naoum

Geboren 1941 in El Mina/Tripoli im Libanon, kommt 1964 in die BRD, Ausbildung im Hotel- und Gaststättengewerbe, anschließend Arbeit als Kellner in München und West-Berlin, nach zweijähriger Arbeitslosigkeit Umschulung zum Masseur und medizinischen Bademeister, anschließend Arbeit als Masseur bis 1983. Seit 1983 freier Schriftsteller, seit 1981 Mitglied in POLIKUNST – Polinationaler Literatur- und Kunstverein e. V., Mitherausgeber der Reihe SÜDWIND -Gastarbeiterdeutsch, bis dato sind 10 Bücher in dieser SÜDWIND-Reihe erschienen. Zur Zeit Mitglied des Vorstandes im VS Hessen.

Buchveröffentlichungen: *Der rote Hahn.* Darmstadt: Luchterhand 1974/*Der Scharfschütze.* Fischerhude: Atelier im Bauernhaus 1983/*Karakus und andere orientalische Märchen.* Frankfurt: Brandes & Apsel 1986.
In Vorbereitung: *Die Kaffeehausgeschichten des Abu al Abed.* Frankfurt: Brandes & Apsel 1987.
Zahlreiche Hörspiele und Beiträge im Funk sowie in Anthologien.

Jusuf Naoum

Der Schafschmuggler

Nachdem neue Getränke gebracht worden waren, war es genau 21 Uhr, Abu al Abed begrüßte die Gäste und nahm Platz. Dann trank er Tee, um seinen Hals anzufeuchten, und bat um Ruhe.

„Wo bin ich das letzte Mal stehengeblieben?“, fragte er. Einer seiner Zuhörer antwortete: „Du warst ein Derwisch und begegnetest dem Engel Gabriel.“ – „Diese Geschichte ist schon zu Ende erzählt.“ – „Vor einigen Jahren, verehrte Herren, war ich als Schafschmuggler tätig, in diesem Beruf verdiente ich viel Geld, beinahe mehr als ein Ölscheich. Der Beruf war sehr sauber, man brauchte sich nicht sehr anzustrengen. Zu dieser Zeit hatte ich das Vergnügen, die großen Politiker kennenzulernen. Ich kannte sie alle, vom Präsidenten bis zum kleinen Beamten in den Rathäusern unseres Landes und der Nachbarländer.

In diesem Beruf mußte ich immer elegant gekleidet sein, mein Anzug war von Pierre Cardin geschneidert, und die Krawatte war von Christian Dior angefertigt. Die Schuhe waren in England nach Maß gearbeitet. Ich trug einen Hut in der Form einer Melone und in der Hand eine Diplomatentasche, in der sich Bestechungsgelder für die Beamten befanden. Außerdem hatte ich Brot, Käse und eine Thermosflasche mit Tee drin. Ich war oft unterwegs und wollte nicht in Restaurants essen; die meisten Lokale waren sehr dreckig. Ich fuhr einen weißen Mercedes, wie es sich gehört für einen Boß einer Gesellschaft mit beschränkter Haftung.

Offiziell hatte ich meine Firma in der Kaufmannskammer eingetragen, sie hieß „Orient-Express“. Ich hatte ein ganzes Bürohaus in der City gemietet und beschäftigte 150 Angestellte. Ich selber war meistens nicht im Büro, ich pflegte vor allem die Kontakte mit den Grenzbehörden. Jedesmal, wenn ich zur Grenze fuhr, hatte ich viele Geschenke für die Zollbeamten dabei, und ich wußte genau, was sie mochten.

Die Geschenke waren entsprechend dem Rang der Beamten ausgesucht. Hatte einer einen hohen Dienstgrad, bekam er von mir eine hohe Summe Bestechungsgelder, eine Flasche Whisky oder Champagner und ein paar Kilo frischen Fisch, weil es an der Grenze selten frischen Fisch gab. Dem Unteroffizier zum Beispiel brachte ich eine Stange Malboro mit, ich wußte, daß er diese Sorte gerne rauchte, der Obergefreite bekam von mir Schokolade und Bonbons, er hatte zehn Kinder, ich wußte, daß ich ihm mit diesem Geschenk eine große Freude bereiten konnte. Die Soldaten kriegten von mir ein Fläschchen Rasierwasser, das ich kostenlos von einer großen Parfümfirma als Werbegeschenk erhalten hatte. Ich verwandte jeden Monat nur für Geschenke zehntausend Pfund.

Wir schmuggelten die Schafe von der Türkei nach Syrien. In der Türkei kauften wir sie billig ein, und in Syrien verkauften wir sie für den zehnfachen Preis. Ich hatte so gute Beziehungen zur Behörde, daß ich drei Monate im voraus wußte, wenn ein neuer Offizier an der türkisch-syrischen Grenze eingesetzt werden sollte; die Offiziere selber wußten zu diesem Zeitpunkt noch nichts von ihrer neuen Stelle. Als erster überbrachte ich ihnen die Nachricht. Ich sagte ihnen dann: ‚Machen sie sich keine großen Gedanken, woher ich die Information habe; in drei Monaten werden Sie an der Grenze eingesetzt, Sie bekommen von mir ein zusätzliches Monatsgehalt. Nur möchte ich von Ihnen, daß Sie die Augen zudrücken, wenn ich die Grenze mit meiner Schafherde überschreite. Es gibt nicht viel zu diskutieren‘, sagte ich, ‚falls Sie nicht einverstanden sind, werden Sie

eben nicht an der Grenze eingesetzt und verdienen Ihren Hungerlohn weiter.' Fast alle waren mit meinem Angebot einverstanden, auf diese Art pflegte ich die Geschäfte in Ordnung zu halten. Vorhin sagte ich Ihnen, verehrte Herren, daß es eine saubere Arbeit ohne viel Anstrengung war: das Wichtigste in diesem Beruf, gut und geschickt zu reden, beherrschte ich ja ausgezeichnet. Ich betrieb das Schmuggeln offiziell, und meistens lief alles friedlich ab, ohne Krach und Ärger. Mit den Zollbeamten hatte ich ausgemacht: Sobald sie von weitem den weißen Mercedes und dahinter einen Konvoi von Lastwagen, voll mit Schafen, sähen, sollten sie sofort und freiwillig ihre Waffen einsammeln. Die würde ich dann solange bei mir behalten, bis wir alle Schafe auf die andere Seite transportiert hätten, dann würde ich zurückfahren und würde ihnen die Knarren zurückgeben. Auf diese Weise bekamen die Beamten keinen Ärger mit dem Staat, es sah aus, als hätten wir sie bedroht und gezwungen, uns ihre Waffen zu geben. Deshalb sind die Zollbeamten nie bestraft worden. Ich habe soviel Schafe geschmuggelt, daß der türkische Staat eine große Armee an der Grenze einsetzte. Trotzdem bin ich mit ihm fertig geworden." – „Wie haben Sie das geschafft?", rief einer der Zuhörer. Leise antwortete Abu al Abed: „Durch Beziehungen kann man alles machen. Ich kannte den Kommandanten sehr gut, seit Jahren bekam er von mir ein gutes Gehalt. Verehrte Herren, ich habe so viele Schafe aus der Türkei geschmuggelt, daß das Land fast keine Schafe mehr besaß. Die Türkei war sogar gezwungen, aus unserem Land Schafe zu importieren, obwohl die Türkei früher dafür bekannt war, die meisten Schafe im Orient zu haben. So kaufte ich die Schafe in Syrien billig ein und schmuggelte sie über die Grenze. Dort in der Türkei verkaufte ich sie für den zehnfachen Preis. Um das Schmuggeln zu verhindern, hat man Minen entlang der Grenze gelegt, man hat aus Amerika die besten Techniker geholt und ihnen viel Geld bezahlt.
Das teilte mir eines Tages mein Generalsekretär mit. Er war ein geborener Schmuggler, er war mehr im Knast als in Freiheit, er verfügte über ein solches Talent und so geschickte Hände, wie ich sie bei niemandem sonst gesehen habe.
Ich sah ihn zum ersten Mal weinen: ‚Wir sind pleite', sagte er, ‚gegen diese Minen können wir nichts machen, wir können unser Geschäft schließen.' ‚Beruhigen Sie sich', antwortete ich, ‚Sie brauchen keine Angst zu haben, wir werden mit den Minen schon fertig.' – ‚Aber wie?' – ‚Überlassen Sie das mir.' Sieben Tage und sieben Nächte überlegte ich, wie kann ich mit den Minen fertig werden. Da kam ich auf eine Idee." – Das war es für heute, verehrte Gäste, und morgen erzähle ich ihnen, wie es mir gelungen ist, die Minen abzuräumen. Mit diesen Worten endete er, stand auf und verließ das Café.

(Aus „Die Kaffeehaus-Geschichten des Abu al Abed". Erstmals erschienen Frankfurt/M.: Brandes & Apsel 1987)

Harry Oberländer

Geboren 1950 in (Bad) Karlshafen. Lebt seit 1969 in Frankfurt am Main. Studierte hier Soziologie. Erhielt 1973 den Leonce-und-Lena-Preis für Lyrik in Darmstadt (Juror: Wolfgang Weyrauch). Arbeitete nach dem Studium für verschiedene Frankfurter Institutionen, darunter die Karl-Marx-Buchhandlung, den Verlag Neue Kritik, den Hessischen Rundfunk, den Frankfurter Kunstverein, das Schauspielhaus (als Logenschließer), das Kabarett „Die Maininger". Seit 1986 ist er wissenschaftlicher Mitarbeiter des Hessischen Literaturbüros und Redaktionsmitglied des Hessischen Literaturboten. Er ist stellvertretender Vorsitzender des Verbands deutscher Schriftsteller (Hessen). Er ist verheiratet und hat zwei Söhne.

Buchveröffentlichungen: *Ein paar Dinge von denen ich weiß.* Gedichte. Berlin: Karin Kramer Verlag 1977/Nachdichtungen in: Wladimir Wyssotzkij: Wolfsjagd. Gedichte und Lieder. Frankfurt: Verlag Neue Kritik 1986.
Übersetzungen: *Maya Angelou, Ich weiß der Vogel im Käfig singt.* Frankfurt–Basel: Stroemfeld–Roter Stern 1980.

Harry Oberländer

Das Marsyas-Sonett

Ich kam zum Wettkampf und war schon verloren.
Apoll stand lächelnd, in der Hand die Leier.
Verschwitzt, in Mist und Schafsgestank geboren,
war ich den Musen ekelhaft als Freier.

Er schlug die Saiten an und sang uns Oden.
Ich konnte sprachlos nur mit Flötentönen
kein hohes Lied anstimmen. Bald am Boden
ließ ich mich übertölpeln und verhöhnen.

Als sie mir dann die Haut vom Fleische zogen,
als ich mich blutend in die Täler stürzte,
war niemand, der die Qualen mir verkürzte.

Das Wort war Pfeil, die Lyra war der Bogen.
Jetzt bin ich Quelle, Strom und Flut.
Die Kunst ist lang, am Anfang war mein Blut.

(1985)

Das Achtundsechziger-Sonett

Der Aufruhr ging vorbei, die großen Reden
von Freiheit und vom Geist der Utopie.
Wir fahren Achterbahn im Garten Eden,
danach kommt nichts mehr, gute Nacht, Marie.

Das Feuer abgebrannt. Die schönen wilden Jahre
sind Stoff, aus dem ergraute Veteranen
Legenden bilden. Bleibt uns bis zur Bahre
das Gruppenbild mit Che und roten Fahnen.

Was auf den Sprechchor folgt ist Schweigen.
Wir gehen einzeln auf den Bürgersteigen,
wir kümmern uns um unser täglich Brot.

Wir haben uns ein wenig übernommen,
die Euphorie ist uns nicht gut bekommen.
Wer das nicht überlebt hat, ist schon tot.

(1987)

Frühling draußen vorm Foyer und innen Theater

Die Kastanie grün, das Zimmer dunkel, erlebte ich Frühling um Frühling im Westend. Kein Ausweg war aus den Labyrinthen der Einbildungskraft. Der Wind, die Blüten. Es sollte einen Faden geben, besser noch: einen Strick. Abende unter bunten Rohrleitungen im Künstlerkeller. Verwegene Gestalten am Ende der Straße am Rand der Nacht. Komm her, sagte die Hure, sie hielt ihre Brust in der Hand. Erschlagen sollte man alle, die versuchen, den endgültigen Text zu schreiben. Ich Schlachthof wird das Absolute zu Wurst verarbeitet, Metzger wuchten die Schweinehälften auf Haken, Blut tropft heraus auf meine schwarzen Schuhe. Unmittelbar unter der Bühne befindet sich, wie wir wissen, eine Grotte, nur wenige kennen den Eingang. Ein unterirdischer See aus Rotz und Wasser, darin schwimmen Spermienschwärme wie gläserne Fische. Welches Phantom wir wohl sind, so ordentlich uniformiert vor der Tür? Wie ist es, regnet es draußen? Vermutlich ja, wie immer in diesem Stück.

(1986)

Wieder einmal auf dem Lande

Hier möchte ich bleiben und mich erinnern
und ruhig Glück und Unglück bedenken. Hier
unter grauen Schieferdächern, während der Wind
Asche übers Papier weht und gegenüber am Tor
die Zeit sich ausruht von ihrer imperialistischen
Hast. Da erinnert ein blaues Blechschild
an den tuberkulosenfreien Rinderbestand, längst
kam er unter den Hammer. Über der Scheune Wolken,
aus denen die Tiefflieger hervorbrechen im Überschall.
Im Garten stehen die Nachbarn mit Spaten und Eimern,
immer bereit, vom Wetter zu reden, zählbares Volk.
Langsam zerrinnt der Tag in den Abend, ich kann
hier nicht bleiben. Ehe es dunkelt, reiß ich mich los.

(1987)

Horst Peisker

Geboren am 26. 11. 1939 in Mittelsinn, Unterfranken. Mittlere Reife, Wilhelmsgymnasium Kassel. Lehre als Speditionskaufmann. Abitur am Abendgymnasium Goetheschule Frankfurt. Studium an der Universität Frankfurt: Deutsch, Englisch, Philosophie. Erstes Staatsexamen. Lektor und Übersetzer beim März-Verlag in Herbstein. Chefredakteur des „Frankfurter Nachtexpress". Veranstalter der ersten deutschen Sex-Messen in der Stadthalle Offenbach und in der Dortmunder Westfalenhalle. Schallplattenproduktion mit dem Wiener Aktionisten Otto Mühl („Psychomotorik"). Freier Mitarbeiter für Literatur während des Studiums beim Hessischen Rundfunk und Radio Bremen. Literarischer Förderpreis der Stadt Kelsterbach. Stadtschreiber dortselbst anno '84 und '85. Literarischer Mitarbeiter bei verschiedenen Zeitungen. Schulassistent der Anne-Frank-Schule in Raunheim.

Buchveröffentlichung: *Maniac*. Herbstein: März 1980.
Schallplatte: *Tagesbefehl* (Texte). Sprecher: Helmut Qualtinger. Wien: Quasar Sound 1978.
Zahlreiche Beiträge für Zeitschriften, Zeitungen und Hörfunk.

Horst Peisker

Die Hände

Seit jeher weiß ich nicht, was mit meinen Händen ist. Die Linke gibt einem angeborenen Ungeschick so unverhohlenen Ausdruck, daß sie sich stets irgendwie verdeckt hält. Sie ist kaum imstande, der Rechten die billigsten Zuträgerdienste zu tun – meinetwegen etwas zum Knöpfen zu raffen und herzuhalten. Diese Hand hat noch nie ein Ei aufgeschlagen, nicht einmal gewagt, wenn die andere geschient lag, eine Frau anzutasten. Sie lebt angeschlossen an einen Arm, dem keine sinnreichen Hebeldienste geläufig sind. Und doch ist mir diese Hand in ihrem törichten Unvermögen, in ihrer Unbelehrbarkeit sehr lieb. Wüßte ich es nicht besser, dann wäre mir gewesen, als habe ich sie gelegentlich, und nur, wenn sie sich unbeobachtet wußte, bei gewissen Gestiken ertappt, bei tänzerisch-chaplinesken Bewegungen und Abläufen von so hohem Ungeschick, daß alles dies wunderbar in ein Theater gepaßt hätte, welches ich wohl nie eröffnen werde. Ich gehe jetzt soweit – es läßt sich ja alles zurücknehmen – zu sagen: eigentlich habe ich nicht übel Lust, mich ganz dieser untüchtigen Clownerie zu verschreiben, selbst auf die Gefahr, daß es niemals eine Premiere gibt.
(Aber es darf nicht vergessen werden: alle Möglichkeit zu einer schriftlichen Artikulation kommt von rechts.)
Dort ist es nicht weit vom Nagel zum Kopf. Vor einen kurzen muskulösen Arm geschnallt ist diese andere Hand sicheres Werkzeug, je nach Bedarf Degen, Hammer, Keil, Kante. Diese Hand fackelt nicht. Bei allem Geschick – ihr Griff ist schnell und sicher wie ein Kobrabiß – ist sie im Gegensatz zur Linken völlig unmusikalisch. Was ihr in die Quere kommt, wird unbedenklich angenommen. Um sie ist ein wölfisches Zähneknirschen, eine bleckende Freßlust, die, wenn Opfer ausbleiben, sich Fetzen aus der linken Seite reißt.
Auch wenn mir diese Hand Wächter ist und Krieger, ich kann nicht warm werden mit ihr, sie unternimmt mir zuviel auf eigene Faust. Auch habe ich den schlimmen Verdacht, daß sie seit langem schon auf das Erlahmen meiner Wachsamkeit setzt, um sich im rechten Moment über diesen frohen dummen Clown würgend herzumachen.
Verständlich, denn eigentlich schreibe ich mit links – die Rechte muß dazu herhalten. Und das bleibt unverziehn.

(Aus „Maniac“. Erstmals erschienen Herbstein: März 1980)

Der Mord

Homer, ein eleganter junger Geck, der wie ich leicht ohne Vater ausgekommen ist, der gelegentlich, ohne die Hand zu rühren, mit einigen beliebig spielerischen Prankenhieben allen nah Stehenden Röcke und Hosen bis in die Eingeweide hinein aufreißt. Bisher habe ich diesen Menschen als mein kälteres Pendant betrachtet, welches mir zu jeder Zeit in gelassen kontemplativer Manier allerlei unerhörte Strukturen, Bedeutungen, Szenen genießbar nahezubringen hatte. Ich hätte es wissen müssen: eines fatalen Tages

würde Homer dieser glitzernden anarchischen Lust, die ihn wie das Paillettenkostüm eines Eisläufers eng umschließt, erliegen.
Homer erfährt vom Tod des Fräuleins. Er kommt zu mir und kondoliert mit seinem schlimmen Berlichinger Lächeln.
„Alle Achtung“, sagt der Mensch, „das war ganze Arbeit.“ Er verliert sich, indem ich immer weniger begreife, wovon die Rede ist, in einem gespenstischen Monolog. „Gratuliere, mein Bester, du hast sie endlich geschafft, mit viel Federlesens zwar und ganz gegen deine Art im Sitzen. Der Berserker schlägt zu, ohne daß auch nur ein Löffelchen in der Tasse verrutscht. Für mich der perfekte Mord. Nicht zu fassen“, der Bastard rötet sich, er beginnt, sich mit kleinen beherrschten Bewegungen zu begleiten, „die femme fatale verbrennt in einem suggestiven Feuerwerk. Als aufwendiges variantenreiches Spektakel hast du die immer gleiche Vorstellung inszeniert, wobei ich mir zu bemerken erlaube: die perfekt stilisierte Auf- und Nachbereitung von Sentiment und Beschwörung war von jeher deine besondere Stärke, davon lebst du geradezu. Wieder und wieder hast du ihr den Regenbogen aufgespannt, wie einen Altweiberschirm so beiläufig, eine gnadenlose Vorhalte, an der ihre arme Realität, die tägliche, graue, strenge Pflicht zerspringen mußte. In all diesen gemeinsamen Jahren hast du sie in schöner Vorsehung auf dich abgerichtet. Mit Verlaub, ich weiß, du rauchst nicht!“ Homer bedient sich aus einer schmalen senfbraunen Schachtel mit der Aufschrift ‚Solitude Special‘. Er setzt ein dünnes schwarzes Zigarillo in Brand.
„Kurzum“, sagt er und bläst von sich, „das Fräulein war am Ende schlicht süchtig, bis in die Knochen imprägniert von deiner Imagination von Intensität und Glück. Du besetzt eine Frau wie ein Pirat ein gekapertes Schiff. In jeden Mast, in jede Kajütentür schnitzt du deine Meridiane, Vorstellungen von künftigen Kursen. Als das arme Fräulein, gestützt und getrieben von den Eltern, versuchte, aus diesem unheimlichen stählernen Garten zu entkommen, war es längst verloren. Der Vater hat als einziger, wenn auch zu spät, begriffen, worauf es hinauslaufen würde, und alle Hunde auf dich losgelassen. Er hätte dich beinahe geschafft. Und ich behaupte, diesem alten Mann, deinem ärgsten und bittersten Feind, verdankst du dein Leben. Er hat dich eigentlich ernährt, denn damals hast du nichts als blutigen Haß gefressen. Jede neue Tücke des Alten verschlangst du in wahnsinniger unstillbarer Gier. Aufladungen, aus denen sich über viele Monate hin ein kaltes beherrschtes Berserkertum kristallisierte, das, gehärtet in eisigen schwarzen Nächten, endlich jene fantastischen, tödlich berechneten Sirenengebilde hervorbrachte. Auch wenn du mich jetzt gleich schlägst, schließlich bist du so schwierig nicht auszurechnen, laß mich eben noch eines sagen“, Homer stäubt weiße Asche in ein geblümtes Dessert-Glas, das mir noch von Dörte geblieben ist, „eigentlich hast du niemals gelernt, dich irgendwie zu benehmen.“
Ich bin nahe daran, diesem Lumpen, der selbst in grotesken manischen Unverhältnismäßigkeiten lebt, über all seine bunte japanische Gürtelsammlung hinweg die Zähne zu zerschmettern, das Fräulein brauchte nur den Arm zu heben und nach einer Trophäe zu verlangen.

(Aus „Maniac“. Erstmals erschienen Herbstein: März 1980)

Viktoras Pivonas

Ich wurde 1933 in Kibarty, Litauen, geboren. Mein Vater war litauischer, meine Mutter deutsch/polnischer Herkunft. 1939 siedelte die Familie nach Deutschland um. Bis zum Ende des Krieges 1945 wurde mein Leben weitgehend vom Frontverlauf bestimmt: häufige Ortswechsel, zehn Schulen. Nach dem Abitur studierte ich in Göttingen und Mainz Medizin und Psychologie. Ein dreijähriger Prozeß und einschlägige Disziplinarverfahren wegen eines Artikels in einer von mir verantworteten Studentenzeitung erzwangen den Abbruch des Studiums. Es folgte eine Ausbildung zum Wirtschaftsredakteur an einer Tageszeitung, von dort Wechsel zur Industriepresse, schließlich Leitung der Redaktion in einer international tätigen Unternehmensberatung; Mitglied des Managements. Seit vierzehn Jahren bin ich an einem Institut für Sozial- und Wirtschaftsforschung beteiligt.

Buchveröffentlichungen: *Das Ende der Suche nach dem verlorenen Samowar*. Roman. Frankfurt: Insel 1976/*Verbesserung des Klimas*. Roman. Frankfurt: Insel 1979/*Der Himmel des Humoristen*. Roman. Frankfurt: Insel 1984.

Viktoras Pivonas

Die Versicherung

Aus Gründen, die er gegenwärtig nicht recht nachvollziehen konnte, hatte F. vor Jahrzehnten eine Lebensversicherung abgeschlossen. Damals war sein späterer Aufstieg von ersten Veröffentlichungen eingeleitet worden, und so war die Versicherungssumme überdurschnittlich hoch ausgefallen. Vor allem für die Agentur, die das Geschäft machte, war der Gewinn Anlaß genug gewesen, den zuständigen Vertreter samt Bezirksdirektor in F.'s Wohnung zu entsenden, um sich zu bedanken.

Nach der Ansprache des Direktors hatte der Vertreter F. ein Päckchen überreicht. Der nun Versicherte war auf ein Mitbringsel nicht vorbereitet und schon gar nicht auf dessen Inhalt, nämlich einen kleinen Trommelrevolver aus Suhl. F. hörte den Namen zum ersten Mal. Der Vertreter erklärte, daß es sich um einen Ort handele, aus dem einige der bekanntesten Faustfeuerwaffen stammten.

Und wieso gerade er ein derartiges Geschenk erhalte? hatte F. wissen wollen. Sei das nicht offensichtlich? Die tragischen Verwicklungen in seinem letzten Buch habe F. doch auch mit einem Gewaltakt gelöst. Übrigens, setzt der Vertreter beim Abschied hinzu, im Griff der Waffe sei eine Patrone verborgen. Nach dem Besuch hatte sich F. davon überzeugt; aber nachdem die Griffschalen wieder festgeschraubt waren, hatte er das Mordwerkzeug ins Futteral geschoben und hinter einer Bücherzeile der Bibliothek versteckt.

Ungefähr zur gleichen Zeit hatte F. geheiratet. Trotz zahlreicher Kinder und Liebschaften war seine Ehe intakt geblieben. Auch hatte er das Glück gehabt, vergleichsweise früh einen Verleger zu finden, dem nur wenige das Wasser reichen konnten, von dessen metaphysischen Instinkten ganz abgesehen. Frau und Verleger hatten ihm über seine Niederlagen ebenso geholfen wie über den Erfolg.

Zum ersten Mal hatte F. sich umbringen wollen, als seine Frau aus seinem Leben trat. Er hatte den Revolver suchen müssen. Dann hatte er die Waffe zerlegt, gesäubert und geölt. Als die Trommel sich wieder lautlos drehen ließ, hatte er die Patrone eingeführt und das geladene Schießeisen neben seine Schreibmaschine gelegt. Er wollte einen Abschiedsbrief schreiben. Ein Jahr später war die Arbeit an dem sich daraus entwickelnden Manuskript abgeschlossen.

War er schon mit seiner Frau viel gereist, so ließ sich F. jetzt kaum mehr im Lande blicken. Er sah ein angemessenes Stück Erde, genoß Klima und Küche der entlegensten Winkel und ließ den lieben Gott einen guten Mann sein, bis ihn eines Tages die Anzeichen eines Leidens erreichten, das ihn nicht nur mit Blindheit bedrohte, sondern dessen Ursache von der Nachwelt in die Formel gebracht wird: Nach langer, schwerer Krankheit...

F. dachte an seinen Revolver. Ganz hatte er ihn nie vergessen, allerdings auch nie wieder aus dem Versteck geholt. Gedankenverloren saß er vor seiner Schreibmaschine und malte sich aus, wie der Dorn jenen Funken schlagen würde, der die Ladung explodieren ließ und die Kugel auf den Weg brachte. Längst hatte F. vergessen, daß für ihn Träumen und Schreiben eins waren. So produzierte er wieder bedrucktes Papier, schilderte Zustand und Absicht und kam damit auch über sein Leiden hinweg, das außer Geld und Innereien weniger kostete, als ursprünglich befürchtet.

Zum letzten Mal griff F. nach der Waffe, als er nach einem späten Werk, das nicht nur seine Leser, sondern auch die heiligen Pillendreher der Literatur überraschte, jahrelang nicht mehr schreiben konnte. Verzweifelt hatte er schließlich angefangen zu trinken und gleich – Liszt zufolge – mit der „Sahne des hohen Alters", dem Cognac begonnen. Als weder die aufmunternden Briefe seines Verlegers, der bislang seine erzählerische Virtuosität nur dann beschworen hatte, wenn es darum ging, ein Manuskript abzulehnen, noch seine eigenen Überlegungen ein Gelingen in Aussicht stellten, schob er sich den Lauf in den Mund. Dabei erinnerte er sich eines Satzes, den er in einem ihm heute unverständlichen Stolz niedergeschrieben hatte: Weil der Autor, kraft seines Talents, immer vorausgeht, schießt der Rezensent in den Rücken.

Er aber, F., als sein eigener und unerbittlicher Kritiker, wollte die Sache frontal angehen. Als er über den Druckpunkt hinwegzog, spürte er zwar die ausgelöste Mechanik, doch weiter nichts. Dabei steckte die Patrone in der Trommel, und die stand an der richtigen Stelle. Bei genauerem Hinsehen fand er, daß der Dorn zu kurz, von Anfang an also befeilt und zum Schießen untauglich war. Der Vorfall schien ihm einer Beschreibung wert.

(1987)

Elmar Podlech

Geboren 17. 1. 1936 in Linz am Rhein, Kreis Neuwied, Regierungsbezirk Koblenz. 1957 Abitur für Schulfremde. Studium: Germanistik, Geschichte in Bonn bei Adenauer und Erhard, abgebrochen. 1964–67 Dramaturg im SDR-Hörspiel Stuttgart. Dann Archivar bei den Verlegern Bärmeier und Nickel. Seit 1973 irrsinnig freier Schriftsteller in Frankfurt am Main. Auch verheiratet, eine zwölfjährige Tochter, die FalcoFan ist. Mitglied des Verbandes der Schriftsteller in der IG Druck und Papier. Mitglied des Sozialistischen Katholischen Künstlerbundes, im Volk kurz SKKB genannt. Ständiger Mitarbeiter der „Dschungelblätter".

Buchveröffentlichungen: *Eine Schöne Epoche.* Stücke. Einleitung v. F. Roth. Stuttgart: Edition Künstlerhaus 1981.
Hörspiele: *Sechs Kapitel aus dem revolutionären Leben des Richard Wagner.* HR, WDR, Oslo, SWF. 1973/*Tod und Leben des Dr. Ferdinand Lassalle.* HR, RB, BR. 1974/*Ich, Heinrich Kleist, kann da im Grund für alle Schriftsteller sprechen, liebe Lehrerinnen und Lehrer.* RB, HR, DL. 1974/*Türme hochhinaus.* NDR, WDR, BR. 1975/*Trümmer überall.* BR, SFB. 1979/*Die Bewegungen der Frauen auf dem Acker.* SWF, SDR, SR, BR, DL, SFB. 1986/*Franz Kafka hört noch immer Radio und telefoniert mit schönen Frauen. Porträt eines Mannes vor dem Sterben. Das Familienfest.* SWF, SDR, SR, DL, RB, HR, BR, SFB. 1985/*He Leute, wir machen eine Reise.* SWF, SDR, SR. 1987/*Der Zauber hinter den Bergen.* SWF. 1987.
Veröffentlichungen von Lyrik, Prosa, Dialogen in Anthologien (bei Athenäum, davids Druck, Edition Künstlerhaus, Eichborn, Heyne), Zeitschriften, Zeitungen sowie im Rundfunk.

Elmar Podlech

Bretonischer Text

(Ein historischer Roman über den historischen Roman)

Mein Freund Golo Mann erinnert sich: fast alle Romane, die er als Kind las, waren historische Romane oder waren historische Romane mit historischem Hintergrund, die historischen Romane seiner Kindheit waren es, die ihm das liebende Interesse für jede Vergangenheit einbrachten. Weiter denkt Golo Mann, mein Freund, nach: da sie alle, teils großartig, teils geschickt geschrieben waren, die historischen Romane seiner Kindheit, so fand er nichts natürlicher, als daß Geschichte so lesbar sein könne und müsse wie ein historischer Roman.

Der Vater empfahl dem an nervösen Erkrankungen leidenden Sohn eine Reise in die Bretagne. Flaubert war voller Fröhlichkeit, lief sich müde in den langen Wanderungen, der Epileptiker ergötzte sich an den Kalvarienbergen, den in Stein gehauenen Theaterszenen vom Leben und Sterben. An der Pointe du Raz schrie der Besoffene gegen den Wind: unsere Ahnen haben uns ein paar Steine in den Weg gelegt. Darüber muß ich schreiben.

Da kann ich mitfühlen, in welche Verlegenheit ein gescheiter und bedeutender Kopf geraten muß, wenn er den toten Caruso und die vergessene Callas plötzlich reden hört: zu Hause durften wir nicht singen und hier hört uns keiner zu. Grob könnte der antworten: lebt gefälligst nicht so, daß die Begierden des Leibes erwachen, lebt andersrum bitteschön.

Zola drückt sich klarer aus, schlicht sagt er: der Haß ist mir heilig, er ist die gerechte Entrüstung der trotzigen und starken Herzen, der Haß schafft Erleichterung, vollstreckt Todesurteile, der Haß ist erhebend, zur Schönheit der Welt trägt er bei.

Lipschitz weiß von immer schöneren Gegenden am Ende der Welt. Obwohl er und seine Frau frankophil sind, kennen sie Frankreich nicht. Ein günstiges Angebot hat sie ins langweilige Bénodet verschlagen. Die unglückliche Stadt hat noch nicht mal einen Optiker. Lipschitz machte diese Erfahrung, als er am Strand auf die Lesebrille seiner Frau trat. So war es seiner Frau unmöglich geworden, am Strand Romane zu lesen.

In Douarnenez sagte Lipschitz: „Mich interessieren nicht die großen Gestalten in der Geschichte, mich interessiert, warum man sie für große Gestalten in der Geschichte hält."

Besorgt fragt Gisela: „Schmecken die Muscheln nicht?"

Lipschitz schwärmt muschelschlürfend: „So eine Muschelsoße, Liebste, einfach und raffiniert zugleich, hab ich noch nie gegessen. Aber der Wirt, wenn ich danach frage, wird mir das jahrhundertalte Rezept nicht geben. Ich werde nie was begreifen."

In Pont-Aven entdeckt Gauguin die Exotik. Auf Tahiti malt Gauguin sein letztes Bild. Er nannte es ‚Bretonisches Dorf im Schnee'. Victor Segalen, Theoretiker des Exotismus, kaufte die Erinnerung an die Bretagne bei der Nachlaßversteigerung 1903 in Tahiti.

Der gescheite und bedeutende Kopf: die Welt ist unseligerweise wirklich, ich unseligerweise bin ein gescheiter und bedeutender Kopf.

Bardame: was heißt das, mein Herr, konkret?

Der gescheite und bedeutende Kopf: das heißt ganz einfach, daß ich ein anderer sein möchte.

Bardame: ich habe viel Kundschaft, die so denkt wie Sie. Bei euch Perversen gibt's das meiste Geld.
Der gescheite und bedeutende Kopf: leider ist mir das nie gelungen.
Bardame: wer ist eigentlich, entschuldigen Sie, der andere?
Der gescheite und bedeutende Kopf: jemand, den ich nicht kenne. Ich kenne mich zu gut.
Bardame: eine Flasche Champagner, mein Herr, auf Kosten des Hauses, den besten, den man kennt. Bei mir ist, für einen Mann, alles zu holen.
Der gescheite und bedeutende Kopf: wenn man verzweifelt sein Glück sucht, dann kommt man automatisch zu der Feststellung, daß die einzig wirklichen, realen, historischen Personen die sind, die man nicht kennt.
Bardame: ohgott, ist die Wirklichkeit, mein Herr, wirklich das Unglück?
In Quimper auf der Place de la Résistance trifft Lipschitz Studienfreunde aus Adenauers Zeiten. Der heutige Direktor am Kölner Abendgymnasium Bernd Gottschalk. Fritz Werf, der streitbare Dichter aus Andernach, mit Charles Bukowski verwandt. Den ganzen Tag, den ganzen Abend, die halbe Nacht palavern sie suffgemäß über Vergangenheit. Am Morgen danach, beim Frühstück, erzählt Gisela uns die Geschichte vom ersten Bischof von Quimper, Corentin. Der ernährte sich von einem Fisch. Jeden Morgen aß der Heilige eine Hälfte des Fischs und warf gesättigt die andere Hälfte ins Meer zurück. Am nächsten Morgen war der Fisch wieder in voller Größe ansprechbar und bot sich Messer und Gabel des Hungrigen dar.
Früher wurde in Locronan Segeltuch hergestellt. Aus der Zeit des Wohlstands stammt der granitene dunkle Dorfplatz. Neben der Kirche aus dem fünfzehnten Jahrhundert, die durch Stilreinheit und ihr steinernes Gewölbe auffällt, kackte Lipschitz betend in die Blumen. Mitterand sah das zufällig, schien sich aber weiter, als ob er nichts gesehen hätte, mit Napoleon über die Dritte Welt zu unterhalten. Seither blüht und grünt die Bretagne wie noch nie in ihrer Geschichte wie verrückt.
An Gräfin Stolberg in Frankfurt. Liebe Nora, einerseits im Institut de Thalassotherapie (Reducation fonctionelle) andererseits im Château Kerbirinic am Ufer des umwaldeten Odet wohnend, wo Zola wohnte, um einen Roman über die Bretagne zu schreiben, ach aber ach die bretonische Seele nicht fand und unverrichteter Dinge wieder abreiste, wie wir, wir haben auch nichts gefunden. Zuvor hat uns doch unser Freund aus Brest, der Matrosenstadt, Victor Segalen, der 1919 oder 1921 starb, besucht, um uns die Ästhetik des Diversen zu erklären, liebe Genossin.

(1987)

Chlodwig Poth

Vita

1930 in Wuppertal geboren
Aufgewachsen in Berlin
Krieg und Kriegsende in Berlin
1945 erste Karikaturen
1946 erste Presseveröffentlichung
1946–48 Karikaturen für die Jugendzeitung START
Gleichzeitig Studium an der Hochschule für bildende Künste
1948–50 Mitarbeit bei der satirischen Zeitschrift „DER INSULANER"
1955 Übersiedlung nach FFM.
Tätigkeit als Werkzeitungsredakteur und Graphiker
1959 erstes Buch
Mitbegründer PARDON 1960–61
PARDON-Mitarbeit bis 1978
1979 Mitbegründer TITANIK
zurzeit in Arbeit: erster gezeichneter Roman.

Buchveröffentlichungen: *Mein progressiver Alltag* (gezeichnet). Reinbek: Rowohlt 1975/*Kontaktperson* (geschrieben). München: Bertelsmann 1975/*Taktik des Ehekrieges 2* (gezeichnet). Frankfurt: Krüger 1978/*Elternalltag* (gezeichnet). Frankfurt: Krüger 1978/*Die Vereinigung von Körper und Geist mit Richards Hilfe* (geschrieben). Frankfurt: Krüger 1980/*Das Katastrophenbuch* (gezeichnet). Hamburg: Hoffmann und Campe 1982/*Tanz auf dem Vulkan* (gezeichnet). Hamburg: Hoffmann und Campe 1984/*Frankfurt oder ein vorletzter Tag der Menschheit* (gezeichnet). Zürich: Haffmanns 1986.

Vom Elend unserer Intellektuällen
Da hat man nun sein Leben der Aufklärung gewidmet, die Vernunft hat man angebetet, frei sollte der Mensch sein, dafür hat man gekämpft wie tausende vor einem
1
Auf einem Gebiet hatten wir es endlich geschafft. AUF EINEM WENIGSTENS! SEX! Völlig frei waren wir da. Alle Schranken gefallen, alle Tabus umgesäbelt! Für mich eigentlich'n bisi zu spät, aber vergessen Sie's.
2
Da kommt diese Krankheit! Aussem Nichts! Und alles is im Arsch! Dieser Schimmer Hoffnung, im Arsch! Aber wissen Sie, was mich völlisch zur Sau macht psychologisch???
3

Dassich immer denk, dassen Gottesbeweis. Dagegen wär ja noch nix zu sagen, wenns nicht einer wär für diesen verklemmten Dumpfmeister von Christengott. Und der ist doch nun mal der absolute Erzfeind für unsereinen
4

Und wissen Sie, wenn ich mich aufpaß, was ich dann sogar denk? Das mußte ja so kommen, denk ich, was die Schwulen da in ihren Darkrooms getrieben haben, das ging ja nun wirklich zu weit. Sowas denk ich!
5

Das doch DER Absturz! DAS ENDE! AUS!
Mitem linken Bein aufgestann heute, Dokterchen? Kommse, ich geb einen aus
Zwei Korn
6

Klaus Reichert

Geboren am 22. Mai 1938 in Fulda, aufgewachsen in Gießen. Studium der Literaturwissenschaft und Philosophie in Marburg, London, Berlin, Gießen und Frankfurt. In den 60er Jahren Verlagslektor bei Insel und Suhrkamp. Danach Lehrtätigkeit an den Universitäten Konstanz und Bielefeld. Seit 1975 Professor für englische Literatur an der Universität Frankfurt. Gastprofessor in den USA und in Italien. 1983 Wieland-Preis für Übersetzung.

Buchveröffentlichungen: *Lewis Carroll.* Studien zum literarischen Unsinn. München: Hanser 1974/*Alice und der große rote Löwe.* Kinderbuch. Frankfurt: Insel 1974/*Fortuna oder die Beständigkeit des Wechsels.* Frankfurt: Suhrkamp 1985.
Herausgeber: *Frankfurter Ausgabe der Werke von James Joyce in 7 Bänden.* Frankfurt: Suhrkamp 1969–1981/*Paul Celan.* Ausgewählte Gedichte. Frankfurt: Suhrkamp 1970/*The Best of H. C. Artmann.* Frankfurt: Suhrkamp 1970/*H. C. Artmann. Grammatik der Rosen.* Gesammelte Prosa in 3 Bänden. Salzburg: Residenz 1979.
Übersetzungen von: John Ashbery, Edward Bond, John Cage, Lewis Carroll, Robert Creeley, James Joyce, Charles Olson, Paul van Ostaijen, William Shakespeare (Timon von Athen, Maß für Maß, Kaufmann von Venedig), Getrude Stein.
Aufsätze zur modernen englischen, amerikanischen und deutschsprachigen Literatur, zur Kultur der Renaissance, zur Theorie und Praxis des Übersetzens.

Klaus Reichert

Skizze zum Porträt eines Freundes

1. *Im wunderschönen Monat Mai* – Hätte er das Klischee ausgesprochen, die ganze Verachtung für diesen falschen Fuffziger, der in seiner Jugend sogar Wonnemond hieß, hätte in seiner Stimme gelegen. Es ist die Stimme, die mir als erstes ins Gedächtnis kommt – Mittellage, fest und weich zugleich, immer auf dem Sprung, eine andere Stimme zu imitieren. Er besaß eine ganze Silbermannorgel von Stimmenregistern. Dialekte (vor allem den angestammten brandenburgischen), Slang, Ticks, fremde Sprachen. Abendelang sprach er mit der näselnd-stotternden Stimme des Reinhold aus Faßbinders *Berlin Alexanderplatz*.

2. *Sein Sinn für Physiognomisches* – Er konnte aus einer Nasenfalte einen Charakter ableiten, aber ebenso eine epische Situation auf eine einzige Wendung oder Geste reduzieren. So wie andere Leute Dinge auf den Begriff bringen, brachte er sie auf die Gebärde oder Floskel: ein auf den sinnlichen Begriff bringen.

3. *Ein genießender Asket* – Er aß nicht gesund, weil es vernünftig war, sondern weil es ihm schmeckte. Er genoß Vitapan, als wäre es Krebsbutter, Körner, als wären sie Kaviar. Zugleich ein Virtuose im Feinschmecken des Exquisiten: die Besonderheit als Kategorie des Ästhetischen (Pesto). Wer ihm beim Essen zusah, konnte meinen, er zerlege das Zusammengeschmolzene behutsam mit der Zunge wieder in seine Bestandteile, bedanke sich bei jedem Teil einzeln, bei der gewöhnlichen Zwiebel nicht minder als bei der erlesenen Taubenbrust und Bollito Misto, stelle in der Erinnerung die gewohnten Kombinationsmöglichkeiten her und begreife erst jetzt das Raffinement der Symphonie. Die allmähliche Verfertigung synthetischer Urteile aus analytischen beim Essen. Zwischen den Bissen ein andächtiger Blick nach oben und ein appetitives Knurren nach unten, auf den Teller.

4. *Vom Wohnen in Büchern* – So wie er sich durch Mahlzeiten gemächlich hindurchlas wie durch Jean Paulsche Abschweifungen, so konnte er sich umgekehrt in Büchern häuslich einrichten. Eine Zeitlang wohnte er in den *Emblemata* von Henkel und Schöne, einem Gehäus, das zugleich die Welt ist mit allem drunter (den Gebresten) und drüber (dem Himmel). Die Sinnbildkunst kam seiner Nase für Physiognomisches entgegen. Sah er da Benjamins ‚zackige Demarkationslinie', die der Tod eingräbt zwischen Physis und Bedeutung? Ein anderes Wohnlabyrinth: Schillers *Anthologie auf das Jahr 1782*. Er zeigte auf die Zueignung: ‚Meinem Prinzipal dem Tod zugeschrieben'. Und auf die Anrede des Widmungsschreibens: ‚Großmächtigster Czar alles Fleisches. Allezeit Vermindrer des Reichs, Unergründlicher Nimmersatt in der ganzen Natur'.

5. *Dinge als Gegenüber* – Was er trug, sah aus wie für ihn gemacht. Die Schuhe wirkten nicht paarig, sondern der Individualität des einzelnen Fußes angepaßt. In keinem Laden gab es seine Brille. Wir probierten nach der Reihe seinen grauen Fischgrätmantel; auch wenn er einem von uns paßte – ihm saß er wie Adams Haut. Er führte seine Sachen vor wie Kinder, die ihm wohlgeraten schienen. Er sprach heimlich auf sie ein, daß sie sich so zeigten, wie er es von ihnen erwartete.

6. *Wörter, die zu ihm paßten* – Auskosten, schwelgen, schnuppern, geduldig, neugierig, gesellig, albern, sich Zeit lassen, in sich ruhen, Schwatzbase, Allerseelen, Dialektik, Samtigkeit, Gedankenfreund, Nähe und Distanz.

7. *Wörter, die nicht zu ihm paßten* – Ehrgeiz, Karrierebewußtsein, Barschheit, Zerrissenheit, Gemeinheit.

8. *Namen und Orte* – Müsch, Ruth, Aline und Jule, die Sonne im Fextal, das Café Hanselmann in St. Moritz, das Perché No in Florenz, Lichtenberg, der Stechlin.

9. Auffiel er mir zuerst in Adornos Donnerstagsseminaren Anfang der 60er Jahre. Er sprach meist gegen Ende, scharf und bedächtig zugleich, ohne jede Verbeugung vor dem Jargon, den geraden langen Oberkörper vorgebeugt am Tisch, die schweren Augenlider mit den langen Wimpern fast geschlossen. Er gehörte dazu (sonst hätte er nicht gesprochen), und er gehörte nicht dazu (sonst hätte er nicht *so* gesprochen). ‚Mit der Hegelschen Philosophie scheint es ähnlich zu stehen wie mit Herrn Lodovico Settembrini – schlecht nämlich, trotz aller Beredsamkeit über das Vernünftige und Gute.' Fangen so Dissertationen an, mit denen einer hoffen konnte, Karriere zu machen? Ein deutsches Paradox: *obwohl* er ein brillanter Stilist war, kam er zu akademischen Ehren.

10. Adornos Lieblingstier, erzählte er, sei das vietnamesische Hängebauchschwein gewesen. Er habe es oft und oft im Frankfurter Zoo besucht und sich mit ihm unterhalten. ‚Hat es Sie denn verstanden?' ‚Das schon. Aber dann habe ich mich nicht mehr verstanden.'

11. Er hatte so wenig Zeit wie wir alle, aber er nahm sie sich dennoch und gab sie anderen. Ein Telefon-Peripatetiker.

12. Er, der geduldige, der sich Zeit ließ, nahm sich keine Zeit mit dem Sterben. Er hatte es auf einmal eilig, so eilig in diesem Monat Mai. Warum, werden wir nie wissen. Nur die Faust hat er noch geballt.

(1987)

Marcel Reich-Ranicki

Wurde am 2. Juni 1920 in Wloclawek an der Weichsel geboren. 1929 siedelte die Familie nach Berlin um, im Herbst 1938 Verhaftung und Deportation nach Polen. Während des Krieges im Warschauer Ghetto, ab 1943 im Untergrund. Nach 1945 Verlagslektor und freier Schriftsteller in Warschau. Ab 1958 in der Bundesrepublik. Von 1960 bis 1973 ständiger Literaturkritiker der Wochenzeitung „Die Zeit". Seit 1. Dezember 1973 leitet er den Literaturteil der „Frankfurter Allgemeinen Zeitung". 1968/69 lehrte er an amerikanischen Universitäten. Von 1971 bis 1975 war er ständiger Gastprofessor für Neue deutsche Literatur an den Universitäten von Stockholm und Uppsala. Seit 1974 ist er Honrarprofessor an der Universität Tübingen. Auszeichnungen: Ehrendoktorwürde der Universität Uppsala (1972), Ricarda-Huch-Preis (1981), Thomas-Mann-Preis (1987).

Buchveröffentlichungen: *Deutsche Literatur in West und Ost.* Prosa seit 1945. München: Piper, 1963. Neuausgabe, Stuttgart: Deutsche Verlags-Anstalt 1983/*Wer schreibt, provoziert.* Kommentare und Pamphlete. München: Deutscher Taschenbuch Verlag 1965/*Literatur der kleinen Schritte.* Deutsche Schriftsteller heute. München: Piper 1967/*Lauter Verrisse.* Mit einem einleitenden Essay. München: Piper 1970. Erweiterte Neuausgabe, Stuttgart: Deutsche Verlags-Anstalt 1984/*Über Ruhestörer.* Juden in der deutschen Literatur. München: Piper 1973/*Zur Literatur der DDR.* München:Piper 1974/*Nachprüfung.* Aufsätze über deutsche Schriftsteller von gestern. München: Piper 1977. Erweiterte Neuausgabe, Stuttgart: Deutsche Verlags-Anstalt 1980/*Entgegnung.* Zur deutschen Literatur der siebziger Jahre. Stuttgart: Deutsche Verlags-Anstalt 1979. Erweiterte Neuausgabe, Stuttgart: Deutsche Verlags-Anstalt 1981/*Nichts als Literatur.* Aufsätze und Anmerkungen. Stuttgart: Reclam 1985/*Lauter Lobreden.* Stuttgart: Deutsche Verlags-Anstalt 1985/*Mehr als ein Dichter.* Über Heinrich Böll. Köln: Kiepenheuer & Witsch 1986.

Marcel Reich-Ranicki

Erfundene Wahrheit

Wer lebt, erzählt. Und wer erzählt, zählt auf: was er erlebt hat oder was er glaubt, erlebt zu haben; er läßt erkennen, was er erleben möchte und was er befürchtet, erleben zu müssen. Ein Bekenntnis und ein Geständnis steckt also insgeheim in jeder Erzählung – aber zugleich auch ein Element des Kampfes. Warum?

Einst regierte auf den Inseln Indiens und Chinas der mächtige König Scheherban. Da er meinte, daß es in seinem ganzen Reich kein tugendhaftes Weib mehr gäbe, heiratete er jeden Abend eine andere, der er dann am nächsten Morgen den Kopf abschlagen ließ. Doch Scheherazade, die schöne Tochter des Wesirs, wollte „die Welt von diesen Morden befreien" und „weiteres Unheil verhüten". Sie bat ihren Vater, sie mit dem grausamen König zu vermählen. Und in jener Nacht, die ihre letzte sein sollte, erzählte sie ihm eine Geschichte, die sie, als der Morgen graute, an der spannendsten Stelle unterbrach. Der König sprach: „Bei Allah, ich werde dich nicht umbringen lassen, bevor ich nicht das Ende deiner Geschichte höre. Erst nach der nächsten Nacht sollst du sterben." Aber Scheherazade erzählte eintausendundeine Nacht – bis der König seine frühere Grausamkeit ganz vergessen hatte.

Sie, Scheherazade, ist das Urbild aller Erzähler. Sie alle wollen die Zeit aufhalten, den Hörer unterhalten und das Geschehene erhalten. Sie liegen im Wettstreit miteinander: der Erzähler und die Vergänglichkeit.

Wer jedoch danach strebt, die Zeit aufzuheben, wer gesteht, um sie zu bestehen, der will verstehen und sich zugleich verständigen – mit sich selbst und mit seinen Zeitgenossen: Auch wenn sie ihm mißtrauen, möchten sie ihm vertrauen, auch wenn sie ihm Widerstand leisten, sind sie mit ihm im Bunde. Denn sie versuchen, der Welt gemeinsam auf die Schliche zu kommen. Daher ist eine Erzählung nicht etwa ein Monolog, sondern ein Dialog, nicht ein Selbstgespräch mit einem Zuhörer, sondern ein Zwiegespräch mit einem stummen Partner.

Um zu bekennen, muß der Erzähler benennen, um sich zu verständigen, muß er auswählen. Er muß eingrenzen, was keine Grenzen kennt. Also greift er ein Stück Leben heraus, er greift es auf, er greift es an, und er greift ihm vor. Um es zu begreifen. Und um das Publikum zu ergreifen.

So wehrt sich, wer erzählt, gegen die Unendlichkeit: Er kämpft – wie Scheherazade – gegen Chaos und Willkür und für die Ordnung. Erzählen ist nichts anderes als sichten und sichtbar machen, schauen und veranschaulichen, glauben und beglaubigen, wahrnehmen und wahr machen. Erzählen bedeutet: Gegenwart erleiden und Erlittenes vergegenwärtigen. Erzählen heißt: der Wirklichkeit zur Wirksamkeit verhelfen.

Denn indem der Erzähler feststellt, stellt er dar, indem er unterscheidet, entscheidet er, indem er verdeutlicht, deutet er, indem er mit den Menschen rechtet, hofft er, ihnen gerecht zu werden. Indem der Erzähler seine Erlebnisse verwertet, wertet er das Leben, indem er mit den Mitteln der Kunst berichtet, richtet er – ob er es will oder nicht. Und wie Scheherazade trägt er dazu bei, weiteres Unheil zu verhüten.

Aber nur diese Erzählung kritisiert das Dasein, die es auch ergänzt. Zwar mag sich der Erzähler in ihm zurechtfinden, doch findet er sich mit ihm nicht ab. Er sucht, ohne zu wissen, was er finden wird. Um erkennbar zu machen, was er glaubt, gefunden zu

haben, muß er es formen, und das heißt: aufs neue schaffen. Anders ausgedrückt: Er muß das Gefundene noch einmal erfinden.
Somit ist es seine Phantasie, die die Realität nötigt, Farbe zu bekennen: Nicht mit Ausgedachtem begegnet der Erzähler dem Leben, sondern mit Erfindungen, die er der Wirklichkeit abgetrotzt hat und die geeignet sind, die Wahrheit ahnen zu lassen. Kurzum: mit *erfundener Wahrheit.*

(Erstmals erschienen in der Anthologie „Erfundene Wahrheit. Deutsche Geschichten seit 1945“. Nachwort. München: Piper 1965)

Ein Erzähler im Himmel

Ein großer Erzähler war gestorben. Nun stand er an der Himmelspforte und begehrte Einlaß. Da er aber auf Erden viel gesündigt hatte, wurde er von Petrus abgewiesen: Für den Neuankömmling sei nur in der Hölle Platz. Mephisto lockte ihn mit dem Versprechen, er werde dort alle seine Kritiker treffen und ihnen gehörig die Meinung sagen können. Doch der Bittsteller ließ sich nicht in Versuchung führen. Er gehöre in den Himmel, wiederholte er hartnäckig und wollte an Ort und Stelle erklären, wie es zu seinen Sünden gekommen war. Ja, er schickte sich an, gleich die Geschichte seines Lebens zu erzählen. Die Engel, die seine Bücher besonders gern lasen, machten es sich schon bequem und spitzten die Ohren. Aber Petrus gab nicht nach, weshalb sich die Engel aufs Bitten verlegten. Noch war der Fall nicht entschieden, da erscholl plötzlich von oben, mächtig und milde zugleich, die Stimme dessen, der Himmel und Erde geschaffen hatte. Und der Herr sprach zu dem großen Erzähler: „Treten Sie näher, Herr *Kollege* ...“ Petrus verneigte sich in stummer Ehrfurcht.

(Erstmals erschienen in der Anthologie „Erfundene Wahrheit. Deutsche Geschichten seit 1945“. Nachwort. München: Piper 1965)

Johann Georg Reißmüller

Johann Georg Reißmüller, geboren am 20. Februar 1932 in Leitmeritz in Böhmen, wo er seine Kindheit verbrachte. 1946 nach Vorpommern ausgewiesen. Dort als Oberschüler in Händel mit den Kommunisten geraten, Ende 1950 nach West-Berlin geflohen. In Tübingen fand er ein freundliches Asyl. 1952 Abitur. Danach begann er hauptsächlich aus Interesse an der Politik ein rechtswissenschaftliches Studium. Er befaßte sich vor allem mit Verfassungsrecht und legte 1955 das Staatsexamen ab. Am 1. Januar 1956 trat er in die Redaktion der „Juristenzeitung" ein, einer in Tübingen erscheinenden rechtswissenschaftlichen Zeitschrift, und nahm zugleich den Dienst als Gerichtsreferendar auf. Im Frühjahr 1957 wurde ihm die Redaktion der „Juristenzeitung" übertragen; so verließ er den Staatsdienst. 1958 bei Professor Günter Dürig in Tübingen mit einer Arbeit über die Schranken des allgemeinen Freiheitsrechts im Grundgesetz promoviert. Die Neigung zum politischen Journalismus wuchs – am 1. Juli 1961 ging er zur „Frankfurter Allgemeinen Zeitung". Als deren Korrespondent berichtete er von 1967 bis 1971 aus Belgrad. Seit dem 1. April 1974 ist er Mitherausgeber der „Frankfurter Allgemeinen Zeitung".

Buchveröffentlichungen: *Jugoslawien.* Vielvölkerstaat zwischen Ost und West. Düsseldorf: Diederichs 1971/ *Die vergessene Hälfte.* Osteuropa und wir. München: Langen Müller 1986.

Johann Georg Reißmüller

Leichtsinn

Ein Bericht in der Heimatzeitung bestärkte P. in seiner Ansicht über die wahre Ursache der herrschenden Mißstände. Dem Juwelier des Ortes hatte, während er im Weiher badete, übles Volk seine am Ufer versteckten Kleider entwendet; der Mann fand sich genötigt, im Badeanzug heimzugehen, wobei er sich ernsthaft erkältete. Das alte Lied, dachte P., die Leute sorgen nicht vor. Hätte der Juwelier zum Baden eine zweite Garnitur Kleidungsstücke mitgenommen und in einiger Entfernung vom Ufer verborgen, wäre die Sache für ihn wahrscheinlich glimpflicher ausgegangen. Seit Jahrzehnten suchte P. seine Mitwelt davon zu überzeugen, wie gefährlich es sei, nach dem Prinzip der Fahrlässigkeit zu leben – vergebens. Die Nachbarn zum Beispiel waren immer wieder betroffen, wenn in ihrem Garten ein Baum einging. Sie mußten dann einen neuen pflanzen, und bis der so groß war wie der frühere, konnten Jahre vergehen. P., der weiter dachte, schlug ihnen vor, jeweils zwei Bäume dicht nebeneinanderzusetzen, so daß, wenn der eine verdorrte, immer noch der andere da wäre. Bekannten, die krank waren, hatte P. nahegelegt, stets die doppelte Dosis des Medikaments einzunehmen, weil die verordnete einfache sich leicht in den verschlungenen Windungen des Organismus verlieren konnte, ehe sie am Ziel war. Man hörte den Rat allenfalls an, befolgte ihn aber nicht. So erging es P. überall. Der Stadtbaumeister wollte nicht dem Gedanken nähertreten, unter der steinernen Brücke über den Fluß eine zweite zu bauen, damit, wenn die alte einstürzte, die Passanten statt ins Wasser auf eine Brücke fielen. Als fruchtlos erwiesen sich Gespräche mit dem Herausgeber der Heimatzeitung, bei denen P. den Gedanken ventilierte, wichtige Nachrichten mehrmals in derselben Nummer, an verschiedenen Stellen, zu drucken, so daß sie allen, auch flüchtigen Lesern, ins Auge fallen mußten. Die Hausbesitzer zogen sich vor P.s Loblied auf die Errungenschaft des Doppelfensters mit der Ausflucht zurück, die heutige Art zu heizen mache derlei Aufwand überflüssig. Dabei vergaßen sie, daß, wer ein Dopppelfenster besaß, Steinwürfen unerzogener Kinder auf die Fensterscheiben mit Gelassenheit entgegensehen konnte. Dem großen Staatsmann hatte P. geraten, für jeden Posten in der Regierung gleich am Anfang zwei Männer zu bestellen, damit beim Sturz eines Ministers keine Vakanz einträte; darauf war nur eine Antwort des Inhalts gekommen, daß der große Staatsmann seine Spezial-Mitarbeiter um Auswertung der interessanten Idee gebeten habe. P.s Schwester wehrte seinen Rat, ihren heranwachsenden Söhnen lieber alles zweimal zu sagen, mit der mehrdeutigen Bemerkung ab, damit würde alles nur noch schlimmer. Keine Nachfolge fand P. mit seiner Übung, jeden Brief zur Sicherheit in mehreren Exemplaren zu schreiben und diese in verschiedene Briefkästen zu stecken. Der Bürgermeister wollte nichts von der unwiderlegbaren Erkenntnis wissen, daß man das Risiko völliger Vernichtung aller städtischen Akten vermeiden könne, wenn man die Papiere auf viele Gebäude nicht nur in der Stadt, sondern auch in anderen Städten verteile. Streit hätte es beinah gegeben, als P., nachdem er in einem als entsteint angepriesenen Kirschkompott einen Stein gefunden hatte, den Inhaber der Fabrik am Stadtrand fragte, warum er nicht jede Kirsche nacheinander von mehreren Arbeiterinnen darauf prüfen lasse, ob aus ihr der Kern entfernt sei. Das sei unmöglich, hatte der korpulente Mann darauf ungehalten erwidert, weil dann alle Kirschen vom Personal bei der Arbeit aufgegessen würden. P.s Einwand, dem lasse sich leicht dadurch begegnen, daß man jeder Arbeiterin einen Wächter über die Kirschen an die Seite stelle, ließ er ohne Antwort.

Und nun hatte der Juwelier seine Fahrlässigkeit teuer bezahlen müssen. Aber nicht einmal von Schaden wollten sich die Menschen belehren lassen, dachte P. Eine Woche nach dem Vorfall sah er den Juwelier spazierengehen, mit nur einem Gürtel und ohne Hosenträger.

(1974)

Günther Rühle

Geboren: 03. 06. 1924 in Gießen, aufgewachsen in Weilburg/Lahn und Bremen. Studium der Germanistik und Geschichte in Frankfurt. Promotion 1952. Journalistische Laufbahn: 1954–1960 Frankfurter Neue Presse. Ab 1960 Feuilletonredaktion der F. A. Z. 1974–1985 Leiter der Feuilletonredaktion der F. A. Z. Seit 1985 Intendant des Schauspiels Frankfurt.

Buchveröffentlichungen: *Zeit und Theater*. 3 Bände. 1913–1945. Berlin: Propyläen 1974/*Theater in unserer Zeit*. Anarchie in der Regie. 2 Bände. Frankfurt: Suhrkamp 1976 und 1982/*Die Büchermacher*. Frankfurt: Suhrkamp 1985.
Herausgeber: *Marieluise Fleißer*. Gesammelte Werke in 3 Bänden. Frankfurt: Suhrkamp 1972/*Bernhard Minetti*. Erinnerungen eines Schauspielers. Stuttgart: Deutsche Verlags-Anstalt 1985.

Günther Rühle

Theater für Frankfurt

Für diese Stadt Frankfurt kann man sich Theater auf sehr verschiedene Weise denken: ruhig, beruhigend, den harten Arbeitstag entspannnend, lustig, geschmackvoll, festlich, auf konventionelle Weise attraktiv. Frankfurt hat einen Zug ins anspruchsvoll Gemütliche.

Man kann es sich auch denken: anstrengend, herausfordernd, Erwartungen unterlaufend, überschreitend, aggressiv, als einen Ort jener Unruhe, wie der Geist und die Kunst sie zum Leben brauchen. Frankfurt ist eine von seinen Kräften getragene wie zerrissene Stadt.

Wir sind nicht für Einseitigkeiten. Unser Leben besteht weder nur aus Ruhe oder nur aus Unruhe, wir brauchen das eine wie das andere.

Wir können nicht sagen, Frankfurt sei – so lieblich es auch eingebettet ist in die Ebene zwischen Taunus und Odenwald, so sanft der Main noch immer, die Entgifter wachrufend, dahinzieht – Frankfurt sei eine ruhige Stadt. Sie ist voller Unruhe und Unrast, eine Baustelle seit vierzig Jahren, ständig im Umbau, seine Gestalt suchend, formend, fiebrig, voller Widersprüche. Die Anzeigetafeln der Börsenkurse in den Banken zeigen das Fieber abstrakt, die Demonstrationen auf den Straßen, das Sirenengeheul im Polizeieinsatz bedrängend nah. Geld und Interessen sind im und stehen auf dem Spiel. Nicht nur das Theater betreibt also die Spiele in der Stadt; aber man hält die Bezirke gern abgesteckt.

Frankfurt hat die Kraftfelder einer sehr großen Stadt, einer kleinen Weltstadt, aber mit seinen knapp fünfhunderttausend deutschen Einwohnern ist es – gemessen an München, an Hamburg – nur ein halbgroßer Ort. Mit Bedürfnis nach Beschaulichkeit, mit Lust auf alte Reichsstadtenge. Im Herzen der Stadt ist ja ein Stück Alt-Frankfurt erst neuerdings wieder aufgebaut. Man spürt aber gerade hier, wie weit Frankfurt von seiner Vergangenheit entfernt ist durch das, was die Stadt groß gemacht hat: durch ihren Drang, neu und anders zu werden.

Mit diesem Drang ist das Theater in dieser Stadt auf eine bedenkenswerte Weise gekoppelt. Das Theater hat hier immer dann seine hohe Zeit gehabt, wenn von Erneuerung im Denken, in den Lebensformen die Rede war, gesellschaftlicher Umbruch sich ankündigte. So war es, als der junge Goethe und seine Freunde, Heinrich Leopold Wagner, Reinhold Michael Lenz, Maximilian Klinger, kurz: die Stürmer und Dränger hier ihre Stücke schrieben und der junge Schiller hier sein machtfeindlichstes Stück, nämlich „Kabale und Liebe" uraufführen konnte (so offen war damals das Theater in der Freien Reichsstadt). Dann später im Vormärz, als Ludwig Börne das Frankfurter Theater in die Zucht seiner kritischen Anforderungen nahm, Gutzkow und der wilde Grabbe hier ihre Stücke schrieben. Schließlich 1917, als die jungen Expressionisten aus der materialistischen Welt ihrer Väter in eine eigene, sanftere, menschenfreundlichere aufbrechen wollten und die Uraufführung von Carl Sternheims Schauspiel „1913 " im Schauspielhaus den Begleitgesang abgab. Und so war es in den fünfziger Jahren, als man an die Erneuerung der kritischen bewußtseinsbildenden Funktionen von Theater ging und Harry Buckwitz (umkämpft, befehdet, hin- und hergerissen zwischen Durchsetzenwollen und Verzichtensollen) das Werk Brechts gegen losgelassenen Unmut behauptete und jene frühe, poetischere Form des politischen Theaters begründete, die sich dann – in den siebziger

Jahren – unter Peter Palitzschs Ägide direkter verdeutlichte: in Stücken, in anderen Spielformen oder im Zerreißen gewohnter ästhetischer Vorstellungen, wie es in vielen Inszenierungen von Hans Neuenfels geschah. Trotz der Ärgernisse, trotz des Widerspruchs von damals sind das heute historische Ereignisse. Frankfurter Theatergeschichte als deutsche Theatergeschichte.

Man muß nicht immer deutsche Theatergeschichte machen wollen, wenn man in Frankfurt Theater macht. Die Stadt hat zuerst Anspruch darauf, daß nach ihren Bedürfnissen, nach ihrem Verlangen, auch nach ihren Kräften und vor allem: nach ihren gesellschaftlichen Gegebenheiten Theater gemacht wird (was etwas anderes ist als die Wünsche irgendwelcher Gremien). Die gesellschaftlichen Bedingungen in Frankfurt ergeben sich daraus, daß diese Stadt eine hohe Affinität zu den gesellschaftlichen Prozessen in der Bundesrepublik hat. Hier bilden sich diese Prozesse am frühesten und am deutlichsten ab, hier prallen deren Widersprüche hart aufeinander, hier ist der Antagonismus am lebendigsten und am verwirrendsten. Brecht, Vietnam-Diskurs, Fassbinder: drei Signale. Das Theater ist einbezogen in diese Wesenhaftigkeit der Stadt.

Frankfurt ist eine Stadt der Übergänge, von Nord nach Süd; es ist eine Furt ins Neuland, auch in das ästhetische. Wer hier im Theater nur Vergnüglichkeit oder Gemütlichkeit sucht, bringt die Stadt um ein ihr eigenes virulentes Element. Suchte das Theater hier sein Heil und seine Sympathien in der musealen Bedienung altgewordener Theatervorstellungen, es fiele aus der Zeit. Es ist hier ein Instrument der Zeit und der gegenwärtigen Wirklichkeit.

Wo der Zeitdruck so stark ist wie in Frankfurt, gibt es immer wieder Zukunftsfurcht, Ängstlichkeit. Da wird dann Kunst leicht begehrt als Schutz- und Zufluchtsraum. Natürlich hat das Theater auch eine bergende Funktion. Aber es hat zu bergen, was an poetischer Substanz vorhanden und aufzubewahren ist. Das ist Arbeit für die Gegenwart. Die Gegenwart zu verbergen, das ist nie und nimmer seine Aufgabe. Und schon gar nicht in Frankfurt, wo auf keinem Gebiet in der Kategorie „Zeitflucht“ gedacht wird. Also auch bitte nicht in Bezug auf das Theater.

(1987)

Hans Scherer

Geboren am 24. Januar 1938 in Trier an der Mosel. Zuerst Tätigkeit im elterlichen Geschäft in Neuss, Reisen, private Sprachstudien, später systematische Vorbereitung auf das externe Abitur. Danach hospitierte er vorübergehend im Kunsthandel, schrieb nebenbei Kunstkritiken für die „Düsseldorfer Nachrichten" und begann 1965 mit dem Volontariat bei der „Trierischen Landeszeitung". Dem lokalen Feuilleton galt seine besondere Neigung. 1968 übernahm er die Alleinredaktion der Zeitschrift „Düsseldorfer Hefte". Die nächste Station war die Duisburger Lokalredaktion der „Neuen Ruhr Zeitung". Seine Hauptthemen waren hier Ausbildungsfragen und Kulturpolitik. 1970 übersiedelte er nach Nürnberg, wo er im Feuilleton der „Nürnberger Zeitung" arbeitete, vorwiegend für die Wochenend-Beilage. Besondere Interessen: Literatur, Städtebau und Reisen. Seit dem 1. Januar 1973 ist Scherer beim Reiseblatt der „Frankfurter Allgemeinen Zeitung". Als Reisejournalist ist Scherer wohl einige Male um die Welt geflogen, er schreibt aber auch für die Beilage „Bilder und Zeiten", für das F.A.Z.-Magazin und für das Fernseh-Tagebuch. 1986 war Hans Scherer als Kulturkorrespondent der F. A. Z. in Paris.

Buchveröffentlichungen: *Malerisches Deutschland.* Mit Photos von Johann Willsberger. München: Droemer-Knaur 1981/*Feuilletons eines Globetrotters.* Frankfurt: Umschau 1987/*Schiffe.* Ein Versuch. Badenweiler: Oase 1987.
Zahlreiche Beiträge in Reiselesebüchern.

Hans Scherer

Tod in Paris

Die Straßen in der Umgebung des Hospitals Cochin, in dem Simone de Beauvoir gestorben ist, erinnern an die Eingangsszenen von Sartres Film „Das Spiel ist aus". „Genesisgasse, Genesisgasse", raunt dort der Geisterchor der Verstorbenen ins Ohr. Diese erhebt sich von ihrem Sterbebett, erstaunt über die Tränen des Dienstmädchens, und macht sich unverzüglich auf die Suche nach der Genesisgasse. Dabei geht sie durch Straßen, die der Rue Méchain zum Beispiel, oder der Rue de la Santé um das heutige „Hospital" Cochin herum zum Verwechseln ähnlich sehen, vor allem wegen der hohen abgeschabten Mauern. Am Tor zur Genesisgasse erfährt sie dann, daß Liebende, wenn sie es noch einmal versuchen wollen, sofern sie es für lohnend halten, das Leben auf Zeit wiederholen dürfen – ein Sonderangebot sozusagen.
Vor dem Hospital Cochin sammelte sich am Sonntagnachmittag der Trauerzug für Simone de Beauvoir. Man ging über die Rue Méchain und die Rue de la Santé, dann über den Boulevard de Port-Royal und weiter über fast den gesamten Boulevard du Montparnasse bis schließlich zu dem Boulevard Edgar Quinet, wo Sartre und Simone de Beauvoir in einem Neubau gewohnt hatten, in getrennten Wohnungen. Simone de Beauvoir war nach dem Tode Sartres in dessen Wohnung gezogen, genau gegenüber dem Friedhof Montparnasse, wo ihrer beider Ruhestätte liegt. Der letzte Satz aus der „Zeremonie des Abschieds" von Simone de Beauvoir lautet: „Sein Tod trennt uns, mein Tod wird uns nicht wieder vereinen."
Zuerst waren es Hunderte, die dem Sarg folgten. Je breiter aber die Straßen wurden, um so mehr schwoll der Trauerzug an. Auf dem Boulevard du Montparnasse füllte er bereits mächtig die gesamte Breite der Straße, da waren es schon Tausende, die dazugehörten. Vor dem Friedhof und vor dem Grab selbst standen noch einmal so viele. Es war alles genauso, spiegelbildlich wie damals vor sechs Jahren, als Sartre beerdigt wurde. Vor dem Grab und vor dem Tor des Friedhofs, das die Polizisten in Angst vor noch mehr Gedränge geschlossen hatten, spielten sich sogar die gleichen tumultuösen Szenen ab. Pfiffe, Schreie, man polterte gegen das Tor. Auf den Dächern der einzelnen Grabkapellen und auf der Friedhofsmauer balancierten Fotografen und Kameramänner. Aus der Menge, vorne am Grab, ragten wie Standarten die Galgen der Mikrofone in die Luft, wie Fetische der Öffentlichkeit. Vor dem Grab wurde die letzte Seite aus ihrem Buch „La Force des Choses", dem dritten Band ihrer Erinnerungen, verlesen.
Paris war in dieser Woche ausschließlich mit den Toten beschäftigt. Zuerst Simone de Beauvoir, dann Jean Genet, am Wochenende war auch noch Marcel Dassault gestorben. In der Trauer über den Tod des vierundneunzigjährigen Flugzeug-Konstrukteurs, Verlegers, Filmproduzenten, Milliardärs, Politikers, Buchautors waren sich sofort alle einig. Dassault war ein Liebling der französischen Öffentlichkeit, die politische Richtung spielte dabei fast keine Rolle. Bei Dassault ist alles viel einfacher als bei Simone de Beauvoir und Jean Genet. Unbequem waren der Schriftsteller und die Schriftstellerin zeitlebens, schwierig war immer der Umgang mit ihnen, unbequem waren sie sogar noch im Tode. Die wohlfeilen Politikerworte von der „großen Leere", vom „Ende einer Epoche", vom „ewigen Revolutionär", von „der Freiheit in Person" spiegeln die öffentliche Verlegenheit; vielleicht bedeuten sie aber auch schon den ersten Versuch einer öffentlichen Subsumierung.

Als dann in „Le Monde“ die Traueranzeige der Familie für Simone de Beauvoir erschien, damit alles seine Ordnung hat, und der Trauerzug angekündigt wurde, stand es in groben Umrissen schon fest, wie das Ereignis ablaufen werde. Auch in diesem Fall konnten die Offiziellen sich nun also etwas freier fühlen: man hielt sich, so sah es aus, an bürgerliche Bräuche. Über die Beerdigung von Jean Genet herrscht indes immer noch tiefes Schweigen.

Der Dichter ist, wie überall zu lesen war, in einem Hotel gestorben. Er litt schon seit langem an Halskrebs. Der Wirt hat ihn tot am Morgen in seinem Zimmer gefunden. Im Hotel Rubens, im 13. Pariser Arrondissement, Rue du Banquier, bewohnte er das Zimmer Nummer 8 mit Bad, „115 bis 200 Franc“, heißt es auf der Preisliste, die an der Eingangstür hängt. Auf dem Tisch lag aufgeschlagen das Manuskript seines unveröffentlichten Romans „Souvenirs d'un Captif amoureux“, Seite 200. Genet schrieb mit der Hand. Er wohnte immer in dem Hotel, wenn er in Paris war. Ein paar Mal im Jahr, nie solange, wie nun zuletzt, sechs Monate hintereinander. Seit November sei er kaum mehr aus dem Haus gegangen, sagte der Wirt. Genet hatte Kehlkopfkrebs. Man brachte ihm die Suppe aufs Zimmer. Es ist kein finsteres Hotel, aber es ist alles ziemlich schäbig. Nebendran ist eine kleine Bar, gegenüber wohnt ein Schuster, es ist eine Kleine-Leute-Gegend. Der Wirt zuckt mit den Schultern, er weiß nichts über die Beerdigung. Da müßte man sehen, ob etwas darüber in der Zeitung steht. Ob er ihn mochte? Er zuckt wieder mit den Schultern, Genet war ein Charakter, sagt er rätselhaft.

Da es keine Angehörigen gibt, wurde der Verlag Gallimard zum Testamentsvollstrecker ernannt. Auf Wunsch des Verstorbenen, so heißt es, soll die Beerdigung in aller Stille und ohne jede Zeremonie geschehen. Seine Verweigerung, selbst bis zu diesem Schluß hin, hat Format. Im Trauerzug für Simone de Beauvoir mußte man sich dauernd fragen, ob es nicht allzu gefühlvoll zuging, ob die Trauer nicht allzu geplant war. Wenn der Trauerzug beispielsweise stehenblieb vor den Restaurants, in denen Sartre und die Beauvoir oft gesessen hatten: „La Coupole“, „Le Dome“, „Le Select“, „Le Rotonde“. Draußen standen Köche und Kellner Spalier. Die Frauen sangen und summten immer wieder die „Hymne der M. L. F.“, der französischen Frauenbewegung, es ist die Melodie des Liedes „Wir sind die Moorsoldaten“, das die KZ-Insassen sangen, wenn sie zur Arbeit gingen. Von den Sozialisten sah man prominente Mitglieder im Trauerzug, Fabius, Jack Lang, Jospin. Die neue Regierung war nur schwach vertreten.

Blumen über Blumen, der Wagen mit den Kränzen schien zu schwanken, hoch oben auf dem größten Blumengebinde prangte die Schleife des Verlags Gallimard, ein Markenzeichen. Abordnungen der Frauenverbände aus aller Welt, aus Afrika, aus Asien, aus Amerika, Alice Schwarzer aus Deutschland, Kate Millett aus New York. Zur Freude der Kameraleute ging unmittelbar hinter dem Katafalk eine Dame, hoch geschnürt in schwarzem Leder und mit wehenden hellblauen Haaren.

Über eine Stunde harrte die Menge vor dem Grab aus. Dann lichteten sich langsam die Reihen. Die Fotografen und Fernsehleute saßen immer noch auf den Grabdächern und warteten auf Beute. Draußen vor dem Friedhof verlief sich die Menge. Wenn man zur Metro-Station Raspail hinunterstieg, waren die Teilnehmer des Trauerzuges in der alltäglichen Menge von Paris nicht mehr zu erkennen. Wie ein Spuk war das Ereignis vergangen.

(1986)

Dagmar Scherf

Geboren mit dem Namen Weisgräber 1942 in Danzig. Im Alter von zwei Jahren nach Mittelfranken geflohen (worden). Abitur in Gunzenhausen. 1961–1964 Studium an der PH München, 1965–1973 Studium von Germanistik, Anglistik und Publizistik in München, Marburg, Mainz (mit längerer Unterbrechung: erste Ehe). Promotion mit dem Namen Deskau über die Lyrik Johannes Bobrowskis. 1973–1974 Lektorin für Deutsch an der Universität Bristol/Großbritannien. 1974–1980 Lektorin im Hirschgraben-Verlag/Frankfurt. Seit 1981 (vogel)freie Schriftstellerin mit den Namen Scherf-Deskau und Scherf (zweite Ehe). 1982-1984 Vorsitzende des Verbands deutscher Schriftsteller (VS) in der IG Druck und Papier Hessen. Kinderhörspielpreis 1985/terre des hommes. Förderstipendium des Hessischen Kultusministeriums (Kinderbuch) 1985.

Buchveröffentlichungen: *Der aufgelöste Widerspruch.* Engagement und Dunkelheit in der Lyrik Johannes Bobrowskis. Stuttgart: Klett 1975/*Zeit-Gedichte.* München: Damnitz 1985/*Trau dich und träum'.* Roman. Dortmund: Weltkreis 1985/*Der Ritt auf dem Zaun.* Hexentexte. Bonn: Gisela Meussling 1985.
Theaterstücke: *Pierre der Mensch.* (Uraufführung Friedrichsdorf 19. 9. 1987)
Hörspiele: *Grüner Punkt.* SDR 1984/ *Schulfunksendungen.* HR 1982/83/ *Die Hexenmacher.* BR 1984.
Drehbücher: *Die Nacht im Freien – Neues aus Uhlenbusch.* ZDF 1980.
Herausgeberin: *Der liebe Gott sieht alles.* Erfahrungen mit religiöser Erziehung. Frankfurt: Fischer 1984/*Wir sind so frei.* Künstler und Publizisten gegen politischen und wirtschaftlichen Druck. Zs. m. Engelmann, Spoo u. a. Göttingen: Steidl 1984.
Zahlreiche Prosatexte in Anthologien (u. a. bei S. Fischer, Rowohlt, Suhrkamp), Essays und Rezensionen.

Dagmar Scherf

Such, Mußmann, such.

An der Ecke Wiesenhütten-Gutleutstraße trifft Mußmanns zu Boden gerichteter Blick auf den Hund. Ein unverschämt solidarisch grinsendes Gesicht hebt ihm die Schnauze zum Küssen entgegen. Beim ersten Laut – wer hat gebellt? – springt er beiseite.
Genau hier könnte es gewesen sein, wo er vor einer Stunde auf dem allmorgendlichen Weg zum Büro zum ersten Mal bewußt seine Zunge im Mund spürte. So, als wäre dieses bisher hinter den Zahngitterzäunen zurückgehaltene zivilisierte Sprech- und Schmeckorgan zu einem viel zu langen, hechelnden Lappen verkommen. Er hatte das vorhin allerdings nur undeutlich wahrgenommen, weil er mit der Frage beschäftigt war, ob er das annehmen sollte, was er für sich schlicht „ein Angebot" nannte. Genau hier könnte es gewesen sein, wo sein Entschluß fiel.
Wiesenhüttenstraße – Hüttengesäß – Arsch mit Ohren – Eleanor Rigby keeping her face in a jar by the door –. In Mußmanns Kopf beginnen jetzt auf dem Rückweg seltsam verschlungene Assoziationsketten zu scheppern.
Er überquert die Kreuzung Richtung Hauptbahnhof und merkt, daß seine Nase heftig schnüffelt. Als wäre er etwas Verlorenem auf der Spur. Einen Fußbreit vor dem frisch glänzenden Hundehaufen bremst er abrupt ab. Verlockend, aber falsch, diese Fährte. Such, Mußmann such. Mit äußerster Anstrengung gelingt es ihm, den Kopf aus der Anziehungskraft dieser alles überschwemmenden neuen Geruchssensation zu heben.
Er vermeidet den Blick in die spiegelnde Schaufensterscheibe und starrt krampfhaft in den Himmel, als könnte von dort das Bild des Gesuchten oder gar das Verlorene selbst gnädig auf ihn zurücksinken. Kann man so etwas überhaupt verlieren? Und wenn ja, mitten auf der Straße? Ihm ist nach Jaulen zumute.
Ganz ruhig. Rekonstruieren. Bemerkt hatte er es zum ersten Mal im Toilettenspiegel. Als er um neun Uhr, wie üblich bevor er sein Büro betrat, sich erfrischen und die Gesichtszüge überprüfen ging. Als er dort im Jackett nach einem Taschentuch suchte, um sich die stets fettige Stirn abzuwischen, und statt dessen auf die pompöse Visitenkarte des Besuchers stieß, der für halb zehn angemeldet war. Dessen „Angebot" anzunehmen er sich auf dem Weg entschlossen hatte. Gleichzeitig mit dem prüfenden und dann entsetzt zurückfahrenden Blick in den Spiegel war ihm der Satz eingefallen, den seine Frau vor ein paar Tagen angesichts der gerade aufgedeckten Spenden-Affaire verächtlich in die Fernsehnachrichten gespuckt hatte: „Wer sowas macht, ist ein Hund."
Elli, seine Sekretärin, war schon am Kaffeekochen, als er mit gesenktem Kopf hastig ins Büro eintrat und sofort auf sein Zimmer zusteuerte. Bei seinem kurzen Seitenblick erhaschte er ihr wie üblich scheinbar auf Knopfdruck funktionierendes mäuschengezähntes Lächeln. Einen Moment lang schöpfte er Hoffnung. Wenn Elli nichts merkte, war alles vielleicht nur eine morgendliche Halluzination gewesen.
Aber nach einem erneuten Blick in die spiegelnde Fensterscheibe seines Arbeitszimmers meldete er sich telefonisch bei Elli ab. Er sei für niemanden zu sprechen. Auch für den angemeldeten Besucher nicht. Wenn der etwas abzugeben hätte, gut.
Kurz nachdem er mitbekommen hatte, daß der Besucher wieder gegangen war, stürzte er, mit beiden Händen das Gesicht bedeckend, ein „fahre wieder heim, hab' schreckliche Migräne!" herausstoßend, an Elli vorbei. „Hier, das hat er für Sie hinterlassen!" Die

Sekretärin reichte ihm einen Briefumschlag. Ach ja, der Scheck, dachte er. Aber es war schon sehr leer in seinem Kopf, als er ihn einsteckte.
Mußmann steht immer noch auf der Wiesenhüttenstraße und starrt nach oben. Merkt, daß ihn das Rekonstruieren nicht weiterbringt. Heimfahren. Aber wie wird die Frau reagieren? Er schüttelt seinen dem Himmel erbarmenheischend entgegengehaltenen Kopf wie ein begossener Pudel. Seine Gedanken beginnen, seltsam verschlungene Wege wie durch ein dämmriges Gedärm zu kriechen. Deutlich vor Augen hat er nur noch dieses fremde Gesicht im Toilettenspiegel. Und wo ist das bekannte geblieben? Ihm ist nach Jaulen zumute.
Punkt, Punkt, Komma, Strich, riefen die Kinder früher in der Schule hinter ihm her, fertig ist das Mondgesicht. Er holt seinen Blick endlich aus dem erbarmungslosen Himmel wieder auf den Bürgersteig der Wiesenhüttenstraße zurück. Such, Mußmann, such. Kennst ihn doch, den Geruch. Dann macht er ein paar tapsige Schritte, um den Hundehaufen hinter sich zu haben. Hält sich aufrecht. Aber die Gedanken kriechen winselnde Wege.
Wiesenhütte. Wieso Wiese, wieso Hütte, mitten in der City? Auf nach Hüttengesäß. Dort laßt uns Gutleutstraßen bauen. Gutleut in Hüttengesäß. Friede den. Kein Arsch mit Ohren. Wie sieht Eleanor Rigby aus, wenn ihr Gesicht im Einmachglas steckt? Wer daraus trinkt, der wird ein Reh. Wer sowas macht, der wird ein Hund. Der Hund um den Mund. Wie sich das im Spiegel ausbreitete.
Seine Augen schnüffeln noch einmal die vorhin überquerte Kreuzung zurück. Er atmet vorsichtig auf. Kein anbiederndes Grinsen mehr an der Ecke drüben. Die Zunge wieder im Mund und der große Geruch hinter ihm verebbend. Rekonstruieren. Eingrenzen. Wenn es so etwas gibt, dann muß es genau hier passiert sein. Hier fiel auf dem Hinweg der Entschluß. Ich-du-er-sie-es fiel. Such, Mußmann, such.
Doch nicht etwa mitten auf der Straße? Plattgewalzt unter Autoreifen. Nicht auszudenken!
Der Bürgersteig wäre immerhin eine Hoffnung. Vielleicht hat es jemand gefunden und aufgehoben. Mußte lächeln wie Elli. Oder es war sogar Eleanor, die weiß, wie man damit umgeht. Die rollt es vorsichtig zusammen und schiebt es in ihr Einmachglas. Paßt auf, daß es nicht knittert. Das Wort „Fundbüro" windet sich in seinen Gedankenschlingen nach oben. Eine Anzeige aufgeben. Verlorener Gegenstand, Beschreibung. Punkt, Punkt, Komma, Strich – es ist des Mußmanns Mondgesicht.

(1987)

Sigfried Schibli

1951 in Basel (Schweiz) geboren. Früh zum Lesen und Schreiben gekommen: die Eltern sind Buchhändler. Primarschule und Humanistisches Gymnasium (lustlos) in Basel. Dann Studium der Germanistik, Musikwissenschaft und Philosophie – eine Kombination, die erfolgreich den Lehrerberuf verhindert. Daneben erst pflichtschuldiges Klavierspiel, dann begeistertes Orgelstudium, das zu Organisten-Aushilfsjobs, später zu musikkritischer Tätigkeit bei Basler Zeitungen führt. Nach einem Frankfurter Studienjahr 1978 Studienabschluß in Basel mit einer germanistischen Arbeit über Siegfried Kracauer. Aber musikwissenschaftliche Interessen sind stärker geworden; deshalb 1979 Umzug nach Frankfurt und Vorbereitung der Promotion bei Prof. Ludwig Finscher. Gleichzeitig Beginn der freien Mitarbeit bei der „Frankfurter Allgemeinen" und beim Hessischen Rundfunk (beides bis heute). 1983 Veröffentlichung des Buches „Alexander Skrjabin und seine Musik". 1985 Übernahme der Verlagsredaktion der „Neuen Zeitschrift für Musik" (Schott, Mainz). 1986 Veröffentlichung von „Franz Liszt. Rollen, Kostüme, Verwandlungen". Als Auslandschweizer mit einer Auslandfinnin in der Ausländerstadt Frankfurt verheiratet. 1 Kind.

Buchveröffentlichungen: *Alexander Skrjabin und seine Musik.* Grenzüberschreitungen eines prometheischen Geistes. München: Piper 1983/*Franz Liszt.* Rollen, Kostüme, Verwandlungen. München: Piper 1986/*Zum Begriff der Neuen Sachlichkeit in der Musik.* In: Hindemith-Jahrbuch 1980/IX. Mainz: Schott 1982.
Veröffentlichungen in Zeitschriften: *Skrjabins Flug.* Zu einer zentralen Figur in Alexander Skrjabins Leben und Werk. In: Musik-Konzepte 32/33. 1983/*Ein Stück praktisch gewordener Ideologie.* Zum Problem der komplexen einsätzigen Form in Frühwerken Arnold Schönbergs. In: Archiv für Musikwissenschaft. H. 4. Jg. XLI. 1984.
Darüber hinaus zahlreiche Zeitungs- und Zeitschriftenaufsätze, Rundfunksendungen und Programmhefttexte.

Sigfried Schibli

Skandalon Tschaikowsky

Die Musik Peter Tschaikowskys – oder nach dem Sprachgebrauch der Puristen: Pjotr Iljitsch Čaikovskijs – ist hervorragend dazu geeignet, jedem mit Musik befaßten Menschen einen Platz zwischen den Stühlen zu sichern. Über Tschaikowsky die Nase zu rümpfen, ist seit Eduard Hanslicks Wort, man „höre" das Violinkonzert „stinken", eine gängige Reaktionsform – so gängig, wie es ist, diese Musik mehr oder weniger heimlich doch zu hören. Arnold Schönberg kokettierte mit dem skandalösen Ruf, den Tschaikowsky unter Musikkennern schon vor Jahrzehnten besaß, indem er sagte, er wolle doch bloß „für eine bessere Art von Tschaikowsky gehalten werden", was ihm die Mehrheit der Musikhörer allerdings bis heute versagt. Theodor W. Adorno widmete dem langsamen Satz aus Tschaikowskys fünfter Symphonie in e-Moll, eine geschliffene „musikalische Warenanalyse", die in der tröstlichen These gipfelt, die Massenkunst und der Kitsch von heute seien noch übler als die unbeholfene Naivität ihres Modells, eben des Tschaikowskyschen Andantes. Autoren wie der französische Schönberg-Adept René Leibowitz, der in seinem Buch „Les fantômes de l'opéra" der Tschaikowsky-Oper „Pique Dame" eine eingehende, von tiefem Verständnis geprägte Analyse widmete, und der avantgardistische sowjetische Regisseur Wsewolod Meyerhold, der eben diese Oper in Rußland inszenierte, sind Ausnahmeerscheinungen; die Norm ist es, die Berührung mit Tschaikowskys Musik zu fürchten wie Nikolaj Rimsky-Korssakow, der zu Lebzeiten Tschaikowskys kaum eine Oper zustande brachte, um nach dessen Ableben mit einer wahren Flut von Musikdramen hervorzutreten. Übrigens war der prominenteste Schüler Rimskys, Igor Strawinsky, einer der ernsthaftesten Verteidiger der Musik Tschaikowskys.

Im allgemeinen aber ist Tschaikowskys Musik – und das teilt sie seltsamerweise mit der Neuen Musik unserer Tage – nicht einmal umstritten, sondern sie wird von einem „Lager" innerhalb der Musikkonsumenten ebenso selbstverständlich gehört, wie sie vom andern ignoriert wird (unnötig zu betonen, daß sich die Freunde der Neuen Musik in der Regel um Tschaikowskys Musik ebenso scheren wie deren Anhänger um die Neue Musik). Die Ursachen dafür in mancher Schwäche der thematischen Arbeit, in den bekannten Längen seiner Symphoniesätze und in den allzu grellen Farben seiner Instrumentation (die man einem Berlioz oder Liszt immerhin abnimmt) zu sehen, könnte allerdings das „Skandalon" Tschaikowsky nur zum Teil erfassen. Seine Musik ist von mehr Ausdruck erfüllt, als daß sie nur langweilen könnte. Vielmehr ist es gerade das Explosive, vielfach Unvermutete der emotionalen Ausbrüche, das den Hörer immer wieder herausfordert. Die Wahnsinnsszene des krankhaften Spielers Hermann in „Pique Dame" übertrifft die des Boris Godunow in Modest Mussorgskys gleichnamiger Oper an Unmittelbarkeit, an peinlicher Drastik. Und in Tschaikowskys reifen Symphonien trifft man bisweilen auf ein Phänomen, das durch die Paris-Schriften Walter Benjamins zwar Allgemeingut des kritischen Denkens geworden ist, in der Tschaikowsky-Deutung aber gleichwohl kaum beachtet wurde: den Schock als Reizmittel des Großstädters und zugleich als bedrohliche Erscheinung, die die sinnliche Wahrnehmung, wie Benjamin sagt, zu „parieren" hat. Tschaikowskys Musik erscheint bisweilen – wie der später aufkommende Film, mit dem sie oft verglichen worden ist – als strategische Übung der

Gewöhnung der Sinne an Schockmomente wie jenen der plötzlichen Erleuchtung der Städte durch die elektrischen Straßenlaternen.
Das Finale der vierten Symphonie Tschaikowskys, das ein hübsches russisches Liedchen zum Hauptthema hat, kennt einen solchen Schockmoment ebenso wie der langsame Satz seiner Fünften, dessen Spielanweisung „Andante cantabile, con alcune licenza" nichts von der Gewalt ahnen läßt, die sich darin ereignet. Beide Male ist es das „Leitthema" der jeweiligen Symphonie, das unvermutet in das musikalische Geschehen einbricht – mithin ein Thema, das der Hörer von Anfang an im Ohr hat und das nur durch den fremdartigen Kontext zu solcher Schockwirkung führt.
Freilich sind Tschaikowskys skandalöse Schocks andere als die der Schönberg-Schule, die es liebte, das seelische Erschrecken in allen Einzelheiten auszumalen. Jene Tschaikowskys brechen roh über die Musik herein und lösen sich blitzschnell wieder auf – der Ruhe vor dem Sturm folgt meist eine nicht weniger scheinhafte Ruhe nach dem Sturm. Besagtes Andante geht trotz aller Gewalteinwirkung friedvoll zu Ende, und im Finale der Vierten hat das russische Tanzlied, nicht das geballte Leitthema, das letzte Wort. Auch darin war Tschaikowsky ein moderner Künstler – modern weniger in den kompositorischen Mitteln, die er anwendete, als in der Fähigkeit, extreme Reizwirkungen aufzubieten, um dieselben dann souverän aus dem Bewußtsein zu streichen. So gesehen, ist seine Kunst mitunter tatsächlich skandalös: unfähig, ihre Schocks anders als durch pures Vergessen unschädlich zu machen.

(1987)

Frank Schirrmacher

Geboren am 5. 9. 1959 in Wiesbaden. Studium der Germanistik und Anglistik in Heidelberg, der Philosophie, Geschichte und Literatur in Cambridge. Nach dem Examen, seit dem 1. Juni 1985, Feuilletonredakteur der „Frankfurter Allgemeine Zeitung".

Buchveröffentlichungen: *Arkadische Dämmerung.* In: Supplemente zu den Sitzungsberichten der Heidelberger Akademie der Wissenschaften. Philosophisch-historische Klasse. Hrsg. v. H. J. Zimmermann. Band 1. Heidelberg: Carl Winter 1983.
Herausgeber: *Verteidigung der Schrift – Kafkas ‚Prozeß'.* Frankfurt: Suhrkamp 1987.

Frank Schirrmacher

Foucault lacht

„Un automne foucaldien", einen „Foucaultschen Herbst" hat „Le Monde" vorhergesagt – dieselbe Zeitung, die am 5. 11. 1976 den ersten Band der „Geschichte der Sexualität" auf ihrer Titelseite ankündigte. Dieser große Herbst ist gekommen, und wir haben an dieser Stelle schon auf seine Früchte hingewiesen.

Hier interessiert etwas anderes: jene im Ausland verbreitete, aber in Deutschland nur zu vermutende positive Mentalität, die der anglofranzösische Kulturkritiker George Steiner in einem Interview einmal lakonisch „Wahrnehmung des Intellektuellen" genannt hat. Gefordert wurde: eine Wahrnehmung der intellektuellen Kultur, die sich nicht durch Aktualitätswellen antreiben läßt, sondern die Aktualität in der Ausübung des Denkens, der Intelligenz, der Phantasie selber findet. Enzensberger hat schon vor fünfundzwanzig Jahren in seinem Essay über die „Bewußtseins-Industrie" darauf hingewiesen – das Problem hat sich unterdessen verschärft. Wer Anlässe braucht, um zu denken - Jubiläen, Geburtstage, Sterbedaten –, denkt selber bald nur noch aus Veranlassung. Wer nur noch auf Veranlassung wahrgenommen wird, handelt bald nur noch aus Anlässen.

Zeichen dieser Entwicklung, die keineswegs den Journalismus alleine betreffen, gibt es überall: Forschungsergebnisse werden immer deutlicher – und nicht immer nur aus finanziellen Gründen – an die Festschriftenkultur abgetreten. Angesehene Kunstbuchverlage produzieren statt wissenschaftlicher Werke ausschließlich Ausstellungskataloge. Andere wichtige, aber unauffällige Arbeiten wie etwa Starobinskis meisterhaftes „Porträt des Künstlers als Gaukler" werden unzureichend wahrgenommen – bezeichnenderweise ein Essay-Band, ein Band ohne Anlaß. Das sind beliebige Beispiele für den immer wieder abbrechenden, sonderbar fragmentarischen Ton in der öffentlichen Debatte in Deutschland, die den Eindruck verstärken, einem unaufhörlichen Selbstgespräch beizuwohnen.

Man würde das fast schon gewohnheitsmäßig hinnehmen, wenn die formale Schwäche der öffentlichen Argumentation neuerdings nicht zu fatalen Rückschlüssen auf die vermeintliche Schwäche ihrer inhaltlichen Aussagen geführt hätte. Warum reden jetzt Leute, die sich theoretisch und wissenschaftlich kaum ausweisen können, soviel von grundsätzlich geänderten „Deutungsprioritäten", von neuer „Meinungsführung", von neuen Auslegungsstrategien der Gesellschaft, der Geschichte, ohne daß sie die zeitgenössischen Konzepte auch nur zur Kenntnis genommen hätten? So spricht, wer die formale Seite des Spiels verstanden hat, ohne von der inhaltlichen gestreift worden zu sein: jede Interpretation sei substantiell gleichwertig, unabhängig davon, ob sich dahinter eine intellektuelle, akademische oder biographische Qualifikation wahrnehmen läßt, ganz gleichgültig, „wer" spricht. Diese neue und dreiste Inkompetenz hat Karl-Heinz Bohrer schon vor einigen Jahren in seinem Artikel „Kriterien der intellektuellen Saison" scharf attakkiert. Natürlich geht es nicht darum, auf die Theorieansätze zu starren, oder gar darum, die Protagonisten der Aufklärungstradition von jeder Kritik und Polemik freizuhalten. Das ist eine Sache. Aber etwas ganz anderes ist es, wenn man von konservativer Seite meint, im Namen der politischen „Aktualität" ganze Theoriegebäude ad acta legen zu können.

Der „Foucaultsche Herbst" in Frankreich suggeriert, zwei Jahre nach dem Tod des Theoretikers, keineswegs, daß er intellektuell auch nur annähernd erfaßt worden sei.

Statt dessen versammelt etwa „Le débat“ neben Analysen des Foucaultschen Werks unsentimentale Erinnerungen, die zeigen, was „Wahrnehmung des Intellektuellen“ bedeuten kann. Foucault lachte gern, schreibt Maurice Pinguet: „Hat man nicht gesagt, daß das Lachen jenen gegeben ist, die sich über ihre Intelligenz trösten lassen müssen?“ Gleichzeitig widmet sich das *Magazine littéraire* in einem Dossier der Figur André Malraux' in einem Umfang, der weit über den Anlaß, den zehnten Todestag des Schriftstellers, hinausgeht. Dies alles sind Indizien eines ganz unexotischen Interesses, „dies alles“, schrieb *Le Monde,* „ist noch zu verstehen. Wir haben nicht einmal begonnen, es zu verstehen.“

Es ist dieses, im Ausland verbreitete, Bewußtsein einer, wenn man so will, „unvollendeten“ Hermeneutik, die den Abstand Deutschlands zu Frankreich oder England so gewaltig erscheinen läßt. Es stimmt nicht, daß jene Wissenschaftler, die distanzierend „Deutschlands kritische Intelligenz“ genannt werden, ihren Beitrag ein für allemal geleistet hätten – Hans-Ulrich Wehlers fast aus dem Nichts entstandene „Neue Historische Bibliothek“ ist (bei aller Kritik, die sich an einzelnen Bänden vortragen ließe) nicht nur ein forschungsinternes, sondern auch ein kulturelles Ereignis. Daß eine „Kritische Theorie“ *auch* auf den Club- und Volkshochschulton herabgesunken ist, kann für ihre moralisch und intellektuell befeuernden Inhalte nicht blind machen.

Vor einiger Zeit gab Quentin Skinner in Cambridge einen Band heraus, dessen Titel in Deutschland schwer vorstellbar wäre: „The Return fo Grand Theory in the Human Sciences“. Allein die dort versammelten Namen – Althusser, Derrida, Foucault, Gadamer, Habermas, Kuhn, Lévi-Strauss, Rawls, die *Annales* Historiker – geben Anlaß, die Rede von der kulturellen Langeweile, von der Notwendigkeit der neuen Entwürfe vorsichtiger zu gebrauchen. „Die Wiederkehr der Großen Theorie“, schreibt Skinner, „hat die Titanen aufeinanderprallen lassen: Gadamer hat mit Heidegger debattiert, Lévi-Strauss mit Sartre, Kuhn mit Feyerabend, Dworkin mit Hart, Nozick mit Rawls, Foucault mit Derrida und Habermas mit beinahe jedermann.“ Das ist auch ein Kompliment für die intellektuelle Ausstrahlung der deutschen Philosophen. Es ist eine Frage der intellektuellen Selbstachtung, wie ernst man das Gespräch dieser Philosophen nimmt. Die Debatte, die sie führen, braucht nur einen Anlaß, um zu faszinieren: man muß sie hörbar machen.

(1986)

Heide Schlüpmann

Geboren 1943, aufgewachsen in Betzdorf/Sieg, lebt seit Mitte der sechziger Jahre in Frankfurt.

Buchveröffentlichungen: *Friedrich Nietzsches ästhetische Opposition.* Der Zusammenhang von Sprache, Natur und Kultur in seinen Schriften 1869–1876. Stuttgart: Metzler 1977/*Unnatürliche Akte.* In: Lust und Elend. Das erotische Kino. München und Luzern: Bucher 1981/*Nebelbildung.* Notizen zu einem Philosophiestudium. In: Gesellschaft 14. Frankfurt: Suhrkamp 1981/*Germaine Dulac und Maya Deren.* Zur ästhetischen Theorie der Anderen Avantgarde. In: Andere Avantgarde. Linz: Gutenberg 1983.
Herausgeberin: *Frauen und Film.* Halbjahreszeitschrift. Zs. m. G. Koch und K. Gramann. Bisher erschienen: Die Fünfziger Jahre, Psychoanalyse und Film, Avantgarde und Experiment, Maskerade, Masochismus, Männer, die ins Auge gehen, Rock, Rock my Baby: aus den Wiegen der Filmgeschichte. Frankfurt: Stroemfeld-Roter Stern seit 1983/*Feministische Studien.* Zs. m. U. Gerhard.
Veröffentlichungen in Zeitschriften: *Kinosucht.* In: Frauen und Film 33. 1982/*Radikalisierung der Philosophie.* Die Nietzsche-Rezeption und die sexualpolitische Publizistik Helene Stöckers. In: Feministische Studien Nr. 1. 3. Jg. 1984/*Phenomenology of Film.* On Siegfried Kracauer's Writings of the 1920. In: New German Critique. Nr. 40 1987/*Die Radikalen der alten Frauenbewegung.* In: Feministische Studien. Nr. 1. 3. Jg. 1984.

Heide Schlüpmann

Die brüchige Haut

Zur Erotik des Zerfalls in Luchino Viscontis „Der Leopard“

Der Leopard spielt in der Welt des historischen Patriarchats, zur Zeit, als es, noch ganz augenfällig, den Hausherrn, den Landbesitzer, den Fürsten meinte, der über Frauen und Kinder, Gesinde und Bauern regiert. Solcher Stoff ist willkommene Beute für ein patriarchalisches Kino, und spielerisch überschwenglich eignet der Film dem männlichen Protagonisten Raum, Blick und Blickkontrolle zu. Renaissance-Tradition im *Novocento* vergegenwärtigt die Kamera: die Schau über die wunderbare, weite sizilianische Landschaft von ihrer höchsten Erhebung aus gehört dem Auge des *Principe,* der dort seinen *Palazzo* baute, eigens mit einem Turm, um Erd- und Himmelskunde zu betreiben. Der Mensch ist das Maß aller Dinge: der männliche, der mächtige. Die Natur ist ihm untertan, und Kulturräume werden ihm gemäß gestaltet. Sie sind seine zweite, seine steinerne Haut.

Die Szene der Abendandacht eröffnet die Handlung. Der Fürst, die Familie, der Priester, das Gesinde verharren eine Weile schweigend nach dem Gebet, niemand regt sich. Ein Gefühl für den Innenraum bildet sich, wächst durch den Ton: Vereinzelt dringen Rufe, dringt gedämpft Lärm, Zeichen fernen Tumults durch das geöffnete Fenster nach Innen, heben im Kontrast die Stille dort hervor. Sie herrscht im Raum, und er, der Hausherr, herrscht in ihr, im Schirm der Mauern, nur sein Wort darf das Schweigen durchbrechen. – Mit entschiedener Ungeduld durchquert er wenig später die Saalfluchten dem Ausgang zu; die Kamera, aus der Höhe der Deckenfresken ihm folgend, unterstreicht den Ausdruck des raumgreifenden Schreitens. In Variationen wiederholt sich dieses Motiv männlicher Dynamik im Einklang mit der überhöhenden Architektur. Sie bildet den bedeutenden Rahmen, wie die Allee für den Aufbruch Tancredis in Garibaldis Krieg.

Macht des Menschen über Natur setzt die Kamera in Szene; selbstverständlich kommt die geschlechtsspezifische Rollenteilung und Blickhierarchie auch zum Ausdruck. Leicht angespannte Lider geben dem Blick Burt Lancasters etwas Geformtes, nach außen Zielendes, er dringt nie unbestimmt aus Augengründen, die schutzlos dem Betrachter offenlägen. Frauen sind in diesem Film betonte Nebensache. Doch gibt es eine Ausnahme. Claudia Cardinale als Angelica Sedàra stellt dank ihrer Schönheit ein Gegenüber für die Männer dar. Sie ist das ästhetisch gelungene Geschöpf, das jenseits sozialer und geschlechtlicher Schranken in der reinen Anschauung seine fürstliche Würdigung findet.

Don Fabrizio, das Oberhaupt des Geschlechts der Salina: „Il Gattopardo“, hat den Überblick über den Lauf der Gestirne wie über die politischen und intimen Bewegungen der Menschen. Wie stark die Kamera sich mit ihm identifiziert, zeigt z. B. eine Szene nach der ersten Begegnung der Salinas mit Angelica. Don Fabrizio geht nachdenklich im Zimmer auf und ab, tritt dann durch die schweren dunkelroten Samtportieren auf den Balkon. Von dort bietet sich ihm ein aufschlußreiches Bild: gefolgt von einem Diener mit Geschenken, eilt der Neffe Tancredi auf das Haus der Sedàras zu. Die Kamera verweilt, sie übernimmt den Blickstandpunkt des Fürsten, und zwar so, daß sie rechts oben noch ein winziges Stück des weißen Vorhangs erfaßt, dessen Wehen im Wind sich oben links in der dunklen Fensterscheibe spiegelt. So wird die Szene gerandet von diesem undeutlichen Flattern wie von zuckenden Wimpern (...).

Die Geschichte des Fürsten Salina in *Der Leopard* ist Geschichte des Zerfalls einer Form des Patriarchats. Darin mag die Bedingung der Möglichkeit liegen, am männlichen Protagonisten auch andere als Machtelemente zu zeigen. In der Tat gibt es in dem Film nicht nur den herrschaftlichen Blick, die Blickkontrolle, sondern auch die Abweichung von der Männlichkeitsrolle, eine Ebene, auf der der Protagonist sich als Schauobjekt hingibt.

Er spielt das Herrische mit einer Nuance des Jähzornigen, Brutalen – gegenüber seiner Frau, gegenüber den Untergebenen, Don Cicco Tumea etwa, dem Domorganisten und Jagdfreund. Er trägt die große Melancholie vor, wenn er dem Abgesandten des Regierungspräsidenten gegenüber sitzt, Ritter Aimone Chevalley di Monterzuolo, in sich blikkend während seiner weitschweifigen poetischen Rede, auf seinem beinah erstarrten Gesicht bewegt sich nur der Widerschein des flackernden Feuers. Er vermag sich in vitaler Robustheit mit Nonchalance zu produzieren und gibt genauso zum Ende des Films hin der Müdigkeit, ja, Hinfälligkeit aufrührenden Ausdruck. Mit minimalen Gesten, einem Straffen der Hautmuskeln, einer Anspannung der Lippen ruft er sich aus der Erschöpfung zurück. In solcher Minutiösität wird das Spiel zu mehr als Darstellung eines Sozialcharakters, es wird zur Inszenierung, Darbietung des Körpers. Das Gesicht wie eine Landschaft erscheinen lassen, bedeutet keinen Rekurs der Kamera auf unmittelbare Natur, sondern gelingt aus ihrem Zusammenspiel mit dem Vermögen des Darstellers.

Der eher plastisch markante Kopf Burt Lancasters – hohe Stirn, gerade, wohlproportioniert große Nase, leicht hervortretende Backenknochen, ebenmäßig ausgeprägtes Gebiß, starkes Kinn – entwickelt im Film eine Unübersichtlichkeit. Die Grenze zwischen Haut und Bart-Behaarung, an den Wangen, auf der Oberlippe, ist fließend; in den vollen noch braunen Wuchs mischt sich graues Haar, verliert sich an den Rändern in die Hautporen. Die buschigen Augenbrauen haben etwas Bizarres, wie sie über den äußeren Augenwinkeln einen Schwung nach oben nehmen. Anarchisch auch die Frisur, nichts ist gestutzt, aber alles gepflegt in seiner Wildheit. Die Haut verändert sich ständig. Was hier als Runzel erscheint, ist in der nächsten Einstellung geglättet, was dort wie eine Narbe wirkte, klärt sich als Schattenwurf auf. Bald kommen die ironischen Fältchen um die Augenwinkel mehr zur Geltung, bald die steilen Falten über der Nasenwurzel. Auch die Augen wechseln, meist sind sie von den Lidern so eingefaßt, daß nur der dunkle Blick skeptisch nach außen dringt. Doch manchmal liegen sie im Licht, blaue, rätselhafte Oberfläche, kein Fenster zur Seele. Sie erinnern dann an das helle Blau eines Sommerhimmels. – In Momenten erotischer Aufmerksamkeit zeichnet sich ein Beben in den Nasenflügeln ab, weiten sich die Nasenlöcher. In stärksten Kontrast zu cäsarischer Männlichkeit stellt sich vielleicht der Mund. Zwar sind die Lippen fest, gerade und eher schmal, aber sie stehen leicht geöffnet, wie es Frauen als ein Signal der ständigen sexuellen Bereitschaft vorgeschrieben ist. Als der Fürst, von der drückenden Hitze, der lärmenden Menge des Ballsaals erschöpft, in der Bibliothek Ruhe sucht, trinkt er als erstes gierig aus einem Glas Wasser; es quillt über die Lippen, ein Tropfen rinnt übers Kinn, indiskret starrt die Kamera auf den geöffneten Mund, die Flüssigkeit, die über die Zunge gleitet, mit Speichel gemischt den Gaumen feuchtet – Körpersäfte, die zu zeigen der Film hier so wenig sich scheut wie später die Tränen.

(Aus: „Männer, die ins Auge gehen". Erstmals erschienen in „Frauen und Film". Heft 40. 1986)

Alfred Schmidt

Geboren 1931 in Berlin. Studium der Geschichte, der englischen und klassischen Philologie an der Universität Frankfurt am Main, daneben und später der Philosophie und Soziologie. Schüler von Max Horkheimer und Theodor W. Adorno. Professor für Philosophie und Soziologie an der Johann Wolfgang Goethe-Universität in Frankfurt am Main. Mitglied des PEN-Clubs.

Buchveröffentlichungen: *Der Begriff der Natur in der Lehre von Marx*. Frankfurt: Europäische Verlagsanstalt 1962. Neuausgabe 1971/*Geschichte und Struktur*. Fragen einer marxistischen Historik. München: Hanser 1971/*Emanzipatorische Sinnlichkeit*. Ludwig Feuerbachs anthropologischer Materialismus. München: Hanser 1973/*Zur Idee der Kritischen Theorie*. München: Hanser 1974/*Die Kritische Theorie als Geschichtsphilosophie*. München: Hanser 1976/*Drei Studien über Materialismus*. Schopenhauer. Horkheimer. Glücksproblem. München: Hanser 1977/*Kritische Theorie – Humanismus – Aufklärung*. Philosophische Aufsätze. Stuttgart: Reclam 1981/*Goethes herrlich leuchtende Natur*. Philosophische Studie zur deutschen Spätaufklärung. München: Hanser 1984/*Die Wahrheit im Gewande der Lüge*. Schopenhauers Religionsphilosophie. München: Piper 1986/*Was ist Materialismus?* Zs. m. W. Post. München: Kösel 1975/ *Der Stachel Freud*. Beiträge und Dokumente zur Kulturismus-Kritik. Zs. m. B. Görlich und A. Lorenzer. Frankfurt: Suhrkamp 1980.
Übersetzer Herbert Marcuses.
Herausgeber von: Schriften Feuerbachs, Horkheimers und Friedrich Albert Langes.

Alfred Schmidt

Die in Naturgeschichte verstrickte Menschheit

Überlegungen anläßlich des 100. Todestages von Karl Marx

Ganze Bibliotheken sind über, für und gegen Marx geschrieben worden. Sein dickichthaftes, höchst voraussetzungsvolles Werk, dessen Aussagen sich auf die verschiedensten Wissensgebiete erstrecken, weshalb es sich nur schwer einordnen läßt, hat Generationen von Interpreten beschäftigt. Teils brachten sie es im Beinhaus schwärmerischer und verstiegen-romantischer Utopien unter, teils in der Rumpelkammer unverbindlicher Dogmengeschichte. Gerade noch, daß heutige Professoren der Volkswirtschaft gewisse Verdienste von Marx in zyklentheoretischer Hinsicht halbherzig anerkennen. Daß die Marxsche Analyse der kapitalistischen Produktionsweise als epochaler Lebensform der Gesellschaft in der akademischen Nationalökonomie nicht die ihr gebührende Aufmerksamkeit genießt, ist angesichts der gegenwärtigen Weltlage erstaunlich. „Wie immer auch die Diagnosen der Experten, ihre Analysen und Vorschläge lauten mögen", schrieb Horkheimer bereits 1968, „das tägliche Leben in den sogenannten fortgeschrittenen Ländern, die Selbstverständlichkeit staatlicher Interventionen, ist von der drohenden wirtschaftlichen Krise beherrscht. Die steigenden Kosten, die Diskrepanz der schmalen Einkommen und des Aufwands für neueste Errungenschaften, die Problematik des Sparens für Geborgenheit im Alter, der wachsende Mißmut sind Symptome des Zerfalls der bürgerlichen Lebensweise...". Seit Kriegsende ist diese im Westen gerade den Unteren immer mehr zum erreichbaren Ziel geworden, während die Idee eines gewaltsamen Umsturzes verblaßte.

Der von östlicher Orthodoxie starr festgehaltene Begriff des revolutionären Proletariats nahm unterdessen eher mythologische Züge an. Trotz bedrohlich anwachsender Arbeitslosigkeit, die mancherorts an das Jahrzehnt nach Versailles erinnert, kann im Westen von „Verelendung" der Arbeiterschaft im streng Marxschen Sinn nicht die Rede sein. Ausgeklügelte Interpretationen der Marxschen Kategorie, die versichern, es handle sich hier um eine „relative" Verelendung, richten sich selbst. Gleichwohl bleibt die Marxsche Lehre – gerade im Westen – ein unentbehrliches Mittel zur Erkenntnis gesamtgesellschaftlicher Zusammenhänge. Horkheimer hielt denn auch 1968 die Zeit für gekommen, „endlich die Marxsche Lehre ... zu einem der zentralen Themen der Bildung zu erheben. Nicht weil sie in einem großen Teil des Ostens beim Aufholen des westlichen industriellen Vorsprungs als genehme Ideologie fungiert und, jeweils den Umständen angepaßt, als staatlich vorgeschriebenes Bekenntnis doziert wird, sondern um der eigenen Zukunft willen hat nunmehr ihre Übermittlung vielen antiquierten ... Lehrstoffen ... zumindest gleich- wenn nicht vorangesetzt zu werden. Soll die junge Generation die ihr geschichtlich gestellten Aufgaben bewältigen, so bedarf sie neben vielem anderen ... nicht etwa kritikloser Anerkennung, jedoch der Kenntnis Marxscher Interpretation von Geschichte und Gesellschaft."

Die vom Kreis um Horkheimer während der dreißiger Jahre in der *Zeitschrift für Sozialforschung* entworfene Kritische Theorie gehört zu den fruchtbarsten Versuchen, Marxsche Kategorien in die Problematik unseres Jahrhunderts einzubringen. Die wichtigsten Arbeiten der *Zeitschrift* sind Beiträge zu einer materialistischen Kulturgeschichte, verstanden als Anthropologie des bürgerlichen Zeitalters. Mit den Begründern der Lehre verstehen die Autoren die materialistische Geschichtsauffassung nicht als „fertige Schablone, wonach man sich die historischen Tatsachen zurechtschneidet", sondern als „Leitfaden beim ... Studium" (Engels, 1890). Dabei halten sie am authentischen Begriff von „Ideologie" fest. Sie ist falsches Bewußtsein, gesellschaftlich notwendiger Schein. Mannheims Versuch, Marx akademisch zu entschärfen in einer relativistischen Wissenssoziologie der „Seinsverbundenheit" allen Denkens wird von Horkheimer und seinen Schülern ebenso verworfen wie eine Orthodoxie, die den Ideologiebegriff dadurch aufweicht, daß sie ihn ins Affirmativ-Weltanschauliche verkehrt.

Marx zählt, neben Nietzsche und Freud, zu den großen „Entzauberern" der Moderne. Er durchschaut den im strengen Sinn „oberflächlichen" Charakter der politischen Prozesse, Kulturphänomene und unmittelbaren Bewußtseinsweisen. „Jeder wirkliche Fortschritt in der modernen Geschichtsschreibung", schreibt Marx 1858, „ist dadurch bewirkt worden, daß man von der politischen Oberfläche in die Tiefen des gesellschaftlichen Lebens" – gemeint sind ökonomische Strukturen – „hinabgestiegen ist." Und im ersten Band des *Kapitals* heißt es, die „Geschichte des Grundeigentums" bilde die „Geheimgeschichte" der römischen Republik.

An diesem detektivisch-analytischen Grundzug des Marxschen Materialismus halten die Vertreter der Frankfurter Schule fest. Er ist für sie – zumal in seiner Anwendung auf die kapitalistische Ära – begrifflicher Ausdruck eines Zustands, „worin" – so Marx abermals im *Kapital* – „der Produktionsprozeß die Menschen, der Mensch noch nicht den Produktionsprozeß bemeistert". Daß gesellschaftliches Sein über Bewußtsein gebietet, ist ein aufzuhebender Zustand – kein weltanschauliches Dogma. Marx entwickelt die der Aufklärung und dem deutschen Idealismus entstammende Idee der Selbstbestimmung des Menschengeschlechts weiter, indem er die ökonomisch-materiellen Bedingungen aufdeckt, deren es bedarf, um sie zu verwirklichen. Es gilt, schreibt er 1853, „die Ergebnisse der bürgerlichen Epoche, den Weltmarkt und die modernen Produktivkräfte ... der gemeinsamen Kontrolle der am weitesten fortgeschrittenen Völker" zu unterwerfen. Erst dann – hierin faßt sich das Wesen seiner Geschichtsphilosophie zusammen – „wird der menschliche Fortschritt nicht mehr jenem scheußlichen heidnischen Götzen gleichen, der den Nektar nur aus den Schädeln Erschlagener trinken wollte".

Noch ist die Menschheit verstrickt in Naturgeschichte. Sie bringt zwar ihren historischen Prozeß selbst hervor, „aber nicht" – wie der späte Engels, anspielend auf eine Formulierung Kants sich ausdrückt – „mit Gesamtwillen nach einem Gesamtplan"; dem kollektiven Intellekt nicht unterworfen, nimmt jener Prozeß Züge eines mythischen Verhängnisses an, eines blinden, seinen Agenten entfremdeten Naturgeschehens. Marx wirft (hierin durchaus mit Nietzsche, seinem vermeintlich säkularen Gegner verwandt) eine erdumspannende, ökumenische Frage auf. Sie bedarf dringend der Lösung. Ob sie freilich mit den bis heute entwickelten planwirtschaftlichen Instrumentarien zu bewältigen ist, steht dahin.

(Erstmals erschienen in: „Merkur". Nr. 417. Februar 1983)

Uve Schmidt

Geboren 1939 in Lutherstadt Wittenberg a. d. Elbe. Oberschule in der DDR, Gymnasium in Westberlin. 1957/59 Studium Freie Graphik an der HfbK Berlin. 1960/63 Hospitant bei Vauo Stomps in Stierstadt/Taunus. 1963/66 München, Linz (Österreich). Seit 1967 in Frankfurt am Main als freier Schriftsteller und Publizist. Intermezzi als Arbeitnehmer (Werbung, Presse und Verlagswesen).

Buchveröffentlichungen: *Mit Rattenflöten.* Gedichte. Stierstadt: Verlag Eremiten-Presse 1960/*Die Eier.* Kurzroman. Stierstadt: Verlag Eremiten-Presse 1961/*Spielgebeine.* Bad Homburg: Gulliver 1963/*Schöne Gegend mit Figuren.* Neuwied: Luchterhand 1965/*Frankfurter Buchmessbuch.* Oberursel: Folio-Verlag 1977/*Ende einer Ehe.* Jossa: März 1978/*Danach/Kinder einer Ehe.* Jossa: März 1979/*Die Russen kommen.* Zürich: Haffmans 1982/*Holunderblüten.* Frankfurt: Eichborn 1984/*Ei häwwe dream.* Düsseldorf: Verlag Eremiten-Presse 1984.
Herausgeber: *Mein heimliches Auge II.* Zs. m. C. Gehrke. Tübingen: Konkursbuch-Verlag, 1985.
Zahlreiche Beiträge in Zeitschriften u. Hörfunk.

Uve Schmidt

Heimatsage

Es war einmal ein Verleger, der befand sich in großer Verlegenheit: er war in die Ungnade der Banken gefallen. Indes erfreute er sich (ungeachtet eines gewissen Ruches) eines gehörigen Ruhms, guter Gesundheit, seines Mutterwitzes und des Beistands der Barbara, Schutzpatronin aller Tiefbauer. Also schmähte er den Konkursrichter, Tod und Teufel, band sich eine blaue Schürze um und ging den Leuten ans Schuhleder (für 2 Blaue Wichsen & Wienern). Das half, für's erste, und machte einen Wirbel, als habe Matthias Beltz in der FAZ per Insertion DAS INTIME TAGEBUCH DER TUTTI F. entschlüsselt. Geplättet vom heißen Dampf waren sich Nadelstreif & Cordsamt einig im Abscheu: Sowas tut man nicht!

Heutzutage lacht man leise über den konventionellen Kleinmut jener Jahre und wundert sich, daß es zu noch früheren Zeiten Verleger und Autoren gegeben haben soll, die ihre Nöte zu überwinden suchten als Lohndiener ihrer Gläubiger, als Ehemänner, Werbetexter, Exilanten, Intigranten, Konvertiten, Häftlinge, Nachtportiers, Steuerschwindler, Selbstmörder, Trunkenbolde und DKP-Mitglieder. Tempi passati – man lebt wieder menschlich, eine Wende, die sich nicht zuletzt dem Passionsweg unseres Schuhputzers verdankt. Und: die gedruckte, geleimte/gebundene und so gar nit mehr geliebte Ware fand zurück zum Volke der Gutenbergs und Goethes ...

Frankfurt, *die Stadt,* deren marmorkalter Merkantilismus gletschergleich auch das Gemüt des Gemeinwesens zu vereisen gedroht hatte, erlebte eine Wiedergeburt von Werten, die man (frau/alle Welt) spätestens seit Einrichtung der Hausnummer Bremer Platz 1 endgültig dahin wähnte ...

Volksnähe kommt auf, seit der um die Hauptwache stationierte ehrwürdige Buchhandel sein Sortiment über einen ambulanten islamischen Ringverein anbietet ...

Bescheidenheit feiert Urständ, seit zwei schweizerische Tantiemenmillionäre ihre Essensmärkchen beim Ebbelwoi-Wagner (wahlweise Kanonesteppel, Germania, Palais des Bières) einreichen...

Demut ist wieder gefragt, seit der Hessische Hörfunk die Ziehung der Lottozahlen in den Wettbewerb zum Prix Italia schickte ...

Opfergeist beweist sich, seit der Stadtschreiber von Bergen-Enkheim von den Bergen-Enkheimern (nach 8-tägiger öffentlicher Vorführung der Kandidaten) im Hammelsprung gewählt und fortan in die Pflicht täglich wechselnder hausbürgerlicher Mittagstische genommen wird ...

Vertrauen stellt sich ein, seit in Toni's Künstlerkeller das Schmalzbrot als Maxi-Horkheimer-Bemme serviert wird ...

Herzenshumor gilt, seit die TITANIC den Felix-und-Paola-Preis an Christa Wolf verlieh, für einen in Zürich (angeblich) erzählten Honnecker-Witz ...

Mut wird gefaßt, seit man vor der Lindenstr. 29 einen Zebrastreifen auslegte, an dem ein ehrenamtlicher Autorenlotse – dessen verwitterte Züge gleichwohl unverkennbare sind – seinen namenlosen Dienst tut ...

Worttreue bewährt sich, seit die alten Buchmesseformeln „Wir sehen uns noch!“ und „Sie hören von mir!“ tatsächlich eingelöst werden: neulich sah ich Walter Boehlich, im HL-Markt, und hörte ihn, ein abgetautes Putenschnitzel reklamierend ...

Wahre Freundschaft zeigt sich, seit dem Oberhessischen Literaturkontor u. a. auch ein

Kartoffeldruck von Ingeborg H., ein von Renate Ch. H. übersetzter Römischer Trinkspruch, ein Pin-up-Photo von Irene H. (abgelichtet von Isolde O. für den Bundeswehrkalender SCHWERT UND LEYER) sowie ein Kronkorkenöffner hängt ...
Die Liebe strebte in ihre alten Rechte, als Deutschlands meistumlittenster Großkritiker sich mir (da ich im Grüneburgpark ein paar Dosen Bier aufwärmte) verschüchtert als Pediküre näherte und mit leiser, wohltönender Stimme sprach: „*Fleiß* und *Pflichterfüllung* zählen wieder. Unverlangte Manuskripte und Rezensionsexemplare werden jetzt unverlangt zurückgesandt ...". Er lächelte sanft. „Mit einem tröstlichen Dankeschön des Hauses Ferero!"

(1987)

Wilfried F. Schoeller

Geboren 1941 in Illertissen/Schwaben. Von 1960 bis 1963 Studium der Germanistik, Kunstgeschichte, Geschichte und Philosophie an der Universität München. 1969 formeller Abschluß des Studiums mit der Promotion (über den bürgerlichen Gesellschaftskritiker Heinrich Mann). Seit 1963 Verlagslektor und ständiger Mitarbeiter mit dem Spezialgebiet Moderne Literatur in einem Team zur Konzeption und Realisation von Kindlers Literatur-Lexikon. Seit 1972 als Redakteur in der Kulturabteilung des Hessischen Rundfunks/Fernsehen, heute Leiter des Ressorts Literatur. Lebt in Frankfurt.

Buchveröffentlichungen: *Das Silhouetten-Cabinet.* Deutsche Silhouetten aus zwei Jahrhunderten. Zürich: Diana-Verlag 1973. Neuausgabe Frankfurt: Insel 1985/*Schubart.* Leben und Meinungen eines schwäbischen Rebellen, den die Rache seines Fürsten auf den Asperg brachte. Mit einer Auswahl seiner Schriften. Berlin: Wagenbach 1979.
Hörspiele: *H. Ein Abendbild.* 1985.
Filmographie: *Die Kippe e. V.* Zs. m. M. Krauß und Leonie Ossowski (Ausgezeichnet bei den Mannheimer Filmfestspielen. Anerkennung beim Grimme-Preis in Marl). 1972/*Die soziale Bibliothek.* 1975/*Die öffentliche Rolle war ganz sicher nicht mein Ziel.* Max Frisch im Gespräch. 1976/*Der größte Vogel kann nicht fliegen.* Ascona – die Utopie vom anderen Leben. 1978/*Jean Améry.* Werke und Gespräche. 1978/*Christa Wolf.* Vorarbeiten zu einem Porträt. 1978/*Die Revolution ist keine Illusion.* Bilder und Stimmen aus dem befreiten Nicaragua. 1980/*Wilhelm Hauff.* Aus dem Nachleben eines Liliput-Klassikers. 1981/*Asperg – ein deutsches Gefängnis.* 1981/*Das Erbe der bärtigen Rebellen.* Ein Tagebuch aus Cuba. 1982/*Oskar Maria Graf oder Das andere Bayern.* 1984/*Leserausch und Abenteuer.* Karl May – der Traum vom Großen Manitou. 1987.
Herausgeber: *Die neue Linke nach Adorno.* München: Kindler 1969/*Julius Leber.* Schriften, Reden, Briefe von 1920–1945. Zs. m. D. Beck. München: Annedore Leber Verlag 1976/*Oskar Maria Graf. Gesammelte Werke.* Bisher 12 Bände. Frankfurt: Büchergilde Gutenberg. 1982 ff.

Wilfried F. Schoeller

Münchhausens Wiederkehr

Zur Geschichte des Lügens in Deutschland

Anonymusse und Pseudonymisten bilden in der Historie der Lügengeschichten von Anfang an die tragenden Säulen. Sie schufen eine Tradition des Fingierens und Verschiebens, die den *Münchhausen* zur Kardinalgeschichte der Literatur überhaupt macht. Mit Verkleidung und Maskerade trat der deutsche Verfasser auf den Plan. 1786 zeichnete G. A. Bürger für die Wunderbaren Reisen und seltsamen Abenteuer des reisenden Herrn verantwortlich. Das heißt: er tat es eigentlich nicht. Seine Ausgabe trug keinen Verfassernamen, und der Verlagsort „London" war erfunden. Erst vier Jahre nach dem Tod Bürgers wagte es sein Biograph, die Autorschaft des Göttinger Professors zu bezeugen. Als Hochschul-Magister hatte Bürger wohl Rücksicht zu nehmen auf seine Kollegen. Doch trieb ihn eine angeborene Antibeamten-Haltung, der „Braus- und Schwärmteufel" immer wieder ins Ungewisse. Über seinen „ungemeinen Habitum zu Allotriis" schüttelte man sowieso den Kopf. Das alles wäre heute ganz anders: wie erleichtert wäre man, wenn sich ein deutscher Professor zu einer Lügen-Erzählung versteigen würde? Aber Bürger ist nicht der Urheber dieser Geschichten. Sie sind viel älteren Ursprungs, gehen auf Schwanksammlungen von Hans Sachs und Heinrich Bebel, auf lateinische Handschriften aus dem 15. und 16. Jahrhundert zurück. Auch der geistliche Schimpfkanonier Abraham a Santa Clara spielt als Lieferant amüsanter Lügenepisoden ebenso wie die Weltchroniken und griechischen Klassiker eine Rolle. So hat eine abendländische Bibliothek ihre Leser als mündliche Erzähler vorgeschoben, um dies eine Buch zu erschaffen: die Paradelügen des Münchhausen.

Man hat Bürgers Buch bei seinem Erscheinen nicht eben freundlich rezensiert. Dieser „elenden Schrift", wie ein ungenannter Kritiker bemerkte, wolle man kein größeres Aufsehen widmen. Ein anderer titulierte die Erzählungen als eine Sammlung von Schwänken, die „sogar bis zum untersten Pöbel herabgekommen waren". Doch eines ist gewiß: der Komik dieser Abenteuer kann auch kein übellauniger Rezensent etwas anhaben, sie ist unsterblich. Münchhausen schießt ein Pferd vom Kirchturm. Er schießt einen Wolf aus seinem Pelz, reitet über den Teetisch, hütet die Bienen des Sultans, zerteilt einen Bären mithilfe eines Feuersteins in zwei Hälften. Ein Wolf frißt sich ins galoppierende Pferd hinein, einem Hirschen wächst ein Kirschbaum zwischen dem Geweih, ein toller Hund beißt in den Rock, der davon ebenfalls toll wird. Den Postillionen frieren die Töne ein, so daß man sie auftauen muß. Renommisten und Aufschneider gibt es anscheinend unter den Jägern und Soldaten am häufigsten. Aber es gibt auch sonst der Lügengeschichten genug. So hat Plautus seinen miles gloriosus geschaffen. Shakespeare schenkte seinem Falstaff die ganze Liebe, Andreas Gryphius verwendete viel Sorgfalt auf seinen Don Horribilicribifax von Donnerkeil auf Wüsthausen, und auch Christian Reuters Lügenbeutel Schelmuffsky läßt diese Versammlung grüßen. Nicht genug mit den Prahlhänsen und Flunkerern: man könnte auf die Listen des Odysseus, auf den Heroiker Don Qixote, den satirischen Witz des Till Eulenspiegel, den Charme des Felix Krull oder die Schwejkschen Überlebenslügen verweisen. Und für diesen Zusammenhang wären auch die Vieldeutigkeiten der Sophisten, das Gauklwerk der Rabulisten, die unendlichen Vermutungsnetze selbst der modernen Naturwissenschaften zu erwähnen.

Lügen über Lügen – in jeder kommt eine andere Art vor. Münchhausens dauerhafte

Wirkung besteht darin, daß er nichts vom Groben und Ungeschlachten seiner barocken Vorgänger hat. Ein eleganter Weltmann tritt auf. Eine Sphäre von Traum- und Märchenglück, von unverhoffter Rettung und von unaufhörlicher Bewegung regiert die Erzählung. Ohne Umschweife wird darauf angespielt, daß ein Paradies möglich sei. Da wird einer ausgeschickt – in die Kälte, nach Rußland, zu den Türken in den Krieg, auf die weite See und gar auf den Mond, um eben dies zu erleben: daß es einen schönen, leichten, heiteren Ausweg gibt, daß man im Lügen eine ganze Welt modellieren kann. Alle Angstbarrieren, die der Zuhörer bei Bären und Säbeln, Ungeheuern und Gefängnissen aufbauen mag, sind nur die Schwellen auf der Treppe zum Glück. Münchhausen geht es nicht um die Illusion, auf die Dichter allemal bauen, aber auch nicht ums Wahrlügen, also um die Entdeckung eines verborgenen Richtigen in der Übertreibung. Es geht nur um die gewandt gehandhabte Einsicht, daß man Zeit und Raum, physikalische Gesetze und Kausalität nur spielerisch überwinden kann.
Der Freiherr von Münchhausen, das historische Vorbild, habe sich, so die Fama, verbittert gezeigt, daß er als „Lügenbaron" tituliert wurde. Er mag folgerichtig darin einen Angriff auf seine Standesperson gewittert haben. Mit Recht: der vornehme Mann lügt nämlich nicht. Die aristokratische Sicherheit besteht ja geradezu im Aussprechen unverblümter Wahrheiten. Nur die Untergebenen haben Anlaß zur Lüge: um etwas vor dem Herrn zu vertuschen oder um einen Vorteil zu erringen. Die Lüge ist in der adeligen Gesellschaft ein Defekt: der Abstand zum Personal wäre nicht gewahrt. Aber die stolze Wahrhaftigkeit hat ihre soziale Bedingung: daß man eben ganz Herr ist. Wahrscheinlich ist der historische Münchhausen auf Grund eines Mankos zum Erzählen gekommen: er wollte einen illusionären Raum schaffen – eine Welt der Abenteuer, des Heldentums und des Gelingens, die seiner dürftigen Realität entgegengesetzt lag. Münchhausen ist der untergehende Held vom Oberdeck der Gesellschaft, und für den Augenblick des Erzählens gelingt ihm die Behauptung einer Überlegenheit gegenüber den unteren Klassen. Die Lügen Münchhausens demonstrieren die Strategie der Selbstbehauptung, aber hinter dem Erzähler lugt schon die Überlebtheit hervor: hinter der Passion der Geselligkeit die Einsamkeit, hinter den Galanterien das Alter, hinter den Riten der aristokratischen Soldaten die Verarmung, hinter dem weitschweifigen Heldentum die bürgerliche Biederkeit. Es ist schon einige Wahrheit in der Bemerkung Maxim Gorkis, der Bürgersche *Münchhausen* sei „eine antifeudale Satire", die „dem heruntergekommenen deutschen Adel den Glorienschein vom Haupt riß". Nur ist es – mit dieser Emphase gesagt – auch ein wenig geflunkert.

(Aus einem Projekt 1987)

Mathias Schreiber

Wurde 1943 in Berlin geboren, wuchs auf in Westfalen und am Niederrhein. 1962 Abitur in Köln, danach sechs Jahre geisteswissenschaftliches Studium, Abschluß 1969 mit Staatsexamen und Promotion zum Dr. phil. Im Jahr 1967 längerer Aufenthalt in Texas und Mexico. Im Jahr 1968 Volontariat bei der „Frankfurter Neuen Presse", von 1969 bis 1981 Feuilletonredakteur in Köln und Bonn („Kölner Stadtanzeiger", „Deutsche Zeitung/Christ und Welt"), seit 1982 Feuilletonredakteur der „Frankfurter Allgemeinen Zeitung". Mitglied des PEN-Clubs.

Buchveröffentlichungen: *Ein Steinbock steht im Zimmer.* Gedichte. Darmstadt: Luchterhand 1967/*Der Maulschellenbaum.* Gedichte. Kransberg: Petri-Presse 1974/*Gänseblume auf der Nord-Süd-Fahrt.* Gedichte. Köln: Artemedia 1982/*Die unvorstellbare Kunst.* Frankfurt: Klostermann 1970/*Kunst zwischen Askese und Exhibitionismus.* Köln: DuMont 1974/*Vierzig Jahre deutsche Moderne.* Deutsche Architektur nach 1945. Stuttgart: Deutsche Verlags-Anstalt 1986
Mitarbeit an: *Geschichte der deutschen Literatur.* Expressionismus und Literatur nach 1945. Herausgegeben von G. Fricke. Paderborn: Schöningh 1974 ff.
Veröffentlichung von Gedichten in Anthologien und Zeitschriften.

Mathias Schreiber

Eine Erinnerung

„Man verlange von der Kuh nur möglichst gute Milch."

Vreden an der Berkel: ein kleiner, rundlicher Marktflecken in der Nähe der holländischen Grenze, vom Fluß, eben der Berkel, wurde der Stadtgraben jahrhundertelang mit Wasser versorgt, nach dem großen Krieg hat man ihn teilweise zugeschüttet, das Wasser stand und stank, das Automobil fraß damals am liebsten solche Idyllen. Nur unterhalb des Krankenhauses blieb der Graben erhalten, ein schmaler Teich für die Enten, in ihm sehe ich noch heute den Schatten des weiß verputzten Krankenhaus-Schiffes – der Bau selbst ist schon lange verschwunden. „Butenwall", Außenwall, nennen sie die Gegend, unter den großen, alten Bäumen neben dem Berkelkraftwerk, das heute als Kunstverein dient, habe ich gespielt, vor vierzig Jahren waren die Bäume kleiner, die Erinnerung zeichnet ihre Umrisse so gewaltig wie sie jetzt sind. Die Erinnerung ist eine betrügerische Magd der Wahrheit, nicht deren gehorsamer Knecht.
Die Holzschuhe der Bauern – ich sehe gewaltige Fuß-Kähne, gestrandet auf dem Kopfsteinpflaster. Jeden Sonntagmorgen standen sie vor der Kirche, in Reih' und Glied, der Küster duldete keine Ackerreste auf dem blank gescheuerten Holzboden der Behelfskirche. Wenn der Kaplan mahnte, man möge die Flüchtlinge besser behandeln, verließ so mancher Bauer brummend die heilige Messe vor ihrem Ende, nebenan gab's „ein Bier, ein Schnaps" oder auch gleich in die Kutsche und fort.
Der Krieg war entschieden, wiewohl noch nicht offiziell zu Ende, da sichteten amerikanische Aufklärer landwirtschaftliche Geräte auf dem Marktplatz von Vreden. Der Ort wurde in Schutt und Asche bombardiert. Die Westfalen bauten nachher beinahe alles liebevoll wieder auf. Ziegelstein, Giebeldächer, die Pfarrkirche im schüchtern historisierenden Stil der fünfziger Jahre, die gotische Stiftskirche, das schönste Haus der Stadt, blieb wie durch ein Wunder einigermaßen heil. Vreden heute: die bescheidenen Wiederaufbau-Giebelhäuschen wurden teilweise wieder abgerissen, der Hotelier D. verkaufte sein fast schon großbürgerliches Stadthaus – hohe Räume, bleiverglaste, farbige Fenster, dunkelbraune Holzmöbel, Buchweizenpfannekuchen, gepflegtes Bier, schleppende, doch herzliche Bedienung – an einen Kaufhauskonzern, der es abriß und ein postmodernes, viel zu mächtiges Groteskgebilde an seine Stelle setzte. Auch das ehemalige Bürgermeisterhaus mit dem auffälligen Erker und jenem eleganten Parkettboden ist verschwunden. Der Kolonialwarenhändler T., der auch eine kleine Kneipe unterhielt, gab meiner Mutter Mehl, Milch und Wurst und nahm Bilder in Zahlung. Sein Sohn hat in der alten Backsteinschlichtheit erweitert, hier kann man noch einkehren und glauben, es gebe ein unzerstörbares Zuhause. Der Bäcker R., ein leidenschaftlicher Amateurarchäologe und Ortshistoriker, lebt nicht mehr, sein Tod machte über Nacht Vreden um viele Seelen ärmer – jene Seelen der Geschichte, die in seinen Erzählungen lebendig geblieben waren; der rostige Nagel und der halbierte Küchenfranzose in dem ersten Nachkriegsbrot aus seiner dumpfen Backstube – nun, das war der Preis für den Hauch von Kultur, den dieser Mann seiner dickköpfigen Umgebung bescherte: Heimatmuseum, Ansätze von Denkmalschutz, fachkundige Begleitung der Ausgrabungen am Kirchplatz, historischer Rundgang für Fremde, Namen, Daten, Intrigen, diese Schlacht, jene Schlacht, Hochzeit, Frieden, Tod.

Die Kindheit – was war sie? Ich antworte mit den Bildern, die mein Vater damals malte. In ihnen steckten nicht nur allerlei Anfänge, sie enthielten auch die düstere Grundierung der dreißiger und vierziger Jahre, in denen mein Vater zu viele Konzessionen an Verbrecher gemacht hatte, um das einzige, woran er glaubte – die Kunst von Nolde, Barlach, Beckmann, Kirchner –, als wahre Version der Zeit durchzusetzen. Ein stürmischer junger Mann in Berlin, fast noch Student, beeindruckt nicht so sehr von den Nationalsozialisten, sondern zum Beispiel von der Tatsache, daß ein Architekt wie Speer für sie arbeitete. Diese Vergangenheit ragte als seltenes Geständnis des Vaters, selbst die Gründe für die Verblendung seiner Generation, indem er sie erklärte, nicht fassen zu können, in meine Vredener Jahre hinein. Damals waren mir das Pferd Max, die Kartoffelernte beim Großbauern E., die zopfige kleine Bärbel von der Drogerie neben dem Rathaus und die mächtige Trauerweide im Hinterhof wichtiger. Und vielleicht war es auch meinem Vater wichtig, daß mir all dies wichtiger war als seine Albträume. Diese „Unfähigkeit zu trauern" war wohl zunächst Liebe, Liebe des Vaters zu seinen Söhnen. „Verdrängung" ist dafür der falsche Begriff.

Neu beginnen. Ein wunderbares Tun in jedem Fall. Seine Bilder: Die Flasche, der Tisch, der Kaktus, die Zwiebel, der Krug; daraus ein Ensemble: Flasche und Zwiebel am Rand des Tisches vor einem Fenster, das den Blick auf ein Dach freigibt. – Die Dorfstraße, das Haus, der Baum, der Mann, die Frau, der Hund; daraus wiederum ein Ensemble: Liebespaar und Hund auf der Dorfstraße vor einem Haus, neben dem ein Baum steht, durch die Zweige sieht man eine Wolke. – Bildtitel: „Wechselniederung", „Pferdekoppel", „Abend" – Gemälde der dreißiger Jahre. Sehnsucht des Berliners nach der Heimat, nach der Weite Westpreußens. Und nun, in Westfalen, wo die Väter der Väter der Väter hergekommen waren, wiederum: „Feldarbeit", aber auch anderes: „Die Stadtdirektoren", „Nonne mit Fideln und Flöten", „Kleiner Reiter", „Tischrunde", „Topf und Früchte" – Gemälde der fünfziger Jahre. In den sechziger Jahren Titel wie: „Nuß und Scherbe", „Handschuh", „Flaschen", „Frau", „Das Dach", „Fisch", „Mit drei Krügen", „Kastanien", „Paar", „Farbtuben", schließlich doch wieder: „Bauer" und „Dorfstraße". 1967 hat mein Vater auf der Nordsee-Insel Spiekeroog Urlaub gemacht und dort viel gezeichnet. Auf der letzten Seite des Skizzenblocks hat er friesische Vornamen notiert, gesammelt auf dem dortigen Friedhof, Wasserflecken auf dem Papier verraten: es muß gerade geregnet haben. Hillern, Tette, Ede, Melcher, Wüpkea, Tätje, Gesche, Adde, Ulfert, Hero, Theda, Onno, Bertus, Onke, Gerjet, Hilke, Angmine und Etkeline. – Er liebte die Einzelheiten des Lebens.

Wer alles gefährdet sieht, der hält sich an den einfachsten Sachen fest, der sammelt – ein vorwärts blickender Archäologe – prophylaktisch die Überbleibsel der Katastrophe, die er erwartet. Die einfachen Dinge geben der Existenz – provisorische – Konturen. Die Natur sagt dem Menschen, daß es ihn gibt. Im Jahr 1947 hat er, auf einer westfälischen Wiese, ein Naturgedicht geschrieben. Seine letzte Strophe lautet: *„Ein Reiher klettert in die heiße Luft, umarmt mit seiner Schwingen Saum den Fluß, die Tiere, Schilf und Baum. Die Minze schläft, betäubt vom eignen Duft."* Ähnliche Verse gingen mir durch den Kopf, als ich letzten Sommer im Radio vor dem Verzehr frischer Salatblätter gewarnt wurde. Naturpoesie contra Weltgeschichte – eine Notwehr ohne Aussicht auf Erfolg. Künstlerisch kann die Erfolglosigkeit durchaus triumphieren, sofern das Menschliche in ihr sich kraftvoll wehrt. Der Sieg der Apparate und Apparatschiks läßt sich dann immerhin regional ertragen, „im Vredener Winkel".

(1987)

Uwe Schultz

1936 in Hamburg geboren, studierte Philosophie, Literaturwissenschaft und Geschichte in Hamburg, Freiburg/Breisgau, Wien und München. Seit 1960 Mitglied der Feuilleton-Redaktion der „Süddeutschen Zeitung". 1963 Promotion über „Das Problem des Schematismus bei Kant und Heidegger" in München. 1964 als Redakteur in der Abteilung Literatur beim Hessischen Rundfunk in Frankfurt/Main, dort seit 1970 Leiter der Abteilung Literatur, seit 1976 Leiter der Hauptabteilung Kulturelles Wort. 1966 Auszeichnung mit dem Kurt-Magnus-Preis der deutschen Rundfunkanstalten, 1975 Journalistenpreis des Deutschen Nationalkomitees für Denkmalschutz. 1970 Lehrauftrag an der Frankfurter Universität für „Literatur in den Massenmedien".

Buchveröffentlichungen: *Immanuel Kant.* Monographie. Reinbek: Rowohlt 1965/Peter Handke. Monographie. Velber: Friedrich 1973.
Herausgeber: *Das Tagebuch und der moderne Autor.* München: Hanser 1965/*Erasmus von Rotterdam*: Das Lob der Torheit. Frankfurt: Insel 1966 und 1979/*Fünfzehn Autoren suchen sich selbst.* München: Liszt 1967/*Umwelt aus Beton.* Unsere unwirtlichen Städte. Reinbek: Rowohlt 1971/*Toleranz.* Die Krise der demokratischen Tugend. Reinbek: Rowohlt 1974/*Die Geschichte Hessens.* Stuttgart: Konrad Theiss Verlag 1983/*Mit dem Zehnten fing es an.* Eine Kulturgeschichte der Steuer. München: C. H. Beck 1986.

Uwe Schultz

Das Lächeln des Wissens

Erinnerung an Erasmus von Rotterdam

Sein Tod in Basel am 12. Juli 1536 war vordergründig ein später Triumph. Das „lumen mundi“ („Licht der Welt“) flackerte noch einmal hell auf, denn „auf ihren Schultern trugen ihn die Studenten zum Münster. Dort wurde er neben der Treppe, auf der man zum Chor hinaufsteigt ... in ehrenvoller Weise beigesetzt“. Der Chronist, kein Geringerer als Beatur Rhehanus, vermerkt Bürgermeister und Ratsherren im Trauerzug, vor allem aber, daß von Professoren und Studenten „niemand fehlte“. Im wieder katholischen Basel, das Erasmus von Rotterdam für sechs Jahre widerwillig in einer späten Fluchtbewegung vor der Reformation mit Freiburg im Breisgau vertauschen mußte, schien er zur Ruhe mit seiner Kirche, der römisch-katholischen, gelangt zu sein.

Aber diese Ruhe war trügerisch, denn mochte Papst Paul III. ihm noch 1534 den Kardinalshut angeboten haben, Papst Paul IV. ließ sämtliche Schriften des Erasmus 1559 auf den Index setzen, ihn einzig ehrend durch die Kategorie jener Ketzer, die „ex professio“ geirrt hätten, so daß das päpstliche Verbot ausdrücklich auch jene Schriften einschloß, die „gar nichts gegen die Religion oder über die Religion enthalten“. Da erlaubte sich sogar der Jesuit Peter Canisius die sarkastische Bemerkung, daß man bei Befolgung der Index-Anweisung die Schulen schließen müsse.

Der anderen Religionsfraktion war er noch früher zum Fremden, ja, zum Feind geworden, zumal die Nähe zu Luther gefährlich groß war – zumindest so verstanden wurde. Des Reformators zunächst devotes Werben zerrte Erasmus früh in den Parteienstreit, den er um nahezu jeden Preis, eben den der höchst eigenen Sache, der litterae bonae (der Schönen Wissenschaften) vermeiden wollte. Aber bereits 1519 hielten die Theologen in Löwen, wohin er zu einer weiteren, nur vorübergehenden Seßhaftigkeit sich zurückgezogen hatte, Luthers Schriftensammlung „Nachtwachen“ für ein Werk des Erasmus – der Sog des Konfessionsstrudels erfaßte ihn, widerwillig kämpfte er sich mit der Schrift über den „Freien Willen“ erst 1524 gegen Luther frei, der ihn nun bereits als einen „vir duplex“ (biblisch wohl dem „Lauen“ gleichzusetzen) beschimpfte.

War dieser zarte, feingliedrige, nervöse, zähe, zielstrebige, ausdauernde und vorsichtige Mann Erasmus nur ein unrealistischer Wanderer zwischen den konfessionellen Fronten? Bestand für sein Programm der übernationalen Latinität, der überkonfessionalen Religiosität, der glaubenübergreifenden Bibelphilologie eine weltpolitische Chance? Trat mit ihm die europäische Gelehrten-Welt aus dem religiös-mythologischen Halbdunkel des Mittelalters in die erste Epoche der Aufklärung ein, deren Weg der Ratio noch (zu?) schmal war, um sicher in die Zukunft der Neuzeit zu führen? Diese Fragen zu bejahen, die der Gestalt des Erasmus die faszinierende Unschärfe von humanistischer Utopie und allzumenschlicher Niederlage geben, verrät seine Modernität – die Geburt des ersten europäischen Intellektuellen der Neuzeit aus dem Geist seiner Selbstzweifel.

Je weiter der Blick, um so tiefer der Zweifel – dieser Phänotyp des modernen Individualismus tritt mit ihm auf die europäische Bühne. Seine Person wird bildungspolitisch, ja, politisch zum Programm, denn er liefert der Zeit gleichermaßen den religiösen Zündstoff wie den geistesaristokratischen Stil. Seine Kommentare zum Neuen Testament folgen jener philologischen Aufhellung der Bibel, der zur vernünftigen Überprüfung nur noch die Übersetzung in die Nationalsprachen fehlte – die Übersetzung vom geheiligten

Text zum historischen Dokument, dessen Palimpseste exakt abgelöst wurden, leistete er, so daß der Vorwurf, Luther habe das Ei ausgebrütet, das er gelegt habe, nicht weit von der historischen Richtigkeit entfernt lag, was Erasmus selbst zuerst und zum eigenen Entsetzen sich eingestanden hat.
Doch die griechisch-römische Bildung wurde durch ihn, der in den „Adagia" dem neuen Stand der Geistesaristokraten den Thesaurus des Wissens und der zitatfreudigen Angeberei bereitstellte, zugleich säkularisiert und kommerzialisiert. Er lebte – und mußte leben – von den Honorarzahlungen der Drucker, in deren neuem Medium des gedruckten Buchs er wie kein anderer seiner Zeitgenossen die Chance einer unabsehbarer Breitenwirkung erkannt hatte. Als die Buchstaben in Bewegung gerieten, wurde er, dessen ausdauernd-folgenreichste Freunde wohl die Drucker Aldus Manutius in Venedig und Johann Froben in Basel waren, zu ihrem ersten großen Beweger. Nicht die Kanzel in der Kirche, nicht das Katheder in der Universität – die stille Abgeschiedenheit einer geschäftigen Druckerei war ihm die neue Machtzentrale eines Geistes, der sich autonom zwischen den Machtblöcken von Kirche, Nationalstaat und revolutionär aufbrechender Basis in den Bauernkriegen zu behaupten suchte – vergeblich. Denn 1535 hatte sich seine glanzvolle Hoffnung als leere Illusion erwiesen, der religiöse Kampf raste durch Europa, Franz I., und Karl V. rangen bis zur gegenseitigen Erschöpfung ihrer Völker um die Vorherrschaft, das Idealbild eines toleranten Kanzlers war selbst in dem von Erasmus als befreiend-humanistisch gepriesenen England unter Heinrich VIII. auf dem Schafott geendet – in Gestalt seines besonders engen Freundes Thomas Morus. Seine Humanitas christiana, die er Karl V. bei der Thronbesteigung als einzig würdiges Regierungsprogramm antrug und deren Realisierungschance er indirekt 1517 schon verloren gab, als er, obgleich bezahlter Rat Karls V. und als Vermittler eingeladen, nicht nach Worms zum Reichstag reiste, war als politische Ethik gescheitert. Die Zeit forderte bedingungslose Parteinahme – Luther mußte in vorgetäuschter Entführung fliehen, Erasmus hatte für seine Position der Mitte zwischen den Blöcken keinen Kurfürsten als mächtigen Schutzherrn gefunden.
Diese Einsamkeit des Geistes macht bis heute die strenge Würde und kluge Trauer des Erasmus von Rotterdam aus. Deshalb ist es auch das „Lob der Torheit", das als einzige seiner Schriften, zumal eine seiner schmalsten, ihn bis heute unmittelbar gegenwärtig hält. Unter der Maske der Torheit sagt er nicht nur den Klerikern und Philosophen, den Rhetoren und Magistern, den Kaufleuten und Königen seiner Zeit die zeitlose Wahrheit ihrer leeren Wichtigtuerei, das ironische Verdikt der Vanitas fällt auf ihn selbst zurück. Mag der Gläubige dem religiösen Wahn verfallen, der Herrscher einen wütenden Machtrausch im Krieg ausleben, der Universitätsprofessor in lateinisch klappernder Rhetorik zu höherer akademischer Seligkeit aufsteigen, all dieses ist der Nüchternheit des Rationalisten verwehrt, der Wegweiser in ein helleres Zeitalter wird wüst umgestoßen, der Heerbann aus Lebenslüge und Todeswütigkeit zieht an ihm vorbei. Er hat für sich das bessere Wissen, und seine Gegner haben das ungestört-rabiate Leben. Er bedauert nicht und trauert doch, seine Chance war nicht leer und wurde doch historisch nicht wirksam. Zum Neid unfähig, zur Mutlosigkeit zu stolz, trägt er das Recht der Vernunft in eine ungewisse Zukunft und weiß um die unabsehbare Kette ihrer wiederholten Niederlagen bei historisch offenem Ausgang. Das Lächeln dieses Wissens des Erasmus von Rotterdam bleibt bis zu jenem fernen Tag aktuell.

(1986)

Berndt Schulz

Jahrgang 1942. Aufgewachsen in Sachsenhausen bei Berlin, als es in der Mark Brandenburg noch Frösche, Störche – und das Konzentrationslager gab. Jahre später dort auf den Spuren von Erich Mühsam und Carl v. Ossietzky. Ab 1947 in Berlin, später Westberlin, wo er den Trümmerfrauen zusah und auf den Fußballplätzen vorwärts stürmte. Nach neun Jahren unergiebiger Schule heikle Elektrikerlehre, lehrreiches Volontoriat als Buchhändler und danach jeder Job vom Tellerwäscher bis zum Handelsvertreter, um später als Millionär auftreten zu können. Zwei Jahre schwere Krankheit, Rekonvaleszenz im sonnigen Süden, 1968 Wegzug aus dem kalten Berlin. Nach Irrwegen ab 1970 im milden Frankfurt, dem geographischen Herzen der Republik. Abitur, Literaturstudium, Erwachsenenbildung. Seit 1978 Literaturproduzent. 1985/86 wieder in Westberlin, der Alternative für Stadtneurotiker. Seitdem in Frankfurt, der noch immer liberalsten Stadt weit und breit. Hier seit nunmehr fünfzehn Jahren: Vorbereitung auf den Absprung in eine viel schönere, ganz andere Stadt, inzwischen bequemes Leben. Arbeitet zur Zeit an einem Drehbuch und an einem Roman mit dem vorläufigen Titel: „Der Mann, der liebte."

Buchveröffentlichungen: *Die Unsterblichen des Kinos.* Zs. m. A. Heinzlmeier und K. Witte. 3 Bände. Frankfurt: S. Fischer 1980–1982/*Kultfilme.* Filmbuch. Zs. m. A. Heinzlmeier und J. Menningen. Hamburg: Hoffmann und Campe 1983/*Kinoklassiker.* Filmbuch. Zs. m. A. Heinzlmeier. Hamburg: Rasch und Röhring 1986/*Was Sie schon immer über Woody Allen wissen wollten.* Filmbiographie. Hamburg: Rasch und Röhring 1987.
Herausgeber: *Sagen aus Afrika.* Frankfurt: S. Fischer 1978/*Märchen aus dem Elsaß.* Frankfurt: S. Fischer 1979/*Sagen aus Skandinavien.* Frankfurt: S. Fischer 1981/*Die Schöne und das Tier.* Frauenmärchen. Bergisch Gladbach: Lübbe Verlag 1983/*Gib acht, tritt nicht auf meine Träume.* Geschichten des deutschen Surrealismus. Frankfurt: Eichborn 1986.

Berndt Schulz

Havelland. Flußströmung

Leegebruch. Amalienfelde. Teerofen.
Die klangvollen Namen früherer Jahrhunderte. Dagegen heute eher das Versinken in die Scham der Betonghettos. Bayer Uerdingen, Gropiusstadt, Vegesack. Es ist zwar schön, das dritte Programm zu empfangen, aber schöner waren die Vogelschwärme zu Beetz. Und Bernau, statt Berlin. Bernau, mit der Befestigungsanlage im Süden, just vor der Kolonie Röntgental. Die Stadt im Kleinen, im Grünen. Die Stadt vor der Stadt. Mit der Schulzenaue im Hinterland.
Das waren Zeiten, als das Dorf Amtsfreiheit, bei Altlandsberg, Licht auf die Geschichte der Preußen warf, als auf der Hirschfelder Heide noch die Vierzehnender röhrten und in Paaren, nördlich vom geschäftigen Nauen, sich die Liebenden, in Scharen, im Stadtforst vereinigen durften.
Lange her.
Lange her, das Flanieren am Charlottenhof, wo Könige im Lustschlößchen tändelten, lange her. Und in Knoblauch, wie in Saugarten, das Schlemmen, und an den Rauhen Bergen, in der Zauche, die Freiheit des Urstromtals, die Zeltplätze von Deutsch Bork im Angesicht der Treuenbriezener Weiten.
Orte, die Berliner Stadtteile tauften. Zehlendorf, Wilmersdorf, Hermsdorf, Märkisch Buchholz. Die Zossener Heide, Rehberge. Und Gottsdorf am Pfefferfließ baute am Fundament mit, das Berlin in den märkischen Sand setzte.
Schön, die Koinzidenzen aus den Schließfächern der Zeit. Und, glaubt mir, wenn in Karche-Zaacko der pensionierte Baron sich über den Schmiß streicht und die geschäftstüchtigen Bürger von Luckau verflucht, dann schreiben wir nicht mehr 1800, sondern morgen, den 1. Mai, wo ein Reichsbahn-Sheriff der ersten Sorte uns den Sozialismus von seiner vertrauten Seite zeigt.
Zahna und Schweinitz, ihr Schönorte im Grauwinkel, ihr Wüstenmarkierungen der neuen Zeit, lebt! Lebt endlich! Macht von euch reden!
Und eines Tages fuhr er mit Mutter und Schwestern wieder in die Mark. Es war Sonntag, der 1. Mai. Arbeiter und Götter vereinigten sich zu gemeinsamem Betriebsausflug. Der Himmel lachte.
Und natürlich hatte die Mutter wieder einmal zuwenig für die Fahrkarten bezahlt. Und natürlich kam auf halber Strecke ein Trupp Bahnsheriffs aus der Zone im blauen Trainingsanzug, mit umgehängten schwarzen Plastiktaschen rein und kontrollierte die Fahrgäste. Und natürlich mußten sie mit einer besonders dicken, scharfen Polizistin, die wie ein blauer Gorilla in ihrem Trainingsanzug steckte, mit raus.
Da saßen sie nun, am gemeinsamen, strahlenden Betriebsausflug des Herrn und des Proletariats, im dunklen, nach Bohnerwachs riechenden Raum der Schaltstelle des S-Bahnhofs Hermsdorf, zwei Stationen vor dem ersehnten Ziel Hohen-Neuendorf, wo die Maibäume inzwischen in den blauen Himmel wuchsen und sich die Arbeiterklasse versammelt hatte, um ein Hoch! auf den neuen Staat, ihren Staat, auszurufen; saßen auf Reichsbahngelände mißtrauischen Reichsbahnpolizistinnen gegenüber, die ihnen Stück für Stück betrügerisches Verhalten zu Lasten der ökonomischen Basis der Deutschen Demokratischen Republik nachwiesen; eines Staates, der gerade im dritten Jahr war und verdutzt auf die Beine kam; saßen im Westen und doch in der DDR, auf Reichs-

bahngelände – und zitterten. Denn nach Pankow würden sie mindestens verfrachtet werden, das war sicher. Wenn nicht nach Potsdam. Oder nach Bautzen, zu den Politischen. Aber die Kinder? Was können die Kinder dafür? Rief die Mutter. Das hätten Sie sich eher überlegen sollen! donnerte siegessicher, am 1. Mai, dem Tag der Arbeiter und Bauern, das blaue DDR-Gorillaweibchen.

Da, schon senkte sich ein Nachmittagsschatten auf die bleichen Gesichter der überführten Betrüger, kam der Mutter der rettende Gedanke.

„Onkel Kurt!", rief sie aus, sprang auf und deutete mit ausgestrecktem Zeigefinger Richtung Norden, als wäre dort der Onkel aus Hohen-Neuendorf soeben wie eine Fata Morgana am Horizont des 1. Mai-Himmels erschienen. „Er ist doch selbst bei der Bahnpolizei! Der weiß doch Bescheid!"

„Nun mal Ruhe, Frau und setzen Sie sich, ja?", maulten die Blauen, die ihren Sieg zum Feiertag gefährdet sahen.

„Aber er macht doch heute Dienst drüben in Hohen-Neuendorf! Können Sie ihn denn nicht anrufen? Der wird kommen!"

„Was denn, Kurt Kunze, der Genosse Betriebsleiter auf der Dienststelle Hohen-Neuendorf? Den meinen Sie?"

„Na ja doch!"

Es wurde angeklingelt. Die Mutter rang die Hände. Die Kinder hoben ihre Köpfe ein Stück höher in den Nachmittagsschatten hinein, den die Sonne durch die schmuddeligen Dienststellenfenster warf. Und dann kam er.

Er stieß die Tür auf.

„Onkel Kurt!"

„Kurt, mein Gott!"

Er stand da, die schräge Nachmittagssonne vom Kampftag der Arbeiterklasse webte eine Gloriole um seine Umrisse, seine Rechte schwebte knapp über dem Schießeisen an der Hüfte, er kickte die Beamtenmütze aus der Stirn und sah in die Runde.

„Na, gibt's Ärger, Hilde?"

„Kurt, mein Gott, daß du gekommen bist!"

Kurt, mein Gott und Kommunist, nahm den Jungen auf den Arm, der zu ihm aufsah, und handelte ihre Freilassung ohne schriftliches Protokoll aus.

„Na, dann woll'n wir mal. Kommt mit", sagte er abschließend, nickte den Kollegen zu und ging hinaus.

Gefolgt von der Familie, die den Kommunismus und die Kirche inständig pries.

(Aus „Der Mann, der liebte". Romanmanuskript 1987)

Adam Seide

Geboren 1929 in Hannover.

Buchveröffentlichungen: *Im Zustand wie gesehen.* Roman. Reinbek: Rowohlt 1980/*Taubenkasper.* Roman. Frankfurt: Syndikat 1985/*Die braunschweigische Johanna.* Ein deutsches Requiem. Frankfurt: Syndikat 1986/*Rebecca oder Ein Haus für Jungfrauen jüdischen Glaubens besserer Stände in Frankfurt.* Roman. Frankfurt: Athenäum 1987. Buchherausgaben, Kunstkritiken, Hörspiele, Features.

Adam Seide

Schwarz Weiss Rot Gold. Ein deutsches Panorama

Mein Arbeitsprogramm bis zum Jahr 2000

1. DAS ABC DER LÄHMUNGEN: Schon 1979 erschienen, wird überarbeitet und enthält am Schlusse alle Figuren aller Romane mit Kurzbiografien.

2. IM ZUSTAND WIE GESEHEN: 1980 erschienen, kann mit kleinen Korrekturen so wieder erscheinen – Familiengeschichte von der Gründerzeit bis in die 50er Jahre, ein Drehbuch liegt vor, wird von Eberhard Fechner verfilmt.

3. TAUBENKASPER: Erschienen 1985. Ein Versuch über eine Zechenkolonie während der Weimarer Republik. Theaterstück für die Ruhrfestspiele in Arbeit.

4. DIE BRAUNSCHWEIGISCHE JOHANNA: Erschienen 1986. Über ein Mädchen, welches während der Nazizeit wegen Plünderung hingerichtet worden ist. Eine Oper wird für die Braunschweiger Oper mit Michael Sell erarbeitet.

5. REBECCA oder Ein Haus für Jungfrauen jüdischen Glaubens besserer Stände in Frankfurt. Erscheint 1987 – das Haus ist 1880 eröffnet und 1981 abgerissen worden: ein Versuch, vom Bau bis zum Abriß darüber zu berichten.

6. DREI ALTE MALER: Erscheint 1988. Sie haben sich nicht gekannt, keiner hatte Erfolg, jeder hatte den Ehrgeiz, als Künstler bekannt zu werden, sie waren verkannt und gescheitert.

7. DER ECKKNEIPENROMAN: Erscheint 1988. Die Kneipe ist in Pantoffeln erreichbar, mancher kommt schon morgens und geht als letzter – woher kommen sie, wohin gehen sie?

8. EIN UNABHÄNGIGER HERR: Erscheint 1989. Er war Richter, war es aus Tradition, alle in seiner Familie waren Richter, waren protestantische Pastoren, er urteilte unabhängig und unnachsichtig und rettete der Landeskirche, in die er sich flüchtete, ein Vermögen – Pendant zur Braunschweigischen Johanna.

9. DIE GRÜNDER: Erscheint 1989. Beide stammen aus armseligen Verhältnissen, sie sind gemeinsam zur Schule gegangen, waren Spielgefährten, der eine gründet ein Industrieimperium, der andere Gewerkschaft und Partei, arbeitet auf des anderen Zeche, führt die Bergleute in den großen Streik, wird entlassen, rettet sich in den Tabakkleinhandel, dann verlieren sich seine Spuren, während der Industrielle ins Irrenhaus gerät.

10. DER GUTE MENSCH: Erscheint 1990. Er ist groß, er ist stattlich, er schwitzt immer, immer ist er freundlich, das gehört zu seiner reformpädagogischen Auffassung, ansonsten ist er verquast...

11. EIN MANN DER MASSE: Erscheint 1990. Er kommt von ganz unten, er war Sozialist, er war bei den Nazis gefährdet, er leitete die größte Gewerkschaft der Welt...

12. UNSER ABGEORDNETER: Erscheint 1991. Unser Abgeordneter ist jung, dynamisch, evangelisch, promoviert, er hat in jeder Tasche einen Zettel, er redet bei jeder Gelegenheit, er weiß immer das richtige Wort, er weiß sich durchzusetzen, er weiß, wie gewaltig Wörter wirken können...

13. JAHRGANG 1927: Erscheint 1991. Eingeschult 1933, zwölfjährig wie Gläsers Held in Jahrgang 1902, als der Krieg beginnt, als der Krieg vorbei ist, hat er nur noch einen Arm...

14. MUTTER COURAGE: Erscheint 1992. Um ihre Kinder hat sie sich kaum kümmern können, in den Sozialismus ist sie vom Christentum kommend hineingewachsen, ihr Widerstand während der Nazizeit war kaum spürbar, geschrieben hat sie nicht, Aufzeichnungen von ihr sind nicht hinterlassen, aber in ihrer Küche hat man immer gegessen und geredet, für die Zeitschrift war sie nützlich...

15. EINE NEUE GENERATION: Erscheint 1992. Was ist mit diesen Kindern los, sie hatten die besten Eltern, jeder hat ihnen gesagt, wie schlimm der Krieg ist, natürlich muß man sich politisch verhalten, trotzdem sind sie nur auf Autos und Klamotten aus, was ist mit diesen Kindern los?

16. HOCH DROBEN IM LAND: Erscheint 1993. Ganz versteckt in der Schwäbischen Alb, da liegt ein Hof, da wohnen Leute, die wehren sich, die wollen, daß alles so bleibt wie es war, sich nichts ändert – oder täuscht man sich da?

17. EIN LOB DER TORHEIT: Erscheint 1993. Natürlich rauchen sie nicht, dafür haben sie den Stall voller Motorräder und Autos, eines schneller als das andere; natürlich leben sie gesund, bewußt diätisch, aber die rasen, was der Teufel hält – was soll man davon halten?

18. DER EINSAMKEITSFANATIKER: Erscheint 1994. Er kommt aus einer Großstadt, aber es zieht ihn auf die Halligen, je kleiner desto besser, so lange wie es geht, alles hat er aufgegeben, nichts hindert ihn mehr, alles freut ihn dort, nur nicht mehr unter Menschen...

19. BASTLER: Erscheint 1994. Als Bildhauer war er bekannt, wenn vielleicht auch nur in einem kleinen Kreis, seine Schöpfungen fand man fantastisch, immer wieder fiel ihm was neues ein, er war ein Bastler, Fummler, Techniker, bald war ihm das nicht mehr genug, für seine Freunde, „die Terroristen", bastelte er dann Bomben...

20. ALBERTINE LEBT: Erscheint 1995. Sie ist mitten im Krieg geboren worden, der Vater war protestantischen, die Mutter jüdischen Glaubens, sie sind davongekommen, später ist sie abgehauen, wenn ihr was nicht paßte, bis sie bei sich selbst angekommen war...

21. GÜNTER AN DER MAUER: Erscheint 1995. Immer hat er die kleinen Ganoven gespielt, die deutschen Offiziere, die Nazis, überall war er gefragt, sein Berliner Mundwerk war zu hören, er war herzlich, freundlich, gütig, und dann...

22. SELBSTVERSUNKEN: Erscheint 1996. Schon als Verkäuferin in einem Wiener Warenhaus hat sie Verkäuferin gespielt, wenn sie verliebt war, wußte man nicht, ob das auch eine Rolle gewesen ist, so hat sie alles gespielt, hingegeben, selbstversunken, darin aufgehend...

23. DIE GROßE MUTTER: Erscheint 1996. Sie kam selbst aus einer kinderreichen Familie, wieviele Kinder sie in die Welt gesetzt hatte, wußte sie bald nicht mehr, daß sie aber immer für alle, die Kinder, angeheirateten Kinder, die Kindeskinder immer da war, das schien allen ganz selbstverständlich...

24. DER REDAKTEUR: Erscheint 1997. Die Karriere war geplant, alles sehr zielsicher, manchmal hat er versucht zu täuschen, vielleicht auch sich selbst, aber dann ging es weiter, auch Freundschaften spielten da keine Rolle, wenn es sein mußte, wechselte er die Überzeugungen wie Hemden, hat er sein Ziel erreicht?

25. EIN ERFINDER ALTER SCHULE: Erscheint 1997. Er ist klein, zierlich, sein Alter sieht man ihm nicht an, auch seine vielen, überwundenen Krankheiten nicht, auch seine Enttäuschungen nicht, die Erfindungen hat man ihm so abgemogelt, er hat sich so durchgemogelt...

26. DAS ARBEITSTIER: Erscheint 1998. Er war der Älteste, immer mußte er was tun, war dann Bürobote, war Lehrling, stieg auf, hat sich immer was vom Munde abgespart, auch als die Versicherungsgesellschaft beinahe ihm allein gehörte, hat er nicht aufgehört zu arbeiten, er ist in den Sielen gestorben...

27. OFFIZIERE: Erscheint 1998. Schon als Schüler hat er an den Nationalsozialismus geglaubt, vor '33, er wollte Diplomat werden, wurde aber nur ein popeliger Oberleutnant, bei der Artillerie in Norwegen stationiert, nach dem Krieg lernte er einen norwegischen Offizier kennen, der als Widerstandskämpfer in deutschen Zuchthäusern saß, beide versuchen, ihre Memoiren zu schreiben...

28. AUF EINEM BEIN KANN MAN NICHT NUR STEHEN: Erscheint 1999. Als Fähnrich hat man ihm zum Schluß noch das Bein weggeschossen, er ging trotzdem immer schneller als die anderen, sein Mundwerk ging indessen noch schneller, wenn er nicht alles gekannt hatte, was er nicht alles gemacht hatte, keiner kam an ihn heran...

29. HOLZGESCHNITZT: Erscheint 1999. Nach dem Krieg fand er sich in Garmisch wieder, beim Holzschnitzen, natürlich wollte er Maler werden, die Bauhäusler hatte er noch gekannt, aber dann wurde er Grafiker, er mußte ja eine Familie ernähren...

30. GOTT, GRÜSS DIE KUNST: Erscheint 2000. Eine Reise, eine Fußwanderung durch die Zeit, wie es die alten Buchdruckergesellen mit diesem Spruch auf den Lippen getan haben, kein Resümee für die Reihe...

(1987)

Valentin Senger

Mein Leben: Geboren wurde ich in Frankfurt am 28. 12. 1918, absolvierte auf Wunsch meiner Eltern die Staatliche Ingenieurschule in Ffm., war Techniker, Konstrukteur, Betriebsleiter. Als rassisch Verfolgter überlebte ich mit meiner Familie, Vater, Mutter und drei Kinder, mit falschem Namen und falschen Papieren das Naziregime in Ffm. in der Kaiserhofstraße (mein Buch „Kaiserhofstraße 12"). Nach dem Zusammenbruch des Hitlerreichs war ich freier Journalist. Wegen meiner Zugehörigkeit zur KPD hatte ich berufliche Schwierigkeiten, die praktisch einem Berufsverbot gleichkamen. Aus dem gleichen Grund verweigerte man mir und meinen beiden Töchtern die Einbürgerung. Vergeblich klagte ich über alle Verwaltungsgerichtsinstanzen. (Ich war von Geburt staatenlos.) Erst 24 Jahre nach meiner Antragsstellung wurde ich 1981 eingebürgert. Von 1965 bis 1983 Redakteur im Hessischen Rundfunk. Seitdem ausschließlich schriftstellerisch tätig.

Buchveröffentlichungen: *Die Brücke von Kassel.* Eine Reportage. Berlin (DDR): Neues Leben 1954/*Am seidenen Faden.* Roman. Berlin (DDR): Neues Leben 1956/*Kaiserhofstraße 12.* Autobiographie. Darmstadt: Luchterhand 1978/*Kurzer Frühling.* Zürich: Ammann 1984/*Die jüdischen Friedhöfe in Frankfurt.* Frankfurt: Waldemar Kramer Verlag 1985.
Herausgeber: *Einführung in die Sozialpolitik.* Reinbek: Rowohlt 1970.

Valentin Senger

Nicht immer ist grün die Farbe der Hoffnung

Sommers wie winters trug Karl Waßmann nur ein leinernes Hemd, kurze Hose und – außer im strengen Winter – an den Füßen unter nackten Beinen Jesussandalen. Eine barettähnliche Baskenmütze saß ihm verwegen schräg auf dem üppigen Haarschopf. Und über der Schulter trug er eine grüne Fahne. Fragte man ihn, was sie zu bedeuten habe, gab er zur Antwort, sie sei gewissermaßen ein Zeichen der Hoffnung auf bessere Zeiten und solle die Menschen ermuntern, mit Optimismus in die Zukunft zu schauen. An der Seite hing ihm ein großer Leinenbeutel, in dem sich immer die neuste Ausgabe seiner „Liebe“ befand. Er verkaufte sie für einen Groschen, später, als alles teurer wurde, für zwei. Der Inhalt seiner „Liebe“ bestand aus seinen eigenen, höchst anspruchslosen Gedichten und Erzählungen, selbstgefälligen Hinweisen auf seine zahlreichen Talente und Anzeigen der Gastronomen, in deren Lokalen er ein- und ausging.

Wenn er, trotz aller Spötteleien freundlich lächelnd, von Tisch zu Tisch ging und in dem ihm eigenen Singsang unermüdlich „Wer will meine ‚Liebe‘?“ wiederholte, kaufte ihm mancher Zecher aus Jux oder auch ein wenig Neugier ein Exemplar ab, und Karl Waßmann dankte mit einer artigen Verbeugung. Wenn ihm ein Gast gar eine Laugenbrezel spendierte, wie man sie in Sachsenhausen zum Apfelwein ißt oder auch zum Bier, sagte er: „Der Herrgott vergelt's euch, und meine Empfehlung der Frau Gemahlin.“

Besonders am Herzen lag ihm die Bekehrung der Frankfurter Nutten. Oft sah man ihn mit den leichten Damen zusammenstehen und auf sie einreden und nicht selten in einer der Absteigen verschwinden, wahrscheinlich, um sie unmittelbar angesichts der Stätte ihrer lasterhaften Profession des Guten oder auch des Besseren zu belehren. Wiederholt erregte er Aufsehen mit Aufrufen in seiner „Liebe“ zur Ehrenrettung und für die Rechte der Dirnen...

Er verstand es, mit spektakulären Aktionen immer wieder auf sich aufmerksam zu machen. Mal gründete er eine Waßmann-Partei, um sich bei einer Kommunalwahl ins Stadtparlament wählen zu lassen und damit, wie er es formulierte, eine Tribüne zu schaffen für seine die Menschheit aufrüttelnden Friedensideen. Das ging daneben, weil die zweitausend Stimmen, die er erhielt, zum Bau der Tribüne nicht langten. Dann gründete er einen Schutz- und Interessenverband der Prostituierten. Da wiederum spielten die Frankfurter Zuhälter nicht mit. Sie warnten ihn, was er sofort kapierte, denn er kannte die rigiden Bräuche in diesen Kreisen. Bald darauf initiierte er in Frankfurt einen nationalen Edelvagabundenkongreß und nahm den Titel eines Königs der Edelvagabunden an...

Als die Faschisten an die Macht kamen, schrieb er begeisterte Gedichte auf Hitler und Mussolini. Darum war er für die braunen Machthaber anfangs ein nützlicher Narr. Doch Außenseiter sind in einer Diktatur immer Störfaktoren. Und so zeichnete sich das Ende seines Wegs als Naturapostel und Wunderdoktor bald ab. Er blieb ein Traumtänzer auch auf dem blutigen Parkett des faschistischen Staats und bezeichnete Frau und Sohn als Schwarzseher, weil sie das Verhängnis kommen sahen und ihn beschworen, seine Apostelkluft in den Schrank zu hängen...

Noch bei seiner Verhaftung war Karl Waßmann im Glauben, Opfer einer Verwechslung zu sein, und fest davon überzeugt, daß sich der Irrtum aufklären und er bald wieder entlassen werde... Nach dreijähriger KZ-Haft wurde er nach Schloß Hartheim in Ober-

österreich geschafft, einer nazistischen Vernichtungsstätte für sogenanntes lebensunwertes Leben. Karl Waßmann, der noch wenige Jahre zuvor die Faschisten blauäugig mit den Versen besang: „Wer sie heute noch kann hassen, wird sie morgen doppelt lieben" und „Dies Zweigestirn, oh Wonne, Kündet Aufgang dir und Sonne", wurde dort im März 1941 ermordet. –
Seinerzeit kannte so gut wie jeder Frankfurter den Sonderling. Er gehörte zum Stadtbild wie Hauptwache und Römerberg. Mit Selbstverständlichkeit und einem leichten Lächeln auf den Lippen schleppte er seine grüne Fahne mit sich herum wie andere ihren Regenschirm, ließ sich von Gassenkindern umtanzen und von phantasielosen Menschen gelegentlich auch anpöbeln. Es war eine Lust zu hören, wie schlagfertig und mit Witz er auf die ständigen Hänseleien der Kneipenbesucher, denen er seine „Liebe" anbot, reagierte.
Das alles wären Gründe genug, das tragische Schicksal eines Einzelgängers in dem mörderischen Klima des Hitlerfaschismus aufzuzeichnen, die Unmenschlichkeit eines autoritären Systems wie in einem Brennspiegel sichtbar zu machen. Doch es gibt einen weiteren gewichtigen Grund, nämlich die Korrektur einer Art von Geschichtsschreibung, die das Prädikat unaufrichtig oder noch besser heuchlerisch verdient.
In allen Berichten, die nach 1945 über ihn veröffentlicht wurden, wird eine Fama über sein Ende zusammengezimmert, die einer Verharmlosung des Umstands, wie man ihn aus dem Weg schaffte, gleichkommt. Nicht ein einziges Mal findet man die klare Formulierung, daß er ermordet wurde. Da heißt es: „1938 verschwand er aus Frankfurt" oder „wurde angeblich verhaftet" oder „starb 1941 in Hartheim bei Linz". Am unverschämtesten klingt, daß er so lange seine „bissigen Tiraden" gegen das NS-Regime „vor den Haustüren losgelassen" habe, bis er deswegen eines Tages angezeigt worden sei. Das ist nicht nur unwahr, sondern dazu noch ein Rechtfertigungsversuch der mörderischen Handlungsweise des Hitlerregimes und will glauben machen, daß Karl Waßmann Schuld mitträgt an seiner Verhaftung und späteren Vernichtung.
Wahr ist, daß am Ende seines Lebens nichts mehr von dem Humorigen und Schrulligen des Frankfurter Originals übrigblieb, nur noch Gallenbitterkeit und Erschrecken und Anklage gegen den nationalsozialistischen Unrechtsstaat.

(Aus einem Kapitel eines noch unveröffentlichten Manuskripts über die tragische Vita des Frankfurter Originals Karl Waßmann. 1987)

Kurt Sigel

Geboren 1931 in Frankfurt am Main. Nach der Mittleren Reife verkürzte Schriftsetzerlehre. Danach Typograph in einer Werbeagentur. Von 1956 bis 1968 selbständiger Grafiker und Retuscheur. Danach freier Maler. Von 1971 bis 1981 Galerieleiter und Kustos in Frankfurt. Seit 1982 freier Schriftsteller.
Prosa- und Lyrikbeiträge in 85 Anthologien. Zahlreiche Funksendungen und Kurzhörspiele. Seit 1968 Veranstaltungsreihe „Lyrik & Gitarre" mit Manolo Lohnes. Autorenportrait in ZDF. Mitglied des PEN und des VS. 1966 Förderpreis zum Kogge-Literaturpreis. 1983 Arbeitsstipendium des deutschen Literaturfonds.

Buchveröffentlichungen: *Traum und Speise.* Gedichte. Heidelberg: Schneider 1958/*Sperrzonen.* Gedichte. Hamburg: Wegner 1960/*Flammen und Gelächter.* Gedichte. München: Langen-Müller 1965/*Kurswechsel.* Erzählung. Darmstadt: Ges. hess. Literaturfreunde 1968/*Feuer, de Maa brennt.* Gedichte und Lieder in Frankfurter Mundart. Frankfurt: Gierig 1968/*Knigge verkehrt.* Zs. m. K. Halbritter. Frankfurt: Bärmeier & Nikel 1970/*Lieder und Anschläge.* Gedichte. München: Delp 1970/*Kannibalisches.* Tübingen, Basel: Erdmann 1972/*Uff Deiwelkommraus.* Mundartgedichte mit Zeichng. v. G. Degenhardt. Frankfurt: Gierig 1975/*Kotilow oder Salto mortale nach innen.* Roman. Düsseldorf: Claassen 1977/*Gegenreden/Quergebabbel.* Mundartgedichte. Düsseldorf: Claassen 1978/*Krumm de Schnawwel – grad de Kerl.* Mundartgeschichten und -gedichte. Düsseldorf: Claassen 1980/*Verse gegen taube Ohren.* Gedichte. Frankfurt: Fricke 1983.
Schallplatten: *Zieh Pudel, de Maa brennt.* Leer: Schuster 1972/*Zuschdänd in Frankfort un annerswo.* Rothenburg o. d. T.: Peter 1975/*Lyrik & Gitarre.* Zs. m. M. Lohnes. Rüsselsheim: Edition Venceremos 1981.
Zahlreiche Funksendungen, Kurzhörspiele und Beiträge in Anthologien.

Kurt Sigel

3 Gedichte

Heute wärmt mich die Aussicht
bald einen soliden
Schlaf zu tun,

oder mit den Schwalben
zu frühstücken,
sofern die Seele leicht ist.

Meinetwegen
mit einer Mückenwolke zu tanzen,
abendelang.

Ich wär zufrieden
mit einer Regenrinne
als Hades.

(1970)

Halluzinierender Tiefschlafbeisitzer
hallo Sie Tiefeischlafsitzer
Sie na Tiefsitzbeischläfer
hulla zie Tiefschlafeiritzer
Luzie ha schlaf tief Eikitzler
hu Ritzei laaf schiefer
hazie o fietlaaf Scheifizzer

(1964)

Die Wahrheit lügt nicht
keine Lüge sagt die Wahrheit
oft kommt eine Lüge der Wahrheit nahe
und somit die Wahrheit der Lüge
es kann also die Wahrheit in Wahrheit Lüge sein
und die Lüge in Wahrheit Wahrheit

wer lügt und zugibt zu lügen lügt ehrlich
wer ehrlich lügt sagt die Wahrheit
weil er zugibt, daß er nicht die Wahrheit sagt
also lieben die ehrlichen Lügner die Wahrheit

(1970)

2 Gedichte in Frankfurter Mundart

Komm scho
wenn wer kimmt? wer
soll scho komme

Kimmsde jetzt!
ich komm wann kaaner
kimmt

Als willsde komme
wenn kaaner kimmt awwer
komme duhd kaaner

Also komm scho!
un wenn aaner grad kimmt
wenn ich komm?

Kimmsde jetzt odder
kimmsde net? nor
wann kaaner kimmt

Wennde net kimmst
soll komme wer kimmt
awwer ich geh!

Dann komm ich

(1974)

Merr kann als Wolf
im Schafsbelz so lang rumlaafe
bis merr aafängt
am Grasfresse Geschmack ze finne

Wann merr erst
den warme Belz zu schätze waaß
lernt merr aach des Blöke
un des sich Runnerducke

Aabasse un Grasfresse
denkt merr noch als Wolf
die ersde Kneddel awwer
scheißt merr schon als Schaf

(1978)

Volkmar Sigusch

Am 11. Juni 1940 in Bad Freienwalde an der Oder geboren. Studium der Philosophie, Medizin und Psychologie in Berlin (Ost), Frankfurt am Main und Hamburg. Promotion zum Dr. med. 1966 bei Hans Giese. Fort- und Weiterbildung insbesondere in Gynäkologie, Innerer Medizin, Psychiatrie, Psychotherapie und Sexualwissenschaft. Habilitation 1972 an der Universität Hamburg. Seit 1973 vor allem Professor für Sexualwissenschaft an der Universität Frankfurt am Main.

Buchveröffentlichungen: *Zur Frage des Vorurteils gegenüber sexuell devianten Gruppen.* Zs. m. G. Schmidt. Stuttgart: Enke 1967/*Exzitation und Orgasmus bei der Frau.* Stuttgart: Enke 1970/*Arbeiter-Sexualität.* Eine empirische Untersuchung an jungen Industriearbeitern. Zs. m. G. Schmidt. Neuwied und Berlin: Luchterhand 1971/*Ergebnisse zur Sexualmedizin. Köln: Wissenschafts-Verlag 1972. Neuausgabe Basel: S. Karger 1973/Jugendsexualität.* Dokumentation einer Untersuchung. Zs. m. G. Schmidt. Stuttgart: Enke 1973/*Therapie sexueller Störungen.* Stuttgart und New York: Thieme 1975 und 1980/*Medizinische Experimente am Menschen.* Das Beispiel Psychochirurgie. Argument-Studienheft 12. Berlin (West): Argument-Verlag 1977/*Sexualität und Medizin.* Köln: Kiepenheuer & Witsch 1979/*Vom Trieb und von der Liebe.* Frankfurt und New York: Campus 1984/*Die Mystifikation des Sexuellen.* Frankfurt und New York: Campus 1984.
Herausgeber und Mitherausgeber: *Tendenzen der Sexualforschung.* Zs. m. G. Schmidt und E. Schorsch. Stuttgart: Enke 1970/*Die sexuelle Frage.* Hamburg: Konkretliteratur Verlag 1982/*Sexualität konkret.* Zs. m. I. Klein und H. L. Gremliza: Frankfurt: Zweitausendeins 1984/*Sexualtheorie und Sexualpolitik.* Ergebnisse einer Tagung. Zs. m. M. Dannecker. Stuttgart: Enke 1984/*Operation AIDS.* Zs. m. H. L. Gremliza. Hamburg: Gremliza Verlagsgesellschaft 1986/*Beiträge zur Sexualforschung* seit 1972/*Sexualität konkret.* 1979–1986.
Im Editorial Board von: The Journal of Sex Research. Archives of Sexual Behavior und Psyche.
Übersetzungen aus dem Amerikanischen und Russischen.
Veröffentlichung von Gedichten in: Flöte und Schafott, Diskus, Dr. med. Mabuse, Sexualität konkret.
Zahlreiche Aufsätze in Sammelwerken, Handbüchern und Zeitschriften.

Volkmar Sigusch

Enterré vif.

Enterré vif. Eine Professorin, die in Hessen Kultusminister werden soll, gilt der Öffentlichkeit als geeignet, weil sie sich „fernsehgerecht" bewege. In der exakten Wissenschaft begehen jetzt Zellen Selbstmord, Gene sind intelligent, Nukleotidketten lesen einander richtig oder falsch, Viren sind heimtückisch, enzymatische Reaktionen vernünftig. Die Brauerei serviert „ein sympathisches Bier". Der Wirtschaftsminister verlangt von der Industrie, Jungen und Mädchen „auf Vorrat" auszubilden. In der Zeitung sucht ein Mann, der sich „31, 180, 65" nennt, einen „blonden Pferdeschwanz". Das Beamten-Heimstätten-Werk schreibt: „Ja, ich will fair zu meinem Haus sein"; die Firma BP: „Wichtige Informationen für Ihr Auto." In der Türkei hungern politische Gefangene unter der Losung: „Es lebe der Tod!" Bei uns „sterben immer mehr Bauernhäuser". Die US-Bomber, sagt der Kommentator, haben eine „klare Sprache" gesprochen. Im sogenannten Falkland-Krieg sieht der „Guardian" die Sea-Dart-Raketen „graziös" ihr Ziel erreichen, „als ob eine eigene Choreographie für sie geschaffen worden sei." Vermögen und Eigenschaften der Menschen scheinen an die toten Dinge überzugehen, die ihnen bedeuten, wie sie sich zu bewegen und zu sprechen, wie sie zu sein haben. Daß uns unsere abgetrennten Eigenschaften von unseren Produkten konkret als Abstrakta verlocken und verhöhnen, reicht offenbar nicht mehr. Nichtgegenständliches bewegt sich als fetischisierter Tauschwert in objektiven Formen, und die äußere Natur tritt menschenäquivok auf den Plan. Ist das individuelle Tun für den Gang des Ganzen belanglos, gewinnt der Kampf ums Überleben der Bäume großes Gewicht. Verstummt das Individuelle, sind die Fische beredt. Menschliches macht sich dinghaft, Dinghaftes scheint menschlich zu sein; Lebendiges stellt sich tot, Totes wird erweckt. Die Sprache der Kandidatin ist gedruckt, ihre Bewegung monitorisiert, die Rakete fliegt graziös, Chemikalien lesen und schreiben, Krankheitserreger machen Geschichte, das Bier ist sympathisch, die Begehrte nichts als ein Pferdeschwanz, die Jugend liegt auf Halde, das Reihenhaus wird fair behandelt, die Maschine informiert. Menschen sind bemüht, sich zu vergegenständlichen, weil das Unbelebte so erfolgreich ist. Sie wollen die toten Dinge anthropoisieren, wenn es schon nicht so einfach ist, ihre Grazie und ihren Effekt zu erreichen. Man weiß auch nicht, wozu es noch einmal gut sein wird, sich dem Reich der Dinge subjiziert zu haben und dieses sich. Noch den Angepaßtesten beunruhigt, nicht vollkommen identisch zu sein, weil nur das die Ruhigstellung garantierte. Mors ianua vitae, der Tod ist die Eingangspforte zum Leben, gilt seit der ersten Wissenschaft, also seit Jahrtausenden. Die Angst aber, nur noch mit dem Schein und im Schein, letztlich zum Schein zu leben, die heute gerade als okkulte und diffuse real genannt werden müßte, ist abstrahiert. Als die exakte Wissenschaft terminal wurde, befürchteten Menschen, lebendig beerdigt zu werden. Am Tag vor seinem Tod schrieb Chopin auf einen Zettel: „Comme cette terre m'étouffera je vous conjure de faire ouvrir mon corps pour je sois pas enterré vif." Das war damals individuell realistisch, allgemein aber romantisch. Heute müßten Menschen befürchten zu leben, obgleich sie schon beerdigt sind. Das wäre allgemein realistisch, individuell aber irrational. Inzwischen ist der Scheintod kein subjektives Problem mehr. Scheinbar haben sich die Zeiten geändert.

(1987)

Rolf Silber

Geboren am 2. 8. 1953 in Seligenstadt am Main, Volks- und Handelsschule in Hausen bei Offenbach, anschließend Lehre als Bankkaufmann. Danach, scheinbar folgerichtig, Besuch des Wirtschaftsgymnasiums in Offenbach am Main. Nach einer Karenz- und Bedenkzeit als LKW-Fahrer Studium an der Deutschen Film- und Fernsehakademie in Berlin. Dort entstehen die ersten Filme, hauptsächlich Dokumentationen und kleinere Experimentalfilme. Zwischendurch Arbeit als Kameraassistent, Kameramann, Tonassistent, Cutter. Schließlich zurück nach Frankfurt, Mitgründer und -inhaber der „Frankfurter Filmproduktion", weiland „Frankfurter Filmwerkstatt". Seit dem ersten eigenen Kinofilm, „Kassensturz", Autor und Regisseur mit einem Faible fürs vorgeblich/sogenannte Leichte und Komödiantische.

Drehbücher: *Der Mann im Raster.* Drehbuchstipendium FFA 1979/*Specht's Spaltung.* Spielfilm. Regie, Kamera, Schnitt. Abschlußfilm an der DFFB 1980/*Bundschuh.* Co-Autor Bruno Schneider. Dokumentarfilm. Co-Regie, Kamera, Schnitt. Filmwerkstatt/ZDF 1981/*Kassensturz.* Spielfilm. Regie. Filmwerkstatt/Roxy-Film/HR. Verleih: Futura 1983/*Die Stadtpiraten.* Spielfilm. Regie. SFB. Verleih: Atlas-Film 1985/*Die Morde der Gebrüder Grimm.* Serienentwurf im Auftrag des ZDF 1985/*Zweiländereck.* Serie für HR. In Arbeit 1986/*Geschichten aus dem Niemandsland.* Serienentwurf im Auftrag des WDR 1986/*Erleuchtung inbegriffen.* Kinofilm. Realisation September 1987. Regie. FFM-Filmprod./Project-Film/HR. Verleih: Filmverlag der Autoren 1987/*Georginas Drache.* Entwurf für eine Kinderfilmserie 1987/*Ein Oscar für Erwin.* Entwurf. Kinderfilm. Zusammen mit Rudolf Bergmann. 1987.
1982–87: Insgesamt 88 *Trickfilmspots* für Kinderfernsehen HR, SFB, NDR u. a.: Ich stell' mir vor.../Raumschiff Kaffeekanne I. – IV./Die Geisterbande/König des Parks. Regie, Co-Regie/Mission Terra. 4 Folgen. Kinderfilmserie HR.

Rolf Silber

Erleuchtung inbegriffen

BILD 19 a APPARTEMENT HARRI *INNEN/ABEND*

Goldgelb hängt eine dicke Sonne über der Stadt. Harri hat sich seine Schreibmaschine auf den Balkon gestellt. Eben kommt er mit einem gut gefüllten Glas Scotch aus der Wohnung, rückt seinen Stuhl zurecht, zündet sich genüßlich eine Zigarette an und starrt das leere Blatt Papier an. Plötzlich scheint ihm etwas durch die Nase zu fahren, er schnüffelt, betrachtet seine Zigarette, zieht daran, schmeckt ... alles in Ordnung ... er konzentriert sich wieder auf seine Maschine, will gerade in die Tasten hauen. Da schwebt ein Geräusch durch die linde Luft. „Zwäng-Zwäng" oder so ähnlich. Harri zögert, schüttelt irritiert den Kopf, will wieder anfangen zu schreiben...

Ein tiefer, satter, gedämpft-dröhnender Gongschlag ... perlende Sitar-Akkorde ... „Dadung-Dong-Da" fallen indische Tempeltrommeln ein ... Zimbeln, Rasseln, Schlaghölzer beginnen zu klicken, zu klacken, zu klingeln ... und endlich nasaler Singsang, unterbrochen von kurzen, spitzen, kieksigen Schreien ....

Harris Kopf taucht jetzt langsam über der Sichtblende zwischen seinem und Vanessas Balkon auf... In eine Symphonie in Gelb gekleidet, sitzt Vanessa im Lotossitz auf einem gelben, diwanartigen Kissen, vor sich aufgebaut ein Bild in goldenem Schmuckrahmen, das einen älteren, freundlichen, fremdländischen Herren mit Vollbart und Halbglatze darstellt. Rechts und links von ihr Batterien kokelnder Räucherstäbchen, neben dem Bildnis ein äußerst leistungsstark wirkender Ghettoblaster, aus dessen Boxen die fremdländische Melodei orgelt. Sie selbst – ein Bild vollständiger Kontemplation. Die Augen geschlossen, der Atem ruhig, summt sie kaum hörbar das heilige „Ohhhmmmmmm..." und ignoriert Harris Gruß...

HARRI: Schöner Abend ... hmm!?

Pause...

HARRI: Hören Sie ... äh ... ich muß arbeiten ... was immer Sie da gerade machen, geht es vielleicht auch ohne Musik?

Vanessa klappt ein Auge auf – nur um nach dem Stereokoffer zu greifen und die Musik etwas lauter zu stellen ... Harri seufzt...

HARRI: Ich hatte einen harten Tag, ja?! ... und um ehrlich zu sein, das ist nicht unbedingt meine Lieblingsmusik, was Sie da eben hören. Können Sie's nicht auch mit Vivaldi? Bach? ... äh, Monteverdi, nein?

Pause...

HARRI: Also meinetwegen auch Julio Iglesias, wenn's sein muß!?

Vanessa legt fünf Watt zu ... ihr Gesichtsausdruck wird energischer, der von Harri ebenfalls.

HARRI: Ich mache Ihnen jetzt ein faires Angebot, ja?! Ich arbeite heute abend nicht und Sie kommen auf einen Drink zu mir herüber ... okay?

Vanessa dreht ihren Rabbatzkoffer jetzt voll auf ... Harri schiebt energisch sein Kinn vor...

HARRI *(zu sich)*: Gut. Sie will Krieg, sie kriegt ihn...

BILD 19b STRASSE VOR APPARTEMENTHAUS *AUßEN/ABEND*
Peter & Paul schenken sich erneut einen nachdenklichen Blick, dann kurbeln sie die Seitenfenster des Wagens herunter, lauschen auf die fernöstlichen Klänge, die zu ihnen herunterschallen...

BILD 19c APPARTEMENT HARRI *INNEN/ABEND*
Harris Hände stellen eine mächtige Box auf den Balkonboden ... halten ein Plattencover,„*THE IRON HAMMERS – Loud & Ugly!*" ... die Plattenspielernadel trifft auf die Rille ... ein hörbar manischer Gitarrist bearbeitet die Saiten seines Instruments mit Bärentatzen...

BILD 20a BÜRO KAMPNER *INNEN/ABEND*
Kampner fährt in seinem Bürosessel herum, das Telefon ans Ohr gepreßt.
KAMPNER: Die machen bitteschön WAS...?

BILD 20b STRASSE VOR APPARTEMENTHAUS *AUßEN/ABEND*
Peter grient und hält wortlos den Hörer des Autotelefons ins Freie ... wo eine akustische Schlacht Okzident gegen Orient tobt ... in umliegenden Wohnungen werden Fenster aufgerissen...
NACHBARN: Ruhe! Unverschämtheit. Notenschänder... etc.

(Aus: „Erleuchtung inbegriffen". Drehbuch. Verleih: Filmverlag der Autoren München 1987)

Lothar Spree

1942, aufgewachsen in Mülheim an der Ruhr. 1958–61 Ausbildung als Grafiker bei Fried. Krupp, Essen. 1961–68 Hochschule für Gestaltung Ulm, Studium Visuelle Kommunikation, dann Film am Institut für Filmgestaltung Ulm (Mitbegründer), Abschluß Diplom. Erste Filme. 1968–76, 1977 Aufenhalt in Canada und USA: 1968–71 University of Waterloo, Connestoga College, Ontario Canada, Studium Communication and Design, BA. Lehraufträge für Filmgestaltung, Aufbau von Filmabteilungen. Verschiedene Kurzfilme. 1971–72 Produktionen von freien Filmen, commercials, educational films, Kurzfilme in NY und NJ, USA; Produzent, Autor, Regisseur, Kameramann. Dozent, u. a. 1971–76 Professur am Ontario College of Art, Toronto, Canada. Aufbau Filmabteilungen Photoelectric Arts und LightLab; Film-, Videoproduktionen. 1974–86 Mitarbeit beim ZDF, Jugendprogramme und andere; Autor, Regisseur und Produzent. 1975 Gründung lothar spree film production in Frankfurt: 1975–87 Produktion von Spielfilmen, Dokumentarfilmen, Kurzfilmen; Ausbildungs- und Industriefilme in 16mm und Video. Drehbücher, Jugendbücher, Publikationen.

Buchveröffentlichungen: *Der Freiheit Aber.* Gedichte & Poems. Buch. Frankfurt-Basel: Stroemfeld-Roter Stern 1981/*Kratzer auf der Seele.* Jugend-Taschenbuch zum Film. Ravensburg: Otto-Maier-Verlag 1983.
Drehbücher: *BeatBürger.* Radio Bremen 1965/*Abschied von Gestern.* Für A. Kluge. 1966/*Die Wölfe.* Nach Pavel Jurácek. Für Th. Schamoni. Deutsch und Englisch. 1976–77/*Flora Tristan.* Mitarbeit. Für C. v. Alemann. 1977/*Erste Liebe.* Zs. m. I. Nordhoff, H. Kentler. 1978/*Null Bock.* ZDF 1979/*Die Erstürmung des Siebten Himmels.* Zs. m. und über Reinhold Messner. ZDF 1979/*Versuchs doch mal mit Zärtlichkeit.* ZDF 1980/*Therese und Tanja.* ZDF 1982/*Unter Hitler leben...* Dokumentation. ZDF 1982–83/*Kratzer auf der Seele.* ZDF 1983/*Gustav, ganz!* SFB 1983/*Heiße Ohren.* Bearbeitung. Produktionsdrehbuch. SFB 1985/*Sexualität – Sprache der Liebe.* 4 Drehbücher für 7teilige Filmserie. Bundeszentrale für gesundheitliche Aufklärung. Bonn-Köln 1986–87/*Schnitt durch die Welt – Stefan Wewerka.* ZDF 1987.

Lothar Spree

Kleine Annoncen

Gregor und sein Sohn in ihrem Citroën auf den Landstraßen. Hessischer Wald, hessische Dörfer. Gregors Sohn: „Hesslische Dörfee!"
Bilder von großen Befestigungen im flachen Lande: Stauseen, Dämme, Straßen, Startbahnen, Kanäle, Deponien, KZs, Kraftwerke... „er ruft stecht tiefer ins erdreich ihr einen ihr andern singet und spielt er greift nach dem eisen im gurt er schwingt seine augen sind blau dein goldenes haar der tod ist ein meister..." Die Glauburg in der Nähe von Lindheim ist eine vorgeschichtliche Festung besonderer Art, von alten Zeiten bis heute ein mystischer Ort, an dem sich alles Unheimliche von Geistern, Widerständlern, Hexen bis Sozis und Grünen heimlich getroffen haben soll.
Gregor und Karin fahren durch die Wetterau. Fahrt durch Lindheim, das aussieht wie jedes andere Dorf auch. Karin zeigt mehr Knie, Gregor schaut erstaunt hin. Karin lächelt und zeigt mehr. Das Auto fährt. Zum erstenmal, erkennt man an Gregors Blick, betrachtet er Karin, seine Tipse, als sexuelles Objekt – oder Partner? Er zieht die Brauen hoch: „In der Liebe gibt es kein Nebeneinander – Hammer oder Amboß sein – sobald ich aber die Wahl habe, zu herrschen oder unterjocht zu werden, scheint es mir weit reizender, der Sklave eines schönen Weibes zu sein. Aber wo finde ich das Weib, das nicht mit kleinlicher Zanklust Einfluß zu erringen, sondern ruhig und selbstbewußt, ja, streng zu herrschen versteht?" Karin rauft sich die Haare, sie ist kühn und unverschämt, etwas Punkiges kommt unter ihrem evangelischen Aussehen durch. „Nun, das wäre am Ende gar nicht so schwer," sagt sie bedeutungsvoll. – Gregor sieht sie fast entsetzt an: „Sie glauben –". „Ich – zum Beispiel --" sie lacht und biegt sich dabei weit in den Sitz zurück, ihr Kleid verrutscht – „ich habe Talent zur Despotin – den nötigen Pelz besitze ich auch." Karin lacht ganz unverschämt. Der Citroën wippt über die Wetterauer Straßen, das Wetter ändert sich. Er wippt noch, als er am Hang parkt.
Angela bei Dreharbeiten in einer Luxuswohnung, ihre erste Regiearbeit. Sie ist ganz aufgedreht und trockenmundig, ihre roten Haare brechen, wenn sie darin rauft. Auf einem Sofa nebeneinander sitzen zwei Schauspieler, Berliner Typen in Sweatshirt mit appen Ärmeln, Hosenträgern und den weiten Hosen der fünfziger Jahre. Sie lesen angestrengt ihre Texte, ihre Nähe zueinander ist ihnen peinlich. Angela schreit: „Probe, Probe!" Die beiden legen ihre Manuskripte unter ihre Oberschenkel. „Du tust es doch erst weg, wenn die Kamera läuft!" schreit Angela. Er nimmt es wieder vor und sagt: „Und – nein Nun, und die Moral von der Geschichte?" Er legt das Drehbuch auf den Tisch. „Daß ich ein Esel war. Hätte ich sie nur gepeitscht!" „Mehr Peinlichkeit, mehr Leidenschaft, verdammtnochmal!" ruft Angela. „Ein kurioses Mittel, das mag bei deinen Bäuerinnen –" „Und lebhaft" treibt Angela ihn an. „Oh! die sind daran gewöhnt –". „Am Oh! arbeiten wir noch extra!" – „Daran gewöhnt, aber denke dir die Wirkung bei unseren feinen, nervösen, hysterischen Damen –" Angela: „Und aufgeregt!" „Und die Moral?" – Der eine Schauspieler lehnt sich naseweis ins Sofa: „Daß das Weib, wie es die Natur geschaffen und wie es der Mann gegenwärtig heranzieht, sein Feind ist und nur seine Sklavin oder seine Despotin sein kann, nie aber seine Gefährtin." Angela springt ihn schreiend an: „NIE ABER SEINE GEFÄHRTIN!, Karlheinz, mehr Saft!" Karlheinz: „Despotin sein kann, NIE ABER SEIne Gefährtin, dies wird sie erst dann sein können, wenn sie ihm gleich steht an Rechten, wenn sie ihm ebenbürtig ist durch

Billdung und Arbeit, fürchterlicher Text." „Ich will nicht, daß du an dieser Stelle nuschelst, nur weil du schwul bist, Karlheinz!" donnert Angela. „Weiter. Ach verdammt, wo ist die Relevanz! Jetzt haben wir nur die Wahl, Hammer oder Amboß zu sein, und ich war der Esel, aus mir den Sklaven eines Weibes zu machen, verstehst du?" „Nein, versteh ich nicht," leiert Angela, „du bist keinen Deut überzeugend, das machen wir auch extra, konnte ich wissen, daß du ne verdammte Tunte bist?" Karlheinz beschwert sich weinerlich, weiter im Text: „Mir sind die Hiebe, wie du siehst" – er blickt Angela an – „sehr gut bekommen, der rosige, übersinnliche Nebel ist zerronnen und mir wird niemand mehr die heiligen AFFEN von Benares oder den HAHN des PLATO für ein Ebenbild GOTTES ausgeben!" „Was für eine Betonung!", stöhnt Angela. „Daher die MORAL der Geschichte:" – Karlheinz erhebt sich, der andere schaut treu zu ihm auf, Angela rauft sich die Haare, im Hintergrund tritt Alex Armand auf den Set – „Wer sich peitschen läßt, verdient, gepeitscht zu werden!" Karlheinz setzt sich: „Und wo bitte läßt uns das beim gewaltfreien Widerstand gegen die allgemeine Aufrüstung, he?" Angela hat Alexanders Blick auf ihrem Rücken gespürt: „Aber das ist doch nicht das Thema, Karlheinz, wie oft MUSS ich denn noch – also!"
Ein Storchenpaar, das seit Jahren zum erstenmal nicht aus Afrika in sein Nest auf dem Schornstein zurückkehrt, ist schwierig zu filmen, wenn man in Lindheim darauf wartet.
Optische Montage des hessischen Barocks an Bauwerken der Wetterau. Musik.
Lindheim: Es existiert ein Foto, das Sacher-Masoch und seine ganze Familie am Hexenturm zeigt: Leopold von Sacher-Masoch in liebevoller Umarmung mit seiner Frau Hulda, die Tochter Olga mit der Kinderfrau, die zweite Tochter Marfa[1] und der kleine Ramon irgendwo in den Lichtflecken der exotischen Bäume, in Öffnungen des Turmes fast unsichtbar versteckt. Freunde stehen irgendwo im Schatten. Ein altes Foto von großem vexiererischen Reiz, das erst nach langem Studium das Lichtfleckenmuster in erkennbare Personen auflöst. Sacher-Masoch sagte zum Hexenturm, der neben seinem Haus, am Ende seines kleinen Parks steht: „Wie seltsam, daß an dieser Stätte ein Schauer über uns kommt, ein Gefühl der Empörung über den Aberglauben und die Tyrannei jener Tage – und ist es denn jetzt besser? Damals waren es Hunderte, die man um einer tollen Einbildung willen in die Flammen warf, und heute? – heute sind es Millionen, die durch einen politischen, sozialen oder volkswirtschaftlichen Wahn in die Fremde, in die neue Welt jenseits des Ozeans, in Not und Elend getrieben werden."
Angela zieht ihr schönstes Kleid an. „Was sein muß, muß sein", sagt sie und zupft intensiv an sich herum. Gregor schaut ihr zu. „Schon wieder mit dem Armand verabredet?" Angela blickt kalt auf ihn herab: „Du sagst doch selbst, daß er mich nicht liebt, tröste dich damit." Gregor fleht: „Hast du denn kein Herz." Angela erhebt sich: „Du langweilst mich."

(Aus Szenen zu einem Projekt 1987)

1 Sacher-Masochs Tochter Marfa Coray-Saternus, 1943/44: „Als Vater starb, glaubte er, ein großes und gutes Werk für die Allgemeinheit hinterlassen zu haben, das bahnbrechend sein würde. Aber die Allgemeinheit will keine großen Werke! Das seine verflog! Es verflog wie Spreu im Wind. Die Lehrer behielten die Bibliotheken, andere holten sich die Samtkostüme, jeder aus dem Musikverein nahm sein Instrument an sich, der Gärtner im Nachbarort verkaufte das Helikon. Das große, schöne, mit Sorgfalt aufgebaute Werk zerstob mit einer unwahrscheinlichen Schnelligkeit in Nichts."

Cora Stephan

Geboren 7. 4. 1951 in Osnabrück, lebt seit 1971 in Frankfurt, seit 1977 gern. Promovierte Politologin. Ehemals: Lehrbeauftragte, Lektorin, Übersetzerin, Rundfunkmoderatorin. Szenesüchtig: Dauer-Fan von Karl Napp's Chaos Theater, Mitglied des Sogenannten Linksradikalen Blasorchesters. Jobflüchtig: Redakteurin beim „Pflasterstrand." Kulturredakteurin beim Hessischen Rundfunk, Redakteurin im Bonner Büro des „Spiegel". Elisabeth-Selbert-Preisträgerin 1985. Schreibt für den „Spiegel", „Die Zeit", den „Pflasterstrand", das „Kursbuch", den „Freibeuter" und für Rundfunkanstalten. Lieblingsname: Vita Quell. Verheiratet mit Hannes Siege.

Buchveröffentlichungen: *Genossen, wir dürfen uns nicht von der Geduld hinreißen lassen!* Aus der Urgeschichte der Sozialdemokratie 1862–1878. Frankfurt: Syndikat 1977 und Europäische Verlagsanstalt 1981/*Ganz entspannt im Supermarkt.* Liebe und Leben im ausgehenden 20. Jahrhundert. Berlin: Rotbuch 1985.
In Vorbereitung: *Weiterhin unbeständig und kühl.* Essays. Reinbek: Rowohlt 1988.
Herausgeberin: *Infrarot.* Wider die Utopie des totalen Lebens. Zs. m. M. Horx und A. Sellner. Berlin: Rotbuch 1983/*Ausgewählte Reden und Schriften August Bebels.* Zwei Bände. Frankfurt: Büchergilde 1981/*Zwischen den Stühlen oder über die Unvereinbarkeit von Theorie und Praxis.* Schriften Rudolf Hilferdings 1904 bis 1940. Bonn-Bad Godesberg: J. H. W. Dietz Nachf. 1982.

Cora Stephan

Vorschlag, ein Deutsches Historisches Museum betreffend

Das muß man mal erlebt haben, so eine Delegation bundesdeutscher Politiker in Auschwitz. Da geht es im Laufschritt über die Lagerwege, zur Kranzniederlegung an der Erschießungswand neben Block 11, in protokollarischer Reihenfolge. Stilles Gedenken, dicht unter dem Mikrophongalgen einer deutschen Fernsehanstalt, weil das Gedenken womöglich nicht still bleibt. Betroffenheit auf den Gesichtern wird abgelichtet; sie ist ja da.

Eine Stätte der Erinnerung, wie es in den Reden heißt, aber vorzüglich auch der Zukunft. Der Zukunft vor allem. Wegen der Gegenwart.

Die Gegenwart: Während Heinz Galinski, Auschwitz-Häftling Nr. 104 412, der Überlebende, zwischen Krematorium II und Krematorium III davon spricht, Auschwitz „dürfe niemals in die Akten des Vergessens gelegt werden", werden in der Bundesrepublik die Aktendeckel geräuschvoll zugeknallt. Ein Deutsches Historisches Museum, in dem alles, aber auch wirklich alles seinen Platz haben soll, verwaltet die Restbestände. Der Direktor ist schon bestellt, der aquiriert dann Exponate.

Wie stellt man Auschwitz aus (Vertiefungsraum 4: die Schlacht bei Königgrätz, Erlebnisbereich 2: ein deutsches Wohnzimmer im Biedermeier)? Was wäre ein Exponat der besonderen Qualität nationalsozialistischer Völkervernichtung? Ein verkleinertes Modell einer Gaskammer des Typs „Auschwitz-Birkenau IV" vielleicht, im Maßstab 50 zu 1 oder 100 zu 1, wie Lothar Baier, Museums-Zynismus parodierend, vorschlägt, unter Beigabe mehrerer Büchsen der Marke Zyklon B in Originalgröße? Oder eine Leihgabe aus dem schon bestehenden Museum Auschwitz, ein paar der von den Deutschen akribisch zwecks Weiterverwertung gesammelten Überbleibsel vergaster Menschen, Haarbürsten, Rasierpinsel, Brillen, Gebisse, Haare?

Wie kann man das Nebenlager Auschwitz-Birkenau ausstellen, die bis an den Horizont reichende Kette von Schornsteinen, die einzigen Überreste der Holzbaracken, wie zeigt man die Rampe neben den Bahngeleisen, wie die Gaskammern und Verbrennungsöfen der vier Krematorien, in die vornehmlich die für „Sonderbehandlung" vorgesehenen jüdischen Gefangenen aus den Waggons, von der Rampe weg hineingetrieben wurden?

Wie zeigt man, was in den Vernichtungslagern der Nazis geschehen ist, etwas, was so unvorstellbar ist, daß es heute wieder laut bezweifelt wird, so daß sich diejenigen, die Auschwitz lebend entronnen sind, schon wieder unter Beweisdruck fühlen?

Es herrscht ein mächtiger Drang nach Verkleinerung der mit deutscher Perfektion durchgeführten industriellen Massenvernichtung – und sei es auch nur im Dienste der Museumsdidaktik. Solange es noch die Reste vergangener Realität gibt, braucht es, möchte man meinen, keine museumsdidaktisch aufbereiteten Nachbildungen wie aus dem Stabilbaukasten. Fast überall in der Bundesrepublik gibt es gleich nebenan ein ehemaliges Lager, das, auch wenn es die Qualität der in den Osten verlagerten maschinisierten Vernichtungsanstalten nicht erreicht, den gemütlichen Trugschluß schnell zerstört, die Spätgeborenen seien irgendeiner Gnade teilhaftig.

Aber: die Akten werden ja geschlossen, die Geschichte wird hierzulande ins Museum gesperrt. Dann sollen doch die Akten ins Museum. Da gälte es dann die Rechnungen der Firma Topf über die gelieferten Extraanfertigungen von Verbrennungsöfen zu doku-

mentieren, so 25 000 deutsche Reichsmark pro Stück. Oder die Fakturen der Firma Degesch – der Deutschen Gesellschaft für Schädlingsbekämpfung, Sitz Frankfurt – über soundsoviel Dosen Zyklon B, ohne, wie extra vermerkt wird, den Zusatz warnender Geruchsstoffe. Vielleicht versehen mit einem Frankfurter Stadtplan, auf dem der heutige Sitz der Gesellschaft eingezeichnet ist. Das hat Namen und Adresse.
Der Dokumentation würdig ist auch die schriftliche Bitte eines NS-Beamten, man möge sich mit dem Sammeln der den vergasten Häftlingen ausgebrochenen Goldzähne zurückhalten, die Wehrmacht sei nun für die nächsten fünf Jahre mit Materialien zur Zahnbehandlung bestens ausgestattet.
Wer hat eigentlich die bis ins kleinste unersättliche Bereicherung der Nazis an ihren Opfern einmal nachgezählt? Wir verstehen uns doch hierzulande aufs Rechnen. Die deutschen Sekundärtugenden, das Sammeln, Erfassen, Zählen, Kartographieren, das Abhaken und Abheften – kein Verbrechen ohne Aktennotiz –, sind unerschütterbar geblieben.
Und so paßt als Ausweis historischer Kontinuität ein weiteres Dokument in die Reihe: der jüngste, im Finanzministerium angefertigte „Bericht der Bundesregierung über Wiedergutmachung und Entschädigung für nationalsozialistisches Unrecht“. Hier wird, zu einer Zeit, in der bundesrepublikanische Historiker eine Relativierung des nationalsozialistischen Völkermords versuchen und seine Vergleichbarkeit mit anderen Verbrechen anderer Staaten und Völker behaupten, ausgerechnet für einen Punkt Singularität hervorgehoben: „Die Wiedergutmachung kann insgesamt gesehen als eine historisch einzigartige Leistung angesehen werden...“
Man hört es so richtig, das markige „Akten zu! Genug gebüßt!“, wie es durch Zimmer und Flure der Finanzbehörde schallt. Nicht das Verbrechen soll einzigartig gewesen sein, wohl aber seine materielle Kompensation.
Doch noch nicht einmal die ist das Ruhmesblatt, als das es in diesem Dokument „satter Selbstzufriedenheit“ (Renate Schmidt) dargestellt wird. Der deutsche Beamte ist genau: er prüft, differenziert, wählt aus und handelt nach dem Motto: „Da könnte ja jeder kommen“. So wird im Bericht der Bundesregierung in Heller und Pfennig abgerechnet und aufgerechnet, welches individuelle Schicksal welcher „Fürsorge“ teilhaftig werden darf. Roma und Sinti kriegen weniger, weil sie auch vorher nicht viel hatten, Zwangssterilisierte brauchen keine Rente, weil Sterilisation „in der Regel nicht zu einer Minderung der Erwerbsfähigkeit“ führt, Schwulsein bedingt keine Haftentschädigung, höchstens für die Haft im KZ, weil homosexuelle Handlungen schließlich auch hierzulande noch bis 1973 strafbar waren.
Die Opfer der Zwillingsexperimente des KZ-Arztes Mengele schließlich bekommen bescheinigt, es seien nur Versuche bekannt, die nicht „zu dauernden Gesundheitsschäden geführt“ hätten. Ein Schaden ist, welchen die Behörde als solchen festgestellt hat.
Für eine unbürokratische Regelung, die dafür sorgt, daß bei den noch lebenden Opfern der Nazizeit überhaupt noch was ankommt, ist, wie alle Beteiligten wissen, nicht mehr viel Zeit. Wer glaubt, es mangele am dafür nötigen Geld, möge sich die Kosten für das geplante Deutsche Historische Museum in Berlin ausrechnen.
Derweil hat dessen Aquisiteur ein weiteres Exponat erworben – einen Bierkrug aus dem deutschen Kaiserreich mit der Aufschrift: „Jeden Feind besiegt der Deutsche – nur den Durst nicht.“

(1987)

Herbert Stettner

1925 in Frankfurt am Main geboren, Mittlere Reife, Verlagslehre, Kriegsdienst. 1946 Arbeit in einer Werkzeugmaschinenfabrik. Seit 1950 verheiratet. Von 1948–1953 Sekretär der Sozialistischen Jugend Deutschlands „Die Falken" Bezirk Hessen-Süd, zeitweilig: Vorsitzender des Hessischen Jugendringes, freier Mitarbeiter beim Jugendfunk des Hessischen Rundfunks und bei Jugendzeitschriften. Von 1953–1969 Filmreferent bei der Staatlichen Landesbildstelle Hessen. Während dieser Jahre: freier Filmjournalist („Frankfurter Rundschau", „Vorwärts", „epd", „Kirche und Film", verschiedene pädagogische Zeitschriften, Jugend- und Gewerkschaftszeitschriften), Geschäftsführer der Arbeitsgemeinschaft deutscher Filmjournalisten, Vertreter des Landes Hessen in der Freiwilligen Selbstkontrolle der Filmwirtschaft, Leiter der „Woche des asiatischen Films" (1960–1970) in Frankfurt am Main, Lehrauftrag für Medienkunde an der Staatlichen Höheren Fachschule für Sozialarbeit in Frankfurt am Main. 1970 Pressesprecher im Hessischen Ministerium für Wirtschaft und Technik. Ab 1971 Redenschreiber für die Frankfurter Oberbürgermeister Walter Möller, Rudi Arndt und Bürgermeister Martin Berg. Seit 1982 Mitarbeiter im Amt für Wissenschaft und Kunst der Stadt Frankfurt am Main.

Buchveröffentlichungen: *Wir sind alt und fuchsteufelswild.* Frankfurt: Eichborn 1982. Herausgeber: *Bildende Kunst in Film und Fernsehen.* Frankfurt: Staatliche Landesbildstelle Hessen und Galerie der Vereinigung für moderne bildende Kunst e. V. 1967/*Jahrbuch der Filmkritik.* Bd. 8. Emsdetten: Lechte 1969/*Kino in der Stadt.* Eine Frankfurter Chronik. Frankfurt: Eichborn 1984.
Zahlreiche Beiträge in Anthologien, Zeitschriften und Zeitungen.

Unter diesem Aspekt ließe sich auch ein ansehnliches historisches Tableau erstellen. Dabei würden freilich auch finstere Winkel in der Medienlandschaft dieser Stadt erkennbar. Hier in Frankfurt machte man nach 1945 einen ehemaligen Haßtiradenverfasser des einstigen örtlichen Nazi-Parteiblattes zum stellvertretenden Leiter des städtischen Presse- und Informationsamtes. Hier gab es 1952 den bundesweit wohl einmaligen Skandal, daß der frühere Nazi-Oberbürgermeister und der ehemalige NS-Reichsstudentenführer Stadtverordnete werden konnten. Im Jahre 1976 wurde in Frankfurt dem einstigen Leiter des Gausippenhauptamtes der NSDAP das Bundesverdienstkreuz am Bande angeheftet.

Wenn mit berechtigtem Stolz auf die Traditionsjahrhunderte Frankfurts als Zufluchtsort freiheitsbewußter Geister hingewiesen wird, dann darf dabei nicht wegeskamotiert werden, daß auch diese Vergangenheit keineswegs makellos war. Neben liberalen Strömungen gab es hier auch immer Unterdrückung von Meinungsfreiheit. Das mußte schon der dreijährige Johann Wolfgang Goethe erfahren, dessen erste Lehrerin, Maria Magdalena Hoff, als Reformierte vom Rat der Stadt mit einem Berufsverbot belegt worden war, wegen dessen Übertretung sie inhaftiert wurde.

Eine düstere Affäre war auch die Arretierung Voltaires in der Zeit vom 31. Mai bis zum 6. Juli 1753. Friedrich II. war erbost, weil der Freund ihn verlassen hatte, der den König belastende Papiere besaß und vielleicht gar ein französischer Agent war. Obwohl Frankfurt sich eine „Freie Stadt" nannte, kuschten die Räte vor dem König von Preußen, ließen den kränklichen Voltaire von ihren Schergen einsperren, schikanieren und ausplündern.

Der Jurist Erasmus Senckenberg, ein Bruder des Arztes und Museumsstifters Johann Christian Senckenberg, war ein erbitterter Gegner der Frankfurter Patrizier und Stadträte, denen er Gesetzwidrigkeiten nachwies. Die Frankfurter Stadtdespoten, die er „leere Köpfe ohne Verstand nannte", kerkerten den streitlustigen Vorkämpfer für Bürgerfreiheit 26 Jahre bis zu seinem Tod 1795 in der Hauptwache ein. Seine Schriften wurden öffentlich verbrannt.

Dem Juden Ludwig Börne, dem die französische Besetzung der Stadt 1811 Gleichberechtigung und Arbeit als Polizeischreiber brachte, wurden diese Bürgerrechte bereits 1814 von den Frankfurter Reaktionären wieder geraubt. Mit der Polizei hatte er dann oft wieder als Unterdrückter Kontakt, wenn seine Journale von der Frankfurter Zensur konfisziert wurden.

Auch Friedrich Schiller entging dem hiesigen Zensor nicht. Sein „Wilhelm Tell" wurde 1832 in Frankfurt wegen seiner revolutionären Tendenz verboten.

Für Robert Blum, den im November 1848 ermordeten Wortführer der Linken im Paulskirchen-Parlament, konnten damals im „demokratischen" Frankfurt Gedenkfeiern nur heimlich abgehalten werden.

Zwei aufrechte Demokraten, Eduard Pelz, ein Verfasser sozialreformerischer Schriften, und der Orientalist Dr. Löwenstein, wurden am 24. Mai 1848 von der Frankfurter Polizei ausgewiesen. Überall im Land gab es Proteste gegen diese Willkürmaßnahme, doch das „Revolutionsparlament" in der Paulskirche ließ den Rechtsbruch geschehen.

Der Lehrer Nikolaus Hadermann, 48er Streiter für demokratische Rechte und Herausgeber des „Frankfurter Volksblattes", kämpfte auch für eine freiheitliche Frankfurter Stadtverfassung. Als Präsident der städtischen Konstituante wurde Hadermann von den Frankfurter Despoten am 3. Januar 1850 in Staatsstreichmanier das demokratische Mandat entzogen und der Zutritt zum Rathaus gewaltsam verwehrt. 1866 trieben die preußischen und Frankfurter Machthaber den unbequemen Demokraten aus der Stadt.

Ihren Friedrich Stoltze haben viele Frankfurter über die Zeiten nur als lustigen Mundartdichter verehrt. Den roten Demokraten und 48er Revolutionär ließen sie links liegen. Die Krähwinkler liebten nur den heiteren Stadtpoeten, seine scharfzüngigen politischen Satiren verabscheuten sie. Den Toten verfolgte 1916 noch der Kriegszensor.

Wegen ihrer flammenden Reden gegen Militarismus und Krieg, die sie in den Stadtteilen Bockenheim und Fechenheim gehalten hatte, wurde Rosa Luxemburg am 20. Februar 1914 von der Strafkammer des Frankfurter Landgerichts zu einem Jahr Gefängnis verurteilt.

Daß vom Geiz der Frankfurter Administratoren Geld und Geist gleichermaßen erfaßt sein können, mußte 1923 Paul Hindemith erfahren, als die Stadt die von ihm für sein Domizil im Kuhhirtenturm bereits entrichtete Miete von 1 000 Dollar mit dem unverschämten Hinweis auf die Inflation noch einmal einforderte.

Bald nach 1945 kam der Künstler und Städteplaner Werner Hebebrand als Stadtbaudirektor nach Frankfurt. Der dem Architektenteam Ernst Mays entstammende international renommierte Baumeister sah sich wegen seiner kompromißlosen, jede unredliche Rekonstruktion des Zerstörten ablehnenden Bauideen bald heftigsten Anfeindungen und politischen Verleumdungen ausgesetzt. Von den Attacken konservativer Eiferer bedrängt, verließ Werner Hebebrand 1948 fluchtartig die Stadt am Main. In Hamburg wurde er dann heimisch und anerkannt. Zu Freunden sagte er später gelegentlich: „Wenn ich an Frankfurt denke, greife ich zur Cognacflasche."

(1987)

Rolf Tiedemann

1932 geboren in Hamburg. 1953–60 Studium der Philosophie, Soziologie und Germanistik in Hamburg, Göttingen, Berlin und Frankfurt. 1964 Promotion in Philosophie durch Theodor W. Adorno und Max Horkheimer. 1959–65 Mitarbeiter des Instituts für Sozialforschung in Frankfurt und Assistent Adornos. 1965–68 Assistent am Philosophischen Seminar der Freien Universität Berlin. 1968–84 freier Wissenschaftler und Schriftsteller in Berlin und Frankfurt. Seit 1985 Direktor des Theodor W. Adorno-Archivs in Frankfurt.

Buchveröffentlichungen: *Studien zur Philosophie Walter Benjamins.* Frankfurt: Suhrkamp 1965 und 1973/*Dialektik im Stillstand.* Versuche zum Spätwerk Walter Benjamins. Frankfurt: Suhrkamp 1983.
Herausgeber: *Theodor W. Adorno. Gesammelte Schriften in 20 Bänden.* Frankfurt: Suhrkamp 1970–1986/*Walter Benjamin. Gesammelte Schriften in 7 Bänden.* Zs. m. H. Schweppenhäuser. Frankfurt: Suhrkamp 1972–1987/Einzelausgaben von Adorno, Benjamin und Gershom Scholem.
Aufsätze und Rezensionen in Sammelbänden, Zeitschriften und Zeitungen.

Rolf Tiedemann

Kleine Klavier-Noten

Nach Konzerten von Maria Luisa Lopez-Vito

Mozart, Sonate für Klavier F-dur (K. V. 533/494) – Die Sonate steht am Anfang der Entwicklung der klassischen Sonate. Ihre ersten beiden Sätze, Allegro und Andante, komponierte Mozart drei Jahre vor seinem Tod und vereinigte sie mit dem eineinhalb Jahre zuvor entstandenen Rondo zur Sonate. Man pflegte das Mozartsche Problem dieser Jahre als Verschmelzung des Galanten mit dem Gelehrten zu bestimmen. Das F-dur-Rondo, für eine unbekannte, wahrscheinlich recht kokette Klavierschülerin geschrieben, mag für das Galante einstehen: zum Sonatensatz promoviert, erteilen ihm die nachkomponierten Sätze mit ihren harmonischen Kühnheiten, fast Rücksichtslosigkeiten jedoch eine gänzlich verwandelte Funktion. Was dem stumpfen Ohr wie Stilbruch klingen dürfte, ist in Wahrheit Mozarts unvergleichliche Fähigkeit, Divergierendes zu vereinigen, ohne dem divergierenden Einzelnen Gewalt antun zu müssen. Der Mozartsche Klang, im großen Orchesterwerk oder in der Oper nicht anders als in der marginalsten Solokomposition, schien einmal Antizipation eines real Bevorstehenden, heute ist er allegorisches Epitaph des endgültig Versäumten: der versöhnten Natur.

Beethovens E-dur-Sonate op. 109 wurde 1820 geschrieben; sie ist ein exemplarisches Spätwerk: die erste aus der großen Trias der drei letzten Klaviersonaten. Gegenüber der gängigen Sonatenform verhält op. 109 sich einigermaßen disproportional. Das Zentrum des Werks wird vom letzten Satz gebildet, einer ausgedehnten Variationenfolge; erster und zweiter Satz stellen zwar regelgerechte Sonatensätze dar, aber charakteristisch reduzierte, in den Dimensionen gleichsam eingeschrumpfte. In der Widmung der Sonate an Maximiliane Brentano schrieb Beethoven vom „Geist, den keine Zeit zerstören kann“: als Einspruch wider die Vergänglichkeit ließe insbesondere der erste Satz nicht unangemessen sich interpretieren. Mit seinen Sforzati piano ist er der wie immer ohnmächtige Versuch, das Verrinnen der Zeit zum Stillstand zu bringen. Auch der zweite Satz, ein wildes Prestissimo, begehrt auf gegen das Vergehen der Zeit, die erst in den verhaltenen Lyrismen des Variationensatzes ihr Tödliches verliert: jedoch nicht, indem sie zu etwas wie organisch gewachsener oder symbolisch bedeuteter Einheit zusammenfindet, sondern allein durch ihre Dissoziation zu Bruchstücken hindurch.

Schubert, Sechs Deutsche Tänze vom Oktober 1824 (D. 820) – Schuberts Tänze und Militärmärsche scheinen geheimnislos: Ausdruck jener dürftigen Freuden und flachen Traurigkeiten, die das Klischee den Dienstmädchen und Soldaten zuschreibt, mit denen der luetische Komponist in den Vorstadt-Beiseln zusammentraf. Doch eignet gerade dem blind in sich Kreisenden, der Wiederkehr des unverwandelt Gleichen in diesen einfachen Gebilden, die hinter dem geschichtlichen Stand des musikalischen Formenkanons zurückbleiben, ein tief Irritierendes. Stampfend sucht in den Schubertschen Tänzen ein Kollektives Sprache zu werden; ihre Bewegung scheint die von Menschenmassen vorwegzunehmen, wie es sie im Wien des frühen 19. Jahrhunderts kaum schon gab. – Von den über 100 Deutschen Tänzen, die Schubert komponiert hat – Vorläufern der ungezählten Walzer und Ländler aus der zweiten Hälfte des Jahrhunderts –, zählen die sechs vom Oktober 1824 zu den vollkommensten; erst 1930 wiedergefunden und gedruckt, sind sie in der Instrumentation Anton Weberns bekannter fast als im Original für Klavier.

Schumann, Kreisleriana op. 16 – Andere Luft weht in Schumanns Kreisleriana-Zyklus. Anfangs- und Schlußstück sowie das fünfte mögen den Titel veranlaßt haben: in ihnen scheint Johannes Kreisler, E. Th. A. Hoffmanns exzentrischer Kapellmeister, sich zu produzieren, in skurrilen Scherzi, voll äffender Paradoxie. Schumanns Sinn für Architektonik läßt in den Stücken mit geraden Ziffern – 2, 4 und 6 – leise, melancholische Lieder von Abschied und Tod erklingen; besonders das sechste, ein inniges Adagio, gehört zu den ingeniösesten Erfindungen der romantischen Klavierliteratur. Schließlich, zu beiden Gruppen nochmals kontrastierend, eine dritte: die hingerissene Leidenschaftlichkeit der Stücke 3 und 7, in denen „eine recht ordentliche wilde Liebe darin liegt", wie Schumann schrieb. So geht es in den Kreisleriana von raunender Waldeinsamkeit über die Utopie erfüllter Liebe bis zur schwarzen Ironie; sie sind nicht weniger als die auskomponierte Idee der Romantik.

Brahms, Drei Intermezzi op. 117 – Entstanden 1892, im hohen Alter des Komponisten, sind auch die Intermezzi op. 117 von Brahms Spätwerke par excellence, wenngleich in einem anderen Sinn als Beethovens op. 109: Zeugnisse zugleich vom Altern des tonalen Idioms selber. Wenn es Brahmsens historische Aufgabe war, den romantischen Subjektivismus in konstruktive Objektivität zu überführen, dann kehren seine letzten Klavierstücke noch einmal zur Sprache von Subjektivität zurück – freilich zu einer gebrochenen, vom Tod schon berührten. Kein Ausdruck begegnet da, der nicht sogleich dementiert würde; keine Geste, die nicht alsbald sich wieder zurücknähme. Die scheue Zärtlichkeit dieser Stücke ist die des Abschieds, vom Leben und von der traditionellen Musik zumal.

Ravel, Gaspard de la Nuit – Ravels 1908 komponierter Zyklus führt energisch aus der Welt der deutschen Musik heraus – und doch nicht gänzlich: die Prosagedichte des französischen Romantikers Aloysius Bertrand, die dem Impressionisten Ravel als literarische Vorlagen dienten, sind der deutschen Romantik verbunden nicht nur durch die Gestalt der Fouquéschen Wassernixe, auch durch die Motti aus Goethe und E. Th. A. Hoffmann, die über den zwei anderen Gedichten stehen. Aber Bertrand und Ravel nehmen Undinens Ruf so wenig wörtlich, wie auch der Schauder unter nächtlichem Galgen und die Dämonie des Zwergs Scarbo Schauder und Dämonie nur noch indirekt sind; Ernst, Pathos und Tiefsinn zergehen vor mittelmeerischer Ironie und Karikatur. Ravels souveränes Maskenspiel, sein überaus virtuoser, an Liszt geschulter Klaviersatz verhelfen dem Scheincharakter von Kunst überhaupt zu seinem Recht: Werke, die wie der Gaspard de la Nuit „als tour de force, äquilibristischer Akt angelegt sind, bringen etwas über alle Kunst an den Tag: die Verwirklichung des Unmöglichen" (Adorno).

(1987)

Michael Töteberg

Geboren am 10. 9. 1951 in Hamburg. Studium der Germanistik und Soziologie, kein Abschluß. Während des Studiums Theaterkritiken und Interviews (u. a. mit Heiner Müller, Giorgio Strehler und Peter Weiss). 1978 Umzug nach Frankfurt, Lektor im Verlag der Autoren in Frankfurt, von 1984–87 einer der beiden Geschäftsführer. Der Verlag der Autoren gehört den Autoren des Verlages: ein genossenschaftlicher Zusammenschluß von Dramatikern, Hörspiel- und Drehbuchautoren, dem ca. 100 Autoren als Gesellschafter angehören. Die ersten Jahre im Lektorat für Theaterstücke zuständig, später für den Bereich Film und Fernsehen und u. a. mit der Edition des Fassbinder-Nachlasses beschäftigt. Seit 1977 Mitarbeiter am „Kritischen Lexikon zur deutschsprachigen Gegenwartsliteratur“ (KLG) und am Filmlexikon „Cinegraph“.

Buchveröffentlichungen: *John Heartfield*. Reinbek: Rowohlt 1978/*Fritz Reuter*. Reinbek: Rowohlt 1978/*Marieluise Fleißer*. Zs. m. W. Kässens. München: Deutscher Taschenbuch Verlag/*Günter Wallraff*. Zs. m. U. Hahn. München: C. H. Becker 1979/*Fritz Lang*. Reinbek: Rowohlt 1985.
Herausgeber: *Marieluise Fleißer: Der Tiefseefisch*. Frankfurt: Suhrkamp 1980/*Rainer Werner Fassbinder: Filme befreien den Kopf*. Essays und Arbeitsnotizen. Frankfurt: S. Fischer 1984/*Die Anarchie der Phantasie*. Gespräche und Interviews. Frankfurt S. Fischer 1986/*Die Kinofilme*. Band 1. München: Schirmer Mosel 1987.
Hörspiele und Rundfunkfeatures: u. a. *Der Bundesnährstand*. 1976/*Nur die Toten dürfen bleiben*. 1978/*Die Monster im Büroalltag*. 1978/*Hulers, Wöhlers un anner Lüd*. 1978/*Doctor Bärmanns Höög- un Häwelstünn*. 1985/*Reise nach Ilenbeck*. 1986.
Beiträge in Zeitschriften und Anthologien.

Michael Töteberg

Unruh

Frankfurter Drama in zwei Akten und einem Epilog

Uraufführung in Frankfurt. Die Tragödie „Ein Geschlecht", geschrieben vor Verdun, erweist sich als scharfe Anklage gegen Kommiß und Krieg. „Die Welt ward so zertreten und zerstampft, daß sie zu Leichen brach" – expressionistisches Pathos, groß, rücksichtslos und ungestüm. Die Aufführung, obwohl als geschlossene Vorstellung deklariert, wird bald verboten. Welche Wirkung das Stück hatte, ist der „Frankfurter Zeitung" zu entnehmen: „Dem Dichter zollte das volle Haus seine tiefe Bewunderung zunächst nur zagend im Beifall vor Erschütterung, dann stärker, getrieben von leidenschaftlichem Dank; denn man ahnte, man wußte: Deutschland hat seinen neuen Dichter gesehen."
Der Dramatiker Fritz von Unruh, überzeugter Pazifist und Verteidiger der Republik, spricht auf öffentlichen Plätzen gegen Militarismus und Reaktion. 1926 übergibt der Frankfurter Oberbürgermeister Dr. Landmann dem Dichter als Anerkennung für seine Verdienste den Rententurm: als Wohnung auf Lebenszeit.
Zweiter Akt. Uraufführung in Frankfurt. In der Komödie „Zero" kommt es zu folgendem Wortwechsel: „Entweder ein Volk will Raum, oder es will Zeit -". „Deutschland will Raum ...". „Darum geht es unter ...". An dieser Stelle bricht im Zuschauerraum Tumult aus, die Theaterpremiere wird zum Skandal. In der Stadtverordnetenversammlung am 10. Mai 1932 fordern die Nationalsozialisten: Erstens sind im Interesse der öffentlichen Moral mit sofortiger Wirkung weitere Aufführungen der sogenannten Komödie zu unterbinden. Zweitens sind Theaterdezernent und Intendant für die Annahme solchen Machwerks verantwortlich zu machen. Drittens ist der mit dem Dichter geschlossene Mietvertrag auf Lebenszeit sofort zu lösen. Unruh muß den Rententurm verlassen, seine Wohnung wird geplündert.
Epilog. Frankfurts Oberbürgermeister Dr. Kolb holt den Dichter aus dem Exil heim. „Hätten die Deutschen doch in letzter Stunde auf Ihre beschwörenden Rufe gehört", klagt der Bürgermeister. Unruh erhält den Goethe-Preis der Stadt. Wirtschaftswunder, Restauration, Wiederaufrüstung – niemand hört auf den Dichter, der enttäuscht wieder nach Amerika geht. Sein letztes Drama, Schlußstein der mit „Ein Geschlecht" begonnenen Trilogie, läßt er nicht drucken. Vorsichtig geworden, hält er „aus Angst vor Mißverständnissen" die Veröffentlichung zurück.

(1987)

Joyce in Frankfurt

James Joyce besuchte Frankfurt im August 1928. Was damals in der Stadt geschah, kann man der Zeitung entnehmen. Der Möbelpacker Karl Kampf, Röderbergweg 183, wurde das Opfer eines Familienstreits. Schlossermeister Jung und Tochter Elsbeth wurden bei einem Autounglück getötet. Im Hotel Exzelsior stieg eine Gruppe Deutschamerikaner ab, es handelte sich um den Gesangverein der Bäckermeister in St. Louis, und man versicherte der Lokalpresse: „Frankfurt ist eine prächtige Stadt." Die Zigarrenladen-Inhaber trafen sich zu einer Protestversammlung im Kompostellhof und sahen ihre Existenz durch die Wasserhäuschen gefährdet, weil diese nach Ladenschluß Zigaretten verkaufen. Der Vorsitzende wies auf den Selbstmord eines Kollegen hin, dann sprachen im Sinne der Versammlungsleitung ein Vertreter des Schokoladenwarenhandels und ein Blumenhändler. Die Presse meldete sechs Autounfälle an einem Tag. Die Deutschamerikaner folgten einer Einladung des hiesigen Gesangvereins der Bäckerinnung; man traf sich in der Loge „Stark im Recht", Große Rittergasse, zu Kimmelweck, Fastebrezel und Äppelwoi. Frankfurt ist eine prächtige Stadt. Schüsse auf dem Arbeitsamt in der Großen Friedberger Straße: Der zwanzigjährige Josef Willkom streckte einen Beamten nieder; der Täter konnte flüchten, obwohl er sofort von anderen Arbeitslosen verfolgt wurde. Reichsinnenminister Severing traf in Frankfurt ein. Ringelnatz gastierte im Tanzkabarett Astoria. Elftausendsechshundert Autos, so die neueste Statistik, parken in Frankfurt; „die täglichen Autounfälle" werden regelmäßig in den Frankfurter Nachrichten gemeldet. Joyce schreibt in „Finnegans Wake": „Frankfurters, numborines, why drive fear?" Bluttat in der Friedensstraße: Der Geschäftsführer der Frankfurter Warenversandgesellschaft schoß die beiden Teilhaber und den Prokuristen nieder. Der Sängerchor der Fleischerinnung kehrte von seiner Sommersängerreise zurück; währenddessen traf der Sängerchor Arion aus Brooklyn ein und wurde am Bahnsteig von dreihundert Frankfurter Sängern festlich empfangen. Frankfurt ist eine prächtige Stadt, so die einheimischen und ausländischen Sänger. Im Palmengarten wurde eine Kakteenschau eröffnet. Die Nelson Revue gastierte in der Stadt, die Frankfurter Zeitung findet die Girls „ungemein blond, umgemein süß". Joyce schreibt in „Finnegans Wake": „Frankofurto Siding, a Fastland payrodicule". Ein Zeitungsbericht beklagte die Unsicherheit im Stadtwald, namentlich in den entfernter liegenden und deshalb weniger begangenen Teilen, wo in letzter Zeit vielfach spazierengehende Frauen und Mädchen verschiedentlich belästigt wurden. In „Finnegans Wake" geht es um einen Kleinbürger und Familienvater, der sich im Phoenix Park einer sittlichen Verfehlung schuldig macht, ein Adam und sein Sündenfall. Joyce: „and swobbing broguen eerish myth brockendootsch, making his reportage on Der Fall Adams for the Frankoforto Siding, a Fastland payrodicule".

(1987)

Hans Traxler

Geboren als 3. Sohn eines ehemals österreichischen Offiziers 1929 in Herrlich, Tschechoslowakische Republik, erzogen und gebildet an den Gymnasien von Marienbad und Königgrätz. Kam 1945 nach Bayern, verwaiste dort und ging 1951 nach Frankfurt, wo er seither lebt.
Studierte an der Städelschule bei Meistermann, Battke und Christian Kruck. Verheiratet in zweiter Ehe mit der Journalistin Inge Traxler. Zwei Kinder aus erster Ehe. Karikaturist seit seinem 17. Lebensjahr.
1962 Gründungsmitglied des Satiremagazins „Pardon", wo er 1978 ausschied, um im Jahr darauf „Titanic" aus der Taufe zu heben. Mitglied der „Neuen Frankfurter Schule".
Seine „Wahrheit über Hänsel und Gretel" ist bis heute ein Standardwerk der Wissenschaftsparodie geblieben und wurde 1986, nach 25 Auflagen, von Thees Klahn mit Jean Pierre Léaud in der Titelrolle verfilmt. „Die Reise nach Jerusalem", eine Huldigung an Papst Paul VI., der ebenso wie sein Nachfolger Johannes Paul I. während der Herstellung des Buches verstarb, worauf sich der Autor entschloß, keine weiteren Papstbücher zu zeichnen. 40 Bildergeschichten, die zuerst im „Zeit"-Magazin erschienen sind, ebenso wie die Zeichenserien „Wahre Berichte" und „Letzte Meldung".
Schrieb und zeichnete 4 Kinderbücher, die in 7 Sprachen übersetzt wurden.

Buchveröffentlichungen: *Die Reise nach Jerusalem.* Frankfurt: Zweitausendeins 1978/ *Birne, das Buch zum Kanzler.* Zs. m. P. Knorr. Frankfurt: Zweitausendeins 1983/*Die Wahrheit über Hänsel und Gretel.* Reinbek: Rowohlt 1983/*Leute von gestern.* Neuausgabe. Zürich: Diogenes 1986.
Herausgeber: *Deix. Satiren aus Wien.* Frankfurt: Zweitausendeins 1985.
In Vorbereitung: *Vom Zählen der Zahlen.*
Zahlreiche Beiträge in Magazinen und Zeitungen.

Le Corbûsier
Le Corbûsier
mit strenger Miene
erfindet seine
Wohnmaschine
Für alles
gibts nen Raster
Und was nicht reinpasst,
haßt er
Drin wohnen
die Kaninchen
die würden ihn
gern Lynchen!

(1987)

Preussen
Herr Schlieffen malt die zwote Front. Jekonnt, jekonnt!
Der Kaiser, ooch janz munter, setzt seinen Willem drunter.
Der Grenadier Max Kleinemann
kiekt sich den Kohl von unten an.

(1987)

Siegfried Unseld

Geboren am 28. September 1924 in Ulm. Jugend und Abitur in Ulm. 1942–1945 Wehrdienst. 1946 Lehre im Aegis-Verlag Ulm. 1947–1950 Verlagsarbeit bei J. C. B. Mohr (Paul Siebeck), Tübingen. 1951 Buchhändler in Heidenheim. 1947–1951 Studium der Germanistik, Philosophie und Bibliothekswissenschaften an der Universität Tübingen. 1951 Promotion zum Dr. phil. mit einer Arbeit „Hermann Hesses Auffassung vom Beruf des Dichters". 1955 Teilnehmer des von Herrn Kissinger geleiteten International Seminar der Harvard University in Cambridge/USA. 1976 Gastprofessor in Austin/Texas. Weitere Vorlesungen an den Universitäten und an Kulturinstituten von Amherst, Berkeley, Chicago, Jerusalem, Kairo, Paris, Rom, Stanford, St. Louis, Teheran und Tübingen. Mitglied des Deutschen und Internationalen PEN-Clubs. 1. Januar 1952 Eintritt in den Suhrkamp Verlag Frankfurt. 1. Januar 1958 Gesellschafter der Suhrkamp Verlag KG. Nach dem Tode von Peter Suhrkamp am 31. März 1959 Verleger des Suhrkamp Verlages. Seit Februar 1963 Verleger des Insel Verlages Frankfurt. Seit 1963 geschäftsführender Gesellschafter der Nomos Verlagsgesellschaft Baden-Baden und Sinzheim.
1967 Hermann Hesse-Gedenkmedaille, 1973 Bundesverdienstkreuz 1. Klasse, 1975 Heinrich Merck-Ehrung der Stadt Darmstadt, 1977 Goethe-Plakette der Stadt Frankfurt, 1978 L'Ordre du 'Merite Culturel' der Volksrepublik Polen, 1979 Großes Verdienstkreuz des Verdienstordens der Bundesrepublik Deutschland, 1980 Ehrendoktor der Washington University, St. Louis/Missouri, 1981 Wilhelm-Leuschner-Medaille des Landes Hessen, 1984 Ricarda Huch-Preis der Stadt Darmstadt, 1985 Ehrendoktor der Johann Wolfgang Goethe-Universität Frankfurt.

Buchveröffentlichungen: *Hermann Hesse.* Eine Werkgeschichte. Frankfurt: Suhrkamp 1973/*Begegnungen mit Hermann Hesse.* Aufzeichnungen. Frankfurt: Suhrkamp 1975/ *Peter Suhrkamp.* Zur Biographie eines Verlegers. Frankfurt: Suhrkamp 1975/*Der Marienbader Korb.* Über die Buchgestaltung im Suhrkamp Verlag. Willy Fleckhaus zu Ehren. Hamburg 1976/*Der Autor und sein Verleger.* Vorlesungen in Mainz und Austin. Frankfurt: Suhrkamp 1978 /*‚Das Tagebuch' Goethes und Rilkes ‚Sieben Gedichte'.* Frankfurt: Insel 1978/*Hermann Hesse.* Werk und Wirkungsgeschichte. Revidierte und erweiterte Fassung der Ausgabe ‚Eine Werkgeschichte' von 1973. Frankfurt: Suhrkamp 1985/Festschrift: *Der Verleger und seine Autoren.* Frankfurt: Suhrkamp 1984/*Verzeichnis der Veröffentlichungen Siegfried Unselds 1951 bis 1983.* Frankfurt: Suhrkamp 1984.

Siegfried Unseld

Zum Gelingen entschlossen

Sie werden verstehen, daß ich mich fragen mußte, warum die Stadt, mit der Tradition brechend, nicht den Leiter einer hier beheimateten Behörde, sondern einen Verleger gebeten hat, ihr heute und hier die Neujahrswünsche der Bürger zu entbieten. Wir Verleger ver-öffentlichen, wir leisten unsere Arbeit also auch öffentlich und sind öffentlicher Kritik ausgesetzt. Dies von allem Anfang an, spätestens seit der Äußerung unseres großen Nachbarn Goethe, der mit dem Blick auf seinen eigenen Verleger Cotta gesagt hatte, die Verleger „sind alle des Teufels, für sie müßte es eine eigene Hölle geben". (...) Kontraste und Krisen deuten sich in diesen beiden Äußerungen an. Ein Verleger, dessen Typus kürzlich als Dinosaurier – irgendwo im Niemandsland zwischen Gutenberg und Video – angesiedelt wurde, hat seine spezifischen Erfahrungen im Umgang mit Krisen, war doch das Buch von Gutenberg bis in unsere Tage stets von der Dame Kassandra begleitet; immer wieder beim Aufkommen eines neuen Mediums – Schallplatte, Hörfunk, Film, Fernsehen, Video – wurde das Buch totgesagt und hat dennoch überlebt und wird überleben. Wir sind also so etwas wie seismographisch reagierende Analytiker und als solche zur Früherkennung unserer täglich ja neu gefundenen Krisen für Politiker brauchbar. Ein Verlag muß in seinem Umfeld im Intellektuellen wie die Stadt in der Praxis des Tages Balance halten können zwischen Geist und Geld. Wahrscheinlich war also diese janusköpfige Tätigkeit, Geist und Geld, Inspiration und Organisation miteinander zu verbinden, der Grund für die Wahl eines Verlegers. Janus, der römische Gott der Tor-Durchgänge, des Aus- und Einganges, symbolisiert die ersten Stunden des Tages, die ersten Tage des Monats, der erste Monat des Jahres ist nach ihm benannt. Das Doppelantlitz des Janus trennt und verbindet das Alte und das Neue, das Ende und den Anfang, das Zurückliegende und das Kommende.
Janusköpfig ist diese Stadt Frankfurt: Die Stadt der Banken, des Handels, der Industrie, der Versicherungen, des Verkehrs. Gleichzeitig Ort bedeutender kultureller Einrichtungen. Wie hoch die Türme unserer Bankhäuser auch sein und noch werden mögen, wie sehr gerade diese Hochhäuser das äußere Bild unserer Stadt – auf gar nicht so unsympathische Weise – prägen, so sehr verweisen Höhe und Beton und Glas immer wieder auf das Kontrastbild neu entstandener oder restaurierter Häuser eines anderen Frankfurt. Solcher Kontrast beleuchtet den Versuch der Stadt, Balance zu halten zwischen dem Neuen und dem Alten, auch zwischen Geist und Kommerz, und erst recht bei der Aufgabe, auszugleichen zwischen den Privilegierten und den sozial Schwachen, zwischen denen, die ihre sinnvolle Arbeit haben, und denen, die nicht nur keine sinnvolle, sondern gar keine Arbeit haben.
In Frankfurt steht ein Denkmal janusköpfigen Geschicks. Mitten in unserer Stadt, am Roßmarkt, wo im Mittelalter die Pferdeschwemme lag (...), gehen täglich Tausende an diesem Denkmal vorüber. Drei überlebensgroße Figuren stehen auf einem gewaltigen Sandstein-Sockel. Kennen wir Sie? Selbst wenn man aus der Inschrift erfährt, daß Frankfurt dieses Denkmal 1840 dem Erfinder der Buchdrucker-Kunst gesetzt hat, werden die wenigsten wissen, daß eine Figur Johannes Gutenberg und die beiden anderen seinen Partner Johann Fust und dessen Schwiegersohn Peter Schöffer darstellen, zwei Menschen, die Johannes Gutenberg in Verzweiflung stürzten. Unmittelbar nach dem Druck der berühmten 42zeiligen Bibel – 1454 – geriet Gutenberg in finanzielle Schwie-

rigkeiten, er konnte das Darlehen, das ihm Johann Fust gewährt hatte, nicht zurückzahlen – und dieser verklagte ihn. Gutenberg mußte seine Erfinderwerkstatt in Mainz verlassen, er floh nach Frankfurt, um hier, verbittert, seine Druckertätigkeit weiterzuführen, während seine früheren Kompagnons in Mainz, ohne ihn zu nennen, jedoch mit seinen von ihm erfundenen Drucktypen das großartige „Mainzer Psalterium" erscheinen ließen. Das Denkmal wurde anläßlich der 400-Jahr-Feier 1840 zu Ehren der Erfindung Gutenbergs von Eduard Schmit-von-der-Launitz als Modell gezeigt und 1858 fertiggestellt.

Die Frankfurter Stadtgeschichte erzählt von dem Vater, der seinem Sohn auf dem Spaziergang durch die Frankfurter Innenstadt Denkmäler erklärt: „Das ist der Schiller! Und das ist der Goethe!" Als der Junge vor dem Gutenberg-Denkmal nach den dort dargestellten drei Männern fragt, antwortet der Vater verwirrt: „Un des, des sinn die drei annern."

Janusköpfiges Geschick, wenn die Balance von Geist und Geld, von Erfindung und Realität nicht stimmt.

(„Rede zum Neujahrsempfang der Stadt Frankfurt am Main". 22. Januar 1985. Auszug)

Wolfgang Utschick

Im ersten Nachkriegswinter in Dobřany/Böhmen geboren. Nach drei Monaten Aussiedlung ins zerstörte Reich. Kindheit im Vordertaunus. Schuljahre in Frankfurt. Ausbildung bei der Dresdner Bank. Nach dem Tod Adornos Studien an der Johann Wolfgang Goethe-Universität. Beginn mit schriftstellerischen Arbeiten. Verschiedene Jobs. Jetzt Logenschließer am Schauspiel. Teilnahme am Betrieb aus nüchterner Distanz. Tai-Chi-Chuan in der Schule für Meditation und Bewegung von Frieder Anders.

Buchveröffentlichungen: *Die Veränderung der Sehnsucht.* Erzählung. Frankfurt: Suhrkamp, 1979/*Artur und Dantini.* Szenen Zs. m. H. Oberländer. Frankfurt: Schauspiel Magazin 1983.
Zahlreiche Beiträge in Anthologien.

Wolfgang Utschick

Am Lohrberg

Ende Januar bricht der Himmel ins Blaue
rasen wir bergab ich liege auf dem Bauch
die Knochen auf dem harten Schlitten
das singende Kind im Kreuz dahinter
eine stille Frau lachend fliegen
die Verwachsenen in schwarze Büsche
im dünnen Eis zitternde Grasspitzen
die Stadt dampft im Tal ein bunter Rest
in der Pappelkrone Wind reißt die Latten
leer warum fragt die Allerliebste
tanzt der Drachen nicht mehr

(1987)

Vision nach dem Wahltag

Mich findest du nicht.
Im Briefkasten kein Zettel.
Wo ich bin? Im Schnee
einen Handschuh verloren.
Rückwärts keine Spur.
Das Konto gekündigt.
Meinen Namen vor deinem
gelöscht. Das Datum steht
vor der Unterschrift.
Ende Januar geh ich
endlich allein.
Die Straße ist schmutzig,
wird meine Zukunft sein.
Die Wahlen vorbei.
Im Schulhof stehen Urnen.
Eine Metapher für die Freiheit
in der Bundesrepublik.

(1987)

Obere Günthersburgallee

Der Hausherr rollt mit seinem Diesel
in den Vorgarten zieht den Gartenschlauch
zu den Rosen abends die Wollust berieselt
die trockene Erde die Hände packen das
Gelände ernährt die Familie der Erbe
rackert um die Ecken leuchtet
seine rote Birne träfe ihn doch
der himmlische Schlag das Gras
fliegt über wirbelnde Messer
der Mann kommt in Stimmung
ob ich lese oder träume
er fragt nicht nach
dem Eigentümer geht es besser
Hauptsache das Geld stimmt das Konto
ich stehe auf dem Balkon eines Tages
rutscht aus meiner Hand der Blumenkasten

(1986)

Annäherung

Über dem Strohhaufen rauscht
die US-AIR-FORCE
in jauchegrünen Hubschraubern
zum Landeplatz Bonames.

Wenn die Motoren mein Lager,
mein Versteck überqueren,
heb ich den versunkenen
Kopf aus dem Buch.

Die Maschinen zittern
zum blauen Horizont.
Draußen im All segelt
lautlos der halbe Tagmond.

(1983)

Friedrich Karl Waechter

Ich bin am 3. November 1937
in Danzig geboren, in der Kleinstadt
Tiegenhof (bei Danzig) bis ins 2.
Schuljahr gewachsen, 1945 über die
Ostsee nach Schleswig Holstein in das
Dorf Sahms geflohen und mit 13
in die Eulenspiegelstadt Mölln
gelangt. Ein Jahr vor dem Abitur
floh ich in eine Kunstschule nach
Hamburg, von dort zur Oberbadischen
Annoncen Expedition (OBANEX) nach
Freiburg im Breisgau, um endlich
im April 1962 in Frankfurt zur
Ruhe zu kommen.

F.K. Waechter

Buchveröffentlichungen: *Schule mit Clowns.* Theaterstück. Uraufführung 1975. Frankfurt: Verlag der Autoren 1975/*Kiebich und Dutz.* Theaterstück. (Uraufführung 1979). Frankfurt: Verlag der Autoren 1979/*Die Beinemacher.* Hörspiel (SWF 1979). Frankfurt: Verlag der Autoren 1979/*Wahrscheinlich guckt wieder kein Schwein.* Zürich: Diogenes 1978/*Es lebe die Freiheit.* Zürich: Diogenes 1981/*Männer auf verlorenem Posten.* Zürich: Diogenes 1983/*Nur den Kopf nicht hängenlassen.* Und andere Bildergeschichten. Zürich: Diogenes 1983. *Glückliche Stunde.* Zürich: Diogenes 1986/*Die Reise.* Ein schrecklich-schönes Kunstbuch für Kinder. Zürich: Diogenes 1980/*Die Bauern im Brunnen.* Ein Kinderbuch. Zürich: Diogenes 1981/*Der Anti-Struwwelpeter.* Zürich: Diognes 1982.

Frankfurt, 12.9.85

Die Zentrale hatte mich als Teamleiter nach Frankfurt versetzt. Zum Glück empfing mich mein Team recht freundlich.

(Erstmals erschienen in „Glückliche Stunden". Zürich: Diogenes 1986)

„Ich kenne in dieser Stadt eine lose Bodenplatte. Wir könnten uns da ins Erdreich wühlen."

(Erstmals erschienen in “Glückliche Stunden“. Zürich: Diogenes 1986)

Walter Weisbecker

Geboren am 24. November 1915 in Frankfurt am Main. Vater: Redakteur der „Frankfurter Zeitung"/Mutter: Hausfrau (geb. Disser). Eine Schwester. Kindheit in Bad Soden am Taunus verlebt. Oberrealschule. Textilgroßhandelslehre. Radsportliche Betätigung. Führend in der katholischen Jugend tätig. Nach 1933 dadurch in scharfem ideellen Gegensatz zur NS-Zeit. Kriegszeit. Zu Hause ausgebombt. Hochzeit 1946 mit Gretel Weicker, leider keine Kinder. Erfolgreicher selbständiger Kaufmann. Viele Reisen in Europa. 1970 Aufgabe der florierenden Textilgroßhandlung, um den Lebenswunsch zu erfüllen, musisch tätig zu sein. Seitdem viele Fernreisen (Südamerika, Ägypten, Indien, Afrika, USA, China, Indonesien, Thailand, Birma u. a.). Seit 1970 vielfältig journalistisch tätig. 1974 Tod der geliebten Ehefrau. Trotz vieljähriger angestrengter kaufmännischer Tätigkeit, der Dichtung, dem Lesen, den musischen Dingen, immer eng verbunden geblieben. Goetheleser seit fast vierzig Jahren, Goethestudien. Steckenpferde (und mehr als das!): Wandern – Reiten – Autographensammeln – Gartenarbeit – Mundartdichtungen – Reisen. Lebensmotto: „Wir sind die Treibenden. Aber den Schritt der Zeit, nehmt ihn als Kleinigkeit, im immer Bleibenden". (Rilke)

Buchveröffentlichungen: *Äppelwein un Äppelcher.* Heitere und besinnliche Mundartgedichte. Frankfurt: Kramer 1975/*Frisch aus de Kelter.* Mundartgedichte. Mit Zeichnungen von Lino Salini. Frankfurt: Kramer 1978/*Unvergesse.* Die Wirtschaftswunderwellen seit 1948. Gedichtzyklus. Mit Zeichnungen von Ferry Ahrlé. Frankfurt: Kramer 1980/ *O Pendelschlag des ewig Wechselnden.* Lyrische Gedichte und Prosa. Mit einer Porträtzeichnung des Autors von Ferry Ahrlé. Frankfurt: Eigenverlag 1982 /*Triebe-Treue-Träume.* Lyrische Gedichte. Mit einer Porträtzeichnung des Autors von Erich Dittmann. Frankfurt: Eigenverlag 1984/*Hallo und andere Glossen.* Gesammelte ‚Adlerglossen'. Mit Zeichnungen von Ferry Ahrlé. Frankfurt: Eigenverlag 1986/*Walter Weisbeckers Lebensweisheiten.* In kleinen Portionen verabreicht, mit etwas Wilhelm Busch garniert. Glossen (Hochdeutsch) und Verse (Mundart). Frankfurt: Eigenverlag 1987.
Zahlreiche Veröffentlichungen in Anthologien.

Walter Weisbecker

Leichte Plauderei ums Geld: ein schwerer Auftrag

Obwohl Geld eine sehr ernste Sache ist, sollte ich darüber eine „heitere Plauderei" halten. Und das ausgerechnet vor Börsianern in der Bankenstadt Frankfurt am Main. Der Auftrag erschien mir fast paradox, denn wie soll man bei Leuten, die täglich mit Effekten umgehen, bei solchem Thema einen Effekt erzielen? Andererseits gibt es in der Stadt so viele Kreditinstitute, daß man jeden Kredit verspielt, wenn man in jenen Kreisen nicht aufs Geld zu sprechen kommt. Das wird man mir wohl sogleich bestreiten. Hat man doch das Argument zur Hand, über Geld rede man nicht, das habe man. Was aber nach meiner Erfahrung die Reichen nicht davon abhält, trotzdem sehr gerne davon zu sprechen. Und die Ärmeren sagen wenigstens „gell". Das klingt so ähnlich, und wer eine Weile in Frankfurt lebt, merkt bald, daß es eines der am häufigsten benutzten Worte in der Stadt ist. Vielleicht weil es wenigstens einen Anklang an „Geld" hat.
Geld wird bekanntlich in vielen Redensarten behandelt. So sagt man von Männern oft, sie hätten nur zwei Dinge im Kopf. Geld sei das andere. Daß Geld nicht glücklich macht, ist allgemein bekannt. Aber, ehrlich gesagt, ist es doch ein vorzügliches Mittel, um die Armut zu ertragen. Was soll man auch ganz ohne Geld anfangen? Das einzige, was man ohne es machen kann, sind ... Schulden. Trotz aller Einschränkungen – ein Übel ist das Geld keineswegs; was allein daran zu bemerken ist, daß man Übel nur schwer los wird. Von Geld kann man das aber kaum behaupten.
Ein besonderes Kapitel sind die Frauen und das Geld. Schon mancher reiche Mann hat sich gerühmt, seine Frau sei „treu wie Gold". Und ein Wohlhabender müßte eigentlich wissen, daß gerade Gold schon gar nicht treu ist, denn das wandert bekanntlich von Hand zu Hand, und ältere Goldmünzen sind fast immer schon etwas abgegriffen. – Aber nichts gegen die Frauen! Sie heben oft das Image ihres Ehegatten oder ihres Freundes ganz beträchtlich, indem sie nur deshalb so viel Geld ausgeben, damit die Leute rundum merken sollen, wieviel Geld Gatte oder Freund doch verdienen müssen.
Auch in Zeiten, die zur Inflation tendieren, handeln gerade die Damen klug und vorausschauend. Sie geben das Geld so rechtzeitig aus, daß kaum mehr etwas übrig bleibt, das entwertet werden könnte. Andererseits gibt es auch noch viel bescheidene Frauen. Eine Kaberettistin hat einmal gesagt, die leichten Mädchen, die täten's nur für Geld. Um wieviel günstiger man sich da mit einer Ehefrau stünde, denn die braven Hausfrauen täten's schon für ein Taschengeld. Dazu bleibt einem stets mißtrauischen Gatten nur anzumerken: Wenn es eine große Krokodiltasche sein soll, kann es da auch ganz schön teuer werden.
Es kommt halt immer darauf an, wie man eine Sache betrachtet. Manche Leute machen aus Geld geradezu eine Weltanschauung. Sagten wir schon, daß es nicht unbedingt glücklich macht, so ist es doch tröstlich, daß es uns wenigstens gestattet, auf angenehme Weise unglücklich zu sein. Probleme gibt es besonders dort, wo manche Menschen Geld ausgeben, das sie nicht haben, für Dinge, die sie nicht brauchen; um Leuten damit zu imponieren, die sie nicht mögen. Eine gewisse Tragik liegt darin, daß viele heutzutage nur durch harte Arbeit im Streß zum großen Geld kommen. Sie werden reich, weil sie schuften, bis sie krank werden, Und dann brauchen sie das ganze Geld auf, um wieder zu gesunden.
Es heißt auch, daß Geld den Charakter verderbe. Das mag sein, aber daran alleine kann

es nicht liegen, denn ich habe schon so manch einen Typ kennengelernt, der zwar einen verdorbenen Charakter hatte, aber deswegen noch lange keinen Pfennig Geld. Auch die Behauptung, mit Geld ließe sich alles erreichen, steht auf schwachen Füßen. Man kann sicher sein, wer das meint, hat nie viel Geld gehabt, denn zum Glück gibt es doch noch eine ganze Reihe von Menschen, die nicht käuflich sind; Männer und Frauen. Entgegen der Annahme gewisser Mammongläubiger, die von ihrer Brieftasche überall offene Tore erhoffen.

Apropos Hoffnung. Viele Frauen sind heute, in Bezug auf Kinder, nicht mehr guter Hoffnung. Doch in Sachen Männer sind sie es nach wie vor. Leben sie doch in der Hoffnung, daß wohlhabende Männer, die mit dem wertvollen Gut „Geld" umzugehen verstehen, das auch mit dem Kapital „schöne Frauen" vermögen. Es soll sogar welche geben, die dazu auch noch von Liebe träumen. Doch oft täuschen sich die Damen, denn viele Männer suchen ihrerseits nach einer Frau mit Geld. Und manche suchen bevorzugt nach Geld mit Frau. Zum Glück sind die Damen oft anpassungsfähig, so daß sie mit ihren Männern zur Not auskommen. Mit deren Geld auszukommen, fällt vielen dagegen wesentlich schwerer. Andererseits ist es eine Tatsache, daß das weibliche Geschlecht oft verleumdet wird. Etwa dort, wo es heißt, man könne ihm nichts anvertrauen. Frauen seien nicht fähig, etwas für sich zu behalten. Entgegen dieser Behauptung können sie das bei Geld aber sehr gut.

Mit solchen Spielereien zog ich mich bei dem Börsianerkreis glimpflich aus der Affäre. Zumal ich es mir ersparte, was ich eigentlich vorhatte, zum Schluß ein Wort von Otto Gemelin zu zitieren, das die ganze Fragwürdigkeit meiner Plauderei hätte offenbaren können. Es ist oft gut, nicht alles auszusprechen, was man denkt oder weiß. Jene Stelle, an die ich dachte, hätte gelautet: „Was nutzt Besitz auf dem man sitzt? Wunderbar hat Gott der Herr diese Erde erschaffen; Blume und Baum und Strauch. So, daß sie keiner besitzen kann – und häufte er alle Schätze des Landes Indien und Ophir – wenn die Glut seines Herzens nicht stark genug ist, das Feuer in den Dingen zu entzünden." Mein spielend erbautes Geldkartenhaus hätte durch ein so ernstes Wort gar schnell zusammenfallen können.

(1987)

Wilfried Wiegand

Geboren 1937 in Berlin, Studium der Kunstgeschichte, Dr. phil., Redakteur der „Welt", des „Spiegel", seit 1969 der „Frankfurter Allgemeinen Zeitung", war fünf Jahre deren Kulturkorrespondent in Paris, ist seit 1986 Leiter der Feuilletonredaktion.

Buchveröffentlichungen: *Die revolutionäre Ästhetik Andy Warhols.* Zs. m. R. Crone. Darmstadt: Melzer 1972/*Pablo Picasso in Selbstzeugnissen und Bilddokumenten.* Reinbek: Rowohlt 1973. 10. Auflage 1986/*Frühzeit der Fotografie.* Frankfurt: Sozietätsverlag 1980.

Wilfried Wiegand

Garbo

In New York leben acht Millionen Menschen, und einer von ihnen ist berühmter als die anderen, Greta Garbo. Sie steht nicht im Telefonbuch, aber wo sie wohnt, ist kein Geheimnis mehr, seit ein skandinavischer Reporter die Anschrift vor einigen Jahren veröffentlicht hat. Und da ich nur etwa zehn Minuten von der Garbo-Wohnung entfernt lebe, geschieht es eines Tages, daß ich beim Spazierengehen an dem Haus vorbeikomme, in dem die Göttliche leben soll. Es ist einer jener anonymen graubraunen Backsteinklötze, denen kein Europäer ansieht, welchen Inhalt sie beherbergen, sofern er nicht, was in New York allerdings sehr schnell geht, gelernt hat, die Zeichensprache der Portale, Eingangshallen und Portieruniformen zu entziffern. Dies hier ist ohne Frage ein Haus für Wohlsituierte, wie überhaupt der ganze Straßenabschnitt. Aber dennoch: für europäische Augen ist die Gegend ziemlich häßlich, kein Grün und kein ruhiger Spazierweg ist in der Nähe und kein hinreißender Ausblick. Und während ich, langsam schon wieder heimwärts schlendernd, dem Kindergedanken nachträume, daß ich, wäre ich so reich wie die Garbo, mir lieber eine Wohnung mit Blick auf den Central Park genommen hätte, bemerkte ich plötzlich, daß sich auf der anderen Straßenseite mit beneidenswert flottem Wandervogelschritt eine Dame nähert, die, sofern es kein Doppelgänger ist, tatsächlich niemand anders sein kann als Greta Garbo. Sie trägt die berühmte Sonnenbrille, und sie hat die berüchtigten großen Füße, aber vor allem ist dies da ihr Gesicht, gealtert zwar, aber verändert nur insofern, als hätte jemand die Linien mit gröberem Stift noch einmal nachgezeichnet. Das heißt, sie wirkt nun etwas hager, aber der klassische Umriß des Profils ist unzerstört und eher noch deutlicher herausgearbeitet. Sie ist schlank und immer noch groß, wenngleich nicht mehr so, wie ich sie von Fotos in Erinnerung habe. Doch für jemand, der um die siebzig Jahre alt sein muß, ist sie von einer erstaunlichen Agilität. Sie trägt flache Schuhe, eine unauffällige Strickmütze, Hosen und eine anorakartige Jacke, alles in Braun und eher sportlich-praktisch als modisch oder gar elegant. Sie hat die Straße jetzt schon überquert, aber ehe sie sich dem schützenden Hauseingang nähert, verlangsamt sie den Schritt und blickt sich noch einmal um, als wolle sie ganz sicher sein, daß ihr auch wirklich niemand folgt. Dann ist sie verschwunden, und ich mache mich endgültig auf den Nachhauseweg. Als ich in eine andere Straße einbiege, blicke ich unbewußt auf die Uhr. Aber warum eigentlich? Es ist 16 Uhr 40 an einem völlig normalen Tag in New York, und nichts Besonderes ist vorgefallen, außer daß ich beim Spazierengehen durch Zufall Greta Garbo begegnet bin.

(1975)

Das Symbol

Der Rücktritt Willy Brandts hat eine spürbare Betroffenheit ausgelöst. Sie gilt freilich nicht so sehr dem Parteivorsitzenden der letzten Jahre als vielmehr dem Kanzler von einst, der einen Moment lang den alten Intellektuellentraum zu verwirklichen schien: die Versöhnung von „Geist und Macht". Kein anderer deutscher Regierungschef, vor oder nach ihm, ob aus dem linken oder dem bürgerlichen Lager, hat diese Hoffnung ähnlich eindrucksvoll verkörpert. Insofern ist die nostalgisch getönte Erinnerung, die jetzt manchen ergreift, verständlich, gilt sie doch einer Ausnahme im politischen Alltag. Zwar läßt sich mit guten Gründen die Ansicht vertreten, in einer Demokratie sollten sich die Politiker möglichst wenig in das Kulturleben einmischen, aber die Ausstrahlung Brandts bestand auch nicht darin, daß er sich etwa eingemischt hätte. Das Geheimnis der Faszination, die Brandt auf Künstler und Intellektuelle ausübte, war vermutlich, daß er gleichsam deren eigene Sprache sprach. Ähnliches hat es in Amerika unter Kennedy gegeben. Gut in Erinnerung sind die schockartige Trauer und die langanhaltende Melancholie, die nach dem tragischen Tod des Politikers das intellektuelle und künstlerische Leben lähmten. Hoffnungen, daß nun endlich ein „Verbündeter" an der Macht sei und frischer Wind durch das Land wehen würde, hatten sich übrigens auch mit dem Amtsantritt Mitterands verbunden – auch er, nicht zufällig, ist ein Meister der politischen Symbolik. Brandts Wirkung auf das geistige Leben mag ebenfalls eine bloß symbolische gewesen sein. Und wenn politische Kommentatoren das Symbolische geringschätzen, so haben sie gewiß recht . Aber auf dem Felde der Kultur trifft dieser Tadel nicht. In der Realpolitik mögen Symbole eine Nebensache sein, in der Kultur sind sie die Hauptsache. Was ist die ganze Kultur denn letztlich anderes als ein Symbol.

(1987)

Renate Wiggershaus

Während des Zweiten Weltkriegs in Wuppertal geboren – einen Tag vor dem Geburtstag von Friedrich Engels, der sich seinerzeit sarkastisch über sein Muckertal äußerte, und zu einer Zeit, als es in Else Lasker-Schülers inniggeliebter Heimatstadt längst keinen Platz mehr für sie gab. Aufgewachsen in einem Wuppertal, das reich an abenteuerlichen Trümmern war, wo es Todesbahnen zum Schlittenfahren gab, autoleere Kreuzungen zum Diabolospielen, ganze Straßenpartien für Hickekästchen und üppige Weißdornhekken, deren erstes Blattgrün wir heißhungrig verspeisten. Eine Stadt, in der es quietschte, dröhnte, brauste – vom stählernen Ungetüm der Schwebebahn, von den stampfenden Maschinen in den Fabriken, vom mächtigen Orgelspiel meines Freundes. Aber da hatte ich schon die Schule hinter mir; ging nach Hamburg, Paris; landete in Frankfurt, wo ich studierte und den Orgelspieler heiratete und eine Zeitlang Bücher übersetzte und seit den 70er Jahren als Funkautorin, Kritikerin, freie Schriftstellerin tätig bin.

Buchveröffentlichungen: *Geschichte der Frauen und der Frauenbewegung in der Bundesrepublik Deutschland und in der Deutschen Demokratischen Republik nach 1945.* Wuppertal: Peter Hammer Verlag 1979/*George Sand.* Eine Monographie. Reinbek: Rowohlt 1982/*Die Frau auf der Flucht.* Erzählungen und Prosatexte. Bielefeld: Pendragon-Verlag 1982/*Frauen unterm Nationalsozialismus.* Wuppertal: Peter Hammer Verlag 1984/*Virginia Woolf.* Leben und Werk. Frankfurt: Insel 1987.
Herausgeberin: *George Sand.* Geschichte meines Lebens. Frankfurt: Insel 1978/*Malwida von Meysenburg.* Memoiren einer Idealistin. Frankfurt: Insel 1985.

Renate Wiggershaus

Grand blanc à la cage

Die schreiende Kinderschwester, wenn du durch die Nordtür trittst. Frostfarben. Nichts in Händen. Fingerlos. Schaukelt in der Finsternis. Beide in flaschengrünem Raum. Füße wohin? Ohne Zehen, wohin? Im Mund der schwarze Schrei. Lautlose, jähe Gruft.

Links die zerteilte Ewigkeit. Kein knatterndes Segel. Aschweiß – das große Genähte. Asche, die aus der Zukunft herüberwehte. Drei Jahre noch, und die ganze Ewigkeit wird um den Näher sein. Und er ein bleicher Schatten.

Tritt näher. Laß den Rabenflügel über deine Lippen streichen. Die schwarze Zumalung, die in der Stunde deiner Geburt begann. Deine helle Stirn in der linken Ecke oben. Mit der blaßroten Naht. Wer hätte gedacht, daß es eine solche Undurchdringlichkeit gibt, daß der Saum wundwässrig ist, daß das verbleibende Leben ein weißes Dreieck am oberen Bildrand ist. Die Nacht steigt von Osten auf. Nun bist du sehr nah: zu klein aber für einen Sarg, zu groß für eine Urne.

Noch näher also: gleich nebenan unter das Laken. Das ist kein Schnee. Nichts, das kommt und vergeht. Faltensteif. Festgemörtelter Marmorstaub. Am Kopfende der Sand, der von dir blieb. Dein dämmernder Schatten. Die Zudecke überwuchert von Rissen. Wie das platzt, wie das springt. Wie der Frühling gar. Aber keine Blüten-Träume. Schwarze Bälle. Drei schwarze Bälle. Einer größer als der andere und der dritte ein Verschlinger. Lautloser Schrei. Zumalung beendet über alle Bildränder hinaus. Aschene Ewigkeit.

Einer aber, der mir sein Blut zwischen die Lippen leckte. Der mir seine Tränen zwischen die Lider warf.

Mein Schiff fuhr den Pechstrom hinauf. Gelächter und Schreien wie von fernen Festlichkeiten. Auf meinem Sargdeckel war kein Eichenlaub, lagen keine Lilien, keine Rosen. Messer wuchsen aus meinem Bauch, die Schneiden und Spitzen nach oben.

Ich bäumte mich auf. Ich wollte sprechen. Doch die Dinge stürzten nach hinten fort, stürzten in jaulende Dunkelheit. Ein „F“ fauchte auf meinen Lippen. Ich hörte mich stottern und pfeifen. fff pfiff es, und ich sank in die Kissen.

Und Durst. So heiß. So brennend. Dreißig Jahre schrumpften zu nichts zusammen. Das gelbe Meer der Wüste; welch ein Schmelzen. Über mir das brausende Blau des Himmels. Und ich in dieser Stille. Ein wildes Verlangen zwischen den Lippen. Fata morgana der Kehle. Schäumendes Bier in naher Ferne.

Ich schlug die Augen auf. Ich schaute und schaute. Dies Bild, flüsterte ich, hat mir das Leben gerettet, die rechte Bildhälfte. Die linke versuchte, mich zu morden. Ein Riese trat daraus hervor, schmetterte einen Felsbrocken nach mir. Damit ich Ruhe habe. Kauerte sich nieder, mit dem Rücken zu mir, das mächtige Haupt auf gewaltigen Armen. Daneben der Weg aus Hitze und Staub, der mich aufzusaugen drohte. Mich in die Finsternis hinter den Horizont kippen wollte.

Die rechte Bildhälfte aber in flirrendem Licht: weites Flußtal, drei Ruderer, leicht wie Federn. Schossen dahin. Dahin. Nahmen den Brand von meinen Lippen.

Doch jetzt aus Tapiès' Bett gestiegen. Der schwarze Schrei. Das weiße Dreieck oben links.
Der werdende Tag steigt von Osten auf.
Der Tropfen der Einsamkeit fällt. Zieht Kreise. Ohne Anfang. Ohne Ende.

(1987)

Rolf Wiggershaus

Gegen Ende des Zweiten Weltkriegs in Wuppertal geboren. Dort aufgewachsen und zur Schule gegangen. Das Universitätsstudium begonnen in Tübingen, fortgesetzt in Frankfurt am Main. In den 70er Jahren Übersetzer, Publizist, Funkautor, Lehrbeauftragter für Philosophie. In den 80er Jahren Wissenschaftshistoriker, Funkautor, Lyriker.

Buchveröffentlichungen: *Die Frankfurter Schule.* Geschichte, theoretische Entwicklung, politische Bedeutung. München: Hanser 1986/*Theodor W. Adorno.* Monographie. München: Beck 1987.
Herausgeber: *Sprachanalyse und Soziologie.* Die sozialwissenschaftliche Relevanz von Wittgensteins Sprachphilosophie. Frankfurt: Suhrkamp 1974.

Rolf Wiggershaus

Auf dem Lindenberg

Immer leiseres Rauschen, dann schweigt
Der Wald

Über die geschlossenen Augen
Wischen die Schatten der Zweige
Aus trockenem Holz
Steigt der Geruch der Dorfkirche in der Sommerhitze
Von langer Sonne
Duften die Wälder
Bis in den Ofen des Binderaums
Hinterm Blumenladen
In der Carnaper Straße

Und darüber auf dem Lindenberg
Gegen die Sonne stehn
Die schwarzen Gerippe der Eichen
Mit fuchtelnden Armen. Und darüber
Düsenjäger im waagerechten Sturz durchs Blau
Und darüber? Am Rhein
Hetzen die Schlehen, die wilden Kirschbäume
Blühend die Berge hinauf
Stürzende Herden auf der Flucht
Von Tal zu Tal
Vogelgesang zu Vogelgesang
Durch die grünen Feuer
Der Weiden am Bach
Durch waldiges Blau

Aber mit der Sonne gesehen
Steht auf dem Lindenberg
Die Elephantenherde der kahlen Eichen
Mitten unter ihnen
Die Echse mit offenem Kopf
Die bemooste Gestürzte
Still mit den Beinen strampelnd
Wie Pferde nach der Schlacht. Und darüber
Zwei Hubschrauber (U. S. Army)

An der Rheinbiegung bei Niederheimbach
Eine Buchtvoll fremder Süße
Noli me tangere
Sagst Du

(Mitte der achtziger Jahre)

Mit den Pappeln

Zehn Jahre schon
Erst
Reisen wir mit den Pappeln
Vogelumflattert
Mit flirrenden Blättern die Vögel deckend

Nomaden
Vom Sturm in den Weltraum gebeugt
Wenn die Hitze steht
Von den Pappeln in Asien träumend

Stehn da vorm Fenster
Wenn alles noch einmal hastig erblüht
Waldböden in Farben ertrinken
Und Tiere wie Blitze
Von Dunkel zu Dunkel stürzen

(Mitte der achtziger Jahre)

Uwe Wittstock

Geboren 1955 in Leipzig als Sohn einer Krankengymnastin und eines Psychiaters. Mit den Eltern 1957 in die Bundesrepublik übergesiedelt, bevor das Sächsische Spuren in der Sprache oder im Wesen hinterlassen konnte. Aufgewachsen in Köln und von dieser Stadt geprägt. Studierte an der Kölner Universität Germanistik, Philosophie, Theater-, Film- und Fernsehwissenschaft, promovierte 1986. Lebt und arbeitet seit 1980 als Feuilletonredakteur in Frankfurt am Main.

Buchveröffentlichungen: *Über die Fähigkeit zu trauern.* Das Bild der Wandlung im Prosawerk von Christa Wolf und Franz Fühmann. Frankfurt: Athenäum 1987/Nachwort zu: *Gedichte von Günter Kunert.* Hrsg. v. F. J. Görtz. Stuttgart: Reclam 1987.

Uwe Wittstock

Hühnerhof und Literatur

Morgens um acht ist die Welt noch in Ordnung – selbst auf der Frankfurter Buchmesse. Die Zufahrten und Parkplätze sind frei, die Gänge leer und fern aller Hektik. Betritt man eine der sonst so bedrückend überfüllten Hallen, fühlt man sich wie ein Eroberer, der seinen Fuß auf einen unbekannten Kontinent setzt. Oder besser: man kommt sich vor wie der erste und einzige Leser in einer glanzvoll herausgeputzten, riesenhaften Bibliothek, wie ein bedingungslos herrschender Souverän im Reiche des Geistes.
Allein zu sein mit drei- oder vierhunderttausend neuen und allerneuesten Büchern – einen leidenschaftlichen Literaturliebhaber muß dieser Gedanke in einen erhebenden, wenn nicht einen erhabenen Schwindel versetzen. Sie alle, diese gedruckten Objekte seiner Begierde, sind nur für ihn da, und er nur für sie. Sie bieten sich ihm dar, sie stellen sich aus für ihn, suchen seinen Blick und geben sich bereitwillig in seine Hände. Niemand und nichts stört ihn bei seinen Abenteuerfahrten durch die gewaltigen Bücherberge, durch labyrinthische Regalreihen und vorbei an den unerreichbar verbarrikadierten Glasvitrinen – jenen Tabuzonen bibliophiler Unersetzbarkeiten. Er kann sich versenken in fein versponnene Sprach-Mäander, sich verlieren an lyrische Luftgebilde oder sanft eindringen in geheimnisvolle Prosagewebe. Hier ist er Leser, hier darf er's sein.
Doch viel zu rasch endet das einsame Glück: zwar läßt sich die allmählich eintreffende Vorhut der Verleger in ihrer leicht verkaterten Morgenstimmung gelegentlich noch zu Gesprächen über Literatur verführen. Mit ersten Geschäftspartnern aber, die unfehlbar gegen neun Uhr die Stände ansteuern, nehmen ihre Augen einen Glanz an, der nicht mehr den Sätzen gilt, sondern den Umsätzen, nicht mehr poetischen Stimmungen, sondern stimmigen Bilanzen. Die Messe fordert ihr Recht, und sie fragt statt nach der Macht der Worte rigoros nach der Macht der Werte.
Unaufhaltsam ergießt sich nun eine Menschenlawine durch die Gänge, bald schon ist jede Passage zu schmal, jeder Stand zu klein, die Luft wird trocken, und alle Bewegungen ringsum zeugen von Eile und Betriebsamkeit. Tastete man zuvor mit den Fingerspitzen zärtlich über kostbare Ledereinbände, muß man sich jetzt auf die Kraft seiner Ellbogen besinnen. Enthusiasten können hier zu Misanthropen werden: Anlässe für Thomas Bernhardschen Weltekel fänden sich genug. Vor allem von den Rolltreppen herab, welche die verschiedenen Messe-Etagen verbinden, erinnert das Gewühl an einen vollindustrialisierten Hühnerhof: die Verlagskojen aufgereiht wie Legebatterien, je größer die Henne (nicht das frisch gelegte Ei), desto lauter das Reklamekrähen.
Distinguierte Herren in dezenten Anzügen beugen sich über Aktenköfferchen und reden nüchtern und konzentriert von Absatz und Rabatten. Andere – durchweg weniger seriös gekleidete – Akteure sprechen laut und bedeutungsvoll vom Zustand der Welt oder von dem der Literatur. Alle haben ungeheuer viel zu sagen, und keiner hat Zeit zuzuhören: also folgen den stürmischen Begrüßungen schnell die ungeduldigen Abschiede. Der meistgehörte Satz aus dem Mund von Autoren ist auf der Buchmesse allemal der schon im Weiterhasten hingeworfene Gruß: „Wir telefonieren!"
Was sich selbst gern ein Marktplatz der Ideen nennt, wird – sind die Geschäfte erst einmal getätigt – endgültig zu einem Jahrmarkt der kleinen und großen Eitelkeiten. Wer sich das ganze Jahr hinterm Schreibtisch schinden muß (oder doch zumindest vorgibt, dies zu tun), will sich wenigstens eine Woche lang bewundern lassen. Also

schwappt abends die Welle der Messe-Besucher in die Hallen der Hotels, zu illustren Veranstaltungen, die berühmt sind ob der teilnehmenden Prominenz und berüchtigt für deren intellektuellen *small-talk*. Die Zahl der Empfänge, der Podiumsdiskussionen, Lesungen, Konferenzen und Feiern ist schon lange unübersehbar geworden. In jedem Café und jedem Club, jedem Saal und jedem Salon der Stadt begegnet man Autoren, die bei kaltem Büfett und knappen *Drinks* ihr neuestes Buch und ihr verbindlichstes Lächeln präsentieren. „Die Großtheorien sind längst obsolet", kommentiert der eine zwischen Sekt und Spinathäppchen den Zustand unseres Geisteslebens. Ein anderer erwidert ihm mit bedeutungsvoll in den Nacken geworfenem Dichterhaupt, während seine Hand schon nach dem Tablett des nächsten Kellners tastet, daß für ihn „als alten Linken nur der französische Strukturalismus die neue Heimat sein kann". „Deren partikuläres Denken ist mir zu peripher", heißt es dann noch, kurz bevor die Gespräche von der Prosa zu Parfüm, Porsche und Prêt-a-porter, von der Lyrik zu saftigen Lendchen und langen Blondinen mit kurzen Lederröcken übergehen.
Für unseren Literaturliebhaber jedoch ist es jetzt höchste Zeit, sich zu verabschieden. Denn er hat, seit acht Uhr morgens auf der Messe, einen langen Tag hinter sich. Und er will am nächsten Tag unbedingt wieder – auf welchen Schleichwegen auch immer – früh in den Hallen sein. Denn diese erste Stunde, allein mit all den Büchern, ist ihm unvergeßlich.

(1986)

Ralph-Rainer Wuthenow

Geboren 1928 in Rendsburg (Schleswig-Holstein), Schulbesuch in Berlin, Insterburg, Gardelegen, Bad Hersfeld. 1944 Luftwaffenhelfer, Anklage vom Volksgerichtshof wegen Vorbereitung zum Hochverrat und Wehrkraftzersetzung, Untersuchungshaft bis zum Einmarsch der amerikanischen Truppen.
1947 Studium der Germanistik, Philosophie, Romanistik und Kunstgeschichte in Heidelberg, nach der Promotion (1954) in Lausanne. Lehrtätigkeit in Bordeaux, Okayama (Japan) und an der Tokyo-Universität. Habilitation in Göttingen (1967), seit 1969 in Frankfurt tätig.
Gastprofessuren in Aarhus (Dänemark), Ann Arbor (Michigan) und Pisa.

Buchveröffentlichungen: *Das fremde Kunstwerk*. Göttingen: Vandenhoeck & Ruprecht 1969/*Vernunft und Republik*. Bad Homburg v. d. H.: Gehlen 1970/*Das erinnerte Ich*. München: C. H. Beck 1974/*Muse, Maske, Meduse*. Frankfurt: Suhrkamp 1978/*Die erfahrene Welt*. Frankfurt: Insel 1980/*Im Buch die Bücher oder der Held als Leser*. Frankfurt: Europäische Verlagsanstalt 1980/*Das Bild und der Spiegel*. München: Hanser 1984.
Übersetzungen: *Chamfort, Nicolas: Die Früchte der vollendeten Zivilisation*. Stuttgart: Reclam 1978/*Basho, Matsuo: 111 Haiku*. Zürich: Ammann 1985.
Zahlreiche Beiträge für Hörfunk und Zeitschriften.

Ralph-Rainer Wuthenow

Das „Kopfkissenbuch" der Sei Shōnagon

(...)Nur Heian-Kyō war wert, daß man hier lebte; deshalb war die Verbannung, die einen jederzeit treffen konnte, schon fast der Abschied von der Welt. Es muß ein glanzvolles, heiteres und hochpolitisches Leben gewesen sein, ein Leben des Ränkespiels, des erotischen und politischen Abenteuers, des unbefangenen Genusses, verfeinert und frühreif. So jedenfalls spiegelt es sich in den Gedichten und vor allem den Prosawerken der Epoche, in Romanen und tagebuchähnlichen Aufzeichnungen; wir finden in dieser Zeit zwischen 800 und 1180 alle Anzeichen einer frühen klassischen Blüte: *ein* Geschmack, *eine* Haltung, *ein* Naturempfinden, *ein* Sinn für das Schickliche – *den* rechten Ausdruck, *die* rechte Gebärde, *das* rechte Wort – *ein* Sinn für das Zeremoniell und den Lebensstil scheint das Dasein zu bestimmen. Der Ausdruckswille des Individuums gilt wenig genug, alles aber die Unterwerfung unter die herrschende Norm; sie allein gibt das Gefühl von Folge und Zusammenhang.
Während man bis dahin die phonetisch unterschobenen chinesischen Kanji (Schriftzeichen) verwendet hatte, begann man nun, eine hieraus abgeleitete Silbenschrift (Hiragana) zu verwenden. Das geschah im 9. Jahrhundert und ist wichtig für die Entwicklung der japanischen Sprache – und der japanischen Literatur. ‚Gut schreiben' meint in jener Zeit nicht nur den richtigen Sprachgebrauch beherrschen, es meint gleichzeitig damit auch die vollkommene Schrift, meint – Kalligraphie als künstlerische Frucht der vollkommenen Bildung. Die Epoche war, wenn wir ihre Zeugnisse prüfen, offenbar in hervorragender Weise literarisch. Und es sind vor allem die Edelfrauen der Kapitale, Hofdamen insbesondere, die die neue Prosa hervorbringen und weiterentwickeln. Es entsteht das *Genji-Monogatari* (Anfang d. 11. Jhdts.), einer der großen Romane der Weltliteratur, das *Kagerô-Nikki*, eine Art von poetischem Tagebuch, und schließlich das sogenannte *Kopfkissenbuch* der Sei Shōnagon (um 1000), das uns ein Bild des Hofes, aber auch das Selbstporträt einer Frau von äußerster Zartheit, Délicatesse und Lebhaftigkeit des Geistes vermittelt, einer Frau mit vielen Kenntnissen und hochmütig-kritischen Launen, voller Sinn für zarte Schönheit und für die Trauer des Vergänglichen.
Ihre Aufzeichnungen zeugen von Geschmack und Lebenskunst wie von einer vollkommenen und empfindungsfreudigen Subjektivität. Und doch ist das schon zu viel gesagt: eben das Gefühl, Subjekt zu sein, scheint gar nicht wach zu werden, es fehlt. Es öffnet sich eine Welt ohne eigentliche Weltkenntnis (es gibt fast nur Japan und China); wissen hieß zu schreiben wissen; schön schreiben ist hier alles. So waltet eine preziöse Geschmacklichkeit in allem, was man tut: in der Betrachtung von Blumen, im Verbrennen von Räucherwerk, im Anlegen der Kleider und im Setzen der einzelnen Zeichen dieser eleganten Schrift.
So ist das *Kopfkissenbuch* Literatur und geschichtliche Quelle zugleich. Die Dame Sei, 966 aus einer einflußreichen Familie mit literarischen Traditionen geboren, kommt 991 an den Hof, wo sie fast zehn Jahre, bis zum Tod der jungen Kaiserin, der sie ganz ergeben ist, weilt. Tagebuch zu schreiben, dürfte damals eine verbreitete Mode gewesen sein, aber nicht ein Journal, das von Tag zu Tag führt, sondern eher die unregelmäßige Niederschrift von Einfällen, Beobachtungen, Anekdoten, Anmerkungen, Ansichten und Erinnerungen, planlos und ‚mit gleichsam fließendem Pinsel'. Da Dame Sei aber nichts kennt als die höfisch-aristokratische Welt, so könnte man ihr leicht Befangenheit vor-

werfen. Das nun bedeutet wenig genug, wenn man sich hier klar macht, daß mit eben dieser Befangenheit auch der so unvergleichliche ästhetische Blick zusammenhängt, mit dem hier alles, aber auch alles, gesehen und gewertet wird: Haltung, Kleidung, Bewegung, ja, noch der Abschied der Liebenden im Morgengrauen. Sie hält, wie man damals lebte, mit zarten, sicheren Strichen fest.
Wer dieses Dasein, das leichte Leben der Glücklichen, die ohne es zu wissen, wohl sehr viel Zeit haben und also auch gelangweilt sind, nicht kennt, der findet kaum Gnade in den Augen der verwöhnten jungen Hofdame; die Zimmerleute, die gekommen sind, das Dach auszubessern und in der Arbeitspause ihren Reis verzehren, sind Boten aus einer Welt, der man keinerlei Beachtung schenkt. Auch den Priesterstand findet sie sozusagen ‚geschmacklos'. Dazu paßt dann auch, daß sie den Gottesdienst eigentlich als ein vielfarbiges Schauspiel genießt und wenig dafür übrig hat, einen Tempel alleine zu besuchen. Sie muß ein bezauberndes und eigenwilliges Weltkind gewesen sein, der wir ihre Eitelkeiten nachsehen, so gut weiß sie uns zu unterhalten über die Jahrhunderte hinweg. Haltungen, Charakterzüge, werden in ihrem Pinsel zum unvergeßlichen Porträt.
Mit Witz und Anmut notiert sie das Erfreuliche wie das Unerfreuliche unerfreulich: „Ein Mann, der eigene Gedichte aufsagt, die überhaupt nicht gut sind und dann noch damit prahlt, daß andere sie gelobt haben. Unausstehlich!". Hübsch hingegen ist „das Gesicht eines Kindes, das seine Zähne in eine Melone preßt."
So wird alles zur Szene, und alles wird Anmut, alles wird Stil. Das geht bis an die Grenzen des Gezierten wie des Lächerlichen: „Die Katze, die im kaiserlichen Palast untergebracht ist, wurde neulich in den Adelsstand erhoben. Daher wird sie von uns immer sehr respektvoll behandelt." –
Doch mit derselben formgewordenen Aufmerksamkeit hält sie die Sinnlichkeit der schönen Dinge fest: einen Septembermorgen nach dem Regen, das erste Tageslicht im Frühjahr, den Ruf der Vögel, spielende Kinder. So viel Stilisierung verträgt sich gut mit leichter Arroganz und verführerischer Kühle. So erscheint sie uns mit all ihrer Eitelkeit: „Nichts in der Welt ist so schmerzlich zu empfinden, als daß niemand einen mag", und mit ihrem ästhetischen Hochmut, der ein falsches Wort, ein mißratenes Schriftzeichen nicht nur als Stilbruch, sondern schon fast als moralische Verfehlung werten möchte; sie hingegen weiß doch ganz genau, was sie tut: „Wie wenige Menschen werden diese schlichten Begebenheiten überhaupt für wert halten, aufgeschrieben zu werden!" erklärt sie nicht ohne Selbstgefälligkeit. So dürfen wir ihr auch nicht glauben, was sie am Schluß bemerkt: „. . .ich habe so viel Lob geerntet, daß ich beschämt bin! Wie sollte ich auch dieses Lob verdient haben!" –
Murasaki Shikibu, die Erzählerin des *Genji-Monogatari*, spricht in ihrem Tagebuch von Sei Shōnagon; sie scheint sie nicht geliebt zu haben und wirft ihr vor allem Selbstzufriedenheit vor. In ihren Schriften findet sie viel zu beanstanden, sie habe Freude an der Provokation, aber, fährt sie fort, da jeder Reiz sich abstumpft, muß sie immer zu gröberen Methoden greifen, um Aufmerksamkeit zu gewinnen. „Einst war sie eine Person von großem Geschmack und Kultiviertheit . . . was aus ihr werden soll, wenn sie zu alt für ihre gegenwärtigen Pflichten ist, kann ich mir gar nicht vorstellen."
Auch wir wissen es nicht; das Ende ihrer Tage ist Legende und als solche ganz im Stil der jungen Hofdame von einst: Man spricht von Elend, Bitternis und einem immer noch unbesiegbaren Witz.

(1986)

Gisela von Wysocki

Geburtsort: Berlin. Es hätte auch Nürnberg, Hamburg, Hameln sein können. Denkt man. Und lebt dann lange woanders, in Frankfurt zum Beispiel. Es dauert eine Weile, bis man drauf kommt. Wie dieses „Berlin", dieses Erbstück sich bemerkbar macht. Wie es arbeitet.
Die Schule war wie überall. Ein Ort für Mißverständnisse, kleine Demütigungen. Erst abends, im Kino, nahm der Tag Format an, Breitwand-Format. Abends war das Leben preisgekrönt. Augen, Münder, Hüte; jähe Mutationen. Der Vater besaß den Underground-Blick. Bei ausverkauften Häusern fand er auf Anhieb die Männer mit den hochgestellten Kragen heraus, die Schwarzmarkthändler mit dem Zweihundertprozent-Aufschlag. Man kaufte Kino als schwarze Ware. Dann nahm man Platz in einem Zuschauerraum und ließ das illegale Ereignis geschehen. ASTOR, BALI, GLORIA-PALAST. CAPITOL. Und STUDIO. Ein frühes Aussteigertum, ein Verschwinden in der Nahaufnahme. „Meine Kindheit": hat in einem Filmtitel Platz.
Später, bei T. W. Adorno in Frankfurt, ordnete sich das Material völlig neu. Das Kino. Das Klavierspiel. Die Lektüre. Die Philosophie. Daraus wurde eine Arbeit über Peter Altenberg, der mit seinen „radikalrhythmischen Armen und Beinen" (Bertold Viertel) die jungen Prostituierten einübte: in die neuesten „Niggersongs" aus Amerika.

Buchveröffentlichungen: *Peter Altenberg*. Bilder und Geschichten des befreiten Lebens. Essay. München: Hanser 1979 und Frankfurt: S. Fischer 1986/*La Laterna magica*. Ombre, Immagini, Figure di Donne. Mailand: La Tartaruga 1979/*Die Fröste der Freiheit*. Aufbruchsphantasien. Essays über Marieluise Fleißer, Marlene Dietrich, Greta Garbo, Leni Riefenstahl, Sylvia Plath, Unica Zürn. Frankfurt: Syndikat 1981/*Weiblichkeit und Modernität*. Über Virginia Woolf. Essay. Frankfurt: Qumran 1982 und Frankfurt: S. Fischer 1986/*Auf Schwarzmärkten*. Prosagedichte und Fotografien. Frankfurt: Qumran 1983/*Abendland leben oder Appollinaires Gedächtnis*. Theaterstück. Frankfurt: Edition Qumran im Campus Verlag 1987.

Gisela von Wysocki

Requiem

Fantomas 3. 4., zwei Glanzstücke des Musée de l'Homme.

FANTOMAS 3: Stirbst du auch gerade?
FANTOMAS 4: Ach. Ein rauhes Gefühl. Aber auch wieder ein Aufstieg. Une étude. Une rénovation. Eine enorme Entwicklung. Von jetzt ab ohne Knochengerüst.
FANTOMAS 3: Hoffentlich erkennt man uns als Gallimard Ausgabe wieder.
FANTOMAS 4: Eigentlich gar nicht so schlimm, dieses Kälterwerden. Es bleibt ja hell.
FANTOMAS 3: Herz fällt aus. Und sofort: marmoriert es.
FANTOMAS 4: Meins auch. Jetzt muß man übergehn zum indirekten Sprechen.
FANTOMAS 3: Schlau. Und außerdem, etwas andres bleibt uns gar nicht übrig.
FANTOMAS 4: Wir gehen weg WIE NICHTS.

Die „Europa“ Spieler rücken nach und nach vor. Besetzen das Musée de l'Homme. Zugleich: greift die Bühne auf den Zuschauerraum über, mit KOLONIALISTISCHER TÜR, mit DINOSAURIER, LEITERN und SONNEN.

FANTOMAS 3: Ich glaube, mein Atem setzt auch aus. So ein Sterben zerreißt einem den ganzen Tag.
FANTOMAS 4: *(starkes Lachen)* Ach. Ist das eisig. Meine Radio-Stimme übernimmt.

Beide mit Radio-Stimme.

FANTOMAS 3: Da ist schon die erste Nachwelt.
FANTOMAS 4: Ja. Aber so heruntergekommen. Und komische Masken haben die auf.
FANTOMAS 3: Aber das ist doch das Leben.
FANTOMAS 4: So sah es also aus.
FANTOMAS 3: Waren wir auch so: so stückchenweise.
FANTOMAS 4: Niemals. Wir haben das Ganze doch immer von seiner besten Seite genommen.
FANTOMAS 3: Jetzt brauchen wir auch die Sonnen nicht mehr. Wir sind jetzt selber eine.
FANTOMAS 4: Ein Stück legitimes Gold.

Apollinaires Mutter, die ECARTÉ-KÖNIGIN, zusammen mit den Zuschauern im Musée de l'Homme. Auf Zimmernähe.
Ihre Hände sondern Spielkarten ab. Die SONNE kommt direkt aus dem Roulette. Das

C. A. S. I. N. O. Schild blüht, es ist mehr als eine Buchstabentafel über Monte Carlo. Die FANTOMAS-Direktoren benehmen sich wie schwindelerregende Mächte. Auf den Tischen werden Geldstücke und Scheine gewechselt. Casino-Französisch.

DIE MUTTER: *(mit polnischem Akzent)* DO NOT SUFFER, MY DEAR, BE NOT AFRAID. DURCH GUT GEWÄHLTE MOTTI EINEN GANZEN SOHN ERZOGEN. Was war ein Sohn. Ein Nobody, der noch Spielverbot hat. Wissen Sie. Ich habe niemals einen Wintertag erlebt. Nur Kronleuchter und sichere Säle. Nebenräume, die voller DIREKTOREN waren. Eine Litzen-Armee. Auch die Spieler. Wenige, aber fehlerlos und akzentfrei gesprochene Sätze. Glauben Sie mir das. Übrigens haben Sie das gesehen. Haben Sie gesehen, wie mein Sohn starb. ER GAB SICH: WUNDERBAR. BEINAHE WIE EIN DIREKTOR. ALSO. ICH WAR ES, DIE DEN LEICHNAM IN BETRIEB GENOMMEN HAT. Das Gestell der Beine. Noch schwenkbare Beine. Eine herrliche Anlage. Erwachsen geworden, der Sohn. Jetzt ohne Peinlichkeit. Er sprach früher zu viel. Kein gutes Französisch. Unbeherrschtes. Oder Mißbräuchliches. Jetzt liegt er gut. Wie eine Promenade. Damen und Herren. Ganz überwältigt sieht er aus. Zwei langstielige Gladiolen geschultert. Sektmarken, könnte man denken. Elsässische Firma. An solchen Tagen. Liebe. Ich. Meinen. Sohn. DER TOD, NA KUNSTSTÜCK.

Alle SONNEN stehen im Zenith. Als Beleuchtungskörper ausschalten.

(Aus „Abendland leben oder Apollinaires Gedächtnis". Theaterstück. Erstmals erschienen Frankfurt/M.: Edition Qumran im Campus Verlag 1987)

Peter Zingler

Peter Zingler, geborener Sachse – 1944 – aufgewachsen im Rheinland – Bonn ab 1946 – und gelernter Frankfurter – seit 1972. Halbmittlere Reife (abgebrochene Schulbildung), Metzger, Gastwirt, Drücker, Berufskrimineller. Verbrachte etliche Jahre seines Lebens in Marokko, Sizilien, Jamaika und deutschen Gefängnissen. Schreibt seit 1982 für Magazine (Stern –Spiegel – Playboy) erotische und back-groundgeschichten.

Buchveröffentlichungen: *Notizen aus der Mülltonne.* Erzählungen. Mainz: Dumjahn 1983/*Tod in Kingston.* Roman. Frankfurt: extrabuch 1984/*Spur 139.* Erzählung. Frankfurt: extrabuch 1985/*11 Tage im Frühjahr.* Roman. München: Heyne 1985/ *Rückkehr in den Regen.* Erzählung. Frankfurt: Alibaba 1985/*Marokkanische Nächte.* Roman. München: Heyne 1986/*Lava.* Erotische Erzählungen. München: Heyne 1987.
Hörspiel: *Die Entlassung.* HR 1987
Drehbücher: Für die Serie „Ein Fall für zwei", ZDF: *FalsodsTraum.* 1986/*Kurz hinter Ankara.* 1987/*Gewissensbisse.* 1987/*Hüpfendes Fleisch.* Einzelstück für den HR 1988.
Herausgeber: *Romanfabrik.* Zs. m. D. Lerche. Frankfurt: Brandes & Apsel 1986/ *Schonzeit für Diebe.* Zs. m. U. Sigismund. Frankfurt: Brandes & Apsel 1986.

Peter Zingler

Das Wiedersehen

Die Hitze ist unerträglich. Ruben sitzt nackt und nach Atem ringend in der nur einen Quadratmeter großen Zelle des dunkelgrünen Gefangenentransportbusses. Die Innentemperatur beträgt gut und gerne vierzig Grad. Die Belüftung ist gleich null. Jedesmal, wenn der Bus hält, stellt der Dachventilator seinen Dienst ein, und ein Hitzeschock überfällt Ruben wie ein Aufguß in der Sauna. Schweiß läuft in Bächen an ihm herab, sammelt sich in der hölzernen Sitzschale und reizt mit seinem Salzgehalt Anus und Geschlecht. Ruben denkt an Ziegenberg, das kleine Hochsicherheitsgefängnis, sein Ziel für heute und die nächsten sieben Jahre. „Mein Ziel", denkt er, „ist es wirklich mein Ziel?"

Er hat schon einiges hinter sich, der kleine rundliche Jude mit dem deutschen Fremdenpaß, aber sieben Jahre am Stück sind verdammt viel, besonders in seinem Alter. Insgesamt hat Ruben zwar schon acht Jahre in Haft verbracht, die drei Jahre als Kind im KZ nicht mitgerechnet, doch er hat sich noch immer nicht daran gewöhnen können. „Sieben Jahre, sieben Jahre", hämmert es in seinem Kopf und auch das Datum seiner Entlassung „1992 – 1992 – 1992" eingestanzt wie in den Sockel seines eigenen Denkmals. „Hoffentlich", denkt er, „hoffentlich läßt es sich in dem Knast aushalten." Es läßt sich nicht aushalten. Keine Arbeit, keine Bildungsmöglichkeit, kaum Freizeitgestaltung. Was ihn aber am schlimmsten trifft: Er bekommt keine Einzelzelle. „Einzelzellen nur für Lebenslängliche!", sagt man ihm gleich auf der Kleiderkammer. „Die Anstalt ist stark überbelegt."

So muß Ruben die Zelle mit einem Türken teilen. Ruben hat nichts gegen seinen Zellengenossen, doch auf Jahre hinaus wird er es mit ihm bestimmt nicht aushalten. Ruben ist fünfundfünfzig Jahre alt, lebenserfahren, ruhig und nachgiebig. Kemal ist erst sechsundzwanzig. Anatolier, kaum des Deutschen mächtig, unsicher und arrogant. Schon seine übertriebene Reinlichkeit geht Ruben auf die Nerven. Stundenlang steht Kemal vor dem Spiegel, drückt unsichtbare Pickel aus, bestäubt sich mit Duftwässern, als wolle er ausgehen. Unehrlich wie jeder Mensch, der vor dem Spiegel steht, verändert er Gesichtsausdruck und Mimik, bis er sich gefällt.

Andauernd erzählt er angebliche Bettgeschichten mit deutschen Frauen, die nur auf ihn, den Orientalen, gewartet haben, um das höchste Glück der Erde mit ihm zu erleben. „Im Grunde ist Kemal noch ein Kind!" denkt Ruben. Neun Quadratmeter Zelle, ein Spind, ein Spiegel, ein Waschbecken, ein Abort, zwei Betten, zwei Menschen, zwei Welten. Es gibt keine gemeinsame Ebene, aber auch kein Entkommen. Entkommen in eine Einzelzelle, das wäre was, denkt Ruben und hört wieder den Kammerbeamten sagen: „Einzelzellen nur für Lebenslängliche!" Ruben hadert mit seiner Situation, mit sich, eine Zukunft malt er sich nicht mehr aus. Erstmals hat er Selbstmordgedanken.

Sie halten nur bis zum ersten Samstag. An diesem Tag geht Ruben in die Bibliothek. Sie wird von einem alten, herrischen Gefangenen verwaltet, vor dem sogar die Vollzugsbediensteten strammstehen. Ruben erstarrt. Er hat diesen Mann nie vergessen, der noch das gleiche Gesicht benutzt wie vor vierzig Jahren, auch wenn es älter geworden ist und jetzt aussieht wie zerknittertes Butterbrotpapier. Schulze, SS-Obersturmführer Schulze, einer der Peiniger aus Rubens Kindertagen und mitverantwortlich für den Tod seiner Eltern.

In den frühen siebzigern, als Ruben vorübergehend in Israel lebte, hatte er aus den Medien erfahren, daß Schulze gefaßt und verurteilt worden war. Jetzt sieht er ihn vor sich und erkennt: Da hat sich nichts geändert. Schulze steht vor ihm und schnarrt mit geübter Kommandostimme: „Daß mir jeder die Bücher wieder an den vorgesehenen Platz einordnet, sonst gibt's 'ne Büchersperre!" Und die Uniformierten nicken beifällig. Jawoll, gut so, Schulze hat alles im Griff.
Ruben leiht kein Buch aus. Er geht zurück in die Zelle, legt sich aufs Bett und starrt das ganze Wochenende über an die Decke. Montags meldet er sich beim Anstaltsleiter, will in ein anderes Gefängnis verlegt werden, will nicht mit diesem Mann unter einem Dach leben. Der Anstaltsleiter versteht ihn nicht: „Schulze tut keinem was. Er ist schon vierzehn Jahre in unserem Haus und wird sicher bald entlassen."
Ruben kann es nicht fassen. Auch er wird nach dieser Strafe fast sechzehn Jahre verbüßt haben, für ein paar mehr oder weniger ertragreiche Betrügereien. Mehr Haft als dieser Massenmörder. Das versteht Ruben nicht. Er grübelt. Er konzentriert alle seine Gedanken auf diesen Mann und entwickelt eine wahnsinnige Wut. Kemal, der Zellengenosse, ist vergessen.
Wie im Traum verbringt Ruben seine Tage, dann fängt er an, sein Buttermesser am Tellerrand so lange zu schleifen, bis es spitz und scharf ist. Bei dieser Arbeit wandern seine Gedanken in die Kindheit. Sein, durch die Geburt in diesem Land, verpfuschtes Leben zieht noch einmal an ihm vorüber. Ihm wird klar, daß er weder eine Kindheit noch eine Jugend hatte. Alle späteren Versuche, das Versäumte nachzuholen, hatten nur zu schweren Repressionen geführt. Doch nichts konnte ihn mehr schrecken. So alt, wie er als Zwölfjähriger im KZ war, würde er nie mehr werden. Und einer dieser Schuldigen, Schulze, saß hier, nur wenige Meter von ihm entfernt.
Schicksal?
Bestimmung?
Ruben wird es tun, dann gibt's auch eine Einzelzelle.
Er wird es nicht tun.
Er wird es doch tun.
Am nächsten Samstag geht er erneut zur Bibliothek, das Messer verborgen in der Hosentasche. Er tut's nicht, weint vor Wut über sich selbst, seine Feigheit, sein Unvermögen.
Er schleift weiter sein Messer, Tag für Tag.
Er tut es wieder nicht.
Er hat bis heute keine Einzelzelle.

(1987)

Stefanie Zweig

Geboren am 19. September 1932 in Leobschütz in Oberschlesien. Im Juni 1938 als Jüdin im Zuge der nationalsozialistischen Verfolgung mit den Eltern nach Kenia in Ostafrika ausgewandert. Der Vater, ein Jurist, wurde Angestellter auf einer Farm am Äquator, verdiente sechs englische Pfund im Monat und mußte davon fünf für meine Schulbildung ausgeben. Ich lernte Suaheli, Lumbwa und Kikuyu als erste Fremdsprachen, in der Schule Englisch. Deutsch war die Sprache, in der der Vater von der verlorenen Heimat sprach. 1947 mit den Eltern und dem in Nairobi geborenen Bruder nach Frankfurt gekommen, um festzustellen, daß die Heimat der Eltern nicht immer den Erwartungen der Kinder entspricht. Wider Erwarten Deutsch schreiben und lesen gelernt und 1953 das Abitur an der Herder-Schule bestanden. Von 1953 bis 1959 als Volontär, dann Redakteur bei der „Allgemeinen Wochenzeitung der Juden in Deutschland" (Düsseldorf), danach Feuilleton-Redakteur der Frankfurter „Abendpost" und seit 1964 in gleicher Position bei der Frankfurter „Abendpost-Nachtausgabe" mit dem Spezialgebiet Theaterkritik und der Erfahrung der Kolumnistin, daß die Leute lieber über Hunde lesen als über modernes Theater – was den unbezähmbaren Drang erklärt, Schauspieler in Kinderbücher und Hunde in Theaterkritiken einzubauen.

Buchveröffentlichungen: *Eltern sind auch Menschen.* Göttingen: Fischer-Verlag 1978/*Großeltern hat jeder.* Stuttgart: Herold Verlag 1979/*In gute Hände abzugeben.* Stuttgart: Herold-Verlag 1980/*Setterhündin entlaufen – hört auf den Namen Kathrin.* Stuttgart: Herold Verlag 1981/*Ein Mund voll Erde.* Stuttgart: Union-Verlag 1982/*Auf der Spur des Löwen.* Stuttgart: Boje Verlag 1981/*Schnitzel schmecken nicht wie Schokolade.* Stuttgart: Herold Verlag 1982.
Übersetzungen: *H. V. Morton: Schottlandreise.* Frankfurt: Societäts-Verlag 1976/*H. V. Morton: Irlandreise.* Frankfurt: Societäts-Verlag 1978/*Andrew Sinclair: Victoria – Kaiserin für 99 Tage.* Frankfurt: Societäts-Verlag 1983.

Stefanie Zweig

Die weißen Affen

So lange und heiße Tage wie die vom Mai 1947 in Frankfurt hatte ich in Afrika nie erlebt. Nichts wußte die fremde Sonne der Weißen von der Sanftheit plötzlicher Dunkelheit. Noch in den Stunden, da sich zu Hause die Geier aus dem Schlaf geschüttelt hatten, fraß die Glut die grünen Pflanzen, die aus den Trümmern drängten. „Die Menschen hier wissen gar nicht, wann der Tag vorbei ist. Haben Sie auch keine Lieder für die Nacht?"
Ich hatte die Worte nicht aus dem Kopf lassen wollen, aber die drei Tage, die ich nun in der toten Stadt lebte, hatten mich verwandelt. Jogona, der Kinderfreund der entrissenen Welt, hatte Recht. Schmeckten die Menschen erst Salz, wurden sie dumm und redeten zu viel.
„Die Menschen hier haben Schweres durchgemacht.", sagte mein Vater.
Ich versuchte, seine Sprache in die Bilder meiner Kindheit zu holen. Suaheli hatte einen anderen Klang als Deutsch. Jogonas Laute kitzelten den Kopf, machten ihn nie schwer. Er hatte mich seine Sprache und damit seine Art zu sehen gelehrt, ehe ich neun Regenzeiten erlebt hatte. Jogona wußte über alles Bescheid, auch über den Bwana, meinen Vater.
Wie hätte er die Lippen steif und die Augen groß gemacht, hätte er den Bwana in Frankfurt erlebt. Mein Vater benahm sich noch immer wie die Nugus im Wald von Ol Joro Orok. Daheim waren es die Affen gewesen, die auf Laute reagierten, nie die Menschen. Die wußten, daß eine zu rasche Antwort das Herz zerschnitt.
An diesem dritten Tag in Frankfurt saßen mein Vater und ich unter einem Baum, dessen weißen Blüten ein Duft entströmte, der süß wie Zuckerrohr war. In Ol Joro Orok rochen Bäume nach Wind. Saß der Mensch in ihrem Schatten, spürte er den Sand auf der Haut, sobald sich das Gras bewegte. Auch das war in Frankfurt anders.
„Was haben sie denn durchgemacht?" fragte ich und merkte, daß ich auch schon ein Affe geworden war, der zu viel redete.
„Man hat ihnen alles genommen. Die Häuser, das Leben, die Heimat."
Ich schluckte das Seufzen herunter wie ein Hund, der am Knochen würgt und nach dem nächsten Biß giert. Seit wir in Frankfurt waren, sprach der Vater noch mehr von Heimat als früher. Es war ein böses Wort, wenn es auch aus dem Mund eines Menschen kam, den ich noch mehr liebte als die nächtlichen Feuer vor den Hütten zu Hause. Nur weil der Vater seine Heimat verloren hatte, als ich noch zu dumm war, die Regenzeiten richtig zu zählen, war er in diese Stadt gekommen, in der die Erde kalt war und die Menschen nicht schweigen gelernt hatten.
Das Wort Heimat hatte mich von den Dingen fortgerissen, die so vertraut waren wie das Kribbeln der Ameisen auf nackter Haut und das Warten auf Regen. „Dein Vater ist ein Kind und sieht nur mit den Augen", hatte Jogona gesagt. „Er läßt alles aus dem Mund."
Der Vater sprach nur von Tagen, die lange tot oder noch nicht gekommen waren. Genauso war es jetzt unter dem süßen Baum. Er hatte gerade gesagt „bald werden wir hier zu Hause sein", als sich eine Frau neben ihn auf die Bank setzte. Zuerst roch ich nur ihre Haut. Dann merkte ich, daß sie, wie alle Weißen, kein Gesicht hatte, doch die suchenden Augen eines jungen Hundes. Die Frau atmete so schwer, als hätte sie Sand

geschluckt, aber sie nahm sich nicht die Zeit, ihre Zunge hinter die Zähne zu schieben.

„Sie sind wohl nicht von hier?"

So etwas fragte man in Ol Joro Orok mit den Augen, nicht mit den Lippen. Als ich noch dabei war, ihre Worte zu einem Bild zu formen, das mein Kopf hätte halten können, hörte ich meinen Vater sagen: „Wir sind eben aus Afrika heimgekehrt."

„Da haben Sie es aber gut getroffen", kam es aus der Frau, „kein Hunger, keine Bomben, kein Krieg, gar nichts."

„Keine Bomben, kein Krieg, gar nichts", sagte mein Vater.

Kaum hatte seine Stimme mein Ohr berührt, fingen die toten Häuser zu leben an. Sie drehten Kreise vor meinen Augen. Ich spürte die gleiche Erregung wie in den Nächten zu Hause, ehe der große Regen einsetzte, das Blut dünn und der Kopf leicht wurde. Hatte sich Jogona, dieser kluge Kenner allen Lebens, getäuscht? Vielleicht war Vater doch kein Kind mehr und wußte, daß Worte erst lebten, wenn man sie zweimal sagte.

„Warum sind Sie denn nach Afrika gemacht?", fragte die Frau.

„Wir sind jüdisch."

„Da haben Sie aber großes Glück gehabt."

„Großes Glück", wiederholte der Bwana.

Ein Feuer, das so stark war wie die Sonne, die den eigenen Schatten schluckt, brannte in meiner Kehle. Es gab keinen Zweifel. Der Bwana hatte zu Hause eine falsche Spur gelegt und nur so getan, als hätte er nicht gewußt, daß man fremden Menschen die Sprache nehmen mußte, um das Herz zu sehen. Jogona und ich waren ihm in die Falle gegangen, einfältig wie Gazellen, die zu früh von der Mutter getrennt werden und nachts dem Löwen zulaufen. Mein Vater war ein Mann mit einem eigenen Zauber.

„Es war schlimm, was sie mit den Juden gemacht haben", sagte die Frau, „ich hab' gleich gewußt, das nimmt kein gutes Ende. Die werden uns das noch heimzahlen, hab' ich immer gesagt." Ihre Stimme fand kein Echo. Der Bwana wußte also vom Schweigen. Hier in der Fremde trank er von der Klugheit der guten Tage, von denen er fortgelaufen war. Ich suchte nach seiner Hand, um ihm zu zeigen, daß ich begriffen hatte. Seine Haut war feucht. Das Beben in seinem Körper war wie ein Wind, der auch alte Bäume dazu bringt, sich zur Erde zu beugen. Die Frau ohne Gesicht sprach weiter.

„Ich meine, es hat doch auch anständige Juden gegeben. Die hätte man ruhig woanders hinbringen können. Das hätte alles anders laufen können."

„Anders laufen", wiederholte mein Vater. Seine Stimme zitterte nun wie sein Körper, aber mich konnte er nicht mehr täuschen. Er legte schon wieder eine falsche Spur.

„Jetzt geht es Ihnen besser als uns", kam es von der Frau. „Die Juden haben doch schon wieder alles. Bestimmt geht es Ihnen hier besser als in Afrika. Deshalb sind Sie ja hergekommen."

„Deshalb bin ich hergekommen", sagte der Bwana.

Als er aufstand und seinen Körper stark zu machen versuchte, sah er einen Moment aus wie der Vater in Ol Joro Orok, der immer nach Bildern gesucht hatte, die meine Augen nicht fanden, aber diesmal spürte ich keinen Schmerz.

„Komm, die Leute hier reden wie die Nugus", sagte er.

Noch nie hatte der Bwana mit mir Suaheli gesprochen. Wir brauchten nur noch einen Mund. Der neue Zauber sang in meinem Kopf wie die Trommeln im Wald. Endlich hatte ich das Wort Heimat verstanden. Es war kein böses Wort.

(1987)

LITERATURSTADT FRANKFURT

Reinhold Batberger

Die Nächte des Buchmachers

Der Buchmacher sitzt Nacht für Nacht über seinem Kasten und zählt Geld. Die Zeiten sind schlecht, sagen die Leute und wetten wie die Teufel. Die Zeiten sind nicht schlecht, die Leute wetten immer noch wie die Teufel. Ich nehme jede Wette an, sagt der Buchmacher; so gut wie jede Wette, er braucht jede Mark. Nachts schickt er mich seitdem fort; am Morgen komme ich bei ihm vorbei und trage in einer Plastiktüte das Geld vom Vortag zur Bank. Bei Gott, das war nicht immer so. Früher schrieb der Buchmacher und schrieb; Bücher entstanden nicht, und ich hatte Gelegenheiten genug, um Trost zu spenden. Weshalb bin ich Buchmacher, wenn ich keine Bücher mache, sagte der Buchmacher. Bin ich ein Buchmacher oder nicht, sagte der Buchmacher. Das Wichtigste, um ein Buch zu machen, sagte der Buchmacher, ist weder ein Schreibstift noch Papier, sondern Geld. Der Buchmacher machte ein Wettbüro auf. Als der Laden lief, vertiefte er sich in die Bücher von Froschauer. Die Leihbücherei von Froschauer liegt der Wohnung des Buchmachers gegenüber, der Buchmacher haßt lange Wege. Froschauer wurde aufmerksam auf seinen neuen Kunden, der ihm jeden Morgen stumm einen Zwanziger auf den Tisch legte und sofort in den Buchbeständen zu wühlen begann. Ich habe keine Ahnung, ob irgendeines von Froschauers Leihbüchern einen Wert besitzt, ich weiß es heute noch nicht; ich bezweifle, ob sich irgend jemand irgendein Buch bei ihm ausleiht. Der Buchmacher hätte wohl eher in einer Bibliothek gefunden, wonach er suchte. Aber offenbar irre ich mich. Offensichtlich wurde der Buchmacher fündig. Froschauer schwieg anfangs, doch platzte er vor Neugier. Darauf hatte es der Buchmacher abgesehen, er weihte Froschauer in seine Pläne ein. Kein Wunder, sagte der Buchmacher eines Tages zu Froschauer, kein Wunder, daß ich kein Buch machen kann, wenn ich nicht weiß, wie ein Buch gemacht wird. Kein Wunder, dachte Froschauer, daß niemand ein Buch bei mir ausleiht, wenn selbst einen Buchmacher solche Erkenntnisse erst im vorgerückten Alter überfallen. Froschauer, dem nicht verborgen blieb, daß sich tagtäglich ein wahrer Menschenstrom in das neue Wettbüro ergoß, der seine Leihbücherei auf eine geradezu geheimnisvolle Weise mied, witterte in der Person des Buchmachers den Mann, der den unsichtbaren Damm vor seiner Leihbücherei durchlöchern konnte. Vielleicht hoffte er auch, die Absicht des Buchmachers, Bücher zu machen, zum rechten Augenblick auf irgendeine Weise mit seiner Leihbücherei zu koppeln. Vorerst fielen sich Froschauer und der Buchmacher in die Arme.

Zuerst räumten sie den Keller unter dem Wettbüro aus. Sie besorgten sich Ton und einen Brennofen. Der Buchmacher formte Tontafeln, Froschauer Rollzylinder. Sie ritzten babylonische Schriftzeichen ein, die sie aus einem Lexikon kopierten. Lag es am Material, lag es am ungeschickten Einritzen, die Ergebnisse befriedigten sie nicht. Nach einer kleinen Auseinandersetzung, bei der Froschauer die Brandwunden an den Händen des Buchmachers versorgte, entschlossen sie sich, aus Zeitgründen Papyruspflanzen nicht zu ziehen, sondern zu kaufen. Sie klebten lange Papyrusstreifen aneinander und rollten sie zusammen, der Buchmacher zeigte mit seinen eingewickelten Händen zumindest guten Willen. Froschauer versah eine der Rollen mit ägyptischen Zeichen, gab aber nach der herben Kritik des Buchmachers rasch auf. Sie besorgten sich Pergament. Beim Zusammennähen der Streifen stach sich Froschauer in die Hand, der Buchmacher jammerte, daß seine Hände noch nicht zu gebrauchen wären. Sie stopften schließlich das

Pergament in die Kapseln und gaben sich große Mühe beim Beschriften. Es fielen ihnen keine Titel mehr ein; der Buchmacher weigerte sich, die Titel aus Froschauers Leihbibliothek abzuschreiben. Unter der Anleitung des Buchmachers stellte Froschauer einen Codex her. Er glich einem Paket, bereit für die Altpapiersammlung. Um das Problem des Schreibens zu lösen, heuerten sie einige Schreiber an. Da sie nachts arbeiteten, mußten sie die Schreiber gut bezahlen. Sie diktierten abwechselnd; Froschauer aus einem Buch seiner Leihbücherei, der Buchmacher aus dem Kopf. Die Schreiber nickten ein; kein Text glich dem anderen. Sie einigten sich darauf, von jetzt an ohne Gehilfen zu arbeiten. Sie vertieften sich in die Kunst des Holzschnitts; Froschauer strebte das Hochdruckverfahren an, der Buchmacher mühte sich mit dem Tiefdruck ab. Beide hatten sie sich den Buchstaben A zum Ziel gesetzt; sie färbten die Holztafeln ein und rieben die Buchstaben auf die Blätter. Sie freuten sich wie die Könige, wurden aber etwas ratlos angesichts der Menge der Buchstaben A. Sie verbrannten das Holz, Papyrus und Pergament und warfen den gebrannten und ungebrannten Ton in die Mülltonne. Als sie den Ofen auf die Straße tragen wollten, bekam der Buchmacher einen Hexenschuß, Froschauer verstauchte sich den Fuß. So waren sie froh, daß die Metallplatten und die Werkzeuge eintrafen für die geplanten Kupferstiche. Kaum konnten sie den Einbruch der Nacht abwarten. Sie setzten sich voller Eifer an die Tische. Der Buchmacher stellte Schrotblätter her, Froschauer versuchte sich am Tiefdruck. Der Buchmacher warf Froschauer Dilettantismus vor, Froschauer dem Buchmacher Unvermögen. Sie gingen mit Grabsticheln aufeinander los. Nach diesem befreienden Gewitter beschlossen sie, der großen Sache willen auf jeden Fall durchzuhalten. In der kommenden Nacht lud der Buchmacher zu einem Umtrunk ein. Sie erörterten die Gußtechnik von Bleibuchstaben, das Schneiden von Stahlstempeln und die Herstellung von in Kupferblöcken geschlagenen Matrizen. Sie fertigten eine Liste der zur Legierung erforderlichen Metalle an und orderten Blei, Zinn, Wismut und Antimon. Sie bedachten die Notwendigkeit von Setzkästen, Winkelhaken, Preßbengel, Spindel, Drucktiegel und Druckerballen; sie versuchten, den Keller für eine Druckerpresse zu räumen, fegten den Tisch leer, kletterten hinauf und schliefen friedlich nebeneinander ein. Am nächsten Morgen verwarfen sie die Liste, bedauerten aber, Papier und Pergament vernichtet zu haben. Sie einigten sich darauf, erst einmal die Druckerfarbe herzustellen. Sie mischten Firnis und Ruß. Die Pause, die sie zur Reinigung ihrer Gliedmaßen benötigten, brachte sie auf den Gedanken, das Drucken lieber mit einer eisernen Handpresse zu beginnen. Inzwischen machten sie sich vertraut mit den Verfahren von Schabkunst und Lithographie, nahmen jedoch Abstand vom Erwerb praktischer Erfahrung. Für diesmal. Ermutigt von ihren Ausflügen in die Theorie, verwirrten sie sich mit Zylinderdruckpressen, Schön- und Widerdruckpressen, Tiegeldruckpressen, Galvanos und Strichätzung, Komplettierungsgießmaschinen, Lichtdruck und Autotypie die Köpfe. Froschauer hatte Blut geleckt. Offsetdruck!, schrie Froschauer. Siebdruck!, schrie der Buchmacher, Lichtsetzmaschine! Elektronische Datenverarbeitungsanlage!, schrie Froschauer. Der Buchmacher hörte auf zu schreien. Froschauer setzte sich auf den Fußboden. Der Buchmacher stellte fest, daß bisher kein Buch entstanden war. Froschauer erwiderte, dies sei auch kaum der Sinn der Sache gewesen. Eben, sagte der Buchmacher. Na und, sagte Froschauer. Dämmert Ihnen nichts?, sagte der Buchmacher. Ich gehe schlafen, sagte Froschauer. Es sind mannigfaltige Lehren zu ziehen aus der Vergangenheit, sagte der Buchmacher. Wir sollten das Geld sinnvoll anlegen, sagte Froschauer. Eben, sagte der Buchmacher, eine Maschine, die Bücher macht. Gute Nacht, sagte Froschauer. Eine Maschine, die mehr macht als Bücher, sagte der Buchmacher.

Am nächsten Morgen drückte mir der Buchmacher die Geldtüte und zwei Taschenbücher in die Hand. Legte man Buchrücken an Buchrücken, sah man durch ein Rohr. Damit du kapierst, was ich mache, sagte der Buchmacher. Ach, Buchmacher, was soll ich mit Büchern, ich komme ja doch nicht zum Lesen. Eine Zeitlang trug ich die Bücher bei mir. Dann quälte ich mich doch durch die beiden Bücher. Sie gefielen mir sogar, wenn ich sie nicht mit dem Buchmacher und seinen möglichen Plänen in Verbindung brachte; daß ich nicht verstand, was ich las, störte mich nicht; aber im Hinblick auf den Buchmacher war doch etwas beunruhigend, was ich las. Beide Bücher waren von Amerikanern verfaßt; eines übersetzt aus dem Spanischen, das andere aus dem Englischen. Das eine handelt von einer unbegrenzten, aber nicht unendlichen Bibliothek, das andere von einer zwar begrenzten, auch keineswegs unendlichen Bibliothek, die sich jedoch, eingerichtet vor Urzeiten von Außerirdischen, unterirdisch ausbreiten sollte. Jetzt verstand ich wenigstens, weshalb der Buchmacher in Anwesenheit von Froschauer die Kellergewölbe ausräumen, trocknen und präparieren ließ. Nach dem Ankauf der beiden Nachbarhäuser wurden die Kellerwände niedergerissen. Mit der jetzigen Größe des neuen Kellers waren der Buchmacher und Froschauer zufrieden. In den Kellergewölben der drei Häuser wurden vom Fußboden bis zur Decke an jeder Wand Bücherregale aufgestellt. Diese Bücherregale sind leer bis heute. Allerdings läßt der Buchmacher die Gewölbe neuerdings mit Maschinen vollstellen, mit Büchermaschinen. Auch im Wohnhaus des Buchmachers gibt es keine freie Wand ohne Büchergestelle mehr. Kein einziges Buch. Als Buchmacher lehne ich Bücher von fremder Hand in meinem Hause ab, sagt der Buchmacher, gleichwohl müssen wir auf Bücher nicht verzichten, mein lieber Froschauer. Zwar bleiben die Bücherregale im Keller leer, vorerst, sagt der Buchmacher, doch jetzt beginnen wir die ersten Früchte des Buchmachens zu ernten. Wir wissen jetzt, daß wir unsere eigenen Bücher selbst zu machen haben mit Hilfe der fortgeschrittensten Technologie. Wir werden aber, mein lieber Froschauer, Bücher nicht mehr für andere machen, sondern jeder macht seine eigenen Bücher. Es ist leicht einzusehen, daß ein Buchmarkt für Leser zu klein ist, außerdem ist er ungerecht, Froschauer. Jeder Mensch braucht Bücher, auch Analphabeten, sie müssen nur wissen wozu, sagt der Buchmacher. In der Zeit, in der jemand ein Buch liest, kauft er kein anderes, sagt der Buchmacher, Bücher schenken, lächerlich, wann verschenkt einer schon Bücher, Bücher sind Staubfänger und ruinieren das Rückgrat beim Umzug, Froschauer, ein doppeltes Ärgernis, sagt der Buchmacher. Die Erkenntnis, wenn wir vor Büchern stehen, daß wir nichts kennen, ruiniert unser Selbstbewußtsein, mein lieber Froschauer. Jeder Satz, der zwei Zeilen überschreitet, führt uns doch an den Rand der Verzweiflung, sagt der Buchmacher. Und wie sollen wir den Analphabetismus der Schriftsteller ertragen, wenn wir uns der Mühe des Lesens unterziehen oder gar einem Lesevergnügen zu verfallen entschlossen sind, wir bekommen doch keine Lebensentwürfe mehr, mein lieber Froschauer, sondern nur noch die Oberflächengestaltung eines schnell verramschten Ruhms mit dem begleitenden Geklimper von Münzen, Handkäse mit Musik, Froschauer, sagt der Buchmacher. Kurzum, sagt der Buchmacher, wer sagt, daß Bücher gelesen werden müssen, wer wagt zu behaupten, es gäbe keine wichtigere Aufgabe und Verwendung für Bücher, wer sagt, es gibt zu viele Bücher, ich sage, es gibt so wenige, daß wir nie das lebensnotwendige Minimum an Büchern erreichen werden. Gibt es denn einen besseren Schutz gegen alles Menschenmögliche, das in unsere Räume eindringt oder eindringen könnte als ein lückenloses mit Büchern ausgestopftes Zimmer oder Haus, auch Fußböden und Zimmerdecken und Türen und Fenster müssen mit Büchern abgedichtet werden, das ist eine Lebensnotwendigkeit für die Menschen, und deshalb braucht jeder Mensch eine

Büchermaschine, die pausenlos Bücher für ihn herstellt; für alles Menschenunmögliche, sagt der Buchmacher, sind wir mit unseren leeren Büchergestellen in den Kellern aufs beste gerüstet. Es leuchtet doch ein, daß jeder Mensch verschieden ist und jedes seiner Zimmer und Räume andere Bücher erfordert als die Bücher, die er vorfindet, jeder Mensch also nicht nur eine pausenlos seine Bücher ausstoßende Maschine braucht, sondern genau die Bücher, die ausschließlich für ihn selbst und seine Räume geschaffen sein müssen, sagt der Buchmacher, und wir, Froschauer, fangen damit augenblicklich an. Die schon vorhandenen Bücher, von denen wir die allerwenigsten benötigen, mögen in Bibliotheken gesammelt werden, die allerdings auf die gleiche Weise wie die Wohnungen auszustopfen sind, sagt der Buchmacher, damit die Leute, die sich keine Büchermaschinen und keine eigenen Bücher und keine Räume leisten können, dort geschützt leben können. Was aber, mein lieber Froschauer, wenn ich ein in diesen Bibliotheken aufbewahrtes Buch von Froschauer lesen will, ausrotten wollen wir ja die Leser nicht oder, um genau zu sein, die Leute, die ein Buch anders benutzen wollen als nur zum Schutz. Dann gebe ich ein Gedankensignal über den wie bei allen Menschen ins Gehirn gepfropften Mikrochip, der sich sofort mit dem Computer der großen Bibliothek in Verbindung setzt, Text und Bild des Buches von Froschauer abtastet, speichert und mir in der von mir gewünschten Geschwindigkeit akustisch oder visuell ins Hirn bläst. Sie haben hoffentlich bemerkt, Froschauer, daß ich damit das Analphabetentum aus der Welt geschafft habe, niemand verdirbt sich mehr das Auge, niemandem wird das Verständnis eines Buches vorenthalten, nur weil er nicht lesen kann. Nicht auszurotten ist allerdings der Analphabetismus der Schriftsteller, sagt der Buchmacher, aber wie soll uns die dann auf wenige Schriftsteller schrumpfende Zahl schaden, wenn uns schon eine wachsende Menge von Schriftstellern nicht schadet. Was für eine Zeit, sagt der Buchmacher. Und es ist unsere Zeit, mein lieber Froschauer!, ruft der Buchmacher. Wir brauchen Bücher, Bücher und nochmals Bücher, wir bekommen Bücher und können nicht genug Bücher kriegen, keine Büchermaschine kann uns die benötigte Büchermenge ausspucken, wir werden Bücher aus Erde, Wasser und Luft machen, aus allem machen unsere Büchermaschinen Bücher!, ruft der Buchmacher. Erinnern Sie sich an den Buchstaben A, sagt Froschauer, an diese im Hochdruck und Tiefdruck ins Holz geschnittene Serie von A, und der Buchmacher sagt, vergessen Sie sich nicht, Froschauer, das waren Spielereien, jetzt geht es um Höchstes. Waren es gute Bücher in meiner Leihbibliothek, sagt Froschauer, und der Buchmacher sagt, es war ein rechter Misthaufen, kein Wunder, daß ich der einzige Leser war. Sie haben aber keines der Bücher ausgeliehen, sagt Froschauer, war denn kein brauchbares darunter, und der Buchmacher sagt, eine Handvoll vielleicht, wenn man die Augen zudrückte. Ich sattle um, sagt Froschauer, und der Buchmacher sagt, die Bücher Ihrer Leihbücherei taugen weder zum Lesen noch zum Ausstopfen der Räume, geschweige denn zum Leben, Sie steigen jetzt bei mir ein, ich rechne mit Ihnen. Denken Sie dabei an das Wettbüro, ich könnte Ihnen die lästige Arbeit vom Hals halten, sagt Froschauer. Daran denke ich keineswegs, Froschauer, sagt der Buchmacher, beginnen erst die Gehirnoperationen, schenke ich Ihnen mein Wettbüro. Gerührt hielen sie sich an den Händen.

So ist der Buchmacher. Forschauer hat längst die Leihbücherei verkauft und betreibt eine Videothek, deren einziger Kunde er selbst ist, er kann es sich leisten. Während seine Büchermaschine seine Bücher macht, wickelt er die Verhandlungen und Korrespondenz mit den chirurgischen Kapazitäten der elektronischen Konzerne ab, die Augen auf die Bildschirme gerichtet, das Ohr am Telefonhörer. Einmal im Monat treffen sich Froschauer und der Buchmacher zu einem Umtrunk. Wir haben getan, was getan werden mußte,

sagt der Buchmacher, unsere Häuser füllen sich mit Büchern, und wir werden es erleben, Froschauer, daß auch die Bücherregale in unseren Kellergewölben unter der Menge der Bücher, die nicht von Menschenhand geschaffen sind, bersten.
So ist der Buchmacher. Die Füße in den Gewölben der Außerirdischen, den Kopf zwischen den Bücherwänden, und die Arme rudern aus dem Fenster, wo er das Licht vermutet. Am Tag drücken ihm die Leute die Wettscheine in die Hand, in der Nacht zählt er das Geld und lauscht den Maschinen, die seine Bücher machen. Ab und zu beißt er in ein Stück Brot mit weißer Lyoner, das ihm Froschauer über die Straße bringen läßt zusammen mit den Nachrichten der Chirurgen aus Übersee. Aber wer bin ich? Lustige Frage. Und so leicht zu beantworten. Ich bin die Geliebte des Buchmachers, das darf ich sagen, ich warte auf den Tag, bis der Buchmacher nicht mehr auf das Menschenunmögliche in den Kellergewölben wartet, und sich die Bücher des Buchmachers bis unter dem Dachfirst stapeln. In diesem Augenblick bin ich da, wenn der Buchmacher fragt, was in seinen Büchern geschrieben steht.

Gerhard Beier

Solidarität in der Region

Verband deutscher Schriftsteller (VS), Förderverein, Literaturbüro, Romanfabrik, Literaturbote

Schriftsteller organisieren Sprache. Gewerkschaften organisieren Leute. Die einen arbeiten in Einsamkeit und Freiheit, die anderen mit Solidarität und Kollegialität. Beide kämpfen gemeinsam und auf lange Sicht um den Sprung aus dem Reich der Notwendigkeit ins Reich der Freiheit. Beide brauchen sich, und dennoch reden sie immer wieder aneinander vorbei. Denn die Grammatik der Organisation ist eine andere als die Struktur der Sprache, die Sprache der Gewerkschaft höchst selten ein Medium der Literatur. Die Ästhetik der Organisation wurde noch nicht erfunden. Die Organisation der Ästhetik folgt anderen Gesetzen als die Organisation in Sparten und Berufsgruppen, in Branchen- und Industrieverbänden, in Dachverbänden und Einheitsorganisationen.
Erst spät fanden sich die deutschen Schriftsteller zu einer gewerkschaftlichen Organisation zusammen. Während politische und wissenschaftliche Auguren heute bereits vom Ende der Arbeiterbewegung orakeln, ringen Schriftsteller noch immer um die beste Organisationsform und um den richtigen Weg zu einem verbindlichen Tarifvertrag. Während Wendegeister schon hochdroben das Ende der Fahnenstange für den Sozialstaat ins dunkle Visier nehmen, suchen Lyrikerinnen und Belletristen noch immer ganz unten nach einer neuen Knüpfung im sozialen Netz, damit sie nicht mehr durch die Maschen fallen.
Anders als in früheren Jahrzehnten entstand die Schriftstellerorganisation der Nachkriegszeit nicht aus einem zentralen Kern in Leipzig oder Berlin, sondern aus regionalen Ansätzen. In Hessen bildete sich schon 1945 ein Schutzverband deutscher Schriftsteller (SDS) in Anknüpfung an den Organisationsnamen der Weimarer Republik. Diese erste Organisation war bereits Mitglied der Landesgewerkschaft Freie Berufe im Rahmen des hessischen Gewerkschaftsbundes.
Der erste deutsche Schriftstellerkongreß der Nachkriegszeit fand im Oktober 1947 in Berlin statt, doch ein gutes halbes Jahr später wurde die deutsche Spaltung manifest. Dieser Vorgang spiegelte sich im dramatischen Verlauf des Frankfurter Schriftstellerkongresses vom Mai 1948. Anlaß war die Wiedereröffnung der Paulskirche zum hundertsten Jahrestags des Einzugs der deutschen Nationalversammlung am 18. Mai 1848. Auf die Feier in der Paulskirche folgte am 19. Mai der eigentliche Schriftstellerkongreß im Handwerkersaal an der Braubachstraße. Es kam zu einer Kontroverse zwischen Rudolf Hagelstange und Hans Mayer. Walter Jens soll sich als kleiner opponierender Student eingemischt haben. Freilich stand er noch nicht auf der Rednerliste wie Fritz von Unruh, Kasimir Edschmid, Lina Haag, Walter Kolbenhoff, Wolfgang Weyrauch, Theodor Plivier, Günther Weisenborn, Hermann Brill, W. E. Süsskind, Kurt W. Marek, Elisabeth Langgässer, Herbert Burgmüller, Rudolf Alexander Schröder u. a. Die Wochenschau war voll von diesem literarischen Ereignis wie später nie wieder.
Dem dramatischen Auftakt folgten allzu ruhige und restaurative Jahre der Ära Adenauer. Hessens Ministerpräsident Georg August Zinn versuchte gegenzusteuern. So hat er Fritz von Unruh, der den Schock der Naziherrschaft und die Jahre der Emigration nicht verwinden konnte, jahrelang nachhaltig geholfen. Der 30. PEN-Kongreß wurde im Juli

1959 in der Paulskirche eröffnet. Theodor Heuss meinte in seiner Rede, daß Ludwig Börne ein geeigneter PEN-Generalsekretär gewesen wäre. Der Inder Sarvapalli Radhakrishnan, Alberto Moravia und Vertreter aus insgesamt 38 Nationen bewiesen weltweite Teilnahme. Zinn lobte bei dieser Gelegenheit den hohen Organisationsgrad der Schriftsteller in Hessen. Er forderte – ins Grundsätzliche gehend –, die „Charta" des PEN sollte „für jeden Politiker, wo immer er wirkt in der Welt, unantastbar sein". An solche Maßstäbe ist zu erinnern, wenn heute von Schriftstellern in Hessen gesprochen wird. Um nicht mißverstanden zu werden: Der PEN war auch damals keine Gewerkschaft. Die „Standesinteressen" und die Aufgaben einer Berufsorganisation wurden während der Ära Adenauer seit 1952 durch die „Vereinigung der deutschen Schriftstellerverbände" wahrgenommen. Als „Bundesvereinigung" kämpfte sie noch 1965 erfolgreich um die Verbesserung des Urheberrechts.

Bewegung in die gewerkschaftliche Organisation der schreibenden Kolleginnen und Kollegen kam erst wieder Ende der sechziger Jahre. Horst Bingel organisierte das „Frankfurter Literaturforum". Aus Berlin und München kamen 1968/69 die Anstöße zur Gründung eines neuen Gesamtverbandes mit tarifpolitischer Zielsetzung. Am 8. Juni 1969 trat der VS mit einem Aufschrei der Empörung bundesweit ins Leben. Im Kölner Gürzenich verkündete Heinrich Böll das „Ende der Bescheidenheit". Dieter Lattmann organisierte die „Einigkeit der Einzelgänger" im Verband deutscher Schriftsteller (VS). Dieser eingetragene Verein war im Unterschied zu früheren Verbänden bereits eine Gewerkschaft mit entsprechendem Profil und Programm. Er wollte „die Solidarisierung der Mehrzahl der Autoren um sachlicher Ziele willen", als da sind: 1. Durchführung einer Sozialenquête; 2. Berufseigene Altersversorgung; 3. Verbesserung des Urheberrechts; 4. Honorare für Ausleihe in Bibliotheken; 5. Herausgabe eines Informationsdienstes; 6. Rechtsberatung der Autoren; 7. Verbesserung der Arbeitsbedingungen durch Befreiung von der Umsatzsteuer; 7. Gesellschaftskritisches Engagement; 8. Kulturelle Veranstaltungen und internationale Kontakte.

Die bundesweite Organisation verlangte gleichwohl einen regionalen Unterbau. Am 21. April 1971 versammelten sich die hessischen Mitglieder in Frankfurt a. M. und wählten mit Horst Bingel einen neuen Vorsitzenden. Stellvertreter wurde Hans-Christian Kirsch. Ferner gingen Aike Koch, Wolfgang Weyrauch, Günter Goebel, später auch W. E. Richartz in den Vorstand. Weyrauch stand für die personelle Kontinuität von 1948 bis an die Schwelle der achtziger Jahre.

Den Höhepunkt der Ära Bingel im hessischen VS brachte der Schriftstellerkongreß vom 15.–18. November 1974 in Frankfurt a. M. Im Saal des Volksbildungsheimes versammelten sich etwa 500 Schriftsteller von Elisabeth Alexander und Lothar Baier über Horst Karasek und Walter Kolbenhoff bis zu Gerhard und Ingrid Zwerenz. Paulus Böhmer, Harry Oberländer und Uve Schmidt waren schon dabei. Das Thema der öffentlichen Veranstaltung lautete „Phantasie und Verantwortung". Dazu sprachen Bundespräsident Walter Scheel, Walter Jens, Günter Wallraff, Helmut Heißenbüttel, Ingeborg Drewitz und Hans Arnold. Jens erinnerte an Humboldts Traum vom herrschaftslosen Reich der Freien und Gleichen. Heißenbüttel fiel mit seinem „nach innen blickenden Vortrag" (Helmut Schmitz) gänzlich aus dem Rahmen und sagte gleichwohl etwas, das für die Aktivitäten des hessischen VS bis heute in mancher Hinsicht richtungweisend blieb. Er sprach über den Schriftsteller als „Normalbürger" des künftigen Gemeinwesens.

„Der Schriftsteller im Sinne des überlieferten Bildes wäre dann nicht länger maßgebend für eine Berufsbezeichnung. Schriftstellerei als Lernfach. Vielleicht als Bürgerpflicht. Vielleicht nur als Hobby. Wenn ich sagen sollte, ob ich dichte oder ein Hobby betreibe, würde ich antworten, ich betreibe ein Hobby. Wenn Rückzug ins Private, dann ein Rückzug für jedermann. Keine Geschäfte. Keine Spekulation auf Bestseller und Stargagen. Etwas Interessantes. Aufhebung von Entfremdung in sprachlicher Artikulation. Statt der unter ökonomischem Druck stehenden kommerziellen Verlage vielleicht Staatsverlage nach schwedischem Modell oder eine Art von Anstalten des öffentlichen Rechts, unabhängiger als die jetzigen des Rundfunks, vielleicht auch mit diesen verbunden. Literatur so etwas wie Fotografieren. Jeder kann es lernen."

Auf dem Frankfurter Kongreß ging der Bundes-VS unter hessische Führung. Horst Bingel wurde zum Bundesvorsitzenden, Martin Gregor-Dellin und Helmut M. Braem wurden zu Stellvertretern gewählt. Weiter zogen Wolfgang Weyrauch, Dieter Lattmann, Johannes Poethen und Fred Viebahn als Beisitzer in den Bundesvorstand. Der VS verwarf die Idee der Gründung einer Gewerkschaft Publizistik und orientierte sich auf das Ziel der Mediengewerkschaft. Der „e. V." wurde zum Jahresende gelöscht, und die Mitglieder erhielten die Aufforderung, einzeln der IG Druck und Papier beizutreten. In einer Nachbemerkung zu diesem Vorgang meinte Bingel: „Die Gründerzeiten sind im Verband deutscher Schriftsteller (VS) vorbei, jetzt folgt die Zeit geduldiger Kleinarbeit." Unter den Schwerpunkten der weiteren Arbeit nannte Bingel als ersten die Tarifpolitik und als zweiten die Mediengewerkschaft.
Die Mitgliedschaft in Hessen hatte sich unter Horst Bingel verdoppelt und betrug schon 1973 stattliche 262 Köpfe, eine Zahl, die heute kaum wieder erreicht wird. Der Basiskontakt war gut. Die Vorstandssitzungen tagten seit 1971 öffentlich für alle Mitglieder. Sie sind es im Gegensatz zu anderen Landesverbänden noch heute. Typisch für die Arbeitsweise jener Jahre war eine „Büchertram", die während der Buchmesse zum Nulltarif durch Frankfurt fuhr. In dem Vehikel wurde gelesen und diskutiert. Daran sollen sich 36 Autorinnen und Autoren beteiligt haben. Ob so ein literarischer Äppelweinexpress auch im Zeitalter der U- und S-Bahnen noch möglich wäre?
Als freilich Ende 1974 nüchtern Bilanz gemacht wurde, stellte sich heraus, daß nur eine Minderheit des Verbandes den Übertritt in die Gewerkschaft vollzogen hatte. Das Büro der IG Druck und Papier zählte lediglich 71 Mitglieder in seiner Kartei. Zwar stieg die Zahl schon im folgenden Jahr auf über hundert, aber die Ernüchterung blieb groß. Die Mehrheit des Bundesvorstandes trat zurück. In Hessen wurde am 22. Mai 1975 neu gewählt. Ergebnis der Mitgliederversammlung im Frankfurter Gewerkschaftshaus: Vorsitzender Peter O. Chotjewitz; Stellvertreterin: Ingrid Zwerenz; Schriftführer: Karlhans Frank; Beisitzer: Horst Bingel, Wolfgang Weyrauch, Jürgen Roth und Leonie Ossowski. Unter Chotjewitz gelang eine beachtliche Konsolidierung, allerdings – wie er selber 1977 kritisch und selbstkritisch bemerkte: „Das vielleicht etwas zu hoch gesteckte Ziel, ein aktiver Faktor der (seit jeher stark verkümmerten) literarischen und kulturellen Szene Hessens zu werden, konnte der VS bisher nicht verwirklichen."
Nach diesem Prozeß der Konsolidierung begann die Solidarität in der Region zu wachsen. Ein wichtiges Mittel waren die jährlichen „Autorentage", deren erster 1976 in Kassel stattfand. Nach dem zweiten Autorentag in Offenbach folgte der dritte 1978 in Marburg mit einer außerordentlichen Mitgliederversammlung. Pit Chotjewitz blieb der Organisation als Helfer in vielen Notlagen erhalten, doch trat mit Hanne F. Juritz erstmals eine Frau an die Spitze des Landesvorstandes, unterstützt von Wolfgang Weyrauch als Stellvertreter, Fritz Deppert als Schriftführer, dazu Karlhans Frank, Wolfgang Gabel, Ulli Harth und Rolf Wiggershaus als Beisitzern.

Was dem VS durch die rein gewerkschaftliche Ausrichtung zunächst verlorengegangen war, konnte durch die Gründung des Fördervereins Deutscher Schriftsteller in Hessen e. V. seit 1976 unter dem Vorsitz Wolfgang Weyrauchs weitgehend wettgemacht werden. Dabei erwiesen sich die Autorentage immer wieder als strukturierendes Element. Wiesbaden, 11.–12. September 1981, brachte eine Annäherung an die Landespolitik. Noch im gleichen Jahr wurde durch Ministerpräsident Holger Börner der „Hessische Kulturpreis" zur Anerkennung von besonderen Leistungen in Kunst und Wissenschaft gestiftet. Das Bundesland Hessen begann, sich als „Kulturstaat" zu arrondieren und an gute Traditionen der Ära Zinn anzuknüpfen. Gleichzeitig politisierte sich der VS. Auf der Buchmesse zeigte er einen „Friedensstand". Die Aktion „Entrüstet euch – schreibt für den Frieden" fand breite Resonanz. Doris Lerche schmückte den Stand mit weißen Friedenstauben auf blauem Grund. Petra Kunik warb als „Friedens-Harlekin". Dagmar Scherf stiftete „Friedenssteine", und Frank Arlig verkaufte „Postkarten für den Frieden". Die „Friedensfibel" wurde zum bleibenden literarischen Ausdruck dieser Tendenz im hessischen VS.
Als Dagmar Scherf 1982 in Bad Homburg den Landesvorsitz übernahm, verstärkte sich zugleich die Konzentration auf politische Fragen, auf Friedenspolitik und Ostpolitik. Im Zusammenhang mit der Kontroverse zwischen Günter Grass und Bernd Engelmann um das Verhältnis des VS zur autonomen polnischen Gewerkschaft, nach der Wahl von Hans Peter Bleuel zum Bundesvorsitzenden gegen Ingeborg Drewitz, sah die Mehrheit der hessischen Mitglieder im Frühjahr 1984 den politischen Bogen im Rahmen der Einheitsgewerkschaft überspannt. Die Solidarität in der Region, das Votum der hessischen Mitgliederversammlung für Ingeborg Drewitz, war nicht befolgt worden. Dagmar Scherf trat zurück, und Frank Arlig übernahm den neuen Landesvorsitz. Ihm folgte 1986 Gerhard Beier als Landesvorsitzender und Mitglied im Bundesvorstand des VS. Die Krise ist bundesweit noch keineswegs beigelegt. Aber die wachsende Solidarität in der Region läßt den Bestand der Organisation nicht mehr gefährdet erscheinen. Die Mitgliederzahl liegt bei 250 mit steigender Tendenz.
Der VS Hessen hat sich in Zusammenarbeit mit dem Förderverein unter Adam Seides Vorsitz wieder auf „die Solidarisierung der Mehrzahl der Autoren um sachlicher Ziele willen" konzentriert. Als gemeinnützig vom Finanzamt anerkannt, besitzt der Förderverein ganz andere Möglichkeiten, öffentliche Mittel und private Spenden einzunehmen und mildtätigen Zwecken zuzuführen. Die Palette seiner Aufgaben reicht von der Behebung einzelner Notlagen bis zur Anstellung von ABM-Kräften, der Gründung des Literaturbüros und der Herausgabe des Hessischen Literaturboten.
Auf der Frankfurter Mitgliederversammlung des VS am 31. August 1984 wurde ein Vorschlag Hilmar Hoffmanns aus den Vorjahren wieder aufgegriffen: Gründung eines hessischen Literaturbüros mit Sitz in Frankfurt a. M. Die ausgefeilte Resolution fand – was keiner nach den früheren Auseinandersetzungen für möglich gehalten hatte – einstimmige Billigung. Ähnliche Einrichtungen in anderen Städten wurden besichtigt, insbesondere das Düsseldorfer Literaturbüro. Die Aufgabenstellung wurde präzisiert: 1. Beratung und Präsentation von Schriftstellern. 2. Zusammenarbeit mit Buchhändlern und Verlegern. 3. Kooperation und Kommunikation mit dem Publikum. Oberbürgermeister Walter Wallmann und Staatsministerin Vera Rüdiger unterstützen das Projekt. Nach einem Jahr stand das Büro. Das Veranstaltungsprogramm kann sich inzwischen bundesweit sehen lassen.
Als Zwillingsgeburt zum Literaturbüro begann 1985 die „Romanfabrik" in der Uhlandstraße. Sie sitzt im eigenen Haus, verfügt über Wohnungen und fördert einen „Fabrik-

schreiber". Peter Kurzeck war der erste in einer hoffentlich langen Reihe. Doris Lerche und Peter Zingler, Margot Lang und Wolfgang Fienhold sind immer wieder in der Romanfabrik zu finden. Fabrikhof und Uhlandstraße eignen sich für Freiluftveranstaltungen. Die Kellerkneipe bietet Raum für kulinarische Treffs, für Lesungen und heiße Auseinandersetzungen. Diese Romanfabrik wurzelt mehr im „Miljöh", verfügt über einen echten privaten Mäzen und arbeitet mehr nach dem Prinzip der Spontaneität als das Büro. Beide helfen sich und ergänzen einander – eins mehr im Westen, das andere mehr im Osten der Mainmetropole.
Der „Hessische Literaturbote" erscheint im zweiten Jahrgang unter der Herausgeberschaft und Redaktion Adam Seides und Harry Oberländers. Diese anspruchsvolle Literaturzeitschrift ist einmalig in ihrer Art, denn sie verbindet die literarische Provinz mit der Welt der Literatur, die öffentliche Förderung mit der Treue zum Widerstand in der Tradition Georg Büchners. Mit Kurzgeschichten und Kurzlyrik ist jedes Heft leicht lesbar. Kritische Essays setzen Maßstäbe. Der Nachrichtenteil informiert über Veranstaltungen, Preise, Jubiläen usw. Im „Jungen Literaturforum Hessen" tummelt sich der vorprofessionelle Nachwuchs. Das Blatt braucht mehr Abonnenten oder höhere Zuschüsse, wenn es überleben soll. Falls es überlebt, kann daraus auf Dauer das prozessuale Denkmal einer neuen Regionalliteratur werden.

Gregor Dotzauer

Im Dickicht der Städte

Ein kleiner Überblick über die Frankfurter Verlagslandschaft

Sobald man genauer hinsieht, wird es unscharf. Frankfurt endet dann nicht an der rot gestrichelten Linie, die der Stadtplan zieht, sondern keinesfalls vor Stuttgart, frühestens bei Basel oder Leipzig, wenn nicht erst an der Fifth Avenue des amerikanischen Big Apple. Die wirtschaftsgeographische Lage der Verlagsstadt verzerrt die kommunalen Grenzen in alle Himmelsrichtungen. Ist *S. Fischer* deswegen ein Frankfurter Verlag, weil er im Stadtteil Sachsenhausen residiert? Er gehört dem Stuttgarter Konzern *Georg von Holtzbrinck*. Zählt die *Deutsche Verlags-Anstalt* deswegen nicht zu den hiesigen Verlagen, weil sie in der schwäbischen Metropole produziert? Sie ist Eigentum der *Frankfurter Allgemeinen Zeitung*. Soll doch der Eintrag ins Handelsregister entscheiden, könnte man sagen. Indessen: Die rechtliche Selbständigkeit eines Verlages ist noch längst nicht mit der programmatischen Verfügungshoheit gekoppelt. Und sogar eine solche de jure gegebene Hoheit kann von derjenigen de facto zweifellos beträchtlich abweichen. Im Konfliktfall macht die Tochter vor der Mutter stets den Knicks. Niemand soll behaupten, *S. Fischer* könne sein Profil, das in bestimmtem Maße vom ökonomischen Defizit geradezu abhängt, ohne Druck von außen entwickeln. Auch wenn der Spielraum größer als in anderen Industriezweigen sein mag.

Was also ist ein Frankfurter Verlag? So einfach man die Zürcher und New Yorker Niederlassung von *Suhrkamp* zu Außenstellen des Stammhauses erklären kann, so schwierig wird das schon wieder mit dem Verlag *Roter Stern*, der in Basel tatsächlich ein zweites Standbein hat. Er ist mit *Stroemfeld* assoziiert. Und wie hessisch ist bitteschön ein Taschenbuch von *Röderberg*, das mit gleichem Umschlag und Papier im Leipziger *Reclam*-Verlag, der in die Bundesrepublik nicht exportieren darf, erschienen und im Grafischen Großbetrieb Völkerfreundschaft Dresden hergestellt worden ist? Im Dickicht der Städte garantiert das Verlagswesen die Ideen von gesamtdeutscher Nation, europäischer Einheit und unteilbarem Abendland.

Über jeden Zweifel erhaben ist höchstens *Waldemar Kramer*. Er, heißt es in einer Verlagsnotiz, „pflegt vornehmlich das Schrifttum der Stadt Frankfurt und ihrer Umgebung." Obendrein logiert er in Bornheim. Friedrich Stoltzes Mundartdichtungen werden gedruckt, Francofurtensa von rührig bis kurios, solide Volkskunde, Kulturhistorika. Der 1909 geborene Unternehmensherr, der seit 1939 unter seinem Namen Bücher verlegt, tritt auch häufig als Autor und Herausgeber auf. *Kramers* bibliophiles Prachtstück trägt zugleich den richtungsweisenden Titel: „Frankfurt am Main – Augenblick und Ewigkeit". Allein, soviel Bodenständigkeit hilft nur in diesem besonderen Fall.

Zum letzten Mal: Was ist ein Frankfurter Verlag? Bevor sich die Kriterien gegenseitig in die Quere kommen, wird man zur einzig praktikablen Lösung Zuflucht nehmen müssen. Ein Frankfurter Verlag ist ein Verlag, der im Impressum seiner Bücher die entsprechende Ortsangabe führt. Eine läppische Definition. Aber sie verringert die Unübersichtlichkeit erheblich. Im Handumdrehen wäre man sonst bei einem allgemeinen Porträt deutscher und ausländischer Verlage angelangt. So braucht hier wenigstens von *Hanser* in München nicht die Rede zu sein, der fleißig Lizenzen für *Fischers* Taschenbuchprogramm vergibt. Und über *Holtzbrincks* andere angesehene Tochter, *Rowohlt* in

Reinbek bei Hamburg, und deren Verhältnis zur Frankfurter Schwester ist ebenso kein Wort mehr zu verlieren. Familiensagas sind das, langwierige Geschichten, komplizierte Vernetzungen. Doch auch Schluß jetzt mit den Auslassungen. Das Schweigen bedarf des Schweigens.

Die beiden Frankfurter Giganten sind ohne Frage *Suhrkamp* und *S. Fischer*. Sie sind dies sowohl wirtschaftlich als auch von ihrer kulturellen Bedeutung her. Allerdings wäre es vermessen, mit diesem famosen Duo Frankfurt zum deutschen Verlagszentrum zu erklären. Noch gilt nicht unwiderruflich die amerikanische Feuilletonweisheit: „German culture is Suhrkamp culture". Genügend kleinere Verlage an den Rändern der internationalen Aufmerksamkeit arbeiten dagegen: ob *Wagenbach* in Berlin oder *Ammann* in Zürich. Was die Wirtschaftskraft der beiden großen Frankfurter Verlage angeht, werden sie vor dem Gütersloher Konzern *Bertelsmann* freilich allemal zu Zwergen. Er steht seit Jahren an der Spitze der umsatzstärksten Buch- und Medienunternehmen. Reinhard Mohns Managerstrategien werden ihm auch in Zukunft den ersten Platz sichern. Verläßliche Zahlen, wie weit abgeschlagen *S. Fischer* und *Suhrkamp* auf einem der mittleren Plätze liegen, sind jedoch nicht vorhanden. Die letzte Umsatzrangliste stammt aus der Mitte der siebziger Jahre. Und mit einem gewissen Recht sperren sich literarische Verlage ja, nach finanziellen Aspekten bewertet zu werden. Geist läßt sich mit Geld öffentlich nur ungern in Verbindung bringen. Was ist ein seichter Geschäftserfolg gegen eine wichtige Kulturleistung? Aber vielleicht sagt eine Untersuchung der Wirtschaftskraft, vor der sich viele Verlage immer wieder mit diesem gleichen altmodischen Argument drücken, wirklich wenig aus. Die ökonomische Schlagkraft korrespondiert der gesellschaftlich-politischen höchstens auf Umwegen.

Es hat keinen Zweck, nun ein Handbuch der Zimmerpflanzen, das eine Kaffeerösterei über ihre Filialen zum Verkaufsrenner des Jahres befördert, gegen den Debütband eines Lyrikers auszuspielen. (Obwohl sich eine reizvolle Theorie über die affirmativen Momente der Zimmerpflanzenhaltung und das subversive Potential der Poesie entwickeln ließe.) Doch ist es sinnvoll, so spekulativ dies erscheinen muß, einen beliebigen auflagenstarken Trivialroman und ein kanonisiertes philosophisches oder sozialwissenschaftliches Werk ins Rennen um lebensweltliche Auswirkungen zu schicken. Der Traumkitsch, der hunderttausendfach Gehirne verkleistert, könnte, verglichen mit einer prominenten Theorie und deren verhältnismäßig geringer Leserzahl, plötzlich nicht mehr so allmächtig aussehen. Der Einfluß einer Gestalt wie Theodor W. Adorno – der Gute muß wieder einmal herhalten – auf eine ganze Generation von Akademikern darf nicht unterschätzt werden. Dazu brauchen ihn nur wenige aufmerksam gelesen und auf seinem eigenen Denkniveau rezipiert haben. Die universitäre Hierarchie, die vom professoralen Nach-Denker bis zum Staatsexamenskandidaten eine fortlaufende gedankliche Verdünnung erreicht, die Verkürzung der entfalteten Idee aufs eklektische Zitat und schließlich das Schlagwort – all das garantiert eine enorme Streuung. Der Pädagoge, der einen vagen kritischen Gestus zum Grundsatz seiner Arbeit erhebt, transportiert etwas davon bis zu seinen Zöglingen.

Und gibt es nicht in unserer Gesellschaft eine intellektuelle Sonderklasse, die beispielsweise bildungspolitische Entscheidungen fällt? Ihre Macht mag gegenüber derjenigen der übrigen pressure groups beschränkt sein. Doch gelangen hier Gedanken aus einem kleinen Kreis zu administrativer Absegnung. Etwas, was dem Kitsch in dieser Weise immer verwehrt bleiben wird. So könnten Adornos Bücher gegen die Werke von, sagen wir, Sandra Paretti bestehen. Ähnliches, für jeweils andere gesellschaftliche Gruppen, ließe sich für die häufiger im Munde geführten als gelesenen Abhandlungen von Jürgen

Habermas vertreten, deren armseligste, aber gar nicht so unzutreffende Populärmoral lautet: „Wir müssen das ausdiskutieren!“ Ähnliches auch für einen Denker wie Sigmund Freud, ohne dessen chauvinistische Konstrukte à la Penisneid die Frauenbewegung einen Gegner und die aufgeklärte Öffentlichkeit einen Lieferanten terminologischer Raster weniger hätten. Ähnliches, um verwegen in die Literatur zu wechseln, für Hermann Hesse, der allerdings schon ein Auflagenkönig ist. Sein harmonisierender Seelenbalsam hat manchen innerlichkeitsseligen Narziß mit Schmollmund herangezüchtet. Kurzum: Die gesellschaftliche Macht von Verlagen mit bedeutenden Schriftstellern scheitert keineswegs daran, daß Kolportageautoren im Verhältnis mehr gelesen werden. Die Verlagsmacht etabliert sich abseits der idealistischen Vorstellung eines kulturellen Fundus, eines ewigen Schatzkästleins der Dichter und Denker.

Die Geschichte der beiden Frankfurter Konkurrenten ist oft erzählt worden. Aber sie ist interessant und wichtig genug, um wenigstens im Eilschritt passiert zu werden. Sie beginnt im Jahre 1886, als der siebenundzwanzigjährige Samuel Fischer sein Unternehmen in Berlin gründete. Erste verlegerische Tat: das „Berliner ABC“, ein „Alphabetisches Eisenbahn-Kursbuch“. Seine literarischen Anfänge bestritt er mit Dostojewski, Ibsen, Tolstoi und Zola. Wenn Kurt Wolffs Diktum stimmt, es gebe für einen Verleger zwei Sorten von Büchern:, die, welche die Leute lesen sollen, und die, welche die Leute lesen wollen – dann vertrat der alte Fischer stets das missionarische Geschäft, das er freilich geschickt mit der Pfiffigkeit des Kaufmanns zu vereinen wußte. Ob Thomas Mann, Gerhart Hauptmann, Hugo von Hofmannsthal, Alfred Döblin, Richard Beer-Hofmann, Arthur Schnitzler oder Robert Musil – man könnte die Historie der deutschen Literatur um die Jahrhundertwende fast allein mit Fischers Büchern darstellen. Peter de Mendelssohn hat in seiner schönen 1 500 Seiten starken Verlagsmonographie die immense Leistung gewürdigt.

Daß Fischer gegen Ende der Weimarer Republik seine Vorreiterposition zugunsten blasserer Namen aufgab, lag wohl an seinem Alter. Ein Nachfolger war noch nicht gefunden, eine Vereinigung mit *Kurt Wolff* kam nicht zustande, und der kurzzeitige Geschäftsführer Ernst Rowohlt wollte sich auf eigene Beine stellen. 1928 übernahm Fischers Schwiegersohn, der Arzt Gottfried Bermann, die Geschäftsleitung. Der konnte dem Haus allerdings nur bis 1936, zwei Jahre nach Samuel Fischers Tod, vorstehen. Die Nazis, die 123 Titel unerwünschter Autoren indiziert hatten, brachten Bermann-Fischer und seine Frau Brigitte zur Emigration und zu einem Kuhhandel. 700 000 verbotene Bände durften Bermann-Fischers mit ins Ausland nehmen. Dafür mußten sie den Verlagstorso an politisch genehme Personen verkaufen. Geschäftsführer wurde ein gewisser Peter Suhrkamp. Immerhin kein Jude, doch später, 1944, von den Nazis trotzdem wegen Hochverrats ins Konzentrationslager gesperrt. Seit 1932 war er bei *S. Fischer* Redakteur der „Neuen Rundschau“. Als das geflohene Ehepaar 1950 aus dem Exil zurückkehrte, wo es mehrere Verlage ins Leben gerufen hatte, fühlte sich Suhrkamp mit dem treuhänderisch überlassenen Verlag so wohl, daß er ihn nicht mehr aus der Hand geben wollte. Der Trennungskonflikt nahte. Am 1. Juli 1950 begann ein selbständiger *Suhrkamp*-Verlag seine Arbeit. Von 39 Autoren, die aufgefordert waren, sich für eine verlegerische Heimat zu entscheiden, hielten Suhrkamp 29 die Stange: darunter Hermann Hesse, Max Frisch und Bertolt Brecht. Hätte *Suhrkamp* einen glänzenderen Start bekommen können?

Obwohl sich *S. Fischer* mühte, mit angloamerikanischen Autoren wie James Jones, Virginia Woolf, Arthur Miller oder Tennessee Williams den Gewichtsverlust auszugleichen – der Anschluß zur deutschen Gegenwartsliteratur war bis auf wenige Ausnahmen mißglückt. Martin Walser, Uwe Johnson, Hans Erich Nossack, Hans Magnus Enzensberger, Günter Eich, Karl Krolow, Wolfgang Hildesheimer und Peter Weiss ließen sich von Suhrkamp verlegen. Nicht anders verhielt es sich mit ausländischer und theoretischer Literatur. *Suhrkamp* hatte die Nase vorn. Und so ist es bis heute geblieben.

Der Rückzug des Ehepaares Bermann-Fischer auf seinen toskanischen Alterssitz, der Verkauf des Verlages an Holtzbrinck im Jahre 1968 besiegelte die Situation endgültig. Als die Verlage *Goverts, Krüger* und *Stahlberg* 1971 *S. Fischer* eingegliedert wurden, stieß in Gestalt von Arno Schmidt *(Stahlberg)* noch einmal ein überragender Zeitgenosse zum Traditionshaus. Von *Goverts* übernahm *S. Fischer* die Rechte am Werk William Faulkners und beabsichtigte das gleiche mit Wolfgang Koeppens Romanen. Koeppen war darüber so erzürnt, daß er sich verabschiedete. In Richtung *Suhrkamp*. Holtzbrincks älteste Tochter Monica, die 1974 die Verlagsleitung übernahm, versucht seither, neben der Pflege der alten Substanz, auch wieder ein attraktives literarisches Gesicht mit jüngeren Autoren herzustellen. Hermann Burger, Klaus Hoffer, Gerhard Köpf, Hanns-Josef Ortheil oder Gerhard Roth hat sie an sich binden können. Thomas Beckermanns Lektoratsarbeit ist daran sicher nicht unschuldig. Trotzdem befindet sich *S. Fischer* in einer eigentümlichen Lage. Literarisches Leben ohne ihn ist kaum denkbar, *Suhrkamps* olympische Position aber unbestritten. Ein ausführlicher Vergleich der Verlagsprogramme beweist es. Doch ehe man vor *Suhrkamp* niederfällt, braucht nur jemand „Franz Kafka" oder „Max Horkheimer" (beide bei *S. Fischer*) dazwischenzurufen, und der Vergleich erscheint sinnlos. *S. Fischers* Renommee ist nach wie vor so beträchtlich, daß es *Suhrkamp* zu ärgern vermag. Aufkaufen durfte Siegfried Unseld den Nebenbuhler dann allerdings nicht.

Was ist es, das *Suhrkamp* so verlockend und einzigartig macht? Zum einen sind die zwei großen Verlegerpersönlichkeiten seiner Geschichte, Peter Suhrkamp und – nach dessen Tod 1959 – Siegfried Unseld, ausgesprochen machtbewußte Menschen. Der eine ein sensibler Querkopf aus bäuerlichen Verhältnissen, der andere ein ehrgeiziger selfmade-Mann aus dem Mittelstand: Charismatiker, die ihren Willen notfalls ohne Rücksicht auf denjenigen ihrer Mitarbeiter durchsetzen – und ihre Autoren gegen die Meinungen von Kritik und Publikum. Solange, bis die Anerkennung eintritt. Mag diese Sturheit ihre Leidtragenden haben, man kann sie ebenso als Treue zu den Schriftstellern charakterisieren. Das ist es, was die Dichter fasziniert. Unseld verkörpert heute einen Dinosauriertypus des Gewerbes. In anderen Unternehmen dieses Formats denkt man da, Unseld beherrscht es zusätzlich, von vornherein marktstrategisch. Er ist eben, wie eine Hamburger Illustrierte einmal schrieb, „eine Figur des ausgehenden 19. Jahrhunderts". Damit einher geht ein snobistischer Zug, der schon Peter Suhrkamp prägte. Ein hermetisches Kunstbewußtsein, vor dem gerade noch das – allmählich aussterbende – Bildungsbürgertum Gnade findet. Peter Suhrkamp hätte es für frevelhaft gehalten, seine Genies per Taschenbuch zu verkaufen, doppelt schlimm, dies an einem Bahnhofskiosk zu tun. Bei *S. Fischer* war man in dieser Beziehung von jeher hemdsärmeliger eingestellt. Natürlich gibt es seit 1963 die broschierte „edition suhrkamp", seit 1971 eine genuine Taschenbuchproduktion. Und gebundene Literatur, nicht immer der allerersten Garnitur, stößt an die Spitze der Bestsellerlisten vor. Zum Beispiel: Isabel Allende. Das *Suhrkamp*-Flair macht's. Es verdeckt ein Geschäftsgebaren, das sich inzwischen von dem anderer Verlage kaum mehr abhebt, im Interesse der erworbenen Stellung wohl auch kaum abheben kann. Die Gründerleistungen von Peter Suhrkamp, etwa die Klassiker der Moderne in der „Bibliothek Suhrkamp", brauchen stabile Finanzen, um fortgeführt zu werden.

1963 übernahm *Suhrkamp* den *Insel*-Verlag und erwarb im gleichen Jahr noch den Baden-Badener Verlag *Nomos*, der juristische Fachliteratur druckt. Seit 1981 hat *Insel* überdies einen Sproß: den *Deutschen Klassiker-Verlag*. Eine gewaltige Konkurrenz für die Klassikereditionen von *Hanser* und *Winkler*, eines Tages vielleicht gar deren Ende. Ein mächtiges Imperium, ein beeindruckendes. Denn über der Macht hat *Suhrkamp* nie die Verbindung zum Geist verloren. Der uralte Antagonismus führt im Binnendasein des Verlages eine friedliche Koexistenz.
Was immer Peter Handke schreibt, was immer Franz Xaver Kroetz: Unseld sorgt dafür, daß es erscheint. In guten wie in schlechten Zeiten zu den Produkten eines Autors zu stehen oder zu denen, die jahrelang auf sich warten lassen wie bei Uwe Johnson, das Bild des Gesamtwerkes soll gewahrt bleiben. Dies ist die zweite Formel für *Suhrkamps* Ansehen. Nirgends gibt es, drittens, derart gehäuft Gesamtausgaben. Sogar lebende Autoren wie Samuel Beckett oder Max Frisch kommen zu dieser Ehre. Auf dem Gebiet der Theorie sind unter anderem Werkausgaben von Theodor W. Adorno, Walter Benjamin, Ernst Bloch und Ludwig Wittgenstein erschienen. *Suhrkamp* kontrolliert die philosophische Diskussion in einem Maße, von dem die Kollegen nur träumen können. Die Kritische Theorie und ihr Umfeld werden bei *Suhrkamp* nahezu vollständig verlegt. Doch auch analytische Philosophie, Phänomenologie und Wissenschaftstheorie, Strukturalismus und Poststrukturalismus erscheinen: ein beinahe flächendeckendes Agglomerat von Entwürfen, deren Erfinder einander oft nicht einmal die Hand schütteln würden. Es ist beispielsweise äußerst grotesk und amüsant, Karl-Otto Apel gegen den erkenntnistheoretischen Anarchismus von Paul Feyerabend oder die Begründungshäresien von Jacques Derrida keifen zu hören.
In Frankfurt könnte man bloß einen wesentlich kleineren Verlag nennen, der vergleichbares philosophisches Profil besitzt: den von Vittorio Klostermann. Als Antiquariatsbuchhändler hatte Klostermann (1901–1977) begonnen, bis er 1930 seinen eigenen Verlag ins Leben rief. Auch er eine jener Persönlichkeiten, denen freundschaftlicher Kontakt mit den Autoren über alles ging. Zwei Bändchen des Germanisten Max Kommerell, dem er später weiterhin die Treue hielt, bildeten den Anfang seiner Arbeit. Literaturwissenschaft und Philosophie – zuerst mit Werken aus dem Umkreis Martin Heideggers – sind die Domänen des Unternehmens geblieben. Auch zahlreiche kunsthistorische, rechtsgeschichtliche, religionswissenschaftliche und wirtschaftstheoretische Titel sind herausgekommen. Vittorio Klostermann pflegte eine menschliche und verlegerische Freundschaft mit Friedrich Georg Jünger, dessen Bruder Ernst er ebenfalls eine Zeitlang druckte. Die Freundschaft mit Arnold Gehlen, von dem heute im Verlag eine Gesamtausgabe erscheint, währte indes nur kurz. Gehlen starb 1976, kaum daß sie Bekanntschaft geschlossen hatten.
Vittorio Klostermann brachte sein Alterswerk, die Edition der Werke Martin Heideggers, auch nicht mehr zu Ende. Seine Söhne verwalten nun das Erbe. Ein unauffälliger Familienbetrieb ist es, der keine lärmenden Jubiläen feiert. Die gleichmäßige Nachfrage nach den Bänden von *Klostermann*, die sorgfältige Betreuung der Autoren, bedürfen keines Aufsehens. Vom Lektorenkarussell der anderen Verlage, das zuweilen das Tempo des Theaterintendantenumlaufs erreicht, spürt man hier ohnehin nichts. Die Reihe der Autoren fügt sich zu einem ausgeglichenen Gesamtbild. Und wenn *Klostermanns* philosophisches Herz vorzugsweise für Phänomenologie und Existentialhermeneutik schlägt, so stört es doch niemanden, daß jüngst Karl Popper und Hilary Putnam mit jeweils einer Veröffentlichung in den Autorenkreis eingerückt sind. Ganz anders bei *Suhrkamp*. In dessen Brust wohnen so viele Seelen – da will schon manchmal eine raus. Vom

Widerspruch zwischen dogmatischer Vernünftelei und lustvollem Pragmatismus, für den Apel und Feyerabend einstanden, war bereits die Rede. Ein anderer: die Kluft zwischen linkem Programm und rechter Praxis. Lange war er das beliebteste Ziel von Kritteleien.

Das Verhalten von Theodor W. Adorno während der Studentenbewegung, sein pikiertes Erstaunen über die krawallträchtigen Aspekte seines Denkens (ob mißverstanden oder nicht): sie illustrieren das so gut wie sein Naserümpfen über den Jazz, in dem sich der elitäre Kunstsinn des Bourgeois mit den apodiktischen Gedanken seiner ästhetischen Theorie und dem Ressentiment des Spießbürgers trifft. Aber es geht um mehr als Adorno, an dem man freilich bestens sehen kann, wie ein Mensch solch einen Widerspruch aushält. Es geht um die Halden offen marxistischer Theorie, Texte mit Fußnoten wie Spinnweben überzogen, die *Suhrkamp* einmal druckte. Das Gerede von Demokratisierung und Unselds Führungsstil bewegte eine Reihe von Lektoren 1968 zur Kündigung. Cheflektor Walter Boehlich ging, mit ihm Klaus Reichert, Peter Urban und Urs Widmer. Die Mitbestimmung, die sie vergeblich gefordert hatten, entsprach übrigens mitnichten dem Willen der meisten Autoren. Sie vertrauten lieber dem alleinigen Herrn – Unseld. Kurz darauf verließ Karlheinz Braun, Leiter der Theaterabteilung, den Verlag. Er setzte die enttäuschten Hoffnungen der Lektoren gemeinsam mit Wolfgang Wiens in die Tat um. *Suhrkamps* gefährlichster Theaterkonkurrent entstand: der *Verlag der Autoren*. Jeder Autor ist zugleich Gesellschafter, das ganze Unternehmen genossenschaftlich organisiert. Eine sozialistische Enklave im Kapitalismus. Zu den Autoren, die damals, im April 1969, von *Suhrkamp* überwechselten, gehörten Gerlind Reinshagen, Hartmut Lange, Martin Sperr, Konrad Wünsche und Peter Handke. Handke und Reinshagen sind mittlerweile wieder da, wo sie herkamen. Aber weder solche Rückzugsgeschichten noch die spektakulärste Verweigerung von vornherein, die von Peter Weiss, beeinträchtigen den Rang des Verlages. Ludwig Fels, Wolfgang Deichsel, die Stücke von Rainer Werner Fassbinder erscheinen bzw. erschienen dort. Seit einiger Zeit wird auch Nichtdramatisches veröffentlicht: u. a. Filmrezensionen von Wim Wenders oder Interviews mit Heiner Müller.

Was ist schon ein linker Verlag? Macht es die Verwaltungsstruktur? Oder verblaßt sie nicht neben den Distributionsmöglichkeiten eines Apparates, wie ihn *Suhrkamp* zur Verfügung hat? Beides zusammen scheint sich nicht zu vertragen. Vito von Eichborns Unternehmen, prägnant *Eichborn* genannt, gebietet über keinen Apparat, glänzt jedoch durch hohe Auflagen. Linke Literatur: Kohl-Witze, Sponti-Sprüche, Satire. Ist es das? Gewiß nicht. Bücher für Leute, die sonst keine Bücher lesen, sind das. Clever produziertes fast food fürs Hirn, Pausenhofheftchen, Büroablenkung, Bestätigungslektüre – so bedrohlich wie der berüchtigte Sturm im Wasserglas. Die ernsthafteren Titel verändern dieses Bild kaum. Gewichtiger ist da der 1950 gegründete *Röderberg*-Verlag, der sich Anfang 1987 *Pahl-Rugenstein* in Köln angeschlossen hat. Sein Programm läßt sich in einem selbstgewählten Begriff zusammenfassen: Antifaschismus. Die Nähe zum verknöcherten Kommunismus der DKP ist oft nicht zu übersehen. Besonders der antifaschistischen Wochenzeitung „die tat" haftet mitunter ein gewisser Veteranenmief an. Doch wie ungerecht kann es sein, die Leidenserfahrungen der nationalsozialistischen Widerständler so hinwegzuwischen! Was in der „Bibliothek des Widerstands" oder im „Jahrbuch für antifaschistische Literatur und Kunst" Gestalt angenommen hat – es ist eine eigene Tradition. Und zu entdecken gibt es genug: Romane des im Spannungsfeld zwischen politischem Expressionismus und religiöser Naturmystik schwankenden Emigranten Paul Zech, Bände des fast vergessenen Günther Weisenborn, Essays von Mikis

Theodorakis, spottbillige Linzenzausgaben von DDR-Taschenbüchern. Es lohnt sich, in den Programmen der Verlage zu schmökern, deren Titel nicht in jeder Buchhandlung bereitstehen.

Eine andere linke Tradition verkörpert der 1965 vom SDS, dem Sozialistischen Deutschen Studentenbund, ins Leben gerufene Verlag *neue kritik*. Immer noch kommt jede größere Veröffentlichung einem Vabanquespiel gleich. Biographien, sozialistische Theorie (u. a. von Rosa Luxemburg, Ignazio Silone, Herbert Marcuse) und seit kurzem auch Literarisches und Künstlerisches erscheinen hier. Der revolutionäre Eifer der Anfangsjahre und das Abdriften in maoistische Gefilde zu Beginn der Siebziger haben längst einer sympathischen Offenheit Platz gemacht. Bücher der Polin Hanna Krall, der mexikanischen Malerin Frida Kahlo und der tschechischen Toyen, Feuilletons und Reportagen von Franz Kafkas Geliebter Milena Jesenská finden sich. Auffallend viele Frauen: Susann Heenen und Dorothea Rein, die Verlegerinnen, setzen sich für ihre Geschlechtsgenossinnen ein.

Mindestens so interessant wie *neue kritik* ist KD Wolffs 1970 gegründeter Verlag *Roter Stern*. KD, das heißt eigentlich Karl Dietrich, aber so nennt ihn keiner, und er will es auch nicht hören. Der SDS, zu dessen führenden Köpfen er gehörte, hat ihn ebenfalls geprägt. Die Agitprop-Broschüren, die er einmal druckte, zählen zur Erinnerung. Irgendwo zwischen Literatur und kritischer Wissenschaft ist das Programm heute angesiedelt. Klaus Theweleits „Männerphantasien" waren der erste finanziell gewinnbringende Erfolg. Das größte Projekt, das Wolff sich zumutet, ist die historisch-kritische Gesamtausgabe der Werke Friedrich Hölderlins. D. E. Sattler, ihr Herausgeber, kämpft seit Jahren mit den Texten und Konvoluten Hölderlins, den er als deutschen Revolutionär zu zeichnen versucht. Es ist ein Kampf um ein anderes Hölderlinbild. Eine neunbändige Ausgabe des Berliner Religionsphilosophen Klaus Heinrichs, die kritische Ausgabe des Briefwechsels zwischen dem Ehepaar Robert und Clara Schumann oder Kurt Robert Eisslers psychoanalytische Studie zu Goethes Leben: Wagnisse allesamt, und, wie im Falle Eissler, manchmal durch hymnische Rezensionen und guten Absatz belohnt. 1979 verbündete sich *Roter Stern* mit dem Basler Verlag *Stroemfeld*. Sein poetischer Name stammt aus einem Hölderlinentwurf. Das Verlagssignet sieht Wolff übrigens gar nicht mehr so umstürzlerisch. Die fünf Spitzen, sagt er, weisen in fünf Richtungen und schützen vor Opportunismus und Einseitigkeit. Davor braucht er wirklich keine Angst zu haben. So kamen bei ihm Bücher von Marguerite Duras heraus, als der *Suhrkamp*-Boom nach dem „Liebhaber" noch nicht eingesetzt hatte.

2001 dürfte einer der wenigen Verlage sein, dessen Bücher öfter gekauft als gelesen werden. Im Dutzend billiger, lautet die Maxime des Verlegers Lutz Kroth, der seine Produkte bis auf ein paar politisch kolorierte Ausnahmen ausschließlich über die eigene Ladenkette vertreibt oder versendet. Tatsächlich wird man sich schwertun, woanders mehr Papier für sein Geld zu bekommen. Doch darf man der Ramschpolitik von *2001* zugute halten, daß das Niveau der Bücher nach Inhalt und Herstellungsqualität nicht im mindestens darunter leidet. Obendrein: Wer seine Sachen verschleudert, trifft gelegentlich auch jemand damit. Vielleicht ist es deswegen nicht allzu schlimm, wenn das Reprint der „Fackel" von Karl Kraus, die Gesammelten Werke von Boris Vian, Jean Rhys oder Max Hermann-Neiße in manchen Regalen verstauben. Nein: Ohne *2001* (der sich *Rogner & Bernhard* einverleibt hat), die Bücher von William Burroughs, Georges Perec und den ganzen alternativen Krimskrams, wären wichtige Titel wahrscheinlich nie oder nie mehr erschienen.

Campus verlegt vornehmlich soziologische und politikwissenschaftliche Abhandlungen,

von denen manche auch außerhalb ihres Entstehungsraumes, der Universität, lesbar bleiben. Von den Publikationen des Verlages *Peter Lang* läßt sich das nicht ohne weiteres behaupten. Obwohl *Peter Langs* Stammhaus in Bern liegt, wird das Programm vom Zweitsitz Frankfurt aus verwaltet. Es ist ein Dissertationenverlag. Die „Europäischen Hochschulschriften“ decken den gesamten Fächerkanon ab. Außerhalb dieser Schriften erscheint eine Überzahl von Forschungsreihen, die jeweils von ordentlichen Professoren betreut werden. Auch wenn man den akademischen Typoskript-Wüsten oft wenig abgewinnen kann: *Peter Lang* gehört zu den besten Adressen dieser Art. Die Bücher von *Campus* sind jedoch meist attraktiver aufgemacht und liebäugeln mit einem breiteren Publikum. Ob es, um zwei aktuelle Titel herauszugreifen, um eine Kulturgeschichte des Zuckers oder des Tabaks geht: das Vergnügen, das gut geschriebene wissenschaftliche Literatur neben dem Ertrag bieten kann, gehört dazu.
Dem Verlag als Edition eingegliedert ist das Unternehmen von Hans-Jürgen Heinrichs: *Qumran*. Ein Großteil der Bücher changiert zwischen Ethnologie und Philosophie. Lauter Schmuckstücke, stets mit literarischem Anspruch verfaßt. Die Werke des Ethnologen Victor Segalen liegen hier in einer fünfbändigen Ausgabe vor. Daneben Essays von Gisela von Wysocki, dem Kunsthistoriker Max Raphael und *Qumrans* Chef persönlich; Titel von Michel Butor, die nach dem nouveau-roman-Fieber der sechziger Jahre lange nicht greifbar waren.
Das neu erwachte Interesse an der Ethnologie befriedigt in genauso hoher Qualität *Syndikat*. Die Altmeister des Fachs, Georges Devereux und Bronislaw Malinowski, werden ebenso verlegt wie Paul Parins zeitgenössische Arbeiten. Die ethnologischen Klassiker sind die – vielleicht unfreiwilligen – Wegbereiter einer Rationalitätskritik, die die eurozentrische Fixierung der Wissenschaften durch die Außenperspektive des ethnologischen Blicks auf die eigene Kultur aufzuweichen versucht. Hans Peter Duerrs Bücher mögen dafür exemplarisch stehen. Mit der Veränderung des Blicks geht häufig eine Veränderung der Schreibweise einher. Wie bei *Qumran* entsteht eine literarisch ambitionierte Wissenschaft – was keineswegs einen Substanzverlust bedeuten muß. Die Grenzen zwischen literarischer Fiktion und wissenschaftlicher Realitätsdarstellung verschwimmen zugunsten eines homogenen Textraumes. *Syndikats* anthropologische und philosophische Titel zielen in eine verwandte Richtung. Die *Europäische Verlagsanstalt*, eher politikwissenschaftlich ausgerichtet, ist mit *Syndikat* zusammengeschlossen. Eine gemeinsame Taschenbuchreihe erscheint. Beide Verlage sind seit 1987 unter dem Dach von *Athenäum* untergebracht. *Athenäum* führt sie als Reihen. Axel Rütters, der mit Karl Markus Michel *Syndikat* gründete, ist seit 1983 zusätzlich Geschäftsführer der *Athenäum*-Gruppe. Seit Anfang 1987 ist sie mit *Hain* und seinem philosophischen Schwerpunkt, *Hanstein* und seinem theologischen Hauptgewicht sowie dem *Jüdischen Verlag* vollständig. *Athenäum* publiziert viele Titel im Bereich der Literaturwissenschaft, stößt aber auch weit über die akademischen Zirkel hinaus und hat 1986 dank des Fernsehens mit zwei Bänden, aus denen Filme entstanden sind, sogar den Sprung in die Bestsellerlisten geschafft. Einer davon ist Bernhard Sinkels „Väter und Söhne“.
Umschau führt zu einem Verlagstypus, der über Kalender, Fachzeitschriften, Ratgeber und diverse Bildbände auch ein paar Delikatessen mitfinanziert. Die insgesamt sieben kleinere Gesellschaften umfassende Firma unter der Ägide der Vettern Klaus und Hans-Jürgen Breidenstein veröffentlicht Titel von Herbert Heckmann, das Gros von Heinrich Harrers und Immanuel Velikovskys Arbeiten, Cartoons von Walter Hanel oder Hans Scherers amüsante Reisefeuilletons.
Damit ist die Frankfurter Verlagslandschaft natürlich noch lange nicht lückenlos prä-

sentiert. Und auch die vorgestellten Verlage sind nur in groben Umrissen sichtbar geworden. Es fehlen die Zeitschriftenverlage wie *„Pflasterstrand“* oder *„pädex.“* Es fehlen eine Reihe von Fachverlagen. Es fehlen zwei Kinderbuchverlage: *Nashorn* und *Alibaba*, ein reiner Kleinfamilienbetrieb mit aufmüpfigen Bilderbüchern. Es fehlt der Schulbuchverlag *Moritz Diesterweg*. Es fehlt die gewerkschaftseigene *Büchergilde Gutenberg*, die zwar eine Buchgemeinschaft ist, aber neben den Lizenzausgaben auch ungefähr ein Drittel Eigenes produziert. Es fehlt die *edition tende*, die außer Prosa Filmbücher (u. a. eine Autobiographie des Hollywoodstars Frances Farmer), Bücher über Tanz und Oper sowie, laut eigener Auskunft, „verquere Wissenschaft wider die Emotionsflops der Linken“ druckt. 1984 aus dem westfälischen Dülmen in die hessische Metropole gezogen, hat es sie wieder in die alte Heimatstadt gezogen. Kommentar der Verlegerinnen J. Monika Walther und Annette Viktoria Uhlending: „Drei Jahre Frankfurt sind genug.“ Und damit soll auch dieser kleine Überblick sein Bewenden haben.

Adolf Fink

„Man sieht doch mit was für Leuten er umgeht“

Goethe und die in seinem Namen in den Jahren 1927 bis 1985 Ausgezeichneten

„Goethe war nie eine Erschütterung, Goethe war immer ein Besitz.“ (Gottfried Benn, Nicht-Goethe-Preisträger)

„. . .wahrlich ein Dichter für alle Gelegenheiten“ (Dietmar Grieser)

Man stelle sich einmal vor, wie die folgenden Damen und Herren, dabei einander freundlichen Respekt zollend – in einer ersten Reihe (vielleicht unter dem von Andy Warhol nach J. H. W. Tischbeins „Goethe in der Campagna“ gefertigten Porträt, das zu diesem repräsentativen Zweck der Insel-, Suhrkamp-, Klassiker-Verleger Siegfried Unseld zur Verfügung stellte) Platz nehmen: *Stefan George* neben *Hermann Stegemann*, *Albrecht Schweitzer* neben *Max Planck*, *Sigmund Freud* neben *Karl Jaspers*, *Ricarda Huch* neben *Ernst Jünger*, *Gerhart Hauptmann* neben *Carl Zuckmayer*, *Hans Pfitzner* neben *Walter Gropius*, *Carl Bosch* neben *Ingmar Bergman*, *Hermann Hesse* neben *Arno Schmidt*, *Thomas* neben *Golo Mann*, *Carl Friedrich Freiherr von Weizsäcker* neben *Carlo Schmid*, *Georg Lukács* neben *Raymond Aron*. . . Die Stühle 1 bis 34 sind somit besetzt, Nummer 35 wird es 1988 sein; ein Ende ist vorerst nicht abzusehen.

Wenn man diese Paare, die das (Un-)Geschick eines Platzanweisers zusammenführte, näher betrachtet, dann springt sofort die Gegensätzlichkeit der Partner ins Auge, die Opposition ihrer Berufe und Berufungen, ihrer Künste und Konzepte, ihrer Temperamente und Stile, ihrer religiösen und politischen Überzeugungen, ihrer Herkünfte und Schicksale: der Lyriker und der Romanschreiber, der Arzt und der Physiker, der Psychoanalytiker und der Existenzphilosoph, die weibliche Autorin und der männliche Autor, der Schlesier und der Rheinhesse, der Komponist und der Architekt, der deutsche Chemiker/Industrielle und der schwedische Theater-/Film-Regisseur, der romantische Traditionalist und der rationalistische Avantgardist, der Schriftsteller-Vater und der Historiker-Sohn, der Naturforscher und der Politik(wissenschaftl)er, der marxistische und der bürgerliche Soziologe. . . Sie verbindet in der Tat nur eines: Sie alle sind Träger des seit 1927 von der Stadt Frankfurt verliehenen Goethe-Preises, womit sie sich dem Verdacht aussetzen, ihr Leben und Werk müsse etwas mit Leben und Werk Goethes Gemeinsames aufzuweisen.

Doch läßt sich die Frage auch andersherum stellen, so daß aus der Einbahn- eine normale Fahrstraße wird: Haftet denn nicht auch der Patron für die in seinem Namen Ausgezeichneten? Er haftet – so lautet die zweideutige Antwort – so wenig wie er von aller Verantwortung freizusprechen ist. „Man sieht doch mit was für Leuten er umgeht“. Dieser passende Satz stammt aus „Götter Helden Wieland“, einer hübschen Satire des vierundzwanzigjährigen Stürmer und Drängers auf den Literaturbetrieb seiner Zeit. Hier entdecken wir auch noch die bange Frage, mit der wir das Unternehmen starten: „wird's angenehm seyn, solch einen großen Mann bey dieser Gelegenheit kennen zu lernen?“

Die statistischen Angaben erweisen sich als objektiv und verfänglich zugleich. Im Preisträger-Kollegium verfügt der Block der Dichter, Schriftsteller und Journalisten mit achtzehn Stimmen über die absolute Mehrheit. Die „Human Sciences"-Fraktion entsendet fünf Vertreter: zwei Soziologen, je einen Historiker, Psychoanalytiker und Politik(wissenschaftl)er. Aus der Naturwissenschaft kommen drei, aus der Philosophie zwei, aus dem Grenzgebiet beider auch zwei. Die Kunst-Gruppe besteht aus vier Mitgliedern: einem Architekten, einem Bildhauer, einem Musiker, einem Theater-/Film-Regisseur. In summa: Vierunddreißig, drei Frauen und einunddreißig Männer. Ein Kosmos im Sinne Goethes?

Die Stiftungskonstellation

Vom 27. Februar bis 5. März 1922 veranstaltete die Stadt Frankfurt eine „Goethe-Woche": Theateraufführungen und Konzerte, Ausstellungen und Vorträge, deren finanzieller Erlös für die Erhaltung des bedrohlich baufälligen Goethe-Hauses bestimmt war. Es sprachen Rudolf G. Binding, Gerhart Hauptmann, Thomas Mann, Fritz von Unruh (bis auf den Erstgenannten alles spätere Preisträger!). Am 18. Mai 1923 beging man, in Anwesenheit der politischen Spitzen, die fünfundsiebzigste Wiederkehr der Konstituierung einer Deutschen Nationalversammlung mit Feierstunden in der Paulskirche, im Kaisersaal und auf dem Römer. 1924 endete die Inflation, für die Weimarer Republik begann eine Phase relativer wirtschaftlicher Prosperität und politischer Stabilität, was sich positiv für den Kulturbereich auswirkte; in Frankfurt übernahm Ludwig Landmann das Amt des Oberbürgermeisters. 1925 konnte das (Wald-)Stadion eingeweiht und dort eine internationale Arbeiterolympiade abgehalten werden. Die Stadt lud die Internationale Gesellschaft für Musik ein, ihr Fest 1927 in Frankfurt zu feiern. Im Zuge dieser Vorbereitungen entstand im Kreis von Ernst Beutler vom Freien Deutschen Hochstift, dem Schriftsteller (und späteren Kuratoriums-Sekretär) Alfons Paquet, Oberbürgermeister Landmann sowie Messedirektor Otto Ernst Sutter die Idee eines zu stiftenden Goethe-Preises, die dann überraschend schnell realisiert werden konnte. Der zuständige Stadtrat Willi Meckbach lieferte den ersten Entwurf einer „Ordnung". Sein Amt für Wissenschaft, Kunst und Volksbildung beantragte – im vorher hergestellten Einvernehmen mit dem Oberbürgermeister und dem Stadtkämmerer – am 26. Juni 1926 bei dem Magistrat die Bereitstellung von Mitteln für den Preis mit der Begründung, daß Goethes Geburtstag in Frankfurt Jahr für Jahr die gebührende Beachtung zuteil werden und die Stadt als seine Vaterstadt dabei würdig in Erscheinung treten solle. Die Stadtverordneten-Versammlung erklärte am 31. August 1926 ihr Einverständnis. Sie bewilligte 10.000 und 3.000 DM Verwaltungskosten als Preissumme. Magistrat und Stadtverordneten-Versammlung beschlossen am 7. März/26. Juni 1927 eine verbindliche Ordnung für die Verleihung des Goethe-Preises, die u. a. bestimmte:

„Der Goethepreis soll einer mit ihrem Schaffen bereits zur Geltung gelangten Persönlichkeit zuerkannt werden, deren schöpferisches Wirken einer dem Andenken Goethes gewidmeten Ehrung würdig ist. Die jeweils auszuzeichnende Persönlichkeit wird von einem Kuratorium bestimmt, das besteht aus: dem Oberbürgermeister und dem Stadtverordneten-Vorsteher der Stadt Frankfurt am Main, dem Preußischen Minister für Wissenschaft, Kunst und Volksbildung, einem von der Preußischen Akademie der Künste, Sektion für Dichtkunst, zu benennenden Mitglied der Akademie, einem von der Deutschen Goethe-Gesellschaft zu wählenden Mitglied, einem vom Verwaltungsrat des Freien Deutschen Hochstifts in Frankfurt am Main zu benennenden Mitglied, zwei von der philosophischen Fakultät der Frankfurter Universität zu wählenden Mitgliedern, einem Mitglied des Vereins Frankfurter Presse, einem vom Frankfurter Bund für Volksbildung zu benennenden Vorstandsmitglied und dem Direktor des Goethemuseums und der Goethesammlungen in Weimar. – Den Vorsitz in dem Kuratorium führt der Oberbürgermeister der Stadt Frankfurt am Main. Das Kuratorium kann berufene Persönlichkeiten beauftragen, ihm Vorschläge für die Verleihung des Goethepreises zu unterbreiten. Das Kuratorium beschließt mit einfacher Stimmenmehrheit. Bei Stimmengleichheit entscheidet die Stimme des Vorsitzenden. Das Kuratorium beruft einen geeigneten Mitarbeiter als Sekretär des Kuratoriums für den Frankfurter Goethepreis, dem beratende Stimme in den Sitzungen des Kuratoriums zusteht. Die feierliche Verleihung des Goethepreises geschieht jeweils am 28. August im Goethehaus am Großen Hirschgraben, möglichst im Beisein der mit dem Preis ausgezeichneten Persönlichkeit".

Diese Ordnung erfuhr im Laufe der Zeit wichtige Änderungen: Im Juli 1934 mußte sich das alte Kuratorium als Verwaltungsrat konstituieren, der nur noch beratende Funktion hatte. Der Oberbürgermeister in seiner Funktion als Vorsitzender hatte allein die Entscheidungsbefugnis, was sich – wie auch die Zusammensetzung des wiederhergestellten Kuratoriums – nach 1945 änderte. Heute entscheidet über die Verleihung der Magistrat „auf Vorschlag des Kuratoriums". Seit 1952 wird der Preis nur noch alle drei Jahre vergeben, wobei die Verleihung an Ernst Beutler 1960 eine Ausnahme darstellt. Seit 1961 ist der Preis statt mit zehn- mit fünfzigtausend Mark dotiert.
Jene, die sich am 28. August 1927, einem Sonntag, im sogenannten „Staatssaal" des Goethe-Museums versammelt hatten, warteten gespannt darauf, daß der Oberbürgermeister das Wort ergreife und verkünde, wie der erste Preisträger heiße, wem man es zutraute, daß er die notwendigen Maßstäbe setzte.

„Elite des Geistes" (Willi Emrich)? Historische Schlaglichter

In der Urkunde für *Stefan George* heißt es:

DEM DICHTER,

der zu Zeiten der Verwirrung den Sprachgeist Goethes, Novalis' und Hölderlins für uns bewahrte und doch in neuen Eigenformen den ewigen Sinn der Poesie bewies, der im Glauben an den geistigen Beruf des Wortes die Schönheit über dem bloß Beschreiblichen erkannte, und der den Stoff der Welt durch Auswahl, Maß und Klang zum Geist der Welt verwandelte, der das dunkle und das strahlende Geheimnis der Dinge als ein Seher sah, und – zart im Einzelwort, doch weit in der Gebärde – zur singenden Sprache brachte,

DEM LEHRER UND LEITER

einer Generation von Männern der Dichtung und der Wissenschaft, der sie zur Heiligung des Wortes, zu Fleiß und Demut in der Übermittlung fremden Sprachwerks und zur ernsten Sehnsucht nach der geistigen Ganzheit erzog, der vor den leichten Kränzen des Erfolges warnte, der die Beherrschtheit der Person und die Strenge des dichterischen Schaffens forderte, der einem stofflich denkenden Geschlecht das Wort Symbol als Ziel der großen Poesie nach langem Irrtum neu befahl,

DER PERSÖNLICHKEIT

des idealen Menschen, der sich vom Geiste einzig formen ließ, dem unbeugsamen Walter seines Künstler-Willens, der ohne Nebenzweck und modischen Vergleich sein Werktum rein erhielt, der sich aus eigener Zucht und eigener Freiheit selbstisch zur eigenen Gestalt erhob und doch die Demut vor dem Heiligen und Großen gleich einem Priester übte, ihm, Stefan George, der die Goethesche Würde des Dichters wie kaum ein Zweiter in unseren Tagen gehütet hat,

IHM, DEM DICHTER, LEHRER UND MENSCHEN

sei zum ersten Male der Goethepreis der Stadt Frankfurt am Main in Ehrfurcht und Bewunderung verliehen.

Die Begründung wurde deshalb in ganzer Länge wiedergegeben, weil sie zeigt, welcher Einschätzung der damals neunundfünfzigjährige *George* seine Wahl verdankte: Es ist die eines „in sich geschlossenen Aristokraten und Priesters", die ihn ein „richtiger Goethemensch" (Zitate aus der Kuratoriumssitzung vom 28. Juli 1927) sein läßt. Dazu hatte sicher auch sein eigener Kreis beigetragen, der sich aus ehemaligen Mitgliedern seiner Zeitschrift „Blätter für die Kunst" (1892–1919) rekrutierte. Friedrich Gundolf – mit ihm seit 1899 bekannt – hatte 1916 einen folgenreichen „Goethe" und vier Jahre später sein Buch über „George" veröffentlicht.
Die mutigste und kühnste, deshalb auch umstrittenste Kür war die *Sigmund Freuds* im Jahre 1930. Wolfgang Schivelbusch hat ihr in seiner Untersuchung „Zur Lage der Frankfurter Intelligenz in den zwanziger Jahren." „Intellektuellendämmerung" (Hessen Bibliothek im Insel Verlag, Frankfurt am Main 1982, S. 77 ff.) ein höchst aufschlußreiches Kapitel gewidmet. Wir erfahren von der Anwesenheit Bertha Pappenheims alias Anna O., der ersten psychoanalytischen Patientin, in Frankfurt, von der Tätigkeit des Frankfurter Psychoanalytischen Instituts und seiner beiden Leiter, der Freud-Schüler Karl Landauer und Heinrich Meng, sowie von den internen Kuratoriums-Diskussionen. Es ist insbesondere Alfred Döblin, der vehement für seinen Wiener Kollegen plädiert: „ein Mann von größtem Format, von Weltgeltung, ein Mann, der in unmittelbar idealem und ethischem Zusammenhang mit Goethe steht. Dazu kommt noch ein personeller Gesichtspunkt, etwa, was die Nation an Freud wiedergutzumachen hat. Während Physiker und andere mit dem Nobelpreis ausgezeichnet sind, ist Freud ein Mann, der niemals einen Preis bekommen hat. Er hat den Namen Deutschlands ins Ausland getragen wie wenige Wissenschaftler. Er ist niemals von einer öffentlichen Stelle in Deutschland genannt worden. Mit seiner Prophezeiung „Sie werden, indem Sie den Namen Freuds mit dem Goethe-Preis verbinden, etwas sehr Wirkungsvolles geleistet haben", behält er recht. Nach zwei kontroversen Sitzungen votieren sieben für, fünf gegen *Freud*: Die ablehnenden Stimmen stammten alle aus dem Lager der Goethe-Philologen, an deren Spitze der militante Hans Naumann stand. Anna Freud nimmt für ihren vierundsiebzigjährigen Vater, der aus Krankheitsgründen nicht selbst nach Frankfurt fahren konnte, den Preis entgegen. Er selbst schreibt eine Woche vor diesem Tag, am 21. August, an Arnold Zweig: „Ich bestreite nicht, daß mich der Goethe-Preis erfreut hat. Die Phantasie einer näheren Beziehung zu Goethe ist allzu verlockend, und der Preis selbst ist eher eine Verbeugung vor der Person als eine Beurteilung ihrer Leistung. Aber andererseits haben solche Anerkennungen in meinem Lebensalter weder viel praktischen Wert noch große affektive Bedeutung. Für eine Versöhnung mit der Zeitgenossenschaft ist es reichlich spät, am endlichen Durchdringen der Analyse lange nach meiner Zeit habe ich nie gezweifelt."
Die beiden folgenden Verleihungen standen im Zeichen von Jubiläen: Zu Ehren des zweihundertsten Geburtstages von Goethes Mutter Aja sollte eine Frau ausgezeichnet werden. Man zog *Ricarda Huch* Käthe Kollwitz vor: „Hineingestellt in das Tatenreich der Geschichte schuf" sie, wie die Urkunde konstatierte, „durch die Darstellung großer Männer und Epochen ergreifende Denkmäler von strengen Formen und weitem Horizont. Anmut der Gedanken, Wissen und echtes Künstlertum halten das für eine Frau fast unerreichbar Scheinende gleichsam in einem Gesamtwerk, das hohe und vielseitige Gaben umfaßt." Es war, wie ein Kuratoriumsmitglied bemerkte, ein Bekenntnis für das 19. und nicht eines für eine Wegbereiterin des 20. Jahrhunderts.
Die Wahl *Gerhart Hauptmanns* im hundertsten Todesjahr Goethes 1932 erscheint auch im nachhinein verständlich. Im Text der Urkunde spürt man, wenn auch noch zurück-

haltend, den Tribut an die neue Zeit: So begrüßt die Stadt Frankfurt in *Gerhart Hauptmann* „den Dramatiker, dem die Bühne unauslöschlichen Dank schuldet, Führer einer Dichtergeneration, die leidenschaftlich den Weg zum Volk suchte, den Gestalter, der die Jugend zur Begeisterung hinriß und uns noch heute mit starken Werken beschenkt und erschüttert. Sie ehrt den Mann, der den Deutschen aufs neue mit flammendem Wort die Mahnung zur Überwindung der Zwietracht ins Herz brannte", und sie bekundet zugleich „ihre Verbundenheit mit den in allen deutschen Stämmen erscheinenden Kräften dichterischer Schau."

„Aber dann kam das Unheil der düsteren zwölf Jahre. Indes auch hier ist die Ehrung des 28. August keinem zuteil geworden, den man jetzt verleugnen müßte. Und aus allem strahlt noch heute der Name *Hans Carossa*, dem 1938, und zwar im Römer, der Preis zuerkannt ward. Sein Schrifttum, tief aus dem gläubigen und humanen Geist Goethes gesättigt, hat vielen von uns geholfen zu überstehen." Dieser Ansicht *Ernst Beutlers* – aus Anlaß der eigenen Ehrung im Jahr 1960 geäußert, die ihm, völlig zu Recht, für seine große Leistung beim Wiederaufbau des am 22. März 1944 zerstörten Goethe-Hauses zuerkannt worden war – muß mit heftiger Deutlichkeit widersprochen werden: nicht so sehr der Überschätzung des Verfassers des „Rumänischen Tagebuchs" wegen als der darin zum Ausdruck kommenden Absicht, Autoren wie *Erwin Guido Kolbenheyer* und *Wilhelm Schäfer*, die sich offen zum Nationalsozialismus bekannten, zu decken, den üblen Gehalt ihrer Werke zu verharmlosen. Auch die Verleihung des Preises an Männer wie *Hermann Stehr* und *Hermann Stegemann* gereicht nicht zur Ehre: Sie ersetzen fehlende ästhetische Qualitäten durch stramme Gesinnungsinhalte und fehlen deshalb heute in jedem „Lexikon der deutschen Gegenwartsliteratur" (wie zum Beispiel in dem von Hermann Kunisch begründeten und von Herbert Wiesner 1981 in der Nymphenburger Verlagsbuchhandlung/München neu herausgegebenen). Die Sprache der Urkunden hat sich dem Unstil der Zeit völlig angepaßt, so wenn es bei *Agnes Miegel* heißt: „der begnadeten Seherin, die stets für die Wiedergeburt deutscher Art gewirkt hat, der beschwörenden Gestalterin der Kräfte des preußischen Lebensraumes, die in ihren Werken das Bild des ostdeutschen Menschen in Reinheit geformt hat". Der Gebrauch des nationalen Attributs nimmt, wie bei *Hans Pfitzner*, inflatorische Ausmaße an. Doch zugleich muß hervorgehoben werden, daß die damals Verantwortlichen keinen der profilierten Blut-und-Boden-Barden kürten, ja, daß sie in den Jahren 1943 und 1944 von einer Verleihung absahen, um einer solch mißlichen Situation zu entgehen. Ihrer Absicht, 1944 den Preis an *Max Planck* zu geben, wurde vom Reichskultusministerium nicht entsprochen, da der Göttinger Physiker als Gegner des Nationalsozialismus galt. Er erhielt dann 1945 die Auszeichnung, und die Urkunde stellt, wohltuend nüchtern, fest, daß die Verleihung „über die Anerkennung der wissenschaftlichen Leistung hinaus ... der Dankbarkeit des Geehrten gegenüber Ausdruck geben (soll), der in Goethescher Universalität die Einordnung seiner naturwissenschaftlichen Erkenntnisse in die Philosophie angebahnt und an der Schaffung des jetzigen physikalischen Weltbildes entscheidenden Anteil hat. Die Ehrung gilt dem Mann, der in einer Zeit geistiger Knechtschaft die Freiheit des Gewissens und das Recht des Glaubens mutig verteidigte."

Überblickt man die Preisträger nach dem Kriege, so registriert man, daß die Naturwissenschaftler immer mehr zurücktreten, das Spektrum aber der berücksichtigten Wissenschaften und Künste breiter wurde. Entschied man sich für einen Schriftsteller, was nach 1955 weniger häufig vorkam, dann bewies man Mut, Mut zum Unpopulären, wovon sowohl *Arno Schmidt* wie *Ernst Jünger* zeugen.

1949 erhielt, zu der feierlichen Gelegenheit des Bicentariums, *Thomas Mann* den Preis. In seiner Rede zittert die Erregung über das Vergangene und Gegenwärtige nach, spürt man, wie das Persönliche dem politisch Geäußerten das Pathos und die Überzeugungskraft verlieh:

Ich stelle mich der Freundschaft und dem Haß. Den Freunden, um sie nicht im Stich zu lassen, den Feinden, um den Anschein zu meiden, als verberge ich mich vor ihnen. Willkommen oder nicht, ich hätte es als einen Flecken in meinem Leben empfunden, wenn ich dem Genius Goethes nur auswärts gehuldigt und auch dabei Deutschland gemieden hätte. Klar muß ich mir sein darüber und bei jedem Schritt, den ich hier tue, springt es mir in die Augen, daß die Umstände der Genesung Deutschlands, seinem Weg nach Europa weit eher entgegen sind, als daß sie sie begünstigten. Trümmer umgeben mich, welche die nationale Katastrophe sinnfällig zurückgelassen, und ich finde das Land zerrissen und aufgeteilt in Zonen der Siegermächte, und ich verstehe nur zu wohl den patriotischen Gram, die bittere Ungeduld, aus der, laut oder leise, das Wort Fremdherrschaft bricht. Lassen wir es wahr sein, daß die Herrschaft des Ungeistes, die zwölf Jahre lang über Deutschland lag, und aus der dies alles hervorging, schlimmere Fremdherrschaft war. Was nun ist, schmerzt und reizt und lastet doch schwer genug, und die Sehnsucht, es möchte enden, wäre keinem Volke auf Erden fremd. Eines Tages muß und wird es enden. Mir aber, wie ich hier stehe, gilt es schon heute nicht. Ich kenne keine Zonen. Mein Besuch gilt Deutschland selbst, Deutschland als Ganzem, und keinem Besatzungsgebiet. Wer sollte die Einheit Deutschlands gewährleisten und darstellen, wenn nicht ein unabhängiger Schriftsteller, dessen wahre Heimat, wie ich sagte, die freie, von Besatzungen unberührte deutsche Sprache ist? Gewähren Sie, meine Zuhörer, dem Gast aus Californien diese Repräsentation und lassen Sie ihn den Augenblick unbekümmert vorwegnehmen, den Goethes Faust seinen letzthöchsten nennt: den Augenblick, wo der Mensch, wo auch der Deutsche auf freiem Grund mit freiem Volke steht!

Unter den Zuhörern in der Paulskirche auch *Golo Mann*, dem sechsunddreißig Jahre später, an gleicher Stelle die gleiche Ehrung widerfahren sollte. Feierte man seinen Vater als „den treuen Wahrer und schöpferischen Mehrer deutscher Sprachkunst, den unermüdlichen Vorkämpfer für Freiheit, Recht und Humanität gegen Gewalt und Untat“, so ehrte man ihn als „einen Historiker, dessen Kunst der Geschichtsdarstellung einen außerordentlichen und ganz eigenen literarischen Rang hat. In ihr drückt sich eine mutige und skeptische Welthaltung aus.“

Golo Mann schloß seine Rede 1985 mit einer Passage, die, wenn man dafür schon nicht das humanistische Bild eines „hohen Geistergesprächs“ bemühen will, doch den Stafettenlauf des Geistes sinnfällig macht, wie er auch Stiftung und Geschichte des Goethe-Preises bestimmt(e):

„Um die bare Tatsache, daß wir nicht alle gleich sind, sondern die unterschiedlichsten Interessen, Neigungen, Bedürfnisse haben, kommt keine Erziehung herum. Den Bildungskanon der alten Zeit gibt es nicht mehr. Er war eine Bequemlichkeit, solange es ihn gab, aber unbestreitbar war er klassengebunden, im Sinn von Schopenhauers „Wer nicht Latein kann gehört zum Volk“. Damit ist es aus. Bildung gibt es und wird es immer geben, aber sie wird eklektisch sein, der Eine dies, der Andere das. So reich und glücklich aber ist unsere Gegenwart doch nicht, als daß wir auf den Reichtum an Weisem und Schönem, der in versunkenen Gegenwarten geschaffen wurde, verzichten könnten. Ricarda Huch begann ihre Rede anläßlich der Verleihung des Goethepreises mit diesen Sätzen: „Wenn man sich seiner Beziehungen zu Goethe bewußt werden will, so ist das, wie man seinen Beziehungen zur Luft und zum Licht, zu den Elementen, in denen wir leben, nachgehen wollte. Es gibt Kräfte und Güter, die so allverbreitet sind, daß man nicht überblicken kann, wie vielfach man mit ihnen zusammenhängt, von ihnen abhängt.“ So gut könnte ich es nicht sagen. Danke sehr“.

Nachbemerkung: Das Motto stammt aus Gottfried Benns „Vortrag in Knokke“. – (Vgl. Dietmar Grieser: Goethe in Hessen. Auf den Spuren lebendiger Goethe-Tradition ... Hessen-Bibliothek im Insel-Verlag, Frankfurt am Main 1982) – Die übrigen Zitate habe ich – mit Ausnahme des Freud-Teils (s. Wolfgang Schivelbusch) – Willi Emrich: Die Träger des Goethepreises der Stadt Frankfurt am Main 1927 bis 1961. Verlag August Osterrieth, Frankfurt am Main 1965, sowie den daran zeitlich anschließenden einzelnen Dokumentationsheften des Dezernates Kultur und Freizeit der Stadt Frankfurt am Main entnommen. Emrichs Buch enthält viel Quellenmaterial, läßt aber durch seine stupende Naivität und seine Unfähigkeit, zwischen Wesentlichem und Unwesentlichem unterscheiden zu können, viele Wünsche offen. Eine historisch-kritische Darstellung des Goethe-Preises ist im sechsten Jahrzehnt seines Bestehens ein Desiderat.

Seit 1927 wurden nachstehende Persönlichkeiten mit dem „Goethepreis der Stadt Frankfurt am Main“ geeehrt:

1927	Stefan George, Dichter
1928	Albert Schweitzer, Arzt und Philosoph
1929	Leopold Ziegler, Philosoph
1930	Sigmund Freud, Psychoanalytiker
1931	Ricarda Huch, Dichterin
1932	Gerhart Hautmann, Dichter
1933	Hermann Stehr, Dichter
1934	Hans Pfitzner, Musiker
1935	Hermann Stegemann, Schriftsteller
1936	Georg Kolbe, Bildhauer
1937	Guido Kolbenheyer, Dichter und Philosoph
1938	Hans Carossa, Arzt und Dichter
1939	Carl Bosch, Chemiker
1940	Agnes Miegel, Dichterin
1941	Wilhelm Schäfer, Dichter
1942	Richard Kuhn, Mediziner
1945	Max Planck Physiker
1946	Hermann Hesse, Dichter
1947	Karl Jaspers, Philosoph
1948	Fritz von Unruh, Dichter
1949	Thomas Mann, Dichter
1952	Carl Zuckmayer, Dichter
1955	Annette Kolb, Dichterin
1958	Carl Friedrich Frhr. v. Weizsäcker, Naturforscher und Philosoph
1960	Ernst Beutler, Schriftsteller
1961	Walter Gropius, Architekt
1964	Benno Reifenberg, Schriftsteller und Journalist
1967	Carlo Schmidt, Wissenschaftler und Politiker
1970	Georg Lukács, Philosoph, Literaturwissenschaftler und Humanist
1973	Arno Schmidt, Dichter
1976	Ingmar Bergman, Regisseur
1979	Raymond Aron, Soziologe und Publizist
1982	Ernst Jünger, Schriftsteller
1985	Golo Mann, Historiker

Ruth Führer

Börsenverein des Deutschen Buchhandels
Friedenspreis des Deutschen Buchhandels

Frankfurt am Main, Großer Hirschgraben: eine Adresse für die gebildeten Stände. Hier erblickte der das Licht der Welt, den sie zu ihrem Nationalheros erkoren, der Dichterfürst, der Olympier – Goethe. Hier, in seinem Elternhaus, entstand später das Freie Deutsche Hochstift zur Pflege von Wissenschaft, Kunst und Bildung – eine der seltenen Enklaven, in denen heute literaturwissenschaftliche und editorische Arbeit abseits universitärer und verlegerischer Zwänge gedeiht.

Ein bißchen wird der Börsenverein des Deutschen Buchhandels auf den Abglanz so traditionsreicher Nachbarschaft spekuliert haben, als er 1953 auf dem angrenzenden Grundstück sein„Haus des Deutschen Buchhandels" einweihte. Andy Warhols Siebdruckporträt von Goethe im Entree des Gebäudes Großer Hirschgraben 17–19 spricht allerdings nicht nur vom Beharren auf Tradition. Braun-blau-violett signalisiert es auch Aufgeschlossenheit für Neues und Sinn für Wahlverwandtschaften – sind doch in Warhols Ikonen des Massenzeitalters Kulturleistung und Kommerz eben so untrennbar verquickt wie im Buchhandel.

Daß Frankfurt Sitz eines Börsenvereins wurde, verdankt es der deutschen Teilung nach dem Zweiten Weltkrieg. Gegründet wurde der „Börsenverein der Deutschen Buchhändler" 1825 in Leipzig, als erster gesamtdeutscher Verein überhaupt – 23 Jahre vor dem Paulskirchenparlament, 56 Jahre vor der Reichsgründung.

Pragmatische Gründe veranlaßten die damals knapp hundert „Buchhändler" (der Begriff umfaßte die Verleger noch mit) zu diesem Schritt. Dutzenderlei Währungen kursierten allein zwischen Holstein und Württemberg, Mecklenburg-Strelitz und Hessen-Nassau, und die deutschen Buchhändler trieben Geschäfte nicht nur im deutschsprachigen Raum, sondern in ganz Europa. Die vielfältigen Geldsorten gegeneinander zu verrechnen, bereitete einige Mühe. Was fehlte, war ein zentraler Abrechnungsort, eben eine Börse. Als ihr Standort bot sich Leipzig an, wo sich Buchhändler aus aller Herren Länder alljährlich zur Messe trafen.

Über die reine Abrechnungsgesellschaft wuchs der Börsenverein schnell hinaus. Schon die erste „Börsenordnung" wies dem Vorstand die Aufgabe zu, „das Interesse des Buchhandels nach Kräften zu vertreten". Das meinte nicht nur eine Solidarkasse für die Altersversorgung der Branche. Das bedeutete vor allem Kampf gegen den grassierenden Raubdruck. Urheberrechtsschutz gab es durchaus bereits – nur endete er meist schon an der nächsten Staatsgrenze. Goethe beispielsweise hat nur zu oft von Weimar aus zusehen müssen, wie andernorts unberufene Verleger straflos seine Werke nachdruckten – und ihm als Kompensation allenfalls ein paar Stück Berliner Porzellan anboten.

So stand der deutsche Buchhandel vor der Situation, daß sich zwar eine deutsche Nationalliteratur herausgebildet hatte, doch noch kein nationaler Markt. An dem aber waren die Verleger dringend interessiert – und sie konnten dabei durchaus auf die Zustimmung des Publikums rechnen. Denn: „je sicherer der Buchhändler unternimmt, je größer er die Auflagen machen kann, desto wohlfeiler kann er die Bücher geben." Allzu wohlfeil sollten die Bücher allerdings nicht sein. Auch die „Schleuderer", die mit Kundenrabatten wirtschaftlich schwächere Konkurrenten in den Ruin trieben, waren dem

Börsenverein ein Dorn im Auge. „Über dies alles verliert das Publikum dadurch mehr, als es gewinnt; denn es ist offenbar, daß, wer Rabatt an seine Kunden gibt, kein Lager unterhalten kann; daß das Publikum wegen des Rabatts nur noch an wenig Orten wohlversorgte Buchhandlungen findet."

Gegen die Verlockungen des schnellen Profits reichte allerdings die Selbstverpflichtung der Vereinsmitglieder nicht aus. Damit der gesamte Buchhandel sich Wettbewerbsbedingungen unterwarf, bedurfte es gesetzlicher Sanktionen. Mit geduldiger Eingabepolitik erlangte der Börsenverein zunächst von einzelnen Landesregierungen umfassenderen Urheberrechtsschutz. 1871 hatte er sein Ziel erreicht: mit der Reichsgründung trat zugleich das Reichsurhebergesetz in Kraft. Siebzehn Jahre später folgte die gesetzliche Verankerung des festen Ladenpreises. Der blieb in der Folge nicht unumstritten; doch beides zusammen erst, der kalkulierbare, nationale (und später, nach Ausweitung der Urheberschutzgesetzgebung, internationale) Markt und die Entlastung der Buchhändler von der Konkurrenz der Preisbrecher ließen im deutschen Sprachraum einen einzigartigen Reichtum der literarischen Landschaft entstehen.

So souverän sich die Buchhändler mit der Gründung des Börsenvereins über die deutsche Kleinstaaterei hinwegsetzten, so borniert waren sie, was ein anderes brennendes Zeitproblem betraf: die Zensur. Die Einsicht, daß Büchermachen und -vertreiben nicht nur gewerbliche, sondern auch geistige Freiheit voraussetzt, war ihnen durchaus nicht selbstverständlich. Immer nur für kurze Zeit fielen – wie im Vormärz – die historischen Interessen von kritischen Literaten und Buchhandel zusammen; öfter zog die Schwerkraft der Ökonomie Händler und Verleger ins Lager saturierter bürgerlicher Konservativität.

So war vom Börsenverein auch, als am 10. Mai 1933 in Deutschland die Bücher brannten, entschiedener Widerstand nicht zu erwarten. Die erste interne Stellungnahme des Vorstands dokumentiert bereits das freiwillige Einschwenken auf die gewünschte Linie. „Es darf als selbstverständlich vorausgesetzt werden, daß unsere Mitglieder solche Werke, die als in nationaler Hinsicht zersetzend anzusehen sind, bereits aus dem Vertrieb gezogen haben." Die Gleichschaltung des Börsenvereins bereitete den neuen Herren keine Schwierigkeiten.

Als Hitlers großdeutsches Reich zerbrach, zerbrach auch der alte Börsenverein. Seit 1948 existieren auf deutschem Boden zwei Nachfolgeorganisationen: der Börsenverein der deutschen Buchhändler in Leipzig und der Börsenverein des deutschen Buchhandels in Frankfurt.

Frankfurt und Leipzig waren alte Konkurrenten um den Buchhandel. Lange Jahre war die Freie Reichsstadt das Zentrum des europäischen Buchmarktes gewesen; im 16. Jahrhundert mußte sie diesen Rang an die liberale sächsische Hauptstadt abtreten, blieb aber immer noch Verlagsstadt. Tradition also sprach für Frankfurt, als nach dem Krieg Buchhändler und Verleger einen Standort für einen neuen Börsenverein im Westen Deutschlands suchten. Den – politischen eher als wirtschaftlichen – Hegemonieanspruch gab jedoch Leipzig als Sitz des alten Börsenvereins nicht so schnell auf. Die dort ins Leben gerufene Nachfolgeorganisation polemisierte gegen die westliche als Mitbetreiberin der Teilung Deutschlands. Der Kalte Krieg ließ die Kontakte erst recht frostig werden. Man trieb zwar – „in gewissem Rahmen" – stets Handel miteinander. Aber die wirtschaftlichen und vor allem die ideologischen Differenzen zwischen den Buchhandelsorganisationen hier und dort machten den deutsch-deutschen Grenzverkehr in Sachen Buch zu einem dornenvollen Geschäft. Das gesteigerte Selbstbewußtsein des anderen deutschen Staates erleichtert die Verständigung erst in den letzten Jahren: auf der

Leipziger Messe sind westdeutsche Verlage und Vorstandsmitglieder des Frankfurter Börsenvereins inzwischen ein gewohntes Bild; einen Gemeinschaftsstand der DDR auf der Frankfurter Buchmesse gibt es seit 1970. Man verhandelt kontinuierlich über eine Ausdehnung der kommerziellen Kontakte, Buchausstellungen sollen künftig häufiger über die Grenze wechseln. Vorläufiger Höhepunkt der Beziehungspflege: für 1988 ist erstmals die Aufnahme aller in der DDR produzierten Titel ins westdeutsche „Verzeichnis lieferbarer Bücher" (VLB) vorgesehen.
Mitglieder des Leipziger Börsenvereins sind – zum überwiegenden Teil staatliche – Verlage und Buchhandlungen, die ihr wirtschaftliches Soll nach Plan und ihr inhaltliches Programm nach verordneten Richtlinien absolvieren. Der Börsenverein in Frankfurt ist ein privatwirtschaftlicher Unternehmerverband, der unter einem Dach sämtliche Handelsstufen der Branche umfaßt: Bucheinzelhändler, Großhändler, Verlage und selbständige Verlagsvertreter. Das macht zwar einerseits stark, die Konflikte sind andererseits schon programmiert.
Von der Stärke des Börsenvereins hat das Lesepublikum zweifellos profitiert. Auch im finanziellen Sinn: auf das staatlich anerkannte Kulturgut Buch wird – bisher – nur der halbe Mehrwertsteuersatz, also sieben anstelle von vierzehn Prozent, erhoben. Wichtiger aber ist das Dienstleistungsangebot des deutschen Buchhandels. Daß, was in einer Buchhandlung nicht am Lager ist, den Leser in den meisten Fällen bis zum nächsten Tag erreicht, ist eine Serviceleistung, die der Kunde in den meisten anderen Ländern schmerzlich vermissen muß. So prompte Bedienung verdankt er dem lückenlosen Verteilungsnetz der Barsortimenter – ergänzt aber wird dieses Netz durch die Rationalisierungshilfen des Börsenvereins: das VLB, das seit 1971 zeitraubendes Blättern in vergilbten Prospekten erspart; die Internationale Standardbuchnummer ISBN, die Identifizierung und Datenspeicherung erleichtert, das Adreßbuch des Deutschen Buchhandels, die Buchhändler-Abrechnungsgesellschaft und das eigene Rechenzentrum.
In der Buchhändlerschule, die der Börsenverein in Frankfurt-Seckbach unterhält, soll der Nachwuchs nicht nur den Umgang mit diesen Rationalisierungsinstrumenten lernen. Die Qualität des Service hängt ganz wesentlich von der individuellen Beratung ab, vom Engagement des Buchhändlers, der das richtige Buch an den richtigen Leser bringen will und nicht nur eine x-beliebige Ware absetzen. Auf diese Fähigkeit legen die Aus- und Fortbildungseinrichtungen des Börsenvereins traditionell großen Wert. Sie hat den Ruf des deutschen Buchhandels im Ausland mitbegründet.
Die Stärke des Börsenvereins wird auch dann für den einzelnen Leser direkt spürbar, wenn es etwa darum geht, eine kränkelnde Provinzbuchhandlung zu sanieren, ohne die die Region kulturell veröden würde. In besonderen Fällen greift hier der Börsenverein mit Rechtshilfeangeboten, Betriebsberatung und zu generösen Bedingungen vergebenen Krediten ein: der Börsenverein als Solidargemeinschaft. Doch das ist fast schon Nostalgie.
Stärke bedeutet auch für den Buchhandel zunehmend wirtschaftliches Wachstum. Bei einer der wenigen Gelegenheiten, wo der Börsenverein sich öffentlich darstellt, bei der Eröffnung der Internationalen Frankfurter Buchmesse, wird es deutlich: die Zeichen stehen auf Expansion. Wieder sind ein paar neue Aussteller hinzugekommen, wieder konnte die Ausstellungsfläche vergrößert werden, noch nie wurden so viele Titel produziert wie dieses Jahr. Wer Bücher macht, braucht nicht mehr unbedingt ihr Liebhaber zu sein, es genügt kaufmännisches Talent.
Aus der Zeit, als das noch nicht so war, scheint der Börsenverein einen ökonomischen Minderwertigkeitskomplex bewahrt zu haben, der zu Kompensationsleistungen zwingt.

„Wenn dem Buchhandel mancherorts immer noch nachgesagt wird, er fühle sich zu sehr als ‚Kulturträger' und vernachlässige darüber die wirtschaftlichen Belange, so widerspricht dem allein schon, daß es im Börsenverein eine eigene Abteilung Wirtschaft und Statistik gibt, einen Außenhandels-Ausschuß, einen Ausschuß für den innerdeutschen Handel, einen Steuer-Ausschuß und einen Post-Ausschuß." Von der Höhe der statistischen Perspektive gerät eins leicht aus dem Blick: daß nirgendwo, und schon gar nicht beim Produkt Buch, Quantität mit Qualität gleichzusetzen ist. Gesichtslose Ware, Bücher wie Gebrauchsanweisungen, aber ohne Charakter, beherrschen den Markt schon lang. Das schöngeistige und das geisteswissenschaftliche Buch, die der Binsenweisheit vom Land der Dichter und Denker auf den Weg geholfen haben und einmal unser Kulturverständnis prägten, befinden sich auf dem Rückzug. Innerhalb der verbleibenden fünfzehneinhalb Prozent Belletristik (1986) stagniert, was als „schwierig" gilt; den Löwenanteil am Zuwachs haben sich die Bestseller gesichert.
Das Börsenblatt des Deutschen Buchhandels, ursprünglich reines Vereinsorgan, heute wichtiger Werbeträger, spiegelt die Entwicklung zum Bestsellermarkt wider und verstärkt sie. Hier schalten die Verlage geballt ihre Anzeigen – je reicher sie sind und je erfolgversprechender ihr neuer Simmel oder García Marquez, desto mehr und größer. Der Buchhändler, der sich allein darauf und auf die Bestsellerliste im „Spiegel" verläßt, wird zum trendgemäß marktorientierten Großverkäufer; was gerade nicht „in" ist, hat keine Chance mehr auf den Lagerregalen. Von der sehr individuellen Lust und Herausforderung, die Bücher bereiten können, vermittelt auch der redaktionelle Teil des Börsenblatts mit seiner drögen Geschäftsordnungsprosa wenig (wo er das, etwa mit Porträts bekannter Autoren, doch versucht, gerät er leicht in die Nähe von PR-Arbeit für bestimmte Verlage. Auf die Idee, auch einmal junge, unbekannte Autoren vorzustellen und ihre Arbeit damit zu fördern, ist im Börsenblatt – und im Börsenverein – offenbar noch keiner gekommen). Dafür ist hier – oft zwischen den Zeilen – von den inneren Zerreißproben zu lesen, die der Börsenverein aushalten muß. Buchkaufhäuser beispielsweise oder Warenhäuser mit eigenen Buchabteilungen haben seit langem ihr Interesse an der Aufweichung oder gar Aufhebung des festen Ladenpreises bekundet, den sie als Großabnehmer jederzeit unterbieten könnten. Aber billiger würde ja nur, was ohnehin „geht", Unterhaltungsromane und Ratgeberprosa. Lyrik und Übersetzungen, gar noch von unbekannten Autoren, blieben auf der Strecke wie alles Anspruchsvollere, weil die kleinen Auflagen kaum mehr die Kosten einbrächten. Das Angebot würde zusehends schrumpfen. So bedroht der immer wieder aufflammende Streit um den festen Ladenpreis das Kernstück der gegenwärtigen Struktur des Buchhandels: die Breite des Sortiments und die vielen kleinen und mittleren Betriebe.
Die selbstgestellte Aufgabe des mehrheitlich mittelständisch geprägten Börsenvereins, zwischen den divergierenden Interessen seiner Mitglieder zu vermitteln, ähnelt mitunter stark der Quadratur des Kreises.
Dabei hätte der Buchhandel schon genug mit den Problemen zu tun, die von außen an ihn herandrängen, mit der Zensur zum Beispiel. Zwar kam, als Mitte der 70er Jahre der Zensurparagraph 88a eingeführt wurde, vom Börsenverein (nach eigenem Bekunden „[relativ] braven Staatsbürgern") kein Widerspruch. Erst eine neuerliche Zunahme staatsanwaltlicher und richterlicher Selbstherrlichkeit beim Feststellen von „Pornographie" und der neue „Gewaltparagraph" 130a ließen die Buchhandelsvertreter in Bonn vorstellig werden. Daß, nur zum Beispiel, das Zusammentreffen eines Chemielehrbuchs (Anleitung zum Basteln eines Sprengsatzes!) mit einer Broschüre gegen Atomkraftwerke im Schaufenster einer Buchhandlung strafbar werden könnte – das gefährde doch nun

die Meinungsfreiheit ganz erheblich. Und im Zusammenhang mit der Beschlagnahme von Henry Millers „Opus Pistorum" sprach man im Börsenverein gar von Skandal – was viel heißen will bei der vorsichtigen Sprache, deren man sich hier sonst befleißigt.
Vorsichtig bezieht der Börsenverein auch in Sachen Neue Medien Stellung. Immerhin durfte im Orwell-Jahr 1984 Neil Postman seine Ansichten darüber, „Wie man sich zu Tode vergnügt", bei der Eröffnung der Frankfurter Buchmesse vortragen. Das Szenario einer analphabetisierten Welt ohne Buch, geprägt allein von Fernsehen, Video und Computer erschien manchem so wirklichkeitsfern nicht. Tatsächlich übertrifft heute die Zeit, die vor dem Fernseher verbracht wird, die der Lektüre um ein Vielfaches. Allerdings hat sich das –zumindest quantitativ – noch nicht auf dem Buchmarkt niedergeschlagen. Dennoch ist vom Börsenverein eine Reaktion verlangt.
Was die elektronische Vermarktung wissenschaftlich-technischer Literatur und die computerisierte Bestellung von Büchern betrifft, ist die „Abteilung Neue Medien" zuständig. Ein prinzipielleres Problem ist die Konkurrenz der Unterhaltungsindustrie. Vereinnahmungsversuche wie das Experiment einiger Buchhandlungen, wenigstens gute Filme ins Sortiment zu nehmen, haben sich nicht bewährt. Der Börsenverein setzt statt dessen auf „Politik fürs Buch". Dafür hat er ein spezielles Bonner Büro eingerichtet, das beim Gesetzgeber antichambriert (sofern Bonn überhaupt zuständig ist; viele Probleme fallen ja unter die Kulturhoheit der Länder). Sache des Bonner Büros war – und ist noch nach der Verabschiedung des neuen Urheberschutzgesetzes – die Verbesserung des Urheberrechtsschutzes. Geschätzte fünf Milliarden Kopien im Jahr prellen Autoren und Verleger noch immer um gewaltige Summen, die nur zum Teil von Institutionen pauschal abgegolten werden. „Politik fürs Buch" soll allerdings auch – bei zwanglosen „Bonner Abenden" zum Beispiel – Stimmung machen fürs Buch. Oder, vornehmer ausgedrückt: Bewußtsein schaffen für die unersetzbare Rolle der Bücher in unserer Kultur. Und für die Probleme derer, die sie machen.
Eins dieser Probleme ist die Sorge um den Leser der Zukunft. Hier hakt der Börsenverein selbst mit seiner Leseförderung ein, die sich vor allem an Kinder richtet: mit Autorenlesungen in Schulen, Wanderausstellungen, Klassenspielen und Vorlesewettbewerben; im Sommer mit einem „Lesemobil", das entlang der Ostseeküste mit Artisten und Jongleuren Werbung macht fürs Buch als Unterhaltungsmedium. Das Image des Bildungsinstruments hat offenbar ausgedient; „die Erlebniswelt des Lesens herausstellen" heißt die Losung des Börsenverins. Ob das bei der doch vorherrschenden Bindung an den Multiplikator Lehrer gelingen kann, ist die Frage. Und auch, ob sich das Buch mit dem Unterhaltungsanspruch allein nicht gerade wieder in gefährliche Nähe zu den elektronischen Konkurrenzmedien begibt. Vielleicht haben Buchhandel und Börsenverein schon zu lange auf die Wachstumsziffern gestarrt, statt darzustellen, was das Buch – und nur das Buch allein – schaffen kann: neue imaginative Räume für die begrenzte Existenz des einzelnen, aber auch Erkenntnis und so etwas wie – Lebenserfahrung. Wenn es nicht gelingt, deutlicher zu machen, was das Buch von anderen, staatlich nicht so begünstigten (Unterhaltungs-)Medien unterscheidet, könnte es sein, daß eines Tages der garantierte feste Ladenpreis, der Bonus für kulturelle Leistung, als überflüssig erachtet wird – die Folgen siehe oben.
1848 spendete der noch junge Börsenverein 1 000 Taler „zur Begründung einer deutschen Kriegsflotte". Seit 1951 vergibt er alljährlich in der Frankfurter Paulskirche, in Anwesenheit des Bundespräsidenten, den „Friedenspreis des Deutschen Buchhandels" – an eine „Persönlichkeit, die in herrvorragendem Maße vornehmlich durch ihre Tätigkeit

auf den Gebieten der Literatur, Wissenschaft und Kunst zur Verwirklichung des Friedensgedankens beigetragen hat."
Wie der historische Vergleich lehrt, bedingt der Umgang mit dem Buch nicht notwendig eine eindeutige Haltung in der Frage, *wie* denn der Friedensgedanke am besten zu verwirklichen sei. Und was ist der „Friedensgedanke" überhaupt? Walter Boehlich hat einmal die begründete Vermutung geäußert, daß er für die Stifter des Verlegerpreises vor allem eins bedeutete: die internationale Anerkennung der bundesdeutschen Nachkriegsgesellschaft. Welches System kurz zuvor die halbe Welt mit Krieg überzogen hatte, und wie fruchtbar der Schoß noch sein mochte, aus dem das kroch – daran hingegen sollte besser nicht gerührt werden.
Boehlich erinnerte auch daran, daß der Initiator des Preises, der Dichter Hans Schwarz, Anfang der 30er Jahre die Schriften des Nationalchauvinisten Moeller van den Bruck herausgegeben hatte – mit dem Ausdruck des Bedauerns, daß der zu früh verstorbene „den Aufstieg des Führers und das Übergreifen der nationalsozialistischen Bewegung" nicht mehr erleben durfte. Gewiß, Irren ist menschlich. Für die Verleihung des Friedenspreises scheint der einbekannte Irrtum mitunter sogar Voraussetzung gewesen zu sein, zumindest was Marxisten betrifft. Aber in der offiziellen Geschichtsschreibung des Friedenspreises ist von Verirrungen des Hans Schwarz, geschweige von deren Einbekenntnis, nicht die Rede – nur von seinem „Preußentum".
Aus so dunklen Anfängen blieb dem Friedenspreis des Deutschen Buchhandels lange eine eigentümliche Dehnbarkeit des Begriffs „Frieden" erhalten. Am augenfälligsten erwies sie sich im Fall Senghor.
Léopold Sédar Senghor, Staatspräsident des Senegal, erhielt den Preis 1968. Es war den Juroren wohl opportun erschienen, dem möglichen Vorwurf des Eurozentrismus ein für alle Mal entschlossen entgegenzutreten – war doch Senghor immerhin schon der zweite Friedenspreisträger aus der Dritten Welt in achtzehn Jahren. Geehrt wurde der Senegalese als Schriftsteller und Verfechter der Négritude, jenes neuen afrikanischen Selbstbewußtseins, das mit der Ex-Kolonialmacht Frankreich Frieden gemacht hatte. Nun hatte Senghor kurz vor seiner Ankunft in Frankfurt die Ausläufer der Studentenbewegung, die bis in den Senegal vorgedrungen waren, blutig niederschlagen lassen. Den Friedenspreis bekam er trotzdem – unter heftigem Protest hiesiger Studenten, die sich mit ihren afrikanischen Kommilitonen solidarisch erklärten. Was das Börsenblatt zu folgender nachträglich kopfschüttelnder Betrachtung veranlaßte: „Davon" (daß Senghor die Studenten von Dakar „mit afrikanischen, das heißt unsanften Mitteln ... zur Raison" gebracht hatte) „hatte niemand in Deutschland Notiz genommen, außer den studentischen Sympathisanten, die nun der Paulskirchenfeier den Prozeß machten und die Kraftprobe mit der Polizei riskierten." Sonderbare Logik: den Frieden stört der, der ein Unrecht Unrecht nennt, von dem die Öffentlichkeit sonst keine Notiz genommen hätte...
Von diesem Fall abgesehen, hat der Stiftungsrat des Friedenspreises (bestehend aus vier Mitgliedern des Börsenvereinsvorstandes und sieben auf Vorschlag der Abgeordnetenversammlung des Vereins berufenen Juroren, die nicht dem Börsenverein angehören müssen) nicht eben oft Originalität in seinen Entscheidungen bewiesen – eine Zeitlang schienen vor allem Persönlichkeiten prädestiniert, den mit 10 000, später mit 25 000 Mark dotierten Preis zu erhalten, die kurz zuvor des „Pour le mérite" für würdig befunden worden waren.
Mit der Ehrung von Ernst Bloch (1967) und Alexander Mitscherlich (1969) allerdings schien sich eine kleine Tendenzwende anzubahnen – wahrscheinlich aber war der Analytiker, der wie kein anderer die Verdrängungsleistung anprangerte, auf der das Selbst-

bewußtsein der Bundesrepublik gründete, in Frankfurt einfach nicht mehr zu umgehen. Auch und gerade nicht, nachdem er zu einer Vaterfigur der Studentenbewegung geworden war. Immerhin wurde der kultur- und gesellschaftskritische Flügel der Preisträger im nächsten Jahr durch Alva und Gunnar Myrdal verstärkt – für kurze Zeit wenigstens buchstabierte sich „Frieden“ nicht mehr nur allgemeinmenschlich-konservativ. Was nicht hindert, daß die kritische Linke – wie die Dritte Welt – bis heute unter den Laureaten unterrepräsentiert ist. Aber vielleicht ist es ja auch zuviel verlangt von einer „honorigen Gesellschaft“ (Heuss) wie dem Börsenverein (Heuss), daß sie bereit sein sollte, die Freiheit jener marktwirtschaftlichen Ordnung nachdrücklicher in Frage zu stellen, die sie so honorig hat werden lassen.

Nur einmal haben die Friedenspreisjuroren solche Bedenken scheinbar mutig hintangestellt: als sie 1980 den nicaraguanischen Geistlichen, Schriftsteller und sandinistischen Kulturminister Ernesto Cardenal ehrten, den ersten, der, freilich weit weg, in Mittelamerika, für einen Frieden auch ohne die heilige Marktwirtschaft gekämpft hatte – und das zu einem Zeitpunkt, als die konservative Presse sich schon allenthalben auf ein totalitäres Nicaragua eingeschossen hatte.

Die Korrektur blieb nicht aus. Vier Jahre später nahm der mexikanische Schriftsteller Octavio Paz den Preis entgegen und verdammte, wie zu erwarten war, in der Paulskirche die sandinistische Regierung als unfreiheitlich und undemokratisch. Der konservative Friede, aller grundlegenden gesellschaftlichen Veränderung abhold, war wiederhergestellt.

Daß der Friedenspreis des Deutschen Buchhandels einen Frieden mit westlichem Gesicht meint, darüber täuscht auch nicht hinweg, daß er Angehörigen der westlichen Supermacht bis heute nur zweimal zuteil wurde. Die Wahl des Jahres 1982 traf mit dem amerikanischen Diplomaten George F. Kennan unbestritten einen Mann der politischen Lösungen statt militärischen Drohgebärden – aber auch einen strikten Antikommunisten. Ähnliches ergibt sich bei den Laureaten aus osteuropäischen Ländern. Allein seit 1977 wurden mit Leszek Kolakowski, Lew Kopelew, Manès Sperber und Wladyslaw Bartoszewski vier Dissidenten, zum Teil ehemals überzeugte Kommunisten, gekürt. Keiner versucht heute mehr, den Marxismus kritisch weiterzudenken, alle haben sie der Idee des Sozialismus den Rücken gekehrt.

Die Wahl des Club of Rome 1973 rundet das Bild ab. Dieser Zusammenschluß von „Wissenschaftlern, Industriellen und Repräsentanten der Wirtschaft aus mehr als dreißig Ländern der Erde“ prognostizierte zwar früh und öffentlichkeitswirksam die weltweite Erschöpfung der Rohstoffe und die allmähliche Zerstörung unserer Umwelt. Als Therapie aber verordnete er eben jenes technologische Denken, das die drohende Katastrophe mitverursacht hatte. Und ein weltweites „Gleichgewicht“, das nichts anderes bedeutet als die Festschreibung des bestehenden Gefälles zwischen Industrie- und Entwicklungsländern.

In eben diesem Gefälle aber liegt ein Sprengstoff, der uns eines Tages schmerzhaft bewußt machen könnte, daß Friede mehr ist als Abwesenheit von Krieg und formale Demokratie: daß er die Abwesenheit von Ausbeutung und Unterdrückung einschließt. In den hehren Feierstunden in der Paulskirche ist *davon* bisher wenig die Rede gewesen – zu wenig.

Eckhardt Köhn

Der Theodor-W.-Adorno-Preis

Zu dem, wofür die Stadt Frankfurt nichts kann, gehört, daß weltweit ihr Name fällt, wenn von kritischem Denken die Rede ist. Weit mehr als der von ihren Begründern favorisierte Begriff der „Kritischen Theorie" verbindet sich mit den Werken von Max Horkheimer und Theodor W. Adorno der Ort ihres Wirkens. Auch die erste umfassende Darstellung der Geschichte ihrer Theorie trägt den Titel „Die Frankfurter Schule"[1], um jene geistespolitische Gruppierung zu bezeichnen, in deren Mittelpunkt Horkheimer und Adorno standen. Adorno ist zudem in Frankfurt geboren und aufgewachsen. Nach seiner Rückkehr aus dem amerikanischen Exil hat er bis zu seinem Tod 1969 an der Frankfurter Universität gelehrt und als Direktor des Instituts für Sozialforschung gearbeitet. Die Stadt hat also gute Gründe, sich seiner nicht nur als eines bedeutenden Sohnes zu rühmen, sondern sein Andenken in einer Form zu bewahren, die dem Geist seines Werkes Ehre macht. Seit 1976, noch vom sozialdemokratisch regierten Magistrat beschlossen, verleiht sie alle drei Jahre den mit 50.000 DM dotierten Theodor-W.-Adorno-Preis. Diese Auszeichnung, so heißt es in der Satzung „dient der Förderung und Anerkennung hervorragender Leistungen in den Bereichen Philosophie, Musik, Theater und Film".

Der Preis wurde erstmals 1977 an *Norbert Elias* vergeben, es folgten als Preisträger *Jürgen Habermas* (1980), *Günther Anders* (1983) und *Michael Gielen* (1986). Die Arbeiten aller bisher mit dem Adorno-Preis Ausgezeichneten korrespondieren mit zentralen Elementen des adornoschen Denkens. *Elias'* Werk steht in der Tradition empirisch orientierter Kultursoziologie, *Habermas* setzt das Projekt einer kritischen Theorie der Gesellschaft fort. *Anders* verkörpert das verzweifelte Bemühen, im Bewußtsein der drohenden atomaren Katastrophe und angesichts geringer Aussichten auf Erfolg, am Konzept gesellschaftlicher Aufklärung festzuhalten, und *Gielens* musikalische Praxis an der Frankfurter Oper steht für eine technisch avancierte und philosophisch reflektierte Kunst. Allen Preisträgern gemeinsam ist auch eine mehr oder weniger enge persönliche Beziehung zu Adorno, über die einige von ihnen in der Dankesrede bei Entgegennahme des Preises berichtet haben.

So respektabel der Gedanke an eine Ehrung im Namen Adornos ist und so sehr es der Stadt Frankfurt zukommt, sie vorzunehmen – das ganze Unternehmen des Adorno-Preises weist einen prekären Zug auf, der von der Geschichte der bisherigen Verleihungen bestätigt worden ist. Anders als bei den üblichen Kulturpreisen, bei dem der Name, an den erinnert werden soll, nahezu für alle Leistungen herzuhalten vermag (etwa Goethe für Ernst Jünger), kann im Sinne Adornos nur ein Denken ausgezeichnet werden, das vor allem anderen kritisch, radikal und negativ ist. Das aber bringt die Gesellschaft in die Verlegenheit, ausgerechnet ihre schärfsten Kritiker zu würdigen, die wiederum nur zu genau um die Funktion von Kulturpreisen wissen, deren Konjunktur sich in dem Maße entwickelt hat, wie vor allem Städte darin die Möglichkeit einer werbewirksamen Image-Pflege erkannt haben. Im Fall des Adorno-Preises ist dabei weniger der Modus der Wahl das Problem, da die Unabhängigkeit der Entscheidung durch die Zusammensetzung des zur Preisvergabe eingesetzten Kuratoriums garantiert wird. Auch hat die bisherigen Entscheidungen niemand in Zweifel gezogen. Die Probleme hingegen sind dort zutage getreten, wo die Verleihung des Adorno-Preises als öffentlicher Vorgang jene Sphäre berührt, in der alle gesellschaftlichen Widersprüche ihre Virulenz entfalten. Nun lag die Pointe zunächst darin, daß es nach der Wahlniederlage der SPD in Frankfurt dem neuen CDU-Magistrat und seinen Repräsentanten aufgegeben war, die Hauptrolle in einem Stück zu übernehmen, dessen Aufführung sie nicht angeregt hatten. Welche Schwierigkeiten eine konservative Partei auch immer mit Ehrungen dieser Art haben mag, der neue Oberbürgermeister Wallmann hatte sie nicht, im Gegenteil, wenn etwas seinen Erfolg in Frankfurt erklärt, so ist es der Stil, den er entwickelt hat, um Aufgaben wie diese zu lösen. Man muß das nicht Ästhetisierung der Politik nennen, aber Wallmann ist ein Bewußtsein für die politische Effektivität von Formen eigen, die gemeinhin nicht mit konservativer Politik in Verbindung gebracht werden. Wallmanns Auftritt in den Adorno-Preisverleihungen seiner Amtszeit war durch das Bemühen geprägt, seine Distanzierung von den Positionen der Preisträger als kritischen Dialog zu inszenieren. Er wollte Würdigung als kritische Auseinandersetzung verstanden wissen und seine Ablehnung nicht politischen Motiven, sondern der Kraft des besseren Arguments zugeschrieben sehen. In den Reden auf die Preisträger hat er dafür die Form der „persönlichen Bemerkung" gefunden. Im Rahmen der Würdigung von *Elias,* dessen Werk geistesgeschichtlich mit Marx, Durkheim, Max Weber und Alfred Weber in Zusammenhang gebracht werde, habe er, so Wallmann, einen Namen vermißt, den er selbst besonders hoch schätze: Tocqueville. Aus der Perspektive des großen französischen Staatstheoretikers komme einer Stelle aus Elias' Hauptwerk „Über den Prozeß der Zivilisation" eine besondere Bedeutung zu: „Keine Gesellschaft kann bestehen ohne eine Kanalisierung der individuellen Triebe und Affekte, ohne eine ganz bestimmte Regelung des individuellen Verhaltens." Aus dem analytischen Satz wird in Wallmanns Interpretation „ein Plädoyer für den freiheitlichen Rechtsstaat in unserem Jahrhundert – wie es hundert Jahre zuvor Tocqueville gewagt hat – und wie es kein Politiker in der aktuellen Diskussion besser ausdrücken könnte". Nicht ohne Grund scheint hier der Politiker eine Formulierungsschwäche gegenüber dem Philosophen einzugestehen, denn, wenn er eben in dieser Weise auf Elias' soziologische Aussage zurückgreifen kann, wird daraus das Bekenntnis zu einer bestimmten Gesellschaftsordnung, mehr noch, Zustimmung zur bestehenden suggeriert. Wo die Widersprüchlichkeit des um die Preisverleihung zentrierten Geschehens nicht durch eine Rhetorik der Vereinnahmung gelöst werden kann, fällt die „persönliche Bemerkung" anders aus. Mit dem Argument, es sei unehrlich, die vorhandenen Gegensätze zu vertuschen, hat Wallmann in seiner Rede auf *Günther Anders* darauf hingewiesen, daß er „persönlich eine andere Position" einnähme als der Preisträger. Anders sei zwar für seine Warnung vor den Gefahren der Technik zu danken, aber letztlich sei nicht die Technik, auch nicht in ihrer destruktiven Gestalt, das Problem, sondern allein der sittlich bestimmte Umgang mit ihr. Auch Anders' Vertrauen in die Kraft des einzelnen verdiene Anerkennung, letztlich könne seine Position in der politischen Praxis aber dazu dienen, die Auseinandersetzung über die Auswirkungen der technischen Entwicklung zu einer um letzte, also nicht mehrheitsfähige Fragen zu erklären. Aufgabe der Politik sei es jedoch, sich um vorletzte Dinge zu kümmern, diese allein seien mehrheitsfähig und Gegenstand von Politik. Aber auch hier finden die inhaltlichen Unterschiede ihre Auflösung in einer Form, die ihre Bestätigung im Geist des Werks von Anders selbst sucht: „Ich weiß, (...) daß möglicherweise diese Auffassung in einem gewissen Spannungsverhältnis zu der unseres diesjährigen Preisträgers steht. Doch ich glaube, daß ich es dem Preisträger und der Achtung vor seinem Werk schuldig bin, dies auch auf die Gefahr hin auszusprechen, von ihm dafür mit Widerspruch bedacht zu

werden.“ Kann die Anerkennung der Regeln des Dialogs unterstellt werden, liegt auch der Appell an weitergehende Gemeinsamkeiten nahe: „Ich denke, wir sind trotz aller unterschiedlichen Positionen aufgerufen, diese Friedensfunktion des liberalen Staates gemeinsam zu bewahren.“
Auch Anders, der aus gesundheitlichen Gründen nicht zur Entgegennahme des Preises nach Frankfurt kommen konnte, hatte in seiner mittels einer Videoaufzeichnung übermittelten Rede seinem Dank die Bemerkung angefügt, dieser falle um so emphatischer aus, als die Auszeichnung eines Kritikers der atomaren Nachrüstung eine gewisse Gesprächsbereitschaft signalisiere: „Die Tatsache, daß Sie, Herr Oberbürgermeister, meiner Nominierung überhaupt nichts in den Weg gelegt haben, beweist mir, daß das Rufen und Verstehen von hüben nach drüben und von drüben nach hüben bei Menschen de bonne volonté doch noch möglich ist.“ Mochte der erste Akt der Verleihung des Adorno-Preises Anders' Hoffnung noch eine gewisse Plausibilität verleihen, der zweite enthüllte, wie schnell das Ganze zur Farce geraten kann. Als Anders erfuhr, auf welche Weise er vom Oberbürgermeister gewürdigt worden war, traten die Gegensätze, über die das Ritual der Verleihung hinweggetäuscht hatte, in aller Schärfe hervor. Anders war empört, daß der Grundgedanke seines Werks, das Monströse der Atombombe als einer jenseits aller Zweck-Mittel-Relation angesiedelten Größe, nicht das geringste Verständnis gefunden hatte: „Er muß einen miserablen Ghostwriter gehabt haben. Der Ghostwriter hat kein Wort verstanden. Diesen Lautsalat, der noch nicht einmal falsch war – das von ihm zu behaupten, wäre eine viel zu große Ehre –, ohne zu stolpern ablesen zu können, das war freilich eine bemerkenswerte Leistung des Oberbürgermeisters.“[2] Auch Wallmanns Absichten erschienen ihm nun in einem anderen Licht: „(...) sein Hauptmotiv dafür, ausgerechnet mich zu ehren, war natürlich sein Wunsch, die Schande der Jünger-Ehrung durch die Ehrung eines notorischen Mit-Initiators der Antiatombewegung zu löschen. Wollte Wallmann nicht zeigen: ich kann auch so?“[3]. Das Stück schließt damit, daß Anders, zutiefst verletzt, eine „Achtungslosigkeit“ beklagt, wie er sie „nie zuvor erfahren habe“[4].
Wenn schon nicht die Umstände der Preisverleihung an Günther Anders dem Namen Adornos Ehre machen, die Erkenntnisse der Kritischen Theorie bestätigen sie auf das Genauste. „Denn die Macht, die die Konflikte lenkt, das Ethos von Verantwortung und Aufrichtigkeit, ist allemal autoritärer Art, ein Maske des Staates.“[5] Für den, der bei Stücken dieser Art mitzuspielen gedenkt, heißt es, den so Kostümierten als Partner in Kauf zu nehmen. Elias hatte die geringsten Probleme damit, schon die Bemerkung, wie wichtig es sei, vor allem jenen Marxismus hinter sich zu lassen, der Adornos Denken habe stagnieren lassen, dürfte die Zustimmung der Beteiligten gefunden haben. Anders sah sich enttäuscht über die Leistung der Mitspieler und mußte sich im nachhinein von einer Aufführung distanzieren, an der er in gutem Glauben an die Qualität des Stückes mitgewirkt hatte. Der Fall Anders zeigt die Risiken, die sich für den ergeben können, der den politischen Zusammenhang von Kulturpreisen dieser Art unterschätzt, und die um so größer werden, je stärker sich der Betroffene auf die ihm von seiten der Institution angebotene Form einläßt. Der kritische Diskurs scheint deren abgründigste Variante zu sein.
Anders hätte mißtrauisch machen sollen, daß dessen maßgeblichem Theoretiker und unmittelbarem Vorgänger als Adorno-Preisträger, *Jürgen Habermas*, in seiner Rede nichts ferner lag als eben diese Form. Die vorgegebene Dramaturgie souverän mißachtend, hat Habermas eine der möglichen artistischen Varianten des Stückes gezeigt, indem er einen „Die Moderne – ein unvollendetes Projekt“ überschriebenen Monolog

vortrug, dessen analytische Schärfe, intellektuelle Kraft und weltläufige Form den Rahmen seiner Darbietung und die an ihm beteiligten Personen völlig in den Hintergrund treten ließ. Der Beitrag hat nicht nur die Diskussion über die Fragen der Moderne und der Postmoderne in Deutschland eröffnet, sondern in ihr zugleich exemplarisch Position bezogen: Auch angesichts ihrer Deformationen ist die rationalistisch geprägte Moderne nicht als gescheitert anzusehen, sondern immer noch als Aufgabe zu begreifen, die es fortzuführen gilt. Gegen ihre jung-, alt- und neukonservativen Kritiker gewandt, verweist Habermas auf die Haltung Adornos: „Adorno hat sich dem Geist der Moderne so vorbehaltlos verschrieben, daß er schon in dem Versuch, die authentische Moderne von bloßem Modernismus zu unterscheiden, jene Affekte witterte, die auf den Affront der Moderne antworten." Bei allem, was Habermas von Adorno trennt, das Projekt der Moderne nicht aufzugeben, darin bleibt er der Philosophie Adornos rückhaltlos verpflichtet. Kaum aber war etwas besser geeignet, sie zu ehren, als die von Habermas gewählte Form, die eigene Ehrung entgegenzunehmen. Mehr noch als der reflektierte Umgang mit der Institution, dem eine große Erfahrung mit Ehrungen dieser Art zugute gehalten werden kann, ist es das Vermögen seiner Darstellung, die Sache selbst zum Ausdruck gelangen zu lassen: Habermas' Rede hat die Aufklärung über die Moderne ein gutes Stück weiter gebracht, auch durch die Reaktionen, die sie provoziert hat.
Und *Gielen?* Ausgezeichnet für eine Arbeit, die dem Medium Musiktheater durch unkonventionelle Empfindungen, gesellschaftliche Kontraste, historische Spurensicherung und utopische Potentiale neue Dimensionen" erschlossen habe, hat Gielen das ästhetische Pendant zu Habermas' theoretischem Glanzstück vorgestellt. Weniger „Plauderei", wie von ihm behauptet, als vielmehr Fragmente einer künstlerischen und intellektuellen Biographie, hat er in seiner Rede „Ein getreuer Korrepetitor" anschaulich, aber mit der großen Musikern eigenen Präzision der Durchführung an den Grundgedanken des adornoschen Materialismus erinnert: „Bei dem Besuch, als über George gesprochen wurde, wurden Getränke angeboten. Jemand wollte Whiskey. Adorno fragte gleich „Scotch oder Bourbon", was mir unheimlich imponierte, ebenso, daß er sich im Opernkeller einen halben Hummer bestellte. (...) Es sind kleine, läppische Beispiele einmal dafür, daß wir bürgerlichen Künstler dies mit dem Großbürger Adorno gemeinsam haben, daß wir unsere Kritik an der bestehenden und den Anspruch an eine bessere Gesellschaft, wie auch immer utopisch, nur innerhalb dieser bürgerlichen Gesellschaft artikulieren können. Zum anderen sollen sie andeuten, daß er trotz aller Intellektualität sich immer eine sinnliche Dimension bewahrte, die nicht in der Philosophie aufgeht, sondern deren Grundlage ausmacht." Der Fähigkeit, Erfahrungen machen und ausdrücken zu können, als der anderen entscheidenden Seite der Philosophie Adornos gedenkt Gielen, indem er die eigenen Erfahrungen mit der Person und dem Werk Adornos nachzeichnet. Darin liegt der Reiz seiner Darstellung. Ausgangspunkt ist die Irritation über Adornos Genußfähigkeit, deren Reflexion aber zugleich Einsichten in den grundsätzlichen Status der Kritik an der bestehenden Gesellschaft ermöglicht. Er bestimmt die Situation des anspruchsvollen Gastes ebenso wie die eines Kulturpreisträgers, hat er sich entschieden, die ihm zugedachte Ehrenbezeugung anzunehmen. Eine Widersprüchlichkeit, die nur durch die Reflexion auf das Paradox der Situation entschärft werden kann. Gielens Art, damit umzugehen, ist anders als die von Habermas, aber nicht minder brillant. Ein Zug von Heiterkeit bestimmt seine Rede, so als könne er auch hier allen Beteiligten das Vergnügen am Ästhetischen gönnen, wohl wissend, daß diejenigen, in deren Macht auch die Verwaltung der kritischen Kunst gehört, diese Dinge ernster nehmen, als ihr Auftritt innerhalb der Preisverleihung es verrät. Als einziger

der von der Stadt Ausgezeichneten ihrem Einflußbereich nicht unmittelbar entzogen, hielt Gielen seine Rede bereits im Zeichen des Abschieds. Die Stadt hat ihn geehrt, aber wenig Interesse an der Weiterführung seiner künstlerischen Arbeit in Frankfurt bekundet.

Die Verleihung des Adorno-Preises an Gielen zeigt, wie das Stück zu Ende gehen kann. Der Hauptdarsteller gibt sich als Intendant zu erkennen, der über die Verlängerung der Verträge entscheidet. Wer immer den Adorno-Preis als nächster erhält, er wird sich seine Rolle überlegen müssen, der Druck, dem Geist der Negativität die Treue zu halten, wird zunehmen. Freiwillig auf 50.000 DM zu verzichten, ist allerdings bitter, weiß doch der Betreffende, daß das Unwahre des Ganzen auch darin besteht, einer Dialektik nur entkommen zu können, um der nächsten anheimzufallen: „daß man aber dennoch Eigentum haben muß, wenn man nicht in jene Abhängigkeit und Not geraten will, die dem blinden Fortbestand des Besitzverhältnisses zugute kommt."[6]

Anmerkungen

1 Siehe: Rolf Wiggershaus: Die Frankfurter Schule. Geschichte. Theoretische Entwicklung. Politische Bedeutung. München 1986. Alle nicht ausgewiesenen Zitate im Text sind den Informationsbroschüren entnommen, die das Dezernat Kultur und Freizeit der Stadt Frankfurt am Main zu den bisherigen Preisverleihungen jeweils herausgegeben hat.

2 Günther Anders antwortet. Interviews und Erklärungen. Hrsg. v. Elke Schubert. Berlin 1987, S. 88.

3 A. a. O., S. 89.

4 A. a. O., S. 174.

5 Theodor W. Adorno: Minima Moralia. Reflexionen aus dem beschädigten Leben. Frankfurt am Main 1969, S. 175.

6 A. a. O., S. 42.

Klaus-Dieter Lehmann

Von der Stiftungsbibliothek zur Forschungsbibliothek

Bibliotheksplatz Frankfurt

Frankfurt ist ein einzigartiger Bibliotheksplatz. Bürgertradition und Bürgerinitiative haben Frankfurts Bibliotheken begründet und wachsen lassen. Bibliotheken sind in dieser Stadt nie bibliophiler Selbstzweck oder Buchmuseen gewesen. Das Nützliche wurde entsprechend der Tradition der Handelsstadt betont: die Bibliothek als Voraussetzung für Lehren und Lernen, für Verwalten und Forschen. Nicht die Prachtentfaltung der Fürstenbibliotheken, sondern der Nutzen der öffentlichen Bibliotheken war bestimmend.
So entstand vor mehr als fünfhundert Jahren aus einer Stiftung des Frankfurter Patriziers Ludwig von Marburg die heutige Stadt- und Universitätsbibliothek (1484), vor mehr als zweihundert Jahren die Senckenbergische Bibliothek (1763), vor mehr als hundert Jahren die Rothschildsche Bibliothek. Auch die Frankfurter Stadtbücherei geht auf eine solche Privatinitiative zurück.
1845 gründete August Ravenstein einen Trägerverein für die erste Volksbibliothek in einer deutschen Großstadt. 1894 folgte eine zweite öffentliche Bibliothek, getragen von bekannten Frankfurter Familien wie Adickes, Ehrlich, Merton. Bezeichnend ihr Motto: Die Wissenschaft dem Volke. Zu Stiftungsbibliotheken zählen auch die Büchersammlungen von Forschungseinrichtungen, wie die des Freien Deutschen Hochstiftes (1859).
Schließlich hat auch die Universität mit ihren bedeutenden Fachbibliotheken (1912) ihren Ursprung im Mäzenatentum der Bürgerschaft. Und letztlich zählt die 1946 in Frankfurt als Nationalbibliothek der Bundesrepublik Deutschland gegründete Deutsche Bibliothek dazu. Frankfurter Buchhändler, an ihrer Spitze Georg Kurt Schauer und Heinrich Cobet, ergriffen gemeinsam mit dem damaligen Leiter der Stadt- und Universitätsbibliothek, Hanns Wilhelm Eppelsheimer, die Initiative. Die Stadt Frankfurt trat zunächst in die finanzielle und rechtliche Verantwortung ein, später unterstützt vom Börsenverein des Deutschen Buchhandels, vom Land Hessen und vom Bund, eine mutige und weitreichende Entscheidung, die heute ganz entscheidend das Bibliothekswesen der Bundesrepublik Deutschland prägt.
Frankfurt verfügt heute über einen öffentlich zugänglichen Buch- und Zeitschriftenbestand von rund 13,2 Mio. Bänden. Davon entfallen 3,6 Mio. Bände auf die Deutsche Bibliothek, 3,5 Mio. Bände auf die Stadt- und Universitätsbibliothek/Senckenbergische Bibliothek, 2,2 Mio. Bände auf die bibliothekarischen Einrichtungen der universitären Fachbereiche und 1,1 Mio. Bände auf die Stadtbücherei.
3,2 Mio. Bände verteilen sich auf knapp einhundert wissenschaftliche Bibliotheken von Lehr- und Forschungseinrichtungen außerhalb der Universität, von Archiven und Museen, von Verbänden, Behörden, Firmen und ausländischen Kultureinrichtungen.
Beeindruckend sind die hohen Nutzungszahlen. So werden im gesamten System der Frankfurter Stadtbücherei jährlich über 2,8 Mio. Ausleihen registriert, bei der Stadt- und Universitätsbibliothek 1,2 Mio. Ausleihen. Damit gehören beide Bibliotheken, jeweils für die öffentlichen bzw. wissenschaftlichen Bibliotheken, zu den benutzungsstärksten Einrichtungen in der Bundesrepublik.
Bei diesen summarischen Statistikangaben zur Charakterisierung der Größenordnungen

soll es bleiben. Adreßbücher oder Jahresberichte sind geeignetere Formen für detaillierte Zahlenbetrachtungen. Auch soll nicht der Versuch gemacht werden, die rund zweihundertfünfzig Bibliotheken in Frankfurt vollständig oder in Auswahl zu beschreiben. Dagegen erscheint es reizvoll, an einer Bibliothek, die durch Stiftungen und Schenkungen Frankfurter Bürger geprägt ist, nämlich der Stadt- und Universitätsbibliothek, das spezifische Interesse der heutigen Forschung an diesen Beständen aufzuzeigen und die zukünftigen Entwicklungsmöglichkeiten darzulegen.

Will man die Zukunft einer Bibliothek gestalten, so muß man sich zunächst mit ihrer Vergangenheit befassen, denn die schriftlich fixierte Gesamtheit geistiger, wissenschaftlicher und künstlerischer Ausdrucksformen ist das Reservoir, aus dem die Forschung schöpft. Wollte man Bibliotheken auf die aktuelle Literaturversorgung begrenzen, es entstünden sehr schnell fatale Blindstellen unserer Kultur, Gedächtnislücken von wachsendem Ausmaß.

Je moderner die moderne Welt wird, desto unerläßlicher werden historisch gewachsene Bibliotheken. Damit ist weder die Rückwendung zur Historie gemeint noch der ungebrochene Fortschrittsglaube, der mühelos tradiertes Wissen linear in die Zukunft weiter entwickelt, sondern die Chance, für die Forschung mit ihrer zunehmenden Spezialisierung und Internationalisierung eine chronologische Kontinuität an Wissen zur Verfügung zu haben, mit der Erkenntnisfähigkeit, Argumentationsfähigkeit, Kritikfähigkeit und Verstehensfähigkeit gesicherter entwickelt werden können. Sicher ist für den Geisteswissenschaftler dieser Bibliothekstyp wichter als für den Naturwissenschaftler, aber auch die technisch-naturwissenschaftlichen Disziplinen haben heute mit der Konfrontation des industriellen Zeitalters einen erhöhten Bedarf an methodischen und bewußtseinsfördernden Beiträgen.

So wenig wie sich die Geisteswissenschaftler als Museumsverwalter des Geistes und reine Geschichtenerzähler verstanden wissen wollen, so wenig werden sich Naturwissenschaftler als technische Aktionisten vereinnahmen lassen. Hinzu kommt, daß heute wissenschaftlicher Fortschritt immer weniger in den etablierten Fachdisziplinen zu verzeichnen ist, sondern in den Randzonen, in Überlappungsfeldern. Gerade dafür können Bibliotheken mit einem Literaturkontinuum besonders anregend sein.

Die großen Bibliotheken mit langer geschichtlicher Tradition sind gewachsene Einheiten, entstanden aus dem Zusammenwirken verschiedener Ereignisse, Ergebnisse der Zeit und ihres Umfeldes. Sie bilden gleichsam als Brennpunkte menschlichen Wissens die heutigen Forschungsbibliotheken.

Der Begriff *Forschungsbibliothek* wird als eine besondere Form der wissenschaftlichen Bibliotheken verwandt. In ihr befinden sich gleichermaßen Primärquellen und Fachliteratur, auch sehr spezieller Art. Sie verfügt über einen gut ausgebauten *historischen* Bestand, zumindest für bestimmte Epochen, sie unterstützt die Forschung mit geeigneten Erschließungsmitteln und ist neben den Funktionen einer Literaturversorgungseinrichtung auch Arbeitsstätte für die Forschung.

Es hieße die wissenschaftlichen Bibliotheken überfordern, wollte man solche Maßstäbe für jede Bibliothek anlegen – man würde übrigens damit auch den Steuerzahler überfordern.

Die Forschungsbibliotheken sollten in ein Netz so eingebettet sein, daß die Ressourcen auch an anderer Stelle verfügbar gemacht werden können.

Die Stadt- u. Universitätsbibliothek in Frankfurt a. M. gehört zweifellos zu den geisteswissenschaftlichen Forschungsbibliotheken in der Bundesrepublik Deutschland. Natürlich ist sie auch und in erheblichem Umfang wissenschaftliche Gebrauchsbibliothek für

Frankfurt und den Ballungsraum Rhein-Main mit einer Universität von 30.000 Studenten, einer Leserschaft von 50.000 angemeldeten Lesern und einem jährlichen Ausleihvolumen von 1,1 Mio.
Diese Funktion wird sie auch künftig bedarfsbezogen weiterentwickeln und ausbauen unter Einsatz neuer Betriebsmittel und neuer Dienstleistungen.
1984 konnte die Bibliothek ihr 500-jähriges Bestehen feiern. Sie umspannt damit einen Zeitraum, an dessen Anfang Gutenbergs Erfindung des Buchdrucks mit beweglichen Lettern steht. Als Keimzelle ist die Handbibliothek des Frankfurter Rats anzusehen. Der Grundstock für die heutige Bibliothek wurde aber erst 1484 durch die testamentarische Übereignung des Frankfurter Patriziers Ludwig von Marburg zum Paradies gelegt, der den Aufbau einer öffentlichen Bibliothek forderte.
Diese weitsichtige Entscheidung bewirkte nicht nur das Eingehen kommunaler Verpflichtungen zur Förderung einer Bibliothek, sie kennzeichnet auch eine für die Frankfurter Bibliothek charakteristische urbane Verflechtung. Die Frankfurter Bürgerschaft hat die Belange der Bibliothek über die vielen Jahrhunderte zu ihrer eigenen Angelegenheit gemacht. Ohne die Schenkungen und Stiftungen, ohne das finanzielle Engagement privater Förderer sähe die Bestandsgeschichte heute weniger ertragreich aus. Kennzeichnend war dabei nicht so sehr die Bibliophilie, sondern, wie bei einer Stadt des Kommerz zu erwarten, die Gebrauchsliteratur, die tagespolitische Publikation, die Darstellung der Alltagskultur, eine Gattung, die für andere Bibliotheken nicht hoffähig war und die heute der Wissenschaft als unersetzliche Quelle entscheidende Einblicke in das bürgerliche Leben gibt.
Zu dieser Bestandsgattung gehörten auch die im 19. Jahrhundert gegründete Rothschildsche Bibliothek, die in die heutige Stadt- und Universitätsbibliothek eingegliedert ist und mit ihren 130.000 Bänden den Krieg unversehrt überstanden hat, oder die Manskopfsche Sammlung mit mehr als 100.000 Dokumenten aus dem Musikleben des 19. Jahrhunderts.
Natürlich hat die Stadtbibliothek auch die Klassiker ihrer Zeit gesammelt. Die Beschaffungsmöglichkeiten in Frankfurt waren wegen der zweimal jährlich stattfindenden Buchmessen ideal. Durch die 1603 vom Rat beschlossene Pflichtexemplarverordnung, nach der alle in Frankfurt ausstellenden Verleger und Drucker jeweils ein Exemplar an die städtische Bibliothek abzugeben hatten, war eine weitere wichtige Erwerbsquelle gegeben.
Ein Zugang bibliophiler Schätze ergab sich zudem 1803, als die Stadtbibliothek durch die Enteignung der Klöster ihren Bestand um zwei Drittel aufstocken konnte, darunter mit so exquisiten Kostbarkeiten wie der 42-zeiligen Gutenbergbibel.
Kurz vor den vernichtenden Bombenangriffen 1943 verfügten die Frankfurter „Städtischen und Universitätsbibliotheken" in ihrer Gesamtheit über einen Literaturbestand von 1,3 Mio. Bänden. Als wichtigste Bibliotheken gehörten dazu die Stadtbibliothek, die Senckenbergische Bibliothek, die Rotschildsche Bibliothek und die Bibliothek für Kunst und Technik.
Die Evakuierung der Frankfurter Bibliotheken, die am 4. 9. 1943 begann, setzte zu spät ein. Die Fliegerangriffe zerstörten große Teile des Bestandes. Am umfangreichsten waren die Kriegsverluste bei der Stadtbibliothek. Sie verlor zwei Drittel ihres Bestandes. Vernichtet wurde vor allem die neuere Literatur ab 1925, aber auch eine Reihe von Sondersammlungen, die Rotschildsche Bibliothek blieb vollständig, die Senckenbergische Bibliothek zum überwiegenden Teil erhalten.
Der Neubeginn der Stadt- und Universitätsbibliothek/Senckenbergischen Bibliothek

1945 ging von einem Buchbestand von 900.000 Bänden aus. Heute beträgt der Gesamtbestand 3,5 Mio. Bände.
Die Konzeption, neben die Funktionen einer Gebrauchsbibliothek gleichwertig die einer Forschungsbibliothek und Stätte der Forschung zu setzen, ist durch zwei wichtige Entscheidungen nach dem Krieg initiiert und realisiert worden.
Die eine war die Übernahme der Aufgaben einer Schwerpunktbibliothek für die überregionale Literaturversorgung, in erheblichem Umfang gefördert von der Deutschen Forschungsgemeinschaft, eine 1950 getroffene Entscheidung, die damals Mut, aber auch Weitsicht zeigte. Sie verpflichtete die Bibliothek, umfassend und weltweit für zwölf Sondersammelgebiete Literatur zu erwerben und überregional zur Verfügung zu stellen. Voraussetzung für die Zuweisung war unter anderem das Vorhandensein bedeutender Bestände zu den einzelnen Fachgebieten. Sondersammelgebiete sind beispielsweise Germanistik, Linguistik, Theaterwissenschaft und Medien, Afrika, Ozeanien usw. Das war und ist für die Bibliothek ein erheblicher Schub.
Die zweite Entscheidung fiel im Zusammenhang mit dem Neubau 1964. Die Baukonzeption sah von Anfang an die Schaffung von Spezialabteilungen vor, Bibliotheken in der Bibliothek. Fachspezifische Buchbestände, Primärquellen und Auskunftsmittel, Arbeitsplätze, bibliothekarische Fachberatung und Verwaltung wurden jeweils zu einer Einheit zusammengefaßt. So entstanden: Handschriften-, Rara- und Nachlaßabteilung, Frankfurt-Abteilung, Musik- und Theater-Abteilung, Abteilung Asien, Afrika, Judaica und Schopenhauer-Archiv.
Die Schwerpunktbildung ergab sich zum einen aus den historisch fundierten und intensiv gepflegten Sondersammlungen, zum anderen aus örtlichen und überregionalen Verpflichtungen.
Die Richtigkeit dieser Konzeption erwies sich sehr schnell. Es konnten in den letzten Jahren eine Reihe historisch-kritischer Editionen betreut, Nachlässe erschlossen und in Auswahl publiziert, eigene Erschließungsvorhaben von Buchhandschriften und wertvollen historischen Buchbeständen begonnen und z. T. abgeschlossen werden. Die Bibliothek wurde regionales Zentrum der Handschriftenkatalogisierung und bibliographisches Zentrum für die Geisteswissenschaften.
Erschließung und Bestandsausbau haben in den Spezialabteilungen zu erhöhter Benutzung durch Wissenschaftler des In- und Auslandes geführt. So zeigt beispielsweise ein Rückblick auf die Nutzungsfrequenz von Nachlaßmaterialien, daß die Zahl der Anfragen und Benutzungsfälle erstmals 1974 sprunghaft anstieg, sich bis 1980 verdoppelte und seitdem jedes Jahr um 12 % zugenommen hat.
Die Tiefe des Bestandes und die Vielfalt der Materialien sind sowohl für die Individualforschung als auch für langfristige Großprojekte gute Voraussetzungen zur Einrichtung geisteswissenschaftlicher Arbeitsstellen.
Gerade wegen der Richtigkeit der Konzeption bedarf es bei der Fülle der zu leistenden Aufgaben und der zunehmenden Orientierung der Wissenschaft auf solche Bibliotheksressourcen einer weitaus besseren personellen, technischen und räumlichen Ausstattung. Die Aufgaben der Forschungsbibliothek dürfen sich nicht im Tagesgeschäft erschöpfen; die Forschungsbibliothek muß Freiraum für Initiativen im Wechselspiel mit der Forschung haben. Hier stößt die Stadt- und Universitätsbibliothek längst an ihre Grenzen. Daß sie trotzdem ihrer Verpflichtung als Quellenzentrum zumindest in Teilbereichen nachkommen konnte, war häufig nur möglich durch die großzügige Unterstützung von Fördereinrichtungen und Stiftungen, wie DFG, VW-Stiftung oder Thyssen-Stiftung.
Jede Zukunftsüberlegung muß zunächst die räumliche Frage lösen. Dazu sind inzwi-

schen gemeinsam mit der Stadt Frankfurt und dem Land Hessen Beschlüsse gefaßt worden, die die Übernahme des Gebäudes der Deutschen Bibliothek nach deren Auszug vorsehen. Bekanntlich realisiert die Deutsche Bibliothek einen Neubau. 1992 wird als Übernahmetermin angenommen. Das Gebäude der Deutschen Bibliothek eignet sich in mehrfacher Hinsicht zur Lösung der anstehenden Raumprobleme:

- räumliche Nähe zum jetzigen Gebäude und damit zum Kernbereich der Universität,
- Nutzung des Magazinturms ohne Umbauten,
- Möglichkeit zur Neukonzeption der Bibliothek: im bisherigen Gebäude Massennutzung mit möglichst offenen Magazinbereichen, im Gebäude der Deutschen Bibliothek Forschungsbibliothek und Sonderabteilungen.

Für die Stadt- und Universitätsbibliothek und die Senckenbergische Bibliothek würden zusätzlich rund 6900 qm Magazinfläche und rund 6200 qm Benutzungs- und Verwaltungsfläche zur Verfügung stehen. Damit könnten die jetzt bereits bestehenden Dependancen aufgelöst und wieder zurückgeführt werden: Speicherbibliothek in Fechenheim für 1 Mio. Bände, Fachhochschule für Bibliothekswesen, Adorno-Archiv, Archiv des Internationalen Quellenlexikons für Musik, Bibliothek der Erwin von Steinbach-Stiftung usw.

Die alten und neuen Magazinflächen bieten Platz für rund 4,5 Mio. Bände. Damit ist bis zum Jahr 2000 genügend Stellraum vorhanden.

Die Benutzungs- und Verwaltungsräume des jetzigen DB-Gebäudes sind in erster Linie vorgesehen zur Aufnahme der jetzt bereits bestehenden und dringend erweiterungsbedürftigen Spezialabteilungen; zur Neuschaffung eines philosophisch-literarischen Zentrums mit dem Kernstück „Nachlässe des 19. und 20. Jahrhunderts" – zur Neuschaffung des Nationalarchivs 19. Jahrhundert (jeweils mit der Einrichtung längerfristiger Forschungsstellen) und zur Einrichtung von Verbundredaktionen, Bibliographischem Zentrum, technischen Räumen für die Datenverarbeitung, Restaurierung und Konservierung, Reprographie und Druckerei.

Ein Raum- und Funktionsplan liegt vor, so daß Baustruktur und neue Bibliothekskonzeption in einem groben Raster aufeinander abgestimmt sind. Mit dieser räumlichen Perspektive kann die Bibliothek erst einmal wieder durchatmen und muß nicht das Gefühl haben, an der Fülle der Aufgaben zu ersticken.

Sie soll aber noch eine weitere Chance zur besseren Integration des Erweiterungsbaus nutzen. Die Stadt Frankfurt plant eine neue U-Bahnlinie. Diese Linie, die später einmal bis nach Niederursel führen soll, wird zunächst vom Hauptbahnhof über die Messe zur Universität geführt. Der Kopfbahnhof wird zwischen Stadt- und Universitätsbibliothek und Deutscher Bibliothek in offener Bauweise errichtet.

Statt der Wiederverfüllung soll im Zuge der U-Bahnbauten eine unterirdische Anbindung der beiden Gebäude erfolgen und zusätzliche Speicherflächen gewonnen werden, eine ideale und zudem kostengünstige Baumaßnahme im Sinn einer funktionalen Lösung. Diese Speicherflächen könnten zum einen genutzt werden, Abgaben von inaktiver Literatur aus den Fachbereichsbibliotheken, nach dem Ausscheiden von Mehrfachexemplaren, zu magazinieren und darüber hinaus Abgaben anderer hessischer Bibliotheken aufzunehmen, sofern sie dort als unnötiger Ballast eingestuft sind. Diese zuletzt genannte Funktion einer hessischen Archivbibliothek ist mittelfristig noch nicht akut. Die Bestandsaufnahme der Raumkapazität und die vorgesehenen Neubauten bzw. Erweiterungen bei den hessischen Universitäts- und Landesbibliotheken zeigen, daß bis auf die

Universitätsbibliothek Marburg Raumreserven fast bis zur Jahrtausendwende vorhanden sind. Für Marburg muß eine lokale Lösung gefunden werden. Langfristig müssen jedoch abgestimmte Überlegungen getroffen werden, die im Rahmen einer konstruktiven Zusammenarbeit auch Maßnahmen wie gemeinsam betriebene Speicherbibliotheken vorsehen. Dafür müssen regional Kriterien ausgearbeitet werden. Diese kooperative Einrichtung im Frankfurter Raum anzusiedeln, liegt nicht nur wegen der geschilderten kostengünstigen Voraussetzungen nahe. Schon jetzt ist die Stadt- und Universitätsbibliothek eine der wichtigsten Leihverkehrsbibliotheken, sie ist ferner Sitz des Hessischen Zentralkatalogs, dem Gesamtnachweis aller Buchbestände in Hessen, und Datenverarbeitungszentrale, gute Ansatzpunkte für eine langfristige Perspektive.
Trotzdem können nicht einfach fünf oder sechs Jahre abgewartet werden; bestimmte Probleme müssen jetzt gelöst, bestimmte Initiativen jetzt eingeleitet werden. Ein drängendes Problem ist der Bestandsschutz der historischen Buchbestände und hier besonders die Publikationen ab der Mitte des 19. Jahrhunderts. Die seit 1840 aus Holzschliff industriell erzeugten Papiere und die Forderung bestimmter drucktechnischer und ästhetischer Eigenschaften haben zur Verwendung von Säuren bei der Herstellung geführt, sie zersetzen das Papier von innen heraus. Das Rohstoffproblem – vorher verwendete man Lumpen und Hadern – war gelöst worden auf Kosten einer völlig unzulänglichen Altersbeständigkeit. Während heute die Gutenbergbibel noch so unverändert ist wie vor fünfhundert Jahren, ist die Erstausgabe von Theodor Fontane spröde und brüchig und wird in einigen Jahren verschwunden sein.
Je nach Benutzungshäufigkeit und Qualität der Aufbewahrung überdauern auf saurem Papier gedruckte Bücher höchstens zwischen hundert und hundertfünfzig Jahre, eine Bedrohung, die mit handwerklichen Mitteln der Einzelrestaurierung nicht zu stoppen ist. Das Bundesforschungsministerium hat eine Studie in Auftrag gegeben, bereits im Einsatz befindliche Massenkonservierungsverfahren zur Entsäuerung in USA, Kanada und Frankreich auf ihre Eignung für die deutschen Bibliotheken zu prüfen. Die Stadt- und Universitätsbibliothek wird sich zum frühest möglichen Zeitpunkt an solchen Rettungsverfahren beteiligen.
Will sie die Publikationen aber nicht völlig für die Forschung sperren, muß sie jetzt nach Ersatzmedien suchen. Das verbreiteste Verfahren ist derzeit die Microfichierung, ein in seiner Qualität, Technik und Zuverlässigkeit bewährtes Medium, leicht vervielfältigbar und unmittelbar einsatzfähig. Noch in diesem Jahr wird die Bibliothek mit Hilfe der Stiftung Volkswagenwerk ein Microficheprojekt von einer halben Million DM starten, das bevorzugt gefährdete Bestände der Rothschildschen Bibliothek auf Fiche überträgt. Später soll auch der Einsatz von Laserbildplatten auf seine Verwendbarkeit zur Volltextarchivierung geprüft werden. Für die Restaurierung einzelner wertvoller Stücke aus früheren Jahrhunderten hat die Bibliothek inzwischen eine leistungsfähige Restaurierungswerkstatt einrichten können.
Der Ansatz bei den Publikationen des 19. Jahrhunderts hat aber nicht nur einen konservatorischen Aspekt, sondern betrifft einen grundsätzlichen Planungsschwerpunkt der nächsten Jahre. In der Studie „Buch, Bibliothek und geisteswissenschaftliche Forschung", gefördert von der Stiftung Volkswagenwerk, entwickelt der Autor Bernhard Fabian das Konzept eines segmentierten Nationalarchivs gedruckter Texte.
Bekanntlich ist die Deutsche Bibliothek in Frankfurt das nationalbibliographische Zentrum für die seit 1945 erschienene deutschsprachige Literatur. Es fehlt jedoch eine Nationalbibliothek für die zurückliegenden Jahrhunderte. Die historischen deutschsprachigen Buchbestände sind nicht nur über eine Vielzahl von Bibliotheken verstreut, sie

weisen auch erhebliche Defizite auf: für die Forschung eine völlig unzureichende Situation. Das vorgeschlagene segmentierte Nationalarchiv soll aus chronologisch abgegrenzten Teilsammlungen bestehen, wobei die Auswahl der Bibliotheken sich nach bereits vorhandenen Beständen richtet: Als geeignet werden die folgenden Bibliotheken angesehen:

- die Bayerische Staatsbibliothek München für den Zeitraum vom Beginn des Buchdrucks bis zum Ende des 16. Jahrhunderts,
- die Herzog August Bibliothek Wolfenbüttel, für das 17. Jahrhundert,
- die Niedersächsische Staats- und Universitätsbibliothek Göttingen für das 18. Jahrhundert,
- die Stadt- und Universitätsbibliothek/Senckenbergische Bibliothek Frankfurt für den Zeitraum von 1801 bis 1870,
- die Staatsbibliothek Preußischer Kulturbesitz für den Zeitraum von 1871 bis 1945.

In jeder dieser Bibliotheken sollen die historischen Bestände in Originalausgaben oder in reprographierter Form so ergänzt werden, daß die deutschsprachigen Publikationen möglichst vollständig für den jeweiligen Zeitraum vorhanden sind. Zugleich sollen die Verantwortlichkeit für die Verzeichnung übernommen werden und die Verpflichtung, die Bestände nicht nur für die Benutzung am Ort, sondern auf Sekundärträgern (z. B. Mikroform) auch für die Leihverkehrsbenutzung im In- und Ausland verfügbar zu machen.

Die Stadt- und Universitätsbibliothek/Senckenbergische Bibliothek verfügt heute über einen Gesamtbestand von 600.000 bis 650.000 Bänden von Literatur des 19. Jahrhunderts mit den Bestandsschwerpunkten in den Philologien, Musik- und Theaterwissenschaften, Sozialgeschichte, Biologie, Medizin, Judaica und Hebraica.

Natürlich spielen hier die Rothschildsche Bibliothek, die Manskopfsche Sammlung und die Senckenbergische Bibliothek eine besondere Rolle. Es wurden nach dem Krieg aber auch neue Sammlungen ausgebaut oder neu begonnen: So die Sammlung „Sozialgeschichte und republikanische Bewegungen im 19. Jahrhundert" mit den Kernsammlungen 1848, Bildsatire, Kinderbuchsammlung, deutschsprachige literarische Zeitschriften.

Gliedert man die Bibliothek des 19. Jahrhunderts sprachlich, so entfallen auf deutschsprachige Publikationen etwa 70 %. Dies wären im engeren Sinn die Bestände des Nationalarchivs.

Die Bibliothek hat in den letzten Jahren unter Einsatz von Drittmitteln durchschnittlich pro Jahr 250.000,– DM für Literatur des 19. Jahrhunderts ausgegeben.

Seit 1978 existiert eine eigene Forschungsstelle 19. Jahrhundert, die bereits eine Reihe von Arbeiten vorlegen konnte, z. B. „Repertorium der Literaturzeitschriften von 1815–1880," „Katalog zur Bibliothek der Deutschen Bundesversammlung", Plakate und Einblattdrucke (Verzeichnis), das „Börne-Handbuch" einschließlich Austellung.

Die Überlegungen der VW-Studie treffen sich also durchaus mit eigenen Vorstellungen zum Ausbau und der Nutzung der Bestände des 19. Jahrhunderts.

Zur Realisierung dieser Überlegungen haben inzwischen Gespräche mit der Stiftung Volkswagenwerk stattgefunden mit dem Ziel einer mittelfristigen Förderung.

Zur Nutzung von umfangreichen Beständen für die Forschung gehören auch gute Erschließungsinstrumente, Kataloge, Verzeichnisse, Dokumentationen.

Neben den konsequenten Aus- und Aufbau der Bestände im historischen Bereich, speziell dem 19. Jahrhundert, der umfassenden Sammlungen der Sondersammelgebiete für die aktuelle Literaturversorgung und den traditionell wichtigen Spezialsammlungen gehört unverzichtbar der Einsatz moderner Informations- und Kommunikationstechniken. Der Rang einer Bibliothek wird heute nicht mehr allein von der Größe der Bestände bestimmt, sondern von der Fähigkeit, den Informations- und Literaturbedarf möglichst übersichtlich, ausreichend schnell und zuverlässig zu decken. Den steigenden Anforderungen kann mit traditionellen Methoden nicht mehr begegnet werden.

Die wissenschaftlichen Bibliotheken wären für die Zukunft schlecht beraten, wenn sie ihre Stellung nur zum Bewahren nutzen würden. Ihre Aufgabe ist es, wissenschaftliche Erkenntnisse zu öffentlichem Wissen zu machen. Die neuen Techniken erlauben es, Bücher und Zeitschriften schneller verfügbar zu machen und damit die Attraktivität von Bibliotheken zu verbessern.

StUB/SeB katalogisieren seit 1986 im hessischen DV-Verbund mit dem computergestützten Katalogverfahren HEBIS-KAT. Das Computerverfahren betrifft derzeit die Katalogisierung der neueren Literatur. Der entscheidende Nutzen für den Bibliotheksbenutzer wird jedoch erst vermittelt werden können, wenn auch die bisherigen Zettelkataloge zu einem großen Teil maschinell konvertiert sind und damit der Gesamtbestand elektronisch verzeichnet und vom Arbeitsplatz des Wissenschaftlers recherchierbar ist. Daß hier in erheblichem Umfang Personal und Zeit investiert werden muß, braucht man nicht zu erläutern. Die Pläne der Deutschen Forschungsgemeinschaft und des Wissenschaftsrates sehen hierfür jedoch in den nächsten Jahren umfangreiche Fördermittel vor, so daß mit einer Realisierung bei wichtigen Forschungsbibliotheken zu rechnen ist. Die Stadt- und Universitätsbibliothek wird sich um entsprechende Mittel bemühen.

Auf längere Sicht soll bei der Verzeichnung der Bibliotheksbestände eine Zweiteilung zwischen historischen und modernen Buchbeständen vermieden und beide mit den gleichen modernen und leistungsfähigen Instrumenten erfaßt werden.

Buchkultur und Informationstechniken sind kein Widerspruchspaar!

Ein wichtiger Effekt ist durch die computergestützten Kataloge darüber hinaus gegeben. Durch die sogenannte Vernetzung der Katalogdatenbanken besteht praktisch ein Zugriff auf die Bestände der anderen Verbünde und ihrer Teilnehmerbibliotheken, so daß die Streuung des Buchbesitzes über die Bibliotheken zumindest hinsichtlich des Nachweises aufgehoben wird. Dieses Schwerpunktprogramm der Altbestandserfassung wird uns für eine Reihe von Jahren beschäftigen.

Es ist ein weiter Bogen von Gutenbergs Buchdruck mit beweglichen Lettern zu Mikrochips und neuen Speichermedien. Aber wenn man über Funktion und Aufgabe von Bibliotheken nachdenkt, ist dieser Bogen so überraschend nicht. Bibliotheken sind immer eingebettet in ein kulturelles und gesellschaftliches Gefüge. In dem Maße wie sich dort die Beziehungen, Arbeitsmittel und Strukturen ändern, muß sich auch die Bibliothek ändern. So gesehen, ist eine Bibliothek immer ein Kind ihrer Zeit, auch wenn ihre Wurzeln fünfhundert Jahre zurückgehen. Bibliotheken werden möglicherweise ihr Erscheinungsbild verändern, sie dienen aber dennoch und erst recht dem gleichen unveränderten Zweck.

Entscheidend ist, daß Bibliotheken gerade in einer Welt zunehmender Komplexität und Spezialisierung offen und verständlich bleiben. Dies können sie nur, wenn sie sich einerseits an den Bedürfnissen der Benutzer orientieren und andererseits sich selbst als Lerninstitution begreifen und über einen entsprechend guten Informationsstand verfügen.

Die Entwicklungsaspekte der Forschungsbibliothek sind keine isolierten Maßnahmen, sondern stehen in unmittelbarem Zusammenhang zueinander. Sie bauen auf den vorhandenen Ressourcen auf, nur so sind sie legitimiert. Sie sind auch nicht in Konkurrenz

zu sehen zu der wichtigen Aufgabenstellung, eine breite Literaturversorgung für Ausbildung und Studium zu sichern, im Gegenteil, es wird hier zu positiven Wechselwirkungen kommen.
Gerade wenn man die vielen jungen Menschen in der Bibliothek sieht, wird bewußt, wie entscheidend Bibliotheken dazu beitragen können, die vorhandenen Motivationen für Lernen und Lesen zu befördern.

Gabriele Mielcke

Die Frankfurter Buchmesse

Messedirektor Peter Weidhaas pflegt seine Zuhörer zu langweilen. Mit Rekorden. Alle Jahre wieder. Das ist Routine auf der internationalen Pressekonferenz am Tag, bevor das Riesenspektakel die Schleusen öffnet. Damit die Superlative termingerecht zu Messebeginn in den Zeitungen der Welt prangen. „Wenn 7000 Verlage und 320 000 Bücher zusammentreffen," hat Herr Weidhaas 1986 den Journalisten verkündet, „entsteht mitnichten ein hohles Geräusch, sondern die 38. Frankfurter Buchmesse. Eine Veranstaltung, die ‚geräuschvoll' im besten Sinne demonstriert, wie es um das gute ‚alte' Medium Buch steht, und was die Macher dieses Mediums derzeit so umtreibt."
Eine Veranstaltung, wahrlich, weltweit in den Terminkalendern des Buchhandels ganz dick rot angestrichen: ein absolutes Muß für alle, die in Büchern, mit Büchern und drumherum zu tun haben. Natürlich waren es auch diesmal, d. h. 1986, wieder mehr (285) teilnehmende Verlage als im Jahr zuvor, erstmals reisten über 5000, genau 5021 ausländische Aussteller aus insgesamt 84 Nationen an. Natürlich aber mischten auch die deutschsprachigen Teilnehmer wieder kräftiger mit als vor Jahresfrist: Bundesrepublik Deutschland 1836, Schweiz 338, Österreich 176, DDR 63. Alles Beteiligungsrekorde, natürlich. Daran vermochte diesmal sogar das rekordzahlenmindernde Zaudern der Amerikaner gegenüber Ghaddafi-Groll, Tschernobyl-Strahlen und Dollar-Erdrutsch nichts Wesentliches zu ändern. Ebensowenig führten weltanschauliche Boykottdrohungen der US-Verlagsszene zu gähnender Kojenleere, weil der Messetermin mit dem jüdischen Neujahrsfest „Rosh Hashanah" zusammenfiel und der Messeleitung arrogante Mißachtung religiöser und historisch bedingter Empfindlichkeiten vorgeworfen wurde. Wie gesagt, diese Messe ist ein absolutes Muß, auch wenn alle an ihr etwas auszusetzen haben, die meisten über sie stöhnen. Es kommen alle, weil alle kommen.
Und weil alle kommen, präsentiert sich die Frankfurter Buchmesse jedes Jahr gewaltiger, pompöser, anstrengender. Was geschieht, wenn der Welt größter Markt für Gedrucktes jeweils fünfeinhalb Tage im frühen Oktoberlicht glänzt? Wenn die Sonne es schon recht schwer hat, sich frühmorgens durch die Nebeldunstglocke von Rhein-Main zu kämpfen, um spätestens mittags ersten erschöpften Wegelagerern fürs Picknick auf der Wiese vor Kunst-Halle 3 die notwendige Wärme zu spenden. Wenn 200 000 Büchermenschen, darunter 120 000 „vom Fach", in 50 Stunden Messeöffnung sich mehr durch die schmalen Gänge schieben, denn sich in geistiger Freiheit ungehindert zu bewegen, besonders am Nachmittag, nach 14 Uhr, wenn das allgemeine Publikum, die Leser, um die sich doch letztlich alles hier dreht, aufs Gelände stürmen. Wenn das verwobene internationale Buchnetz sein überdimensionales Schaufenster rechtzeitig zum Run auf den großen Kuchen Weihnachtsgeschäft strahlend herausputzt. Wenn Macher, Manager und Matadore des Buchgewerbes sich ein einzigartiges Stelldichein geben. Wenn Vertrieb und Verbreitung von Geschriebenem über alle Grenzen hinweg öffentlich und durchschaubar werden.
Was geschieht, wenn, ja, wenn Frankfurt am Main wieder und wieder seine gigantische Symbiose von Literatur und Kommerz erlebt, von der sechs Tage lang die ganze Stadt lebt, literarisch und kommerziell? Die Frankfurter Buchmesse, darin sind sich die Fachleute einig, läßt nicht nur alle anderen Buchmessen weltweit an Größe und Bedeutung

weit hinter sich, sondern avancierte längst auch zu einem Kulturereignis von beispiellosem Rang. Darauf ist man im so oft als Manhattan am Main verschrienen Frankfurt, wo angeblich nur das Geld regiert, zu Recht stolz. Zumal die Metropole auf eine Fülle erfolgreicher Anstrengungen in Sachen Kultur verweisen kann, deren von miesem Ruf befreiende Früchte sie allmählich zu ernten beginnt. Die Buchmesse nimmt da ihren besonderen Platz ein. Frankfurt als traditionsreicher Messeort mit seiner zentralen geographischen Lage und für großes wie kleines business bestens bestellten Infrastruktur beherbergt weit größere Messen als die der Bücher. Haben auch alle intellektuellen Kritikaster recht, die da behaupten, das Literatur-Mekka habe längst reinsten Warencharakter angenommen, vermögen auch sie nicht hinwegzureden, daß es die Waren sind, die jährlich im Herbst für eine einzigartige Atmosphäre sorgen: eben die Bücher.
„Am schönsten ist die Buchmesse, wenn man sich am Abend die Schuhe von den geschwollenen Füßen pult." Der Ausspruch wird einer Verlegerin zugeschrieben, die es wissen muß. Den Rekord durchgelaufener Socken und abgelatschter Schuhsohlen auf rund 96 000 qm Ausstellungsfläche hat noch niemand amtlich ermittelt, doch wollen medizinisch Vorgebildete wissen, daß bei tagsüber gehender und stehender Bewegung der Mensch zum Abend hin um 1,5 cm schrumpft – er verläßt das buchomane Geschehen also kleiner, als er es mit ihm aufgenommen hat. Nach Frankfurt pilgert jeder, der es mit Büchern hält, um die vielen anderen zu treffen, die es auch mit Büchern halten. Das schafft Zeitprobleme. Die durchschnittliche Gesprächsdauer im lautstarken Gedränge dürfte, versichern Eingeweihte leidgeprüft, 45 Sekunden nicht überschreiten, wobei die Partner aneinander vorbeischielend die Blicke in die passierende Menge richten, angstvoll, daß ihnen nicht ein potentielles nächstes wichtiges Gegenüber entgehe. Entkräftet bestätigt man sich die gegenseitige Überforderung auf dieser Mammutschau und faßt feste Vorsätze, sich demnächst in Ruhe zusammenzusetzen. Bis zum nächsten Jahr, auf der Buchmesse.
Alles Chaos auf der „Messe der kurzen Wege" ist scheinbar. Auch die kurzen Wege, die sich wenigstens neuerdings beineschonend teilweise auf Laufbändern abkürzen lassen. Doch so weitläufig das Bücherareal scheint, es nimmt nur einen Teil des Frankfurter Messegeländes in Anspruch, bleiben die räumlichen Ausmaße dieses Gigantismus begrenzt, obwohl das Gerangel der Verlage um mehr Standfläche groß ist. Dies passiert noch immer in Sinne der Gründungsväter dieser Nachkriegs-Buchmesse (siehe unten) und mit der Absicht, die Veranstaltung übersichtlich zu gestalten.
Und effizient, muß man heute hinzufügen, was kein Schimpfwort meint für den umfangreichsten Umschlagplatz für Rechte und Lizenzen, den es überhaupt gibt. 80 Prozent, schätzen Insider, des gesamten internationalen Lizenzgeschäftes werden in Frankfurt gehandelt. Den Besucher mutet wie Hektik an, in der eher der Zufall einer Begegnung Abschlüsse bestimmt, was in Wirklichkeit generalstabsmäßig geplant abrollt. Wochen und Monate im voraus laufen über alle Grenzen, Systeme und Ozeane hinweg Drähte und drahtlose Verbindungen heiß, um die Verabredungen zur Buchmesse zu terminieren. „Appointments" im Halbstundentakt, langfristig vereinbart, das ist Messealltag, gerade bei den ausländischen Großverlagen, die die Entsendung kopfstarker Teams nach Frankfurt viel zu teuer käme, würden diese nicht mit vollen Auftragsbüchern nach Hause zurückkehren. Die Erfolgsbilanz ist programmiert. Dennoch geschieht viel Unvorhergesehenes, platzen Deals, weil ein anderer schneller war, münden Überraschungen in Verträge, Coproduktionen, von denen vorher keiner etwas ahnte.
Sieht man auf dieser Messe viele Menschen konfus umherirren, liegt das eher – und in jeder Beziehung – an den irritierenden Massen denn an fehlender Orientierung. Hier

findet wirklich jeder jeden, vielleicht wegen der Enge, sicher aber dank eines in Jahren gereiften und bewährten hervorragenden Gliederungsprinzips nach Sachgruppen und Farben, die überall auf dem Messegelände ordnende Wege weisen und im dickleibigen Katalog verzeichnet sind. Den meisten Ausstellungsraum nehmen, auf drei Stockwerke verteilt, in Halle 4 die ausländischen Verlage und Sonderstände ein – mit einem Sprachen- und Völkergemisch sondergleichen. Über drei Viertel aller ausstellenden Verlage kommen aus den europäischen Ländern, angeführt von Großbritannien, das nach der Bundesrepublik Deutschland mit über 800 Verlagen Platz zwei in der Messestatistik einnimmt. Auf Rang drei folgt die größte Riege aus Übersee, die USA, die 1986 über 560 Verlage nach Frankfurt schickten. Den Amerikanern auf den Fersen ist Frankreich mit über 400 teilnehmenden Verlagen. Viele Länder, gerade kleinere, deren Einzelverleger die hohen Messekosten allein nicht tragen könnten, stellen in nationalen Kollektivständen aus.

Die stärksten Nerven und die dicksten Ellenbogen, jeder regelmäßige Messegänger weiß das, braucht, wer im Gewühle der Halle 5 mit Belletristik und Sachbüchern wenigstens einiger der knapp 100 000 Neuerscheinungen angesichtig werden will. Wer, um Himmels Willen, soll das alles noch lesen? Die Philosophie über den alljährlichen Verzweiflungsruf füllt allein schon Bände. Professionelle, also die, die sich von Berufs wegen durch die Gänge schieben, haben die Lektüre von Neuem während der Messe längst aufgegeben und aufs stille Kämmerlein nach dem Rummel verlegt. Public Relations, zu deutsch gut Wetter, für ihre Bücher zu machen, ist das wichtigste Stück Arbeit der Verlage auf der Messe, neun Stunden täglich, gilt es doch, die kurze Chance des öffentlichen Forums, die Gunst der Käufer, der Buchhändler, der Kollegen aus anderen Staaten, der Kritiker zu nutzen. Dabei steht keineswegs nur das zwischen zwei Buchrücken Gepreßte im Vordergrund. Prominenz ist sehr gefragt. Die „Großen“, die berühmten Dichter, sind sie nun mit einem neuen Werk vertreten oder auch nicht, sind umringt, besonders wenn Scheinwerfer, Kameras und Mikrophone auf sie gerichtet werden. Über 8000 akkreditierte Journalisten sind „Multiplikatoren“ bis in die letzten Winkel des Erdenballs, um derentwillen man sich auch nach Frankfurt bemüht.

Sehen, um gesehen zu werden. Gesichtspflege verordnen auch die Verlage ihren Autoren, oft mehr, als diesen recht ist. Doch auch der Poet lebt vom Verkauf. „Heute am Stand ...“, preisen Schilder nicht Äpfel, nicht Birnen, nein, auch nicht Bücher, sondern Köpfe an. Da sitzen sie dann in manchen Kojen dicht an dicht, wie die Hühner auf der Stange. Bestsellerschreiber und solche, die es werden sollen, Erfolgsautoren, Stars und Sternchen. Mancher von ihnen hat nie eine Zeile seiner brillanten Biographie selbst verfaßt. Das besorgen die Ghostwriter, auch ein Berufsstand, der von seinem Gewerbe gut lebt. „Dichter zum Anfassen“ – mancher Lesefan würde die Einladung sicher wörtlicher nehmen, müßte er nicht hinter dem Absperrseil in gebührlichem Abstand staunend defilieren. „Der ist aber dick geworden“, „die hat ihre Falten liften lassen ...“, hört man da eher als fachkundige Urteile über Gelesenes, und zuweilen erstarrt Publicity-Lächeln hinter dem Zaun sauertöpfisch. Das Bad in der Menge birgt drastische Wahrheiten.

Literatur hat immer auch etwas Leises in all diesen Phonstärken. Wer aufmerksam durch die Reihen zieht, nimmt einige aus dem Heer der Schriftsteller wahr, an denen Tausende achtlos vorbeieilen: die Namenlosen, die kein Fernsehmoderator in die „Medienkammer“ von ARD, ZDF und Deutscher Welle zum Interview bittet. Schüchtern, fast ängstlich sitzen sie auf zwei Quadratmetern vor Bändchen und Wälzern, die ihr nach außen gekehrtes Innerstes enthalten, und hoffen in den Tiefen ihrer Herzen, bald zu den Entdeckten, Selbstbewußten und Gepriesenen zu gehören. Den meisten gelingt es nicht, ihre Leserschar bleibt zählbar, die Schicht der hofierten Elite dünn. Die Wirtschaftsgesetze des Geistes sind hart, die Höhe der verkauften Auflagen bestimmt den Grad des Ruhms.

Der Jahrmarkt der Eitelkeiten nimmt seinen Fortgang auf Nebenschauplätzen und nach Messeschluß um 18 Uhr. Die Messegastronomie ist mäßig, teuer und hoffnungslos überfüllt. So wundert es nicht, wenn am Abend ausgehungerte Gäste in doppelt und dreifacher Anzahl als erwartet die kalten Büffets der Verlagsempfänge stürmen, mit gekonnt-gelerntem Jongliergriff die Jagd nach Häppchen und Sektkelch mit der nach Klatsch und Tratsch verbinden. Diese Messe steht und fällt mit ihren Neuigkeiten. Frankfurts kulinarische Tempel, allen voran die beiden ältesten Rennomierherbergen „Frankfurter Hof" und „Hessischer Hof", sind auf die gesellige Gerüchtebörse routiniert eingestellt. Für Nachschub ist immer gesorgt. Es gibt Erlauchtes und Volkstümliches. Man wird gebeten zu exklusiven Diners im ausgewählten Kreis, trifft sich beim traditionellen Frühschoppen im „Dominikanerkloster", zur Äppelwoisause in Sachsenhausen, zu Jazz und Lesung im „Sinkkasten" und so fort. Harte Kerne diskutieren im „Café Laumer" oder in „Jimmy's Bar" die Morgendämmerung herbei. Was immer sie in sich haben: Messenächte sind lang, feuchte Fröhlichkeit ist Arbeitspensum für Messeprofis. Blinzler aus rotumränderten Augen ermattet auf ihren Kojenstühlchen – kaum jemand nimmt Notiz davon, hält man sich spätestens am dritten Messetag selber gerade eben noch aufrecht. Aus dem Jahr 1958 datiert die trockene Feststellung des auf der Buchmesse oft und gern gesehenen Bundespräsidenten Theodor Heuss: „Ihr riecht heute alle gleich!"

Das alles hat in Frankfurt eine lange Buchmessen-Geschichte. Die alte Kaiserstadt am Main, gelegen im Schnittpunkt europäischer Reise- und Handelswege, versammelte bereits im Mittelalter auch Bilderdrucker und Kopisten zur jährlichen Herbstmesse. Ohnehin eine Warenzentrale, zeichnete Frankfurt mit dem Siegeszug des Buchdrucks im späten 16. Jahrhundert als *der* Umschlagplatz des Kontinents für alles, was die neuen beweglichen Lettern auf Papier zaubern konnten. Die „Buchgasse" am Mainkai grenzte unmittelbar an das Buchhändlerviertel. Schiffe schafften die Bücherfässer mit Druckbogen heran. Doch der liberale Geist des Buchgewerbes, den Mächtigen suspekt, fiel im 17. Jahrhundert zunehmend der Restauration und kaiserlicher Zensur zum Opfer. Der Verlust des Lateinischen als gemeinsame Gelehrtensprache zugunsten einzelner Nationalsprachen tat noch ein übriges hinzu. Frankfurt verlor seinen Rang als Buchhandelszentrum, das protestantische Massenmedium Buch wich den Repressionen nach Leipzig. Das lag nicht am fehlenden Bahnhof. Denn leider läßt sich das von einem bekannten deutschen Feuilletonisten Goethe in den Mund geschobene Zitat, wonach die Buchhändler hinter dem Bahnhof ihre Stände aufschlügen, nicht verifizieren. Derlei dampfbetriebene Verkehrsmittel und ihre Stationen gab es einfach noch nicht, und als der junge Goethe in Frankfurt heranwuchs, hatte die sächsische Metropole längst alle Funktionen vom Main übernommen und sollte *die* Buchstadt bleiben.

Bis 1945. Hatte der Dreißigjährige Krieg die Frankfurter Buchmesse zu regionaler Bedeutungslosigkeit absinken lassen, waren es jetzt die politischen Folgen des Zweiten Weltkriegs, die Frankfurt wieder zum Dreh- und Angelpunkt der Bücher aufblühen ließen. „Männer der ersten Stunde", Mitglieder des Hessischen Verleger- und Buchhändlerverbandes, krempelten die Ärmel hoch und bewiesen, gegen heftige Konkurrenz anderer westdeutscher Städte, die Eignung Frankfurts als würdige Nachfolge des verlorengegangenen Messeplatzes Leipzig. Zwar scheiterte der Werbeplan, ein Kamel mit einem Transparent auf jeder Seite „Kamele lesen keine Bücher" durch die Straßen zu schicken, am erbitterten Widerstand des Zoodirektors, der seinen Vierbeiner den Buchhändlern partout nicht anvertrauen wollte, doch die 1. Frankfurter Buchmesse nach dem Krieg fand statt, vom 18. bis 23. September 1949. In der Paulskirche, der eben renovierten Trutzburg der Demokratie inmitten des Trümmermeers der Altstadt. Beteiligung zu Goethes 200. Geburtstag: 205 Verlage; Kosten: 35 000 Mark; Einnahmen: 37 000 Mark. Die unendliche Mühe, den durch den Zusammenbruch völlig aus dem Gleichgewicht geratenen Buchhandel wieder auf feste Füße zu stellen, hatte sich gelohnt. Der Börsenverein des Deutschen Buchhandels nahm die Messe unter seine Fittiche und beschloß jährliche Durchführung. Bereits 1950 (460 Aussteller) erschienen zahlreiche Ausländer aus Europa und USA. Die hinzugenommenen Römerhallen mußten die Kritik der „Rheumahallen" ertragen, weil die noch nicht behobenen Kriegsschäden lediglich eine zugige Ausstellung erlaubten. Im dritten Buchmessejahr zog man dann auf das Messegelände um, die Entwicklung zum Buchmarkt der Welt mit explosiven Statistiken kam ins Rollen.

In nun fast vierzig Jahren hat die Bücherschau ihr Wesen hin zur intensiven Geschäfts- und Arbeitsmesse stark verändert. Sie hat Anfeindungen, Erschütterungen und politische Wirren überlebt, wie sie nicht ausbleiben mit einem Gegenstand zum Inhalt, der gesellschaftliche Widersprüche und Konfrontationen global spiegelt wie kein anderes „Verkaufsobjekt". Das Phänomen Buchmesse, und es ist eines geblieben trotz aller Marktinteressen, ist seiner Gründungsidee treu geblieben, ein weltoffenes, liberales Forum für Gäste jedweder Couleur, ja, eine Bastion gegen alle Diskriminierung von Hautfarbe und Rasse zu sein. Eine Zielsetzung, die dem Veranstalter jedes Jahr neu, über alle Organisation des Mammutunternehmens hinaus, viel politisches Fingerspitzengefühl abverlangt. Die schwierige Aufgabe obliegt der „Ausstellungs- und Messe-GmbH des Börsenvereins des Deutschen Buchhandels e. V." seit 1964. Ein Subunternehmen des Börsenvereins mit heute über dreißig hauptamtlichen Mitarbeitern und eigenem Aufsichtsrat, dessen oberstes Prinzip in der Zeitrechnung von einer Buchmesse zur nächsten Gerechtigkeit heißt. Angefangen bei der Standverteilung. Obwohl nicht mehr, wie im Paulskirchenjahr '49, jeder Aussteller die gleich große Fläche belegt, gilt noch immer der einstige Leitsatz: „Die geistige Leistung in den Mittelpunkt zu stellen, anstatt einen Wettbewerb der Dekorateure zu veranstalten." Damit die finanzkräftigen Verlage die kleinen nicht „erdrücken", ist die mietbare Fläche beschränkt. Immer wieder muß sich die Messeleitung einzelner Verlage erwehren, die sich mehr ausbreiten wollen, doch sie bleibt hart: Jede Firma erhält nur einen Stand, der einschließlich Firmenschilder einheitlich zur Verfügung gestellt wird, so die Bestimmung.

Der Service optimaler Arbeitsbedingungen während der Messe ist ebenfalls großgeschrieben. Sogenannte Zentren für die Begegnung von Fachgruppen gibt es jede Menge, z. B. das für Bibliothekare und Dokumentare, das für Sortimenter, das Börsenvereinszentrum, das Pressezentrum, das Zentrum für literarische Agenten, das „Zentrum Leseförderung" für junge und ganz junge Besucher. Zehnjährigen Geburtstag feierten 1986 die Schwerpunktthemen, unter denen jede zweite Buchmesse stattfindet. „Indien – Wandel in Tradition", so das vielbeachtete Jubiläumsthema, dem „Lateinamerika" (1976), „Kind und Buch" (1978), „Schwarzafrika" (1980), „Religion" (1982) und „ORWELL 2000" (1984) vorangingen.

Nationen der Dritten Welt auf der Buchmesse vorzustellen, gilt ein besonderes Augenmerk der Verstalter. Entwicklungsstaaten behutsame Hilfe und Förderung zur Annäherung an Geschriebenes zu geben, steht dabei im Vordergrund. Das „Dritte-Welt-Zentrum" in der internationalen Halle bietet jungen Buchnationen Gelegenheit, ihre Pro-

dukte zu präsentieren und Kontakte zum weltweiten Buchmarkt zu knüpfen. „Fremde Literaturen in die Weltkultur des Buches einzubeziehen, ohne emanzipatorische Prozesse zu stören – auch das ist Aufgabe der Weltbuchmesse Frankfurt“, so die erklärte Absicht der Messe-Gesellschaft, die, unterstützt vom Auswärtigen Amt, jährlich auch Delegierte aus wirtschaftsschwachen Ländern nach Frankfurt einlädt und während der Messe betreut. Entwicklungshilfe vor Ort leisten die Buchmessemacher auch mit buchhandelsfachlichen Workshops im Ausland und Vorbereitungsseminaren zur Teilnahme am Bücher-Marathon. Schließlich wird, so sagen sie, die Landkarte der Buchwelt am Main aufgeschlagen.
Natürlich hat auch der unter Bücherwürmern eher beargwöhnte Einzug der neuen Medien nicht vor den Toren der Bücher halt gemacht. Da werden Möglichkeiten der Elektronik im Buchhandel demonstriert, dort mehren sich Lärmbeschwerden von Verlegern über quakende Computer beim Nachbarn. Das sprechende Buch – ein Trend des Lesevergnügens, doch er hält sich in Grenzen. Mit Prognosen für die 39., 40., ff. Auflage der Pilgerfahrt des Lesevolkes ins Paradies von Wissen und Ideen hält Messedirektor Peter Weidhaas sich zurück. Doch schließt er in der Vision künftiger Buchmessen aller Unkenrufe zum Trotz aus, daß sie sich zum Jahrhundertwechsel nur mehr in einem Großstand der Berliner Funkausstellung wiederfindet.

Wolfgang Mistereck

Literatur als Volksfest: Der Stadtschreiber von Bergen

New York, 14. Maerz 1974

Sehr geehrter Herr Buergermeister!

In der Zeitschrift „Inter Nationes", die wir im PEN American Center gerne lesen, habe ich die interessante Nachricht gefunden, daß Ihre Stadt als erste etwas Neues gewagt hat: naemlich einen ansaessigen Schriftsteller. Was uns natuerlich interessiert, ist Folgendes: Wie wird das Geld aufgetrieben? Ist da eine Altersgrenze? Kann der Dichter auch eine Dichterin sein? Was geschieht, wenn Ihr Komitee jemanden empfiehlt und einige der hoeheren Beamten – Erziehungsabteilung, Schuldirektoren – finden, daß sie die Schriften des von dem Komitee ernannten Schriftstellers nicht moegen? Bei wem liegt die letzte Entscheidung?
Aber darueber hinaus interessiert uns sehr, wie Sie die Sache eingefaedelt haben und wie sie verwaltet wird. Es ist eine so gute Idee und wird den Namen Bergen-Enkheim bekannt machen.

Hochachtungsvoll

gez. Prof. Richard Plant
P. E. N.

Was in diesem Brief des American PEN Center New York an Bürgermeister Rudolf Fey in der damals noch selbständigen Stadt Bergen-Enkheim, die wenig später nach Frankfurt am Main eingemeindet werden sollte, noch als etwas vollständig Neues annonciert wird, gewiß auch ein Wagnis war: „ein ansaessiger Schriftsteller", hat mittlerweile bereits eine eigene Geschichte. Der literarische Förderpreis, um den es hierbei geht, symbolisiert im Amt des „Stadtschreibers von Bergen", wird 1987 zum vierzehnten Mal verliehen. Es ist die Geschichte einer Idee, die auf die von dem amerikanischen Professor sehr offen gestellten Fragen eine bündige Antwort zu geben wußte, so daß darüber nicht nur Bergen-Enkheim bekannt wurde, der Titel „Stadtschreiber" ist durch die vielen Nachahmungen auf regionaler und überregionaler Ebene geradezu zu einem Synonym für Literaturförderung geworden.

Ein Dichter „zum Anfassen"

„Auf der Heimfahrt von einer Gedenklesung zu Ehren des verstorbenen Günter Eich dachte ich nach, wie man den Menschen die Literatur näherbringen könnte, und ich kam darauf, daß dies am besten einem Literaten möglich sein müßte, der mitten unter ihnen lebt." Dieser Satz stammt von Franz Josef Schneider, dem „Erfinder des Stadtschreibers". Der 1984 im Alter von zweiundsiebzig Jahren verstorbene Werbefachmann, ehemals Pressesprecher der „Gruppe 47", der als junger Mann selbst mit Erzählungen literarisch hervorgetreten war, hatte mit diesem einfachen Grundgedanken einen Kristallisationskern gefunden für ein ganzes Bündel literaturfördernder Motive: Im Mittelpunkt der Autor, dem ein Jahr lang die Möglichkeit gegeben werden sollte, ohne die

Belastung, Geld für seinen Unterhalt verdienen zu müssen, seiner schriftstellerischen Tätigkeit nachzugehen, ausgestattet mit einem monatlichen „Salär" und einer Wohnung. Darüber der Wunsch, „die breite Kluft, die unser Volk von seiner Literatur trennt", zu überwinden helfen und mit dem Buch die elektronische Bilderwelt gleichsam „gegenzulesen". Dann die Hoffnung, den Charakter Bergen-Enkheims als „eines menschlichen Winkels am Rande der Großstadt" zu bewahren, auch nach seiner „Einnahme" durch die Metropole Frankfurt, und die Tradition eines tausendjährigen Städtchens durch die Schaffung eines originellen Literaturpreises fortleben zu lassen.

Das klingt etwas versponnen und pathetisch, aber nur ein „Spinner", wie Peter Bichsel *Franz Josef Schneider* ironisch-liebevoll charakterisierte, konnte überhaupt auf eine solche Idee kommen.

Nun brauchte das Kind natürlich noch einen Namen. Den Klang des berühmten „Schelms von Bergen" im Ohr, hat es sein geistiger Vater Franz Josef Schneider so traditionell wie einprägsam „Stadtschreiber von Bergen" genannt, in Erinnerung an jene mittelalterliche Einrichtung, in der der Stadtschreiber in den Städten der Protokollführer in den Rats- und Gerichtssitzungen sowie der Leiter der städtischen Kanzlei war, dem die Führung der Stadtbücher oblag; dazu war er noch der Schulleiter, der dafür zu sorgen hatte, daß die Schüler die Kunst des Schreibens, vor allem des Briefeschreibens erlernten. Bevor jedoch dieser multifunktionale Angestellte aus einer Zeit, in der nur wenige lesen und schreiben konnten, seine poetische Verwandlung und Wiederkehr erfuhr als ein „angestellter Dichter" in einem symbolischen Amt, in einer Zeit, in der zwar alle lesen und schreiben lernen, aber, wie es scheint, nicht allzu viele mehr lesen wollen, mußte der so erfundene „Stadtschreiber von Bergen" noch die materiellen Mittel für seine Existenz erhalten. In Fortsetzung der mit dem Namen des Stadtschreibers verbundenen Tradition erklärte sich die Stadt Bergen-Enkheim bereit, für Bezahlung und Unterkunft aufzukommen, so daß der Preisträger auch als ein wirklicher poeta laureatus mit seinen Mäzenen, den Bürgern, in ihrer Stadt leben kann. Ein „Ehrensold" von 1 500 DM monatlich wurde gestiftet und ein Haus, im Volksmund fürderhin das „Stadtschreiberhäuschen" genannt, zum freien Wohnen zur Verfügung gestellt. Die Dotierung liegt heute bei 2 500 DM monatlich, das Stadtschreiberhäuschen wurde im letzten Jahr innen und außen komplett renoviert. Wie man sieht, lassen die Bergen-Enkheimer ihren Stadtschreiber nicht darben, was aber nur recht und billig ist, denn auch Schriftsteller sind irgendwo zu Hause, haben dort Miete zu zahlen, müssen vielleicht eine Familie versorgen; andererseits entstehen Reisekosten, und am „Amtsort" sollte man wohnen können, nicht nur „hausen".

Doch kehren wir zurück. 1974 war es dann soweit: *Wolfgang Koeppen* nahm als erster „Stadtschreiber von Bergen" seine Amtsgeschäfte auf, dieser ernste und scheue Mann, dessen Wesen einen merkwürdigen Kontrast bildet zu jenem „Dichter zum Anfassen", den eine spätere Formel geprägt hat, dabei aber schon den Widerspruch aufdeckend zwischen ausgesprochen handgreiflichen Vorstellungen von einem Literaturpreis als Aufhänger für einen flott zu machenden Kulturbetrieb, der Dichter in der Rolle des Entertainers, und der Grundintention der kommunalen „Stiftung Stadtschreiber", die da lautet: „Der Preis wurde geschaffen, um die wachsende Gefährdung unseres kostbarsten Kulturgutes, unserer deutschen Sprache, ins Bewußtsein zu rücken und ihr entgegenzuwirken. Dies geschieht am besten durch die Förderung dessen, der ernsthaft und verantwortlich um die Bewahrung und lebendige Weiterentwicklung unserer Sprache bemüht ist: des freien Schriftstellers."

„Die elenden Skribenten" geraten immer dann in Verruf, wie Wolfgang Koeppen in seinem gleichnamigen Buch schreibt, „wenn sie es getroffen hatten, nicht die einzelne Person, sondern das Allgemeine, nicht den speziellen Vorfall, sondern die Zeit und die Nähe und das Ärgernis". Was das Ergebnis poetischer Analysis ist, wird verwechselt mit einem politischen Glaubensbekenntnis. So wird verständlich, daß die Idee des Stadtschreibers auch auf Widerstände stieß. Denn hier ging es nicht nur um das höhere Ziel, den Schriftsteller zu fördern und mit ihm Literatur und Sprache, sondern auch noch darum, Bürger und Schriftsteller ins Gespräch zu bringen. Diese Absicht, die geistigen Olympier mitten unter den Bürgern wandeln zu lassen, gab dann auch den Stoff ab für lokalpolitische Auseinandersetzungen, frei nach der Beschreibung eines Kleinstadtwahlkampfes, den Charles Dickens in den „Pickwickiern" (1837) mit den Worten charakterisiert hatte: „So ließen die Blauen keine Gelegenheit vorübergehen, sich den Roten zu widersetzen, und die Roten ließen ebensowenig eine Gelegenheit aus, die Blauen zu bekämpfen." In eben dieser Konstellation lag aber die Chance des Stadtschreibers, denn das auf ihn gemünzte Vorurteil: „Verschwendung von Steuergeldern" bestand allgemein.

Franz Josef Schneider wurde, als er den damals im Städtchen noch tonangebenden Sozialdemokraten seine Stadtschreiber-Idee vortrug, von diesen für verrückt erklärt. Das waren die eigenen Parteigenossen, noch viel schlechter aber sollte es ihm von seiten der Christdemokraten ergehen. Diese lehnten das Projekt von vornherein ab, weil ihnen hierbei zu viele „linke Geister" am Werke schienen, die sie in Heinrich Böll („linker Literaturpapst"), Hans Werner Richter („Gruppe 47") und merkwürdigerweise auch in Marcel Reich-Ranicki („Kritiker") dingfest gemacht zu haben glaubten, die zu den ersten Mitgliedern der Stadtschreiber-Jury zählten. Die Freien Demokraten bewiesen dagegen kulturelle Liberalität und gaben ihre Stimme dem Stadtschreiber. Für die Mehrheit der Sozialdemokraten mußte der Dichter erst noch in ein kulturelles „Gesamtkonzept" eingepaßt werden. So bleibt es das Verdienst von Alfred Schubert (SPD), der Idee seines Freundes Franz Josef Schneider: einem Schriftsteller ein Haus, Geld und ein Amt zu geben, auch politisch zur Durchsetzung verholfen zu haben, gegen die anfänglichen Widerstände in den eigenen Reihen und durch die Fährnisse lokalpolitischer Querelen hindurch. Rudolf Fey, der Bürgermeister, gewährte Unterstützung.

Die enorme Publizität des Preises, die ihm von Anfang an zuteil geworden war, ließ die Gemüter jedoch nicht ruhen. 1977, als mit *Peter Härtling* nach *Wolfgang Koeppen, Karl Krolow* und *Peter Rühmkorf* bereits der vierte Stadtschreiber in die Mauern Bergen-Enkheims eingezogen war, tönte es in die bevorstehenden Kommunal- und Landtagswahlen hinein: „Die Wahl des diesjährigen Preisträgers Peter Härtling, 1974 in einer SPD-Wählerinitiative aktiv, hat das Faß zum Überlaufen gebracht. Wenn die SPD ihren Wahlhelfern danken will, soll sie dies mit eigenen und nicht mit Steuermitteln tun." So die örtliche CDU in einer Stellungnahme in der Bergen-Enkheimer Zeitung. Diese Groteske wurde zusätzlich mit allgemeinen Vorurteilen gegenüber Literaturförderung gespickt: „teuerster Beamter der Stadt", „Stadtschreiberhaus überflüssig", „kein junger förderungswürdiger Autor". Als sei die öffentliche Anerkennung, die sogenannte etablierte Schriftsteller durch die literarische Kritik erfahren, gleichbedeutend mit finanziellem Wohlergehen, von dem Ineinssetzen von jung und förderungswürdig, was ältere Autoren ausschlösse, und der Frage literarischer Qualität, dem ersten Kriterium überhaupt, gar nicht zu reden. All dies blieb politische Selbstinszenierung. Denn die Bergen-

Enkheimer hatten sich längst schon entschieden: für ihren Stadtschreiber. Es war nämlich etwas geschehen, was kein Parteiprogramm je vermochte und nur Poesie vermag: Freundschaft – ein Wort, das aus der Nähe des Geschehens betrachtet, nicht übertrieben erscheint – zu stiften durch das gedruckte Wort; die Stadtschreiber hatten sich die Sympathien der Bürger „kraft Amtes erschrieben", und diese hatten sich unter jenen ihre Freunde „erlesen".

Auf den Spuren der Stadtschreiber

„Ich hätte gern die große Schule besucht ... Der Direktor hat mich immer wieder zum Unterricht eingeladen. Ich bin nicht gekommen. Ich schämte mich. Ich hätte auf die Fragen der Kinder und Jugendlichen keine Antwort gewußt. Vielleicht hätten sie mich auch nichts gefragt. Dann hätte ich nur so dagestanden vor der Klasse, eine Art Schulinspektor, der ich nicht bin." Wolfgang Koeppen, der dies in einem Brief schrieb, hatte mit seiner Zurückhaltung, man sah ihn nur selten in Bergen-Enkheim, einen vorsichtigen Anfang gesetzt. *Karl Krolow* richtete während seiner Amtszeit einen „jour fixe" im Stadtschreiberhäuschen ein, Sprechtage ohne Zeitbegrenzung für jedermann; Frau Lucy backte zu diesem Anlaß immer feinen Kuchen. Peter Rühmkorf, der den Stadtschreiber definiert hatte als etwas, was es eigentlich gar nicht gibt: „einen bezahlten freien Schriftsteller", sollte erst, nachdem er die „Bürde des Amtes" los war, so richtig mit Bergen-Enkheim vertraut werden, in das er seither immer wieder mal auf Besuch kommt. *Peter Härtling* hat wirklich seinen Dienst angetreten: er ist in die Schulen gegangen, über lange Zeit, hat Unterricht in Sachen Literatur gegeben und dabei den Schülern vorgelesen und mit ihnen über Bücher gesprochen.
Nicolas Born war nur wenig Zeit in Bergen-Enkheim vergönnt gewesen, eine eigene Lesung, zwei Vorstellungen: Urs Widmer und Sarah Kirsch, eine Lesung für Kinder. Als er im März 1979 geschwollene Beine bekam, wußte er noch nicht von seiner tödlichen Krankheit. Aber er kam noch einmal zurück nach Bergen-Enkheim. Am Abend des 31. August 1979 stand Nicolas Born auf der Bühne im Berger Festzelt vor mehreren tausend Menschen, um sich zu verabschieden, bereits vom Tode gezeichnet, das Gesicht fast maskenhaft, und die Gestalt, zuvor noch massiv, wirkte auf einmal zerbrechlich; er hatte große Schmerzen, die er, solange er konnte, verbarg. Wollte er den Tod noch einmal übertrumpfen in diesem bunten festlichen Treiben? Nicolas Born starb am 7. 12. 1979 an Krebs, er, der in einem Gedicht geschrieben hatte: „... mich von meinen Leiden zu befreien/würde bedeuten mich von mir zu befreien ...".
Helga M. Novak hat dann im Hof des Stadtschreiberhäuschens schöne Blumen gepflanzt und das Häuschen mit Möbeln aus dem Fundus gemütlich eingerichtet. Sie hat in Bergen-Enkheim ihr Buch „Vogel federlos" geschrieben. *Dieter Kühn* schrieb „Schelmenbriefe" an das Hochbauamt in Frankfurt. Den bösen Plan, das alte Kopfsteinpflaster im Hof des Stadtschreiberhäuschens herauszureißen, um ihn zu betonieren, und fast noch schlimmer, den alten Fachwerkstall abzureißen, hat er so verhindert. *Peter Bichsel*: das war nicht die Beschäftigung mit Literatur, es war die romantische Vorstellung von einem Dichter, der in der Kneipe sitzt und mit den Leuten redet. Dort hat man ihn auch häufig angetroffen: „Von Frau Lang bis zur Oberpforte", das ist der Weg von der Trinkhalle zur Stammkneipe, den er oft gegangen ist. *Jurek Becker* war der erste Stadtschreiber, der in Enkheim, im dortigen Volkshaus, eine Lesung abgehalten hat. Der alte Gegensatz zwischen Bergen und Enkheim, dort geht man ins Geschäft und hier auf die Arbeit, wurde dadurch zwar nicht aufgehoben, es ist aber nun endgültig klargestellt,

daß der „Stadtschreiber von Bergen“ in Wahrheit der „Stadtschreiber von Bergen-Enkheim“ ist.
Günter Kunert konnte immer nur, wenn auch häufig, auf Stippvisite kommen, sieben Katzen zu Hause in Kaisborstel hoben gegen längere Aufenthalte ihre Pfoten; er bot dafür aber den Bergen-Enkheimern die bundesrepublikanische Premiere seiner Kinderkantate „König Midas“, Musik Kurt Schwaen, aufgeführt von der örtlichen Gesamtschule, der Schule am Ried.
Friederike Roth ließ sich während ihrer Amtszeit gerade zweimal blicken: das eine Mal zur eigenen Lesung und das andere Mal zur Vorstellung von Eva Demski. Das war den Bergen-Enkheimern – in diesem Fall – dann doch etwas zu wenig, und sie waren sauer, jedenfalls äußerte sich der eine oder andere Unmut. Allerdings konnte Friederike Roth bei ihrem Abschied einen veritablen Theatercoup landen. Anstelle einer Abschiedsrede wurde von ihr das Stück „Der Stadtschreiber von Bergen“, eine „Fehlbesetzung“ vorgetragen. Die über zweitausend Besucher im Bergener Festzelt, kein leichtes Publikum, eher eine „kritische Masse“, erkannten im Symbolischen die Selbstkritik, die hier mit so viel Bravour und Könnenschaft dargeboten wurde, daß man ihr zu guter Letzt verzieh: großer Beifall zum Schluß.
Ludwig Fels, für den das Stadtschreiberhäuschen weniger Amtsstube als Dichterklause war, er schrieb dort über sieben Monate an seinem neuen Roman „Rosen für Afrika“, handelte nach der Devise: „Wiederkommen ist etwas anderes als gleich dableiben.“ Das war in der Tat ein Novum, denn wiedergekommen sind sie zwar alle, Ludwig Fels blieb jedoch als erster über seine Amtszeit hinaus, d. h. einige Wochen, um die Arbeit an seinem Romanmanuskript zu Ende zu bringen.
Gerhard Köpf, der 13. Stadtschreiber, dem dieses Ehrenamt sogar eine Einladung ins ferne Manila eingetragen hatte, erlebte seine Amtszeit als „Reiseschriftsteller“. Der Germanist hat einen Lehrstuhl an der Hochschule in Duisburg inne, der ihm den Lebensunterhalt sichert, die Familie ist im heimischen München geblieben, und in Bergen-Enkheim erwarteten ihn die Literaturfreunde. So pendelte Gerhard Köpf regelmäßig zwischen den drei Orten; er war jedoch bereit, diesen „Preis des Preises“ zu zahlen.

Bergen-Enkheim – ein literarischer Ort par excellence

„Dieser Ort Bergen-Enkheim hat sich, seit es dort den Stadtschreiber gibt, zu einem literarischen Ort par excellence verwandelt, wie er sich in der Bundesrepublik und wahrscheinlich auch sonst nirgendwo finden läßt ... Die neue Buchhändlerin – vorher gab es gar keine Buchhandlung dort, heute gibt es eine moderne, sehr gute Buchhandlung in Bergen-Enkheim – sagte mir, es gäbe Familien, die hätten alle meine Bücher, wie auch von den anderen Stadtschreibern. Die Menschen haben sich da sehr gewandelt ...“. Der dies sagt, wer könnte es anders sein?, ist Wolfgang Koeppen. Wie dem auch sei –, die Bergen-Enkheimer haben scheinbar wirklich – die Ausleihstatistik der öffentlichen Bibliotheken spricht von der stärksten Lesedichte in ganz Frankfurt – das Wort von Flaubert: „Lest, um zu leben!“, Karl Krolow hat es hier in die Erinnerung zurückgerufen, wörtlich und die Bücher der Stadtschreiber in die Hand genommen.
So haben sie von *Wolfgang Koeppen* erfahren, daß Menschen wie „Tauben im Gras“ zurückbleiben, wenn menschliche Existenz einer gesellschaftlichen Maschinerie geopfert wird, sinnlos und zufällig; von *Karl Krolow*, daß es „Das andere Leben“ gibt, wenn auch noch unterhalb eines gegenwärtigen Lebensgefühls, worin Angst eine schon chronische Bereitschaft signalisiert; *Peter Rühmkorf* hat sie über das wahre „Volksvermö-

gen", Volkes Sprache und Witz, aufgeklärt; *Peter Härtlings* „Hölderlin" offenbarte ihnen die Krankheit der Seele als das Kranksein an einer Gesellschaft; von *Nicolas Born* wissen sie, daß die Welt als Abbild vom Mißtrauen an der Wirklichkeit auf eine gefälschte Wirklichkeit, „Die Fälschung", zurückgeht; *Helga M. Novak* hat ihnen mit „Vogel federlos" eine erzählende Sprachkritik am realen Sozialismus geliefert, gezeigt, daß eine ideologische Terminologie Herrschaft über Menschen bedeutet; mit *Dieter Kühn* haben sie an einer Reise in die Vergangenheit teilgenommen: „Wolkenstein", „Neidhart" und zuletzt „Parzival" waren dabei ihre mittelalterlichen Reisegefährten; „den Leser", das sind sie selbst, kennen sie von *Peter Bichsel*, der sie auch über „Das Erzählen", ja, wie wohl? durch Erzählen unterrichtet hat; *Jurek Becker* hat von ihnen Erinnerung und Aufrichtigkeit gegenüber der eigenen Geschichte verlangt, das sind Holocaust und deutsche Teilung; *Günter Kunert* warnte sie vor dem „Verschwinden des Menschen aus seiner Gattung" durch irreversible Naturzerstörung und selbstmörderischen Fortschrittswahn; einen Blick auf die Grausamkeit des Lebens, der Liebe und auf die Vergeblichkeit des Glücks bot ihnen *Friederike Roth* unter dem Leitthema: „Die Welt als Spiel eines ewigen Bewußtseins betrachtet"; *Ludwig Fels'* Schreiben aus „verwerfender Empörung" deckte für sie authentisch die untere Seite des modernen Lebens im Wohlfahrtsstaat auf; *Gerhard Köpf* andererseits – und hier wird doch eine entscheidende Differenz zu allen Vorgängern sichtbar – bewies dem Bergen-Enkheimer Lesepublikum mit seiner Lust am Fabulieren, Formulieren und Zitieren, wie sehr ein sogenannter „epischer Humor" dazu neigt, Generalpardon zu geben, Literatur weniger als erzählerisches Problembewußtsein denn als Illustration eines Spiels mit literarischen Erzählformen.

Eingeladene Freunde der Stadtschreiber in der unter Peter Härtling eingeführten Reihe: „Der Stadtschreiber stellt vor ..." haben dieses literarische Spektrum um viele Aspekte und Nuancen erweitert. In Bergen-Enkheim haben gelesen: Ilse Aichinger, Karin Kiwus, Urs Widmer, Sarah Kirsch, Ursula Krechel, der leider schon verstorbene Hans-Jürgen Fröhlich, Otto F. Walter, Barbara Frischmuth, Jörg Steiner, Stefan Heym, Kurt Bartsch, Ulla Hahn, Eva Demski, Josef Haslinger, Ralf Rothmann, Hans Meyer-Hörstgen, Wolfgang Hilbig, Gert Hofmann, Gerold Späth und Katja Lange-Müller. Diese bis jetzt zwanzig Namen umfassende „Gästeliste" liest sich wie ein repräsentativer Querschnitt moderner deutschsprachiger Literatur aus der Bundesrepublik Deutschland, der DDR, der Schweiz und Österreich.

Die Stadtschreiber selber sind jedoch auch immer wieder nach Bergen-Enkheim zurückgekehrt, ob nun aus Anlaß des Stadtschreiberfestes, oder einfach zum Besuch in der Marktstraße 129, dem „Geburtshaus" des Stadtschreibers, bei der Familie Schneider, oder aber zur Vorstellung eines neuen Buchs.

Ja, und zwei Stadtschreiber haben aus Bergen-Enkheim als einem Ort für Literatur einen literarischen Ort des Geschehens selbst gemacht. Dieter Kühn präsentierte hier 1984 den Roman „Die Kammer des Schwarzen Lichts" mit dem Schauplatz Bergen-Enkheim. Die Krankheitsgeschichte eines Lehrers wird darin verbunden mit der Vereinnahmung und teilweisen Zerstörung historischer Substanz, die diese Kleinstadt gleichsam exemplarisch vor den Toren einer Metropole in einem Ballungsgebiet erleidet. Für Peter Bichsel, der Bergen-Enkheim öffentlich ein „Kaff" genannt hatte, ist dieser Vorort längst schon zu einem Diskussionsort geworden: über Literatur (Frankfurter Poetik-Vorlesungen 1982) und Politik („Wie deutsch sind die Deutschen?" in den „Schulmeistereien" 1985; allgemeine Zeitfragen in den Kolumnen „Irgendwo anderswo" 1986), vielleicht sogar zu einem Fluchtpunkt, wie in der autobiographisch verfremdeten Geschichte

„Warten in Baden-Baden“, die in Bergen spielt und in der auch Einheimische auftreten, aus dem Erzählband „Der Busant“ (1985).
Vielleicht hat Peter Rühmkorf doch recht, wenn er sagt, daß Bergen-Enkheim für die Stadtschreiber „nicht bloß Durchgangsstation“ geblieben, sondern „ein Stück Heimat“ geworden ist.

Ein premium sui generis

Merkwürdig ist, daß die Einrichtung des Stadtschreiberamtes zwar viele Nachahmungen gefunden hat: „Schreiberstipendien“ auf dem flachen Land, „Stadtteilschreiber“ in der Großstadt, „Turmschreiber“ in luftiger Höhe, ja, sogar einen „Dorfschreiber“ hat es bereits gegeben, aber daß all diese Beispiele mehr oder minder schlechte Kopien des Originals geblieben sind. Sie sind es deshalb, weil als real mißverstanden wurde, was sinnvoll aber nur symbolische Bedeutung haben kann: Der „Stadtschreiber von Bergen“ übernimmt ein „symbolisches Amt“. Er ist kein Kulturarbeiter, der Kulturprogramme auffüllt, kein Handlungsreisender in literarischen Kurzwaren, der von einer Veranstaltung zur nächsten hastet, kein Abfasser einer Stadtchronik, kein Auftragschreiber, der ein Gedicht oder ein Prosastück abzuliefern hätte zur höheren Weihe einer Kulturgesellschaft, kein Hilfslehrer, eingesetzt zur Behebung der Leseunwilligkeit von Schülern, und was es sonst noch an kulturbeflissenen Zumutungen für einen freien Schriftsteller geben mag, darin eine fast schon peinliche Ahnungslosigkeit gegenüber schriftstellerischer Arbeit verratend.
Ein premium sui generis, denn er ist ein kommunaler Förderpreis, die Bürger haben ihn gestiftet, kein reicher Mäzen oder exklusiver Förderkreis fungiert hier als Geldgeber. Das gewährleistet dem Stadtschreiber seine Unabhängigkeit. Eine unabhängige Jury aus Literaten, Bürgern und Kritikern trifft eine freie Entscheidung. Das stellt den Stadtschreiber über alle Parteien. Unabhängig und überparteilich, so verwirklicht sich im Stadtschreiber ein Prinzip demokratischer Öffentlichkeit auf literarische Weise. Und das ist das Entscheidende: die Maxime, die für die Literatur gilt, „daß sie es unterlassen muß, Forderungen und Wünsche zu erfüllen“ (Jurek Becker), gilt auch für die Amtsführung des Stadtschreibers. Nicolas Born hat das in einem Interview klargestellt: „(...) sich an den Bürger heranschmeißen oder sich ihm anzubiedern mit den eigenen literarischen Produkten oder mit literaturbetrieblichen Aktivitäten – dann hätte ich das nicht angenommen.“ Das haben die Bergen-Enkheimer von Anfang an verstanden. Es gibt deshalb nur eine einzige conditio sine qua non: daß der jeweilige Amtsinhaber, so oft es seine Zeit erlaubt, hier in Bergen-Enkheim weilt. Auf den Begriff gebracht hat Peter Bichsel die ganze Stadtschreiberei mit den Worten: „Das ist das Fantastische an dieser Idee, daß einfach Leute hineingeschmissen werden und es wird ihnen gesagt: ‚Du bist jetzt ein Stadtschreiber, und wir sagen dir nicht, was das ist. Mach' selbst etwas daraus!‘ “ Manchmal entstehen daraus auch Bücher, denn ein Wunsch der Stadtschreiber ist den Bergen-Enkheimern sakrosankt, Peter Härtling hat ihn ausgesprochen: „Im Stadtschreiberhaus will ich aber auch arbeiten. Ich will nämlich kein Ausstellungsgegenstand sein, sondern ein Arbeitender unter Arbeitenden.“

Literatur als Volksfest

„Literatur ins Volk tragen“, das war der Gedanke, der von Anfang an die Idee des Stadtschreibers begleitet hat. Sinnbildlich in Szene gesetzt wird dieser Gedanke alljähr-

lich beim Stadtschreiberfest im großen Festzelt am Freitagabend vor dem traditionellen Berger Markt. Gefeiert wird mit dem Preisträger gewiß die Literatur, es ist jedoch ebenso ein Volksfest, das hier stattfindet. Sein Organisator ist der Bergen-Enkheimer Rolf Henke. Dreitausend Menschen und mehr, die es manchmal schon waren, in einem Festzelt auf einfachen Holzbänken sitzend, viele stehen auch, Apfelwein und Bier im Ausschank, mitreißende Jazzmusik, die vorweg gespielt wird – in dieser Atmosphäre bereitet man sich darauf vor, einen Literaten zu feiern. Das ist ungewöhnlich und einmalig. Denn wo feiert das Volk noch seine Dichter?
„Die Welt der Maschine", um mit Nicolas Born zu reden, hat beide voneinander getrennt: „Die Megamaschine hat die Sprache auf ein Informationssystem heruntertypisiert; die Sprachlosigkeit ist laut, das Schweigen zu einem Nicht-sprechen-können geworden." Dagegen bildet das Stadtschreiberfest im Berger Festzelt eine Gegenveranstaltung. Das ist keine akademische Feier für Sprache und Dichtung. Hier wird die Literatur gefeiert als Volksfest mit einem Publikum aus Bergen-Enkheim, Frankfurt und Umgebung, das äußerst kritisch und sehr spontan zu reagieren weiß. Wehe dem, der dort als Oberlehrer auftritt und auf Ruhe pocht, er läuft Gefahr, ausgelacht zu werden, so wie dies einem Großkritiker erging, der einen Brief von Wolfgang Koeppen etwas zu autoritär zu Gehör brachte. Die Stimmung in diesem Festzelt ist gewiß ein wenig feucht-fröhlich, in ihrer Ernsthaftigkeit aber ist sie republikanisch-freiheitlich, sie hat Witz und häufig auch politische Schärfe gegen das, was sich in unserer Gegenwart unheilvoll als menschheitsbedrohend und naturzerstörend ankündigt, letztlich ist es dann doch der literarische Geist, oder einfach das freie, prosaisch oder poetisch formulierte Wort, worin sich hier Gegenwartsliteratur zum Ausdruck bringt.
Bergen-Enkheim hat auf diese Weise ein Stück Literaturgeschichte geschrieben: hierfür stehen die Namen von *Wolfgang Koeppen, Karl Krolow, Peter Rühmkorf, Peter Härtling, Nicolas Born, Helga M. Novak, Dieter Kühn, Peter Bichsel, Jurek Becker, Günter Kunert, Friederike Roth, Ludwig Fels* und als vorläufig letzter *Gerhard Köpf*. Andere werden folgen. In der weiteren Folge der jetzt 13jährigen Stadtschreiberei liegt jedoch auch deren Problematik beschlossen. Denn wie die bisherige Praxis gezeigt hat, werden Autoren und Autorinnen von einigem Rang verlangt, kritische Potenzen, deren Œuvre für ein Jahr Auseinandersetzung mit ihnen vorhält. Die eigenen Arbeiten können zwar „aufgefüllt" werden durch eingeladene Kollegen, aber gefordert ist sowohl guter als auch genügender „Stoff" vom Amtsinhaber selbst. Und ein bestimmtes Maß an verfügbarer Zeit ist unabdingbare Voraussetzung, damit eine Präsenz am Ort überhaupt stattfinden kann.
Die entscheidende Frage der literarischen Qualität ist zugleich eine Frage der kritischen Tradition, wie sie hier in Bergen-Enkheim gleichsam „unter freiem Himmel" formuliert worden ist. Walter Jens sprach in seiner „republikanischen Rede" auf dem Stadtschreiberfest 1976 davon, daß Literatur für uns verdeutlicht, „was Menschen sein können, und was die Gesellschaft aus ihnen gemacht hat". Martin Walser erklärte hier im Festzelt: „Wer aber noch viel zu wünschen und noch mehr zu fürchten hat, der liest. Lesen hat keinen anderen Anlaß als Schreiben. Auch das Schreiben findet statt, weil einer etwas zu wünschen und zu fürchten hat." Max Frisch formulierte dort mit dem Pathos der Nüchternheit die moderne Unumkehrbarkeit: „Johann Wolfgang Goethe und Geringere, die vor uns geschrieben haben, sie alle rechneten mit einer Nachwelt. Das tut kein Schriftsteller heute, glaube ich, und trotzdem schreiben wir ...".
Das ist keine Ansammlung literarischer Leerformeln, sondern ein Teil der poetischen Programmatik, unter der sich die Stadtschreiber in Bergen-Enkheim mit den Bürgern zu

einem Volksfest der Literatur versammeln. Der darin liegende Widerspruch zwischen Volk und Literatur besteht auch weiterhin. Eine breite, vielleicht auch gar nicht zu überbrückende Kluft löst sich jedoch nur dann nicht zur provinziellen Feier affirmativer literarischer Produktion auf, wenn diese kritische Tradition nicht aufgegeben wird. Was in der Provinz begonnen hat, gemeint ist Bergen-Enkheim, muß nicht zwangsläufig in der Provinzialität enden. Denn nur unter der Voraussetzung der hier begründeten kritischen Tradition wird auch noch das Bild stimmen, das Wolfgang Koeppen gezeichnet hat mit den Worten: „Der Preis von Bergen-Enkheim ist der schönste. Er wird nicht von einer Institution verliehen; es geben ihn Menschen. Der Preis von Bergen-Enkheim ist keine Sache einer Akademie oder einer Partei. Das Zelt des Berger Marktes umschließt alle."

Josef Oehrlein

Einsiedler in der Großstadt: Übersetzer

In einer Stadt wie Frankfurt leben zu müssen, zählte der im idyllischen Bamberg residierende Joyce-Übersetzer Hans Wollschläger einmal zu den „besonders gnadenlosen Schicksalsschlägen, die einen leidlich fühlenden Menschen treffen können". Und er machte keinen Hehl daraus, wie sehr er sich in der altfränkischen Behaglichkeit Bambergs geborgen fühlt. Ein Übersetzer, vor allem wenn er sich mit schwierigen literarischen Texten herumplagt, braucht also Stille und mönchische Abgeschiedenheit, er muß den Verlockungen des Großstadtlebens entsagen können, wird zum Anachoreten, dem nur eines heilig ist: das geschriebene Wort. Ist Frankfurt ein Un-Ort für Übersetzer, ein Sündenpfuhl, Stätte der Ablenkung, die den demütigen Dienst am Wort behindert?

Als sich die Übersetzer literarischer und wissenschaftlicher Texte vor nicht allzu langer Zeit ein eigenes Zentrum, ein „Kollegium", einrichteten, wählten sie dafür eben nicht eine geschäftige Metropole, sondern einen Ort, wie er abgeschiedener nicht liegen könnte: das niederrheinische Blumenstädtchen Straelen. Das geschah einerseits aus Zufall, weil der Initiator, der Beckett-Übersetzer Elmar Tophoven, von dorther stammte. Andererseits paßte das aber auch ins Konzept. Die Übersetzer sollten bei der Arbeit an bestimmten Projekten unter ihresgleichen, ungestört und mit all jenen Hilfsmitteln versehen sein, die für ihre Arbeit nützlich und wichtig sind: einer Bibliothek, bürotechnischen Geräten und vor allem viel Raum, nicht nur für die eigene Arbeit, sondern auch für die Begegnung mit den anderen. Das Modell funktioniert – vielleicht weil sich jeder dort nur für eine begrenzte Zeit aufhält? Übersetzer sind, schon von ihrer Tätigkeit her, Einzelgänger, Eigenbrötler, Schreibtischtäter. Die stille und strenge Klausur in einem weltabweisenden klosterartigen Gemäuer ist also der rechte Ort für ihr tägliches „Ora et labora" ?

Eben nicht, sagten sich einige Übersetzer, unter ihnen der Sartre-Spezialist Traugott König, die im Sündenbabel Frankfurt leben, und gründeten eine Bürogemeinschaft; das Domizil liegt an der verkehrsgeschwängerten Mainzer Landstraße, am Rand des ruchlosen Bahnhofsviertels. Es ist in verschiedener Hinsicht ein bescheidener Gegenentwurf zu Straelen: keine weltabgewandte, wohlausgestattete Idylle, sondern ein gewöhnliches Büro, wie es sie in der Bankenmetropole am Main zu Tausenden gibt. Da es eine reine Zweckgemeinschaft ist, es keinen Trägerverein gibt, der das Organisatorische besorgt, jeder zusehen muß, wie er seine Aufträge erledigt, bleibt auch keine Zeit für weitergehende Studien, wie sie verdienstvollerweise in Straelen unter dem Stichwort „Arbeitsspurensicherung" betrieben werden: Die Ergebnisse von Recherchen, die Glossare, die sich Übersetzer für ein bestimmtes Projekt erstellen, werden in dem niederrheinischen Zentrum aufbereitet und den Kollegen zugänglich gemacht. Die Arbeit, die einer auf sich nahm, soll sich ein anderer, der ein Werk mit ähnlicher Thematik übersetzt, nicht noch einmal machen müssen.

Die Idee zur Gründung der Frankfurter Übersetzergemeinschaft entstand aber aus dem gleichen Antrieb wie das noble Kollegium im Niederrheinischen: Die Übersetzer, notorische Heimarbeiter, wollten sich eine gemeinsame Arbeitsstätte schaffen, um sich zwar mit jeweils eigenen, höchst verschiedenartigen Projekten zu beschäftigen, aber doch den Kollegen als Ratgeber in Rufweite zu haben, wenn es gar nicht weitergehen will.

Das klingt banal, ist aber nicht selten für den gewöhnlich in unerbittlicher Isolation lebenden Übersetzer eine nicht zu unterschätzende Hilfe. Manchem von ihnen ist es gar eine Lust, nicht nur zu Hause sitzen zu müssen, sondern richtig „ins Büro gehen zu *können*". Es sind allerdings nur wenige – zwischen fünf und sieben – unter den in Frankfurt lebenden Übersetzern, die sich solcherlei Luxus leisten. Die meisten arbeiten doch zu Hause, wenn sie nicht wegen der miserablen Entlohnung ihrer Tätigkeit (auf die wir unweigerlich noch zu sprechen kommen) einen „anständigen" Brotberuf, etwa den eines Lektors oder Redakteurs, ausüben und ihm zuliebe „ins Büro gehen *müssen*".

Allen Übersetzern aber ist eines gemeinsam: Sie verrichten ihr strenges Werk im Schatten der großen Autorennamen, der glanzvollen Literaturereignisse. An ihnen teilzuhaben, fehlt den „Kurieren des Geistes" – eine von vielen Metaphern, die das Schattendasein des Übersetzers ein wenig aufhellen sollen – vor allem eines: Zeit. Immer kürzere Ablieferungsfristen, eine immer hektischer, immer kurzatmiger von Bestseller zu Flop und viceversa hetzende Buchproduktion halten einen Übersetzer, der gut im Geschäft ist und es auch bleiben will, in Trab.

Was aber heißt übersetzen? Ist der Übersetzer nur Wörtertransformator oder doch vielleicht eine Art Schriftsteller? Eine Frage, nicht nur mit berufsethischem, sondern auch handfestem materiellen Hintergrund. Für den Bundesfinanzhof, der sich in einem Prozeß mit dem Problem auseinandersetzen mußte, liegt die Sache vergleichsweise einfach. Neben der „rein technischen Beherrschung der Fremdsprache" gestand er den Übersetzern immerhin ein Quentchen Kreativität zu, denn sie benötigten „in gewissem Umfang auch schöpferische Fähigkeiten, etwa bei der Auswahl unter einer Mehrzahl von Synonyma".

Der Amtsschimmel, der nur eine Sprache – Behördendeutsch – spricht, stellt sich also das Übersetzen ungefähr so vor: Zur Durchführung einer Übersetzung hat der Übersetzer die dem zu übersetzenden Text entsprechenden Wörter der Zielsprache aufzusuchen. Wenn ihm ein Wort nicht geläufig ist, bedient er sich eines Wörterbuchs. Bietet ihm das Wörterbuch mehrere gleichbedeutende Wörter in der Zielsprache an, hat er das am besten passende Wort auszuwählen. Die Regeln der Grammatik und Orthographie sind dabei selbstverständlich zu beachten.

Wir wollen nicht verschweigen, daß es sich einige Übersetzer fast so einfach machen. Schauen wir aber einem verantwortungsbewußten Dolmetscher über die Schulter, bemerken wir sehr rasch, daß Wörterbücher und Glossare zwar ein häufig gebrauchtes, keineswegs aber das wichtigste Handwerkszeug sind. Der Übersetzer eines literarischen, eines Sachbuch- oder wissenschaftlichen Textes ist, noch bevor er das erste Wort niederschreibt, hartnäckiger Rechercheur, sogar selbst Wissenschaftler. Er muß sich in jedes Fachgebiet, um das es in dem Originaltext geht, einarbeiten, muß sich Kenntnisse über all jene Themen aneignen, die der Autor in seinem Opus streift. Zum Beispiel Sartre: Um dessen Texte verdolmetschen – ja, erst einmal verstehen – zu können, muß der Übersetzer über den Algerien- und Vietnam-Krieg ebenso Bescheid wissen wie über die Lyrik des neunzehnten Jahrhunderts oder die Geschichte des Kongo. Manchmal gar wird der Übersetzer zum kriminalistischen Spurensucher. Noch einmal Sartre: Als Traugott König bei dem französischen Philosophen ein Hegel-Zitat fand und es – nach alter Übersetzer-Regel nicht ins Deutsche „zurückübersetzen", sondern im deutschen Original übernehmen wollte, mußte er nach zeitraubenden Nachforschungen feststellen, daß Sartre über eine „Hegel"-Sentenz geschrieben hatte, die beim originalen Hegel in dieser Form gar nicht vorkam.

Der spanische Autor Camilo José Cela fügte in eine spanische Neuauflage seines Romans „La colmena“ („Der Bienenkorb“) die Fußnote ein: „Meine Übersetzerin ins Deutsche, Gerda Theile-Bruhns, machte mich darauf aufmerksam, daß Padilla nicht der Schuhputzer, sondern der Streichholzverkäufer ist; sie hat recht, und ich korrigiere den Lapsus, der sich acht oder zehn Seiten später noch einmal wiederholt. Den Schuhputzer taufe ich Segundo Segura von der vierten spanischen Auflage an.“ Da war also der Übersetzer aufmerksamer als der Autor, der sich im Gestrüpp seines vielhundertköpfigen Roman-Personals verheddert hatte. Der Übersetzer muß genauer sein als der Autor; an die Ausdrucksfülle eines Originals reicht er ohnehin meist nur annäherungsweise heran. Wie oft muß er Kompromisse schließen, wenn in einer fremden Sprache Wortfelder vorkommen, die nur von bestimmten regionalen oder sozialen Gruppen verwendet werden, Begriffe, die kaum in eine andere Kultursphäre zu übertragen sind.

Aber die Zeiten haben sich geändert; das Streben nach nur schöner, glatter „Übertragung“ oder gar „Nachdichtung“, spätes, noch in den fünfziger und sechziger Jahren wirksames Erbe der Romantik, ist dem Wunsch nach größtmöglicher Präzision gewichen. Die ins Deutsche eingeströmte Flut von Neologismen, von denen viele gar nicht mehr als Fremdkörper empfunden werden, macht es Übersetzern leichter, immer wieder Begriffe aus der Originalsprache stehenzulassen. Zweisprachige Ausgaben, in denen die Übersetzung lediglich eine tragfähige Brücke zum Verständnis des Originals darstellt und nicht als eigenes Kunstwerk angesehen werden will, in denen sich der Übersetzer schonungslos dem Vergleich zwischen dem Original und seinem Elaborat stellt, erscheinen immer häufiger auf dem Markt. Jenseits aller semantischen Präzision bleibt es aber wichtigstes Bestreben des Übersetzers, wenigstens einen Teil der Atmosphäre und des Tonfalls eines Originaltextes in die Übersetzung hinüberzuretten.

Allmählich findet die Leistung der Übersetzer größere Anerkennung: Nicht gerade üppig, aber doch ordentlich dotierte Auszeichnungen für hervorragende Übersetzer-Leistungen sprießen aus dem Boden der preisgesättigten Literaturlandschaft. Die Bereitschaft einschlägiger Stiftungen und kultureller wie wissenschaftlicher Institutionen, einzelne Übersetzungsprojekte zu fördern, ist in letzter Zeit stetig gewachsen.

Aber das ist nur ein Trostpflaster auf eine große Wunde, die immer wieder von neuem aufbricht. Wann immer man mit Übersetzern spricht, kommt die Rede auf die unanständig niedrigen Honorare, mit denen ihr Dienst am Wort entlohnt wird. Wie Hohn muß Übersetzern das Wort eines renommierten deutschen Verlegers im Ohr klingen, der zwar ihre Leistung anzuerkennen bereit war, im gleichen Atemzug aber feststellte, daß seine Bücher unbezahlbar würden, wenn er die Übersetzer so entlohnen würde, wie sie es eigentlich verdienten. Als Durchschnittswert gelten für literarische und wissenschaftliche Texte immer noch 25,– DM pro Buchseite (angestrebt werden derzeit 30,–), beschämend wenig, wenn man sie zu den durchschnittlich 90,– DM für – meist sehr viel leichter zu übersetzende – technische Texte in Beziehung setzt.

Klaus Birkenhauer, Geschäftsführer des Straelener Kollegiums, hat es einmal durchgerechnet: Will ein Übersetzer mit seiner Tätigkeit ein Jahreseinkommen von 54 500,– DM (4 500,– DM im Monat) bei einem Honorar von 25,– DM pro Seite erreichen – was nur ganz wenigen gelingt –, müßte er im Jahr 2200 Seiten druckfertigen Buchtext, täglich sechs Blatt produzieren. „Das ist selbstverständlich kaum menschenmöglich – und so sind zwei traurige Tatsachen mit einem Schlag erklärt: Warum viele *gute* Üersetzer *nicht* vom Übersetzen leben können, und warum nicht wenige Übersetzer, die davon leben *müssen*, mittelmäßig bis schlechte Arbeit liefern“, kommentiert Birkenhauer die materielle Situation des Übersetzerberufs.

Gegen die Bedingungen des Marktes sich aufzulehnen, bringt den Übersetzern nichts ein, denn wenn sich einer verweigert, wird eben ein anderer engagiert; und oft genug richten sich Verlage, wie auf dem Bau, nach dem billigsten Angebot. Schlechte Übersetzungen sind kein Reklamationsgrund, bedeuten für die Verlage also auch kein finanzielles Risiko. Eine traurige Konsequenz, die um so schwerer wiegt, als selbst miserable Übersetzungen die Rezeption eines ausländischen Autors auf Jahrzehnte prägen können.

Verleger kalkulieren, so könnte man es böswillig sagen, mit dem Idealismus der Übersetzer. Wenn einer, der beispielsweise zu Literatur geronnene Milieubilder aus den Negervierteln New Yorks übersetzen soll, über den Großen Teich fliegt, um dort Sprachstudien zu treiben, geht das auf sein eigenes Konto. Verlangt wird eine solche Sonderleistung nicht, nein, aber schön wär's schon, wenn der Übersetzer sie erbrächte... Und wenn er irgend kann, wenn er das Geld, vor allem aber die Zeit hat, wird ein Übersetzer, der etwas auf sich hält, solcherlei Vorarbeiten auf sich nehmen. Aber wie wenige sind es, die es sich tatsächlich leisten können, zeitlich und finanziell?

Es gibt freilich auch rühmenswerte Ausnahmen. Günter Grass beispielsweise trifft sich, wenn die Auslandslizenzen für ein neues Werk vergeben sind, mit seinen Übersetzern (in Frankfurt, weil es verkehrstechnisch günstiger liegt, und nicht in Straelen), geht das Opus Wort für Wort durch, erläutert die Bedeutung von Metaphern, erklärt Kontext und Konnotationen. Der Verlag organisiert zwar diese überaus nützlichen Klausurtagungen, aber nicht aus freien Stücken, sondern auf ausdrücklichen Wunsch des Autors. Auch ein Modell, das nachahmenswert ist, aber von kaum einem Verlag nachgeahmt wird, weil es zuviel kostet.

Das Verhältnis zwischen Übersetzern und Verlagen ist keineswegs spannungsfrei, nicht nur wegen des Honorarproblems. Beide sind aufeinander angewiesen, und doch gewinnt man oft den Eindruck, als sei der Übersetzer für manche Verlage ein zwar notwendiger, aber doch eher lästiger Zwischenwirt. Entsprechend wird der Dolmetscher auch auf den Buchdeckeln behandelt: Sein Name erscheint meist nur im Kleingedruckten, im Impressum oder auf dem Schutzblatt.

Auf den Kontakt mit den Verlagen ist der Übersetzer auf Gedeih und Verderb angewiesen. Und so ist es an der Zeit, die Standortvorteile der Bücherstadt Frankfurt aufs neue zu preisen. Es ist ein offenes Geheimnis, daß die meisten Übersetzungsaufträge über inoffizielle Kontakte zustande kommen. Zu denen bietet Frankfurt, nicht nur zur Buchmessezeit, reichlich Gelegenheit: bei kulturellen Veranstaltungen, in Cafés und Kneipen, bei Empfängen. Die Regeln des Geschäftes verlangen es, daß der Übersetzer für die Verlage stets greifbar bleibt. Wenn der eine gerade unterwegs ist, bekommt der nächste den Auftrag. Und dieser nächste zu sein, dazu ist an einem so günstigen Ort wie Frankfurt die Chance eben besonders groß. Wir wollen andere Vorteile Frankfurts für den Übersetzer nicht außer acht lassen: das überaus reichhaltige Angebot an gut funktionierenden, reichhaltig bestückten Großbibliotheken (die Stadt- und Universitätsbibliothek allein mit 3,5 Mio. Bänden und die Deutsche Bibliothek) wie an kleinen, hochspezialisierten Büchersammlungen, mit deren Hilfe die vorbereitenden Arbeiten für eine Übersetzung effektiv und ohne großen Zeitverlust zu bewältigen sind.

Die Übersetzer leben unter uns, aber im öffentlichen Kulturleben treten sie so gut wie nicht in Erscheinung, sie verfassen keine Manifeste, halten keine wichtigtuerischen Reden, sondern nehmen ihr Kreuz geduldig auf sich und wirken in der stillen Kammer. Von den unzähligen Gelgenheitsübersetzern bis zu der Handvoll anerkannter, in den Rang von Fast-Autoren aufgestiegener Koryphäen ihres Fachs, vom zufälligen Einmalübersetzer, der nach mühevoller, schlecht entlohnter Arbeit gleich wieder dem Gewerbe für immer entsagt, bis zum überzeugten, ja, von seiner Mission besessenen Wiederholungstäter bevölkern alle Arten jener „schrägen Vögel“ – wie Klaus Birkenhauer die Angehörigen seines Berufsstandes gerne nennt – die Stadt der Bücher. Wir bemerken sie nicht, aber wenn wir sie nicht hätten, wäre die vielgerühmte Frankfurter Literaturlandschaft um einen wichtigen Teil ihres geistigen Ökosystems ärmer.

Carl Paschek

Die Johann Wolfgang Goethe-Universität Frankfurt am Main als Literaturproduzent

Die Johann Wolfgang Goethe-Universität Frankfurt a. M. nimmt unter den deutschen Universitäten hinsichtlich Ursprung und Geschichte eine besondere Stellung ein: Sie wurde als Stiftungsuniversität vor dem ersten Weltkrieg errichtet (Aufnahme der Vorlesungen im Wintersemester 1914/15) und hatte ihre finanzielle Grundlage in den freiwilligen Stiftungen von mäzenatisch gesinnten Bürgern und öffentlichen und privatrechtlichen Körperschaften. So verbürgte bereits der Gründungsakt, daß die Bürger und die Universität durch einen gemeinsamen Interessenschwerpunkt von Anfang an aufeinander bezogen waren und in fruchtbarer Wechselwirkung standen.

Als ‚Universitas Litterarum' vereinigt die Universität die Gesamtheit aller Wissenschaften und widmet sich primär der Lehre, Ausbildung und Forschung. Als Konsequenz und Begleiterscheinung ihrer zentralen wissenschaftlichen Aktivitäten wird die Universität zum Literaturproduzenten, der in vielfältigen Formen der Urheberschaft und mit verschiedenartigen Publikationsarten in Erscheinung tritt: Als direkter und unmittelbarer Urheber von Literatur oder als mittelbarer Urheber und institutioneller Anlaß von Publikationen (z. B. bei Dissertationen, Habilitationsschriften u. ä.). Zur erstgenannten Funktion gesellt sich meist die Rolle als Eigenverleger, während das im geistigen universitären Wirkungsfeld entstandene Schrifttum verstreut in den Verlagen des In- und Auslandes erscheint.

Beide Funktionen werden planvoll, sachkundig und erfolgreich in die Praxis umgesetzt, und diese Leistung hat wesentlich dazu beigetragen, das geistige Klima der Hochschule zu beleben, zu entwickeln und transparenter zu machen. Es war daher folgerichtig, nicht nur auf dem eigenen Campus das Feld zu bestellen, sondern in den benachbarten Messehallen die Produkte im Rahmen der Buchmesse vorzustellen, eine repräsentative Form, um über die im geistigen Umfeld der Hochschule entstandenen Veröffentlichungen zusammenfassend zu informieren und die Tätigkeit als Literaturproduzent der Öffentlichkeit zu dokumentieren.

Sie tut damit jedoch nicht etwas völlig Neues, sondern verbreitert die Basis einer Informationsarbeit, die zwei Richtungskomponenten aufweist: Eine interne, auf den Austausch von Informationen, Forschungsergebnissen und Meinungen unter Wissenschaftlern und Studenten bezogene Komponente und eine externe, auf die Information und Kommunikation mit den Bürgern, Freunden, Förderern und den Trägern bezogene Komponente.

Eine zentrale Rolle als Informationsmittel spielen die folgenden Eigenveröffentlichungen der Universität:

1. Die Dokumentation und die Information über laufende Forschungsaktivitäten in einem dreijährlich erscheinenden *Forschungsbericht* und in der Vierteljahresschrift *Forschung Frankfurt*, die populärwissenschaftlich orientiert ist.
2. Informationen über die Forschungsergebnisse der an der Universität vertretenen Disziplinen mit Hilfe der dreijährlich erscheinenden *Jahresbibliographie*.
3. Informationen über das gesamte aktuelle Lehrangebot eines jeden Semesters in den halbjährlich erscheinenden *Vorlesungsverzeichnissen*.

4. Dokumentation der Selbstverwaltungsorgane, der wissenschaftlichen Einrichtungen (Fachbereiche, wissenschaftliche Betriebseinheiten [WBE], Institute, Zentren und angeschlossene Institute) und der Mitglieder des Lehrkörpers der Universität in den *Personalverzeichnissen.*
5. Laufende aktuelle Berichterstattung über das akademische Leben, wissenschaftliche Aktivitäten, hochschulpolitische Fragen und Personalia, Anzeigen und Veranstaltungen im *Uni-Report.*

Schrifttum im Wirkungsfeld des hochschulpolitischen Prozesses

In der politischen Verfassung der Universität begründet liegen die folgenden periodischen Veröffentlichungen: Der jährliche *Rechenschaftsbericht des Präsidenten* (1.1972 ff.) an den Konvent der Universität – eine Verpflichtung, die in der 1971 konstituierten neuen Verfassung der ‚Gruppenuniversität' festgelegt wurde –, ferner kommen in Betracht die *ASTA-Informationen*, die über die Aktivitäten des ASTA berichten, und das gesamte Spektrum der Studentenpresse: *Diskus.* Frankfurter Hochschulzeitung, *Pro.* Frankfurter Hochschulzeitung, *Kult.* Lyrik, Prosa, Grafik und Essays für das ‚Erleben' der späten Achtziger, *Frankfurter Hochschulzeitung*, Marxistische Gruppe.
Diskus, als *Frankfurter Hochschulzeitung* am 1. Februar 1951 begonnen, ab 1956 in *Diskus* umbenannt, in der Vor-68er-Phase gleichzeitig als Nachrichtenblätter der Gesellschaft der Freunde und Förderer der Johann Wolfgang Goethe-Universität Frankfurt a. M. geführt, aus Mitteln der Landesregierung Hessens, der Universität, aus Mitgliedsbeiträgen und Anzeigen finanziert, von einem Herausgeberkollegium geleitet, das vom Studentenparlament gewählt wird, wollte von Anfang an einen redaktionellen Kurs steuern, der nicht partikulare Ziele anstrebte, sondern die allgemeine Konsensfähigkeit und -möglichkeit, in denen sich der Gesamtwille wiedererkennen konnte und die Vielfalt der Meinungen, Richtungen und Interessen der Studentenschaft repräsentiert wurde. Der Kurs war objektiv, argumentativ, offen für kontroverse Positionen und durchaus politisch engagiert. Es heißt im ‚editorial' von 1951:

„Es ist eine Zeitung von Studenten und für Studenten...". Sie solle den „Studenten die Möglichkeit geben, frei ihre Meinung zu allen Dingen zu äußern, die uns innerhalb und außerhalb der Universität angehen. Sie will die Interessen der Studentenschaft vertreten und das Leben und den Alltag des einzelnen Studenten widerspiegeln... Eine Aufgabe sehen wir auch darin, uns mit dem studentischen Gemeinschaftsleben zu beschäftigen. Verbindungen und Vereinigungen sollen hier zu Wort kommen. Den Kontakt zwischen Studentenschaft und Öffentlichkeit zu fördern, wird ein weiteres Ziel der Zeitung sein... Sie ist kein Organ des Asta... Die Frankfurter Studentenzeitung wird das sein, was wir alle aus ihr machen."

Zwar nicht auf Parallelkurs mit den konservativ-restaurativen Kräften der Adenauerzeit, aber auch nicht auf Kollisionskurs bewegte sich der *Diskus* auf einer progressiv-fortschrittlichen Linie und begleitete mit kritisch-wachem Bewußtsein Staat, Politik, Gesellschaft und das akademische Leben. Von Anfang an wurde eine pro-israelische Grundhaltung gepflegt und artikuliert. In den Aufsätzen, Artikeln, Personalnachrichten, Zeitschriftenschauen, Anzeigen und im Feuilletonteil, der als das beste Feuilleton Deutschlands galt (es wurden Beiträge von heute namhaften Autoren gedruckt wie Thomas Bernhard, Horst Bienek, Helmut Heißenbüttel, Christoph Meckel), findet sich die Bewegung und Vielfalt des studentischen und akademischen Lebens widergespiegelt.
Als Ende der sechziger Jahre die studentische Revolte kulminierte, kam der Untergang

des *Diskus*, als ihm vom Rektorat die Geldmittel entzogen wurden. Erst 1970 erschien die neue Folge, die Kontinuität und Wandel in den ‚editorials' im Stil und Ton der neuen radikaleren politischen Grundeinstellung verkündete:

„Der Streit um's politische Mandat hatte symbolisch signalisiert, daß Studenten sich der sozialen Relevanz ihrer wissenschaftlichen Arbeit bewußt sind. Von da aus ist es nicht nur legitim, sondern selbstverständlich, daß in einer Studentenzeitung Stellung genommen wird zur Gewerkschaftsfrage, zum Nahostkonflikt, zum Imperialismusproblem, zur Faschismustheorie usw. Eine Studentenzeitung kann nicht zum Äquivalent studentischer Organisation werden, sie sollte nicht zum permanenten Agitationsforum einer Richtung werden, sondern studentische Praxis beispielhaft als emanzipatorisch realisieren helfen, indem sie sich permanent selbstreflektierend nennt und in theoretische Begründungszusammenhänge zu stellen versucht... Transparent werden kann der hochschulpolitische Prozeß nur, wenn Zirkelwesen und punktuelles Wahlkampfgetöse durchbrochen werden und wieder Argumente und Fakten permanent in die Universitätsöffentlichkeit einströmen. Zur Politisierung scheint uns das ebenso relevant zu sein, wie Konflikte mit der Polizei oder einem politisch vernagelten Rektorat."

Der *Diskus* ist seit der 68er-Phase weiterhin ein getreues Spiegelbild des akademischen und studentischen Lebens der 1971 errichteten ‚Gruppenuniversität' geblieben, geschüttelt von Kontroversen und Turbulenzen, doch nach wie vor lebenskräftig und vital wird er seinen Kurs in die Zukunft steuern.

Der Forschungsbericht

Der bislang in fünf Folgen erschienene dreijährliche *Forschungsbericht* (1. Berichtszeit 1971–1973) erfaßt und beschreibt einheitlich und zentral alle wissenschaftlichen Aktivitäten, Forschungsthemen und Projekte, die in allen an der Universität vertretenen Wissenschaftsdisziplinen bearbeitet werden. Somit führt das aufmerksame Studium dieser Eigenpublikation in das aktuelle geistige Leben der Universität ein. Bezüglich der Funktion der Hochschule als Literaturproduzent liegt eine erstrangige Quelle vor, die Aufschluß gibt über die dreigliedrige Beziehung eines Forschungsthemas zu seiner Ansiedlung in einem Institut, zum Stand der Wissenschaft und zu den Veröffentlichungen, die im unmittelbaren Zusammenhang damit entstanden sind.
Überblickt man in dem Bericht 1981 bis 1983 den trocken dokumentierten Bestand an Forschungsthemen der in einundzwanzig Fachbereichen vertretenen Disziplinen, so wird der Kosmos des heutigen Wissens wie in Brennpunkten gesammelt und dargestellt, sowohl in Richtung der Gegenstandsbereiche und Realitätsschichten (Kosmos, Bios, Logos) als auch in Richtung der Problemstrukturen (theoretische, interdisziplinäre, anwendungsorientierte und praxisbezogene Forschung) und schließlich in Richtung der durch die Erkenntnisziele begründeten Differenzierungen in Grundlagen-, Spezialforschung und angewandte Forschung.
Es ist auch zu beobachten, daß Zielformulierungen und -orientierungen der Probjekte sich zunehmend darauf ausrichten, neue, im Aufgang begriffene Problemfelder zu erfassen, Problemlösungsstrategien und Erklärungsmodelle zu entwickeln, die nicht nur wiederum der Forschung selbst zugute kommen, sondern die auch geeignet sind, als wissenschaftliche Entscheidungshilfen zur Lösung der Probleme und Aufgaben zu dienen, vor denen heute Staat, Gesellschaft, Verwaltung, Wirtschaft und Technik stehen, wenn sie die konkrete gesellschaftlich-politische Praxis mit rationalen Mitteln planen, Entscheidungen treffen und neue Gestaltungen durchsetzen wollen. Dynamik und Innovation

der Forschung bewegen sich stärker auf das gesellschaftlich-staatlich-wirtschaftliche Schwerefeld zu, und es zeigt sich, daß es der Wissenschaft durchaus gelungen ist, den eigenen, unabhängigen Kurs zu halten und zu stabilisieren und ein interessendynamisches Gleichgewicht zu erreichen zwischen den erkenntniszentrierten Eigenkräften und den nutzenzentrierten Zwangskräften von Produktion, Kapital und Macht.
In vielen Bereichen liegt die Forschung der Universität Frankfurt a. M. an der Weltspitze. Als Indiz und als Beispiel kann die Vergabe des Nobelpreises für Physik 1986 angesehen werden, den der Frankfurter Gerd Binnig zusammen mit zwei Kollegen für seine Forschungen zum Raster-Tunnel-Mikroskop erhalten hat. Es ist ferner zu bemerken, daß die Forscher zunehmend ihr Problembewußtsein weiterentwickeln und der sach- und gegenstandsbezogenen Komponente ihrer wissenschaftlichen Arbeit eine selbstreflexive Komponente zufügen, ganz im Sinne von Brechts „Galileo Galilei", in dem explizit gefordert wird, daß die Wissenschaftler sich um die Folgen und Wirkungen ihrer Arbeit selbst kümmern müssen und nicht die Nutzung und Verwertung den Machthabern aller Art überlassen dürfen.
Versucht man die Gesamtheit der mehr als zweitausend Forschungsthemen unter dem Aspekt der neuen Problemfelder zu mustern, so tauchen an zentraler Stelle die Fragen nach Chancen und Risiken der modernen Industriegesellschaft auf, die in einer Reihe von Forschungsthemen verschiedener Disziplinen untersucht werden. Hierzu rechnen vor allem die Frage der Schadstoffbelastungen unserer Umwelt und das Waldsterben (Prof. Dr. Gundolf Kohlmaier, Fachbereich 14, Institut für Theoretische und Physikalische Chemie; Prof. Dr. H.-W. Georgii u. a., Fachbereich 17, Institut für Meteorologie und Geophysik; Prof. Dr. W. Plass, Fachbereich 17, Institut für physikalische Geographie), ferner wird untersucht die Umweltpolitik, vor allem die Effizienzkontrolle (Prof. Fritz Abb, Dr. B. Schulz, Fachbereich 2, Institut für Konjunktur, Wachstum und Verteilung). Zu den aktuellen Problemfeldern der heutigen Gesellschaft zählen auch Terrorismus, Kriminalität und damit verbunden Fragen der Sozialtherapie und Kriminalsoziologie (untersucht in Projekten von Prof. Dr. H. Jäger, Fachbereich 1, Institut für Kriminalwissenschaften; Prof. H. Steinert, Prof. D. H. Hess, Fachbereich 3, Wissenschaftliche Betriebseinheit [WBE] Produktion/Sozialstruktur; Prof. Dr. K. Lüderssen, Prof. Dr. H. Jäger, Prof. Dr. C. de Boor, Fachbereich 1, Institut für Kriminalwissenschaften).
Weitere Problemfelder mit aktuellem Gesellschaftsbezug sind die Frauenfrage und die Aspekte ihrer Erforschung: Frauenstudium im Wissenschaftsbetrieb (Dr. W. Mohr, Fachbereich 3, WBE Produktion/Sozialstruktur), ferner die gesamten Forschungsprojekte des Instituts für Sozialforschung (gegründet 1923 in Frankfurt a. M., aus Mitteln privater Stiftungen errichtet, 1933 von den Nationalsozialisten geschlossen, setzte die Arbeit im Exil in Genf und in Amerika fort, 1950 nach der Rückkehr von Max Horkheimer und Theodor W. Adorno erneut gegründet), Forschungsthemen, die sich vor allem mit der beruflichen Arbeit im Lebenszusammenhang, Frauenlohnarbeit unter Leitung von Prof. Dr. L. von Friedeburg befassen. Die Reihe der Probleme mit gesellschaftlich aktuellem Bezug setzt sich fort mit den Jugendreligionen (Dr. H. Röhr, Fachbereich 6, WBE für evangelische Theologie), Fragen des geteilten Deutschland, vor allem Fragen der sowjetischen Deutschlandpolitik 1945–1955 (Prof. Dr. A. Fischer, Fachbereich 8, Historisches Seminar).
Ein weiterer Komplex von Forschungsprojekten behandelt die modernen Seuchen: Krebs, Hepatitis, AIDS (Prof. Dr. G. May, Fachbereich 19, Zentrum für Hygiene; Prof. Dr. H.-D. Brede, am selben Institut; Prof. Dr. W. Stille, Fachbereich 19, Zentrum für innere Medizin).

Gegenwärtig tritt die Diskussion über die Krise der Geisteswissenschaften und über eine dringende Neuorientierung im Sinne einer stärkeren Praxis- und Berufsbezogenheit, insbesondere bei der Germanistik, in eine neue Phase. Symptomatisch ist das Hauptthema des diesjährigen (1987) Germanistentages in Berlin: „Germanistik im technologischen Zeitalter. Anpassung und Selbstbestimmung." Das Selbstverständnis der Geisteswissenschaften steht heute unter der Spannung und dem Druck konträrer Tendenzen: Rückbesinnung auf die Wertebegründung und Sinnstiftung oder stärkere Einbindung und Ausrichtung auf das praktische Handeln und die technologisch-naturwissenschaftlich geprägte Lebenswelt. Die kontroversen Auffassungen und theoretischen Antithesen müssen sich jedoch an einer Neubestimmung der grundsätzlichen Aufgaben der Humanwissenschaften orientieren:

„Es ist die Aufgabe der Philosophen und Theologen, der Historiker und Philologen, die man nur allzu unpräzise als Humanwissenschaftler zusammenfassen kann, das geistige Sein nicht als eine meßbare Realität, sondern als ein historisch und existentiell verstehbares und erklärbares System von Werten zu begründen. Ihre Erkenntnisse und Entdeckungen zielen auf die Sicherung menschlicher Existenz, auf das Verständnis menschlicher Entwicklung, auf Geschichte und Gegenwart, auf Historie und Anthropologie. Letzten Endes liefern die Forschungsergebnisse dieser Wissenschaftler die Bausteine für ein Lebensumfeld, das nur durch Wissen und Glauben den Herausforderungen und Bedrohungen antihumaner Tendenzen standhalten kann." (Paul Raabe, Wissenschaft in der Stadt, S. 37. In: Literarisches Leben in Dortmund. 1984.)

Diese Problematik schlägt sich noch nicht in den Forschungsthemen der geisteswissenschaftlichen Fachbereiche nieder. Keine Ausnahme macht der Fachbereich 13, Neuere Philologien. In kontinuierlicher Fortsetzung der Forschung beschäftigen sich die Projekte der Institute für deutsche Sprache und Literatur I und II mit den Problemen, die im Rahmen der Erforschung der deutschen Sprache und Literatur zu stellen sind. Es wird ein breites Feld der Forschungsgegenstände und der -methoden abgedeckt, so z. B. umfaßt das Methodenspektrum psycholinguistische und traditionell philologisch-sprachwissenschaftliche Methoden. Innerhalb der Literaturwissenschaft finden sich die Vertreter der hermeneutischen Forschung neben denen des Strukturalismus, der Rezeptionsforschung und der sozialgeschichtlichen und literatursoziologischen Einstellung, ferner der psychoanalytischen und tiefenhermeneutischen Ansätze zur Erforschung der Literatur (letzteres gilt für Projekte von Prof. Dr. A. Lorenzer, Fachbereich 3, WBL Sozialisation/Sozialpsychologie). Die rezeptionsbezogene und literatursoziologische Forschung wird besonders in den Projekten des Instituts für Jugendbuchforschung über Leserbiographien, Comics und Kinder- und Jugendliteratur deutlich (Prof. Dr. K. Doderer).
Grundlagenorientierte Problemfelder werden in einer Reihe von Forschungsthemen untersucht, die sich auf fast alle Fachbereiche erstrecken. So die Themen: Rekonstruktion nicht staatszentrierter Demokratietraditionen, Handbuch der politischen Ideen (Prof. Dr. I. Fetscher, Fachbereich 3, WBE Institutionen und soziale Bewegungen), Geschichte des Humanismus als Bildungsbewegung (Prof. Dr. G. Böhme, Fachbereich 4, Institut für allgemeine Erziehungswissenschaft), Transzendentale Sprachpragmatik (Prof. Dr. K.-O. Apel, Fachbereich 7, Philosophie), Kollektive Lernprozesse (Prof. Dr. J. Habermas, Fachbereich 7, Philosophie), Prinzipien der Stochastik (Prof. Dr. H. Dinges, Fachbereich 12, Institut für Mathematik), ultraheiße und ultraschwere Sterne. Zur kinetischen Theorie für das Quark-Gluon-Plasma (Prof. W. Greiner, Fachbereich 13, Institut für theoretische Physik), Kosmische Maser (Prof. Dr. W. Kegel, Fachbereich 13, Institut für theo-

retische Physik), biologische Wirkungen individueller Schwerionen an Beschleunigern und im Weltraum (Prof. Dr. A. Kranz, Fachbereich 16, Botanisches Institut).
Es läßt sich beobachten, daß in den Forschungsprojekten quer durch alle Fachbereiche auch eine sehr starke lokale und regionale Komponente in den Problemfeldern zum Tragen kommt, so daß Bausteine geliefert werden für ein mosaikreiches, komplexes Bild der historischen, politischen, wirtschaftlichen und physisch-materiellen und biologischen Dimensionen des Rhein-Main-Raumes.
Untersucht werden unterschiedliche Bereiche und Aspekte der Grube Messel bei Darmstadt, Säugetier der Messel-Formation (Dr. W. v. Koenigswald, Fachbereich 17, Geologisch-paläontologisches Institut), sedimentologische und sedimentpetrographische Untersuchungen der eozänen fossilführenden Gesteine von Messel bei Darmstadt und ihrer Liegendgesteine (Dr. H. Krumm, Prof. Dr. H. Reineck u. a., Fachbereich 17, Institut für Geochemie, Petrologie und Lagerstättenkunde. [Vgl. dazu die Veröffentlichung von J. L. Franzen, J. Weber und M. Wuttke: Senckenberg-Grabungen in der Grube Messel bei Darmstadt. Fossilfundstelle Messel, Nr. 29, Cour. Forsch.-Inst. Senckenberg, 54, S. 1–118, Frankfurt a. M., 1. 7. 1982]).
Ein weiterer Schwerpunkt der Erforschung ist die Stadt Frankfurt, die als unmittelbares Lebensumfeld der Universität in einer Reihe von Einzelprojekten punktuell wissenschaftlich erschlossen wird: Bleianreicherung in den Nadeln von Taxus baccata L in Frankfurt a. M. und Umgebung unter Berücksichtigung metereologischer Einflußgrößen (Prof. Dr. W. Lötschert, Fachbereich 16, Botanisches Institut), Mehrfunktionalität einer Innenstadtnebenstraße im System der großen City (behandelt die Töngesgasse) (Prof. Dr. K. Wolf, Fachbereich 18, Institut für Kulturgeographie), räumliche Verteilung, Wanderungsverhalten und sozio-ökonomische Situation alter Menschen in Kernstädten von Verdichtungsräumen: Das Beispiel Frankfurt a. M. (Dr. W. H. Thomi, Fachbereich 18, Institut für Wirtschafts- und Sozialgeographie), das Berufsfeld von Musiklehrern in der Großstadt Frankfurt a. M. (Dr. M. Roske, Fachbereich 9, Institut für Musikpädagogik), Bergen-Enkheim. Kleinstadtheimat am Großstadtrand (Prof. Dr. I. M. Greverus, Fachbereich 9, Institut für Kulturanthropologie und europäische Ethnographie), Theater in Frankfurt 1917–1933 (Prof. Dr. L. Fiedler, Fachbereich 10, Institut für deutsche Sprache und Literatur II), Fernstudenten in Frankfurt a. M. (Dr. F. Balser, Didaktisches Zentrum).

Forschung Frankfurt

Die Vierteljahrsschrift *Forschung Frankfurt* bildet die Begleitpublikation zum *Forschungsbericht*. Sie verfolgt als Wissenschaftsmagazin der Johann Wolfgang Goethe-Universität Frankfurt a. M. einen populärwissenschaftlichen und interdisziplinären Kurs und vermittelt einer breiten Öffentlichkeit die wissenschaftliche Arbeit aller an der Universität vertretenen Disziplinen in anschaulicher und gemeinverständlicher Form.
Wie der ehemalige Präsident der Universität, Prof. Hartwig Kelm, im Vorwort zum ersten Heft (1983) schreibt, will das Magazin dazu beitragen, „Forschungsaktivitäten der Frankfurter Universität über die engeren Fachkreise hinaus bekannt zu machen. Forschung Frankfurt wendet sich sowohl an die wissenschaftlich interessierte Öffentlichkeit als auch an Studenten, Wissenschaftler und andere Mitglieder der Universität, die mehr über die Frankfurter Forschungsarbeit wissen möchten."
Das Magazin wird vom Präsidenten herausgegeben, die Redaktion und Gestaltung der in ansprechendem Layout gestalteten Hefte liegen in den Händen von Gisela Rietbrock,

Referentin für Wissenschaftsberichterstattung. Es wird als Eigenverlagsprodukt vertrieben und kann in Einzelheften oder im Jahresabonnement erworben werden.
Anläßlich der Präsentation der Universität Frankfurt als Literaturproduzent auf der Frankfurter Buchmesse 1985 und 1986 erschienen Beilagen, in denen die Veröffentlichungen der Mitglieder des Lehrkörpers nach Fachbereichen geordnet vorgestellt und durch Inhaltsreferate erschlossen wurden.

Jahresbibliographie

Die dreijährlich erscheinende *Jahresbibliographie* (1. 1973–76 ff.) erschließt für die fachliche und außerfachliche Öffentlichkeit die erzielten Forschungsergebnisse der Mitglieder der Universität.
Diese Ergebnisse werden in der Regel in Publikationen veröffentlicht, die in den mannigfaltigsten Formen als Monographien, Aufsätze, Beiträge in Sammel- und Kongreßschriften, Abhandlungen, Rezensionen, Reports, Forschungsberichte, Vorträge, Diskussions- und Tagungsbeiträge in den Verlagen des In- und Auslandes erscheinen. Neben der Erschließung dieses Schrifttums in den Nationalbibliographien, den Buchhandelsverzeichnissen und in den Fachbibliographien erfüllt der Nachweis in der universitätsbezogenen Jahresbibliographie das Erfordernis, einen einheitlichen, nach Fachbereichen gegliederten zusammenfassenden Überblick über die wissenschaftliche Arbeit an der Universität zu geben, die sich jährlich in etwa dreitausend Veröffentlichungen niederschlägt.
Sie ermöglicht somit eine Leistungsschau und bietet eine zentrale Zusammenfassung sehr weit verstreuten Materials, so daß die *Jahresbibliographie* eine wesentliche Ergänzung zum *Forschungsbericht* darstellt. Diese beiden Aspekte betont der frühere Präsident der Universität, Hans-Jürgen Krupp, in seinem ‚Geleitwort' zum ersten bibliographischen Bericht (1973–1976):

„Forschungstätigkeit und wissenschaftliche Aktivität an unseren Hochschulen sind heute ohne einen gezielten Austausch von Informationen nicht denkbar. Hierbei ist es nicht nur erforderlich, daß die einzelnen Wissenschaftler sich über den Stand der Forschung auf ihrem Fachgebiet orientieren können; vielmehr sollten auch die Hochschulen insgesamt der Öffentlichkeit und staatlichen Stellen dokumentieren, worüber in ihrem Bereich geforscht wird und welche Ergebnisse sich daraus ergeben. Die erste Forderung wird durch den Forschungsbericht ... erfüllt, ... in dem die einzelnen Forschungsvorhaben und Projekte nachgewiesen werden. Forschungsergebnisse bedürfen der öffentlichen Diskussion. So wichtig die Forschungsberichterstattung ist, um die Gegenstände der Forschung bekannt zu machen, so notwendig ist die Publikation der erzielten Ergebnisse. Neben den Forschungsbericht muß damit die Dokumentation über die erzielten Ergebnisse treten, die hier in Form einer Jahresbibliographie vorgelegt wird."

Vorlesungs- und Personalverzeichnisse

Im *Vorlesungsverzeichnis* wird das gesamte aktuelle Lehrangebot für alle Fachbereiche jeweils für ein Semester verzeichnet. Es gliedert sich in einen Personalteil, in welchem die Mitglieder des Lehrkörpers in der Reihenfolge der Fachbereiche aufgeführt werden mit Angaben zu akademischen Titeln, Amtsbezeichnungen, Anschriften und Sprechstunden, ferner werden die Selbstverwaltungsorgane der Universität verzeichnet und alle für den Lehr- und Forschungsbetrieb wichtigen Einrichtungen (Prüfungsämter, Vertrauensdozenten, Studentenwerk, Studentenseelsorge). Der Veranstaltungsteil listet alle Arten

von Lehrveranstaltungen (Vorlesungen, Seminare, Übungen, Praktika, Arbeitsgemeinschaften, Exkursionen, Kolloquien) in der Folge der Fachbereiche auf, nennt die Dozenten und die jeweiligen Termine. Der Personalteil erscheint nicht in jedem Semester und gelegentlich auch als selbständiger Teil unabhängig vom Vorlesungsverzeichnis. In unregelmäßiger Folge erscheint der *Studienführer* für die Johann Wolfgang Goethe-Universität (zuletzt 1981 in Form einer Loseblattsammlung), der in erster Linie als Wegweiser und Berater dem Studenten in allen Fragen des Studiums dienen möchte. Er enthält detaillierte Informationen zu allen Fragen des studentischen Lebens (Studentenberatung, Studienordnung, akademische Auslandsstelle, Studentenwerk, Studienförderung, Darlehen, Wohnen, Kindertagesstätte, Gesundheitsdienst, Studentenjob, Sport, Musik, Bibliotheken, Lehramt, Funkkolleg, Fernstudien, Prüfungsämter und -ausschüsse und Studiengänge und -fächer in allen Fachbereichen).
Als aktuelles Nachrichtenblatt erscheint während des Semesters regelmäßig der *Uni-Report*. Er berichtet über das wissenschaftliche, hochschulpolitische und akademische Leben und enthält neben dem redaktionellen Teil einen Anzeigenteil und einen fortlaufenden Veranstaltungskalender.
Zusammenfassend kann gesagt werden, daß die Universität ihre Rolle als Literaturproduzent gut nutzt und alle Chancen ausschöpft, in einem Spektrum von Literaturformen über die wissenschaftlichen Aktivitäten, das akademische Leben und den hochschulpolitischen Prozeß ein differenziertes, sachlich angemessenes und anschauliches Bild zu vermitteln, in dem sich die Studenten und die Mitglieder der Universität wiedererkennen können und in dem die Universität für die außeruniversitäre Öffentlichkeit transparent wird. Damit leistet die Hochschule einen wesentlichen Beitrag der Information für alle, die direkt oder indirekt beteiligt sind an den Planungen, Entscheidungen und der Zukunftsgestaltung der Universität.
Im literarischen Leben der Stadt nimmt der Literaturproduzent Universität eine zentrale Stelle ein, in der die vielfache Einbettung, aber auch das Abgehobensein deutlich zu Tage liegen. Ein ergiebiger Überschneidungsbereich liegt vor in den Wissenschaften, die sich mit der Sprache und der Literatur beschäftigen, ferner in der Tätigkeit der Forscher, die sich mit ihren Arbeiten an eine breitere Öffentlichkeit wenden oder die eine allgemeine belletristische Bedeutung erlangt haben. Die Eigengesetzlichkeit, Dynamik und Innovation sind bei der Sichtung des Forschungsberichtes sichtbar gewordene Charakteristika der ‚Frankfurter' Wissenschaft und der Wissenschaft überhaupt, von denen ein prägender Einfluß auf unser heutiges Leben ausgeht, ganz im Sinne des Wortes von Carl Friedrich von Weizsäcker: „Wirtschaft gibt es nicht ohne Technik, Technik nicht ohne Wissenschaft, Wissenschaft, und zwar die Naturwissenschaft, ist der harte Kern der modernen Kultur, ihre fundamental neue Entdeckung." (C. F. v. W., Der Garten des Menschlichen, S. 61).

Ralph Restetzki

Frankfurter Poetik-Vorlesungen

Ein seltsames Bild: der größte Hörsaal der Universität ist bis auf den letzten Platz gefüllt, um das Podium herum sitzen die Leute auf dem Fußboden. Wer aus schlichter Gewohnheit das sonst übliche „akademische Viertel" einkalkuliert hat, kommt hier zu spät und muß mit einem Stehplatz ganz hinten neben der Tür vorliebnehmen. In der Tat ein seltsames Bild, denn die Zeiten, in denen man hier, abends gegen 18.00 Uhr, mühelos an die tausend Studenten und Studentinnen hätte versammeln können, sind längst vorbei. Die aufgestellten Fernsehkameras und die vertrauten Rückansichten der Kulturprominenz, die in der ersten Reihe Platz genommen hat, machen zudem augenfällig, daß es sich hier keinesfalls um eine studentische Vollversammlung handeln kann.
Es ist vielmehr ein Warten auf den Dichter. Denn ein solcher ist es, der jetzt das Podium betritt, das mitgebrachte Manuskript auf dem Tisch ablegt, mehr oder weniger gekonnt das Mikrophon zurechtrückt und seinen Vortrag beginnt.

Ein an der Frankfurter Uni inzwischen gewohntes Bild: Der Dichter als Dozent. „Stiftungsgastdozentur für Poetik" lautet die offizielle Bezeichnung für diese vom Verleger Siegfried Unseld 1979 wiederbelebte Einrichtung, die zuerst 1959 als vielbeachtetes Experiment von dem Frankfurter Anglisten Professor Helmut Viebrock initiiert und gemeinsam mit dem S. Fischer Verlag und der Universität auf den Weg gebracht wurde. Vorbild war seinerzeit die Universität Oxford mit ihrem Lehrstuhl für Dichtkunst, der zumindest in seinen Zeitmaßen ungleich großzügiger ausgestattet war. Dem englischen Beispiel, den Lehrstuhl nur alle fünf Jahre neu zu besetzen, mochten die Frankfurter indes nicht folgen, ohne daß allerdings trotz des schnellen Wechsels – in jedem Semester ein anderer Autor, eine andere Autorin – nicht ebenfalls ein gewisses Maß an Kontinuität erreicht worden wäre. Freilich nicht in inhaltlicher Hinsicht: dazu waren die um „Fragen zeitgenössischer Dichtung" bemühten Schriftsteller und Schriftstellerinnen denn doch von allzu unterschiedlicher Couleur.
Das Jahr 1968 brachte das vorläufige Ende auch der Frankfurter Poetik-Vorlesungen, nachdem der radikale Wandel, der im Nachdenken über Literatur zu dieser Zeit vollzogen wurde, in *Enzensbergers* 1965 gehaltenen Vorlesungen – „Spielen Schriftsteller eine Rolle?" und *Reinhard Baumgarts* Plädoyer für eine dokumentarische Literatur (1966/67) bereits sich angekündigt hatte. Das „Kursbuch" rief zu dieser Zeit nicht nur den „Tod der Literatur" aus, sondern führte zugleich vor, wie fortan über ästhetische Fragen zu handeln sein werde. Bei den Frankfurter Initiatoren – Suhrkamp hatte inzwischen S. Fischer abgelöst – wird kaum ein Zweifel bestanden haben, daß die mit den Lyrikern *Bachmann, Kaschnitz* und *Krolow* begonnene Form der poetologischen Reflexion auf diesem Terrain kaum fortzusetzen war. Daß es erst 1979 wieder möglich gemacht wurde, spricht für sich.
Die dann in den 80er Jahren mit noch gesteigertem Publikumsinteresse fortgesetzten Frankfurter Poetik-Vorlesungen lassen jedoch, vergegenwärtigt man sich das Spektrum der Themen, Fragen und Programmatiken, die unter dem Oberbegriff „Poetik" ins Spiel gebracht wurden, durchaus Tendenzen erkennen. Von Beginn an bereitete der altehrwürdige Begriff „Poetik" den Autoren und Autorinnen einiges Unbehagen. Kaum einer,

der sich nicht durch einen raschen Blick in ein gängiges Lexikon davon zu überzeugen suchte, worauf er sich da eigentlich eingelassen hatte. Unter dem Stichwort „Poetik" fand (und findet) sich denn auch eine zumeist griffige Formel, die auszudrücken erlaubt, worum es dann freilich doch nicht gehen kann. Die Zurückweisung des Anspruchs, so etwas wie eine „Lehre von der Dichtkunst" dozierend zu entwickeln, war für zahlreiche Autoren Ausgangspunkt alles Weiteren. Nicht, daß es des versichernden Blickes ins Lexikon bedurft hätte – das Bewußtsein, daß so etwas für die Literatur des 20. Jahrhunderts allgemeingültig gar nicht mehr zu leisten sei, war durch die ästhetischen Erfahrungen der Autoren und Autorinnen selbst hinreichend gestärkt.
Aber nur wenige haben sich der historischen Entwicklung, die zum Wegfall des normativen Bezugssystems geführt hat, auf so präzise Weise versichert, wie *Helmut Heißenbüttel* in seiner 1963 gehaltenen Vorlesung. Statt einer Poetik, die – als verspäteter Ableger einer normativen Literaturauffassung – vom überwiegend studentischen Publikum hätte mit nach Hause getragen werden können, entwickelte er „Grundbegriffe einer Poetik im 20. Jahrhundert". Heißenbüttel hat sich brillant auf die Rolle des Dozenten, des Literaturtheoretikers eingelassen, ohne freilich von seinen ästhetischen Erfahrungen zu abstrahieren. Was seine Vorgänger auf dem auf Zeit gewährten Lehrstuhl nur tastend begonnen hatten – die zeitgenössische Dichtung in ihren Entwicklungstendenzen in den Blick zu rücken – überführte Heißenbüttel in eine offene Systematik. „Es gibt keine Regeln. Es gibt nur Tendenzen", folgerte er am Ende der ersten Vorlesung, in der er am Beispiel der Poetik Gottscheds die metaphysischen Bedingungen einer Literaturauffassung entlarvt hatte, die die Vielfalt der künstlerischen Produkte in ein starres Begriffssystem zu spannen sucht. Mit gehöriger historischer Tiefenschärfe gewinnt Heißenbüttel seinen ersten, zentralen Grundbegriff: „Die Prinzipien der Literatur des 20. Jahrhunderts sind anti-grammatischer Natur." Dieser Begriff der „anti-grammatischen Natur" der literarischen Sprache, das führt Heißenbüttel sensibel an vielen Beispielen vor, ist geschmeidig genug, trotz der Unmöglichkeit, Literatur an Regeln zu messen, dennoch diskursiv mit ihr umzugehen. Der hohe akademische Rang, den man Heißenbüttels Vorlesungen seinerzeit allenthalben bescheinigt hatte, tritt heute schärfer denn je zutage: Vieles von dem, was er 1963 in der Auseinandersetzung mit den avanciertesten Vertretern der modernen Literatur herausgearbeitet hat, muß sich die heutige Literaturwissenschaft auf allerlei theoretischen Umwegen erst noch erarbeiten.
Die Unmöglichkeit einer Poetik im traditionellen Sinne, das belegt Heißenbüttel eindrucksvoll, bedeutet nicht den generellen Verzicht auf poetologische Reflexion. Aber nicht alle Autoren und Autorinnen, die den Frankfurter Lehrstuhl übernommen haben, sind so bereitwillig wie Heißenbüttel oder später Martin Walser in die Rolle des Dozenten geschlüpft. *Ingeborg Bachmann* beispielsweise, die 1959 als erste auf dem Podium Platz nahm, bildet in dieser Hinsicht den Gegenpol. Sie hat ihre „Fragen zeitgenössischer Dichtung" ganz entschieden aus der Perspektive der philosophisch inspirierten Dichterin entwickelt. Programmatisch ihre eingangs formulierte Überzeugung, „daß sich von diesem Lehrstuhl aus zwar nichts lehren, vielleicht aber etwas erwecken läßt – ein Mitdenken von der Verzweiflung und der Hoffnung, mit der einige wenige – oder sind es schon viele? – mit sich selber und der neuen Literatur ins Gericht gehen." Darin klingt bereits einiges von dem existenzialistischen Pathos an, das ihre gesamte Vorlesung durchzog. Die Fragen der Literaturwissenschaft waren ihr gleichermaßen wie diejenigen des Feuilletons nur „Scheinfragen", die ihr völlig ungeeignet schienen, aus der „babylonischen Sprachverwirrung" herauszuführen. Aber auch ihr radikales Fragen nach dem „Existenzrecht des Dichters" mündet schließlich in die Auseinandersetzung mit der

sprachlichen Situation der Zeit. Die Gegenüberstellung von „gewöhnlicher" und poetischer Sprache, von alter und neuer Sprache leitet zum Grundgedanken einer Sprachutopie über. „Literatur ist Utopie", mit diesem Zitat einer Tagebucheintragung Robert Musils ist der Fluchtpunkt ihrer Überlegungen, zugleich Titel ihrer letzten Vorlesung, markiert. In deutlicher Nähe zu den ästhetizistischen Positionen eines Hofmannsthal oder Valéry, fragt sie nach den Möglichkeiten einer Veränderung durch Kunst. „Hätten wir das Wort, hätten wir Sprache, wir bräuchten die Waffen nicht" – in diesem Satz ist die Utopie der von ihr umkreisten Idee einer neuen, einer reinen Sprache in nuce ausgedrückt. Diese neue Sprachgestalt versuchte sie an den Gedichten Günther Eichs, Marie Luise Kaschnitz', Enzensbergers, Trakls aufzuweisen, ohne freilich den ästhetischen Gebilden eine argumentative Interpretation an die Seite zu stellen. Vieles blieb, suggestiv formuliert, in der Sphäre des nur Angedeuteten.

Über die Erwartungen der Zuhörenden läßt sich nur spekulieren. Bei vielen dürfte der geheime Wunsch, den Reflexionen der Schriftsteller über das eigene Geschriebene doch noch so etwas wie eine verbindliche Lesart, eine gültige Interpretation eines Werkes entnehmen zu können, keine geringe Rolle gespielt haben. Diesem Vorurteil, demzufolge der Deutung eines Werkes durch seinen Verfasser ein größeres Gewicht zuzumessen sei als der eines anderen, ist in der ersten Phase der Frankfurter Vorlesungen kaum Vorschub geleistet worden. Die von Autoren wie *Bachmann, Kaschnitz, Heißenbüttel* oder *Nossack* vorgetragenen poetologischen Reflexionen spiegelten eher das Selbstverständnis der eigenen Rolle als Schriftsteller, arbeiteten sich ab am Problem der sprachlichen Bedingtheit der Literatur, legten Traditionsbezüge offen, indem Lektüreerfahrungen nachgezeichnet wurden. Der kreative Prozeß, über den ja der Künstler selbst am verläßlichsten Auskunft zu geben vermag, sowie die in ihn eingegangenen Erfahrungsgehalte, das läßt sich als Gemeinsamkeit festhalten, wurden selten direkt thematisiert.

Bei den Autoren und Autorinnen, die ab 1979, also nach der langen, über zehnjährigen Pause, den Lehrstuhl innehatten, rückt dieser Aspekt zunehmend in den Vordergrund. Allein die Titel der Vorlesungen *Uwe Johnsons* („Begleitumstände", 1979), *Christa Wolfs* („Voraussetzungen einer Erzählung: Kassandra", 1982), *Peter Härtlings* („Finden und Erfinden". Erzählungen vom Erzählen, 1983) oder *Hermann Burgers* („Vom allmählichen Verfertigen der Idee beim Schreiben", 1985) lassen erkennen, daß es jetzt der Prozeß der ästhetischen Produktion ist, der im Mittelpunkt der Überlegungen steht. Diese Reflexion auf den kreativen Prozeß, der jeder Vorstellung von der „genialischen Inspiration" des Dichters eine Absage zu erteilen scheint – denn über diese ließe sich nur wenig mitteilen –, kann, wie die Beispiele Johnson, Wolf und Härtling zeigen, auf verschiedene Weise durchgeführt werden. Auffällig ist vor allem die Tendenz zum Autobiographischen, die, das läßt sich am Beispiel Uwe Johnsons kurz erläutern, immer auch eine bestimmte Konzeptualisierung des Schreibprozesses in ihrer lebensgeschichtlichen Verankerung offenlegt.

Johnson geht es weniger um die konkrete Entstehungsgeschichte einzelner Werke als vielmehr um die politischen und historischen „Begleitumstände", unter denen für ihn Schreiben möglich (oder unmöglich) war. Der im Druck 450 Seiten(!) umfassende Text ist ein eindrucksvolles Dokument einer in allen Konsequenzen durchgehaltenen Lebensform, die kaum abgelöst von den entscheidenden Kapiteln deutscher Nachkriegsgeschichte betrachtet werden kann. Der ästhetische Prozeß wird immer auch in seinen „handwerklichen" Dimensionen beschrieben, entscheidend ist aber die autobiographische Genese, die „Urszene" seines Schreibens. Die autobiographische Frage, die Johnson sich vorlegt und in konkreten Erinnerungsbildern zu beantworten sucht, lautet: Wie kommt jemand, der in die Verhältnisse der Nachkriegszeit hineingeboren wurde und eigentlich etwas anderes hatte werden wollen, zum Schreiben? „Zwei Bilder" hat Johnson seine erste Vorlesung überschrieben und damit – gemeint sind die Bilder Hitlers und Stalins – die Ursprungslandschaft seiner Kinder- und Jugendzeit zu umreißen versucht. Der spätere Schriftsteller Johnson ist zunächst einmal Leser, der bei der süchtig betriebenen Lektüre die Erfahrung macht, der verlogenen Wirklichkeit entfliehen zu können. Die zwei Personen der Zeitgeschichte, die auf den omnipräsenten Reproduktionen Kindheit und Jugend überwachen, haben ihm „vorgeführt, wie man Sprache falsch benutzen kann, sogar mit dem Vorsatz zu betrügen." Die Literatur, so lautet die aus der Lektüre gezogene Konsequenz, ist die einzige Möglichkeit, der Realität auf den Leib zu rücken. Nach einigen gescheiterten Versuchen, den „passiven Umgang mit Geschriebenem" in einen aktiven zu verwandeln, wird Johnson erneut verstrickt in einen „Streit mit der Welt darüber, wann etwas eine Wahrheit ist und bis wann Wahrheit eine Bestrafung verdient". Gemeint ist sein engagiertes Eintreten für eine zu Unrecht verfolgte Jugendorganisation. Die Auseinandersetzung mit der Obrigkeit wird zum Schlüsselerlebnis: Da ihm verwehrt ist, den Streit öffentlich auszutragen, „wird er es schriftlich tun." Johnson beginnt, als Student der Literaturwissenschaft, die zuvor genau analysierten Techniken des Schriftstellers selbst zu erproben. Aber die entstehenden „Geschichten" sind zu konstruiert, sind nicht wirklich genug. Erst in der Arbeit am zweiten größeren Produkt, den „Mutmaßungen über Jakob" erlebt Johnson jene Grundsituation, die fortan sein Schreiben begleiten wird. Er hört seine Figuren, die er als Personen behandelt, sprechen, schreibt auf, was sie sagen. An einem Vormittag entsteht so ein ganzes Kapitel, indem er „seine Leute" reden hört. Der Autor Johnson über den Erzähler Johnson: „Er mochte der Urheber sein; hier war er bloß jemand, der machte mit. Er arbeitete mit ihnen zusammen."

Hermann Burger hat sich ganz auf die eigenen Arbeiten konzentriert. Auch bei ihm findet sich eine Art „Grundsituation des Erzählens", die freilich weniger paradox als im Falle Johnsons erscheint. Burger bekennt sich denn auch zu der konstruktivistischen Methode, in die er sich beim anfangs eher ungeliebten Architekturstudium eingeübt hat. Den Verlaufsprozeß der schriftstellerischen Arbeit meint er mithilfe eines Modells beschreiben zu können: Kleists berühmter Aufsatz „Über die allmähliche Verfertigung der Gedanken beim Reden" liefert die Vorlage, die Burger auf sein Schreiben übertragen zu können glaubt. Aber auch er stellt die autobiographischen Wurzeln seiner literarischen Produktion immer wieder heraus. Literatur ist für ihn letztlich „Lebens-Übersetzungskunst", Schreiben eine „lebensrettende oder -verlängernde Langzeitmaßnahme als Reaktion auf eine höchste Notsituation".

So allgemein die in der letzten Vorlesung Burgers vorgetragene Philosophie des Schreibens als Existenzform bleibt und über die Paraphrase einschlägiger Äußerungen Hermann Hesses kaum einmal hinauskommt, so unergiebig sind die langatmigen Rekonstruktionen des „Findungsprozesses". Zum Verständnis seiner Prosa tragen sie kaum etwas bei, illustrieren allenfalls das Kleist entlehnte Motto. Daß sich das sprachliche Material in der Auseinandersetzung des Schriftstellers mit dem Stoff fortwährend verändert, dürfte im übrigen seit Thomas Manns „Die Entstehung des Doktor Faustus. Roman eines Romans" hinlänglich bekannt sein. Die Werkstattprotokolle eines Hermann Burger oder auch eines Peter Härtling wird man denn auch kaum als Fortführung der mit den reflektiertesten Vertretern der literarischen Moderne erreichten poetologischen Reflexion bezeichnen können.

Im Falle *Peter Härtlings* wird dies besonders augenfällig. Sein „Finden und Erfinden" ist ganz auf den Anlaß hin komponiert. Der Schriftsteller Peter Härtling beginnt am 8. August 1983 einen Text zu verfassen, den er fünf Monate später in Frankfurt lesen wird. Er schreibt zunächst einmal über dieses für ihn irritierende Faktum. Und er schreibt darüber, daß er noch gar nicht so recht weiß, wie er die Sache angehen soll. Genau das wird er vorlesen und damit bereits die Hälfte der Zeit, die Hälfte der ersten Vorlesung bestritten haben. Und er wird etwas erfinden müssen und dabei von etwas Gefundenem ausgehen, und er wird zeigen, wie das beim alten Fontane funktioniert hat und wie es bei ihm funktioniert. Zwischendurch, während er seine Überlegungen niederschreibt – und nicht gerade das Telephon klingelt – schaut er in den Garten: „Es ist der achte August 1983. Ich schaue in den Garten auf einen üppig wuchernden Laubschirm, der mir so viel Licht nimmt, daß sogar tagsüber oft die Schreibtischlampe brennen muß. Wenn ich reden werde, im Januar, werden die Äste kahl sein und als eine merkwürdige, bizarre, dennoch einleuchtende Zeichnung vor dem Winterhimmel stehen. Ich kann diese Monate zwischen dem Jetzt des Schreibens und dem Jetzt des Redens nur überbrücken, indem ich mich auf meine Arbeit konzentriere.“ Nun gut. Der nächste Schritt wird sein, das von Robert Capra aufgenommene Foto eines sterbenden Soldaten aus dem spanischen Bürgerkrieg über dem Schreibtisch zu befestigen. Aus diesem Fund soll, durch Recherche und Phantasie, eine Erzählung entstehen. Diese Erzählung – „Der spanische Soldat“ – wird Härtling in der fünften Vorlesung lesen, in der zweiten am Beispiel Fontanes vorführen, wie „ein Fund sich im Erfinden auflöst, verändert, erneuert.“ Zwischendurch ist er immer wieder auf der Suche nach Informationen über den unbekannten Soldaten, die nur spärlich zusammenkommen. Über ihn läßt sich soviel auch wieder nicht sagen, statt dessen: „Mir ist, als falle der ins Riesenhafte gewachsene Schatten des Soldaten auf uns alle. Er wird zum Boten unserer Geschichte, die uns über den Kopf wächst. Ein Bote zwischen Leben und Tod, zwischen Atmen und Ersticken, zwischen Sprache und Verstummen. Einer von ungezählten. Und immer unser Stellvertreter. Wir könnten er sein und sind es, aus Zufall, noch nicht...“. Einige Gedanken über Literatur und Krieg und schließlich, zum Abschluß der dritten Vorlesung, ausgewählte Stellen aus drei Büchern: Christa Wolf, „Kassandra“, Thomas Bernhard, „Der Untergeher“, und Peter Weiss, „Die Ästhetik des Widerstands“. In der vierten Vorlesung endlich Auskunft über das angesammelte Material, das wenig über den Soldaten, aber einiges über den Fotografen hergibt. Und endlich ist auch der erste Satz gefunden, die Zeit drängt, die Plakate, auf denen Peter Härtlings Poetik-Vorlesungen angekündigt werden, treffen mit der Post ein. Endlich, der erste Satz: „Der Soldat schläft.“ Das ist, wie gesagt, auf den Anlaß hin geschrieben und bietet auf den 70 Seiten, die es im Druck umfaßt, eine ärgerliche Mischung aus allzu bekannten Klischees und freien Assoziationen.

Von der Möglichkeit, den kreativen Prozeß in Form einer autobiographischen Studie oder eines Werkstattberichts vorzuführen, hat ein großer Teil der Gastdozenten nach 1979 Gebrauch gemacht. Nur in seltenen Fällen, ich denke an Christa Wolf, aber auch Ernst Jandl, ist es jedoch gelungen, in der Reflexion auf diesen Prozeß zu neuen Einsichten zu gelangen. Vieles von dem, was hier vorgetragen wurde, findet sich ungleich präziser formuliert bei Autoren der klassischen Moderne wie beispielsweise Valéry, Eliot, Benn oder Brecht.

Autobiographie und Werkstattbericht erschöpfen keineswegs den mit dem Frankfurter Lehrstuhl eröffneten Spielraum poetologischer Reflexion. Daß es durchaus lohnenswert ist, der Arbeit des Begriffs den Vorrang einzuräumen gegenüber der stilisierenden Selbstdarstellung, haben *Martin Walser* oder *Adolf Muschg* gezeigt. Walsers Ironie-Vorlesun-

gen und Muschgs Befragung der Literatur auf ihre therapeutische Funktion zeigen, daß die Auseinandersetzung mit klassischen oder aktuellen Fragen der Ästhetik auch heute noch möglich ist, ohne sich der Fachwissenschaft allzusehr anzunähern.
Man wird heute über Sinn und Zweck eines Poetik-Lehrstuhls anders nachdenken müssen als in den 60er Jahren. Die damals von den Initiatoren angestrebte Annäherung von Universität und Schriftsteller scheint kaum mehr möglich. In einer Zeit, in der sich die Geisteswissenschaften in einem, um es vorsichtig auszudrücken, prekären Zustand befinden – in der Germanistik werden schon lange keine Lehrstühle mehr eingerichtet, vorhandene Stellen systematisch abgebaut –, scheint eine Institution wie die Poetik-Dozentur, die in den 80er Jahren ohnehin zum Medienspektakel aufgebläht wurde, allenfalls Prestige- und Unterhaltungsbedürfnisse abzudecken. Die sachliche Auseinandersetzung, das Weiterdenken der von den Dozenten auf Zeit angerissenen Probleme, die Konfrontation der entwickelten poetologischen Grundgedanken mit den Werken selbst – dies alles läßt sich unter den gegenwärtigen Bedingungen an der Universität kaum noch leisten. Von den zahlreich erschienenen Nachwuchsakademikern wird kaum einer die Gelegenheit haben, einmal eine Vorlesung über die Poetik-Vorlesungen zu halten. Und Dichter werden sie denn doch hoffentlich nicht alle werden wollen.

Von 1959 bis 1987 hatten folgende Schriftstellerinnen und Schriftsteller die „Gastdozentur für Poetik" inne:

WS 1959/60: Ingeborg Bachmann
„Fragen zeitgenössischer Dichtung"

SS 1960: Marie Luise Kaschnitz
„Gestalten der europäischen Dichtung von Shakespeare bis Beckett"

WS 1960/61: Karl Krolow
„Fragen zeitgenössischer Dichtung"

SS 1961: Rudolf Alexander Schröder muß die Vorlesung aus Krankheitsgründen kurzfristig absagen. Statt dessen findet eine Reihe von Einzelvorträgen statt: von Pierre Bertaux, Yves Bonnefoy, Cecil Day Lewis und Mathias Braun.

SS 1963: Helmut Heißenbüttel
„Grundbegriffe einer Poetik im 20. Jahrhundert"

SS 1964: Heinrich Böll
„Zur Ästhetik des Humanen in der Literatur"

WS 1964/65: Hans Magnus Enzensberger
„Spielen Schriftsteller eine Rolle?"

WS 1966/67 Reinhard Baumgart
„Aussichten des Romans"

SS 1967: Wolfgang Hildesheimer
„Prosa des Absurden"

WS 1967/68: Hans Erich Nossack
„Ist Poesie lehrbar?"

SS 1979: Uwe Johnson
„Bemerkungen zur Poetik"

WS 1979/80: Adolf Muschg
„Literatur als Therapie?"

SS 1980 Peter Rühmkorf
„Über den Reim"

WS 1980/81: Martin Walser
„Über Ironie"

SS 1981: Günter Kunert
„Vor der Sinflut – das Gedicht als Arche Noah"

WS 1981/82: Peter Bichsel
„Geschichten über Literatur"

SS 1982: Christa Wolf
„Kassandra. Voraussetzungen einer Erzählung“

WS 1982/83: Wolfgang Koeppen
„Ist der Schriftsteller ein unnützer Mensch?“

WS 1983/84: Peter Härtling
„Finden und Erfinden. Erzählungen vom Erzählen“

SS 1984: Paul Nizon
„Am Schreiben gehen“

WS 1984/85: Ernst Jandl
„Das Öffnen und Schließen des Mundes“

16. 11. 1984: Friedrich Dürrenmatt
Vortrag „Kunst und Wissenschaft“

SS 1985: Absage von Thomas Brasch. Statt dessen zu Beginn des darauffolgenden Semesters das Kolloquium „Poetik und Zeitbewußtsein“. Teilnehmer waren einige ehemalige Poetik-Gastdozenten: Peter Härtling, Wolfgang Hildesheimer, Adolf Muschg.

WS 1985/86: Hermann Burger
„Vom allmählichen Verfertigen der Idee beim Schreiben“

SS 1986: Hermann Lenz
„leben und schreiben“

WS 1986/87: Hans Mayer
„Gelebte Literatur. Lebenserfahrung seit dem Expressionismus“

SS 1987: Ludwig Harig
„Der berechnete Funke. Zum Sprachspiel“

Angaben zu den Autoren

Batberger, Reinhold, geb. 1946 in Würzburg. Studium der Geschichte, Germanistik, Philosophie. Promotion. Seit 1980 freier Schriftsteller. Lebt seit 1969 in Frankfurt am Main.

Beier, Gerhard, geb. 1937. Habilitation 1978 in Kiel. Privatdozent für neuere Geschichte. Freier Schriftsteller. Seit 1986 Vorsitzender des Hessischen Schriftstellerverbandes.

Dotzauer, Gregor, geb. 1962 in Bayreuth/Oberfranken. Studium der Germanistik, Philosophie und Musikwissenschaft. Freier Mitarbeiter von „F. A. Z." und „Die ZEIT". Texte zu Literatur, Film und Theater.

Fink, Adolf, geb. 1945. Studium der Germanistik und Geschichte. Dozent an der Justus Liebig-Universität Gießen.

Führer, Ruth, geb. 1953. Studium der Germanistik, Geschichte, Philosophie und klassischen Philologie. Lebt und arbeitet als Journalistin in Frankfurt.

Köhn, Eckhardt, geb. 1952. Seit 1981 wissenschaftlicher Mitarbeiter am Institut für Deutsche Sprache und Literatur I der Johann Wolfgang Goethe-Universität Frankfurt. Promotion 1985 in Münster. Veröffentlichungen: „Straßenrausch". Flanerie und ‚Kleine Form' 1830–1933 (1987) sowie Aufsätze zur Literatur des 20. Jahrhunderts.

Lehmann, Klaus-Dieter, geb. 1940 in Breslau. Studium der Physik und Mathematik an den Universitäten Köln und Mainz (Diplomphysiker). Bibliothekarische Staatsprüfung Frankfurt a. M. Leitender Bibliotheksdirektor der Stadt- und Universitätsbibliothek Frankfurt a. M. seit 1978. Honorarprofessor an der Johann Wolfgang Goethe-Universität Frankfurt a. M., Direktor der Fachhochschule für Bibliothekswesen Frankfurt a. M.

Mielcke, Gabriele, geb. 1950 in Wiesbaden. Machte den M. A. in Literaturwissenschaft und Politik zur Grundlage eines journalistischen Weges von Frankfurt über Reutlingen und Braunschweig nach München. Nach mehreren Jahren stellvertretender Chefredaktion des Kulturmagazins „Westermanns Monatshefte" steht ihr Schreibtisch nun wieder am Main, bei der „Frankfurter Allgemeine".

Mistereck, Wolfgang, geb. 1944. Studierte ordentlich für das Lehramt: Französisch und Geschichte. Verirrte sich dann jahrelang in dicken philosophischen und anderen Büchern der großen und kleinen Kritik, war zwischenzeitlich journalistisch tätig, arbeitet heute jedoch, um nicht auf Hegels „Schädelstätte des Geistes" Chansons für Geld singen zu müssen als Lehrer, schreibt hin und wieder Literaturkritiken in der BEZ, lebt in Bergen-Enkheim.

Oehrlein, Josef, geb. 1949 in Mainz. War zunächst Archäologiefotograf, lernte durch diesen Beruf Spanien kennen und studierte daraufhin spanische Literaturwissenschaft. Schon des Studienfachs wegen beschäftigte er sich immer wieder mit dem Problem des Übersetzens. Nach einem längeren, durch ein DAAD-Stipendium geförderten Aufenthalt in Madrid legte er das Magisterexamen ab, später promovierte er mit einer Arbeit über den Schauspielerberuf im Spanien des siebzehnten Jahrhunderts. Seit 1979 ist er Redakteur der „F. A. Z.“; zunächst betreute er den kulturellen Teil des Stadtblatts, 1986 wechselte er in das „F. A. Z.-Magazin“.

Pascheck, Carl, geb. 1938 in Karlsbad. Studium der Germanistik, Philosophie und Geschichte in Marburg/Lahn und Bonn. Promotion 1967 an der Rheinischen Friedrich Wilhelms-Universität Bonn mit der Arbeit: „Der Einfluß Jacob Böhmes auf Friedrich von Hardenberg (Novalis)“. Er leitet als Fachreferent die Schwerpunktsammlung zur Germanistik in der Stadt- und Universitätsbibliothek Frankfurt a. M. Weitere Buchveröffentlichungen: „Personalbibliographie zur deutschen Literaturgeschichte“. 2. Aufl. Berlin 1974; „Praxis der Literaturermittlung Germanistik“. Bd. 1.2. Bern 1986; Ausstellungskataloge zu Peter Rühmkorf, Martin Walser, Peter Bichsel, Peter Härtling, Hermann Burger und Ludwig Harig.

Restetzki, Ralph, geb. 1961 in Hamm/Westfalen. Studium der Germanistik, Philosophie und Theaterwissenschaft in Münster, Köln und Frankfurt am Main. Lebt in Frankfurt am Main.

Nachworte der Autoren: beiseite gesprochen

Das Telefonat

„Ja, ich habe den Brief bekommen, aber das ist das überflüssigste Buch. Literatur nach Städten... Es gibt in Frankfurt etwa drei gute Autoren, mehr nicht. Und der U. hat doch seit Jahren kein Buch mehr geschrieben. Nützlich wäre ein Sammelband über deutsche Autoren. Aber, wissen Sie, es gibt so viele Bücher. Einige nützliche und viele unnütze. Und bei den unnützen Büchern gibt es noch häßliche unnütze Bücher und schöne unnütze Bücher. Ich wünsche Ihnen wirklich ein schönes unnützes Buch."
„Danke. Machen Sie mit?"
„Ja, ich mache natürlich mit. Wer macht denn noch mit?"
„Die B., der E., der H., die K., der P. nicht, der Sch., die W., der A. nicht, ...".
„Der A. ist nicht drin. Da gratuliere ich Ihnen. Haben Sie den F. drin?"
„Nein. Der hat doch nur seine Dissertation...".
„Den müssen Sie reinnehmen. Da ist, wie man so sagt, auch noch ein zweites Buch zu erwarten. Und die R.?"
„Die lebt doch in München."
„Ja, aber sie ist doch hier...".
„Das ist aber ein Sammelband über Autoren in Frankfurt. Ich habe den H. drin, der lebt in D., aber arbeitet in Frankfurt und ist hier berühmt geworden...".
„Da wird er beleidigt sein, denn er war schon früher berühmt."
„Na ja, aber mit Frankfurt kam der Durchbruch...".
„Ja, ja, das ist so."
„Machen Sie einen neuen Text?"
„Nein, keinen neuen Text. Ich habe schon einmal für ein Frankfurt-Buch was Neues gemacht, dann hat die Zensur das weggestrichen."
„Hier aber gibt es keine Zensur. Es wird alles so...".
„Ich suche Ihnen etwas Gutes heraus. Aber erst nach dem ersten April. Ich habe so viel zu tun. Dann machen wir auch den Fototermin."
„Gut, dann telefonieren wir noch einmal. Danke und Auf Wiederhören."
„Auf Wiederhören."

(7. März 1987)

Die Warnung

„Ich glaube nicht, daß es möglich sein wird, einen so komplizierten Sammelband mit einem Umfang von über sechshundert Seiten bis zur Buchmesse 1987 fertig zu haben."

(6. März 1987)

Der Appell

„Wenn ich das Projekt richtig verstehe, hat es einen hohen PR-Wert für die beteiligten Kolleginnen und Kollegen. Nur dadurch scheint mir der Honorarverzicht zu rechtfertigen. Aber das Projekt besitzt auch PR-Wert für die Goethestadt, die Stadt der Buchmesse usw. Von daher fände ich es schon gerechtfertigt, daß etwas für die Kollegen herausspringt, was auch finanziell zu Buche schlägt."

(16. März 1987)

Die Absagen

„Ich mache nicht mit. Das ist ein blödsinniges Unternehmen. Nehmen Sie's nicht persönlich."

(2. März 1987)

„Ich habe keine Zeit. Falls Sie die Arbeit selbst tun wollen (honorarfrei, versteht sich), dann bekommen Sie meine Vita bei F. und ein Foto von Sch...".

(4. März 1987)

„Ich finde kein Thema in der kurzen Zeit."

(6. März 1987)

„Meine Liebe gilt Köln, mein Herz schlägt für München, und in Frankfurt ist mir nur Kult: Also möchte ich nicht mitmachen."

(12. März 1987)

„Ich habe mit dieser Stadt nichts zu tun. Ich fühle mich da einfach nicht wohl. Ich habe mich von dem hier sehr gelöst."

(13. April 1987)

„Nein, ich mache nicht mit. Ich wäre zu exotisch in diesem Band."

(4. Mai 1987)

„Ich mache nicht mit."

(14. April 1987)

Die Erpressung

„Dann müssen Sie eben das Alphabet ändern. Das V. vor das R. oder ohne mich. Wenn Sie dieser Erpressung nachgeben, dann sind Sie natürlich erpreßbar. Aber wenn Sie nicht nachgeben, dann müssen Sie auf mich verzichten."

(16. März 1987)

Die Wünsche

„Das muß ja gehen wie das Krebbelbacken. Beiliegt zweierlei: 1. eine Prosa (ungedruckt, sozusagen jungfräulich!), wäre mir lieber 2. drei Gedichte (ebenfalls ungedruckt. Teil eines Zyklus). Sie können mir ja mitteilen, zu welchem Text Ihnen (singular oder plural) der Sinn steht."

(15. April 1987)

„Von den Gedichten ist sicherlich eines zuviel, schmeißen Sie das schlechteste raus."

(10. April 1987)

„In der Anlage schicke ich Ihnen die Beiträge von Herrn X. Wir legen Wert darauf, daß der Text, der Ihnen honorarfrei zur Verfügung gestellt wird, nicht gekürzt wird."

(26. März 1987)

„Zu dem literarischen Text möchte ich noch sagen, daß die Abschnitte unbedingt eingehalten werden müssen, sonst bricht er entzwei."

(2. April 1987)

„Die Schreibmaschine hat versagt, es tut mir leid. Sonst ist hoffentlich alles gut so. Es war nicht einfach, in einem meiner Bücher einen Abschnitt zu finden, der ohne ein Davor und ein Danach gelesen werden kann."

(14. April 1987)

„Es ist doch kein neuer Text geworden, was die Leser wohl nicht weiter stören dürfte, denn sie kennen wahrscheinlich den alten nicht. Wenn aber schon Bespiegelung, dann richtig."

(19. April 1987)

„Grundsätzlich bestünde schon Neigung, mitzutun: nur wäre mir, ohne daß ich mich in die Herausgebergeschäfte einmischen möchte, schon darum zu tun, ein wenig mehr über die Autoren zu erfahren... Es wäre natürlich vorab zu klären, ob X. über ausreichend Toleranz und/oder Selbstironie verfügt, den einerseits sehr unbarmherzigen und hochgrad entlarvenden, andererseits aber auch irgendwo sympathisierenden Text in seiner Nachbarschaft zu erdulden."

(4. März 1987)

Die Einflußnahme

„Wollen Sie nicht noch die Y. aufnehmen in Ihren Band? Die gehört doch auch dazu."

(11. März 1987)

„Etwas wundert mich. Wieso bin ich von Interesse, nicht aber meine Frau? Diese Frage ist Ausdruck echter Verwunderung, und ich will Sie damit nicht bedrängen, denn schließlich ist die Auswahl Ihre Sache."

(3. April 1987)

„Die L. würde ich in die Sammlung nicht aufnehmen. Sie war an zwei Büchern beteiligt, einmal mit Artikeln, einmal mit einem Nachwort."

(6. Mai 1987)

Die Entscheidung

„Ich bitte Sie, meine Teilnahme an dem Unternehmen aufzugeben. Wenn ich den Text trotzdem diesem Brief beifüge, dann nur, um darzutun, daß ich keine Ausrede brauche, um mich vor der Arbeit zu drücken. Der Text ist nur zur persönlichen Kenntnisnahme, nicht zum Weiterverwerten bestimmt."

(22. April 1987)

Anmerkung des Herausgebers

Dieser Text, der nur zur persönlichen Kenntnisnahme und nicht zur Weiterverwertung bestimmt war, ist natürlich in diesem Band abgedruckt – selbstverständlich auch mit Erlaubnis des Autors.